<u>**ACCESO GRATIS**</u> *a la Lectura en la Nube*

Para visualizar el libro electrónico en la nube de lectura envíe junto a su nombre y apellidos una fotografía del código de barras situado en la contraportada del libro y otra del ticket de compra a la dirección:

ebooktirant@tirant.com

En un máximo de 72 horas laborables le enviaremos el código de acceso con sus instrucciones.

DILIGENCIA DEBIDA EN DERECHOS HUMANOS Y RESPONSABILIDAD PENAL DE LAS EMPRESAS MULTINACIONALES

DILIGENCIA DEBIDA EN DERECHOS HUMANOS Y RESPONSABILIDAD PENAL DE LAS EMPRESAS MULTINACIONALES

Luis Miguel Vioque Galiana

Prólogo:
Adán Nieto Martín

tirant lo blanch
Valencia, 2026

© TIRANT LO BLANCH
EDITA: TIRANT LO BLANCH
C/ Artes Gráficas, 14 - 46010 - Valencia
TELFS.: 96/361 00 48 - 50
FAX: 96/369 41 51
Email: tlb@tirant.com
www.tirant.com
Librería virtual: www.tirant.es
DEPÓSITO LEGAL: V-4621-2025
ISBN: 979-13-7021-196-7

Si tiene alguna queja o sugerencia, envíenos un mail a: *atencioncliente@tirant.com*. En caso de no ser atendida su sugerencia, por favor, lea en *www.tirant.net/index.php/empresa/politicas-de-empresa* nuestro procedimiento de quejas.

Responsabilidad Social Corporativa: *http://www.tirant.net/Docs/RSCTirant.pdf*

La aceptación de la presente obra ha tenido en consideración la evaluación y calificación otorgada por los expertos componentes del tribunal calificador de la tesis doctoral en la que se basa, cumpliendo con el criterio correspondiente de los revisores externos y ofreciendo la calidad debida a la presente edición.

A mi familia, por todo lo que soy.
A mi pareja, por su apoyo incondicional.
A mi maestro, por su guía y generosidad.
A mis amigos, por estar siempre presentes.

Índice

Capitulo III

Presentación de la obra[*]

La presente obra constituye una reelaboración sintética de la tesis doctoral titulada *Diligencia debida en derechos humanos y responsabilidad penal de las empresas multinacionales*, desarrollada en el marco del Programa de Doctorado en Derecho de la Universidad de Castilla-La Mancha[1], bajo la dirección del profesor Adán Nieto Martín, y calificada con la máxima distinción —*sobresaliente cum laude*— por un tribunal integrado por los profesores Jacobo Dopico Gómez-Aller, Raquel Montaner Fernández y Marta Muñoz de Morales Romero.

En sus páginas, se ofrece un análisis sistemático sobre la evolución del concepto de diligencia debida desde su desarrollo en el Derecho internacional hasta su progresiva integración en la esfera empresarial mediante medidas de cumplimiento normativo. Además, se aborda el nuevo paradigma que plantea en el ámbito de la responsabilidad penal de las personas jurídicas frente a vulneraciones de derechos humanos y daños medioambientales que tienen lugar en el seno de las cadenas productivas globales. A lo largo de sus seis capítulos, se examina cómo el desarrollo normativo de la diligencia debida en derechos humanos, y su concreción en obligaciones de reporte

---

[*] La presente monografía se enmarca en el proyecto de investigación RECAVA: *La protección penal y laboral del trabajo decente en las cadenas de valor global* (Ref. PID2022-141824OB-I00), financiado por MCIN/AEI/10.13039/501100011033 y por el Fondo Europeo de Desarrollo Regional (FEDER, *Una manera de hacer Europa*).

[1] Tesis doctoral realizada en el marco de un contrato del Plan Propio de I+D+i de la Universidad de Castilla-La Mancha (UCLM), cofinanciado por el Fondo Social Europeo [2019/5964].

de información y mecanismos de *compliance*, ha venido a superar el tradicional enfoque voluntarista de la responsabilidad social corporativa.

Uno de los ejes vertebradores del estudio es la constatación de que el Derecho penal económico, centrado históricamente en la protección de los intereses patrimoniales de la empresa y, en todo caso, de sus trabajadores directos, se ve interpelado hoy por una concepción más amplia de la empresa como nodo articulador de una red de relaciones globales. La diligencia debida en derechos humanos introduce una nueva dimensión en la que la responsabilidad penal debe extender su mirada más allá del perímetro interno de la organización y considerar también los impactos que sus filiales y proveedores generan sobre terceros ajenos a la empresa —trabajadores externalizados, comunidades locales, pueblos indígenas o el medio ambiente— que pasan a ser considerados *stakeholders* jurídicamente relevantes en la arquitectura del riesgo empresarial. El estudio presta especial atención al tránsito de las empresas multinacionales desde su tradicional condición de meros actores económicos hacia un papel activo —y jurídicamente exigible— en la promoción y tutela de los derechos humanos y el medio ambiente, mediante la prevención de riesgos y la adopción de medidas organizativas eficaces.

Asimismo, la obra aborda los principales desafíos jurídicos que plantea la imputación de responsabilidad penal a las empresas por violaciones de derechos humanos en el contexto de las cadenas productivas globales, tanto desde la perspectiva del Derecho penal internacional como desde el prisma de los ordenamientos nacionales. En este sentido, se examinan diversos modelos dogmáticos para la tipicidad de conductas construidos sobre defectos estructurales de organización como presupuestos de responsabilidad, explorando fórmulas regulatorias que permitan una mayor efectividad en la exigencia de los nuevos deberes de prevención y control.

Fruto de un trabajo de investigación sostenido, este estudio aspira a contribuir al debate académico y jurídico sobre la necesidad de consolidar marcos normativos robustos que garanticen que las empresas actúen como sujetos activos en el respeto de los derechos fundamentales, en un contexto económico cada vez más interdependiente y globalizado.

Palabras clave: *Diligencia debida, derechos humanos, sostenibilidad, medio ambiente, responsabilidad social corporativa, cumplimiento normativo, cadenas de valor y de suministros globales, proveedores, modelos de imputación, personas jurídicas, responsabilidad penal.*

Abreviaturas

AMG	Acuerdo Marco Global
ATCA	*Alien Tort Claims Act*
BM	Banco Mundial
CCI	Cámara de Comercio Internacional
CCL	*Control Council Law*
CEDH	Convención Europea de Derechos Humanos
CIADI	Centro Internacional de Arreglo de Diferencias Relativas a Inversiones
CIJ	Corte Internacional de Justicia
CMR	Informe de Minerales de Conflicto
CNMC	Comisión Nacional de los Mercados y la Competencia
CPI	Corte Penal Internacional
CSDDD	*Corporate Sustainability Due Diligence Directive*
CSRD	*Corporate Sustainability Reporting Directive*
DOJ	*Department of Justice*
DPI	Derecho Penal Internacional
DPIE	Derecho Penal Internacional Económico
ECCHR	European Center for Constitutional and Human Rights

ECPI	Estatuto de la Corte Penal Internacional
ESG	*Environmental, Social, and Governance*
FCPA	*Foreing Corrupt Practices Act*
FLEGT	Plan para la Aplicación de las Leyes, Gobernanza y Comercio Forestales
FSC	*Forest Stewardship Council*
GRI	*Global Reporting Initiative*
IIRC	Consejo Internacional de Reporting Integrado
IRO	Incidencias, riesgos y oportunidades
ISO	Organización Internacional de Normalización
KPI	Indicadores específicos de desempeño en sostenibilidad
LKSG	Ley alemana de diligencia debida en las cadenas de suministros
MT	Parámetros y metas
NEIS	Normas Europeas de Información sobre Sostenibilidad
OCDE	Organización para la Cooperación y el Desarrollo Económicos
ODS	Objetivos de Desarrollo Sostenible
OEIGWG	Grupo de trabajo intergubernamental de composición abierta
OIT	Organización Internacional del Trabajo
OMC	Organización Mundial del Comercio

ONU	Organización de las Naciones Unidas
PAN	Plan de Acción Nacional
PIDCP	Pacto Internacional de Derechos Civiles y Políticos
PIDESC	Pacto Internacional de Derechos Económicos, Sociales y Culturales
PNC	Punto Nacional de Contacto
PNUMA	Programa de las Naciones Unidas para el Medioambiente
RDC	República Democrática del Congo
RSC	Responsabilidad Social Corporativa
SA8000	*Social Accountability 8000 Certification*
SBM	Estrategia
SEC	*Securities and Exchange Commission*
SOA	*Sabarnes Oxley Act*
TEDH	Tribunal Europeo de Derechos Humanos
TEL	Tribunal especial para el Líbano
TFUE	Tratado de Funcionamiento de la Unión Europea
TJUE	Tribunal de Justicia de la Unión Europea
UNCTAD	Conferencia de las Naciones Unidas sobre Comercio y Desarrollo
ZFI	Zona Franca Industrial

Prólogo

El libro que – ojalá – se dispone a leer comenzó como una tesis doctoral un tanto atípica. Cuando a finales de 2019 Luis Miguel Vioque comenzó su doctorado existía un ignoto Reglamento de la Unión Europea que nos había llamado la atención, el Reglamento 2017/821 por el que se establecen obligaciones en materia de diligencia debida en la cadena de suministro por lo que respecta a los importadores de la Unión de estaño, tantalio y wolframio, sus minerales y oro originarios de zona de conflicto o alto riesgo. El Reglamento como se desprende de su nombre tenía un ámbito de aplicación muy singular y además no preveía, ni establece sanción alguna; era una suerte de brindis al sol.

Pero este Reglamento fue importante por dos razones. Constituía la primera manifestación de un nuevo tipo de cumplimiento normativo, la diligencia debida. El cumplimiento de terceros, como entonces la llamábamos, y que hasta ese momento era importante como medida de control en la prevención de corrupción internacional en relación a socios de negocios y contratación de determinados servicios en el extranjero como consultoras. Un deber de conocer al proveedor o al socio que, aunque tiene cierto "aire de familia", presenta más diferencias que similitudes con el deber de conocer al cliente del blanqueo de capitales.

La segunda razón, que en estos momentos iniciales no translucía aún por ningún sitio, es que el Reglamento no era ninguna anécdota, sino uno de los primeros pasos en uno de los movimientos de política legislativa más importantes de los últimos tiempos en la Unión Europea: el Derecho de la sostenibilidad o la protección de los derechos humanos, el medio ambiente y el clima a escala global como obligación de las empresas. Poco tiempo antes, se había aprobado la Directiva 2014/95 sobre divulgación de información no financiera, que obligaba a grandes empresas a divulgar sus políticas internas relativas a la protección de los derechos humanos, el medio ambiente y la lucha contra la corrupción. A estas dos primeras normas, se le fueron sumando otras, como singularmente la Directiva 2024/2017 sobre diligencia debida en sostenibilidad y la Directiva 2022/2464 de información sobre sostenibilidad. En los países de la Unión, siguiendo el ejemplo de la pionera Francia, con su Ley de Vigilancia Empresarial de 2017, Alemania aprobó en 2121 la Ley de diligencia debida en la cadena de suministro.

Con todas estas regulaciones los europeos nos hemos convertido en la vanguardia mundial a la hora de garantizar que la actividad empresarial respete los derechos humanos, el medio ambiente y el clima, lo que desmiente a los que constantemente indican que la UE no juega ningún papel relevante en la comunidad internacional. La legislación sobre sostenibilidad conecta con el sentido, la razón de ser, de la Unión Europea y da respuesta a una sensibilidad bien presente en su opinión pública. Por esta razón poco sentido y sensibilidad demostraría la nueva Comisión y Parlamento Europeo, si las reformas anunciadas mediante la conocida como Directiva Omnibus, fueran más allá de una reforma; ello significaría no sólo cambiar el rumbo, sino perderlo.

Pero volvamos a nuestra obra. Basta con leer su índice para ver la inmensidad de los mundos que abarca y la profundidad con la que lo hace. Detenerse y glosar cada uno de ellos desfiguraría lo que debe ser un prólogo, por esta razón quiero solo llamar la atención sobre los cinco aspectos que constituyen su núcleo duro:

Uno: Desde el punto de vista del Derecho penal de la empresa, el libro es, en primer lugar, importante porque coloca en el punto de mira un nuevo tipo de empresa. Desde 1977 en que Bernd Schünemann publicara su Criminalidad empresarial y derecho penal nuestros debates se han centrado en un modelo de organización, al que denominamos empresa fordista. Es aquella que aúna producción y distribución, aunque estés distribuidas en diversas factorías, bajo una misma dirección. Este modelo sigue existiendo, pero hay que completarlo con el denominado "modelo Nike", en el que como elemento esencial destacan las cadenas de suministro globales, que ya no solo aportan los materiales esenciales, sino que también producen, bajo una dirección, pero también legislación diferente.

El trabajo de Luis Miguel Vioque representa uno de los primeros intentos, si no el primero, de construir un Derecho penal de la empresa adecuado a este tipo de organización. En nuestro debate tradicional la asignación de responsabilidad, por ejemplo, la discusión de los deberes de garantía, principio de confianza o los comportamientos neutrales estaba construidas *ad intra*; ahora se trata de analizar en qué medida existen *ad extra* y actúan sobre terceros, que no sabemos muy bien si como consecuencia de la capacidad de influencia de la empresa vértice de la cadena debemos colocarlos materialmente dentro o fuera de la organización.

Este debate se produce, en cualquier caso, en relación a un número reducido de resultados lesivos: afectaciones graves a los derechos humanos y medios ambiente en las cadenas de suministro.

Dos: Tomar nota de que existe un nuevo modelo de organización empresarial y, derivada de ellas, unas nuevas obligaciones de cumplimiento implican lógicamente desarrollar un nuevo modelo de cumplimiento normativo; esta es la misión de diligencia debida. Su origen se encuentra en los Principios Rectores de Naciones Unidas sobre empresas y Derechos humanos, su desarrollo a modo de *soft law*, en las Guías sectoriales publicadas por la OCDE, y su incorporación al mundo del derecho positivo en la Ley alemana y a partir de aquí en la mencionada Directiva de 2024 de diligencia debida.

Las diferencias entre las diligencia debida y el cumplimiento normativo tradicional son varias; pero entre ellas destacaría la siguiente: los programas de cumplimiento tradicionales pretenden sobre todo prevenir, investigar y sancionar; la diligencia debida sin descuidar la prevención pone un mayor énfasis en la mitigación y la reparación del daño.

Lo importante de la tesis es, pese a estas diferencias, que concibe la diligencia debida como parte del cumplimiento normativo; lo que significa, en primer término, que la diligencia debida constituye un elemento más de la parte especial del cumplimiento normativo (corrupción, competencia, *Tax Compliance*...), pero sobre todo que el cumplimiento normativo tiene que enriquecerse con las aportaciones procedentes de la diligencia debida. Por ejemplo, si la diligencia debida debe ser transparente y las empresas deben publicar lo que hacen, por qué no hacerlo con el resto del cumplimiento normativo; si la diligencia debida debe incorporar a stakeholders y expertos a la hora de diseñar las políticas, por qué no el cumplimiento general etc.

Tres: La reflexión por la responsabilidad penal por las violaciones de Derechos humanos por parte de las empresas no es nueva. Llevamos haciéndola en el Derecho penal internacional desde los juicios contra los empresarios en Núremberg. La tesis de Luis Miguel Vioque propone ubicarla en un espacio diferente: un Derecho penal de la sostenibilidad o de los Derechos humanos perteneciente al Derecho penal económico y que, como es consubstancial a este sector del ordenamiento, debe construirse de manera accesoria a la regulación europea en sostenibilidad. Y para ello nos propone varias tipologías de delitos.

Cuatro: De esta tipología el más importante y novedoso sin duda es el que el autor denomina la omisión del deber de socorro corporativo. Como hemos señalado anteriormente, los programas de cumplimiento tienen como finalidad la prevención, por ello la eficacia del modelo de cumplimiento se mide en estos términos: ¿un mejor programa de cumplimiento hubiera evitado o reducido significativamente el riesgo de infracción? A la diligencia debida este aspecto le interesa, pero le interesa tanto o más la mitigación y la reparación: conocido que un proveedor de gran importancia se utilizaba trabajo infantil, ¿cómo reaccionó la empresa, ¿cuál fue su plan de mitigación?

El fundamento de esta sanción, aparte de deberes de solidaridad intensificados, se encuentra en un nuevo modelo de injusto para la persona jurídica: la culpabilidad (injusto) reactiva; consistente en no organizarse debidamente para mitigar daños producidos por su actividad con cuya generación y evitación tiene un compromiso singular.

Cinco: Para completar este elenco de puntos sobresalientes, habría que mencionar la importancia de la Justicia Restaurativa Empresarial. Con gran acierto la tesis propone que esta sea la forma en que las empresas acometen sus deberes de mitigación y reparación de los daños, pero en realidad el papel de la justicia restaurativa puede ir más allá.

Dejando fuera versiones de esta que la situan en oposición o como alternativa al Derecho penal, aquí funge como criterio inspirador del Derecho penal. La justicia restaurativa debe servir para inspirar un modelo de intervención que permita una intervención penal eficaz en casos de violaciones de derechos humanos, en los que la restauración y la atención a las víctimas, debiera ser el objetivo principal.

En fin, como puede apreciarse, la obra del Dr. Vioque merece ser leída y debatida. No es además una investigación aislada, sino que forma parte de una línea emprendida hace ya años por el Instituto de Derecho penal Europeo e Internacional de la UCLM (https://www.observatoriorecava.es/).

Pero la función de los prólogos académicos no solo es cantar las virtudes de una obra, sino también cuando se trata de jóvenes investigadores presentarlos a la comunidad académica. Y en este punto de Luis Miguel Vioque deben decirse varias cosas. Primero, que es un investigador incansable. Como todas las investigaciones sobre materias novedosas y en ebullición, la tesis origen de este libro tuvo que ser varias veces reformulada, y en consecuencia muchas de sus partes reformadas o demolidas. Segundo, que es un investigador imaginativo y emprendedor. La tesis es un ejemplo de transferencia, pues no solo ha dado lugar a este libro y otras publicaciones, sino a un espectacular sistema de inteligencia artificial que permite a las empresas consultar sus dudas y el grado de cumplimiento de sus proveedores (puede verse nuevamente en https://www.observatoriorecava.es/). Pero lo más importante, y en tercer lugar, es que Luis Miguel Vioque es un excelente compañero; presto a ayudar desinteresadamente en cualquier momento y que nos inyecta a todos dosis de ilusión, que al menos en mi caso son imprescindibles para mirar con algo de optimismo hacia el futuro.

ADÁN NIETO
Ciudad Real. 29.9.2025.

Capítulo I

Introducción: las empresas multinacionales en la economía global y su desresponsabilización

Las empresas multinacionales constituyen actores centrales en la economía globalizada contemporánea. A través de estructuras empresariales fragmentadas, redes contractuales opacas y cadenas de suministro deslocalizadas, estas entidades ejercen una influencia determinante sobre los flujos de capital, trabajo y recursos a escala planetaria. Sin embargo, esta centralidad contrasta con la persistente dificultad del ordenamiento jurídico para exigirles responsabilidad efectiva frente a los impactos negativos que su actividad puede generar sobre los derechos humanos y el medio ambiente.

Este capítulo ofrece una aproximación inicial a las dinámicas de desresponsabilización jurídica que han caracterizado históricamente la actuación de las empresas transnacionales. A partir de una revisión crítica de los procesos de externalización de riesgos y fragmentación de funciones dentro de las cadenas productivas globales, se analiza cómo estas estrategias organizativas han contribuido a erosionar la aplicabilidad de los mecanismos clásicos de imputación jurídica, en particular en el ámbito penal y en contextos de gobernanza débil o asimétrica.

I REFLEXIONES SOBRE LAS LIMITACIONES DE LA RESPONSABILIDAD SOCIAL CORPORATIVA Y LAS BARRERAS A LA JUSTICIA EN LAS CADENAS PRODUCTIVAS GLOBALES

Aijaz Ahmed era un joven menor de edad residente en el distrito obrero de Baldia Town, ubicado en la parte occidental de la ciudad pakistaní de Karachi[2]. Al igual que la mayoría de sus vecinos y amigos, la familia de Aijaz dependía del trabajo que el joven había encontrado en una de las múltiples fábricas textiles que habían proliferado en la zona. En concreto, Aijaz trabajaba en una fábrica instalada en un edificio de cuatro plantas propiedad de la compañía con nacionalidad pakistaní *Ali Enterprises*.

Como Aijaz, la mayoría de los trabajadores de la fábrica eran personas menores de 30 años, en gran parte migrantes procedentes de las zonas más deprimidas del país, que carecían de contrato, realizaban sus tareas en condiciones infrahumanas, eran sometidos a jornadas de trabajo interminables para cumplir con los objetivos de producción, vivían en la absoluta miseria y tenían prohibido unirse en un sindicato, por lo que les resultaba imposible reclamar por las condiciones abusivas a las que estaban siendo sometidos.[3]

---

2 Para la dramatización de esta introducción se han utilizado como fuente de inspiración diferentes noticias sobre las víctimas y reportajes sobre la tragedia, además del podcast "Guerra de Negocios. La *Fast Fashion*". https://wondery.com/shows/guerras-de-negocios-espana/season/3/ (consultada el 10 de diciembre de 2025).

3 Los trabajadores de la fábrica pakistaní eran sometidos a condiciones similares a la esclavitud. Sobre el caso, véase ECCHR, "Case report, Pakistan: cheap clothes, perilous conditions", January 2021. https://www.ecchr.eu/fileadmin/Fallbeschreibungen/Case_Report_EN_KiK_Pakistan_Jan2021.pdf (consultada el 10 de diciembre de 2024).

A las ocho de la mañana del 11 de septiembre de 2012, Aijaz comenzaba una nueva jornada laboral sentado delante de su máquina de coser. Sobre las seis de la tarde, decenas de trabajadores acudieron a las oficinas para cobrar su paga semanal con la que tratar de alimentar a sus familias, que, al cambio, apenas alcanzaba a unos 25 euros. Aijaz, que trabajaba jornadas de más de 14 horas seguidas cosiendo tejidos, miraba con tristeza hacia unas pequeñas ventanas que se encontraban enrejadas para prevenir robos, lo que podía repercutir en costes para la empresa.

Sobre las seis y media de la tarde, Aijaz comenzó a notar un olor diferente al habitual y un ambiente algo más cargado que de costumbre, por lo que se levantó de su puesto y se dirigió hasta una puerta que daba a la salida principal del edificio con la intención de comprobar qué ocurría. Al tocarla notó que estaba bastante caliente, pero no pudo abrirla porque se encontraba cerrada con llave y, tras comprobar que entraba humo por las rendijas, alertó a sus compañeros.

Todos los trabajadores corrieron hacia la única salida de emergencia del edificio, pero, al llegar, se encontraron con que las estrechas escaleras que conducían al exterior estaban bloqueadas por mercancías amontonadas que impedían su salida. Aijaz y sus compañeros trataron de escapar por las diminutas ventanas, pero las rejas de hierro también impedían la salida, por lo que todos los trabajadores volvieron hasta la puerta cerrada con llave para gritar pidiendo ayuda. Sin embargo, ya era demasiado tarde... El incendio se había propagado y las llamas avanzaban hacia la sala en la que se encontraban, por lo que el joven Aijaz podía sentir en su piel el ardor de las prendas derretidas por el calor.

Aijaz Ahmed falleció junto a otras 257 personas el 11 de septiembre de 2012, como consecuencia del incendio que consumió el edificio en el que trabajaban sin seguridad y en unas condiciones asimilables a la esclavitud. Junto a las 258 víctimas mortales oficiales, decenas de personas resultaron gravemente heridas al intentar escapar del humo y del fuego. Debido a las pésimas condiciones en las que se encontraba el edificio, los equipos de bomberos tardaron más de 24 horas en sacar el cuerpo calcinado del joven de un oscuro sótano. Pocas de las personas que se encontraban junto a Aijaz salvaron la vida, encontrando los bomberos más de 200 cuerpos que habían quedado atrapados tras las puertas cerradas, las escaleras bloqueadas y las diminutas ventanas protegidas con rejas. En un edificio que carecía de las más mínimas medidas de seguridad para la prevención y extinción de incendios, como salidas de emergencia, alarmas o extintores, Aijaz y sus compañeros estaban condenados y no tenían la menor posibilidad de salvar sus vidas.[4]

Desde el primer momento, los servicios de bomberos declararon que el incendio se originó tras cortocircuitarse un gran generador eléctrico que abastecía a la fábrica y que estaba situado junto a la entrada principal del edificio. Aunque sin llegar a alcanzar tales dimensiones, este tipo de accidentes eran conocidos al ser habituales en la región, dado que Pakistán atravesaba por una grave crisis energética que tenía como consecuencia continuos cortes en el suministro eléctrico y las fábricas utilizaban generadores de gasoil para no interrumpir el trabajo y poder cumplir con los compromisos adquiridos con las compañías multinacionales para las que trabajan[5].

---

[4] La virulencia de las llamas fue tal que 16 cuerpos quedaron carbonizados sin posibilidad de ser identificados, tardando los servicios de bomberos 3 días en extinguir por completo el incendio. Véase UR REHMAN, Z., "Ocho años después del incendio de la fábrica *Ali Enterprises* en Pakistán, la búsqueda de justicia para las víctimas continúa", *Equal Times*, 19 de octubre de 2020, https://www.equaltimes.org/ocho-anos-despues-del-incendio-de#.Y-kYZnbMJro (consultada el 12 de enero de 2025); KREISLER, E., "*Fast fashion*, ¿a qué precio?", *Europa Press*, 26 de septiembre de 2012. https://es.fashionnetwork.com/news/-fast-fashion-a-que-precio-por-eva-kreisler-coordinadora-de-la-campana-ropa-limpia-en-espana,282543.html (consultada el 12 de enero de 2025).

[5] AGENCIAS, "Más de 300 operarios muertos en los incendios de dos fábricas de Pakistán", *El País*, 12 de septiembre de 2012.

Al igual muchas de las fábricas textiles de Pakistán, *Ali Enterprises* destinaba su producción a abastecer a una gran multinacional occidental dedicada al comercio minorista de la moda. En concreto, su principal cliente era el grupo alemán *KiK (KiK Textilien und Non-Food GmbH)*, que había insertado a la empresa pakistaní en su cadena de suministros global y para la que *Ali Enterprises* destinaba más del 75% de su producción desde que iniciasen una relación comercial estable en 2007[6].

KiK había configurado su cadena de proveedores para externalizar su producción hacia países del sudeste asiático, como Pakistán, donde los costes de producción son menores, consiguiendo con ello una ventaja competitiva en el mercado global, pero operando en un mercado en el que es público y notorio que la protección de los derechos laborales fundamentales de los trabajadores es mucho menor que en Alemania, lugar en el que se encuentra la sede de la matriz del grupo corporativo.

A las pocas horas de producirse la tragedia, la noticia saltó a la prensa internacional y *KiK* no tuvo más remedio que admitir que *Ali Enterprises* era su principal proveedor en Karachi[7]. Su primera reacción fue emitir un comunicado lamentándose de lo ocurrido, constituyendo poco después un fondo dotado

---

https://elpais.com/internacional/2012/09/12/actualidad/1347443992_096771.html#:~:text=Al%20menos%20314%20personas%20han,la%20vida%20de%20289%20personas (consultada el 12 de enero 2025).

6 KNAEBEL, R., "Fabricar ropa barata se paga con la vida: un gigante alemán del textil señalado", *Equal Times*, 7 de noviembre de 2016. https://www.equaltimes.org/fabricar-ropa-barata-se-paga-con#.Y—usHbMJrr (consultada el 12 de enero 2025).

7 A modo de ejemplo, SHAD, I. "Fires engulf Pakistan factories killing 314 workers", *Reuters*, September 12, 2012. https://www.reuters.com/article/idUSBRE88B04Y/#:~:text=KARACHI%20(Reuters)%20%2D%20At%20least,in%20the%20South%20Asian%20nation (consultada el 12 de junio de 2025).

con un millón de dólares para ayudar a las víctimas y a los supervivientes, lo que parecía mostrar, al menos en un momento inicial, la voluntad de la multinacional alemana por responsabilizarse de lo ocurrido y asumir la reparación de las víctimas.

Pasados tres meses, en diciembre de 2012, *KiK* comenzó una ronda de negociaciones con las organizaciones civiles *Pakistan Institute of Labour Education and Research* y *Campaña Ropa Limpia*, con el objetivo de alcanzar un acuerdo de compensación a largo plazo para las víctimas. Además del pago de la indemnización, sendas organizaciones exigían que *KiK* asumiese públicamente su responsabilidad en la tragedia por no haber controlado de forma adecuada las prácticas de unos de sus principales proveedores. Y es que, dada la superioridad en la relación comercial de *KiK* sobre *Ali Enterprises*, la multinacional debía de haber obligado contractualmente a su proveedor a cumplir con unos estándares mínimos de salud y seguridad laboral, además de supervisar de una forma efectiva su cumplimiento. Sin embargo, en lugar de aceptar su corresponsabilidad en la catástrofe por no haber controlado de forma adecuada las prácticas de su proveedor, *KiK* estancó las negociaciones y se negó a alcanzar un acuerdo.

Pasados casi dos años de la tragedia, en 2014, *KiK* ofreció un pago único de 1.000 dólares estadounidenses para cada afectado por el incendio, lo que equivalía al salario de un año para un trabajador del sector textil en Pakistán, pero negándose a asumir culpa alguna por la falta de seguridad contra incendios en la fábrica de *Ali Enterprises*; propuesta que fue rechazada por la asociación de víctimas de la tragedia, la *Ali Enterprises Factory Fire Affectees Association*[8].

---

[8] La multinacional alemana realizó una oferta que no resultaba adecuada para las víctimas y se negó a participar en mecanismos de indemnización basados en los principios del Convenio nº 121 de la OIT sobre las prestaciones por accidentes laborales. ECCHR, "KiK:

En septiembre de 2016, tras una nueva ronda de negociaciones que contó con la intermediación de la Organización Internacional del Trabajo (OIT) y del Ministerio de Industria alemán, *KiK* acordó constituir un fondo de 5,15 millones de dólares para garantizar que las víctimas recibiesen los pagos de conformidad con el Convenio sobre las prestaciones en caso de accidentes del trabajo y enfermedades profesionales de la OIT[9], pero volvió a negarse a asumir su parte de responsabilidad en la tragedia[10].

Casos como el incendio de la fábrica de *Ali Enterprises* evidenciaron ante la opinión pública los riesgos derivados de la actividad de las empresas multinacionales en las cadenas productivas globales, arrojando luz sobre uno de los aspectos en el que gran parte de los consumidores aún no se habían parado a pensar; los costes de los productos se reducen porque la producción se ha externalizado hacia países en los que sus autoridades no respetan, o no tienen capacidad suficiente, para proteger de una forma efectiva los derechos básicos y fundamentales de sus pobladores.

Paying the price for clothing produced in South Asia", https://www.ecchr.eu/en/case/KiK-paying-the-price-for-clothing-production-in-south-asia/#case_case (consultada el 3 de abril de 2025).

9 OIT, Convenio Nº 121, sobre las prestaciones en caso de accidentes del trabajo y enfermedades profesionales, 1964.

10 Las indemnizaciones fueron de entre 600 y 1000 dólares en caso de muerte y de unos 200 dólares para los heridos, pero el dinero no siempre acabó en manos de las víctimas del incendio. Como ejemplo del mal uso que se dio a los fondos, cuatro empresarios fueron condenados por apropiarse de unos doscientos mil dólares que recibieron para ser gestionados y entregados a las víctimas del incendio, dedicándolos en su lugar a adquirir una parcela residencial. SAHOUTARA, N., "Eight years on, ex-MQM men get death in factory fire case", *Dawn Today´s Paper*, September 23, 2020. https://www.dawn.com/news/1581135 (consultada el 19 de febrero 2025).

KiK contaba con un programa voluntario de responsabilidad social corporativa (RSC)[11] y había declarado pública y explícitamente en sus informes sociales que las fábricas de sus proveedores eran inspeccionadas periódicamente y que cumplían con unos estándares adecuados de protección de los derechos de sus trabajadores[12]. Por ello, si *KiK* realmente hubiera inspeccionado de una forma eficaz la fábrica de su proveedor, como afirmaba en sus informes sociales, debería de haber conocido el estado en el que se encontraban las instalaciones.

Y es que, un informe independiente encargado por el *European Center for Constitutional and Human Rights* (ECCHR) y publicado en 2018, tras la investigación del grupo de expertos de *Forensic Architecture*, evidenció que la magnitud del incendio y el número de víctimas mortales podrían haberse reducido significativamente con la implementación de medidas básicas de seguridad. Acciones como la instalación de alarmas y extintores, una ventilación adecuada o el mantenimiento

---

11 Pese a que los términos "responsabilidad social corporativa" y "responsabilidad social empresarial" (RSE) en ocasiones se utilizan como sinónimos, existen pequeñas diferencias conceptuales que merecen precisión. El concepto de RSC engloba a todo tipo de organizaciones, independientemente de su tamaño o naturaleza. Por su parte, las siglas RSE hacen referencia a las empresas de naturaleza privada. Dado que en la presente investigación se refiere al desarrollo de programas de cumplimiento normativo en materia de sostenibilidad que puedan aplicarse a cualquier tipo de empresas (públicas o privadas, independientemente de su tamaño y sector operacional), se ha optado por utilizar la terminología de la RSC. Sobre las diferencias terminológicas entre RSE y RSC, véase LÓPEZ-FRANCOS DE BUSTURIA, A.A., *Derechos Humanos, Empresas Transnacionales y Responsabilidad Social Empresarial*, Biblioteca Derechos Humanos-Berg Institute, Madrid, 2015, pp. 63-66 y 126-139.

12 ECCHR, "Case report, Pakistan: cheap clothes, perilous conditions", January 2021, p. 2.

de vías de evacuación despejadas habrían sido suficientes para mitigar el impacto de la tragedia.[13]

En este punto, debemos hacer referencia a un "actor secundario" que aparece en escena adquiriendo gran protagonismo, la empresa de certificación italiana, con sede en Génova, *Rina Services SpA*.

Unas semanas antes de que se produjese el incendio, *Rina Services* había emitido un certificado *SA8000*[14] mediante una auditoría social realizada en las instalaciones de *Ali Enterprises,* en agosto de 2012, por la firma *Renaissance Inspection & Certification Agency* (*RI&CA*), subcontratista de *Rina Services* en Pakistán. Pese a que el sistema de normas *SA8000* es uno de los principales estándares de certificación social para fábricas y organizaciones de todo el mundo, que tiene por objeto certificar que una empresa actúa conforme a los "más altos estándares sociales", lo cierto es que la magnitud de la tragedia de la fábrica de *Ali Enterprises* evidenció que este tipo de certificaciones voluntarias no son lo suficientemente eficaces como para asegurar, de una forma aceptable, el respeto de los derechos básicos en las cadenas productivas globales.

---

13 De acuerdo con la simulación del incendio realizada por *Forensic Architecture,* centro de investigación con sede en la *Goldsmiths University of London,* si se hubieran adoptado unas mínimas medidas de seguridad antiincendios se hubieran podido salvar la mayor parte de las vidas perdidas. La investigación, informe y video de la simulación puede consultarse en la página web de *Forensic Architecture,* https://forensic-architecture.org/investigation/the-ali-enterprises-factory-fire (consultada el 15 de enero 2025).

14 El SA8000 es un estándar de certificación auditable que pretende promover el desarrollo de prácticas socialmente aceptables en los centros de trabajo, que es supervisado por la ONG *Social Accountability International* (SAI). https://sa-intl.org/programs/sa8000/ (consultada el 12 de enero 2025).

El incendio de *Ali Enterprises* llegó a judicializarse en Pakistán e Italia por la vía penal, y en Alemania en el orden civil.

En relación con el proceso penal seguido en Pakistán, en un primer momento las autoridades acusaron a los propietarios de la fábrica de *Ali Enterprises,* Arshad y Shahid Bhaila, siendo investigados como responsables de las muertes de los trabajadores debido a la inexistencia de unas mínimas medidas de seguridad antiincendios en el edificio. Sin embargo, los empresarios fueron puestos en libertad poco tiempo después de su detención, cerrándose la investigación por su posible responsabilidad penal en 2016.[15]

Las investigaciones tomaron una nueva dirección, siendo acusados varios activistas vinculados al partido político *Muttahida Qaumi Movement Pakistan* de llevar a cabo una acción terrorista. En un juicio celebrado en 2020, el Tribunal Antiterrorismo número VII de Karachi condenó a tres activistas de la *Muttahida Qaumi Movement Pakistan,* Rauf Siddiqui, Abdul Rehman y Zubair Chariya, como autores de un incendio premeditado, por lo que finalmente los empresarios no respondieron ante la justicia por la carencia de medidas de seguridad y las deplorables condiciones en las que se encontraba el edificio donde los trabajadores realizaban sus tareas[16].

En cuanto a la investigación penal desarrollada en Italia, la asociación de víctimas presentó ante la fiscalía de Turín un informe sobre el incendio de la fábrica de *Ali Enterprises* y su relación con la certificación emitida por *Rina Services.* La fiscalía

---

15 "Pakistan fire: Two to hang for Karachi garment factory inferno", *BBC,* September 22, 2020. https://www.bbc.com/news/world-asia-54250075 (consultada el 19 de enero 2025).

16 El tribunal condenó a muerte a tres miembros del *Muttahida Qaumi Movement Pakistan* al considerar que provocaron el incendio después de que los propietarios de la fábrica se negasen a pagarles una extorsión de 250 millones de rupias. *Ex. Nº 492, in the Anti-terrorism Court Nº: VII, Central, Prison, at Karachi, (Special case No: 11 (vii)/2017).*

de Turín comenzó una investigación y ordenó una evaluación independiente realizada por expertos en prevención de incendios. En 2016 el caso fue transferido a los juzgados de Génova, al encontrarse en dicho lugar la sede de la matriz de *Rina Services.* Finalmente, la fiscalía de Génova archivó la causa al entender que no se había cometido ningún delito por parte de la certificadora, dado que había emitido un certificado correspondiente a una auditoría voluntaria y carente de obligaciones jurídicamente vinculantes, por lo que los hechos carecían de relevancia penal.[17]

El 11 de septiembre de 2018, una coalición internacional de organizaciones de la sociedad civil y la asociación de víctimas presentaron una denuncia contra *Rina Services* ante el Punto Nacional de Contacto (PNC) de la Organización para la Cooperación y el Desarrollo Económicos (OCDE) en Roma[18]. La reclamación se basaba en que los fallos de la auditoría social realizada por *RI&CA,* filial de *Rina Services,* no solo habían impedido que se detectasen las graves deficiencias en seguridad laboral que costaron la vida a 258 trabajadores, sino que con su certificación habían conseguido crear una falsa sensación de seguridad que impedía visibilizar el problema.

Tras largas negociaciones, que contaron con la mediación del PNC de la OCDE en Roma, en marzo de 2020 las partes alcanzaron un acuerdo por el que *Rina Services* se comprometía a abonar 400.000 dólares a las víctimas y revisaría su

---

17 ECCHR, "Case report. RINA certifies safety before factory fire in Pakistan", December 2020, p. 3. https://www.ecchr.eu/fileadmin/Fallbeschreibungen/CaseReport_KiK_RINA_December2020.pdf (consultada el 20 de enero 2025)

18 Reclamación que a fecha de hoy aún no ha sido resuelta. *Ali Enterprises Factory Fire Affectees Assoc. v. RINA S.p.A. Audit company wrongfully certifying garment factory Pakistan,* NCP Italy. https://www.oecdwatch.org/complaint/ali-enterprises-factory-fire-affectees-assoc-v-rina-s-p-a/ (consultada el 22 de febrero 2025)

sistema de certificaciones globales. Sin embargo, en otoño del mismo año 2020, la certificadora finalmente se negó a firmar el acuerdo alcanzado y rechazó asumir cualquier responsabilidad en la tragedia causada por el incendio originado en la fábrica de *Ali Enterprises*.

Por último, con respecto al procedimiento civil seguido en Alemania, tras más de dos años de negociaciones infructuosas, en marzo de 2015, cuatro de las víctimas presentaron una demanda ante el Tribunal Regional de Dortmund contra *KiK* por su posible responsabilidad extracontractual en la tragedia, reclamando cada demandante una indemnización de 30.000 euros. Con su demanda, las defensas de las víctimas buscaban que se reconociese judicialmente que *KiK* tenía una responsabilidad de vigilar y controlar las condiciones laborales impuestas por los proveedores de su cadena productiva, también en el caso de que estuviesen ubicados en el extranjero. Pasados cuatro años, en enero de 2019, el Tribunal Regional de Dortmund desestimó la demanda por cuestiones formales, sin entrar a pronunciarse sobre el fondo del asunto, al entender que se había excedido el plazo de prescripción.[19]

Como vemos, pese a que las carencias en materia de seguridad antiincendios en la fábrica de *Ali Enterprises* eran evidentes, ni la persona jurídica ni sus administradores o propietarios fueron castigados por la justicia pakistaní. *KiK* y sus dirigentes en Alemania tampoco respondieron por no controlar de forma adecuada las prácticas de su proveedor y haber incorporado directamente en su cadena productiva prendas obtenidas mediante graves violaciones de los derechos fundamentales básicos de los trabajadores que terminaron en

---

19 ECCHR, "Questions and answers. The Baldia factory fire and the role of the German clothing retailer KiK", January 2021. https://www.ecchr.eu/fileadmin/Q_As/Q_A_EN_KiK_Pakistan_20190114.pdf (consultada el 18 de enero 2025).

múltiples muertes, pese a haber informado a los mercados y consumidores lo contrario en sus informes de RSC. En cuanto a la certificadora, aunque *Rina Services* no realizó un trabajo "serio" y eficaz a la hora de emitir su certificación social, contribuyendo con ello a ocultar las peligrosas condiciones en las que trabajaban cientos de personas, tampoco asumió responsabilidad alguna por el desastre.

Únicamente resultaron condenados tres ciudadanos pakistaníes activistas políticos que, aun siendo cierto que fuesen los responsables del origen de incendio, nada tenían que ver con que los trabajadores de *Ali Enterprises* estuviesen sometidos a condiciones equiparables a la esclavitud, o que desarrollasen sus tareas sin unas mínimas condiciones de seguridad en un centro de trabajo en el que se producía para una empresa multinacional europea.

Esta falta de responsabilidad de todas las partes involucradas en una actividad productiva que les reportaba pingües beneficios derivó en que los supervivientes y familiares de las víctimas tampoco encontrasen una reparación adecuada. Al contrario, los pagos de los acuerdos de indemnización pactados con *KiK* se dilataron en el tiempo y la cantidad que acabó por llegar a los damnificados distaba mucho de ser una cifra adecuada para reparar los daños sufridos.

En conclusión, pese a que el programa de RSC desarrollado por *KiK* y la auditoría social voluntaria realizada por *Rina Services* a la fábrica de *Ali Enterprises* daban una sensación de responsabilidad y seguridad a los mercados y los consumidores, la tragedia se produjo, las empresas que se beneficiaban de la reducción de los estándares laborales y de seguridad en el trabajo no respondieron ante la justicia por los hechos, y las múltiples víctimas no consiguieron una reparación adecuada, ni por parte de las empresas ni por parte de la justicia.

II EL CONCEPTO DE EMPRESA MULTINACIONAL EN EL SIGLO XXI

La primera gran oleada de internacionalización de las empresas se produjo en el periodo comprendido entre 1860 y 1914 en países occidentales como Alemania, Gran Bretaña, Francia o los Estados Unidos (EE.UU.), cuando, gracias a los avances científicos y tecnológicos aplicados a los sistemas de producción y comercialización estandarizados, se propició la aparición de nuevos productos y servicios, nuevas demandas y nuevos hábitos de consumo. Es ya avanzado el siglo XX, tras una serie de reformas iniciadas en los EE.UU. y expandidas al extranjero dirigidas a la liberalización de las fusiones y adquisiciones para permitir la propiedad cruzada entre empresas, cuando las corporaciones multinacionales comienzan a crecer en número, tamaño y poder[20].

Con los cambios vividos a escala global tanto a nivel político como social, especialmente tras la caída de la Unión Soviética en 1991, potenciados por la apertura de nuevos mercados y los avances de la tecnología y las comunicaciones, en las últimas décadas hemos asistido a una transformación de la economía y del comercio internacional. Con ello, también se ha transformado el modelo tradicional de empresa multinacional, transitando desde el fordismo hacia el posfordismo para incrementar su presencia tanto a nivel internacional en las cadenas productivas globales, como a nivel local en los diversos mercados nacionales[21].

---

[20] En mayor profundidad sobre el origen histórico de las empresas multinacionales, MUCHLINSKI, P.T., *Multinational Enterprises and the Law*, Oxford University Press, Oxford, 2nd Edition, 2011, pp. 8-24; BLUMBERG, P.I., *The Multinational Challenge to Corporation Law: The Search for a New Corporate Personality*, Oxford University Press, New York-Oxford, 1993, pp. 3-21.

[21] El gran auge de las empresas multinacionales se debe, en parte, a una globalización que ha conllevado la convergencia de las

El fordismo, caracterizado por su énfasis en la producción en masa, la estandarización de productos y la integración vertical, se basaba en la creación de economías de escala dentro de grandes fábricas y la estabilidad laboral a través de salarios dignos que fomentaban el consumo masivo. Este modelo, que dominó gran parte del siglo XX, facilitó una fase de crecimiento económico sostenido que dependía de una regulación gubernamental fuerte y de la negociación colectiva para mediar entre capital y trabajo[22].

En contraste, el posfordismo emerge vinculado a la globalización en un contexto de saturación de mercados y crisis económicas recurrentes, lo que impulsa a las empresas a buscar mayor flexibilidad en la producción y en la gestión laboral. Este nuevo paradigma se distingue por su enfoque en la especialización de productos, la producción *just-in-time*, la subcontratación extensiva y la flexibilización del trabajo. Las estrategias posfordistas están orientadas hacia la innovación continua y la adaptación rápida a cambios de mercado, deslocalizando la producción hacia regiones con costes laborales más bajos y regulaciones menos estrictas en materia fiscal para maximizar las ganancias en un mercado globalizado[23].

---

preferencias de los consumidores de todo el mundo en multitud de productos industriales, bienes de consumo y servicios empresariales que se producen y comercializan a escala mundial sin diferencias significativas gracias a estrategias de marketing global. De este modo, la internacionalización se ha convertido en la principal estrategia de las empresas dados los beneficios que les ofrecen. WILD, J.J./WILD, K.J., *International Business: The Challenges of Globalization*, 10th Edition, Pearson Education Limited, London, 2023, pp. 31-39.

22 ALTVATER, E., "Fordist and post-fordist international division of labor and monetary regimes", en SCOTT, A.J./STORPER, M. (eds.), *Pathways to Industrialization and Regional Development*, Routledge, London, 1992, pp. 19 y ss.

23 CORIAT, B., "The revitalization of mass production in the computer age", en SCOTT, A.J./STORPER, M. (eds.), *Pathways to Industrialization and Regional Development*, Routledge, London, 1992, pp. 123-126.

Este cambio de modelo ha reconfigurado las estructuras de producción y gestión corporativas, modificando las relaciones laborales y exacerbado las desigualdades socioeconómicas. Con ello, este tránsito refleja un cambio fundamental en la organización del capital y del trabajo, donde la flexibilidad y la competitividad se imponen sobre la estabilidad y la uniformidad que caracterizaban la era fordista[24].

Pese a que las corporaciones multinacionales son protagonistas indiscutibles en la economía global contemporánea, lo cierto es que no existe una definición jurídica unívoca del concepto de empresa multinacional —o transnacional, términos que en la práctica suelen emplearse de forma indistinta—. Diversas organizaciones internacionales como la Organización de las Naciones Unidas (ONU), la OCDE, o la OIT, han ofrecido definiciones desde perspectivas complementarias, que coinciden, en lo esencial, en caracterizar a estas entidades como estructuras económicas integradas por un conjunto de empresas que operan en más de un país, bajo una dirección o control común, y cuya actividad transnacional se articula a través de relaciones societarias, contractuales o de influencia económica significativa[25].

---

24 Un análisis desde la economía política sobre las diferencias estructurales y estratégicas entre el fordismo y el posfordismo, en JESSOP, B., "Fordism and post-fordism: a critical reformulation", en SCOTT, A.J./STORPER, M. (eds.), *Pathways to Industrialization and Regional Development*, Routledge, London, 1992, pp. 42-62.

25 Como ejemplo, la ONU las define como *la entidad económica que realiza actividades en más de un país o un grupo de entidades económicas que realizan actividades en dos o más países, cualquiera que sea la forma jurídica que adopte, tanto en su propio país como en el país de la actividad, y ya sea que se le considere individual o colectivamente.* SUBCOMISIÓN DE LA ONU PARA LA PROMOCIÓN Y PROTECCIÓN DE LOS DERECHOS HUMANOS, *Normas de las Naciones Unidas sobre las responsabilidades de las empresas transnacionales y otras empresas en la esfera de los derechos humanos,* agosto de 2003, I. Definiciones, punto 20.

Siguiendo a PETER MUCHLINSKI, podemos definir este tipo de empresa, transnacional o multinacional, como una organización económica que gestiona su producción en más de un país y que posee un poder de influencia significativo debido a su capacidad financiera y a sus extensas operaciones globales[26]. De acuerdo con esta definición, este tipo de corporaciones se pueden describir como agregados empresariales integrados por diversos sujetos de Derecho privado que operan en más de un Estado. A pesar de que cada unidad operativa puede operar de manera relativamente independiente, todas siguen una dirección económica y organizativa centralizada ejercida por la empresa matriz con el objetivo de generar beneficios para el conjunto del grupo corporativo. Las empresas multinacionales pueden variar en tamaño y ubicar su sede principal, filiales o sucursales en cualquier parte del mundo, ajustando el grado de autonomía y responsabilidad de sus diversas unidades de acuerdo con la estrategia global del grupo[27].

Esta convergencia conceptual ha permitido establecer, al menos en el plano operativo, una definición funcional ampliamente aceptada: una empresa multinacional puede entenderse como un grupo de entidades privadas, públicas o mixtas, situadas en dos o más países, que están vinculadas entre sí por la propiedad, el control o una coordinación estratégica centralizada, y que actúan en el ámbito internacional como una

---

26 MUCHLINSKI, P.T., "Human rights and multinationals: is there a problem?", *International Affairs*, 77, I, 2001, p. 31.

27 Sobre el nuevo paradigma empresarial del s. XXI, los principales retos económicos, sociales y medioambientales, y el papel de las nuevas tecnologías en la globalización económica, OLCESE, A./ RODRÍGUEZ, M.A./ALFARO, J., *Manual de la empresa responsable y sostenible*, Mcgraw-Hill/Interamericana de España, Madrid, 2008 pp. 4-27.

unidad económica integrada[28]. Esta definición resulta válida para los fines del presente trabajo, en tanto permite identificar a los sujetos responsables de ejercer la diligencia debida a lo largo de las cadenas de valor globales, con independencia de su forma jurídica o grado de descentralización formal.

Como veremos a continuación, el de corporación multinacional es un concepto más bien político —o económico— que jurídico, pues, en puridad, una corporación multinacional no existe dado que cada sociedad que la integra tiene la nacionalidad del lugar en el que se encuentra su sede principal, por lo que un grupo corporativo multinacional no se identifica con una persona jurídica internacional[29]. Pese a que algunos autores defienden que las empresas multinacionales desempeñan un papel en la escena internacional que evidencia una personalidad jurídica corporativa internacional de *lege lata*, hasta el momento, ni los Estados ni las organizaciones internacionales formales han dado un reconocimiento serio a esta idea [30].

A. *Las fases del proceso de deslocalización industrial*

Podemos identificar dos fases en el fenómeno de deslocalización que ha transformado profundamente las estructuras y las relaciones en las cadenas productivas globales. Entender cómo se ha desarrollado este proceso resulta necesario para comprender que la diligencia debida no es solo una cuestión de respeto a los derechos humanos, sino también una cuestión de competencia y seguridad jurídica. Por ello, las empresas

---

28 CLAPHAM, A., *Human Rights Obligations of Non-State Actors*, Oxford University Press, New York, 2006, pp. 76-81.

29 VERGER, A., *El sutil poder de las transnacionales*, Icaria, Barcelona, 2003, p. 10.

30 KUNTZ, M., *Conceptualising Transnational Corporate Groups for International Criminal Law*, NOMOS, Baden-Baden, 2017, p. 53.

multinacionales europeas no se han opuesto al desarrollo de una normativa que clarifique sus obligaciones en materia de derechos humanos, sino que, al contrario, también han apoyado su desarrollo[31].

La primera fase de deslocalización productiva, desarrollada a lo largo del siglo XX, se caracterizó por una notable transferencia de la producción manufacturera de empresas instaladas en países altamente industrializados —tales como los EE.UU., países de Europa Occidental, Japón, Australia y Nueva Zelanda— hacia naciones en desarrollo o países emergentes del sur global. Países como Brasil, México, Nigeria, Egipto, Turquía y Pakistán se convirtieron en destinos preferidos para estas operaciones. Esta etapa estuvo motivada principalmente por la búsqueda de reducción de costes laborales y la explotación de regulaciones ambientales y laborales menos estrictas. Estos movimientos buscaron ventajas competitivas a través de la reducción de costes, permitiendo a las multinacionales acceder a nuevos mercados y bases de consumidores en crecimiento, fomentando un modelo de globalización centrado en la eficiencia y la expansión del mercado.[32]

---

31 Muchas empresas consideran que solo una iniciativa a nivel de la UE podría asegurar que las organizaciones económicas que operan en distintos Estados miembros disfruten de la misma protección frente a la presión por maximizar los rendimientos financieros y, al mismo tiempo, sean igualmente responsables de perseguir un valor sostenible, respetando los derechos humanos tanto en la UE como a lo largo de sus cadenas productivas globales. COMISIÓN EUROPEA, DIRECCIÓN GENERAL DE JUSTICIA Y CONSUMIDORES, *Study on directors' duties and sustainable corporate governance : final report.* Publications Office, Luxembourg, 2020, p. 146.

32 CALIGARIS, C., "The Global Accumulation of Capital and Ground-Rent in 'Resource Rich' Countries", en CHARNOCK, G./STAROSTA, G. (eds.), *The New International Division of Labour Global Transformation and Uneven Development*, Palgrave Macmillan, London, 2016, pp. 55-78.

En la segunda fase, propia del siglo XXI, observamos una dinámica donde las corporaciones multinacionales de regiones que anteriormente eran vistas como periféricas en el contexto económico global, como India y China, han comenzado a deslocalizar sus propias producciones. Estas empresas ahora están trasladando partes significativas de sus operaciones manufactureras a otros países del sudeste asiático, como Bangladesh e Indonesia, que presentan un nivel de desarrollo económico menor[33]. Este movimiento se asocia con una saturación progresiva de los mercados laborales en sus países de origen y un aumento correspondiente en los costes de producción, lo que les impulsa a buscar nuevas regiones que ofrezcan condiciones laborales aún más competitivas.[34]

Históricamente, las empresas multinacionales de los países occidentales han avanzado en la implementación de procesos internos de RSC como respuesta a sus "responsabilidades sociales". Este desarrollo abarca desde la sostenibilidad hasta la ética laboral y la transparencia en la cadena de suministros. Simultáneamente, los Estados de estas regiones han comenzado a institucionalizar normas de diligencia debida en derechos humanos que son de cumplimiento obligatorio para las empresas en ellos domiciliadas o que realizan negocios en sus territorios.

---

33 Sobre el caso específico de las empresas multinacionales de China, BUCKLEY, P.J./SUTHERLAND, D./VOSS, H./EL-GOHARI, A., "The Economic Geography of Offshore Incorporation in Tax Havens and Offshore Financial Centres: The Case of Chinese MNEs", *Journal of Economic Geography,* 15 (1), January 2015, pp. 103-128. Una referencia al caso de las empresas multinacionales de la India, BUCKLEY, P.J./MUNJAL, S./ENDERWICK, P./FORSANS, N., "Do Foreign Resources Assist or Impede Internationalisation? Evidence from Internationalisation of Indian Multinational Enterprises", *International Business Review,* 25 (1A), February 2016, pp. 130-140.

34 Sobre la evolución de la deslocalización productiva de las empresas multinacionales, LÓPEZ-FRANCOS DE BUSTURIA, A.A., *Derechos Humanos, Empresas Transnacionales y Responsabilidad Social Empresarial,* pp. 92-93.

En contraste, las compañías multinacionales de los países emergentes no han desarrollado sus programas de RSC con el mismo nivel de profundidad. En estas regiones, la integración de la RSC en la estrategia empresarial puede no ser tan prioritaria, lo que refleja un enfoque más tradicional centrado en la eficiencia y el crecimiento económico. Asimismo, los gobiernos de estas naciones no han incorporado en sus ordenamientos jurídicos internos los estándares de diligencia debida en derechos humanos, sino que estas cuestiones siguen formando parte del ámbito voluntario de la responsabilidad social.

Estas disparidades pueden atribuirse a una variedad de factores. Por ejemplo, las empresas europeas suelen operar en mercados altamente regulados y se dirigen a consumidores con una elevada conciencia sobre la importancia de la RSC, lo que las impulsa a adoptar prácticas más rigurosas y transparentes. En contraste, las empresas de estos países emergentes operan en contextos donde las regulaciones son menos estrictas y la presión social y de consumo por prácticas responsables es menos intensa.

Esto se visualiza claramente comparando la conducta de dos grandes multinacionales, occidental y asiática, a la hora de enfrentar sus impactos negativos sobre los derechos humanos: *Zara* y *Shein*. La compañía asiática *Shein* se ha convertido en el minorista de moda de comercio electrónico más grande del mundo, siendo valorada en abril de 2022 en más de 100.000 millones de dólares, más que *H&M* y *Zara* juntas. Las medidas de RSC del grupo *Inditex* han sido reconocidas por ONGS como *Greenpeace*, que en 2018 calificó a la multinacional española como líder en la campaña contra el uso de químicos en la industria textil[35]. Por el contrario, y en cuanto a la asiática *Shein*, en un informe elaborado por *Greenpeace* se

35 Véase, COBBING, M./VICAIRE, Y., *Destino cero: siete años desintoxicando la industria de la moda*, Greenpeace,Berlin, 2018. https://es.greenpeace.org/es/sala-de-prensa/informes/destino-cero-siete-anos-desintoxicando-la-industria-de-la-moda/ (consultada el 22 de abril de 2025)

puso de manifiesto que el 15% de sus prendas presentaban sustancias químicas peligrosas que superan los límites reglamentarios de la UE y el 32% contenían niveles dentro de la legalidad, pero preocupantes. Además, *Shein* ha sido calificada moda *ultra fast fashion* por ir más allá de la *fast fashion*, pues, mientras que el resto de las multinacionales de la moda tardan unos 3 meses desde que se planifica la prenda hasta que se lanza al mercado, *Shein* ha acortado ese proceso a tan solo 3 o 7 días[36]. Este ritmo vertiginoso de producción, sumado a la falta de controles efectivos en su cadena de suministro, incrementa significativamente los riesgos de explotación laboral, violaciones de derechos humanos y daños medioambientales no fiscalizados.

B. El sistema productivo del siglo XXI: dinámicas y complejidades de las cadenas productivas globales

La aparición y desarrollo de las cadenas productivas globales[37] puede atribuirse a una combinación de factores económicos y logísticos que transformaron fundamentalmente la producción y el comercio internacional. Desde la década de 1990, la liberalización del comercio y las finanzas internacionales dieron lugar a una disminución significativa de barreras arancelarias y no arancelarias, lo que facilitó un entorno más libre y abierto para el intercambio de bienes y servicios. De forma adicional, la drástica reducción en los costes de transporte,

---

[36] Véase, COBBING, M./WOHLGEMUTH, V./PANHUBER, L., *Los trapos sucios de SHEIN: Un modelo de negocio basado en las sustancias químicas peligrosas y la destrucción medioambiental*, Greenpeace, Berlín, 2022. https://es.greenpeace.org/es/wp-content/uploads/sites/3/2022/11/schein-spain-1.pdf (consultada el 22 de abril de 2025).

[37] Sobre los conceptos de cadenas de valor y cadenas de suministro, y su relevancia en el ámbito de la diligencia debida en derechos humanos, véase con mayor detalle los apartados I y II del Capítulo V de esta obra.

tanto aéreo como marítimo, permitió que productos o componentes viajaran entre los distintos eslabones de la cadena productiva desde lugares remotos sin incrementar significativamente el coste final del producto. Esta revolución permitió que las empresas descompusieran el proceso de producción en varias tareas o etapas, las cuales podían ser asignadas a diferentes ubicaciones geográficas sin enfrentar costes prohibitivos o restricciones burocráticas.

Como resultado, países con un nivel de desarrollo económico relativamente menor, y que históricamente estaban geográficamente marginados del comercio internacional debido al alto coste del transporte, pudieron integrarse activamente en las cadenas globales de valor. Esta integración ha marcado una era de globalización de los procesos productivos, facilitando una distribución más amplia de la manufactura y la prestación de servicios a través de las fronteras internacionales, configurando así un nuevo paradigma en la economía global.[38]

Gracias a la capacidad de las empresas multinacionales para coordinar actividades a nivel global, las cadenas de valor y suministros globales se han consolidado como el eje de la economía del siglo XXI[39]. Este modelo productivo, surgido en la era posfordista, ha reemplazado al capitalismo nacional con una estructura multinivel que integra dimensiones locales, nacionales, regionales e internacionales. Estas cadenas complejas, caracterizadas por la dispersión geográfica de sus operaciones, impiden la trazabilidad de las responsabilidades ocultándolas

---

[38] SANGUINETI RAYMOND, W., "La renovada arquitectura del capitalismo del siglo XXI y la crisis de gobernanza del mundo del trabajo", en *Teoría del Derecho Transnacional del Trabajo,* Thomson Reuters, Navarra, 2022, pp. 20-21.

[39] GUAMÁN HERNÁNDEZ, A., *Diligencia debida en Derechos Humanos. Posibilidades y límites de un concepto en expansión,* Tirant lo Blanch, Valencia, 2022, pp. 26-27.

bajo capas de subcontratación. Con todo ello, se han exacerbado las disparidades socioeconómicas, la precariedad laboral, y el deterioro del medio ambiente en las regiones hacia las que se ha trasladado la producción[40].

El crecimiento de las cadenas productivas globales parece imparable. Según estudios de empleo realizados en 2016, las corporaciones multinacionales empleaban directamente a 82 millones de personas en sus filiales, mientras que más de 453 millones de trabajadores —equivalente al 20,6% del empleo global— desarrollaban su actividad en empresas que forman parte de sus cadenas de producción[41]. Desde 2021, se estima que el empleo generado por las multinacionales en sus cadenas de valor y suministro ha experimentado un crecimiento anual del 2%, consolidando su papel como actores clave en la economía global[42]. De acuerdo con la Conferencia de las Naciones Unidas sobre Comercio y Desarrollo (UNCTAD), aproximadamente el 80% del comercio mundial se lleva a cabo a través de cadenas de valor vinculadas a empresas multinacionales[43], lo que evidencia su influencia determinante en la configuración de los mercados y en la distribución del empleo a nivel internacional.

Aunque los distintos actores que integran las cadenas productivas globales puedan presentar independencia formal

---

40 WILD, J.J./WILD, K.J., *International Business: The Challenges of Globalization*, pp. 39-45.

41 UNITED NATIONS CONFERENCE ON TRADE AND DEVELOPMENT, *World Investment Report: Investment and the Digital Economy*, UNCTAD, Geneva, 2017.

42 UNITED NATIONS CONFERENCE ON TRADE AND DEVELOPMENT, *Trade and development report. Growth, Debt and Climate: Realigning the Global Financial Architecture*, UNCTAD, Geneva, 2023.

43 Véase la web de la UNCTAD https://unctad.org/es/press-material/el-80-del-comercio-tiene-lugar-en-las-cadenas-de-valor-vinculadas-las-empresas (consultada el 19 de abril de 2025).

desde el punto de vista jurídico, en la práctica sus decisiones y dinámicas operativas están subordinadas, en última instancia, a las directrices de la empresa multinacional que lidera la cadena. Lejos de constituir colaboraciones espontáneas entre entidades autónomas, estas redes son estructuradas y gestionadas estratégicamente por grandes corporaciones, que han desarrollado complejos sistemas de gobernanza contractual.

A través de estos mecanismos, las matrices imponen condiciones estrictas en aspectos como los estándares de calidad, los precios y los plazos de entrega, mientras suelen delegar —de forma expresa o tácita— el cumplimiento de los estándares laborales y medioambientales a la normativa interna de los países donde se ubican sus proveedores, normativa que, en muchos casos, resulta sustancialmente más laxa. Este modelo de control indirecto, ejercido mediante relaciones contractuales, otorga a las empresas multinacionales una influencia determinante, al tiempo que les permite externalizar los riesgos sociales y ambientales derivados de la producción[44].

Frente a ello, la diligencia debida en derechos humanos pretende transformar estos acuerdos contractuales en verdaderas herramientas de corresponsabilidad, ampliando su alcance para incorporar estándares exigibles en materia de derechos fundamentales y promoviendo nuevas formas de cooperación empresarial orientadas a la prevención del daño[45].

Es importante aclarar que no todas las empresas multinacionales operan de manera negativa ni que su existencia sea, por sí misma, perjudicial. Al contrario, su actividad puede generar beneficios significativos en los países en desarrollo,

---

44 SANGUINETI RAYMOND, W., "La renovada arquitectura del capitalismo del siglo XXI y la crisis de gobernanza del mundo del trabajo", pp. 21-22.

45 DI VETTA, G., *La responsabilità de reato degli enti nella dimensione transnazionale,* G. Giappichelli Editore, Torino, 2023, p. 23.

facilitando la transferencia tecnológica, mejorando la productividad y creando empleo de mayor calidad. Sin embargo, estos beneficios no se distribuyen de manera uniforme y dependen en gran medida de la capacidad de cada Estado para aprovecharlos[46].

Uno de los principales factores que condicionan esta capacidad para aprovechar recursos es la brecha tecnológica, es decir, las diferencias entre países en el acceso y desarrollo de tecnología. Mientras que algunas economías cuentan con los recursos necesarios para investigar, innovar y adaptarse a los avances tecnológicos, otras carecen de las herramientas para integrarse en mercados más competitivos. En este contexto, el control de las nuevas tecnologías suele quedar en manos de corporaciones multinacionales, que gestionan su acceso mediante patentes, licencias y derechos comerciales. Esto no solo limita la capacidad de ciertos países para reducir su dependencia tecnológica, sino que también refuerza las desigualdades en el acceso a la innovación y el desarrollo económico global[47].

Además, la complejidad de las cadenas productivas globales y la presión por reducir costes pueden llevar a muchas empresas a priorizar proveedores que no cumplen con estándares adecuados en materia de derechos humanos y condiciones laborales. En este contexto, la falta de transparencia dificulta la identificación de responsabilidades y permite que graves abusos queden impunes, lo que hace imprescindible exigir a las

---

46 BANCO MUNDIAL, *Informe sobre el desarrollo mundial. El comercio al servicio del desarrollo en la era de las cadenas de valor mundiales: Panorama general*, Banco Internacional de Reconstrucción y Fomento–Banco Mundial, 2020, p. 7.

47 DE LA DEHESA, G., *Comprender la globalización*, Alianza Editorial, Madrid, 2000, p. 37.

multinacionales un compromiso real y efectivo con el respeto a los derechos fundamentales en toda su cadena productiva.

Establecer la responsabilidad penal de las empresas dentro de las complejas cadenas productivas globales resulta difícil, debido a la opacidad y fragmentación que caracteriza a estas estructuras. El principal problema radica en la dificultad de rastrear las prácticas a lo largo de todos sus niveles, especialmente cuando se trata de subcontratistas y proveedores en el extranjero. Además, el hecho de que las empresas no siempre tengan un control real sobre los subcontratistas remotos las exime, en muchos casos, de una responsabilidad penal directa bajo el marco actual[48].

Para hacer frente a la complejidad estructural y a los riesgos sistémicos que caracterizan a las cadenas productivas globales, la diligencia debida en derechos humanos exige que las empresas multinacionales ejerzan una supervisión proactiva y rigurosa sobre todas las relaciones comerciales que configuran su red de suministro, especialmente cuando estas se articulan mediante vínculos contractuales directos. En estos casos, la cercanía jurídica y operativa del proveedor con la empresa matriz implica una mayor capacidad de control y, por ende, una responsabilidad más intensa en la prevención de posibles vulneraciones.

Frente a ello, los proveedores indirectos, cuya vinculación es más difusa y difícil de trazar, presentan mayores desafíos de gobernanza y control efectivo. En consecuencia, la proximidad del proveedor y el grado de intensidad de la relación comercial se erigen como factores clave para valorar la responsabilidad empresarial y calibrar la urgencia e intensidad de las medidas preventivas o correctivas que deben adoptarse. Solo partiendo

---

48 MONGILLO, V., "Forced labour e sfruttamento lavorativo nella catena di fornitura delle imprese: strategie globali di prevenzione e repressione", *Rivista trimestrale di Diritto penale dell'economia*, año XXXII, 3-4, 2019, pp. 655-657.

de esta distinción es posible diseñar estrategias de cumplimiento proporcionales al riesgo, coherentes con las obligaciones emergentes del marco normativo internacional[49].

III EL PROCESO PROGRESIVO DE DESRESPONSABILIZACIÓN CORPORATIVA

El proceso de internacionalización de las grandes empresas ha tenido como principal objetivo maximizar beneficios y reducir costes, aprovechando las oportunidades que ofrece el mercado global y optimizando el acceso a recursos disponibles en distintas regiones. A través de la expansión hacia nuevos mercados y la diversificación de sus áreas de negocio, estas empresas han logrado aumentar su competitividad y consolidar su presencia en la economía mundial[50]. Para facilitar este proceso, el Derecho ha permitido la creación de grupos empresariales estructurados en forma de *holding*s internacionales, compuestos por entidades legales independientes. Este modelo ha resultado altamente funcional tanto para la economía global como para la dinámica de la globalización, al proporcionar flexibilidad operativa y protección frente a riesgos financieros.

Como ha señalado MICHAEL SCHUMANN[51], la transformación de las empresas en redes descentralizadas y flexibles ha

---

49 HARINGS, L./ZEGULA, F., "Die Lieferkette als Anknüpfungspunkt der CompHance-Verpflichtungen nach dem LKSG", CCZ, 6/2022, pp. 165-166.

50 TEITELBAUM, A., *La armadura del capitalismo. El poder de las sociedades transnacionales en el mundo contemporáneo*, Icaria, Barcelona, 2010, p. 35.

51 Sobre las cuestiones clave de la evolución del trabajo en el modelo posfordista, véase KERN, H./SCHUMANN, M., *El fin de la división del trabajo. Racionalización en la producción industrial: situación actual, determinación de las tendencias*, Ministerio de trabajo y seguridad social, Madrid, 1989.

fragmentado la responsabilidad, permitiendo la externalización de riesgos laborales y sociales a través de subcontrataciones sucesivas en contextos con normativas laxas. Este modelo, que algunos describen como el "modelo Nike"[52], sustituye la estructura jerárquica y vertical del fordismo por una arquitectura empresarial distribuida, opaca y difícil de rastrear, donde las violaciones de derechos humanos son perpetradas por terceros, mientras que la empresa matriz se beneficia indirectamente de estas prácticas al reducir costes de producción[53]. En esta estructura, las empresas multinacionales perfeccionan lo que algunos autores han denominado una forma de "irresponsabilidad organizada"[54]. Esta situación ha llevado al debate sobre si se ha alcanzado un nivel de impunidad excesivo, que requiere una revisión de los marcos regulatorios actuales[55].

Este fenómeno puede entenderse como parte de una nueva "sociedad del riesgo 2.0", que supera incluso el marco propuesto por ULRICH BECK en los años noventa[56]. Mientras que Beck

---

52 Sobre el caso de la empresa Nike, véase el apartado III.B del Capítulo IV de esta obra.

53 En detalle sobre las cadenas productivas globales, véanse los apartados I y II del Capítulo V de esta obra.

54 MENDOZA BUERGO, B. *El Derecho penal en la sociedad del riesgo,* Civitas, Madrid, 2001, pp. 25 y ss.

55 MURPHY, D., "Holding Company Liability for Debts of its Subsidiaries: Corporate Governance Implications", *Bond Law Review,* 2010, vol. 10, n.º 2, pp. 241-272.

56 Beck argumentó que la sociedad del riesgo se caracteriza por la forma en que las amenazas modernas, tales como desastres tecnológicos, ambientales y financieros, son producidas por la propia modernización industrial y tecnológica. Según Beck, estos riesgos difieren de los peligros anteriores en que tienen un potencial global de daño y son a menudo irreversibles. Además, planteó que los riesgos son sistemáticamente producidos por la sociedad y, sin embargo, se vuelven cada vez más difíciles de prever, controlar y asegurar mediante las estrategias tradicionales.

describía una industrialización que producía riesgos globales menos previsibles y más difusos, hoy asistimos a un escenario en el que los riesgos están geográficamente dispersos, jurídicamente fragmentados y políticamente desarticulados, y en el que las empresas han perfeccionado mecanismos de dilución, desplazamiento y externalización de la responsabilidad penal. Esta transformación no solo afecta a la estructura productiva y al control de los procesos, sino también al marco normativo en el que se inscribe la actuación empresarial.

A. Creación de holdings internacionales compuestos por entidades con personalidad jurídica diferenciada y responsabilidad limitada

Podemos distinguir diferentes tipos de *holdings* internacionales, cuya clasificación depende de su estructura organizativa y grado de control sobre las empresas que los integran. Por un lado, los *holding*s jerárquicos se caracterizan por una estructura de mando centralizada, en la que la sociedad matriz posee la mayor parte de las participaciones de sus filiales y ejerce un control directo sobre sus decisiones operativas y estratégicas. Este modelo permite a la matriz administrar y supervisar de manera efectiva los activos y la dirección del grupo corporativo, asegurando una gestión uniforme y alineada con sus intereses[57].

Por otro lado, los *holding*s en red operan con una estructura más descentralizada y colaborativa. En este modelo, la empresa

---

Véase BECK, U., *La Sociedad del Riesgo: Hacia una Nueva Modernidad,* traducción de NAVARRO, J./JIMÉNEZ, D./BORRÁS, Mª.R., Paidós, Barcelona, 1998.

57 BLANCO CORDERO, I., "Responsabilidad penal de la sociedad matriz por los delitos cometidos en el grupo de empresas", en RODRÍGUEZ GARCÍA, N./RODRÍGUEZ LÓPEZ, F. (coord.), *"Compliance" y responsabilidad de las personas jurídicas,* Tirant lo Blanch, Valencia, 2021, p. 98.

matriz no ejerce un control absoluto, sino que actúa como un coordinador o facilitador, promoviendo la cooperación entre las distintas entidades del grupo. Estas empresas suelen operar con mayor autonomía, compartiendo objetivos, recursos y estrategias, pero sin una supervisión tan rígida por parte de la matriz[58].

Debido a estas diferencias estructurales, una matriz multinacional puede ejercer su influencia de dos formas:

1) Control directo, a través de la propiedad mayoritaria de acciones, lo que le otorga autoridad sobre las decisiones de importancia para la sociedad.
2) Control indirecto, mediante su dominio sobre los mecanismos de toma de decisiones, ejerciendo su influencia sobre las filiales sin necesidad de poseer la mayoría de sus participaciones.

Esta distinción es fundamental para determinar el grado de responsabilidad que puede atribuirse a una empresa matriz sobre las acciones y políticas de sus filiales[59], especialmente en el ámbito de la diligencia debida. En un *holding* jerárquico, la matriz ejerce un control centralizado, lo que facilita la implementación uniforme de medidas de diligencia debida en todo el grupo. Al poseer un poder de decisión directo sobre sus filiales, puede imponer estándares y supervisar su cumplimiento de manera más efectiva, estableciendo mecanismos de control internos que reduzcan los riesgos de incumplimiento.

En contraste, en un *holding* en red, donde las filiales operan con mayor autonomía, la supervisión y el cumplimiento se vuelven más complejos. La matriz no siempre tiene la capacidad de

---

58 MUCHLINSKI, P.T., *Multinational Enterprises and the Law*, pp. 45-80.

59 TEITELBAUM, A., *La armadura del capitalismo. El poder de las sociedades transnacionales en el mundo contemporáneo*, p. 36.

imponer normativas de manera directa, por lo que su rol se asemeja más a la gestión de proveedores directos dentro de una cadena de suministro. En estos casos, la influencia suele ejercerse a través de acuerdos contractuales, auditorías o incentivos comerciales, en lugar de una autoridad jerárquica inmediata.

Pese a estas diferencias estructurales, la regla general en la mayoría de los regímenes de responsabilidad establece que cada sociedad del grupo responde de manera independiente por sus propias acciones. de derechos humanos cometidas por sus filiales. En ausencia de una personalidad jurídica propia del grupo de empresas, cuando una sociedad se encuentra bajo el control de otra, puede surgir una desconexión entre la titularidad formal de la empresa y el control efectivo de la misma. Esto implica que, aunque una empresa se presente como una entidad legalmente independiente, sus decisiones y acciones pueden estar determinadas por otra organización que ejerce el control real. Esta estructura puede aprovecharse estratégicamente para distribuir las operaciones entre múltiples entidades jurídicas, permitiendo así aislar los riesgos legales y financieros.

La formación de un *holding* influye en cómo se gestionan las responsabilidades de los miembros del consejo de administración. Las sociedades que pertenecen a un grupo corporativo mantienen su nombre y estructura formal, pero operativamente quedan sujetas a la dirección y control de una entidad superior donde se concentran las funciones de alta administración. Esto limita significativamente su autonomía, al punto de que podrían perder su independencia de una forma sustancial. Como consecuencia, la capacidad de los administradores de las filiales para tomar decisiones independientes se reduce, y sus acciones tienden a estar influenciadas o directamente dictadas por la entidad dominante. Esto debilita la responsabilidad de los administradores frente a sus *stakeholders*, ya que pueden verse afectados por decisiones corporativas sin disponer de recursos efectivos contra los verdaderos responsables de la decisión.[60]

En cuanto al principio de responsabilidad limitada, pilar fundamental en la estructura de las sociedades de capital modernas, permite a los socios limitar su responsabilidad al monto de su inversión, protegiéndolos de las deudas y obligaciones de la empresa. Esta característica ha impulsado la inversión y la innovación, al reducir el riesgo financiero de los inversores y facilitar la acumulación de capital para proyectos de gran envergadura. Además, ha permitido a las empresas fragmentar sus operaciones en múltiples entidades jurídicas, creando un mecanismo eficaz para maximizar beneficios y minimizar riesgos al aislar legal y financieramente cada una de ellas[61].

Tradicionalmente considerado un privilegio concedido por el Estado[62], el principio de responsabilidad limitada tiene una base contractual, que inicialmente rige la relación entre los socios y posteriormente se extiende a los vínculos entre la empresa y terceros[63].

---

60 ZAMMITTI, M., "La responsabilidad social de la sociedad dominante del grupo de empresas", en RUIZ MUÑOZ, M./DE LA VEGA JUSTRIBÓ, B. (Dir.), *Responsabilidad Social Corporativa (RSC). Economía colaborativa y cumplimiento normativo,* Tirant lo Blanch, Valencia, 2019, p. 338.

61 BLUMBERG, P.I., *The Multinational Challenge to Corporation Law: The Search for a New Corporate Personality,* pp. 1-2.

62 PAZ-ARES, C., *Responsabilidad de los administradores y gobierno corporativo,* Colegio de Registradores de la Propiedad y Mercantiles de España, Madrid, 2007, pp. 189-190.

63 MARCOS, F., "Contribuciones del análisis económico del Derecho de Sociedades en España", en GONZÁLEZ FERNÁNDEZ, M.B./ COHEN BENCHETRIT, A., *Derecho de sociedades. Revisando el derecho de sociedades de capital,* Tirant lo Blanch, Valencia, 2018, p. 24.

Como señala PHILIP BLUMBERG, la aplicación de este principio a las filiales de un grupo corporativo fue un "accidente histórico"[64]. Al permitir que tanto personas físicas como jurídicas se beneficien de la responsabilidad limitada, se ignoró la realidad económica, facilitando que las empresas multinacionales dispersaran sus riesgos entre distintas entidades. Esta práctica ha permitido a los grupos corporativos beneficiarse de la fragmentación de sus negocios, reduciendo significativamente su responsabilidad global por las acciones de cualquiera de sus sociedades[65].

Como consecuencia, los grupos empresariales han sido descritos como ingeniosos dispositivos para generar beneficios individuales sin asumir una responsabilidad proporcional[66]. Ante esta realidad, surge la necesidad de revaluar la aplicación del principio de responsabilidad limitada, especialmente cuando los accionistas son personas jurídicas y no individuos, con el fin de evitar que esta estructura sea utilizada como una herramienta para eludir responsabilidades.

---

64 BLUMBERG, P.I., *The Multinational Challenge to Corporation Law: The Search for a New Corporate Personality*, p. 59.

65 PERRY-KESSARIS, A., "Corporate Liability for Environmental harm", en FITZMAURICE, M./ONG, D.M./MERKOURIS, P. (eds.), *Research Handbook on International Environmental Law*, Edward Elgar Publishing Limited, Glos-Massachusetts, 2010, pp. 361-370.

66 Así fueron descritas por el periodista satírico estadounidense Ambrose Bierce en 1911 en *The Devil's Dictionary*, donde se define a una corporación como *An ingenious device for obtaining individual profit without individual responsibility*. VERVAELE, J.A,E., "Corporate *compliance* and the criminal liability of corporations in the light of corporate social responsibility and human rights obligations", *RIDP*, vol. 91, issue 2, 2020, p. 415. Dicha definición puede consultarse en la web del *The Devil's Dictionary*. https://thedevilsdictionary.com/c.html (consultada el 22 de noviembre de 2023).

B. *Ejercicio de su poder económico e influencia frente al Estado para conseguir una regulación a medida*

Hasta comienzos de la década de 1970, los grupos corporativos multinacionales eran vistos como empresas que reportaban enormes beneficios a los países en los que se instalaban, especialmente en aquellos en vías de desarrollo, aportando el capital y conocimiento necesario para el crecimiento de su economía[67]. Esta visión idílica comenzó a cambiar debido al poder y capacidad para interferir en los asuntos internos de los Estados que estas organizaciones económicas estaban adquiriendo[68].

Como alertó SALVADOR ALLENDE en el discurso que pronunció como presidente de Chile el 4 de diciembre de 1972 ante la Asamblea General, las empresas multinacionales se estaban convirtiendo en actores de gran relevancia en la escena internacional carentes de cualquier tipo de responsabilidad[69]:

---

67 Hasta esa época se había vivido una expansión del comercio internacional hacia los países en desarrollo, y de las inversiones transatlánticas como consecuencia de la ejecución del plan Plan Marshall, destacando el Acuerdo General sobre Aranceles Aduaneros y Comercio (GATT), establecido en 1947 y considerado como el precursor de la OMC, que evitó guerras comerciales al tiempo que impulsó el comercio internacional. GOLDBERG, P.M./KINDLEBERGER, C.P., "Toward a GATT for Investment: A Proposal for Supervision of the International Corporation," *Law and Policy in International Business*, nº. 2, Summer 1970, pp. 295-325.

68 Durante la década de 1970, el número de informes relativos a prácticas poco éticas e incluso ilegales de las empresas multinacionales en sus actividades globales motivó que se iniciara un intenso debate en la ONU, OCDE e OIT en relación con estas empresas y los derechos humanos, BREINING-KAUFMANN, C., "The legal matrix of human rights and trade law", en COTTIER, T./PAUWELYN, J./ BÜRGI, E. (eds.), *Human Rights and International Trade*, Oxford University Press, 2005, pp. 119-120.

69 En el caso chileno, los procesos de nacionalización de la Gran Minería del Cobre, que se habían ejecutado sin indemnizar a

"La agresión de las grandes empresas capitalistas pretende impedir la emancipación de las clases populares [...] estamos ante un verdadero conflicto frontal entre las grandes corporaciones y los Estados. Estos aparecen interferidos en sus decisiones fundamentales —políticas, económicas y militares— por organizaciones globales que no dependen de ningún estado y que en la suma de sus actividades no responden ni están fiscalizadas por ningún Parlamento, por ninguna institución representativa del interés colectivo. En otras palabras, es toda la estructura política del mundo la que está siendo socavada"[70].

---

las corporaciones estadounidenses copropietarias de los yacimientos, agravaron el bloqueo económico impuesto por EE.UU., lo que obligó al Gobierno de Allende a negociar unas indemnizaciones para las corporaciones estadounidenses que eran contrarias a la política exterior del país e iban en contra de sus propias restricciones constitucionales. Fruto de estas tensiones, en septiembre de 1973 se produjo un golpe de estado en Chile propiciado por la participación de corporaciones multinacionales con nacionalidad estadounidense, como la *International Telephone and Telegraph* (ITT), que dio paso a una dictadura militar que se prolongó hasta el 11 de marzo de 1990. Se ha documentado la participación de empresas multinacionales con sede el EE. UU. apoyando el golpe de Estado de Augusto Pinochet, como el caso de la International Telephone and Telegraph, que contaba con el beneplácito del Gobierno norteamericano a través de la CIA. Véase CASSESE, A., *Estudio del impacto de la ayuda y asistencia económica extranjera en el respeto de los derechos humanos en Chile*, ECOSOC, Comisión de Derechos Humanos, 3 de agosto de 1978; BOHOSLAVSKY, J.P./FERNÁNDEZ, K./SMART, S., (eds.) *Complicidad económica con la dictadura chilena. Un país desigual a la fuerza*, LOM Ediciones, Santiago de Chile, 2019.

70 En su discurso, Salvador Allende acusa a las empresas transnacionales y al gobierno de los EE. UU. de intervenir en la política interna de Chile. EL discurso puede completo leerse en el siguiente enlace: https://omal.info/IMG/pdf/discurso_allende_onu_1972.pdf (consultado el 13 de marzo de 2025). Poco después de pronunciar el discurso, en septiembre de 1973, se produjo un golpe de estado en Chile que acabó derrocando su gobierno. Salvador Allende se suicidó el 11 de septiembre de 1973 tras el triunfo del golpe de estado liderado por Augusto Pinochet, dándose paso a una dictadura militar que se prolongó hasta el 11 de marzo de 1990.

Desde que Allende pronunciase su discurso, los grupos corporativos multinacionales han expandido sus operaciones, tejiendo redes integradas de actividad económica transnacional que siguen una visión estratégica global y operan en tiempo real a escala mundial[71]. Gracias a este modelo, las empresas multinacionales han conseguido un crecimiento exponencial de sus beneficios con el consecuente aumento de su poder económico, superando a muchos Estados en términos de influencia internacional y capacidad de acción.

Tal es así que 157 de las 200 principales entidades económicas mundiales por ingresos son corporaciones multinacionales[72], pasando de unas 37.000 empresas multinacionales con 170.000 filiales extranjeras a comienzos de la década de 1990, a más de 82.000 empresas transnacionales con más de 810.000 filiales y subsidiarias en el año 2009. Las 100 corporaciones multinacionales más grandes del mundo tienen de promedio 500 filiales cada una erradicadas en más de 50 países y concentran el 25% de la producción y casi la mitad del comercio mundial[73]. Con ello, los grupos corporativos multinacionales

---

71 En un estudio en el que se analizó la relación entre los propietarios de 37 millones de empresas de todo el mundo, se concluyó que formaban una compleja red de sociedades compartidas que conectaban a 43.060 corporaciones multinacionales, que solo 1.318 empresas con accionistas mayoritarios comunes controlaban el 20% de la facturación global y que 147 "super corporaciones" controlaba el 40% de la riqueza generada por la red. JIMÉNEZ, D./BERNAT, I./FORERO, A./WHYTE, D./TOMBS, S., "Financiación y criminología del saqueo", en DEMETRIO CRESPO, E./NIETO MARTÍN, A. (Dir.), *Derecho penal Económico y Derechos Humanos*, Tirant lo Blanch, Valencia, 2018, p. 41.

72 Ranking de empresas más grandes del mundo elaborado por *Global Justice Now* en 2018 https://www.globaljustice.org.uk/news/69-richest-100-entities-planet-are-corporations-not-governments-figures-show/ (consultada el 15 de abril de 2025).

73 Véanse, UNCTAD, "World Investment Report 2009: Transnational Corporations, Agricultural Production and Development", United

han trascendido el mero ámbito comercial, para convertirse en actores fundamentales en el escenario internacional[74].

En la actualidad, las empresas multinacionales han dejado de ser consideradas meramente como actores económicos para ser reconocidas, cada vez con mayor claridad, como auténticos agentes políticos transnacionales, con capacidad real de incidir en las políticas públicas de los Estados y en los equilibrios de poder a escala global. Esta transformación se explica en gran medida por su creciente influencia institucional y normativa, ejercida tanto de forma directa como indirecta a través de su participación en foros multilaterales. Amparadas en su poder económico, estas corporaciones han logrado posicionarse dentro del sistema de Naciones Unidas y otros organismos internacionales para promover marcos regulatorios favorables a sus intereses, a menudo en contraposición a las demandas históricas de los países del Sur global en materia de justicia económica y soberanía normativa[75].

Nations Publication, Ginebra-Nueva York, 2009, p. 17; HERNÁNDEZ ZUBIZARRETA, J., *Las empresas transnacionales frente a los derechos humanos: historia de una asimetría normativa*, Hegoa-Omal, Bilbao, 2009, p. 113.

74 En su revisión de 2011, la OCDE actualizó sus *Líneas Directrices para Empresas Multinacionales* incorporando, entre otros aspectos, un nuevo enfoque sobre derechos humanos y sostenibilidad, subrayando expresamente que las empresas multinacionales desempeñan un papel estructural en la inversión internacional y en el desarrollo económico global. Esta relevancia económica justifica la necesidad de dotarlas de obligaciones más claras en materia de responsabilidad social y cumplimiento normativo. *OCDE, Líneas Directrices de la OCDE para Empresas Multinacionales*, 2011, p. 9.

75 Cooperando institucionalmente con la Organización de las Naciones Unidas para la Alimentación y la Agricultura (FAO) y el Programa de las Naciones Unidas para el Desarrollo (PNUD). Además, empezaron a participar dentro de las delegaciones gubernamentales en las negociaciones que se producían en la Conferencia

Su capacidad de presión ha sido especialmente visible en la configuración y el funcionamiento de instituciones clave como la Organización Mundial del Comercio (OMC), el Banco Mundial (BM) o el Fondo Monetario Internacional (FMI), entidades que han desempeñado un papel central en la consolidación de un orden económico global que ha limitado —en no pocas ocasiones— el margen de maniobra normativa de los Estados[76]. Este desequilibrio ha sido reforzado por la consolidación de poderosos grupos de presión empresarial, que actúan como lobbies permanentes para moldear políticas legislativas, fiscales y comerciales que favorezcan la expansión corporativa. A través de estos mecanismos, las multinacionales han facilitado procesos de privatización, fusiones transfronterizas y concentraciones de mercado que responden a una lógica de maximización del beneficio, pero que inciden profundamente en las estructuras democráticas y en la capacidad de los Estados para ejercer una gobernanza económica autónoma[77].

El poder global de las empresas multinacionales se ha afianzado, en gran medida, a través de los mecanismos de inversión extranjera directa (IED), mediante los cuales canalizan

---

de las Naciones Unidas sobre Comercio y Desarrollo (UNCTAD), o en la Organización de las Naciones Unidas para el Desarrollo Industrial (ONUDI).

76 Véase HERNÁNDEZ ZUBIZARRETA, J., "Empresas transnacionales versus soberanía estatal: modificaciones jurídico-políticas", en *Las empresas transnacionales frente a los derechos humanos: historia de una asimetría normativa*, pp. 75-108.

77 Una radiografía clara del poder político y económico de las corporaciones multinacionales que motivan la necesidad de establecer mecanismos jurídicos y controles sociales para establecer la responsabilidad de las corporaciones empresariales, HERNÁNDEZ ZUBIZARRETA, J., *Las empresas transnacionales frente a los derechos humanos: historia de una asimetría normativa*, pp. 109-143.

enormes flujos de capital hacia terceros Estados en los que externalizan parcial o totalmente sus procesos productivos. Esta estrategia implica la creación o adquisición de filiales en países distintos al de la sede de la sociedad matriz, lo que permite a los grupos corporativos multinacionales mantener el control operativo y financiero sobre unidades productivas ubicadas en el extranjero, sin necesidad de asumir los costes regulatorios, fiscales o laborales propios del país de origen.

Este tipo de expansión transnacional no solo refuerza la posición económica de la empresa matriz, sino que configura una relación de interdependencia estructural con los Estados receptores de inversión. Por un lado, la empresa multinacional busca reducir costes, maximizar márgenes de beneficio y beneficiarse de entornos regulatorios más laxos. Por otro, el Estado anfitrión persigue atraer capital extranjero como medio para dinamizar su economía, generar empleo e incrementar su competitividad internacional. Esta convergencia de intereses, sin embargo, no siempre se produce en condiciones de simetría, y puede dar lugar a situaciones en las que el Estado cede espacio normativo o flexibiliza su marco regulador para no disuadir la inversión, comprometiendo así la protección de derechos fundamentales y del medio ambiente.[78]

Como consecuencia de esta asimetría estructural, se ha consolidado una dinámica conocida como "carrera hacia el fondo", en la que los Estados compiten entre sí rebajando sus exigencias regulatorias, reduciendo los costes laborales y ofreciendo incentivos fiscales con el objetivo de atraer inversión extranjera directa. En este contexto, numerosas corporaciones multinacionales han aprovechado su posición de poder para influir activamente en la configuración de marcos normativos, promoviendo entornos jurídicos más favorables a sus intereses

---

78 GALGANO, F., "Globalizzazione e conglomerazione" en *Contratto e impresa,* CEDAM – PADOVA, 2006, pp. 73 y ss.

económicos, aunque ello implique un debilitamiento de los estándares de protección social, laboral y medioambiental[79].

Lejos de contribuir a un desarrollo inclusivo y sostenible, este tipo de inversión, en muchos casos, ha profundizado las brechas de desigualdad, perpetuado la dependencia estructural de los países receptores y acelerado procesos de degradación ambiental, especialmente en contextos con instituciones más frágiles o menor capacidad de control estatal[80].

Pero el poder estructural de estos grupos corporativos no se limita a su capacidad de inversión en relación con los Estados, sino también sobre los proveedores de las cadenas productivas globales. La capacidad de las empresas multinacionales para fijar los precios, disponer de las innovaciones tecnológicas, desarrollar infraestructuras, o incluso configurar patrones de consumo, les otorga una capacidad sin precedentes para influir en gobiernos, provocar tensiones internacionales y explotar recursos naturales a gran escala[81]. Esta

---

79 GUAMÁN HERNÁNDEZ, A., *Diligencia debida en derechos humanos: Posibilidades y límites de un concepto en expansión*, p. 30.

80 Este fenómeno ha sido estudiado con la denominación de "maldesarrollo", donde los procesos de expansión económica desmedida desplazan la titularidad y el acceso a los recursos en los Estados de acogida, reduciendo la dispersión y concentrando el poder en manos de unos pocos grupos multinacionales. BÖHM, M.L., "Dificultades normativas para el abordaje de la actividad empresarial transnacional violatoria de derechos humanos en América Latina. Reflexiones criminológicas sobre la función penal en contextos de violencia estructural", en AMBOS, K./ BÖHM, M.L. (eds.), *Empresas transnacionales y graves violaciones de derechos humanos en América Latina*, Tirant lo Blanch, Valencia, 2020, p. 29.

81 VERGER, A., *El sutil poder de las transnacionales*, p. 35. Sobre los conflictos entre estados con la participación de empresas multinacionales, véase FORCADA BARONA, I., "Derecho internacional, responsabilidad social corporativa y derechos humanos", en DEMETRIO CRESPO, E./NIETO MARTÍN, A. (Dir.), *Derecho penal Económico y Derechos Humanos*, Tirant lo Blanch, Valencia, 2018, pp. 53-59.

internacionalización de la actividad corporativa ha llevado a que muchas multinacionales operen en espacios regulatorios ambiguos o fragmentados, donde la falta de supervisión efectiva les permite actuar con mayor impunidad.

La falta de control estatal efectivo sobre las empresas multinacionales plantea serios desafíos a la hora de proceder a su regulación, dada su posición dominante en ámbitos como las finanzas, la tecnología, la movilidad del capital o el control de la información, debilitando la capacidad de los gobiernos para imponer normativas eficaces[82]. En numerosos casos, las multinacionales han logrado influir en la legislación y en las políticas públicas, diseñando un entorno regulatorio que favorece sus intereses y reduce su responsabilidad. Este fenómeno es especialmente grave en contextos de gobernanza débil, donde la captura regulatoria y la presión económica llevan a que los Estados adapten sus marcos normativos a las necesidades de las empresas, en lugar de priorizar el bienestar de sus ciudadanos[83].

En este contexto, la diligencia debida en derechos humanos se configura como un mecanismo esencial para contrarrestar el desequilibrio de poder que actualmente ostentan muchas empresas multinacionales, ofreciendo una vía para regular su actividad transnacional sin bloquear el dinamismo económico global. Su finalidad no es otra que garantizar una regulación

---

82 MARTIÑÓN CANO, G., "La responsabilidad penal de las personas jurídicas trasnacionales. Reflexiones sobre tres problemas y tres propuestas de solución", en ONTIVEROS ALONSO, M. (coord.), *La responsabilidad penal de las personas jurídicas: fortalezas, debilidades y perspectivas de cara al futuro*, Tirant lo Blanch, Valencia, 2014, p. 322.

83 Sobre la influencia de las empresas multinacionales en el desarrollo de políticas públicas de los Estados receptores de inversión en virtud de la firma de tratados de inversiones y comercio, véase GUAMÁN HERNÁNDEZ, A., *TTIP. El asalto de las multinacionales a la democracia*, Akal, Madrid, 2015.

efectiva que permita prevenir y mitigar los impactos negativos de la actividad empresarial sobre los derechos humanos y el medio ambiente, sin convertirse, sin embargo, en un obstáculo desproporcionado para el comercio internacional ni para la atracción de inversión extranjera directa, especialmente en los países con menores niveles de desarrollo económico.

El verdadero desafío reside en articular un modelo de gobernanza empresarial que sea a la vez exigente y viable, capaz de compatibilizar la responsabilidad corporativa con la promoción de oportunidades económicas. Se trata, en definitiva, de encontrar un punto de equilibrio entre la rendición de cuentas y la necesidad de no desalentar la inversión en regiones cuya economía depende, en gran medida, de la inserción en cadenas productivas globales.

Por ello, resulta fundamental que los marcos regulatorios que impulsen la diligencia debida sean proporcionales, flexibles y adaptables, de modo que permitan exigir a las empresas un nivel de actuación acorde con su tamaño, recursos y capacidad de influencia en la cadena de suministro, pero sin imponer cargas normativas que terminen perjudicando a las propias comunidades que buscan beneficiarse del comercio global.

C. *Transferencia de los riesgos asociados a la producción desde las matrices a las filiales y proveedores de las cadenas productivas globales*

En el modelo productivo del siglo XXI, las empresas matrices de los grupos corporativos multinacionales han dejado de ocuparse directamente de la producción. En lugar de fabricar los productos que comercializan, se centran en la gestión estratégica del grupo, coordinando la actividad de sus filiales y proveedores mediante el diseño de políticas y estrategias corporativas. Este enfoque ha dado lugar a una red de producción descentralizada y deslocalizada, en la que las distintas fases del proceso productivo se llevan a cabo en múltiples fábricas y centros de trabajo distribuidos en diferentes países, lo que complica su regulación y supervisión efectiva[84].

El principal objetivo de esta estructura es reducir costes de producción y ensamblaje, especialmente en sectores con alta demanda de mano de obra, permitiendo a las empresas competir en los mercados globales con precios más ajustados[85]. Sin embargo, este sistema no solo optimiza recursos y mejora la eficiencia a través de la especialización de tareas, sino que también traslada los riesgos asociados a la producción, como la explotación laboral, el trabajo infantil o los daños medioambientales, a entidades con menores recursos y capacidad de control, como las filiales o proveedores externos. De este modo, la empresa matriz reduce su exposición directa a estos problemas, dificultando la atribución de responsabilidad en caso de violaciones de derechos humanos o impactos negativos derivados de la producción[86].

Ante este complejo modelo productivo globalizado, resulta evidente que las transacciones económicas del siglo XXI no pueden seguir operando bajo las premisas y marcos regulatorios del siglo XX[87]. Por ello, como veremos con profundidad

---

84 BARAÑANO CID, M., "Contexto, concepto y dilemas de la responsabilidad social de las empresas transnacionales europeas: Una aproximación sociológica", *Cuadernos de relaciones laborales*, Vol. 27, Nº 1, 2009 p. 22. Sobre los efectos de la globalización en el comercio internacional y la transformación del modelo productivo de las corporaciones multinacionales, HERNÁNDEZ ZUBIZARRETA, J., *Las empresas transnacionales frente a los derechos humanos: historia de una asimetría normativa*, pp. 39-71.

85 BLANCO CORDERO, I., "Responsabilidad penal de la sociedad matriz por los delitos cometidos en el grupo de empresas", p. 97.

86 BLUMBERG, P.I., *The Multinational Challenge to Corporation Law: The Search for a New Corporate Personality*, p. 169.

87 GALÁN, J.I./SÁENZ DE MIERA, A., "Presentación escrita por los editores", en GALÁN, J.I./SÁENZ DE MIERA, A. (Eds.), *Reflexiones sobre la Responsabilidad Social Corporativa en el siglo XXI*, Ediciones de la Universidad de Salamanca, Salamanca, 2012, p. 13.

en los siguientes capítulos, el desarrollo de la diligencia debida en derechos humanos busca redefinir el papel de las empresas multinacionales en las cadenas de valor globales, promoviendo que no solo mitiguen los impactos negativos de su actividad, sino que se conviertan en agentes de cambio[88]. Esto supone un compromiso activo de las empresas en la adecuación de sus procesos, incluso en contextos donde la regulación gubernamental es insuficiente o ineficaz.

Este enfoque implica una transformación en la gestión corporativa, alineándola con los principios de transparencia y rendición de cuentas, de forma similar a los estándares exigidos a los Estados en materia de legitimidad y responsabilidad. En este sentido, las multinacionales no pueden escudarse en la fragmentación de su estructura para eludir sus obligaciones, ya que su influencia sobre las filiales y proveedores no debe entenderse solo como un poder estratégico, sino como un compromiso para generar cambios estructurales y garantizar procesos adecuados.

Un argumento para atribuir la responsabilidad a la empresa matriz por violaciones graves de derechos humanos cometidas por sus filiales o proveedores es que, en muchos casos, se trata de la única entidad con recursos suficientes para asumir la reparación del daño y restaurar a las víctimas. Esta necesidad se vuelve aún más evidente cuando la multinacional ha sido deliberadamente estructurada para diluir su personalidad jurídica, fragmentar su patrimonio y limitar su responsabilidad, creando un sistema de irresponsabilidad organizada. En este tipo de configuraciones, la forma en que se diseñan y gestionan las corporaciones no solo protege a la empresa de posibles reclamaciones, sino que también incentiva a sus dirigentes a operar sin someterse a normas efectivas que controlen las externalidades negativas de su actividad.

---

88 PERRY-KESSARIS, A., “Corporate Liability for Environmental Harm”, pp. 364-365.

Por ello, más allá de estrategias defensivas para minimizar riesgos legales, resulta esencial que las multinacionales fomenten una cultura corporativa basada en la responsabilidad, en la que sus estándares de diligencia debida no se limiten a cumplir formalmente con la normativa, sino que reflejen un compromiso real con la adecuación de procesos y la prevención de impactos negativos en derechos humanos y el medio ambiente.

Capítulo II

Origen y evolución del concepto de diligencia debida: desde el derecho internacional público a la sostenibilidad corporativa

El concepto de diligencia debida ha experimentado una profunda transformación desde su formulación originaria en el ámbito del Derecho internacional público, donde operaba como un criterio estatal de prevención frente a violaciones imputables a terceros, hasta su recepción en el entorno empresarial como estándar de conducta exigible a actores privados. Este tránsito refleja un cambio estructural en la forma de concebir la responsabilidad frente a los derechos humanos y el medio ambiente, en el que las empresas dejan de ser meros destinatarios indirectos del Derecho internacional para convertirse en sujetos activos de obligaciones preventivas.

Este capítulo analiza el proceso evolutivo que ha llevado a la progresiva consolidación de la diligencia debida como eje normativo de la sostenibilidad corporativa. A partir de una reconstrucción crítica de los instrumentos internacionales más relevantes —como los Principios Rectores de Naciones Unidas y las Directrices de la OCDE— se estudia cómo este estándar ha pasado de ser un referente ético y voluntarista para convertirse en la base de obligaciones concretas de identificación, prevención, mitigación y rendición de cuentas frente a impactos adversos sobre derechos fundamentales.

I ORIGEN DEL CONCEPTO DE *DUE DILIGENCE* EN EL DERECHO INTERNACIONAL PÚBLICO

Podemos rastrear los orígenes de la noción jurídica de diligencia debida hasta el Derecho romano, donde este concepto se desarrolló para establecer la responsabilidad personal derivada de daños accidentales o incumplimientos contractuales que resultan de la inobservancia de un estándar de conducta esperado, ejemplificado con el comportamiento de un *diligens paterfamilias*[89].

En el ámbito del Derecho privado, la diligencia debida surgió con el propósito de reducir la arbitrariedad de las resoluciones judiciales, al tiempo de fomentar una aplicación más uniforme y predecible de la ley, construyéndose desde un punto de vista objetivo que permitía evaluar la conducta de la persona que causa el daño en comparación con una norma de cuidado que define el comportamiento esperado en una situación similar. Dada la influencia que el Derecho romano ha ejercido en la tradición jurídica occidental, que, a su vez, ha tenido un impacto considerable en las prácticas legales a nivel mundial, este enfoque de la diligencia debida sentó las bases del concepto que, posteriormente, se desarrolló en el ámbito del Derecho internacional público[90].

---

89 En el Derecho romano, la diligencia debida se construyó como un criterio objetivo utilizado para evaluar el comportamiento en varias áreas del derecho, incluyendo la responsabilidad por daños y la ejecución de obligaciones contractuales. La comparación se hacía con el comportamiento hipotético de un *paterfamilias* diligente, que era visto como un ciudadano modelo, prudente, cuidadoso y consciente de sus deberes y responsabilidades. PANERO GUTIÉRREZ, R., *Epítome de Derecho romano,* Tirant lo Blanch, Valencia, 2010, p. 249.

90 BESSON, S., *Due diligence in International Law,* translated by Sévrine Knuchel, BRILL-NIJHOFF, Leiden/Boston, 2023, pp. 33.

Trasladada al ámbito internacional, la idea que subyace con el desarrollo de las obligaciones estatales de *due diligence* tiene que ver con los principios de territorialidad y de soberanía estatal[91]. Se trata de una contraprestación: se concede al Estado el poder absoluto sobre su territorio, pero, a cambio, tiene que controlar que los actores no estatales en él presentes, o bajo su jurisdicción, no causen daños a otros Estados[92].

Tal y como se entiende hoy en día por el Derecho internacional público, el concepto de diligencia debida empezó a popularizarse a finales del siglo XIX en el ámbito del arbitraje internacional[93], cuando abogados angloamericanos comenzaron

---

91 Sobre la noción de soberanía territorial en el Derecho internacional público, véase PASTOR RIDRUEJO, J.A., *Curso de Derecho internacional Público y Organizaciones Internacionales,* Decimoctava edición, Tecnos, Madrid, 2014, pp. 329-332; ORTEGA TEROL, J.M., "El espacio terrestre y el espacio aéreo", en FERNÁNDEZ TOMÁS, A.F./SÁNCHEZ LEGIDO, Á./ORTEGA TEROL, J.M./FORCADA BARONA, I., *Lecciones de* Derecho internacional *público,* Tirant lo Blanch, Valencia, 2011, pp. 126-133.

92 Sobre las diversas etapas de la evolución del concepto de diligencia debida desde su origen en el Derecho romano hasta su recepción en el Derecho internacional público, véase BESSON, S., *Due diligence in International Law,* pp. 34-48.

93 El término "*due diligence*" aparece en numerosos laudos de arbitraje dictados desde finales del siglo XIX en relación con la responsabilidad estatal. El primer ejemplo lo encontramos en el caso *Alabama claims of the United States of America against Great Britain* (1863-1872), conocido como el caso del *CSS Alabama,* al que nos referiremos en mayor profundidad en este capítulo. Posteriormente, la noción de *due diligence* se recogió en numerosos laudos en casos, como *Thomas H. Youmans (U.S.A.) v. United Mexican States* (November 23, 1926), *Irma Eitelman Miller, Lillian Eitelman, and B. B. Eitelman (U.S.A.) v. United Mexican States* (September 26, 1928), o *J. J. Boyd (U.S.A.) V. United Mexican States* (October 12, 1928), entre otros. Sobre estos casos y sus respectivos laudos, véase ONU, *Reports of International Arbitral Awards, Volume IV. Decisions of Claims Commissions Mexico-United States,* United Nations Publications, 1951.

a establecer analogías entre el Derecho internacional y el Derecho privado romano[94]. El *Tratado de Washington*, firmado el 8 de mayo de 1871 entre Gran Bretaña y los EE.UU. para establecer los requisitos de un gobierno neutral en relación con la protección del comercio marítimo en conflictos bélicos[95], supuso un hito al convertirse en la primera norma internacional adoptada por la vía convencional en la que se incorporaba la noción de "diligencia"[96].

Desde entonces, la noción de *due diligence* ha experimentado una evolución notable mediante una sectorización que ha extendido su ámbito de operatividad a múltiples ámbitos del Derecho internacional. La incorporación de la diligencia debida en las resoluciones de la Corte Internacional de Justicia (CIJ) a finales de la década de 1940 puso de manifiesto su relevancia en el escenario jurídico global[97]. Al interpretar y

---

94 LAUTERPACHT, H., *Private Law Sources and Analogies of International Law (with special reference to international arbitration)*, Longmans Green and Co. LTD., London, 1927, p. 20.

95 UNITED STATES, *The case of the United States, to be laid before the Tribunal of Arbitration, to be Convened at Geneva, under the provisions of the Treaty between the United States of America and her Majesty the Queen of Great Britain, concluded at Washington, May 8, 1871*, Government Printing Office, Washington, 1871, pp. 17-29.

96 LOZANO CONTRERAS, J.F., *La noción de debida diligencia en* Derecho internacional *público*, Atelier, Barcelona, 2007, p. 25.

97 El primer ejemplo de la incorporación de la noción de *due diligence* en las decisiones de la CIJ lo encontramos en el caso del Canal de Corfú en 1948, donde se abordó la cuestión de la responsabilidad de Albania por la presencia de minas en sus aguas territoriales que causaron daños a buques británicos. La CIJ sentenció que Albania había incumplido sus deberes de diligencia, al no adoptar medidas adecuadas para advertir a la comunidad internacional sobre los peligros para la navegación existentes en sus aguas territoriales. En particular, la CIJ enfatizó que, bajo el principio de diligencia debida, Albania tenía la responsabilidad de garantizar la seguridad de las vías

aplicar la *due diligence* en sus decisiones, la CIJ ha contribuido al desarrollo y consolidación de la diligencia debida en una variedad de ámbitos y contextos que han venido asentando su naturaleza y contenido[98]. Además, mediante el reconocimiento de un principio de prevención, se reforzó la expectativa de que los Estados ejerzan la *due diligence* y comuniquen de forma activa los riesgos para prevenir daños y proteger los intereses de otros Estados[99].

Uno de los motivos por los que la diligencia debida ha adquirido gran relevancia en el contexto internacional lo encontramos en su gran dispersión sectorial. Este fenómeno ha llevado a que la noción de *due diligence* se haya extendido más allá

---

navegables dentro de su jurisdicción, incluyendo la obligación de informar al resto de Estados sobre cualquier riesgo conocido, como la presencia de minas, estableciéndose un importante precedente legal. ICJ, *Corfu Channel Case (United Kingdom of Great Britain and Northern Ireland v. Albania)*, Judgment of 9 April 1949, ICJ Reports 1949, p. 22.

98 Desde entonces, la noción de diligencia debida se ha introducido en numerosas resoluciones de la CIJ, como en el caso *Pulp Mills on the River Uruguay (Argentina v. Uruguay)*, sobre el conflicto entre Argentina y Uruguay debido a la construcción de este último de dos plantas de celulosa en el río Uruguay, que sirve de frontera natural entre los dos países. ICJ, *Pulp Mills on the River Uruguay (Argentina v. Uruguay)*, Judgment of 20 April 2010, ICJ Reports, 2010, 14, párrafo 187.

99 ICJ, *Corfu Channel Case (United Kingdom of Great Britain and Northern Ireland v. Albania)*, p. 4. Posteriormente, este principio de prevención basado en la diligencia debida fue confirmado al incluirse en la Opinión consultiva de la CIJ sobre Armas Nucleares y en los Artículos de la Comisión de Derecho internacional (ILC, por sus siglas en inglés) sobre Prevención de daños transfronterizos significativos. FITZMAURICE, M., "*Due diligence* in the Use of International Watercourses", en PETERS, A./KRIEGER, H./KREUZER, L. (eds.), *Due diligence in the International Legal Order*, Oxford University Press, Oxford, 2020, p. 137.

de su aplicación original en relación con la responsabilidad estatal por daños internacionales, abarcando en la actualidad una gama cada vez más amplia de sectores que han dado forma y dotado de contenido a este tipo de obligaciones.

La *due diligence* se expandió inicialmente hacia la protección de personas y bienes extranjeros, como respuesta a la multitud de reclamaciones de responsabilidad realizadas a comienzos del siglo XX por Estados cuyos nacionales habían sufrido daños en territorio extranjero debido a acciones de particulares[100].

---

100 En este ámbito, el principio de diligencia debida exigía que los Estados ejerciesen una vigilancia adecuada y adoptasen medidas preventivas para asegurar la protección de los extranjeros presentes en su territorio o bajo su jurisdicción. Un ejemplo lo encontramos en el caso *Company General of the Orinoco* en 1903, en el que la compañía se vio envuelta en disputas legales con el gobierno venezolano debido a conflictos sobre los términos de las concesiones, los derechos de navegación y las regulaciones impuestas por Venezuela que afectaban sus operaciones. El caso escaló hasta convertirse en una reclamación internacional, donde la "General Company of the Orinoco" buscó el apoyo de gobiernos extranjeros para presionar a Venezuela en la resolución de las disputas. Así, Francia reclamó a Venezuela por haber incumplido sus obligaciones de diligencia debida al no haber adoptado las medidas adecuadas para proteger a los extranjeros y sus inversiones. El caso, que se resolvió mediante la intervención diplomática y el arbitraje internacional con a una compensación para los afectados, destacando la responsabilidad de los Estados de ejercer la diligencia debida para proteger las inversiones extranjeras. Este caso, sentó un precedente en el Derecho internacional sobre la expectativa de seguridad y protección para los inversores extranjeros, ampliando así la aplicación de la diligencia debida más allá de la protección física de las personas extranjeras a la protección de sus intereses económicos. Otros ejemplos de arbitrajes internacionales en los que se aplicó la diligencia debida en relación con el trato debido a la persona y los bienes de los extranjeros los encontramos en el caso *As. Home Frontier and Foreign Missionary Society of the United Brethren in Christ* (Estados Unidos/Gran Bretaña), 1920; o el *As. de los Bienes Británicos en el Marruecos español* (Gran Bretaña/España), 1925.

En este contexto, la noción de diligencia debida comenzó a ser vista como un mecanismo que ofrecía a los Estados una forma de mitigar su responsabilidad, ante el creciente volumen de reclamaciones presentadas por los países de origen de los extranjeros afectados. Este enfoque terminó siendo ampliamente aceptado, estableciéndose el incumplimiento de la diligencia debida como fundamento legítimo para demandar responsabilidad internacional por daños.

Desde estos desarrollos iniciales, la diligencia debida ha experimentado una notable expansión internacional ante la búsqueda constante de los Estados por limitar las razones por las que se podría declarar su responsabilidad internacional, lo que ha llevado a su adopción gradual en diversos ámbitos regulatorios; también a los derechos humanos en cuanto a las obligaciones estatales. En este ámbito, se desarrolló inicialmente en el contexto regional interamericano, vinculándose estrechamente con los esfuerzos por alcanzar la justicia tras las represiones y violaciones masivas de derechos humanos durante las dictaduras en América Latina. En el caso *Velázquez Rodríguez vs. Honduras* (1988), la Corte Interamericana de Derechos Humanos determinó que una violación de los derechos humanos cometida por un actor privado, aunque no directamente atribuible al Estado, puede llevar a la responsabilidad internacional de este último. Esto se debe no al acto per se, sino a la ausencia de diligencia debida del Estado para prevenir o atender la infracción[101].

Años después, el Tribunal Europeo de Derechos Humanos (TEDH) incorporó expresamente el estándar de diligencia debida en su jurisprudencia sobre las obligaciones positivas de los Estados derivadas del Convenio Europeo de Derechos

---

101 CORTE INTERAMERICANA DE DERECHOS HUMANOS, *Velázquez Rodríguez v. Honduras,* Serie C, Caso No. 4 (1988), párrafos 172 y 176.

Humanos (CEDH). A partir del artículo 2 del CEDH, el TEDH ha consolidado una doctrina según la cual los Estados no solo deben abstenerse de privar arbitrariamente de la vida, sino que también están obligados a adoptar medidas razonables para prevenir riesgos graves provenientes tanto de particulares como de condiciones estructurales bajo su jurisdicción.

En el caso *Osman v. United Kingdom* (1998), el Tribunal estableció que el deber estatal de protección se activa cuando las autoridades conocen o deberían conocer la existencia de un riesgo real e inmediato contra la vida de un individuo[102]. Esta línea jurisprudencial fue ampliada en casos posteriores, como *L.C.B. v. United Kingdom* (1998)[103], *Öneryildiz v. Turkey* (2004)[104] y *Brincat and Others v. Malta* (2014)[105], en los que el TEDH subrayó la responsabilidad del Estado por falta de control, regulación o supervisión efectiva en contextos de riesgo estructural o exposición prolongada a daños graves. De forma específica, en *Bevacqua & S. v. Bulgaria* (2008)[106] y *Opuz v. Turkey* (2009)[107], el TEDH reconoció que este estándar de diligencia debida es también aplicable a la obligación de los

---

102 TEDH, *Osman v. the United Kingdom*, sentencia de 28 de octubre de 1998, asunto núm. 23452/94.

103 TEDH, *L.C.B. v. the United Kingdom*, sentencia de 9 de junio de 1998, asunto núm. 23413/94

104 TEDH, *Öneryildiz v. Turkey*, Gran Sala, sentencia de 30 de noviembre de 2004, asunto núm. 48939/99

105 TEDH, *Brincat and Others v. Malta*, sentencia de 24 de julio de 2014, asuntos núms. 60908/11, 62110/11, 62129/11, 62312/11 y 62338/11. En este caso, el TEDH concluyó que el Estado no protegió adecuadamente la salud y la vida de los demandantes frente a la exposición prolongada al asbesto en el lugar de trabajo, lo que constituyó una infracción de los artículos 2 y 8 del CEDH.

106 TEDH, *Bevacqua & S. v. Bulgaria*, sentencia de 12 de junio de 2008, asunto núm. 71127/01.

107 TEDH, *Opuz v. Turkey*, sentencia de 9 de junio de 2009, asunto núm. 33401/02.

Estados de proteger a los individuos frente a actos de violencia cometidos por particulares, en los que la omisión de medidas preventivas adecuadas puede constituir una vulneración del artículo 2 o del artículo 3 del CEDH[108].

Actualmente, los deberes de control sobre terceros que derivan de las obligaciones estatales de diligencia debida no se limitan únicamente a la prevención de daños entre Estados, sino que se han extendido progresivamente a nuevos ámbitos de interés internacional, como la gestión sostenible de recursos naturales —especialmente en sectores estratégicos como el marítimo y pesquero[109]—, así como a la prevención de conductas ilícitas transnacionales, incluidas aquellas vinculadas al terrorismo[110], la delincuencia organizada o el blanqueo de capitales.

---

108 Véase MARTÍN-ORTEGA, O., "La diligencia debida de las empresas en materia de derechos humanos: un nuevo estándar para una nueva responsabilidad", en ZAMORA CABOT, F.J./GARCÍA CÍVICO, J./SALES PALLARÉS, L. (Dir.), *La responsabilidad de las multinacionales por violaciones de derechos humanos*, Universidad de Alcalá, Madrid, 2013, pp. 7-9.

109 Como ejemplo en relación con la gestión sostenible de recursos de interés internacional, el ámbito del Derecho del Mar, donde la diligencia debida se aplica a la explotación y conservación de los recursos marinos, tales como los recursos pesqueros y los fondos oceánicos. La Convención de Naciones Unidas sobre el Derecho del Mar de 1982 (CNUDM) estableció un marco legal integral para la gestión de los océanos, definiendo los distintos regímenes jurídicos aplicables a las diferentes zonas marítimas y regulando los derechos y obligaciones de los Estados costeros y otros países (incluyendo aquellos sin litoral o geográficamente desfavorecidos) en dichas áreas.

110 Como ejemplo el terrorismo, ámbito en el que con la Resolución 2396 (2017) del Consejo de Seguridad de las Naciones Unidas se intensificaron las medidas de diligencia debida por parte de los Estados, enfatizando en la necesidad de comprender y atacar las condiciones subyacentes que propician el terrorismo, como la margi-

Este proceso de expansión ha contribuido no solo a ampliar el radio de acción del concepto, sino también a precisar su alcance jurídico y la naturaleza concreta de las obligaciones positivas que impone a los Estados en función de su capacidad de prevenir, supervisar y reaccionar ante comportamientos de terceros bajo su jurisdicción o control efectivo.

Lo que se advierte, por tanto, es una evolución hacia un modelo de diligencia debida cada vez más sectorizado y especializado, que se adapta a los riesgos específicos de cada materia regulada y que se articula como un estándar normativo dinámico, más que como una fórmula estática.

En este contexto de transformación conceptual, la extensión del principio de diligencia debida al ámbito empresarial y de los derechos humanos no constituye una ruptura, sino más bien una fase lógica y coherente en su proceso de expansión. La atribución de deberes de prevención y control a actores privados, en particular a empresas multinacionales, representa el reconocimiento de su capacidad real de generar impactos transnacionales significativos, así como de su posición estructural para evitarlos o mitigarlos. De este modo, el Derecho internacional moderno asume que la protección de los derechos fundamentales en un mundo globalizado no puede depender exclusivamente de la acción estatal, sino que exige la implicación directa y activa de quienes, por su poder económico, tienen la capacidad de incidir en ellos.

---

nalización social, la discriminación y la pobreza, y adoptando un enfoque preventivo que va más allá de las medidas de seguridad tradicionales. Además, se instaba a los países a implementar sistemas de vigilancia y control más rigurosos para detectar y prevenir la radicalización y el reclutamiento de individuos por grupos terroristas.

A. Naturaleza jurídica de la diligencia debida en el Derecho internacional: una obligación de medios para no dañar delimitada por estándares internacionales

Aclarar la naturaleza de las obligaciones de diligencia debida resulta determinante, dadas sus implicaciones directas sobre la distribución de la carga probatoria y sobre las potenciales consecuencias derivadas de un incumplimiento. Dependiendo de si la diligencia debida se corresponde con una obligación de medios o de resultado, se impondrán diferentes niveles de exigencia sobre la parte responsable de su cumplimiento.

En las obligaciones de medios se exige emplear un nivel de diligencia y de esfuerzo razonables, acordes con lo que se esperaría de una persona prudente y competente en circunstancias similares. En este tipo de obligaciones, el compromiso no consiste en garantizar que se alcanza un resultado específico, sino realizar los esfuerzos necesarios para intentar alcanzarlo, por lo que la evaluación del cumplimiento se centra en si el obligado actuó con la prudencia y el cuidado adecuados de acuerdo con la situación concreta, y, de ser así, no se generará responsabilidad, aunque se produzca un daño[111].

Por el contrario, las obligaciones de resultado implican un compromiso firme de alcanzar un objetivo específico y medible, generándose responsabilidad por el simple hecho de que se produzca un daño, sin necesidad de demostrar

---

[111] En relación con la responsabilidad derivada de las obligaciones de medios y de resultado en el Derecho internacional, BLANCO PÉREZ-RUBIO, L., "Obligaciones de medios y obligaciones de resultado: ¿tiene relevancia jurídica su distinción?", *Cuadernos de Derecho Transnacional,* Vol. 6, Nº 2, 2014, pp. 50-74.

dolo, negligencia o falta de diligencia[112]. En las obligaciones de resultado el incumplimiento es más fácil de establecer, dado que se produce simplemente por el hecho de no conseguir los objetivos esperados.

De acuerdo con la noción predominante en el Derecho internacional, la diligencia debida no crea una posición de garante en los Estados, sino que se deriva del deber de no dañar (*neminem laedere*) y genera la expectativa de que un Estado aborde los riesgos de que desde su territorio o jurisdicción se causen daños a otros Estados, o al interés internacional, para reducirlos o mitigarlos en el caso de que lleguen a materializarse[113]. Esto se corresponde con una obligación de medios, que no garantiza la consecución de un resultado específico pero que debe desarrollarse de acuerdo con unos determinados estándares internacionales.

En este sentido, el ejercicio de la diligencia debida no exige al Estado que prevenga todas las acciones dañinas imaginables que puedan producirse bajo su jurisdicción o dentro de su territorio para garantizar que no se materialice un riesgo, lo que se correspondería con una posición de garante, sino que actúe de una forma diligente para prevenir, razonablemente, su materialización de acuerdo con la obligación general de no causar daños. Por lo tanto, si un actor ha ejercido la diligencia

---

112 Sobre las obligaciones de medios y de resultado en el ámbito internacional, véase INSTITUTO INTERNACIONAL PARA LA UNIFICACIÓN DEL DERECHO PRIVADO, *Principios UNIDROIT sobre los contratos comerciales internacionales*, Roma, 2018, pp. 168-172.

113 Véase HESSBRUEGGE, J., "The Historical Development of the Doctrines of Attribution and *Due diligence* in International Law", *New York University Journal of International Law and Politics (JILP)*, Vol. 36, No. 4, 2004, pp. 268 y ss.; DAVITTI, D., "On the Meanings of International Investment Law and International Human Rights Law: The Alternative Narrative of *Due diligence*", *Human Rights Law Review*, Volume 12, Issue 3, September 2012, pp. 421-445.

debida de forma adecuada, en atención a estándares internacionales, a los riesgos detectados y a su capacidad de respuesta, aunque se produzca un daño no podría ser considerado responsable, ya que, en puridad, no habría incumplido su obligación de ejercer la diligencia debida[114].

En un plano material, la *due diligence* se refiere al estándar para determinar y circunscribir la responsabilidad internacional del Estado en relación con las actividades de los actores privados y las conductas de terceros. Como señaló la CIJ en el asunto *S.S. Lotus (France v. Turkey)*, los Estados tienen la obligación de actuar con diligencia debida para impedir la comisión de actos criminales contra otra nación o contra su pueblo dentro de su territorio o jurisdicción[115]. A sensu contrario, el tribunal del *caso Wipperman (United States of America v. Venezuela)* argumentó que ningún Estado es responsable por los actos cometidos por particulares presentes en su territorio o jurisdicción siempre que demuestre que utilizó una *diligencia razonable* para tratar de prevenir la ocurrencia o repetición de los daños[116].

En suma, la diligencia debida en el Derecho internacional se configura, en su esencia, como una obligación de medios, lo que implica que el foco no recae en la obtención de un

---

114 Dado que el mandato únicamente obliga al Estado a ejercer la *due diligence*, ante la exigencia de responsabilidad internacional un Estado neutral podía alegar que su conducta había sido diligente para no ser declarado culpable. LOZANO CONTRERAS, J.F., *La noción de debida diligencia en* Derecho internacional *público*, p. 35.

115 *Case of the S.S. Lotus (France v. Turkey)*, 1927, PCIJ, Series A, No. 10, p. 88, con referencia a la *US Supreme Court case of United States v. Arjona*, 120 US 479 (1887).

116 *Wipperman Case (United States of America v. Venezuela)*, 1887, reimpreso en MOORE, J.B., *History and Digest of the International Arbitrations to Which the United States Has Been a Party*, vol. 3 (1898–1906), pp. 3041 y ss.

resultado concreto, sino en la adopción de comportamientos razonables y proporcionales orientados a la prevención del daño.

Esta caracterización resulta clave para delimitar la responsabilidad internacional del Estado, ya que no se le exige garantizar la inexistencia absoluta de riesgos, sino actuar con la debida prudencia, previsión y capacidad de respuesta en atención a los estándares reconocidos por la comunidad internacional. Así, la evaluación del cumplimiento no depende del daño en sí mismo, sino de la conducta desplegada para evitarlo. Este enfoque, avalado por la jurisprudencia internacional —como los casos *S.S. Lotus* o *Wipperman*—, refuerza la idea de que la diligencia debida no atribuye al Estado una posición de garante en sentido estricto, sino que le impone un deber activo de vigilancia y prevención razonable, cuyo alcance varía en función del contexto, la capacidad institucional y la previsibilidad del riesgo.

B. Contenido de la diligencia debida en el Derecho internacional: un deber proporcional al riesgo y a la capacidad de gobernanza estatal

Una vez establecido que la diligencia debida es una obligación de medios, lo que implica que no exige garantizar un resultado específico, surge la cuestión fundamental de definir su alcance exacto como norma de conducta internacional. ¿Se trata de la implementación de una serie de acciones concretas o, más bien, de un enfoque amplio orientado a la prevención de daños? Si bien no es posible delimitar su contenido de manera absoluta en términos generales, su aplicación se ajusta de forma proporcional a los riesgos identificados y a la capacidad de gobernanza estatal.

La intensidad de las medidas de diligencia debida que un Estado debe adoptar varía según el grado de control que ejerce sobre su territorio y las actividades que se desarrollan dentro de él. La capacidad de gobernanza y la eficacia en la adopción de medidas son elementos a valorar para determinar el alcance de las obligaciones de diligencia debida. En Estados con mayor control efectivo sobre su territorio, se espera que las medidas sean más rigurosas y sistemáticas. En cambio, en Estados con menor capacidad de control, las expectativas son más limitadas, reconociendo la necesidad de evitar imponer cargas excesivas a Estados menos desarrollados mientras se asegure el cumplimiento de unos estándares mínimos.[117]

Otro factor esencial para considerar a la hora de desplegar estas medidas es la previsibilidad del daño. La diligencia debida requiere una evaluación proactiva de los posibles impactos negativos. Si el daño es previsible, existe una mayor obligación de adoptar medidas preventivas adecuadas. La previsibilidad del daño implica ir más allá de identificar los riesgos inmediatos, considerando también los riesgos potenciales a largo plazo.

Las medidas de diligencia debida también deben ser proporcionales a la importancia del interés que se busca proteger, lo que incluye evaluar la gravedad del posible daño y el número de personas afectadas. El contexto específico de cada situación también influye en la definición de las medidas de diligencia debida, por lo que se debe atender a factores como la naturaleza de las actividades, las condiciones socioeconómicas y políticas del área donde se desarrollan, o los antecedentes históricos para cada uno de los riesgos[118].

---

117 PETERS, A./KRIEGER, H./KREUZER, L., "*Due diligence* in the International Legal Order Dissecting the Leitmotif of Current Accountability Debates", en PETERS, A./KRIEGER, H./KREUZER, L. (eds.), *Due diligence in the International Legal Order*, Oxford University Press, Oxford, 2020, p. 6.

118 FRENCH, D./STEPHENS, T., *ILA Study Group on Due diligence in International Law*, First Report, 7 March 2014, pp. 3-4.

En conclusión, el contenido de la diligencia debida en el Derecho internacional se articula como un estándar dinámico y contextual, cuyo cumplimiento no exige eliminar por completo la posibilidad de daño, sino desplegar medidas razonables y adecuadas en función de la previsibilidad del riesgo, la gravedad del posible perjuicio y la capacidad efectiva de actuación del Estado involucrado.

Se trata, por tanto, de una obligación de medios cualificada, cuyo alcance se determina caso por caso atendiendo a factores como el grado de control territorial, la naturaleza de las actividades implicadas o las condiciones estructurales del Estado. La eventual responsabilidad internacional no deriva automáticamente de la producción de un daño, sino de la omisión de medidas diligentes que, en atención a los estándares internacionales, debían haberse adoptado en un contexto determinado. Esta lógica evita imponer cargas desproporcionadas a los Estados con menores capacidades institucionales, al tiempo que preserva la exigencia de mínimos comunes en la protección de intereses jurídicos fundamentales a escala global[119].

II LA MIGRACIÓN DEL CONCEPTO DE DILIGENCIA DEBIDA AL CONTEXTO CORPORATIVO Y SU CONVERGENCIA CON EL CUMPLIMIENTO NORMATIVO

Si la primera "pata" de la diligencia debida en derechos humanos se apoya sobre el concepto desarrollado en el Derecho internacional, la segunda lo hace sobre el desarrollado en el contexto corporativo.

---

119 PETERS, A./KRIEGER, H./KREUZER, L., "*Due diligence* in the International Legal Order Dissecting the Leitmotif of Current Accountability Debates", p. 5.

Desde la segunda mitad del siglo XX, el concepto de diligencia debida ha experimentado una notable expansión hacia la regulación de la actividad económica, donde se ha convertido en una herramienta fundamental de gestión de riesgos propios para la empresa y de autorregulación, tanto voluntaria en el ámbito de la RSC, como en respuesta a los deberes delegados por el Estado mediante lo que se ha denominado "autorregulación regulada"[120].

La *due diligence* corporativa tiene sus raíces en el marco normativo estadounidense, específicamente en el contexto de la regulación de los mercados financieros tras las repercusiones económicas de la Gran Depresión. El concepto se formalizó legalmente con la promulgación del *Securities Act* de 1933, como parte del programa del *New Deal* del presidente Franklin D. Roosevelt, con el objetivo de regular el mercado de valores y proteger a los inversores de prácticas fraudulentas, institucionalizándose como un estándar de conducta a seguir en las transacciones financieras en el beneficio de una adecuada gobernanza corporativa[121].

Posteriormente, el concepto se expandió a nivel mundial para abarcar cualquier acción relacionada con la adquisición de activos por una empresa en un contexto comercial, lo que incluye el análisis de riesgos en la financiación de actividades comerciales y las investigaciones previas a la contratación con carácter general[122].

---

120 Sobre el concepto de "autorregulación regulada", su evolución y aplicación en el ámbito empresarial, véase el apartado I Capítulo IV de esta obra.

121 En sus orígenes aplicada a la esfera de los negocios, la diligencia debida se ha entendido como un proceso para la prevención de riesgos en el contexto de las transacciones financieras. SPEDDING, L.S., *Due diligence and Corporate Governance*, LexisNexis UK, London, 2004, pp. 2-3.

122 MARTÍN-ORTEGA, O., "La diligencia debida de las empresas en materia de derechos humanos: un nuevo estándar para una nueva responsabilidad", p. 173.

Desde mediados de la década de 1990, el concepto de diligencia debida corporativa ha experimentado una evolución significativa. Inicialmente concebido en un sentido restrictivo —centrado en la evaluación de riesgos financieros y comerciales vinculados a transacciones y operaciones específicas—, fue progresivamente incorporándose al discurso público internacional sobre la responsabilidad empresarial.

En este proceso, tanto asociaciones industriales como foros intergubernamentales comenzaron a impulsar, e incluso a exigir, la adopción de mecanismos de autorregulación corporativa que incluyeran procedimientos efectivos de diligencia debida, especialmente en ámbitos considerados prioritarios para la comunidad internacional, como la lucha contra el blanqueo de capitales o la prevención de la corrupción[123]. En estos contextos, los deberes de "autorregulación regulada" suponen la implantación de sistemas internos capaces de prevenir, detectar y responder de forma eficaz ante la eventual comisión de actos ilícitos, trasladando a las empresas una parte de la responsabilidad estatal en materia de control y cumplimiento normativo.

Hoy en día, la diligencia debida corporativa puede entenderse en dos niveles. En el primero, actúa como un mecanismo para la mitigación de riesgos comerciales en las relaciones con terceros, ayudando a las empresas a evaluar riesgos financieros, legales y operativos, especialmente en procesos como fusiones y adquisiciones empresariales. En este sentido, permite a las organizaciones adoptar decisiones informadas y reducir las posibilidades de incurrir en responsabilidades indeseadas[124].

---

123 MARTÍN-ORTEGA, O., "La diligencia debida de las empresas en materia de derechos humanos: un nuevo estándar para una nueva responsabilidad", p. 174.

124 En estos procesos las empresas deben tener en cuenta el riesgo de la transferencia de responsabilidad penal, ya que la adquisición de una empresa puede ampliar el ámbito de las consecuencias penales

En un segundo nivel, la diligencia debida consiste en una obligación de ejercer deberes cuasi "policiales" que surge de un deber delegado por el Estado para la "autorregulación regulada" en sectores donde la complejidad técnica, o la naturaleza especializada de las actividades, así lo requieren. En el ámbito de la UE se está produciendo una delegación de funciones regulatorias estatales hacia las empresas a la hora de asegurar intereses públicos como la salud y la seguridad de los productos farmacéuticos, los productos químicos, los alimentos, la estabilidad financiera o la protección del medio ambiente[125]. En este segundo nivel, la empresa asume una función reguladora para la prevención de delitos que contribuye al interés general.

Ambos niveles se entrelazan, ya que la capacidad del Estado asegurar el cumplimiento de estos deberes se ejecuta mediante el desarrollo de sanciones, lo que se convierte en un riesgo adicional para la empresa. Por ello, la diligencia debida aplicada al entorno empresarial puede definirse como un proceso

---

en delitos específicos más allá de las entidades directamente implicadas en los hechos. En el marco legal español, el artículo 130.2 del Código Penal contempla la transferencia de responsabilidad penal en situaciones de sucesión empresarial por absorción, bajo ciertas condiciones. Un ejemplo lo encontramos en el proceso iniciado en 2017 contra el Banco Santander por presunto fraude durante la ampliación de capital del Banco Popular en 2016. Sobre el caso español, DOPICO GÓMEZ-ALLER, J., "¿Responsabilidad penal de personas jurídicas por absorción de sociedades? A la vez, algunas consideraciones constitucionales al hilo del caso Santander-Popular (SAN n.º 246/2019, de 30 de abril)", en VALIENTE IVAÑEZ, V./RAMÍREZ MARTÍN, G., *Un modelo integral de Derecho penal. Libro homenaje a la profesora Mirentxu Corcoy Bidasolo*, Agencia Estatal Boletín Oficial Del Estado, Madrid, 2022, pp. 573-588.

125 MENDES, J., "La dimensión administrativa externa del procedimiento normativo de la Unión Europea", en ARROYO JIMÉNEZ, L./MARTÍN DELGADO, I./MEIX CERECEDA, P. (Dir.), *Derecho público global: fundamentos, actores y procesos*, Iustel, Madrid, 2020, p. 198.

de recogida de información y adopción de medidas diseñado para identificar, evaluar y gestionar los riesgos propios de la actividad comercial y cumplir con los deberes de autorregulación delegados por el Estado, asegurando el cumplimiento de la legislación y regulación aplicable con el fin de evitar incurrir en cualquier tipo de responsabilidad o sanción[126].

En el actual contexto corporativo, la diligencia debida y el cumplimiento normativo (*compliance*) convergen en un enfoque integral que combina la gestión de riesgos con la promoción de una cultura ética dentro de las organizaciones. Si bien, en ocasiones, se conciben como mecanismos independientes, la diligencia debida en derechos humanos representa una evolución del *compliance* tradicional, ampliando su alcance más allá del simple de cumplimiento de la legalidad, para incorporar un compromiso con los principios de sostenibilidad y de responsabilidad social.

El *compliance*, en su concepción clásica, ha sido entendido como un sistema de autovigilancia —o "*self-policing*"— desarrollado con el propósito principal de garantizar que la empresa cumpla con la normativa aplicable y evitar sanciones. No obstante, en un entorno donde las expectativas sobre el comportamiento empresarial han evolucionado, este enfoque se ha ampliado para abarcar la construcción de una cultura corporativa basada en la ética y la integridad.

Esta transformación refleja la doble función de los programas de *compliance*: por un lado, como mecanismo preventivo

---

[126] Si bien los procesos de diligencia debida suelen incluir riesgos jurídicos dentro de su ámbito de aplicación, el riesgo de responsabilidad jurídica es simplemente otra consideración comercial que debe identificarse y gestionarse en el contexto de una transacción determinada. MARTIN-ORTEGA, O., "Human Rights *Due diligence* for Corporations: From Voluntary Standards to *Hard law* at Last?", *Netherlands Quarterly of Human Rights*, 2014, Volume 32, Issue 1, pp. 51-52.

para evitar infracciones legales, y por otro, como un sistema que fomente prácticas empresariales responsables. La complejidad de este equilibrio radica en diseñar programas que no solo aseguren el cumplimiento de las obligaciones impuestas por la ley, sino que también promuevan un entorno operativo donde los valores éticos prevalezcan sobre una lógica de maximización de beneficios "a cualquier precio"[127].

Por ello, la efectividad del *compliance* no puede medirse únicamente por la ausencia de sanciones o la reducción de riesgos legales, sino también por su capacidad para inculcar una cultura de cumplimiento genuino, donde las empresas asuman su rol como actores relevantes para la promoción de los derechos humanos y el desarrollo sostenible. De esta manera, el cumplimiento normativo deja de ser un mero instrumento de control y se convierte en un elemento estratégico que refuerza la legitimidad y sostenibilidad del negocio en el tiempo.

La regulación de la lucha contra el soborno y la corrupción desarrollada en los EE.UU. y el Reino Unido ofrece puntos de comparación especialmente ilustrativos para comprender la evolución de las obligaciones de diligencia debida empresarial. Tanto la *Foreign Corrupt Practices Act* (FCPA) estadounidense como la *Bribery Act* británica imponen a las empresas la obligación de desarrollar procedimientos internos eficaces de gestión de riesgos, aplicables no solo a nivel del grupo corporativo, sino también en relación con terceros con los que mantienen vínculos comerciales, como socios, filiales o intermediarios. Estas normas introdujeron de forma temprana la idea de que la prevención de daños jurídicos relevantes —como los derivados de prácticas corruptas— requiere estructuras internas de control, evaluación y reacción, incluso

127 NIETO MARTÍN, A., "Fundamentos y estructura de los programas de cumplimiento normativo", pp. 111-112.

cuando los actos ilícitos puedan ser cometidos por agentes externos o en contextos lejanos geográficamente.

Por ello, antes de analizar las nuevas obligaciones de diligencia debida en derechos humanos, resulta pertinente referirse a estas experiencias normativas, ya que muchas empresas se enfrentan ahora a requisitos similares en cuanto a estructura, lógica preventiva y deberes de supervisión, sobre los que ya han desarrollado prácticas de cumplimiento.

A. *Autorregulación, diligencia debida y compliance: un impulso a partir de la Foreing Corrupt Practices Act estadounidense para la lucha contra la corrupción*

La FCPA, aunque principalmente orientada a combatir la corrupción en las transacciones internacionales, ha tenido un papel significativo en la evolución del concepto de diligencia debida en el ámbito corporativo para la prevención de conductas delictivas[128]. La FCPA puso en relieve la importancia de establecer prácticas empresariales éticas y transparentes, alentando a las compañías a implementar políticas y procedimientos para asegurar el cumplimiento de terceros que se relacionan con la organización a la hora de prevenir

---

128 La FCPA fue promulgada durante la era post-Watergate en un contexto de renovación ética en Estados Unidos, buscó proyectar las normativas anticorrupción más allá de sus fronteras. Sin embargo, con la llegada de Reagan al poder, se observó un declive en la aplicación de la FCPA, marcado por episodios como el Irangate y la reforma de la ley para mitigar algunas de sus disposiciones, reflejando las críticas del sector económico estadounidense. La FCPA quedó en desuso hasta que Bill Clinton reactivó la lucha contra la corrupción internacional, impulsando una estrategia de armonización global. NIETO MARTÍN, A., "¿Americanización o europeización del Derecho penal económico?", *Revista Penal*, N° 19, 2007, p. 128.

la corrupción[129]. Dado su éxito, la norma se ha convertido en precursora de los programas de cumplimiento actuales y del modelo de *compliance* instaurado en el sistema de responsabilidad de las personas jurídicas en EE.UU.[130]

Una característica distintiva de la FCPA es su enfoque en los sistemas de *compliance* como herramienta fundamental para asegurar que las empresas se adhieran a sus disposiciones[131]. La ley prohíbe a las empresas estadounidenses y a sus subsidiarias realizar pagos corruptos a funcionarios extranjeros, exigiendo que implementen controles internos adecuados para prevenir y detectar actos de corrupción. Para ello, en el núcleo de la ley se establece la expectativa de que las empresas ejerzan la diligencia debida construida sobre una base contractual con las relaciones comerciales para asegurarse que sus prácticas no impliquen sobornos.

La amplitud en cuanto a los sujetos obligados y alcance de la FCPA[132] es uno de los motivos de su relevancia en la conformación

---

129 NIETO MARTÍN, A., "La privatización de la lucha contra la corrupción", *Revista Penal México,* nº 4, marzo-agosto de 2013, p. 135.

130 La FCPA se relaciona con los requerimientos organizativos en la protección del mercado financiero, y tiene conexiones con la normativa sobre blanqueo de capitales, la gobernanza corporativa y la responsabilidad de las entidades jurídicas. NIETO MARTÍN, A., "¿Americanización o europeización del Derecho penal económico?", p. 128.

131 Sobre los programas de cumplimiento bajo la FCPA, véase CRIMINAL DIVISION OF THE U.S. DEPARTMENT OF JUSTICE/ ENFORCEMENT DIVISION OF THE U.S. SECURITIES AND EXCHANGE COMMISSION, *FCPA. A Resource Guide to the U.S. Foreign Corrupt Practices Act,* pp. 56-68.

132 La FCPA se aplica a tres categorías de individuos y entidades: (1) "*issuers*" o cualquier oficial, director, empleado, o agente de dicho emisor, o cualquier accionista actuando en nombre de dicho emisor (15 U.S.C. § 78dd-1(a)(3)); (2) "*domestic concerns*" o cualquier

de programas anticorrupción a nivel global, manifestándose en la gran influencia que ejerce sobre las prácticas corporativas en el ámbito internacional. Gracias a esta amplitud y el marcado carácter extraterritorial de la norma, en la actualidad se observa una tendencia donde las grandes empresas multinacionales, sujetas a estas legislaciones debido a sus operaciones en los EE.UU., establecen estándares de conducta ética y procedimientos de cumplimiento que, a menudo, van más allá de los requisitos legales mínimos en algunos de los Estados en los que se encuentra su sede[133].

Por ello, la FCPA y su aplicación práctica han tenido una gran influencia en el desarrollo de nuevas normativas en la lucha contra la corrupción, como la Convención de la OCDE

---

oficial, director, empleado, o agente relacionado, o cualquier accionista actuando en su nombre (15 U.S.C. § 78dd-2(a)(3)); y (3) "*any person*", incluidos nacionales, extranjeros, empresas extranjeras, o cualquier oficial, director, empleado o agente de tales empresas o nacionales extranjeros, o cualquier accionista actuando en su nombre que realicen cualquier acción en apoyo de un pago corrupto mientras se encuentren en territorio de los Estados Unidos (15 U.S.C. § 78dd-3(a)(3)). CRIMINAL DIVISION OF THE U.S. DEPARTMENT OF JUSTICE/ENFORCEMENT DIVISION OF THE U.S. SECURITIES AND EXCHANGE COMMISSION, FCPA. *A Resource Guide to the U.S. Foreign Corrupt Practices Act*, pp. 9-10. Estos términos definen quiénes están potencialmente sujetos a la aplicación de las disposiciones contra el soborno y de contabilidad de la FCPA, ya sea por el DOJ o la SEC. TARUM, R.W./ TOMCZAK, P.P., "Foreign Corrupt Practices Act Overview", en *The Foreign Corrupt Practices Act Handbook. A Practical Guide for Multinational General Counsel, Transactional Lawyers and White Collar Criminal Practitioners*, Fifth edition, American Bar Association, Chicago, 2018, pp. 3-5.

133 NIETO MARTÍN, A., "La prevención de la corrupción", en NIETO MARTÍN, A. (Dir.) *Manual de cumplimiento penal en la empresa*, Tirant lo Blanch, Valencia, 2015, pp. 325.

para la Lucha contra la Corrupción[134] o la *Bribery Act* británica, que reflejan cómo se ha ido configurando un entramado regulatorio global por la que las empresas deben adaptar su conducta para cumplir con normas de procedencia diversa[135].

Sin embargo, el 10 de febrero de 2025, el presidente Donald Trump emitió un decreto ordenando al Departamento de Justicia de Estados Unidos (DOJ) la "suspensión" de la aplicación de la FCPA. La decisión de suspender la FCPA se justifica oficialmente como una medida para eliminar obstáculos que, según la administración, afectan la competitividad económica de las empresas estadounidenses y la "seguridad nacional". Esta acción representa un cambio significativo en la postura histórica de los EE.UU. respecto a la ética empresarial y la prevención de la corrupción. Además, se enmarca en una serie de acciones que incluyen la relajación de la vigilancia sobre actividades de lobby en favor de potencias extranjeras, lo que podría interpretarse como una mayor tolerancia de la corrupción en los negocios internacionales.

Esta medida plantea desafíos para la UE y otras regiones que han adoptado legislaciones similares inspiradas en la

---

134 Convención para Combatir el Cohecho de Servidores Públicos Extranjeros en Transacciones Comerciales Internacionales, adoptada en 1997; Recomendación revisada de 2009 para reforzar la lucha contra la corrupción de funcionarios públicos extranjeros en las transacciones comerciales internacionales y sus Anejos (Guías de buenas prácticas) y la Recomendación de 2009 sobre medidas fiscales para reforzar la lucha contra la corrupción de funcionarios públicos extranjeros en las transacciones comerciales internacionales. Sobre la influencia internacional de la FCPA, KATZAROVA, E./ANSART, J., "The Americanization of international anti-corruption. The infuence of the FCPA on the OAS and OECD conventions", en BISMUTH, R./DUNIN-WASOWICZ, J./NICHOLS, P.M., (eds.), *The Transnationalization of Anti-Corruption Law*, Routledge, New York, 2021, pp. 31-63.

135 NIETO MARTÍN, A., "La prevención de la corrupción", pp. 324-325.

FCPA. Las empresas europeas podrían verse tentadas a relajar sus estándares éticos para alinearse con competidores que operen bajo regulaciones menos estrictas, lo que podría erosionar los avances logrados en materia de integridad corporativa. Frente a este panorama, resulta fundamental que las jurisdicciones comprometidas con la lucha contra la corrupción refuercen sus marcos legales y mecanismos de cumplimiento para mantener prácticas empresariales íntegras y evitar una carrera hacia el mínimo común denominador en estándares legales y éticos.[136]

B. *Diligencia debida, responsabilidad penal de la persona jurídica y cumplimiento normativo para la defensa corporativa: el ejemplo de la Bribery Act del Reino Unido*

La *Bribery Act* británica de 2010 representó un avance significativo en la lucha contra la corrupción en el ámbito europeo, particularmente en lo que respecta a su prevención en las transacciones económicas internacionales. El cumplimiento de terceros, presente tanto en la FCPA estadounidense como en la *Bribery Act*, es el eje de la diligencia debida en este ámbito.

Uno de los aspectos más destacados de la *Bribery Act* lo encontramos en su sección 6, que aborda específicamente la corrupción en las transacciones económicas internacionales al crear un tipo penal que refleja el delito de "cohecho de un servidor público extranjero" tal como se define en la Convención de la OCDE de lucha conta la corrupción internacional. Además, bajo la sección 14 de la *Bribery Act*, una persona jurídica

[136] COHEN-TANUGI, L., "¿Acaba Trump de poner fin al *compliance*?", *El Grand Continent*, 13 de febrero de 2025. https://legrandcontinent.eu/es/2025/02/13/acaba-trump-de-poner-fin-al-*compliance*/ (consultada el 15 de febrero de 2025).

puede ser declarada responsable por un delito de soborno si se demuestra que los altos cargos de la empresa consintieron o participaron en el acto ilícito[137].

Pero lo más relevante lo encontramos en su sección 7, donde se introdujo el delito conocido como "*Failure of commercial organisations to prevent bribery*" para posibilitar la imputación de la persona jurídica en base a la culpabilidad propia de la empresa. Bajo este modelo, cualquier empresa considerada como una "organización comercial relevante"[138] responde por la corrupción realizada por cualquier persona "asociada con" ella y que actúe en su nombre (lo que podría incluir empleados, pero también agentes externos como subcontratistas, consultoras, etc.[139]). El propósito general de esta disposición era el de implicar a los directores y a la alta gerencia a asumir un papel activo en la

137 Secciones 1, 2 y 6 de la Bribery Act, relativos al soborno activo, pasivo y el soborno a funcionarios públicos extranjeros respectivamente.

138 Sección 7(5)(a)–(d) de la Bribery Act. Esto incluye cualquier entidad corporativa o sociedad que esté incorporada o formada en el Reino Unido, independientemente de dónde realice sus negocios, o cualquier entidad corporativa o sociedad que lleve a cabo un negocio o parte de un negocio en el Reino Unido, independientemente del lugar de incorporación o formación. En detalle sobre el concepto de organización comercial relevante en la *Bribery Act*, véase MINISTRY OF JUSTICE, "The Bribery Act 2010. Guidance to help commercial organisations understand the sorts of procedures they can put in place to prevent bribery", UK Government, 11 February 2012, pp. 15-16.

139 Una persona "asociada" se define en la Sección 8 como aquella que "presta servicios" para o en nombre de la organización. En detalle sobre el concepto de persona asociada bajo la Bribery Act, MINISTRY OF JUSTICE, "The Bribery Act 2010. Guidance to help commercial organisations understand the sorts of procedures they can put in place to prevent bribery", pp. 16-18.

supervisión y el control de las prácticas comerciales de sus organizaciones, para fomentar una gestión ética y responsable[140].

La Sección 7(2) de la *Bribery Act* ofrece a la persona jurídica una forma de defensa ante los delitos de soborno[141]: demostrar la existencia de "procedimientos adecuados", basados en la diligencia debida y el *compliance*, para prevenir, y no simplemente desalentar, los actos de soborno cometidos por terceros en beneficio de la organización[142].

La Secretaría de Estado publicó en 2012 una guía basada en estándares internacionales para implementar un programa de cumplimiento eficaz[143], sirviendo como "defensa" activa contra

---

140 SALLON, C./TATE, S., *The UK Anti-Bribery Handbook*, Second Edition, Bloomsbury Publishing Plc., London, 2021, p. 110.

141 Los pequeños sobornos realizados para agilizar acciones gubernamentales rutinarias, conocidos como "pagos de facilitación", también pueden generar responsabilidad penal bajo la Bribery Act. A diferencia de la FCPA, la norma británica se alinea con la Recomendación de 2009 de la OCDE a la hora de reconocer los graves efectos negativos derivados de los pagos de facilitación y el riesgo de crear exenciones para dichos actos, ya que se crean distinciones artificiales difíciles de aplicar y que acaban distorsionando la aplicación de las políticas corporativas contra el soborno. MINISTRY OF JUSTICE, "The Bribery Act 2010. Guidance to help commercial organisations understand the sorts of procedures they can put in place to prevent bribery", p. 18.

142 *Failure of commercial organisations to prevent bribery*

(1) A relevant commercial organisation ("C") is guilty of an offence under this section if a person ("A") associated with C bribes another person intending:

(a) to obtain or retain business for C, or

(b) to obtain or retain an advantage in the conduct of business for C.

(2) But it is a defence for C to prove that C had in place adequate procedures designed to prevent persons associated with C from undertaking such conduct.

143 La Guía del Ministerio de Justicia "no es prescriptiva" y no crea una lista exhaustiva de lo que se debe y no se debe hacer, sino que las

posibles infracciones de la sección 7. Para que un procedimiento sea considerado como "adecuado" debe estar basado en procesos de diligencia debida, ser proporcionado, contar con un compromiso al más alto nivel, estar basado en una evaluación de riesgos, ser comunicado (lo que incluye acciones de formación), y realizarse un monitoreo para la revisión de los resultados[144].

La primera empresa declarada culpable y condenada por un delito de soborno en aplicación de la sección 7 de la *Bribery Act* británica fue *Sweett Group*, proveedor de servicios profesionales para el sector de la construcción que cotiza en la bolsa de valores del Reino Unido[145]. En este caso, la responsabilidad de *Sweett Group* se derivó de los actos de su filial *Cyril Sweett International*, tras demostrarse que realizó pagos corruptos a un alto funcionario de Emiratos Árabes Unidos con el fin de obtener un contrato de consultoría en el desarrollo de un hotel con sede en Abu Dhabi[146]. *Sweett Group* se declaró culpable de un

---

orientaciones están concebidas para ser de aplicación general y se formulan en torno a seis principios rectores, cada uno de los cuales va seguido de comentarios y ejemplos.

144 La premisa central es que, aunque las organizaciones pequeñas y las grandes multinacionales enfrentan retos distintos en cuanto a la implementación de estrategias antisoborno, el objetivo común debe ser siempre el desarrollo y mantenimiento de procedimientos antisoborno efectivos. MINISTRY OF JUSTICE, "The Bribery Act 2010. Guidance to help commercial organisations understand the sorts of procedures they can put in place to prevent bribery", pp. 20-32.

145 *Southwark Crown Court*, 19 February 2016.

146 Entre el 1 de diciembre de 2012 y el 1 de diciembre de 2015, *Sweett Group PLC*, siendo una organización comercial relevante, no logró prevenir el soborno a Khaled Al Badie por una persona asociada, específicamente *Cyril Sweett International Limited*, sus sirvientes y agentes. El soborno tenía la intención de obtener o retener negocios, y/o una ventaja en la conducta de negocios, para *Sweett Group PLC*, específicamente asegurando y manteniendo un contrato con *Al*

delito de *failure to prevent* al no haber adoptado medidas adecuadas para prevenir y detectar el pago de sobornos por parte de su subsidiaria, asumiendo que sus procedimientos para supervisar las operaciones del grupo corporativo en Oriente Medio eran inadecuados, por lo que le fue impuesta una sanción de 2,25 millones de libras esterlinas[147].

Como se verá en el próximo apartado, el concepto de diligencia debida en derechos humanos constituye una fase más en la evolución del estándar como herramienta de gobernanza global, que ha trascendido progresivamente el ámbito exclusivo de la responsabilidad estatal para proyectarse sobre el comportamiento de los actores privados, en particular de las empresas multinacionales. Esta extensión del concepto no debe entenderse como una ruptura con sus raíces en el Derecho internacional público o en la regulación económico-financiera, sino como una expansión lógica y necesaria, orientada a dar respuesta a los nuevos desafíos estructurales que plantea la globalización económica, especialmente en lo relativo a las cadenas de suministro transnacionales.

Este carácter evolutivo e integrador del concepto de diligencia debida refuerza su legitimidad como estándar regulatorio emergente y permite comprender mejor su funcionalidad

---

Ain Ahlia Insurance Company para servicios de gestión de proyectos y consultoría de costes en relación con la construcción de un hotel en Dubái, contrario a la Sección 7(1) de la *Bribery Act* de 2010. SERIOUS FRAUD OFFICE, "Sweett Group PLC sentenced and ordered to pay £2.25 million after Bribery Act conviction", 19 February 2016. https://www.sfo.gov.uk/2016/02/19/sweett-group-plc-sentenced-and-ordered-to-pay-2-3-million-after-bribery-act-conviction/ (consultada el 5 de septiembre de 2024).

147 Sobre el caso y la sentencia del tribunal, GADE, M., ¿"Home Sweett Home? Sweett Group and the UK Bribery Act", *Columbia Journal of European Law,* April 16, 2016.

dentro del nuevo marco de responsabilidad empresarial que se está configurando en el derecho internacional contemporáneo.

III LA EXPANSIÓN DE LA DILIGENCIA DEBIDA PARA LA REGULACIÓN DE LA ACTIVIDAD DE LAS EMPRESAS EN RELACIÓN CON LOS DERECHOS HUMANOS

Como es sabido, un Estado está obligado a proteger a los individuos dentro de su jurisdicción contra violaciones de derechos humanos cometidas tanto por actores estatales como por actores privados. Sin embargo, en lo que respecta a las obligaciones de las empresas, aunque en algunos casos el Derecho de los tratados internacionales reconoce la responsabilidad indirecta de los actores privados[148], la opinión predominante sostiene que el Derecho internacional de los derechos humanos no impone obligaciones directas a las empresas[149].

---

148 Como ejemplos, el art. 2.e) de la Convención sobre la eliminación de todas las formas de discriminación contra la mujer contiene la obligación de los Estados parte de adoptar medidas apropiadas para eliminar la discriminación contra la mujer por cualquier persona, organización o empresa. Similar la obligación incluida en la Convención sobre la eliminación de todas las formas de discriminación racial que, en su art. 2.d) obliga a los Estados Parte a prohibir y terminar adoptando las medidas apropiadas contra la discriminación racial por cualquier persona, grupo u organización. Sobre la relación entre los actores privados y los derechos humanos en el Derecho internacional, LUCKE, K., "States´and Private Actors´Human Rights Obligations", en COTTIER, T./PAUWELYN, J./BÜRGI, E. (eds.), *Human Rights and International Trade,* Oxford University Press, Oxford, 2005, pp. 153-157.

149 El Derecho internacional de los derechos humanos es relativamente nuevo, desarrollado en su mayor parte después de la creación de la ONU en 1945 tras la finalización de la II Guerra Mundial. Todos los Estados que deseen formar parte del sistema de Naciones Unidas deben aceptar la Carta de las Naciones Unidas, que

En este marco, las empresas multinacionales han permanecido durante mucho tiempo fuera del alcance directo de la normativa internacional, a pesar de su creciente influencia en la economía global y su capacidad para impactar en los derechos humanos[150]. Esta limitación plantea un doble desafío: por un lado, definir un marco normativo claro que establezca la responsabilidad de las empresas multinacionales de respetar los derechos humanos, y por otro, garantizar que este respeto sea efectivo en la práctica. Para ello, resulta necesario un

---

incluye la promoción del respeto a los Derechos humanos. El primer documento de la ONU en proporcionar un listado de estos derechos fundamentales fue la Declaración Universal de los Derechos humanos de 1948. Además de esta, hasta la fecha, los principales tratados de derechos humanos de la ONU son: la Convención sobre la Eliminación de Todas las Formas de Discriminación Racial (1965), el Pacto Internacional de Derechos Civiles y Políticos (1966), el Pacto Internacional de Derechos Económicos, Sociales y Culturales (1966), la Convención sobre la Eliminación de Todas las Formas de Discriminación contra la Mujer (1979), la Convención contra la Tortura y Otros Tratos o Penas Crueles, Inhumanos o Degradantes (1984), la Convención sobre los Derechos del Niño (1989), la Convención Internacional sobre la Protección de los Derechos de Todos los Trabajadores Migratorios y de sus Familiares (1990), la Convención sobre los Derechos de las Personas con Discapacidad (2006). Sobre el Derecho internacional de los derechos humanos, véase CASSESE, A., *Pensando en derechos humanos. Reflexiones desde el* Derecho internacional, traducción de GONZÁLEZ IBÁÑEZ, J., Berg Institute, Madrid, 2020, pp. 103-160.

150 Este planteamiento inicial provocó que sean los Estados quienes, exclusivamente, han sido considerados sujetos de DIP. De acuerdo con los postulados iniciales de las doctrinas dualistas, la férrea separación entre los sistemas de Derecho internacional y Derecho interno estatal mantenía a los individuos privados al margen del DIP. Bajo estas premisas, solo cuando las normas de DIP se trasladaban al Derecho interno estatal posibilitaban su invocación por los particulares. Sobre el concepto de subjetividad internacional, PASTOR RIDRUEJO, J.A., *Curso de* Derecho internacional *Público y Organizaciones Internacionales,* pp. 185-257; FERNÁNDEZ TOMÁS, A.F., "La sociedad internacional y el Derecho internacional", pp. 37-62.

desarrollo jurídico que trascienda la lógica estatalista del Derecho internacional clásico y que integre mecanismos vinculantes que aseguren que las empresas no solo eviten infringir derechos fundamentales, sino que también asuman un papel activo en su respeto y promoción a lo largo de toda su cadena productiva.

Un logro destacable de la diligencia debida en derechos humanos ha sido el de acercar dos posiciones, tradicionalmente enfrentadas, en el debate histórico sobre la forma de articular la responsabilidad de las empresas multinacionales en relación con los derechos humanos en el extranjero, entre las que, hasta la irrupción de la diligencia debida, parecía imposible encontrar un punto común sobre el que poder avanzar.

Para la primera posición, las relaciones entre empresas multinacionales y los derechos humanos debieran ser objeto de una convención internacional que estableciese de manera vinculante sus obligaciones, desarrollando un régimen de responsabilidad por incumplimiento[151]. Bajo esta óptica, tanto las empresas multinacionales como los Estados tendrían obligaciones positivas hacia los derechos humanos consistentes en su protección, promoción y reparación en caso de que se produzcan daños[152].

---

151 Desde hace décadas han aumentado las voces que piden que se asignen obligaciones internacionales en materia de derechos humanos a actores no estatales, como es el caso de las grandes corporaciones multinacionales. Para ello, diferentes gobiernos, movimientos sociales, ONGS y otros actores de la sociedad civil organizada vienen reclamando la adopción de un convenio internacional vinculante para las empresas en materia de derechos humanos. GUAMÁN HERNÁNDEZ, A./MORENO GONZÁLEZ, G., *Empresas Transnacionales y Derechos Humanos. La necesidad de un Instrumento Vinculante,* Editorial Bomarzo, Albacete, 2018, pp. 169-175.

152 Sobre las ventajas e inconvenientes de la vía consuetudinaria y la vía convencional para responsabilizar a las empresas multinacionales por las violaciones de derechos humanos, JIMÉNEZ-PIERNAS GARCÍA, A., "La idoneidad de un nuevo tratado multilateral sobre

La segunda posición ha sido la de enmarcar las relaciones de las empresas con los derechos humanos dentro del ámbito del cumplimiento voluntario de la RSC, rechazando la posibilidad de otorgar a las empresas multinacionales —o a sus directivos— obligaciones internacionales directas que resultasen jurídicamente vinculantes[153].

Pero lo que es cierto es que, a fecha de hoy, alcanzar un acuerdo para la adopción de un tratado internacional vinculante no parece una opción cercana. Tampoco las medidas voluntarias de RSC desarrolladas hasta el momento han demostrado ser las más idóneas y eficaces para la prevención de los impactos negativos sobre los derechos humanos derivados de la actividad corporativa a nivel global.

En este punto, resulta pertinente abordar los diversos intentos de la ONU para regular la actividad de las empresas multinacionales, hasta la aceptación del marco "*Proteger, respetar y remediar*" implementado por los *Principios Rectores* sobre Empresas y Derechos Humanos (*Principios Rectores*) y acogido por la OCDE, para completar el mapa evolutivo de la diligencia debida en el ámbito internacional, su traslación al ámbito

---

empresas y derechos humanos", en DÍAZ BARRADO, C.M./RODRÍGUEZ BARRIGÓN, J.M./PEREIRA COUTINHO, F. (Dir.), *Las empresas transnacionales en el* Derecho internacional *contemporáneo. Derechos humanos y objetivos de desarrollo sostenible,* Tirant lo Blanch, Valencia, 2020, pp. 327-337.

[153] Según el ideal del igualitarismo de estatus, todos los miembros de la sociedad son moralmente iguales entre sí y es el Estado quien tiene el deber de reconocer y proteger dicha igualdad. De acuerdo con este razonamiento, atribuir obligaciones de derechos humanos a las empresas multinacionales y a sus directivos implicaría atribuirles un nuevo estatus contrario a la posición que ocupan en la sociedad como entidades privadas con fines de lucro. NIEN-HÊ HSIE, "Should Business Have Human Rights Obligations?", *Journal of Human Rights,* 14:2, 2015, pp. 218-236.

corporativo, y su expansión para asegurar el respeto de los derechos humanos en las cadenas productivas globales.

A. *Medio siglo de desafíos y aspiraciones en derechos humanos: los esfuerzos de las Naciones Unidas para regular la actividad de las empresas multinacionales*

Pese a que en la actualidad aún no existe un tratado internacional jurídicamente vinculante sobre empresas y derechos humanos, es un tema que lleva debatiéndose desde hace años por la comunidad internacional. El principal interés en desarrollar esta regulación surgió inicialmente en algunos países recién descolonizados, que buscaban reafirmar su soberanía estatal sobre los recursos naturales y controlar las condiciones de la inversión extranjera mediante sus propias normativas ante el temor a posibles injerencias de las empresas multinacionales en sus asuntos internos[154].

A comienzos de la década de 1970 se debatió sobre el establecimiento de un Nuevo Orden Económico Internacional (NOEI), en el que la actividad de las corporaciones multinacionales fuese regulada y supervisada para no dañar a sus

---

154 Los países recién independizados vieron en la regulación de las multinacionales una necesidad urgente para proteger su autonomía económica y política. Durante el periodo colonial y postcolonial, muchas corporaciones multinacionales, con el apoyo de potencias coloniales, habían explotado desmesuradamente los recursos de estas naciones sin un retorno justo para ellas o su población. Al obtener la independencia, estos países se enfrentaron al desafío de transformar sus economías y asegurar que las inversiones extranjeras contribuyeran de manera equitativa al desarrollo local sin comprometer su recién adquirida soberanía. WARD, B., "Perspectivas históricas del nuevo orden económico internacional", *Estudios Internacionales,* Año 11, No. 41, enero-marzo 1978, pp. 5-15.

economías[155]. El 28 de julio de 1972 marcó un punto de inflexión significativo en la atención internacional hacia las corporaciones multinacionales, cuando el Consejo Económico y Social de las Naciones Unidas decidió incluir el impacto de estas entidades en su agenda global.

En respuesta a esta preocupación creciente sobre los efectos negativos derivado a la actividad corporativa, se solicitó al Secretario General de las Naciones Unidas que constituyera un Grupo de Trabajo encargado de estudiar los efectos negativos de la actividad de las empresas multinacionales en el desarrollo de los Estados y en las relaciones internacionales[156]. La creación de este Grupo de Trabajo fue un reconocimiento de la necesidad de entender y, potencialmente, regular las actividades de estas organizaciones económicas que trascendían las fronteras nacionales. Este enfoque era parte de un esfuerzo más

---

155 El Grupo de los 77 se fundó tras la primera Conferencia de las Naciones Unidas sobre Comercio y Desarrollo (UNCTAD) de 1964 y tenía por objeto trabajar en el desarrollo del NOEI, convirtiéndose en el foro más importante de los países en desarrollo para armonizar sus perspectivas sobre cuestiones económicas mundiales, desarrollar posiciones comunes sobre dichas cuestiones y promover ideas y estrategias nuevas para las negociaciones con los países desarrollados. DUBEY, M., "La importancia histórica del Grupo de los 77", *Naciones Unidas-Crónica ONU.* https://www.un.org/es/chronicle/article/la-importancia-historica-del-grupo-de-los-77#:~:text=Poco%20despu%C3%A9s%20de%20la%20primera,y%20estrategias%20nuevas%20para%20las (consultada el 16 de mayo de 2025). La cuestión del establecimiento de un nuevo orden económico internacional se planteó por primera vez en una declaración política aprobada en la Cuarta Conferencia de Jefes de Estado o de Gobierno de los Países No Alineados, celebrada en Argel del 5 al 9 de septiembre de 1973. ASAMBLEA GENERAL, *Declaración sobre el establecimiento de un nuevo orden económico internacional*, RESOLUCIÓN 3201 (S-VI) de 1 de mayo de 1974.

156 RESOLUCIÓN 1721 (LIII) de la 1.836ª sesión plenaria de 28 de julio de 1972.

amplio para equilibrar las dinámicas de poder en la economía global y garantizar que el crecimiento y la expansión corporativos no se produjeran a expensas del bienestar de los Estados más vulnerables[157].

Para evitar este tipo de regulación, las empresas multinacionales empezaron a desarrollar sus propios códigos de conducta, pero, dado que eran ellas mismas quienes redactaban sus propias normas, tendían a ser vagas, servir a sus propios intereses y no resultar efectivas para la rendición de cuentas. En noviembre de 1972, el Consejo de la Cámara de Comercio Internacional (CCI) adoptó por unanimidad sus *Directrices para la inversión internacional*[158]. Estas directrices instaban a los

---

[157] Posteriormente, el 2 de agosto de 1974, se constituyó el Centro de Empresas Transnacionales de Naciones Unidas (UNCTC). RESOLUCIÓN 1908 (LVII) de 2 de agosto de 1974. El 5 de diciembre del mismo año, la Comisión de Empresas Transnacionales con el mandato de desarrollar un código de conducta para regular la actividad de las empresas multinacionales. RESOLUCIÓN 1913 (LVII) de 5 de diciembre de 1974. De forma paralela, el 12 de diciembre de 1974 se adoptó la Carta de Derechos y Deberes Económicos de los Estados, que mantenía el control de la actividad de las empresas multinacionales en el ámbito de los ordenamientos internos, como un Derecho propio de cada Estado para reglamentar y supervisar la actividad de las empresas transnacionales que operan dentro de su jurisdicción nacional, estipulándose en su preámbulo que "debería constituir un instrumento eficaz con miras a implantar un nuevo sistema internacional de relaciones económicas". RESOLUCIÓN 3281 (XXIX) de la Asamblea General, de 12 de diciembre de 1974.

[158] Las Directrices se dirigían a las corporaciones multinacionales y sus Estados anfitriones en ocho áreas: políticas de inversión, propiedad y gestión, finanzas, políticas fiscales, marco legal, políticas laborales, tecnología y políticas comerciales. Al adoptar las Directrices, el Consejo de la ICC las puso a disposición de las Naciones Unidas y otras organizaciones intergubernamentales para promover discusiones constructivas sobre las relaciones entre los inversores internacionales, los gobiernos de los países anfitriones

gobiernos a adoptar prácticas que garantizaran la seguridad jurídica y operativa para las inversiones internacionales, a la vez que advertían sobre los posibles efectos negativos que una regulación internacional podría tener en el flujo de inversiones[159].

El marco propuesto por la CCI abogaba claramente por un sistema de autorregulación, en el que las propias corporaciones multinacionales podrían establecer y monitorear sus normas de conducta en lugar de quedar sujetas a imposiciones externas potencialmente desalineadas con las dinámicas del mercado global. Esta preferencia por la autorregulación se basaba en la idea de que las empresas, al comprender mejor sus propios procesos operativos y comerciales, estarían en mejor posición para implementar prácticas efectivas que promovieran una conducta empresarial responsable y sostenible.

Dos años después, en 1974, la adopción de la *Carta de Derechos y Deberes Económicos de los Estados* por la Asamblea General de las Naciones Unidas subrayó aún más el deseo de establecer un marco normativo que regulase la actividad de las corporaciones multinacionales[160], lo que constituyó un intento de codificar una serie de principios para asegurar que tanto los Estados como las empresas operasen dentro de un contexto de respeto mutuo por la soberanía económica y la justicia social. Esto representó un esfuerzo por definir las responsabilidades económicas globales en un periodo en que el mundo

---

y los gobiernos de los inversores. INTERNATIONAL CHAMBER OF COMMERCE, *ICC Guidelines for International Investment,* ICC, Paris, 1972.

159 La CCI argumentaba que tales regulaciones podrían introducir rigideces y barreras que entorpecerían la eficiencia y la competitividad de las empresas multinacionales. CAVALLER, M., *La Cámara de Comercio Internacional. Una breve historia,* International Chamber of Commecer (ICC), París, 2020, pp. 17-18.

160 RESOLUCIÓN 3281 (XXIX) de la Asamblea General.

aún se estaba recuperando de las repercusiones del choque petrolero de 1973, que había expuesto la vulnerabilidad de las economías nacionales ante las fluctuaciones en los mercados de *commodities* y las prácticas de las grandes corporaciones multinacionales.

Frente a la posibilidad de encontrarse en minoría dentro del sistema de Naciones Unidas, las empresas multinacionales y los países industrializados optaron por desarrollar y fortalecer su propio marco de autorregulación dentro de la OCDE, culminando en la propuesta de las *Directrices para la inversión internacional y las empresas multinacionales de 1976*[161].

En este contexto, las negociaciones para adoptar el primer instrumento de las Naciones Unidas dirigido a regular la actividad de las empresas multinacionales comenzaron el 10 de enero de 1977, prolongándose durante 17 sesiones a lo largo de un periodo de 5 años.

En sus orígenes, con la propuesta no se perseguía la adopción de un acuerdo internacional que resultase jurídicamente vinculante para las empresas. Más bien, el enfoque estaba orientado hacia la adopción de un instrumento de persuasión ético y moral, cuyo cumplimiento no resultase obligatorio, dirigido tanto a las corporaciones multinacionales como a los gobiernos, y entendido como un conjunto coherente de recomendaciones que podrían ser sujetas a revisión en función de las circunstancias cambiantes[162]. Como podremos comprobar, se trata de un enfoque reminiscente de lo que, décadas después, se materializaría con la adopción de los *Principios Rectores*.

---

161 FAUCHERE, B., "La responsabilidad social de las empresas y los códigos de conducta ¿nuevos retos o viejos debates?", *Lan harremanak: Revista de relaciones laborales*, nº 14, 2006, pp. 101-102.

162 HAMDANI, K./RUFFING, L., *United Nations Centre on Transnational Corporations. Corporate conduct and the public interest*, Routledge, New York, 2015, p. 107.

i. Primer intento fallido: el Proyecto de Código de Conducta de las Naciones Unidas para Empresas Transnacionales

En el marco de las negociaciones, las posturas y diferencias entre los intereses de los Estados más desarrollados y aquellos en vías de desarrollo eran significativas y, en ocasiones, contrapuestas. Mientras los países emergentes abogaban por una regulación para prevenir que la historia de explotación y control externo de los países coloniales se repitiera bajo nuevas formas de dominación económica, los países desarrollados, liderados por los EE.UU. e influenciados por figuras como Henry Kissinger, promovieron un régimen voluntario que pretendía regular tanto la actividad de las empresas multinacionales como las políticas nacionales en los Estados de acogida, con el objetivo de proteger sus intereses gubernamentales y los corporativos[163].

Por su parte, los países socialistas y comunistas adoptaron una postura estratégica aprovechando estas negociaciones como un medio para realizar críticas dirigidas a los principios del capitalismo, en un ejercicio de propaganda política[164]. Detrás de su retórica, en realidad existía un desinterés palpable por aplicar estas regulaciones a sus propias empresas multinacionales, por lo que, pese apoyar el desarrollo de la normativa, propusieron que la definición de empresa multinacional se limitase exclusivamente a las entidades privadas para excluir a las empresas estatales de su ámbito de aplicación. Esta actitud puede interpretarse como un reflejo de su enfoque geopolítico más que como un compromiso real con la regulación equitativa de las actividades corporativas a nivel internacional[165].

---

163 HAMDANI, K./RUFFING, L., *United Nations Centre on Transnational Corporations. Corporate conduct and the public interest*, pp. 108-115.

164 FORCADA BARONA, I., "Derecho internacional, responsabilidad social corporativa y derechos humanos", pp.62-63

165 Estas posturas "marxistas" que, en esencia, eran contrarias al capitalismo y al consumismo, veían a las corporaciones multinacionales

En cuanto a las empresas multinacionales, cuyas sedes se encontraban mayoritariamente en países industrializados y que realizaban aproximadamente la mitad de sus actividades comerciales e inversiones en la zona de la OCDE, mostraron desde el inicio un firme rechazo hacia la regulación internacional de sus operaciones. Este rechazo se fundamentaba en la preocupación por las posibles restricciones que una regulación impuesta por una entidad internacional podría ocasionar a sus libertades operativas y estrategias globales[166]. Además, todo ello podía derivar en el desarrollo de regulaciones

---

como la última etapa en la marcha capitalista-monopolista, situadas a la vanguardia del consumismo y responsables de los males que azotaban al mundo. BACKER, L.C., "Multinational Corporations, Transnational Law: The United Nation's Norms on the Responsibilities of Transnational Corporations as Harbinger of Corporate Responsibility in International Law", *Columbia Human Rights Law Review*, Vol. 37, 2005, pp. 124-128.

166 Como manifestó Irving S. Shapiro, vicepresidente de la multinacional *Du Pont*, en el simposio sobre empresas multinacionales organizado por el Departamento de Estado de los EE.UU. en 1969, dado que la existencia de normas internacionales lleva automáticamente a la idea de un mecanismo para supervisar su implementación, puede que no fuese el momento para desarrollarlo, aunque el debate podría llevar a un desarrollo evolutivo que resultaría aceptable para todos los interesados. Por su parte, Giovanni Agnelli, presidente de FIAT, declaró que, aunque sea necesario mejorar las reglas que rigen las relaciones entre las multinacionales y los Gobiernos, un acuerdo multilateral vinculante entre países desarrollados y en desarrollo para regular la actividad de las empresas multinacionales no parecía práctico en dicho momento. En cambio, la idea de desarrollar un código voluntario sobre los derechos y responsabilidades de las corporaciones multinacionales parecía más atractiva. UNITED NATIONS, *Summary of the Hearings before the Group of Eminent Persons to Study the Impact of Multinational Corporations on Development and on International Relations*, United Nations Publication, New York, 1974, pp. 122-123 y 149-150.

menos beneficiosas para las empresas multinacionales tanto en los países anfitriones como en sus Estados de origen[167].

En mayo de 1982, la Comisión de Empresas Transnacionales de las Naciones Unidas evaluó el *Código de Conducta para las Empresas Transnacionales.* El texto propuesto, que reflejaba en gran medida la influencia de Estados Unidos, estableció 71 directrices destinadas a regular las actividades de las empresas multinacionales y el tratamiento que debían recibir en los países anfitriones, donde operaban como agentes de inversión directa.

En relación con su ámbito objetivo, el Código de Conducta se dirigía a las "empresas transnacionales" definiéndolas como *una empresa que incluye entidades en dos o más países, sean cuales fueren las formas jurídicas y las esferas de actividad de esas entidades, que funciona con un sistema de adopción de decisiones que le permite establecer, por conducto de uno o más centros de adopción de decisiones, políticas coherentes y una estrategia común, y en que las entidades están vinculadas, por vínculos de propiedad o de otra forma, de modo tal que una o varias de ellas pueden ejercer una influencia significativa en las actividades de las demás y, en particular, compartir conocimientos, recursos y responsabilidades con ellas* (art. 1.a). Sin embargo, pese a aportarse dicha definición de empresas transnacional, dado que con el desarrollo del *Código de Conducta* no se deseaba introducir diferencias de trato entre las empresas transnacionales y las empresas nacionales, sus disposiciones deberían ser aplicables a ambos tipos de organizaciones económicas, ya que todas las empresas deberían quedar sujetas a las mismas expectativas de conducta (art. 4).

---

167 NARINE, M.L., "Living in a Material World – From Naming and Shaming to Knowing and Showing", en MARTIN, J./BRAVO, K.E. (eds.), *The Business and Human Rights Landscape,* Cambridge University Press, Cambridge, 2015, p. 224.

El *Código de Conducta* delineaba un marco de aplicación universal, aplicable tanto a los países de origen como a los de acogida de las empresas, estructurado en tres bloques principales que definían las obligaciones generales, políticas, económicas, financieras y sociales de las empresas.

Un primer bloque hacía referencia a las obligaciones generales y políticas de las empresas, incluyendo el respeto por la soberanía nacional, el cumplimiento de las leyes y prácticas locales, el respeto por las metas económicas y políticas de desarrollo, la revisión y renegociación de contratos con gobiernos, el respeto por los valores socioculturales, la no colaboración con regímenes racistas, la no injerencia en asuntos políticos internos y la abstención de prácticas corruptas.

El segundo bloque, dirigido a las obligaciones económicas, financieras y sociales, cubría aspectos como la propiedad y control en la toma de decisiones, balanzas de pagos, fijación de precios de transferencia, tributación, competencia, transmisión de tecnología, protección del consumidor y del medio ambiente.

Por último, el tercer bloque, referido a la divulgación de información, ya ponía el foco en la transparencia como herramienta de *enforcement*, requiriendo reporte de información sobre la estructura de la empresa, participación en el capital, actividades principales de las filiales, o número de empleados y políticas contables.[168]

Pese a que este proyecto representó el primer esfuerzo significativo para estandarizar las responsabilidades de derechos humanos a nivel corporativo, el *Código de Conducta* no logró

---

[168] En detalle, SAUVANT, K. P., "The Negotiations of the United Nations Code of Conduct on Transnational Corporations: Experience and Lessons Learned", *The Journal of World Investment & Trade*, 2015, 16(1), pp. 11-87.

alcanzar el consenso necesario para su adopción. Aunque se alcanzó un acuerdo general sobre que los estándares de conducta para las empresas multinacionales debían basarse en las Directrices de la CCI y de la OCDE, que representaban los intereses de las empresas multinacionales y, por ende, de los países desarrollados, las negociaciones se estancaron en torno a la cuestión de si el *Código de Conducta* debía ser voluntario u obligatorio[169]. Además, no se logró consenso sobre los mecanismos de cumplimiento, ni sobre el tratamiento adecuado para las inversiones extranjeras en los Estados de acogida[170].

Con la transformación a nivel político y macroeconómico experimentada durante la década de 1980, el interés de todos los actores implicados en la adopción del *Código de Conducta* decayó, prevaleciendo los intereses de los países más desarrollados y de sus empresas multinacionales de guiar su actividad mediante la adopción de directrices en materia de inversión internacional y autorregulación. El cambio se vio acentuado por la crisis de deuda de 1982, la cual marcó un punto de inflexión en las relaciones económicas entre el Norte y el Sur. Esta crisis fomentó una mayor apertura hacia la inversión extranjera directa en los países en desarrollo, alterando así el enfoque previo que buscaba equilibrar el poder económico global con la protección de los derechos humanos[171].

---

169 Tal es así que en el articulado del proyecto se observa la dicotomía entre lo voluntario y lo obligatorio, con expresiones como "observarán/deberían observar", "deberían respetar/respetarán", "desarrollarán/deberían desarrollar", "estará/debería estar", etc.

170 Report of the Intergovernmental Working Group on a Code of Conduct on its fifteenth, sixteenth and seventeenth sessions, Nueva York, June 5, 1982, E/C.10/1982/6.

171 HAMDANI, K./RUFFING, L., *United Nations Centre on Transnational Corporations. Corporate conduct and the public interest*, pp. 113-117.

En este nuevo contexto, la regulación de la actividad de las corporaciones multinacionales y de sus inversiones en el extranjero comenzó a canalizarse principalmente a través de los Acuerdos Internacionales de Inversión y los Tratados Bilaterales de Inversión[172]; instrumentos que formaron un cuerpo de *lex mercatoria* diseñado primordialmente para proteger las inversiones de las empresas multinacionales en el extranjero.

En este marco jurídico, la competencia para la resolución de controversias económicas se delegó predominantemente al arbitraje internacional. Este mecanismo, aunque eficaz para resolver disputas entre inversores y Estados, a menudo ha sido criticado por su enfoque limitado que prioriza las cuestiones económicas por encima de consideraciones más amplias como los derechos humanos. Así, el propósito inicial de asegurar el debido respeto a los derechos humanos quedó relegado a un segundo plano, subordinado a los intereses económicos de las multinacionales[173].

Por todo ello, el 20 de julio de 1993 el Consejo Económico y Social de las Naciones Unidas (ECOSOC) tomó nota del Proyecto de *Código de Conducta* y concluyó formalmente las negociaciones. Este final refleja las complejidades y desafíos inherentes a la armonización de los intereses económicos y éticos de los Estados y las empresas a nivel global.

---

172 El desequilibrio entre la protección de los derechos humanos y la protección de las inversiones de las empresas multinacionales en los países de acogida se hace patente en los tratados bilaterales de inversión, en los que se otorgan derechos económicos a las corporaciones, pero sin la contraprestación de las obligaciones correspondientes en materia de derechos humanos. BREINING-KAUFMANN, C., "The legal matrix of human rights and trade law", p.120.

173 FORCADA BARONA, I., "Derecho internacional, responsabilidad social corporativa y derechos humanos", pp. 64-65.

ii. Una nueva fuente de preocupación: los patrones emergentes de la globalización

Durante la década de 1990 el avance de la globalización replanteó radicalmente la percepción y la dinámica de la actividad corporativa multinacional. Esta era fue testigo de cómo la globalización se perfilaba principalmente como un fenómeno económico, impulsado por la liberalización del comercio, las privatizaciones y la búsqueda de estabilidad macroeconómica. En esta época predominaba la creencia de que el crecimiento y la prosperidad, así como los máximos beneficios para la humanidad, solo podrían alcanzarse mediante la construcción de una economía global integrada y liberalizada.

Sin embargo, la ausencia de normas internacionales que permitiesen regular la actividad corporativa y la globalización de los mercados bajo supervisión estatal empezó a generar tensiones y contradicciones que se manifestaban en la capacidad de las empresas multinacionales para manipular y asignar riesgos dentro de sus operaciones globales, eludiendo así la rendición de cuentas ante la sociedad[174].

Esta situación llevó a una preocupación creciente por la habilidad de las empresas multinacionales de utilizar las fronteras nacionales para segmentar estratégicamente sus activos empresariales, trasladando de manera injusta los riesgos a terceros, incluidos clientes, empleados y socios comerciales. Ello derivó en un consenso cada vez mayor sobre cómo la globalización y la débil regulación internacional favorecían a las corporaciones multinacionales, permitiéndoles operar con un grado significativo de impunidad. La percepción era que mientras que los

---

174 BACKER, L.C., "Multinational Corporations, Transnational Law: The United Nation's Norms on the Responsibilities of Transnational Corporations as Harbinger of Corporate Responsibility in International Law", pp. 104.

Estados estaban perdiendo capacidad efectiva para moldear y hacer cumplir la responsabilidad corporativa, las estructuras de las organizaciones económicas multinacionales que habían surgido con la globalización parecían favorecer desproporcionadamente al capital extranjero, asignando los riesgos y las cargas más pesadas a nivel local, a menudo en detrimento de los derechos laborales y ambientales.

Esta dinámica reflejaba una asimetría en el poder y la influencia entre corporaciones multinacionales y los Estados, especialmente en regiones en desarrollo donde el impacto de tales prácticas podía ser más pronunciado. La institucionalización de estos sistemas económicos transnacionales a menudo perpetuaba desigualdades y facilitaba una forma de neocolonialismo económico, donde los beneficios se globalizaban mientras que los costes y riesgos se localizaban[175].

En respuesta a estos desafíos, comenzó a gestarse un movimiento global hacia una mayor regulación y control sobre las actividades de las empresas multinacionales. Este período marcó un punto de inflexión, en el que la necesidad de una regulación vinculante y mecanismos más efectivos de rendición de

---

175 Estas tensiones han sido objeto de críticas crecientes por parte de otros actores globales emergentes. Al igual que la globalización económica añadió un elemento transnacional a la regulación económica, la globalización social y política añadió un elemento transnacional e incluso internacional a los debates de política social. La sociedad civil, al igual que las corporaciones, se volvió multinacional. En este sentido, la globalización debe entenderse como un catalizador de movimientos sociales, culturales y políticos que buscan influir tanto en el carácter y la independencia de los actores económicos como en el poder de los Estados para regular a estas entidades en su relación con otros. BACKER, L.C., “Multinational Corporations, Transnational Law: The United Nation's Norms on the Responsibilities of Transnational Corporations as Harbinger of Corporate Responsibility in International Law”, pp. 120-122.

cuentas se hizo evidente para garantizar que la globalización no beneficiara únicamente a un grupo reducido, sino que contribuyera al bienestar global de forma más equitativa y sostenible.

Un suceso clave para que se retomase el interés de regular la actividad de las empresas multinacionales fueron los asesinatos en 1995, a manos del ejército nigeriano, de los activistas de la comunidad Ogoni entre los que se encontraba el periodista nigeriano Ken Saro-Wiwa, que denunciaron la catástrofe ambiental que las actividades extractivas de *Shell-Nigeria* estaban causando en el río Níger. Este caso llegó hasta los tribunales de EE.UU. con la demanda presentada por ciudadanos nigerianos, basándose en la ATCA, contra *Royal Dutch Petroleum Company* con sede en Países Bajos, *Shell Transport and Trading Company p.l.c.* con sede en el Reino Unido y su filial *Shell Petroleum Development Company of Nigeria, Ltd* con sede en Nigeria[176].

En este contexto, en 1997, la Subcomisión de Protección y Promoción de los Derechos Humanos de las Naciones Unidas preparó un nuevo estudio sobre la relación entre las empresas y los derechos humanos, lo que culminó con la creación, el 20 de agosto de 1998, de un Grupo de Trabajo sobre Empresas Transnacionales. Con un mandato de tres años, compuesto por cinco miembros y liderado por David S. Weissbrodt, profesor de la Universidad de Minnesota, el Grupo de Trabajo se enfocó en examinar *los métodos de trabajo y las actividades de*

---

[176] SCHWARTZ, P./GIBB, B., *When good companies do bad things*, John Wiley & Sons, Inc., Toronto, 1999, pp. 26-32. Una visión general sobre la situación en Nigeria entre 1958 y 1995, y los desequilibrios de poder entre los pueblos indígenas del Delta del Níger y las corporaciones petroleras que explotaban los recursos naturales de la región, en RUTH, J./WETZEL, M., "Nigeria, Shell and the Ogoni People", en *Human Rights in Transnational Business. Translating Human Rights Obligations into Compliance Procedures*, Springer, Switzerland, 2016, pp. 11-18.

las empresas transnacionales[177]. Su labor incluyó el análisis del impacto de las actividades corporativas en el disfrute de los derechos humanos y el examen del alcance de las obligaciones estatales relacionadas[178], resultando fundamental en el desarrollo de las *Normas de las Naciones Unidas sobre las responsabilidades de las empresas transnacionales y otras empresas en la esfera de los derechos humanos* (*Normas de la ONU*).

iii. Segundo intento fallido: las normas de las Naciones Unidas sobre las responsabilidades de las empresas transnacionales y otras empresas en la esfera de los derechos humanos

En 2002, el Grupo de Trabajo sobre Empresas Transnacionales llevó a cabo una significativa contribución al Derecho internacional de los derechos humanos con la presentación de un borrador de las *Normas de la ONU*, que integraba todos los principios internacionales de derechos humanos aplicables a las empresas[179]. Este borrador fue aprobado en su versión definitiva por la Subcomisión de Protección y Promoción de los Derechos Humanos de las Naciones Unidas el 26 de agosto de 2003.

---

177 RESOLUCIÓN 1998/8 de la Subcomisión de Promoción y Protección de los Derechos Humanos de 20 de agosto de 1998.

178 En agosto de 2001, el mandato del Grupo de Trabajo sobre Empresas Transnacionales se extendió por 3 años más, con el objeto de que redactase un borrador de las *Normas de la ONU* orientadas a mejorar el cumplimiento de las empresas transnacionales en relación con los derechos humanos. RESOLUCIÓN 2001/3 de la Subcomisión de Promoción y Protección de los Derechos Humanos de 15 de agosto de 2001.

179 Normas Sobre las Responsabilidades de las Empresas Transnacionales y Otras Empresas Comerciales en la Esfera de los Derechos Humanos, Comisión de Derechos Humanos, Subcomisión de Promoción y Protección de los Derechos Humanos, 55° período de sesiones, 26 de agosto de 2003. E/CN.4/Sub.2/2003/12/Rev.2.

Las *Normas de la ONU* fue el resultado de un exhaustivo estudio de las normas y códigos de conducta existentes a nivel internacional aplicables a las corporaciones multinacionales, complementado por un amplio proceso de consultas que incluyó la participación de empresas, sindicatos, organizaciones de derechos humanos y otras partes interesadas[180]. No obstante, es importante señalar que el borrador de *Normas de la ONU* se encontró con el rechazo inmediato de la Organización Internacional de Empleadores y la ICC, bajo la crítica de que transgredían los intereses legítimos de las empresas privadas al adjudicarles obligaciones en materia de derechos humanos que, según su perspectiva, debían corresponder de forma exclusiva a los Estados[181].

El principal objetivo de las *Normas de la ONU* era clarificar las responsabilidades específicas de las empresas transnacionales en relación con los derechos humanos y proponer mecanismos para la aplicación y supervisión de dichas responsabilidades[182]. Sin embargo, aunque no se concibieron como un

---

180 Sobre los antecedentes y el proceso de elaboración de las *Normas de la ONU*, WEISSBRODT, D./KRUGER, M., "Norms on the Responsibilities of Transnational Corporations and Other Business Enterprises with Regard to Human Rights", *The American Journal of International Law*, Vol. 97, No. 4 (Oct., 2003), pp. 903-907.

181 GUAMÁN HERNÁNDEZ, A., *Diligencia debida en derechos humanos. Posibilidades y límites de un concepto en expansión*, p. 54.

182 Cuando el grupo de trabajo se reunió tanto en 2000 como en 2001, deliberó durante algún tiempo si las Normas debieran de aplicarse solo a las corporaciones transnacionales o a todas las empresas. Además, en la reunión de la Subcomisión de 2002, algunas ONG afirmaron que el mandato mencionaba solo a las corporaciones transnacionales y que el grupo de trabajo debería, por lo tanto, centrarse exclusivamente en estas empresas. Miembros y observadores en la reunión que querían que las Normas se aplicaran solo a las corporaciones transnacionales sugirieron varias definiciones de dichas corporaciones. Antes de tomar su decisión, el grupo de trabajo

instrumento jurídicamente vinculante, las *Normas de la ONU* fueron redactadas en un estilo similar al de un tratado. Esto implicaba asignar a las empresas responsabilidades para promover, respetar, proteger y facilitar la realización de los derechos humanos dentro de sus esferas de influencia y actividades.

Sin embargo, las *Normas de la ONU* enfatizaban claramente que los Estados mantenían la obligación principal de asegurar que los derechos humanos reconocidos tanto en el ámbito internacional como nacional sean respetados, cumplidos y protegidos, incluso frente a los impactos negativos que puedan resultar de las actividades de las empresas transnacionales y otras empresas comerciales.

Las *Normas de la ONU* desarrollaban un marco de responsabilidad corporativa que requería de las empresas que estableciesen y aplicasen sus normas internas para garantizar en todas sus operaciones el respeto de los derechos humanos internacionalmente reconocidos. Con este enfoque, se buscaba crear un equilibrio entre la autonomía corporativa para gestionar su propia actividad y la necesidad de adoptar un marco regulatorio jurídicamente vinculante para asegurase la efectividad de las políticas

tuvo en cuenta diferentes definiciones utilizadas para "corporaciones transnacionales" y cómo otras organizaciones habían abordado este tema en sus códigos de conducta y documentos similares. La investigación preliminar indicó que redactar una definición adecuada sería complicado ya que, como hemos señalado en la primera parte de esta investigación y como afirman algunos autores, por extraño que parezca, no existe una definición acordada de empresas multinacional o transnacional. SISON, A.J., "When Multinational Corporations Act as Governments. The Mobil corporation experience", en ANDRIOF, J./MCINTOSH, M. (eds.), *Perspectives on Corporate Citizenship*, Routledge, London, 2001, p. 166; WEISSBRODT, D./KRUGER, M., "Norms on the Responsibilities of Transnational Corporations and Other Business Enterprises with Regard to Human Rights", p. 907.

corporativas. Al hacerlo, se intentaban cerrar las brechas que tradicionalmente permitían a las corporaciones multinacionales operar más allá del alcance efectivo de la legislación nacional, imponiendo un estándar internacional uniforme y verificable.

Respecto al modo de cumplir con sus obligaciones en materia de derechos humanos, las empresas deberían aprobar, difundir y aplicar normas de funcionamiento interno para garantizar el respeto de los derechos humanos reconocidos en el ámbito internacional. Estas normas debían integrarse tanto en las políticas y códigos corporativos internos como en los acuerdos contractuales con proveedores y otras relaciones comerciales, con el fin de garantizar la extensión de los compromisos en materia de derechos humanos a lo largo de toda la cadena de valor.

Además, las *Normas de la ONU* enfatizaban la importancia de la transparencia en las operaciones corporativas, introduciendo obligaciones específicas de divulgación por las que las empresas deberían informar públicamente sobre las medidas adoptadas para asegurar el respeto a los derechos humanos dentro de su esfera de influencia.

Este requisito de transparencia tenía como objetivo promover una mayor responsabilidad corporativa y facilitar el escrutinio por parte de las partes interesadas y el público en general. Para el control del cumplimiento, se proponía la implementación y desarrollo de sistemas de vigilancia y verificación, que debería involucrar tanto a entidades nacionales como internacionales, para realizar evaluaciones periódicas de las prácticas empresariales teniendo en cuenta los informes y denuncias presentadas por los *stakeholders*. También se incluían obligaciones de realizar auditorías regulares que evaluaran el impacto real de las actividades de la empresa en los derechos humanos.[183]

---

[183] WEISSBRODT, D./KRUGER, M., "Norms on the Responsibilities of Transnational Corporations and Other Business Enterprises with Regard to Human Rights", pp. 912-915.

La publicación de las *Normas de la ONU* fue recibida con gran entusiasmo por las organizaciones defensoras de los derechos humanos, quienes vieron en ellas un avance significativo al enumerar exhaustivamente los derechos que las empresas deberían proteger.

Sin embargo, pese a tal entusiasmo, lo cierto es que las *Normas de la ONU* no contenían un mecanismo de cumplimiento explicito o vinculante. Sin un sistema de *enforcement* concreto, las *Normas de la ONU* dependían en gran medida de la voluntad política y la iniciativa de los Estados y de las propias empresas para llevar a la práctica los principios que proponían. Además, la amplitud y complejidad de los derechos humanos abarcados por las *Normas de la ONU* resultaron abrumadoras para los Estados y las empresas multinacionales, lo cual generó el rechazo a su adopción y aplicación práctica[184].

Esta situación se complicaba aún más debido a la falta de claridad en algunos de sus postulados, particularmente en lo que se refiere a la distinción entre las responsabilidades corporativas y las obligaciones estatales respecto a los derechos humanos. Tal ambigüedad generó incertidumbre sobre cómo deberían implementarse estos principios sin solapar o confundir las responsabilidades que competen exclusivamente a los Estados con las que corresponden al sector privado.

Desde el punto de vista legal, las *Normas de la ONU* no establecían obligaciones directas para las empresas multinacionales, sino que dichas obligaciones deberían ser desarrolladas en los marcos legales nacionales, regionales o locales para que adquirieran fuerza de ley. Este enfoque requería una adaptación legislativa por parte de cada jurisdicción que decidiera adoptar

---

184 GELFAND, J., "The Lack of Enforcement in the United Nations Draf Norms", en DE SCHUTTER, O. (Ed.), *Transnational Corporations and Human Rights*, Hart Publishing, London, 2006 p. 316.

las *Normas de la ONU,* lo que añadía aún mayor complejidad al desafío de universalizar los estándares de derechos humanos en el ámbito corporativo[185].

En 2003, la Subcomisión de la ONU para la Promoción y Protección de los Derechos Humanos respaldó las *Normas de la ONU,* pero este apoyo inicial no se tradujo en un consenso más amplio y no se consiguió el apoyo político necesario para su adopción oficial. Un año más tarde, el 22 de abril de 2004, la Comisión de Derechos Humanos de la ONU se desmarcó de la propuesta, aclarando que las Normas no tenían carácter jurídico vinculante y que no habían sido solicitadas por la Comisión. Además, instruyó a la Subcomisión para que no supervisara su cumplimiento, lo que efectivamente puso fin a cualquier desarrollo futuro de las *Normas de la ONU*[186].

De haber sido adoptadas, las *Normas de la ONU* habrían representado un cambio revolucionario en la regulación de las empresas multinacionales, asignando a las empresas obligaciones internacionales que las habrían elevado de simples actores económicos a entidades con responsabilidades sociales, culturales, civiles y políticas vinculadas directamente al Derecho internacional público, lo que podría haber influido en la ge-

---

185 LÓPEZ-FRANCOS DE BUSTURIA, A.A., *Derechos Humanos, Empresas Transnacionales y Responsabilidad Social Empresarial,* pp. 218-220; LUCKE, K., "States´and Private Actors´Human Rights Obligations", pp. 157-162. Sobre la implementación de las *Normas de la ONU,* WEISSBRODT, D./KRUGER, M., "Norms on the Responsibilities of Transnational Corporations and Other Business Enterprises with Regard to Human Rights", pp. 915-921.

186 FORCADA BARONA, I., "Derecho internacional, responsabilidad social corporativa y derechos humanos", p. 67; FEENEY, P., "Business and Human Rights: The Struggle for Accountability in the UN and the Future Direction of the Advocacy Agenda ", *Sur International Journal of Human Rights,* Vol. 6, No. 11, December 2009, P. 165.

neración de costumbres internacionales y alterado el sistema tradicional de sujetos y fuentes del Derecho internacional[187].

El modelo propuesto con las *Normas de la ONU* presenta notables similitudes con el marco desarrollado por los *Principios Rectores,* pero el fracaso de las primeras y el éxito de los segundos reside en sus diferencias. Las *Normas de la ONU* abogaban por un enfoque prescriptivo y detallado, imponiendo responsabilidades directas a las empresas para integrar los derechos humanos en sus operaciones de manera concreta y obligatoria, lo que motivó una gran oposición debido a las preocupaciones que generaban la imposición de nuevas obligaciones tanto a los Estados como a las empresas. Además, la ausencia de mecanismos efectivos de cumplimiento limitaba su viabilidad y efectividad.

B. El marco "Proteger, respetar y remediar" desarrollado por los Principios Rectores de Naciones Unidas sobre Empresas y Derechos Humanos

Como puso de manifiesto JOHN RUGGIE durante los trabajos preparatorios de los *Principios Rectores, las lagunas de gestión debidas a la globalización [...] crean un entorno permisivo para actos ilícitos de las empresas de todo tipo sin que haya sanciones o reparaciones adecuadas*[188]. Para intentar dar solución a este problema, la diligencia debida en derechos humanos, propuesta

---

187 FORCADA BARONA, I., "Derecho internacional, responsabilidad social corporativa y derechos humanos", pp. 67-68.

188 CONSEJO DE DERECHOS HUMANOS, "Proteger, respetar y remediar: un marco para las actividades empresariales y los derechos humanos. Informe del Representante Especial del Secretario General sobre la cuestión de los derechos humanos y las empresas transnacionales y otras empresas comerciales, John Ruggie", 7 de abril de 2008, A/HRC/8/5, punto 3, p. 3.

en 2008 en el marco "*Proteger, respetar y remediar*"[189], se viene abriendo camino como vía intermedia para regular la conducta de las corporaciones multinacionales, confluyendo, en parte, con las dos posiciones mencionadas anteriormente: obligaciones internacionales más autorregulación empresarial para que las empresas detecten, prevengan y mitiguen sus efectos adversos sobre los derechos humanos y rindan cuentas sobre cómo los abordan[190].

El motivo por el que Ruggie, de forma muy inteligente, recurrió a la noción de diligencia debida se debe a que se trataba de un concepto con el que, como acabamos de ver detalladamente, ya estaban relacionados tanto los gobiernos como las empresas y no les generaba rechazo. Por lo tanto, aplicar este concepto para que las empresas respeten los derechos humanos en las cadenas productivas globales representaba una extensión lógica y evolutiva de su uso, más que una novedad o un cambio radical en las prácticas existentes. Con esta postura evitaba un "choque de trenes" entre los que apostaban por una regulación "dura" y aquellos que abogaban por una regulación "banda", sirviéndose de un concepto ampliamente aceptado por todas las partes implicadas[191].

---

189 CONSEJO DE DERECHOS HUMANOS, "Proteger, respetar y remediar: un marco para las actividades empresariales y los derechos humanos".

190 El desarrollo del marco "*Proteger, respetar y remediar*" se basó en la idea de que las empresas no deberían simplemente reproducir los deberes de *due diligence* estatales, sino más bien definir sus propias responsabilidades específicas. Sobre el impacto del marco "*Proteger, respetar y remediar*", véase PITTS, C., "The United Nations 'Protect, Respect, Remedy' Framework and Guiding Principles", en BAUMANN-PAULY, D./NOLAN, J. (eds), *Business and Human Rights: From Principles to Practice*, Routledge, London, 2016, pp. 89-104.

191 RUGGIE, J.G., *Just business Multinational corporations and Human Rights*, pp. 10-11.

El mandato de Ruggie y su enfoque innovador basado en la diligencia debida culminaron con la adopción por unanimidad del Consejo de Derechos Humanos de las Naciones Unidas de los *Principios Rectores* en 2011, dándose respaldo a un texto normativo que los gobiernos no negociaron por sí mismos[192]. Los *Principios Rectores* supusieron un hito a partir del cual se han desarrollado las posteriores normativas dirigidas a promocionar la diligencia debida en derechos humanos[193], dándose por concluido el largo periodo de debates e intentos frustrados para adoptar un instrumento internacional que guiase la actividad de las empresas en esta materia[194].

Los también conocidos como "Principios Ruggie", se desarrollan a lo largo de 31 principios fundacionales y operativos en los que no solamente se establece un marco de diligencia debida en derechos humanos, sino que también se da el paso hacia un nuevo paradigma para la regulación global

---

192 Los *Principios Rectores* constituyen la primera iniciativa integral de las Naciones Unidas en materia de empresas y derechos humanos que ha obtenido un apoyo significativo tanto de Estados receptores y exportadores de capital como del sector empresarial. El trabajo y los documentos generados con el mandato de Ruggie pueden consultarse en la página web de las Naciones Unidas, "Representante Especial del Secretario General sobre la cuestión de los derechos humanos y las empresas transnacionales y otras empresas comerciales". https://www.ohchr.org/es/special-procedures/wg-business/special-representative-secretary-general-human-rights-and-transnational-corporations-and-other (consultada el 25 de mayo de 2025).

193 SEBASTIÁN DE ERICE ARANDA, L., "¿El fin de la impunidad? Análisis de la nueva iniciativa del Parlamento Europeo respecto a Derechos Humanos y empresas", *Revista de Estudios Europeos*, vol. 79, 2022, pp. 175-177.

194 CANTÚ RIVERA, H., "Evaluando los *Principios Rectores* sobre empresas y derechos humanos a dos años de su adopción", *Revista Internacional de Derechos Humanos*, n°3, 2013, p. 163.

de las empresas multinacionales[195]. Este esquema ofrece una base conceptual que vincula la responsabilidad estatal con la conducta corporativa en el ámbito de los derechos humanos, donde son los Estados los que tienen la obligación de protegerlos desarrollando una legislación adecuada, las empresas la responsabilidad delegada de respetarlos ejerciendo la diligencia debida para no dañarlos, y las víctimas el derecho a reclamar y ser reparadas en el caso de que se cometan abusos. Con ello, han proporcionado una base firme sobre la que construir la responsabilidad corporativa por vulneraciones de derechos humanos a nivel global[196].

i. La obligación primaria estatal de proteger los derechos humanos

El primer pilar de los *Principios Rectores* se dirige a aclarar que, tal y como han afirmado reiteradamente los tribunales y los organismos establecidos por los tratados de derechos

---

195 La UE y sus Estados miembro mostraron su apoyo al desarrollo de los *Principios Rectores* dando una nueva orientación y enfoque normativo al esquema de RSC que se promueve desde las instituciones europeas. EUROPEAN PARLIAMENT, *Implementation of the UN Guiding Principles on Business and Human Rights*, Bruselas, 2017, p. 37-40.

196 Al aclarar los roles de los Estados y de las empresas, promoviendo el desarrollo de mecanismos efectivos de reclamación para exigir una reparación, las Naciones Unidas y la OCDE han guiado la conducta empresarial responsable promoviendo un diálogo entre diversos actores internacionales. BONNITCHA, J./MCCORQUODALE, R., "The Concept of '*Due diligence*' in the UN Guiding Principles on Business and Human Rights", *European Journal of International Law*, Volume 28, Issue 3, August 2017, pp. 899-900; BILCHITZ, D./DEVA, S. "The Human Rights Obligations of Business: A Critical Framework for the Future", en BILCHITZ, D./DEVA, S. (eds.), *Human Rights Obligations of Business: Beyond the Corporate Responsibility to Respect?*, Cambridge University Press, Cambridge, 2013, p.2.

humanos ampliamente ratificados, la obligación primaria de proteger los derechos humanos corresponde a los Estados, incluso cuando se trate de regular a agentes no estatales[197]. Es decir, la potencial responsabilidad del Estado se origina a partir de su acción o, más comúnmente, de su inacción, y no por la conducta del actor no estatal que causa el daño[198]. En este sentido, los *Principios Rectores* se alinean con la bien definida obligación estatal de proteger a terceros de las prácticas dañinas de los actores no estatales presentes bajo su jurisdicción o territorio, pero incidiendo en que entre estos actores no estatales resultan especialmente relevantes las empresas[199].

Sin embargo, en ocasiones, el poder estatal para proteger de forma adecuada los derechos humanos puede verse mermado debido a la capacidad de las empresas multinacionales para eludir su regulación, por la falta de voluntad de algunos gobiernos de actuar contra empresas poco diligentes por temor a dañar

---

197 Como ejemplo, en el asunto *D.H. y otros c. República Checa (Demanda no 57325/00)*, la Gran Sala del TEDH afirmó claramente que los Estados tienen la obligación de asegurar los derechos humanos, tanto por actos de sus agentes como mediante la regulación de los actores privados.

198 La infracción de la obligación estatal está determinada por el estándar de conducta que la norma principal le impone en cuanto al control de las acciones desarrolladas por actores no estatales. MARTÍN-ORTEGA, O., "La diligencia debida de las empresas en materia de derechos humanos: un nuevo estándar para una nueva responsabilidad", pp. 6-7.

199 Principio Rector número 1: *Los Estados deben proteger contra las violaciones de los derechos humanos cometidas en su territorio y/o su jurisdicción por terceros, incluidas las empresas. A tal efecto deben adoptar las medidas apropiadas para prevenir, investigar, castigar y reparar esos abusos mediante políticas adecuadas, actividades de reglamentación y sometimiento a la justicia.*

Principio Rector número 2: *Los Estados deben enunciar claramente que se espera de todas las empresas domiciliadas en su territorio y/o jurisdicción que respeten los derechos humanos en todas sus actividades.*

su propia economía, o por la existencia de regímenes políticos que propician los abusos sobre los derechos humanos[200]. Por ello, todos los Estados deben legislar para exigir que las empresas expliquen cómo tienen en cuenta el impacto de sus actividades globales sobre los derechos humanos, estableciendo parámetros básicos de cumplimiento y asegurando su eficacia mediante responsabilidades[201].

Además, los *Principios Rectores* instan a los Estados a supervisar sus relaciones contractuales, asistir a las empresas en zonas de conflicto para identificar y mitigar riesgos relacionados con los derechos humanos, incorporar cláusulas para su respeto en los tratados de inversión y contratos estatales, así como promoverlos a través de instituciones multilaterales[202].

Precisamente en situaciones de conflicto, los *Principios Rectores* reconocen que las empresas pueden contribuir a causar graves violaciones de los derechos humanos derivadas de la falta de control estatal sobre el territorio (Principio número 7). Por tanto, los Estados en donde se encuentran las sedes

---

200 DEVA, S., "Guiding Principles on Business and Human Rights: Implications for Companies", *European Company Law,* Vol. 9, No. 2, 2012, p. 103.

201 En virtud del Principio Rector número 3, para cumplir con su deber de protección, los Estados deben: a) aplicar y revisar regularmente las leyes que promueven el respeto de los derechos humanos por parte de las empresas, corrigiendo deficiencias; b) garantizar que las normativas empresariales fomenten el respeto a los derechos humanos; c) orientar a las empresas en cómo respetar los derechos humanos en sus operaciones; y d) incentivar o exigir que las empresas comuniquen cómo sus actividades impactan en los derechos humanos.

202 Principios 4 a 6. En detalle, ZAMBRANA TEVAR, N., *"Los Principios Rectores de las Naciones Unidas sobre las Empresas y los Derechos Humanos",* en ZAMORA CABOT, F.J./GARCÍA CÍVICO, J./SALES PALLARÉS, L., *La responsabilidad de las multinacionales por violaciones de derechos humanos,* Editorial Universidad de Alcalá, Madrid, 2013, pp. 56-57.

principales de corporaciones multinacionales deben adoptar medidas para prevenir la impunidad de estas entidades económicas cuando operan en estas zonas de gobernanza débil, evaluando la eficacia de sus políticas en contextos de alto riesgo y adoptando las acciones necesarias para mitigar deficiencias. En este contexto los Estados deben promover el ejercicio de una diligencia debida en derechos humanos reforzada, contemplándose responsabilidades civiles, administrativas e incluso penales para aquellas empresas que participen o se involucren en la comisión de graves violaciones de derechos humanos en estas regiones (Comentario al Principio número 7).

Los *Principios Rectores* encomiendan a los Estados que mantengan un marco normativo nacional adecuado para asegurar el cumplimiento de las obligaciones de diligencia debida por parte de las empresas (Principio número 9). En el informe presentado en 2012 para la divulgación y aplicación efectiva y global de los *Principios Rectores*[203], se alentaba a los Estados a desarrollar un Plan de Acción Nacional (PAN) como estrategia política para la implementación a nivel estatal de la diligencia debida en derechos humanos[204]. En el ámbito europeo, los PAN surgieron a partir de la Estrategia Renovada de la UE para 2011-2014 sobre la Responsabilidad Social de las empresas[205], como instrumentos estatales para la promoción de la diligencia debida para la mejor protección de los derechos humanos por los países europeos y sus empresas multinacionales.

---

203 CONSEJO DE DERECHOS HUMANOS, Informe del Grupo de Trabajo sobre la cuestión de los Derechos Humanos y las empresas transnacionales y otras empresas, 10 de abril de 2012, A/HRC/20/29.

204 Un mapa con todos los PAN aprobados o en desarrollo se puede consultar en: https://globalnaps.org/ (consultada el 24 de julio de 2025).

205 COMUNICACIÓN DE LA COMISIÓN AL PARLAMENTO EUROPEO, AL CONSEJO, AL COMITÉ ECONÓMICO Y SOCIAL EUROPEO Y AL COMITÉ DE LAS REGIONES Estrategia renovada de la UE para 2011-2014 sobre la responsabilidad social de las empresas, 25 de octubre de 2011, COM/2011/0681 final.

Los PAN se definen como una estrategia política en evolución desarrollada por un Estado para responder a las consecuencias negativas de las empresas sobre los derechos humanos, de conformidad con los *Principios Rectores* de la ONU sobre las Empresas y los Derechos Humanos[206]. En estos planes integrales, los gobiernos de los Estados describen las prioridades, estrategias y medidas adoptadas a nivel nacional para abordar los desafíos y mejorar la situación de los derechos humanos[207]. Sin embargo, dado que los PAN no crean obligaciones jurídico-vinculantes para las empresas, en la práctica, no tuvieron un gran impacto

---

206 El PAN español fue aprobado por el Consejo de Ministros en el verano de 2017 y se divide en 4 capítulos: los dos primeros, a modo de introducción, en los que se describe el contexto de respeto a los derechos humanos planteado en el marco de los *Principios Rectores*, la estrategia de la UE, y el resto de los estándares internacionales en los que se basa la Estrategia Española de Responsabilidad Social de las Empresas; un tercer capítulo referido a los ámbitos de actuación y medidas que sigue el esquema del marco "*Proteger, respetar y remediar*"; y un cuarto capítulo en el que se prevé un seguimiento y evaluación anual del PAN durante su periodo de duración de 3 años. Pese a que, en términos generales, no se aprecian diferencias significativas entre el PAN español y los aprobados en el entorno europeo, se ha criticado el retraso en la aprobación del PAN español y su falta de transparencia, que han tenido como resultado final un texto que se limita a hacerse eco de las principales propuestas relacionales con la RSC y el respeto a los derechos humanos. JIMÉNEZ-PIERNAS GARCÍA, A., "Los ODS y el Plan español de empresas y derechos humanos en su entorno europeo: propuestas de mejora", en MÁRQUEZ CARRASCO, C. (Dir.), *El I Plan de Acción Nacional sobre Empresas y Derechos Humanos de España: Evaluación, Seguimiento y Propuestas de Revisión*, Aranzadi, Navarra, 2019, pp. 63-84.

207 MÁRQUEZ CARRASCO, C./IGLESIAS MÁRQUEZ, D./DOMÍNGUEZ DÍAZ, F.A., "Introducción. De los *Principios Rectores* al I Plan sobre Empresas y Derechos Humanos de España", en MÁRQUEZ CARRASCO, C. (Dir.), *El I Plan de Acción Nacional sobre Empresas y Derechos Humanos de España: Evaluación, Seguimiento y Propuestas de Revisión*, Aranzadi, Navarra, 2019, p. 29.

y no se consiguieron avances significativos en cuanto al número de corporaciones que desarrollan un programa completo de diligencia debida en derechos humanos aplicable tanto en la matriz como a las filiales[208].

ii. La responsabilidad derivada de las empresas de ejercer la diligencia debida

En el segundo pilar de los *Principios Rectores,* la responsabilidad de las empresas de respetar los derechos humanos y abordar los impactos negativos derivados de sus operaciones, filiales y relaciones comerciales no se configura como una obligación jurídica, sino como una expectativa de la comunidad internacional[209]. Esta distinción se refleja en el uso del lenguaje

---

208 En el caso de Alemania, su PAN se aprobó en 2016, pero el estudio de progreso realizado en 2020 puso de manifiesto que únicamente entre el 13 y el 17% de las empresas cumplían los requisitos de diligencia debida en derechos humanos. GERMAN FEDERAL FOREIGN OFFICE, "National Action Plan for Business and Human Rights", 2016; MCCORQUODALE, R./ NOLAN, J., "The Effectiveness of Human Rights *Due diligence* for Preventing Business Human Rights Abuses", *Netherlands International Law Review,* 68, 2021, p. 467. De acuerdo con el estudio realizado sobre 334 empresas y 297 partes interesadas, publicado por la Comisión Europea en 2020, el 33,71% de las empresas habían adoptado medidas de diligencia debida en derechos humanos, pero solo en determinadas áreas; el 37,14%, habían adoptado medidas teniendo en cuenta todos los derechos humanos, incluido el medio ambiente; el 7,43% había adoptado únicamente medidas medioambientales y otro 7,43% no había adoptado ninguna medida de diligencia debida; un 14,29% de las empresas encuestadas no contestó o no supo contestar la pregunta. SMIT, L. (et. al), *Study on due diligence requirements through the supply chain, Final Report,* Publications Office of the European Union, Luxembourg, 2020, p. 481.

209 Principio Rector número 11: *Las empresas deben respetar los derechos humanos. Eso significa que deben abstenerse de infringir los derechos humanos*

empleado en el marco normativo, donde las obligaciones de los Estados se formulan de manera vinculante, mientras que las responsabilidades empresariales se presentan en términos más flexibles. Como resultado, la responsabilidad corporativa en materia de derechos humanos se basa en expectativas sociales más que en un marco jurídico formal[210], lo que limita su fuerza normativa e impide que pueda considerarse una obligación internacional exigible[211].

Entre los derechos que las empresas deben respetar se incluyen, como mínimo, aquellos enunciados en la Carta Internacional de Derechos Humanos y los principios relativos a los

---

de terceros y hacer frente a las consecuencias negativas sobre los derechos humanos en las que tengan alguna participación. Esta responsabilidad corporativa de respetar los derechos humanos se traduce en "no hacer daño", que es un principio común en todos los sistemas jurídicos, de derechos consuetudinario o civil, en todo el mundo (A/HRC/8/5, párrafo 24). De acuerdo con el Principio Rector número 14, esta responsabilidad de aplica a todas las empresas, independientemente de su tamaño, de forma proporcional a los riesgos presentes en el sector, contexto operacional, propietario o estructura.

210 El marco "Proteger, Respetar y Remediar" articuló la responsabilidad de las empresas de respetar los derechos humanos en base a unas expectativas sociales, ampliamente compartidas, de lo que debería consistir una conducta empresarial responsable. RUGGIE, J., *Just Business: Multinational Corporations and Human Rights,* p. 106.

211 Por lo que presenta un lenguaje menos riguroso que el referente a las obligaciones estatales, constituyendo la creación e implementación efectiva de códigos voluntarios basados en la RSC uno de los aspectos fundamentales de dicha expectativa social. THEILBÖRGER, P./ACKERMANN, T., "A Treaty on Enforcing Human Rights Against Business: Closing the Loophole or Getting Stuck in a Loop?", *Indiana Journal of Global Legal Studies,* Vol. 24: Iss. 1, Article 3, 2017, p. 49; MARTÍN-ORTEGA, O., "La diligencia debida de las empresas en materia de derechos humanos: un nuevo estándar para una nueva responsabilidad", p. 11.

derechos fundamentales establecidos en la Declaración de la OIT (Principio número 12). Para cumplir con su responsabilidad de respetar dichos derechos, las empresas deben no solo acatar las leyes locales —un nivel de diligencia que equivale a la *diligentia quam in suis*— sino también implementar políticas y procedimientos de diligencia debida conforme a los estándares internacionales propuestos. Estos procesos buscan prevenir y mitigar las consecuencias negativas que puedan surgir de sus operaciones, productos o servicios a nivel global, así como de sus relaciones comerciales en las cadenas productivas (Principio número 13).

La diligencia debida en derechos humanos es un concepto adaptable que varía según el tamaño de la empresa, la gravedad de los riesgos, y las características específicas o contexto de las actividades. En cuanto a la estructura de estos procesos, deben englobar: a) un compromiso explícito de asumir la responsabilidad de respetar los derechos humanos; b) un proceso de diligencia debida para identificar, prevenir, mitigar y rendir cuentas sobre los impactos en los derechos humanos; y c) mecanismos para remediar cualquier consecuencia negativa sobre los derechos humanos que se haya causado o a la que se haya contribuido (Principios número 15 y 17 b y c).

En este marco, para prevenir y mitigar sus consecuencias negativas sobre los derechos humanos, las empresas deben adoptar un conjunto de procesos interrelacionados, lo que se entiende por ejercer la diligencia debida, que se traducen en un compromiso político de respetar los derechos humanos en sus propias operaciones y en sus relaciones comerciales (Principio número 16), integrar las conclusiones de sus evaluaciones de impacto en el marco de las funciones y procesos internos pertinentes, adoptar las medidas oportunas para prevenir los riesgos (Principio número 19), realizar un seguimiento de la eficacia de las medidas adoptadas (Principio número 20), informar al mercado y los consumidores sobre cómo se relacionan con los derechos humanos (Principio número 21), y priorizar las medidas en función de la gravedad o irreversibilidad de las consecuencias si no se presta una respuesta inmediata (Principio número 24). Si en este proceso las empresas identifican que han causado o contribuido en algún impacto adverso sobre los derechos humanos, los *Principios Rectores* requieren que se proporcionen mecanismos de reclamación y reparación, o que, al menos, cooperen para la consecución de un remedio legitimo (Principio número 22).[212]

Los *Principios Rectores* definen dos tipos de obligaciones de conducta. Por un lado, las de naturaleza preventiva, como los análisis de riesgos, los canales de alerta o denuncia, los mecanismos de detección y sanción de incumplimientos, etc., que implican un enfoque similar al "conozca a su cliente" usado en el ámbito del blanqueo de capitales. Este tipo de obligaciones exigen evaluar el nivel de riesgo de filiales y proveedores para adoptar medidas de control adecuadas para prevenir los riesgos de contribuir en impactos negativos sobre los derechos humanos. Por otro lado, existen obligaciones reactivas, que se activan una vez que se ha detectado un riesgo, consistentes en el desarrollo de planes de contingencia y protocolos de rección que mitiguen el daño causado y prevengan futuras incidencias.

La intensidad de estas obligaciones se ve influenciada por dos factores principales. En primer lugar, la capacidad de control que una entidad tiene sobre sus filiales y relaciones

---

[212] Los procesos de diligencia debida en derechos humanos van más allá de garantizar que las empresas cumplen con las leyes nacionales del lugar en el que desarrollan su actividad, gestionando los riesgos de impactar de forma negativa sobre los derechos humanos de terceros con el fin de evitar o mitigar los daños en el caso de que lleguen a materializarse. BONNITCHA, J./MCCORQUODALE, R., "The Concept of '*Due diligence*' in the UN Guiding Principles on Business and Human Rights", *European Journal of International Law*, Volume 28, Issue 3, August 2017, pp. 908-909.

comerciales, lo que implica evaluar hasta qué punto acciones aparentemente neutrales, como la compra de productos o la financiación, pueden incrementar los riesgos en materia de derechos humanos. En segundo lugar, se debe considerar el nivel de riesgo asociado a las actividades de las filiales y proveedores, particularmente en contextos bajo déficits de gobernanza donde las vulneraciones de los derechos humanos son más probables y graves.

En el segundo pilar recuerda que en zonas de conflicto armado existe una mayor probabilidad de que las empresas se vean involucradas, de manera directa o indirecta, en violaciones graves de derechos humanos cometidas por otros actores, como fuerzas de seguridad o grupos armados no estatales (Principio número 23). Por esta razón, las empresas deben considerar estos riesgos no simplemente como una cuestión ética, sino también como una obligación legal dado el creciente número de demandas civiles extraterritoriales y la incorporación de las disposiciones del Estatuto de Roma de la Corte Penal Internacional de 1998[213] (ECPI) en multitud de ordenamientos jurídicos nacionales[214].

---

[213] Estatuto de Roma de la Corte Penal Internacional, o documento A/CONF.183/9, de 17 de julio de 1998, enmendado por los *procèsverbaux* de 10 de noviembre de 1998, 12 de julio de 1999, 30 de noviembre de 1999, 8 de mayo de 2000, 17 de enero de 2001 y 16 de enero de 2002. El Estatuto entró en vigor el 1o de julio de 2002.

[214] ESTEVE MOLTÓ, J.E., "Empresas y responsabilidades penales internacionales en caso de conflictos armados: las lagunas del Plan de Acción Nacional", en MÁRQUEZ CARRASCO, C. (Dir.), *El I Plan de Acción Nacional sobre Empresas y Derechos Humanos de España: Evaluación, Seguimiento y Propuestas de Revisión,* Thomson Reuters, Navarra, 2019, p. 124.

iii. El derecho de las víctimas a reclamar y ser reparadas en el caso de que se cometan abusos

Por último, el tercer pilar se enfoca en el derecho de las víctimas de abusos de derechos humanos a acceder a recursos efectivos, también en el caso de los cometidos por las empresas, resaltando la necesidad de establecer mecanismos de reparación tanto a nivel Estatal como corporativo.

Existen diferentes obstáculos legales y prácticos que pueden impedir el tratamiento efectivo de violaciones de derechos humanos relacionadas con empresas. Estos incluyen la dificultad de asignar responsabilidades dentro de grupos empresariales bajo la ley penal y civil, la denegación de justicia que enfrentan los demandantes en estados de acogida que impide el acceso a tribunales en sus países de origen, o la protección jurídica insuficiente para ciertos grupos vulnerables como los pueblos indígenas y los migrantes. Adicionalmente, barreras como los altos costes de litigación, la falta de representación legal accesible, la ausencia de mecanismos para presentar demandas colectivas y la insuficiencia de recursos y conocimientos especializados por parte de los fiscales estatales, complican aún más el acceso a reparación. Estas complicaciones se agravan por desigualdades en recursos financieros o la dificultad para el acceso a la información, además de obstáculos culturales y sociales adicionales, especialmente para grupos marginados, lo cual demanda una atención particular en cada etapa del proceso de reparación (Comentario al Principio número 26).

En cuanto a los Estados, como parte de su deber de protección contra las violaciones de derechos humanos relacionadas con actividades empresariales, deben adoptar medidas adecuadas para garantizar, por la vía judicial, administrativa, legislativa o de otro tipo, que las víctimas puedan acceder a mecanismos de reparación eficaces (Principios número 25 y 26). Esto refuerza la idea de que la diligencia debida en derechos humanos implica la prevención y mitigación de riesgos, dando una respuesta efectiva y ofreciendo la reparación de los daños en aquellos casos en los que se produzcan abusos, lo que puede incluir *disculpas, restitución, rehabilitación, compensaciones económicas o no económicas y sanciones punitivas (ya sean penales o administrativas, por ejemplo multas), así como medidas de prevención de nuevos daños como, por ejemplo, los requerimientos o las garantías de no repetición* (Comentario al Principio número 25).

Por su parte, las empresas deben desarrollar y proporcionar mecanismos de reclamación eficientes para las personas y comunidades que potencialmente puedan ver vulnerados sus derechos humanos (Principio Rector número 29). Los mecanismos de reclamación extrajudiciales deben ser legítimos, accesibles, predecibles, equitativos, transparentes y compatibles con los derechos para garantizar reparaciones adecuadas. Además, deben fomentar el aprendizaje continuo, basarse en la participación y el diálogo con los grupos interesados y ser diseñados en consulta con estos grupos para mejorar su eficacia y prevenir daños futuros.

Estos mecanismos de reclamación a nivel operacional cumplen un rol fundamental en la responsabilidad corporativa de respetar los derechos humanos. Primero, facilitan la identificación de impactos negativos en derechos humanos, permitiendo a las personas afectadas por las operaciones empresariales expresar sus preocupaciones y posibilitando a las empresas detectar y abordar problemas sistémicos en sus prácticas. Dado que este tipo de mecanismos no requieren que las reclamaciones se basen en violaciones explícitas de derechos humanos, permiten a las empresas abordar y poner remedio a los daños de manera temprana evitando así daños mayores. Aunque estos mecanismos pueden variar dependiendo de factores como propios de la empresa y el sector en el que desarrolla su actividad, deben cumplir ciertos criterios de efectividad y no reemplazar procesos más amplios de diálogo con partes interesadas o negociación colectiva, ni socavar la función de los sindicatos en disputas laborales (Comentario al Principio número 29).

Las corporaciones industriales, las acciones colectivas procedentes de diferentes partes interesadas[215] y otras iniciativas de colaboración, deben respetar las normas de derechos humanos y asegurar la disponibilidad de mecanismos de reclamación eficaces para gestionar y resolver las quejas (Principio número 30). Estos mecanismos deben ser legítimos para inspirar confianza, accesibles para todos los grupos interesados, predecibles con procedimientos claros y plazos conocidos, y equitativos para asegurar que las víctimas tengan acceso justo a la información y asesoramiento necesario. También deben ser transparentes, informando a las partes sobre el progreso de las reclamaciones y manteniendo un alto nivel de confianza, fomentando un aprendizaje continuo para prevenir futuros daños. La participación y el diálogo con los grupos afectados resulta fundamental para adaptar estos mecanismos de reclamación a sus necesidades y fomentar soluciones negociadas, a menudo involucrando a un tercero imparcial para resolver las disputas (Principio número 31 y su comentario).

Además de proporcionar mecanismos de reclamación efectivos, en este nivel la responsabilidad corporativa de respetar los derechos humanos implica la reparación. En este sentido, autores como PABLO GALAIN PALERMO sostienen que la reparación debe entenderse dentro de un concepto amplio de sanción, que no se agote en la compensación económica, sino que incorpore dimensiones preventivas, restaurativas y de no repetición. De esta manera, la empresa no solo asume las consecuencias de su conducta, sino que también participa activamente en la reconstrucción del daño y en la restitución de

215 El ámbito de la lucha contra la corrupción es uno en los que más se han desarrollado este tipo de medidas colectivas. Véase PIETH, M., "Collective action and corruption", en PIETH, M. (ed.), *Collective action: innovative estrategies to prevent corruption*, Dike, Zurich, 2012, pp. 3-25.

los derechos vulnerados, fortaleciendo el sentido social y transformador del Derecho penal frente a las violaciones de derechos humanos[216]. La justicia restaurativa, como marco teórico y práctico, propone un enfoque centrado en la reparación del daño, la restauración de las relaciones y la reintegración de las víctimas y los infractores en la comunidad[217].

La justicia restaurativa podría definirse como una metodología para reparar los daños ocasionados por un comportamiento ilícito con el propósito de volver a la situación anterior al ilícito mediante un procedimiento dialogado presidido por un conjunto de valores[218]. Aplicada al ámbito empresarial, esta perspectiva sugiere la necesidad de explorar soluciones que compensen a las víctimas y restauren el tejido social y ambiental dañado por las actividades corporativas, lo que implica reconocer y abordar las múltiples dimensiones de las violaciones de derechos humanos.

---

216 Véase, GALAIN PALERMO, P., "Empresas, derechos humanos y la reacción del Derecho Penal: la necesidad de un concepto amplio de sanción", en GALAIN PALERMO, P./SAAD-DINIZ, E. (eds.), *Responsabilidad empresarial, derechos humanos y la agenda del Derecho penal corporativo,* Tirant lo Blanch, Valencia, 2021, pp. 29 y ss.

217 Cada vez son más los autores que abogan por el desarrollo de medidas restaurativas para castigar las conductas tipificadas en el ámbito de la delincuencia económica. Véase CALVO SOLER, R., "Aspectos conceptuales para el desarrollo de una justicia y unas prácticas restaurativas corporativas", en NIETO MARTÍN, A./ CALVO SOLER, R., (coords.), *Justicia restaurativa empresarial. Un modelo para armar,* Reus, Madrid, 2023, pp. 15-25; GARCÍA ARÁN, M. (dir), *Justicia restaurativa y delincuencia socioeconómica,* Tirant lo Blanch, Valencia, 2021.

218 NIETO MARTÍN, A., "Una pieza más en la Justicia restaurativa empresarial: Programas de cumplimiento restaurativos", *Revista de Victimología,* N. 15, 2023, p. 150.

Por ello, este enfoque, además de contemplar la compensación por daños materiales, también reconoce la importancia de abordar el sufrimiento emocional y psicológico de las víctimas, así como la necesidad de restaurar su dignidad y derechos. La reparación integral debe incluir medidas que aseguren la no repetición de las violaciones, como cambios estructurales dentro de las empresas, la implementación de prácticas éticas de negocio, y la promoción de una cultura corporativa que priorice el respeto a los derechos humanos y al medio ambiente[219].

iv. Críticas y vías de futuro: desde la responsabilidad voluntaria a la exigencia legal

Los *Principios Rectores* fueron formulados a modo de guía para informar sobre cómo las empresas deben respetar los derechos humanos, diseñándose de tal forma que no establecen nuevas obligaciones jurídicamente exigibles para los Estados ni para las empresas. Si bien se detallan las obligaciones estatales ya existentes en relación con los derechos humanos, las responsabilidades corporativas se enfocan desde la óptica voluntaria de la RSC.

Pese a dichas limitaciones, los *Principios Rectores* se han convertido en la declaración más autorizada y norma de referencia en relación con las responsabilidades corporativas a la hora de respetar los derechos humanos[220]. Con la decisión de no incluir

---

219 Las propuestas de justicia restaurativa tienen como objetivo principal reparar el daño sufrido por la víctima, pero, además, se pretende conseguir, en la medida de lo posible, la concienciación del agresor. CARDONA BARBER, A., "Las consecuencias jurídicas reparadoras", en NIETO MARTÍN, A./CALVO SOLER, R., (coords.), *Justicia restaurativa empresarial. Un modelo para armar*, Reus, Madrid, 2023, p. 153.

220 G20, *G20 Leaders' Declaration: Shaping an interconnected world*, Hamburg, 7/8 July 2017, p. 4.

nuevas obligaciones jurídicas se buscaba evitar la resistencia de los Estados a la implementación de los *Principios Rectores*[221], lo que ha acarreado críticas bajo el argumento de que la norma actúa más como una extensión de las acciones voluntarias, que ya venían desarrollando las empresas en el ámbito de la RSC, en lugar de imponer auténticos requisitos legales. Desde esta perspectiva, existía una preocupación de que la voluntariedad de los *Principios Rectores* no fuese suficiente para impulsar cambios significativos y efectivos en las prácticas corporativas[222]. Estas críticas se han centrado en que las expectativas sociales establecidas por los *Principios Rectores* no son consistentes y carecen de un fundamento normativo claro, alegando que los mecanismos de diligencia debida, con un marcado carácter de RSC y carentes de obligaciones jurídicamente vinculantes, no resultaban eficaces para la protección de los derechos humanos.

---

221 THEILBÖRGER, P./ACKERMANN, T., "A Treaty on Enforcing Human Rights Against Business: Closing the Loophole or Getting Stuck in a Loop?", p. 45.

222 Para contentar a estos grupos defensores de los derechos humanos la propuesta de Ruggie podría haberse basado en el proyecto de las normas de las Naciones Unidas sobre las responsabilidades de las empresas transnacionales y otras empresas en la esfera de los derechos humanos (*Normas de la ONU*), a modo de sistema paralelo a la Declaración Universal de Derechos Humanos pero aplicable a las empresas. Sin embargo, esta opción fue rechazada desde el comienzo, ya que las *Normas de la ONU* no diferenciaban entre los roles que las empresas y los Estados debían jugar en la escena internacional y a la dificultad que conllevaría convertir los estándares de conducta de las empresas en una norma vinculante de DIP. Por ello, el marco "Proteger, Respetar y Remediar" propuesto en 2008 y las Directrices para su implementación propuestas en 2011 por los *Principios Rectores* debían resultar consistentes para el estado del Derecho internacional presente en el momento, en lugar de una propuesta de cómo debería de ser algún día. ZAMBRANA TEVAR, N., "*Los Principios Rectores de las Naciones Unidas sobre las Empresas y los Derechos Humanos*", p.51.

Además, se ha criticado que los *Principios Rectores* podrían socavar el objetivo de responsabilizar a las empresas por violaciones de derechos humanos al tratar dichos derechos fundamentales de una forma superficial, cuestionándose de este modo la solidez del consenso alcanzado en torno a la eficacia de la diligencia debida en derechos humanos para conseguir su propósito. Se argumenta que, así, se intentan diluir, de manera sutil, las responsabilidades en materia de derechos humanos de las empresas utilizando términos cuidadosamente escogidos y conceptos como "expectativas sociales" y "diligencia debida", lo que tiene como resultado el retroceso en la concreción legal de las obligaciones corporativas en materia derechos humanos.[223]

Aunque se puede entender estas críticas, los *Principios Rectores* no deben considerarse el punto final de la diligencia debida en derechos humanos ni asumir que la normativa vinculante esté totalmente descartada, dada la multitud de desarrollos legales que se están produciendo, principalmente en el ámbito europeo. La elección de la diligencia debida como instrumento de *soft law* [224] debe entenderse en relación con el fracaso que han supuesto los intentos de la comunidad internacional para dotarse de una regulación internacional aplicable a las empresas, reconociendo que, en la actualidad, existe una considerable oposición a la idea de adoptar un tratado vinculante y se observa una preferencia por el desarrollo de la autorregulación[225].

---

223 Véase DEVA, S., "Treating human rights lightly: a critique of the consensus rhetoric and the language employed by the Guiding Principles", en BILCHITZ, D./DEVA, S. (eds.), *Human Rights Obligations of Business: Beyond the Corporate Responsibility to Respect?*, Cambridge University Press, Cambridge, 2013, pp. 78-105.

224 Sobre la definición, características y alcance del concepto de *soft law*, véase el apartado I del Capítulo IV de esta obra.

225 En este sentido, THEILBÖRGER, P./ACKERMANN, T., "A Treaty on Enforcing Human Rights Against Business: Closing the Loophole or Getting Stuck in a Loop?", pp. 50-53.

Pese a sus limitaciones, los *Principios Rectores* presentan la diligencia debida como una exigencia de responsabilidad internacional de las empresas con efectos extraterritoriales que puede desarrollarse mediante normas estatales, trasladando a los ordenamientos internos de los Estados las obligaciones derivadas del Derecho internacional humanitario pero focalizadas en las empresas[226]. De este modo, se podría abrir la puerta a que, en el futuro, la responsabilidad de las empresas de ejercer la diligencia debida para respetar los derechos humanos se convierta en obligaciones vinculantes a través del Derecho consuetudinario internacional.

En cuanto al futuro desarrollo de una convención internacional jurídicamente vinculante para las empresas con relación a los derechos humanos, la gran aceptación del modelo de diligencia debida propuesto en los *Principios Rectores* podría contribuir a que, paulatinamente, desaparezcan las reticencias políticas que obstaculizan el reconocimiento legal de las obligaciones internacionales para las empresas[227].

Por todo ello, los *Principios Rectores* deben ser correctamente contextualizados y entendidos como un punto de partida en un ámbito controvertido y complejo, como es el de las empresas y los derechos humanos. Y es que, hoy en día, la diligencia debida en derechos humanos empieza a verse como una norma de conducta esperada en lugar de una excepción. Así lo entendió en 2021 el Tribunal del distrito de La Haya en el caso *Milieudefensie v. Royal Dutch Shell*[228], señalando que la

226 ESTEVE MOLTÓ, J.E., "Empresas y responsabilidades penales internacionales en caso de conflictos armados: las lagunas del Plan de Acción Nacional", p. 123.

227 ZAMBRANA TEVAR, N., *"Los Principios Rectores de las Naciones Unidas sobre las Empresas y los Derechos Humanos"*, p.55.

228 El Tribunal concluyó que los *Principios Rectores* constituyen un instrumento de Derecho indicativo, autorizado y respaldado interna-

responsabilidad de las empresas de ejercer la diligencia debida en derechos humanos, del modo propuesto en los *Principios Rectores*, constituye una norma global de conducta esperada para todas las organizaciones económicas donde quiera que operen, que existe independientemente de la capacidad y/o voluntad de los Estados de cumplir con sus propias obligaciones en materia de protección de los derechos humanos[229].

C. Cogiendo la ola de los Principios Rectores: el último intento del OEIGWG para la adopción de un convenio jurídicamente vinculante sobre empresas y derechos humanos

Como acabamos de ver, una de las principales críticas que han recibido los *Principios Rectores* se centra en su naturaleza no vinculante y la posibilidad de que, por dicho motivo, se acaben convirtiendo en una herramienta más de RSC. Con el fin de responder a dicho temor, el 26 de junio de 2014 el Consejo de Derechos Humanos acordó formar el Grupo de trabajo intergubernamental de composición abierta (OEIGWG) con el mandato de desarrollar las bases de un tratado jurídicamente vinculante sobre empresas y derechos humanos[230]. La creación del OEIGWG fue aprobada con una mayoría ajustada, lo que evidencia lo controvertida que resultaba la propuesta: 20 votos a favor, 14 votos en contra y 13 abstenciones, posicionándose

---

cionalmente, que son adecuados como directriz en la interpretación de la norma de atención no escrita. *Milieudefensie contra Royal Dutch Shell*, Tribunal de Distrito de La Haya, 26 de mayo de 2021, ECLI:NL:RBDHA:2021:5339.

229 MCCORQUODALE, R./ NOLAN, J., "The Effectiveness of Human Rights *Due diligence* for Preventing Business Human Rights Abuses", p. 457.

230 RESOLUCIÓN 26/9 de 25 de junio de 2014 del Consejo de Derechos Humanos, punto 1.

en contra potencias como Alemania, Francia, Estados Unidos, Italia, Japón o el Reino Unido, entre otras[231].

Los primeros resultados de los trabajos fueron presentados por la Presidencia del OEIGWG el 29 de septiembre de 2017, como un Borrador de Elementos para la adopción de un tratado con el fin de emprender las negociaciones sustantivas sobre la materia[232]. Este instrumento, inspirado en los tres pilares del marco *Proteger, respetar y remediar*, fue diseñado para ser flexible, permitiendo ajustes durante las negociaciones con los Estados al tiempo de posibilitar el endurecimiento de sus cláusulas para asegurar su efectividad. Sin embargo, el Borrador de elementos fue duramente criticado precisamente por la insuficiencia de consultas previas con los Estados y por dejar abierta la posibilidad de que se impusiesen obligaciones directas a las empresas, lo que generó una oposición significativa por parte de las organizaciones económicas[233].

---

231 Votos a favor: Argelia, Benín, Burkina Faso, China, Congo, Costa de Marfil, Cuba, Etiopía, Federación de Rusia, Filipinas, India, Indonesia, Kazajstán, Kenia, Marruecos, Namibia, Pakistán, Sudáfrica, Venezuela (República Bolivariana de), Vietnam. Votos en contra: Alemania, Austria, Estados Unidos de América, Estonia, exrepública Yugoslava de Macedonia, Francia, Irlanda, Italia, Japón, Montenegro, Reino Unido de Gran Bretaña e Irlanda del Norte, República Checa, República de Corea, Rumania. Abstenciones: Arabia Saudita, Argentina, Botsuana, Brasil, Chile, Costa Rica, Emiratos Árabes Unidos, Gabón, Kuwait, Maldivas, México, Perú, Sierra Leona. RESOLUCIÓN 26/9 de 25 de junio de 2014 del Consejo de Derechos Humanos, p. 3.

232 PRESIDENCIA DEL OEIGWG "Elementos para el Proyecto de Instrumento Internacional Jurídicamente Vinculante sobre Empresas Transnacionales y otras Empresas con Respecto a los Derechos Humanos", establecido por la Res. A/HCR/RES/26/9 del CONSEJO DE DERECHOS HUMANOS (29/09/2017).

233 Organizaciones como el Comité Consultivo Empresarial e Industrial de la OCDE, la Asociación de Comercio Exterior, la Organización

Hasta la fecha, la presidencia del OEIGWG ha presentado varios borradores del proyecto de instrumento jurídicamente vinculante sobre empresas y derechos humanos[234]. El más reciente de estos borradores fue publicado en julio de 2023 y sirvió como base para las negociaciones durante la novena sesión del OEIGWG, celebrada del 23 al 27 de octubre de 2023. Este último borrador introduce cambios significativos en áreas como la responsabilidad legal, el acceso a recursos judiciales y la diligencia debida en materia de derechos humanos. Sin embargo, algunos análisis señalan que, aunque contiene mejoras y aclaraciones útiles, también presenta una reducción en el nivel de ambición en ciertos aspectos, posiblemente para facilitar el consenso entre los Estados participantes.

Internacional de Empleadores y la Cámara de Comercio Internacional criticaron el proceso, argumentando que no se había proporcionado tiempo suficiente para realizar consultas significativas sobre el borrador. Además, debido al cambio de gobierno que se produjo en Ecuador en 2017, Estado que presidía el OEIGWG, la presentación del Borrador de Elementos se retrasó hasta unas semanas antes de que comenzara la Tercera Sesión del Grupo de Trabajo, lo que afectó a la productividad de la Sesión y casi ningún Estado pudo plantear cuestiones de fondo para su negociación. Por ejemplo, China solo envió a un joven delegado que anunció que no podía posicionarse porque su gobierno no había tenido tiempo para estudiar el borrador, mientras que el representante de la UE se limitó a declarar que los 28 Estados miembros no habían podido desarrollar una posición negociadora común, por lo que la UE no tenía posición para cada elemento del Borrador de Elementos. CASSEL, D., "The Third Session of the UN Intergovernmental Working Group on a Business and Human Rights Treaty", *Business and Human Rights Journal*, Vol. 3, N°. 2, 2018, p. 279-281.

234 El borrador Cero presentado el 16 de julio de 2018 durante la Cuarta Sesión, el Primer borrador presentado el 16 de julio de 2019 durante la Quinta Sesión, el Segundo borrador presentado el 6 de agosto de 2020 durante la Sexta Sesión. El tercer borrador, presentado el 17 de agosto de 2021 en el transcurso de la Séptima Sesión del OEIGWG.

Los borradores de tratado del OEIGWG y los *Principios Rectores* coinciden en tres pilares fundamentales: la obligación de los Estados de proteger los derechos humanos, el deber de las empresas de respetarlos y la garantía de mecanismos de reparación para las víctimas. El borrador de 2023 refuerza el deber de los Estados de regular la actividad empresarial transnacional, exigiendo medidas legislativas y políticas que prevengan y sancionen violaciones de derechos humanos, incluyendo responsabilidades civiles, administrativas y penales. Asimismo, enfatiza la diligencia debida como un proceso clave para que las empresas identifiquen, prevengan y mitiguen sus impactos negativos en los derechos humanos. En cuanto al acceso a la justicia, se subraya la necesidad de garantizar vías efectivas para que las víctimas puedan reclamar reparación y restitución, tanto a través de mecanismos judiciales como no judiciales. Para asegurar su implementación, el tratado propone la creación de un comité internacional encargado de supervisar su cumplimiento y ofrecer apoyo a Estados y empresas en la aplicación de sus disposiciones.

Aunque la iniciativa del OEIGWG haya sido calificada como significativa, constituyendo un paso prometedor hacia la responsabilidad corporativa al hacerse eco de la reclamación de cientos de organizaciones de la sociedad civil y movimientos sociales[235], incluso si se alcanzase el acuerdo para adoptar un

---

[235] Así ha sido calificada por la Federación internacional de Derechos Humanos. FIDH, "Significant vote at the UN Human Rights Council: ray of hope to address corporate abuses, yet important concerns remain", June 26, 2014. Además, multitud de movimientos sociales y organizaciones de la sociedad civil se adhirieron en 2013 a una declaración al Consejo de Derechos Humanos en apoyo a la iniciativa de un grupo de estados por un instrumento jurídicamente vinculante sobre las empresas transnacionales. DISMANTLE CORPORATE POWER, "Statement to the human rights council in support of the initiative of a group of states for a legally binding instrument

tratado resulta incierto cómo y por qué órganos se haría cumplir dicho tratado a los grupos corporativos multinacionales. Y es que, a pesar de los avances, las propuestas presentadas hasta la fecha aún presentan ambigüedades en ciertas áreas, como en relación con su posible aplicación directa a las empresas o la necesidad de traducir sus disposiciones en normas estatales de obligado cumplimiento, generando dudas sobre su efectividad.

Las reacciones de los Estados a las propuestas presentadas por el OEIGWG han sido diversas. Algunos países como Sudáfrica, Bolivia, Ecuador e India han mostrado su apoyo, destacando su potencial para abordar brechas en la protección de los derechos humanos en el ámbito empresarial. Estos Estados valoran el marco integral del Borrador, que alinea y convierte en obligaciones vinculantes aspectos presentes en el modelo de diligencia debida en derechos humanos propuestos en los *Principios Rectores.* Sin embargo, otros países, encabezados por los Estados Unidos, han expresado preocupación sobre las posibles implicaciones extraterritoriales de posible tratado, argumentando que podrían infringir su soberanía y afectar sus sistemas legales nacionales, prefiriendo un enfoque nacional al internacional y una distinción más clara de las responsabilidades de los Estados y de las empresas para evitar la superposición de jurisdicciones y potenciales conflictos[236].

---

on transnational corporations", September 13, 2013. https://www.stopcorporateimpunity.org/statement-to-the-human-rights-council-in-support-of-the-initiative-of-a-group-of-states-for-a-legally-binding-instrument-on-transnational-corporations/ (ambas consultadas el 11 de diciembre de 2024).

236 Por ejemplo, el Instituto Alemán para los Derechos Humanos ha criticado que el Tercer Borrador presenta reducciones en el nivel de protección para los titulares de derechos, especialmente en áreas relacionadas con el medio ambiente y el clima, y la debilidad del enfoque basado en los riesgos. DEUTSCHES INSTITUT FÜR MENS-

Tras su indefinición inicial, la UE ha participado activamente en las negociaciones y ha respaldado el borrador como un paso importante para garantizar la rendición de cuentas y proteger los derechos humanos en el contexto de las operaciones comerciales. Sin embargo, el compromiso de la UE siguió siendo bastante limitado debido a la falta de mandato de los Estados miembros para negociar como bloque[237].

El desarrollo del proyecto de instrumento jurídicamente vinculante ha provocado debates sobre el equilibrio entre los intereses de los países en desarrollo y los desarrollados. Los países en desarrollo destacan la necesidad de recibir apoyo para disponer de la capacidad para implementar efectivamente el instrumento propuesto. También expresan su preocupación por la carga que esta nueva reglamentación supondría para sus empresas, en particular las PYME, con mucho menos poder que las grandes corporaciones multinacionales de los países desarrollados.

Por su parte, los países desarrollados enfatizan en la importancia de responsabilizar a todas las empresas, independientemente de su país o región de origen, que garantice la competencia leal a escala global. Además de estas reservas, se ha criticado que con el desarrollo del tratado internacional se busca una solución universal ante una variedad de actividades y corporaciones involucradas de una naturaleza muy diferente, que pueden impactar de forma negativa sobre los derechos humanos de múltiples formas. De esta manera, se argumenta

---

CHENRECHTE, "Business and human rights: latest UN treaty draft harbours opportunities and risks", October 17, 2023. https://www.institut-fuer-menschenrechte.de/aktuelles/detail/business-and-human-rights-latest-un-treaty-draft-harbours-opportunities-and-risks (consultada el 12 de diciembre de 2024).

237 ZAMFIR, I., *Towards a binding treaty on business and human rights: Despite progress, still no final outcome in view*, p. 11.

que un tratado con una solución "universal" podría terminar siendo ineficaz para cualquier situación específica[238].

Las mismas críticas de vaguedad y abstracción dirigidas con anterioridad a los *Principios Rectores* también podrían aplicarse a este nuevo tratado. Por ello, aunque existe la necesidad de adoptar estándares más claros y recomendaciones específicas para mejorar la situación de las víctimas de abusos corporativos en materia de derechos humanos, lo cierto es que el proceso de especificación y mejora ya está en marcha con el modelo de diligencia debida planteado en los *Principios Rectores* y su desarrollo por normas de obligado cumplimiento en el ámbito estatal y supranacional de la UE.

En este sentido, el OEIGWG ha reconocido que los *Principios Rectores* han supuesto un primer paso en la mejora de la protección de los derechos humanos frente a la actividad corporativa, afirmando que el desarrollo de un instrumento legal vinculante tomaría tiempo, por lo que resultaría más interesante apoyar el consenso existente en lugar de crear una falsa dicotomía entre los *Principios Rectores* y futuros desarrollos legalmente vinculantes[239].

---

238 Estas críticas se centran en que la amplia diversidad de empresas y la naturaleza variada de los posibles abusos de derechos humanos requieren un tratado con un contenido extenso y abstracto. John Ruggie, en particular, señala los desafíos que implicaría abarcar todas las posibles situaciones en un futuro tratado internacional, incluyendo la diversidad y variación institucional entre los Estados, así como la complejidad de decidir qué derechos humanos deberían incluirse y cómo seleccionarlos. Este enfoque podría llevar a un proceso largo y conflictivo. Además, el tratado podría convertirse en un instrumento legal demasiado abstracto y complejo como para ser monitoreado y aplicado efectivamente. RUGGIE, J., "A UN Business and Human Rights Treaty? An Issues Brief by John G. Ruggie", *Harvard Kennedy School*, January 28, 2014, p. 1.

239 RUGGIE, J., "A UN Business and Human Rights Treaty? An Issues Brief by John G. Ruggie", p.1.

Comparto la opinión de JOHN RUGGIE[240] de que, aunque resulte positivo ahondar en la adopción de un tratado jurídicamente vinculante para las empresas, dados los problemas derivados de lo largo y conflictivo que puede resultar el proceso, los esfuerzos se deben concentrar principalmente en mejorar la aplicabilidad de los estándares existentes bajo el marco de los *Principios Rectores*, tanto a nivel nacional como internacional.

A nivel internacional, se debe avanzar en el modelo de diligencia debida con el apoyo activo de todos los actores relevantes, incluida la sociedad civil, las organizaciones internacionales, sindicales y empresariales, etc., desarrollando estándares que resulten eficaces y monitoreando su implementación.

En el ámbito nacional, los Estados deben comprometerse en la incorporación de los *Principios Rectores* en sus sistemas legales, lo que requiere de un compromiso más fuerte que el resultante de los PAN, ya que los instrumentos internacionales solo pueden ser efectivos si se implementan en los sistemas legales de cada país.

Como veremos en el Capítulo III, a nivel nacional y supranacional en el ámbito de la UE se están adoptando diferentes estrategias apoyadas en normas de obligado cumplimiento para las empresas que positivizan los deberes de diligencia debida y transparencia. En este sentido, destaca la complejidad de alcanzar un consenso sobre la materia, tal y como se ha puesto

---

240 John Ruggie sugiere que el Consejo debería evaluar cómo fortalecer la implementación de los *Principios Rectores* y considerar una evaluación sistemática de los diferentes esfuerzos en curso para implementarlos. Además, plantea que, si el Consejo decide explorar la posibilidad de desarrollar un tratado internacional adicional en esta área, debería considerar cuidadosamente qué formas de normativización resultarían prácticas. RUGGIE, J., “A UN Business and Human Rights Treaty? An Issues Brief by John G. Ruggie”, p. 2.

de manifiesto en la negociación de *Directiva (UE) 2024/1760, de 13 de junio de 2024, sobre diligencia debida y responsabilidad corporativa* (*Directiva CSDDD*)[241].

IV LA DETERMINACIÓN DE LA DILIGENCIA DEBIDA EN DERECHOS HUMANOS: LA INFLUENCIA DECISIVA DE LA OCDE MEDIANTE LA FORMULACIÓN DE ESTÁNDARES DE *SOFT LAW*

La OCDE también ha desempeñado un papel protagonista a la hora de estandarizar el modelo de diligencia debida propuesto por los *Principios Rectores*. A través de la adopción de las *Directrices de la OCDE* y sus Guías de diligencia debida, esta Organización Internacional han contribuido significativamente a establecer un marco de referencia para los Estados y las empresas. Estos instrumentos han servido para guiar a las empresas en su compromiso de ejercer la diligencia debida en derechos humanos, influyendo en la elaboración de políticas y regulaciones a nivel nacional, y supranacional en el ámbito de la UE[242].

---

241 Véase la noticia de prensa, CASTRO, I., "Alemania, Francia e Italia bloquean la ley que obliga a las multinacionales a cumplir los derechos humanos", *El Diario.es*, 28 de febrero de 2024. https://www.eldiario.es/economia/alemania-francia-e-italia-bloquean-ley-obliga-multinacionales-cumplir-derechos-humanos_1_10965874.html (consultada el 5 de marzo de 2025).

242 Sirva como ejemplo el Considerando 11 del Reglamento de Minerales de conflicto, donde, a la hora de concretar las obligaciones de diligencia debida de los importadores de minerales europeos, se remite expresamente al contenido de la guía que la OCDE ha publicado sobre esta materia. "*En el contexto del presente Reglamento, y en consonancia con la Guía de Diligencia Debida de la OCDE, la diligencia debida en la cadena de suministro es un proceso continuo, proactivo y reactivo, a través del cual los agentes económicos supervisan y administran sus compraventas con el fin de garantizar que no contribuyan a conflictos o a los efectos negativos de estos*".

A. Las Directrices de la OCDE para empresas multinacionales

Las *Directrices de la OCDE* surgieron a partir de la *Declaración sobre inversión internacional y empresas multinacionales* de 1976, por lo que no fueron concebidas como un medio para regular las actividades de estas empresas para que tuviesen en mayor consideración los derechos humanos.

Los orígenes de las *Directrices de la OCDE* se remontan al llamado "*Rey Report*", redactado en 1972, en el que se abogaba por la investigación sistemática de una variedad de temas relacionados con la inversión internacional y las empresas multinacionales, que más tarde serías cubiertos por la Declaración de la OCDE sobre inversión internacional y empresas multinacionales y las propias *Directrices de la OCDE*[243]. De este modo, en la formulación inicial de las *Directrices de la OCDE* prevalecieron los intereses de las grandes corporaciones multinacionales y de los Estados desarrollados para proteger sus inversiones sobre el respeto de los derechos humanos[244]. Por ello, se ha criticado que, en el fondo, con la propuesta lo que se pretendía era fortalecer el rol de las empresas multinacionales como agentes autónomos no regulados por la sociedad internacional, protegidos por los contratos internacionales y los acuerdos de inversión, más que buscar la prosperidad en los Estados de acogida.

Las *Directrices de la OCDE* adquirieron gran importancia al convertirse en el primer código de conducta voluntario intergubernamental que involucraba a los países más desarrollados[245].

---

[243] EYK, S.V., *The OECD Declaration and Decisions Concerning Multinational Enterprises. An Attempt to Tame the Shrew*, Ars Aequi Libri, Nijmegen, 1995, pp. 97-102.

[244] MARTÍN ORTEGA, O., *Empresas multinacionales y derechos humanos en* Derecho internacional, Bosch Editor, Barcelona, 2008, p. 146.

[245] GROSSE, R., "Codes of Conduct for Multinational Enterprises", *Journal of World Trade*, 16/5, 1982, pp. 421 y 427-428.

Desde sus orígenes, su contenido ha ido evolucionando, efectuándose una importante modificación en 2011 para adecuar su contenido a los *Principios Rectores.* Mediante la introducción de un capítulo dedicado a los derechos humanos, se insta a las empresas a respetarlos y recomienda un enfoque de diligencia debida basado en riesgos para identificar y prevenir daños. La terminología utilizada en el capítulo es significativa, ya que representa la primera vez que la conducta empresarial y los derechos humanos se vinculan explícitamente en un documento de la OCDE.

La última actualización de las *Directrices de la OCDE* se produjo poco más de una década después, en 2023, para que la actividad de las empresas se alinee con los objetivos acordados internacionalmente en materia de cambio climático y biodiversidad[246]. Fruto de esta evolución, las *Directrices de la OCDE* se han convertido en uno de los instrumentos de RSC más autorizados a nivel mundial[247]. En la actualidad, las *Directrices de la OCDE* tienen por objetivo facilitar a las empresas un marco de diligencia debida en derechos humanos, definido como "*el proceso que, como parte integrante de sus criterios para la toma de decisiones, permite a las empresas identificar, prevenir y atenuar los*

---

246 En su última versión, la primera parte de las Directrices de la OCDE se refieren a la divulgación de información sobre: los derechos humanos; el empleo y las relaciones laborales; el medio ambiente; la lucha contra el cohecho y otras formas de corrupción; los intereses de los consumidores; ciencia, tecnología e innovación; competencia; y cuestiones tributarias. En su segunda parte, se aporta un modelo de procedimientos para la implementación de buenas prácticas de diligencia debida. OECD, *Líneas Directrices de la OCDE para Empresas Multinacionales sobre Conducta Empresarial Responsable,* OECD Publishing, Paris, 2023.

247 MORATIS, L., *Standardizing a Better World? Essays and Critical Reflections on the ISO 26000 Standard for Corporate Social Responsibility,* Ridderprint BV, Ridderkerk, 2015, p. 164.

impactos negativos, reales o potenciales, de sus actividades, así como informar de la manera en que abordan estos impactos"[248].

Al igual que el resto de los instrumentos de la OCDE, sus *Directrices* se dirigen a Estados y organizaciones internacionales, pero no a agentes privados como son las empresas multinacionales[249]. Por ello, su cumplimiento por parte de las empresas es voluntario y no resulta jurídicamente vinculante[250]. Sin embargo, a diferencia de los *Principios Rectores,* si son vinculantes para los Estados en virtud de su adhesión a la *Declaración de la OCDE sobre Inversiones Internacionales,* por lo que se espera su compromiso para implementarlas[251]. La naturaleza voluntaria para las empresas de las *Directrices de la OCDE* ha sido un tema de debate central desde sus orígenes, habiéndose apuntado por algunos organismos asesores de la OCDE, desde la academia y desde

---

248 OCDE, *Líneas Directrices de la OCDE para Empresas Multinacionales sobre Conducta Empresarial Responsable,* p. 26.

249 De acuerdo con el art. 5 de la Convención de la OCDE, *para lograr sus objetivos, la Organización podrá: a) tomar decisiones que, salvo disposición en contrario, sean vinculantes para todos los Miembros; b) hacer recomendaciones a los Miembros; c) celebrar acuerdos con sus miembros, Estados no miembros y organizaciones internacionales.* Convención de la OCDE, París, 14 de diciembre de 1960.

250 Sin embargo, se considera que las Directrices de la OCDE tienen un carácter "moralmente vinculante" tanto para las empresas multinacionales como para los Estados, por lo que representan una expectativa de conducta. EYK, S.V., *The OECD Declaration and Decisions Concerning Multinational Enterprises. An Attempt to Tame the Shrew,* pp. 121-122 y 135.

251 Por su parte, las empresas pueden adherirse a las Directrices mediante su representación en el Comité Asesor de Negocios e Inversiones de la OCDE, pero no es un requisito para que se incluyan dentro del ámbito de actuación de la declaración. GUAMÁN HERNÁNDEZ, A., *Diligencia debida en derechos humanos: Posibilidades y límites de un concepto en expansión,* pp. 64-65.

ONGS, la importancia de transformarlas en normas legalmente vinculantes para las empresas[252].

La primera obligación que tienen las empresas es la de respetar las leyes nacionales del lugar en el que desarrollan su actividad. Por ello, las *Directrices de la OCDE* no sustituyen ninguna legislación o reglamento nacional ni debe considerarse que puedan prevalecer sobre ellos. Si bien las Directrices a menudo van más allá de la ley, no deberían, y no es ese su objetivo, colocar a las empresas en una situación en la que se vieran sujetas a obligaciones contradictorias. No obstante, en los países donde la legislación o la regulación nacional entren en conflicto con los principios y normas enunciados en las *Directrices de la OCDE*, las empresas deberán buscar la manera de respetar dichos principios y normas sin infringir las leyes nacionales.[253]

Tras más de cuatro décadas desde su adopción, las *Directrices de la OCDE* siguen siendo un instrumento relevante que se actualiza de forma constante para fomentar la conducta responsable de las empresas multinacionales. Pese a sus limitaciones, su influencia, tanto para guiar la conducta de las empresas multinacionales como en el desarrollo de normativas estatales y supranacionales, resulta significativa, demostrando ser un instrumento eficaz incluso sin imponer responsabilidad jurídica. A pesar de ello, en algunos aspectos, particularmente en relación con los procedimientos de implementación y lo relativo a la or-

---

252 Se ha argumentado que, al estar parcialmente basadas en el Derecho internacional, las Directrices de la OCDE podrían trascender sus límites "morales" para adquirir un estatus legal. VAN 'T FOORT, S., "The History of National Contact Points and the OECD Guidelines for Multinational Enterprises", *Rechtsgeschichte-Legal History*, 2017, nº 25, p. 195.

253 OCDE, *Líneas Directrices de la OCDE para Empresas Multinacionales sobre Conducta Empresarial Responsable*, p. 19

ganización de los PNC, a los que nos referimos a continuación, requieren de mejoras para fortalecer su rol en el futuro.

B. Los Puntos Nacionales de Contacto para la aplicación de las Directrices de la OCDE

Para impulsar su implantación y el tratamiento de las reclamaciones, las *Directrices de la OCDE* plantearon los PNC como organismos extrajudiciales constituidos por los Estados para ayudar a las empresas y a las partes interesadas a adoptar las medidas adecuadas para impulsar su implantación y el tratamiento de las reclamaciones [254]. Los PCN pueden completar los mecanismos judiciales existentes y proporcionar a las partes involucradas métodos de resolución de conflictos como la mediación. Sin embargo, este mecanismo no cuenta con capacidad para imponer sanciones y, en algunas ocasiones, no se dotan de los recursos adecuados o se percibe una falta de independencia o imparcialidad.[255]

---

254 OCDE, *Líneas Directrices de la OCDE para Empresas Multinacionales sobre Conducta Empresarial Responsable*, p. 72. A fecha de 2020, los 49 países que contaban con un PNC habían gestionado de manera conjunta más de 500 casos en más de 100 países y territorios. OCDE, *Puntos Nacionales de Contacto para la Conducta Empresarial Responsable. Proporcionando acceso a la reparación 20 años y el camino por recorrer.* OCDE Publishing, 2020. Prólogo.

255 En mayor profundidad sobre los PNC como ejemplo de mecanismo estatal de reclamación no judicial, FERNÁNDEZ MARTÍNEZ, S., "Las líneas directrices de la OCDE para las empresas multinacionales y su puesta en práctica por los puntos nacionales de contacto", *Lex Social Revista Jurídica de los Derechos Sociales*, Vol. 10 Núm. 2, 2020, pp. 101-129; MACCHI, C., "La aportación de los puntos nacionales de contacto de la OCDE para garantizar el acceso a la justicia por parte de las víctimas de abusos corporativos de los derechos humanos en los estados miembros de la Unión Europea", en MÁRQUEZ CARRASCO, C./VIVAS TESÓN, I., *La implementación de los Principios*

En relación con las funciones de los PNC como mecanismos de resolución de conflictos, las *Directrices de la OCDE* diseñan un procedimiento en tres fases: (i) una evaluación inicial para determinar si las cuestiones planteadas merecen un examen más detallado; (ii) en los casos en los que las cuestiones planteadas merezcan un análisis más detallado, ofrecerá sus buenos oficios para que las partes involucradas puedan resolver la cuestión, realizando las consultas que procedan; y (iii) una vez finalizados los procedimientos, publicar los resultados de los procedimientos, teniendo en cuenta la necesidad de proteger la información sensible[256].

Los PCN no son equiparables con un tribunal, por lo que no tienen capacidad para juzgar o fiscalizar los incumplimientos de las Directrices por parte de las empresas[257]. En el caso de España, su PNC se creó en 2014[258] y, si bien de sus actuaciones no derivan en efecto jurídico directo alguno, hasta el momento ha

---

Rectores de las Naciones Unidas sobre empresas y derechos humanos por la Unión Europea y sus Estados miembros", Thomson Reuters, Navarra, 2017, pp. 145-165.

256 OCDE, *Líneas Directrices de la OCDE para Empresas Multinacionales sobre Conducta Empresarial Responsable*, pp. 76-77.

257 FERNÁNDEZ MARTÍNEZ, S., "Las Líneas Directrices de la OCDE para Empresas Multinacionales y su puesta en práctica por los Puntos Nacionales de Contacto, p. 116. En detalle sobre el rol de los PNC ante reclamaciones por incumplimiento por empresas multinacionales de las Directrices de la OCDE, véase OCHOA SÁNCHEZ, J.C., " The Roles and Powers of the OECD National Contact Points Regarding Complaints on an Alleged Breach of the OECD Guidelines for Multinational Enterprises by a Transnational Corporation", *Nordic Journal of International Law*, 84, 2015, pp. 89-127.

258 Mediante la Orden PRE/2167/2014, de 11 de noviembre, por la que se crea y regula la composición y funcionamiento del Punto Nacional de Contacto para la puesta en práctica de las Líneas Directrices de la Organización para la Cooperación y el Desarrollo Económicos para empresas multinacionales.

atendido 7 casos específicos[259] en los que ha actuado a modo de "mediador" entre el reclamante y la empresa afectada[260].

Una de las cuestiones en los debates para la actualización de las Directrices en 2011 versó sobre la amplia flexibilidad de los gobiernos a la hora de organizar sus PNC. Durante las extensas discusiones sobre la revisión de las *Directrices de la OCDE* en 2011, no se logró un acuerdo sobre la armonización del procedimiento de los PNC, pero sí un consenso en que todos los PNC serían equivalentes. Este enfoque político se impuso debido a que los asuntos procedimentales a menudo son temas sensibles para los Estados soberanos[261]. Sin embargo, en un mundo globalizado,

---

259 Los informes de los casos pueden consultarse en la página web del PNC español. https://comercio.gob.es/InversionesExteriores/PNCLD/Casos tratados PNCs/Paginas/default.aspx (consultada el 11 de abril de 2025).

260 Uno de los casos tratados por el PNC español se derivó de la denuncia presentada por la federación sindical internacional UNI Global Union contra PROSEGUR en el año 2013, en la que se ponía de manifiesto que varios sucesos en filiales de PROSEGUR en Brasil, Colombia, Paraguay, Perú y Chile, violaban las Líneas Directrices de la OCDE sobre Empresas Multinacionales. En un informe de dos páginas, en el que se limita a decir que se han tenido contactos bilaterales con el sindicato denunciante y la empresa denunciada, el PNC español cierra el asunto recomendando a PROSEGUR que ejerza la diligencia debida como complemento a los mecanismos que ya tiene establecidos en sus filiales latinoamericanas. Caso E-00005: UNI Global Union–Prosegur (Br, Col, Par, Pe, Ch). El informe final del caso se encuentra la página web del Ministerio de Industria, Comercio y Turismo. https://comercio.gob.es/InversionesExteriores/PNCLD/Casos tratados PNCs/Documents/Informe-Final-Prosegur.pdf. Sobre los casos atendidos por el PNC español, GUAMÁN HERNÁNDEZ, A., *Diligencia debida en derechos humanos: Posibilidades y límites de un concepto en expansión,* pp. 80-84.

261 FERNÁNDEZ MARTÍNEZ, S., "Las Líneas Directrices de la OCDE para Empresas Multinacionales y su puesta en práctica por los Puntos Nacionales de Contacto", p. 117.

ante procedimientos sobre casos similares desarrollados en diversos países con procedimientos diferentes, pueden conducir a resultados incoherentes y a la búsqueda de foros más favorables, lo que no resulta deseable. Pese a que en la última actualización de 2023 se aportan una serie de procedimientos reforzados para garantizar la visibilidad, eficacia y equivalencia funcional de los PNC, no se abordó esta problemática.

Para corregir esta posible falta de coherencia, resulta fundamental estandarizar los procedimientos y criterios utilizados por los PNC, lo que podría incluir la creación de un marco común de formación y evaluación para todos los PNC. Para alcanzar una armonización mínima, se proponen cuatro criterios de equivalencia funcional, alineados con el Principio número 31 de los *Principios Rectores*: (i) visibilidad, por la que se espera que los gobiernos publiquen información sobre su PNC y desempeñen un papel activo en la promoción de las Directrices; (ii) accesibilidad, que resulta esencial garantizar el funcionamiento efectivo del sistema de PNC, proporcionando fácil acceso a los procedimientos, posiblemente mediante comunicación electrónica; (iii) transparencia, tanto sobre la configuración organizativa como los procedimientos de quejas (a menos que aplique una obligación específica de confidencialidad) deben ser transparentes, siendo esto una condición previa importante para la rendición de cuentas y credibilidad (iv) responsabilidad, dado que el concepto sigue siendo relativamente vago y no corresponde al concepto de determinación o cumplimiento[262].

Además, visto el reducido número de asuntos que tratan los PNC (en el caso español 7 desde su creación hasta 2024) en

262 WEBER, R.H., *Development of coherent procedural rules for OECDE Guidelines' mediation*, Draft background paper, Roundtable on Forty years of the OECD Guidelines for Multinational Enterprises, París, December 19, 2016, pp. 2-3.

comparación con las vulneraciones a los derechos humanos que se producen en las cadenas de valor globales, es necesario realizar campañas de sensibilización para aumentar el conocimiento sobre los PNC y facilitar el acceso a las potenciales partes interesadas, especialmente en países en desarrollo.

Como también se comprueba de la lectura de los informes presentados por el PNC español en cuento a la poca información que puede extraerse, es necesario dotar de mayor transparencia a los procesos, tomas de decisiones y publicación de resultados. Por último, vistas las dificultades para que las empresas cumplan con los acuerdos alcanzados por las partes ante los PNC, puestas de manifiesto en el caso introductorio de *KIK* y la mediación del PNC italiano con las víctimas y *Rina Services*, es necesario dotar de autoridad a los PNC para obligar al cumplimiento de los acuerdos alcanzados por las víctimas durante las negociaciones con su intermediación[263].

C. Las Guías de la OCDE para la implementación efectiva de la diligencia debida

Mientras que los *Principios Rectores* y las *Directrices de la OCDE* establecen un marco para ejercer la diligencia debida, las diversas Guías de la OCDE aportan medidas para su implementación efectiva; tanto para sectores considerados de mayor riesgo (comercio de minerales, el sector agrícola, la industria textil y del calzado), como a actores específicos de los mercados globales (los inversores y entidades de crédito), y de forma genérica para todas las empresas independientemente de su sector de actividad. Con el desarrollo de estas Guías, la OCDE ha contribuido notablemente a la estandarización y homogeneización

---

263 En esta misma línea, FERNÁNDEZ MARTÍNEZ, S., "las Líneas Directrices de la OCDE para Empresas Multinacionales y su puesta en práctica por los Puntos Nacionales de Contacto", pp. 117-125.

de los modelos de diligencia debida. Con la coherencia entre los *Principios Rectores*, las *Directrices de la OCDE* y sus diversas Guías, se persigue la creación de un marco nivelado y legitimado por instrumentos que han sido negociados a nivel intergubernamental[264].

El primer sector específico para el que la OCDE dirigió en 2016 una Guía para la implementación de la diligencia debida en derechos humanos fue el del comercio de minerales en zonas de conflicto, dadas las graves violaciones de derechos humanos asociadas al comercio de minerales[265]. En 2017, las medidas para la implementación de la diligencia debida de las Guías de la OCDE se enfocaron en el sector de la agrícola, como respuesta a los graves riesgos en materia de sostenibilidad y seguridad alimentaria derivados del rápido crecimiento globalizado de estas cadenas de valor[266]. El último sector industrial al que la OCDE ha dirigido una Guía con orientaciones de diligencia debida, en 2021, ha sido el textil y del calzado, cuyas

---

264 LIBERTI, L., "OECD 50th anniversary: the updated OECD Guidelines for Multinational Enterprises and the new OECD Recommendation on *Due diligence* Guidance for Conflict-Free Mineral Supply Chains", *Business Law International*, 13(1), 2012, pp. 37-38.

265 OCDE, *Guía de Debida Diligencia de la OCDE para Cadenas de Suministro Responsables de Minerales en las Áreas de Conflicto o de Alto Riesgo*, Tercera Edición, OECD Publishing, París, 2016. Además, en 2021 la OCDE publicó un Marco de Evaluación y Monitoreo para ayudar a las empresas a articular procesos, basados en datos procedentes de la industria y de las partes interesadas, en la implementación de las medidas de diligencia debida contenidas en la Guía sobre minerales de conflicto. OCDE, *Marco de Monitoreo y Evaluación: Guía de Debida Diligencia de la OCDE para Cadenas de Suministro Responsables de Minerales en Áreas de Conflicto o de Alto Riesgo*, OECD Publishing, París, 2021.

266 OCDE/FAO, *Guía OCDE-FAO para las cadenas de suministro responsable en el sector agrícola*, Éditions OCDE, París, 2017.

cadenas de suministros son conocidas por los graves desafíos a los que se enfrentan en materia social y ambiental[267].

Junto a estos sectores de actividad, la OCDE también ha publicado una Guía con recomendaciones específicas dirigidas a los inversores institucionales[268], dada su creciente influencia en la economía global y su potencial impacto en las prácticas corporativas, con el objetivo que integren los criterios de responsabilidad social y ambiental en sus decisiones de inversión. Además, la Guía de la OCDE para Prestamos empresariales y Aseguramiento de Valores proporciona a los bancos e instituciones financieras directrices para la aplicación de la diligencia debida en las operaciones de financiación, préstamo y aseguramiento[269].

Ante la necesidad de ofrecer un marco integral para el desarrollo de prácticas empresariales responsables en todas las operaciones, en 2018 la OCDE presentó su Guía de diligencia debida para una conducta empresarial responsable dirigida principalmente a las empresas multinacionales[270].

---

267 OECD, *Guía de la OCDE de debida diligencia para cadenas de suministro responsables en el sector textil y del calzado,* OECD Publishing, Paris, 2021.

268 OCDE, *Los inversores institucionales y la conducta empresarial responsable: aspectos clave para la debida diligencia según las Líneas Directrices de la OCDE para Empresas Multinacionales,* OECD Publishing, Paris, 2017.

269 OCDE, *Debida diligencia para préstamos empresariales y un aseguramiento de valores responsables: Aspectos clave para los bancos en la implementación de las Líneas Directrices de la OCDE para Empresas Multinacionales,* OECD Publishing, París, 2019; OCDE, *Los inversores institucionales y la conducta empresarial responsable: aspectos clave para la debida diligencia según las Líneas Directrices de la OCDE para Empresas Multinacionales,* OECD Publishing, París, 2017.

270 OCDE, *Guía de la OCDE de Debida Diligencia para una Conducta Empresarial Responsable,* OECD Publishing, París, 2018.

Es importante destacar que las Guías de la OCDE establecen un marco integral para la implementación de prácticas de diligencia debida, enfocándose en la identificación, prevención y mitigación de impactos negativos en áreas como derechos humanos, los derechos sociales o el medio ambiente, entre otros, y aplicables tanto a nivel de grupo corporativo como a lo largo de las cadenas de suministros globales. Las diversas Guías de la OCDE son un ejemplo de cómo el modelo de diligencia debida propuesto por los *Principios Rectores* y las *Directrices de la OCDE* pueden traducirse en términos operativos en un contexto específico o con respecto a un riesgo determinado, proporcionando un enfoque coherente y detallado para ejercer la diligencia debida en derechos humanos.

En atención a su especificidad, cada Guía identifica diferentes áreas a cuya protección debe dirigirse la diligencia debida. Por ejemplo, mientras que la Guía sobre minerales de conflicto se enfoca principalmente en la prevención de impactos negativos significativos sobre los derechos humanos y la no contribución en conflictos armados[271], la Guía de la OCDE/FAO sobre el sector agrícola hace referencia a un amplio listado de materias que pueden suponer un riesgo en el sector, como los derechos humanos, derechos laborales, salud y seguridad, seguridad alimentaria y nutrición, derechos de tenencia y acceso a recursos naturales, bienestar animal, protección ambiental y uso sostenible de recursos naturales, gobernanza, tecnología e innovación[272]. Por su parte, la Guía sobre el sector textil se enfoca en los derechos sociales,

---

271 OCDE, *Guía de Debida Diligencia de la OCDE para Cadenas de Suministro Responsables de Minerales en las Áreas de Conflicto o de Alto Riesgo*, Preámbulo.

272 OCDE/FAO, *Guía OCDE-FAO para las cadenas de suministro responsable en el sector agrícola*. Anexo A, pp. 52-68.

como trabajo infantil, acoso y violencia sexuales basada en el género en el lugar de trabajo, trabajo forzoso, tiempo de trabajo, seguridad y salud en el trabajo, sindicatos y negociación colectiva, salarios. Además, también contiene una serie de módulos dirigidos a derechos ambientales y la utilización de químicos peligrosos, acceso al agua, emisiones de gases de efecto invernadero y abastecimiento responsable de trabajadores a domicilio[273].

Sin embargo, pese a sus especificidades, todas ellas desarrollan un proceso de diligencia debida en derechos humanos común con las siguientes etapas:

- (i) incorporar la conducta empresarial responsable a las políticas y sistemas de gestión;
- (ii) identificar y evaluar los impactos negativos reales y potenciales asociados a las actividades, productos o servicios de la empresa;
- (iii) detener, prevenir y mitigar los impactos negativos;
- (iv) hacer un seguimiento de la implementación y resultados;
- (v) informar sobre cómo se abordan los impactos;
- (vi) reparar o colaborar en la reparación de los daños cuando corresponda[274].

---

273 OECD, *Guía de la OCDE de debida diligencia para cadenas de suministro responsables en el sector textil y del calzado*, pp. 93-168.

274 OCDE, *Guía de la OCDE de Debida Diligencia para una Conducta Empresarial Responsable*, pp. 24-41; OCDE, *Debida diligencia para préstamos empresariales y un aseguramiento de valores responsables: Aspectos clave para los bancos en la implementación de las Líneas Directrices de la OCDE para Empresas Multinacionales*, pp. 31-73; OECD, *Guía de la OCDE de debida diligencia para cadenas de suministro responsables en el sector textil y del calzado*, pp. 33-90; OCDE, *Los inversores institucionales y la*

Esta estructura del modelo de diligencia debida es la que se ha mantenido en las normativas de derecho positivo adoptadas sobre la materia.

V LA COMPLEJA GENEALOGÍA DE LA DILIGENCIA DEBIDA EN DERECHOS HUMANOS Y SU REPERCUSIÓN EN SU NATURALEZA JURÍDICA

A lo largo de este capítulo, hemos podido comprobar que el concepto de diligencia debida es complejo y susceptible de interpretaciones diversas. Su genealogía es, sin duda, compleja y polifacética, marcada por una adaptación constante a diferentes áreas del Derecho y ámbitos de aplicación.

Bajo la óptica del Derecho internacional, la diligencia debida, además de asociarse con un mandato de prevenir daños, también se considera una obligación de medios que establece unos parámetros específicos de conducta para la gestión sostenible de recursos o la prevención de conductas delictivas derivada del principio del *neminem laedere*[275]. Para cumplir sus obligaciones, los Estados deben adoptar medidas razonables y suficientes para prevenir riesgos derivados de los actores no estatales —terceros— que operan en su territorio o bajo su

---

conducta empresarial responsable: aspectos clave para la debida diligencia según las Líneas Directrices de la OCDE para Empresas Multinacionales, pp. 21-47. Por su parte, la Guía de minerales de conflicto y la Guía de la OCDE/FAO referida al sector agrícola establecen un marco en cinco pasos, prescindiendo de las recomendaciones dirigidas a la reparación de los daños.

275 Sobre la caracterización de la diligencia debida como obligación de medios en el Derecho internacional, derivada del principio de *neminem laedere* y vinculada a la previsibilidad del daño y a la capacidad de respuesta del Estado, véase el apartado I.A del Capítulo II de esta obra.

jurisdicción. Esto implica que, si el Estado puede prever razonablemente la materialización de un riesgo, y tiene capacidad para intervenir, deberá adoptar medidas adecuadas para prevenirlo, atenuarlo o mitigar los daños en el caso de que lleguen a producirse, ya que, en virtud de un espíritu de buena vecindad, algunos actos perjudiciales deben ser tolerados y no todo daño da lugar a responsabilidad[276].

En el ámbito corporativo, la diligencia debida ha evolucionado desde una herramienta para la identificación y evaluación de los posibles riesgos financieros, contractuales y legales que pudieran afectar la operación o los intereses de la empresa, hasta convertirse en un mecanismo de autorregulación para cumplir con labores "policiales" en tareas delegadas por el Estado para la lucha contra determinadas conductas delictivas[277]. Esta delegación no implica una renuncia de los Estados a su función reguladora, sino que responde a la idea de que las empresas, debido a su cercanía a los riesgos generados por sus propias actividades, se encuentran en una mejor posición para implementar medidas de control de manera más eficiente y ajustada a sus particularidades operativas. En este sentido, la diligencia debida funciona como una extensión de la regulación estatal, donde se exige a las empresas que adopten estándares específicos y que gestionen de forma proactiva los riesgos inherentes a sus actividades de acuerdo con las competencias delegadas, además de mitigar o reparar los daños.

---

276 INTERNATIONAL LAW COMMISSION, Articles on Responsibility of States for Internationally Wrongful Acts, Report of the International Law Commission, 53rd Session, United Nations, 2001, A/56/10, pp. 43-59.

277 Sobre la evolución del concepto de diligencia debida en el ámbito corporativo y su función como mecanismo de autorregulación orientado a la prevención de delitos, en especial en contextos donde el Estado delega funciones de control en las empresas, véase el apartado II del Capítulo II de esta obra.

La confluencia de las perspectivas estatal y corporativa en la diligencia debida se refleja de forma astuta en los *Principios Rectores,* que utilizan la ambigüedad y versatilidad del concepto para establecer un marco innovador de responsabilidad corporativa aceptado por todas las partes.

Así, el marco *Proteger, respetar y remediar* expande de una forma ingeniosa la responsabilidad de respetar los derechos humanos, tradicionalmente asociada a los Estados, a las empresas, imponiéndoles el deber de ejercer la diligencia debida en derechos humanos para no dañarlos[278]. En este sentido, no se traslada a las empresas las obligaciones estatales para la protección y promoción de los derechos humanos, si no que se les asigna la responsabilidad derivada de no dañarlos y la forma en que deben hacerlos es mediante el ejercicio de la diligencia debida. De este modo, las empresas no pueden limitarse a identificar y gestionar sus riesgos en materia de derechos humanos, sino que también deben implementar políticas y procedimientos determinados que aseguren el cumplimiento continuo de los estándares internacionales aplicables[279].

En realidad, en el segundo pilar de los *Principios Rectores* lo que se propone es un nuevo estándar para una nueva responsabilidad corporativa. En este nuevo marco de responsabilidades, la obligación primaria y directa de proteger los derechos humanos frente a los daños causados por las empresas que operan en su territorio o bajo su jurisdicción sigue correspondiendo a los Estados. Sin embargo, la diligencia debida en derechos humanos se formula como una responsabilidad delegada que vincula

---

[278] Sobre la confluencia entre el enfoque estatal y corporativo en los Principios Rectores sobre Empresas y Derechos Humanos y la articulación del marco *Proteger, respetar y remediar* como fundamento normativo de la diligencia debida empresarial, véase infra el apartado III.B del Capítulo II de esta obra.

[279] A/HRC/20/29, pp. 4-6.

permanentemente a las empresas para no dañarlos, tanto en relación con sus propias operaciones como con respecto a las relaciones comerciales establecidas con terceros en las cadenas productivas.

En este punto, al igual que hicimos en relación con la responsabilidad estatal en el Derecho internacional público al inicio de este capítulo, resulta ahora necesario clarificar la naturaleza jurídica de los deberes de diligencia debida que se proponen para las empresas en el marco de los *Principios Rectores* y *Directrices de la OCDE*. La cuestión central consiste en determinar si estas obligaciones imponen deberes de carácter positivo o negativo a las empresas dado que dicha distinción resulta de gran relevancia para el Derecho penal, ya que incide directamente en los fundamentos para la imputación de responsabilidades.

Aunque profundizaremos en las cuestiones relativas al Derecho penal en el Capítulo VI, conviene anticipar algunas claves para entender cómo se configura la imputación penal en el marco de la diligencia debida en derechos humanos. Tradicionalmente, la responsabilidad penal se ha vinculado al principio básico de no causar daño a otros, una obligación de carácter negativo que exige a los individuos abstenerse de interferir ilícitamente en los derechos de terceros[280]. Sin embargo, este modelo clásico resulta insuficiente cuando el reproche penal no deriva de un daño producido directamente por una acción, sino de la inacción frente a deberes específicos de prevención y reacción.

En el contexto actual de un Estado social y democrático de Derecho, el fundamento de ciertos deberes penalmente relevantes ya no se limita a la prohibición de causar daño, sino que

---

280 SÁNCHEZ-VERA GÓMEZ-TRELLES, J., "Estudio sobre los deberes positivos, el mandato y la figura del consenso en Derecho penal", *Cuadernos de Política Criminal*, nº 68, 1999, p. 348.

se asienta también en principios de solidaridad, cuidado y cooperación[281]. De ahí que la legitimidad del reproche penal por incumplimientos de diligencia debida dependa de la existencia de obligaciones positivas previamente establecidas, que imponen a los sujetos —incluidas las empresas— no solo la abstención de conductas lesivas, sino también la adopción de medidas activas para prevenir riesgos y reaccionar a los daños con el fin de proteger bienes jurídicos colectivos[282]. Este giro normativo plantea nuevos desafíos dogmáticos, y ha dado lugar a distintas posturas en la escasa literatura penal que se ha ocupado de la naturaleza jurídica de la diligencia debida en derechos humanos.

Para algunos autores, entre quienes destacamos a ANA CAROLINA CARLOS DE OLIVEIRA, la diligencia debida en derechos humanos se basa en la teoría de los deberes positivos, entendidos como obligaciones de colaboración con el Estado dirigidas a promover ciertos bienes o a proteger el interés público[283]. Esta idea sostiene que, más allá de la mera abstención de causar daños, algunos actores privados, como las empresas multinacionales, pueden tener un rol activo en el apoyo a la preservación de derechos y libertades fundamentales. Este deber positivo de colaboración implica que las grandes empresas multinacionales tienen la obligación de ejercer funciones cuasi "policiales" para supervisar las actividades de sus proveedores y subcontratistas, especialmente en contextos de gobernanza

---

281 PAWLIK, M., "Solidarität als strafrechtliche Legitimationskategorie: das Beispiel des rechtfertigenden Aggressivnotstandes", *Jahrbuch für Recht und Ethik / Annual Review of Law and Ethics*, Vol. 22, 2014, p. 155.

282 PAWLIK, M., "Solidarität als strafrechtliche Legitimationskategorie: das Beispiel des rechtfertigenden Aggressivnotstandes", p. 156.

283 CARLOS DE OLIVEIRA, A.C, "La naturaleza jurídica de las obligaciones de diligencia debida frente a los clientes y socios de negocio", en VIOQUE GALIANA, L.M. (coord.), *Verdes y justas: responsabilidad penal y diligencia debida en las organizaciones multinacionales*, Volumen I, BOE, Madrid, 2025, pp. 503-532.

débil, con el fin de garantizar que se respeten los estándares internacionales para la protección de los derechos humanos en todas las etapas de la producción.

Al adquirir esta obligación delegada, las empresas se equipararían con los Estados en la protección y promoción de los derechos humanos a nivel mundial. Ello se debe a que este enfoque trasladaría la responsabilidad de supervisión y cumplimiento a las empresas líderes, que son quienes deberían asegurar que las prácticas en toda su cadena productiva estén alineadas con los principios éticos y legales internacionalmente aceptados. En términos dogmáticos, esto supondría la imposición de un "deber positivo especial" que, además de obligar a la empresa a no causar daños directamente, la vincula a un deber subsidiario de colaboración activa con el Estado en la prevención de riesgos de terceros con los que mantiene relaciones comerciales. De este modo, las grandes empresas multinacionales se integrarían con los Estados y las Organizaciones Internacionales en una estrategia de política criminal global orientada a prevenir la delincuencia económica.

Ejemplos de este tipo de responsabilidad delegada se puede observar en áreas como la regulación de la prevención del blanqueo de capitales o de la corrupción, donde las empresas asumen un papel preventivo fundamental. En estos ámbitos, las empresas actúan como "delegadas" del Estado para prevenir y perseguir determinados delitos cumpliendo un verdadero deber de "policía". Así, además de cumplir con la legislación aplicable para incurrir en conductas tipificadas como soborno o blanqueo de capitales, las organizaciones económicas también tienen deberes positivos para colaborar de forma activa con las autoridades en la detección y sanción de dichos delitos[284]. En otras palabras, las empresas operan como una extensión de la

---

284 Véase CARLOS DE OLIVEIRA, A.C., "La cooperación público-privada para la prevención del blanqueo de capitales. La inclusión activa

autoridad estatal asumiendo parte de la responsabilidad en la prevención de la criminalidad económica, lo que conlleva la implementación de mecanismos internos que faciliten la prevención de la criminalidad de empresa[285].

Otra postura, en la que destacamos a JACOBO DOPICO GÓMEZ-ALLER, fundamenta las obligaciones de diligencia debida en el principio del *neminem laedere*, que se aplica tanto a personas físicas como jurídicas y establece un límite a la libertad de acción, incluyendo la libertad económica, exigiendo que las empresas se aseguren de que su actividad no cause impactos negativos en los derechos humanos[286]. De acuerdo con este enfoque, el objetivo principal de la diligencia debida

---

del sector privado en las tareas de prevención de los delitos financieros", *La Ley Compliance Penal*, nº. 8, 2022.

285 La criminalidad de empresa difiere de la criminalidad en la empresa. La primera se refiere a los delitos cometidos en beneficio o interés de la propia empresa, es decir, aquellos actos ilícitos que se llevan a cabo utilizando la estructura o los recursos de la empresa para obtener ventajas para la misma. Por otro lado, la criminalidad en la empresa hace referencia a los delitos cometidos por empleados o trabajadores contra la propia empresa o entre ellos mismos, como el robo de recursos de la empresa o agresiones entre compañeros. Mientras que en la criminalidad de empresa surgen dificultades dogmáticas a la hora de establecer la autoría, probatorios o criminológicos, la criminalidad en la empresa se encuadra fácilmente en las reglas generales del Derecho penal clásico o común. Ampliamente en SCHÜNEMANN, B., "Cuestiones básicas de dogmática jurídico-penal y de política criminal acerca de la criminalidad de empresa", traducción de BRÜCKNER, D./LASCURAÍN SANCHEZ, J.A., *Anuario de Derecho penal y Ciencias Penales*, Vol. 41, nº 2, 1988, pp. 536 y ss.

286 DOPICO GÓMEZ-ALLER, J., "El blanqueo del producto de la violación empresarial de derechos humanos: prohibición y criminalización", en VIOQUE GALIANA, L.M. (coord.), *Verdes y justas: responsabilidad penal y diligencia debida en las organizaciones multinacionales*, Volumen I, BOE, Madrid, 2025, pp. 143-170

no se dirige a que las empresas se equiparen a los estados en cuanto a sus deberes de protección de los derechos humanos, sino que consiste en evitar los impactos negativos que puedan derivarse de sus operaciones, especialmente en países con menor capacidad de protección. Estos impactos se considerarían auténticas externalidades negativas que se agravan cuando las empresas colaboran o se benefician de abusos sobre los derechos funamentales[287].

Desde este punto de vista, la diligencia debida no consiste en una obligación que implique colaborar con el Estado en la persecución de conductas delictivas, sino en un límite negativo a la libertad de acción que implicaría la prohibición tanto de lesionarlos directamente, como, además, de colaborar en su lesión, fomentarla o favorecerla para beneficiarse de ella. Esto, en efecto, supone que, para evitar financiar, favorecer o facilitar las violaciones de derechos humanos no solo se exige una mera abstención de realizar conductas dolosas, sino que implica un mayor grado de exigencia en forma de un deber de cuidado —o diligencia— para cerciorarse de que no se está favoreciendo que se produzcan daños por parte terceros que se relacionan con la organización. Por ello, de acuerdo con este segundo punto de vista, con la diligencia debida no se estaría desarrollando un nuevo "deber cuasi policial para prevenir delitos ajenos", sino una prohibición de generar situaciones de riesgo para los derechos humanos[288].

---

287 La noción de externalidad negativa, entendida como un coste de producción que la empresa no asume y que recae sobre terceros, se menciona explícitamente en el punto 1 del Memorándum explicativo de la propuesta de Directiva de diligencia debida. (COM(2022) 71 final).

288 DOPICO GÓMEZ-ALLER, J., "El blanqueo del producto de la violación empresarial de derechos humanos: prohibición y criminalización".

En mi opinión, la diligencia debida en derechos humanos constituye una posición intermedia entre las dos doctrinas expuestas: no puede reducirse ni a un límite negativo de no causar daño (principio *neminem laedere*), ni puede identificarse plenamente con un deber positivo de colaboración cuasi-estatal. Se trata más bien de un deber organizativo complejo, que combina elementos de ambos enfoques y que se articula como una obligación de medios reforzada, en consonancia con su evolución en el Derecho internacional y su recepción en el ámbito corporativo.

Esta obligación impone a las grandes empresas un deber de organización que actúa en dos planos complementarios:

En el plano *ex ante*, exige la adopción de medidas orientadas a prevenir impactos negativos en los derechos humanos, lo que implica un límite a su libertad de acción derivado del principio de no dañar. Entre estas medidas se incluyen: políticas internas de diligencia debida, códigos de conducta, análisis de riesgos, planes preventivos, cláusulas contractuales con socios, trazabilidad de las cadenas de valor, formación del personal y mecanismos de supervisión internos. Estas medidas materializan un estándar mínimo de diligencia razonable, cuyo incumplimiento puede configurar un comportamiento negligente penalmente relevante en determinados contextos[289].

En el plano *ex post*, una vez que se han producido o detectado impactos adversos reales, surge la obligación positiva de adoptar medidas correctivas. Estas incluyen: la implementación de planes de acción, mitigación del daño, revisión de procesos,

---

[289] En este plano, se configura una obligación de medios que exige a las empresas optimizar la gestión de su actividad económica con el fin de evitar contribuir —directa o indirectamente— a causar daños sobre los derechos humanos. MCCORQUODALE, R./NOLAN, J., "The Effectiveness of Human Rights Due Diligence for Preventing Business Human Rights Abuses", p. 459.

modificación de prácticas comerciales, asistencia técnica o financiera a los socios implicados, suspensión de relaciones contractuales e, incluso, reparación del daño de manera directa o a través de medidas compensatorias adecuadas[290].

Desde esta perspectiva, puede afirmarse que las medidas *ex ante* corresponden a un deber negativo de no dañar —en línea con el principio de *neminem laedere*—, mientras que las medidas *ex post* constituyen auténticos deberes positivos de actuación, activados cuando los riesgos se concretan o se identifican daños derivados de la actividad empresarial.

Esta doble estructura —*ex ante* y *ex post*— refleja una evolución del concepto de diligencia debida que, si bien tiene su origen en el Derecho internacional como obligación primaria del Estado para evitar daños a terceros, ha sido progresivamente adaptada al ámbito empresarial, no como una traslación literal del deber estatal de protección, sino como una forma de responsabilidad organizativa derivada, ajustada a la capacidad de influencia y control de las grandes empresas en sus operaciones globales.

En este contexto, la diligencia debida no puede interpretarse como una obligación de garantía plena —propia de quienes tienen una posición de garante en sentido estricto—, pero sí configura un deber específico de cuidado organizativo, cuyo incumplimiento, especialmente cuando revela una gestión deficiente del riesgo, puede ser penalmente relevante. Este tipo

---

290 En el plano ex post, la diligencia debida impone una obligación positiva de actuación, que exige a las empresas implementar medidas correctivas una vez detectados impactos adversos en los derechos humanos. Este deber activable se alinea con el tercer pilar de los Principios Rectores, que establece el estándar de "remedy" o reparación, incluyendo la obligación de remediar los daños causados. Véanse los principios 25-31 de los Rincipios Rectores, que establecen la obligación tanto de los Estados como de las empresas de proporcionar acceso a mecanismos eficaces de remediación.

de deber no impone resultados, pero sí exige la implantación efectiva de estructuras y procesos orientados a prevenir y mitigar impactos, y a reaccionar ante su aparición con mecanismos adecuados de remediación.

Por tanto, la empresa no asume el papel de "policía global" de sus cadenas de suministro, pero sí queda jurídicamente obligada a actuar con diligencia reforzada, de forma coherente con su posición en la cadena, el grado de control contractual o económico que ejerce, y la gravedad de los riesgos identificados. La falta de medidas razonables y proporcionadas en estos casos puede constituir una infracción organizativa penalmente imputable, tanto a la persona jurídica como a sus órganos de dirección.

En consecuencia, la diligencia debida en derechos humanos se presenta hoy como una obligación activa de medios, con una estructura dual: prevenir y mitigar riesgos, evitar beneficiarse de violaciones y reparar el daño si este se ha producido. Su creciente positivización, a la que nos referiremos en el siguiente capítulo[291], le otorga una dimensión jurídica en forma de un deber de "solidaridad reforzada", cuyo incumplimiento puede traducirse en formas de responsabilidad penal por omisiones en el marco de la criminalidad empresarial global[292].

Se podría argumentar que mediante la diligencia debida se intenta expandir la responsabilidad por violaciones de derechos humanos de los Estados a las empresas. Sin embargo, debido a estas diferencias y al carácter no vinculante de los

---

291 Véase el Capítulo III en esta obra, "La regulación de la diligencia debida en derechos humanos: reporte de información y cumplimiento normativo".

292 Aspecto que se aborda en el apartado II.C.ii del Capítulo VI en esta obra, "La omisión en la adopción de medidas concretas de diligencia debida como fuente de responsabilidad penal".

Principios Rectores y las *Directrices de la OCDE*, deberán ser las regulaciones a nivel nacional las que concreten dicha responsabilidad corporativa y definan la naturaleza jurídica de este tipo de obligaciones en los marcos jurídicos nacionales[293].

---

293 MARTÍN-ORTEGA, O., "La diligencia debida de las empresas en materia de derechos humanos: un nuevo estándar para una nueva responsabilidad", p. 13. Sobre la naturaleza jurídica de las obligaciones que se están juridificando mediante normativas de derecho positivo, véase el apartado IV.F. del Capítulo IV, "Un cumplimiento que se traduce en una obligación de medios, proporcional al riesgo y a la capacidad de influencia, sobre filiales y proveedores directos e indirectos".

Capitulo III

La regulación de la diligencia debida en derechos humanos: reporte de información y cumplimiento normativo

Desde la adopción de los *Principios Rectores* en 2011, se han logrado importantes avances en la implementación de normativas vinculantes —tanto a nivel nacional como supranacional— orientadas a introducir requisitos más detallados de transparencia y a promover la diligencia debida empresarial en materia de derechos humanos. Estas medidas normativas, que suponen un tránsito desde el voluntarismo de la RSC hacia mecanismos jurídicamente exigibles, se insertan en un contexto más amplio de regulación del riesgo en el que el Estado abandona su rol tradicional de interventor directo para actuar como garante, supervisor y coordinador de una constelación de actores reguladores, muchos de ellos de carácter privado[294].

Este fenómeno —estudiado por la doctrina bajo la rúbrica de Derecho regulatorio— ha transformado el modo en que se concibe la intervención del Derecho penal económico. Como advierte la literatura especializada[295], este último se ve hoy

---

294 NARINE, M.L., "Living in a Material World – From Naming and Shaming to Knowing and Showing", p. 220.

295 véase, por todos, MONTANER FERNÁNDEZ, R., *Accesoriedad, regulación y Derecho penal económico. Una propuesta de teorización desde la regulación del insider trading y de la corrupción privada*, Tirant lo Blanch, Valencia, 2024, pp. 66-76.

condicionado por decisiones adoptadas en espacios de incertidumbre técnica, bajo lógicas de precaución y mecanismos como la "autorregulación regulada", los deberes de información, los sistemas de *compliance*, o las certificaciones sectoriales[296].

En este nuevo escenario, la regulación de la diligencia debida empresarial en derechos humanos participa también de las lógicas propias del Derecho regulatorio. Así, las normas impulsadas por la Unión Europea y diversos ordenamientos nacionales responden a una doble estrategia. Por un lado, la transparencia y el reporte de información no financiera, como mecanismo indirecto de inducción regulatoria, que no impone deberes materiales de diligencia, pero sí exige que las empresas informen sobre cómo la implementan. Y, por otro lado, la traducción jurídica de la diligencia debida en obligaciones organizativas concretas, formuladas como deberes positivos de prevención, supervisión y control, especialmente en relación con las cadenas de valor globales[297].

Como se analizará en las próximas páginas, esta regulación no solo transforma el contenido del deber de cuidado empresarial, sino que expande los horizontes del riesgo permitido y redefine las fronteras de imputación penal por omisión o defecto de organización. No es casual que, en este contexto,

---

[296] Sobre la creciente interacción entre el Derecho penal económico y el nuevo contexto normativo configurado por el Derecho regulatorio, véase el apartado I del Capítulo IV de esta obra, donde se analiza cómo la expansión de técnicas como la autorregulación regulada, los mecanismos de reporte, las certificaciones y los sistemas de *compliance* obedece a una lógica de gestión de riesgos en entornos de alta complejidad e incertidumbre, desplazando el eje del reproche penal desde la infracción individual hacia el fallo estructural de organización.

[297] Un análisis de estas estrategias en MUÑOZ DE MORALES ROMERO, M., "Vías para la responsabilidad de las multinacionales por violaciones graves de Derechos humanos", *en Política Criminal: Revista Electrónica Semestral de Políticas Públicas en Materias Penales,* Vol. 15, Nº. 30, 2020.

el Derecho penal económico deba repensar su arquitectura dogmática a la luz del Derecho regulatorio y del principio de precaución. Estas tensiones se abordan en profundidad en el Capítulo VI, donde se examina el impacto de estas mutaciones sobre los modelos de responsabilidad penal empresarial.

I LUCES EN LAS SOMBRAS DE LAS CADENAS PRODUCTIVAS GLOBALES: LAS NORMAS SOBRE TRANSPARENCIA Y REPORTE DE INFORMACIÓN REFERIDA A LA SOSTENIBILIDAD DE LAS EMPRESAS

Existen dos enfoques principales para regular la transparencia empresarial, que varían según el grado de intervención y exigencia de los reguladores: un modelo laxo que podríamos catalogar como de transparencia "blanda"; y un modelo más exigente de transparencia "dura".

La transparencia "blanda" se vincula a la RSC, obligando a las empresas a presentar información referida a los derechos humanos, pero permitiéndoles decidir sobre qué informar y cómo hacerlo. Este enfoque se basa en la autorregulación y la presión pública para motivar a las empresas a mejorar sus prácticas. Normativas como la *California Transparency in Supply Chains Act*, la *Modern Slavery Act* británica y la *Modern Slavery Act* australiana confían en la presión social y en el juicio del consumidor como mecanismos principales para motivar a las empresas a mejorar sus prácticas. Bajo esta estrategia no existe una supervisión estricta, sino que son los consumidores quienes actúan como jueces para castigar a las empresas poco sostenibles no consumiendo sus productos[298].

---

[298] Mediante la denuncia pública de abusos, el desarrollo de sistemas de acreditación y certificación, publicación de rankings de empresas responsables, campañas de concienciación y educación patrocinadas por los gobiernos, etc.

En contraste, la transparencia "dura" impone requisitos legales específicos sobre la información que debe incluirse en los informes corporativos, estableciendo sanciones por incumplimiento. Este enfoque ha sido adoptado en los EE.UU. por *la Sección 1502 de la Dodd-Frank Wall Street Reform and Consumer Protection Act* y Canadá con la *Fighting Against Forced Labour and Child Labour in Supply Chains Act.* También ha sido la opción elegida por la UE mediante la *Directiva (UE) 2022/2464 del Parlamento Europeo y del Consejo de 14 de diciembre de 2022, por lo que respecta a la presentación de información sobre sostenibilidad por parte de las empresas* (*Directiva CSRD*). Estas normativas requieren la divulgación pública obligatoria y la presentación de informes ante autoridades de control con información relevante, como los pagos realizados a gobiernos o la estructura organizativa completa del grupo corporativo y sus cadenas productivas globales, con el objetivo de mejorar la transparencia y la rendición de cuentas en las cadenas productivas[299].

Pese a que, en principio, el impacto de las normas de transparencia a la hora de promover la diligencia debida es menor que el que se conseguiría mediante obligaciones de conducta basadas en el cumplimiento normativo, lo que se acentúa más aún en el caso de la línea de actuación basada en la transparencia blanda, este tipo de normas de *disclosure* debe entenderse como un paso inicial que permita avanzar hacia un marco legal más vinculante[300]. Sin embargo, la diversidad de enfoques

---

299 Otros países como China, Indonesia, Malasia o Sudáfrica, entre otros, también han adoptado su propia normativa en materia de transparencia sobre información no financiera. Un estudio de Derecho comparado sobre las diferentes estrategias de divulgación no financiera, en NARINE, M.L., "Living in a Material World – From Naming and Shaming to Knowing and Showing", pp. 219-253.

300 En este sentido, FERNÁNDEZ GAZTEA, J./MUÑOZ FERNÁNDEZ, A., "Comply or explain in the EU, or the new human rights repor-

puede conducir a la presentación de información que varíe significativamente en términos de detalle y claridad, dificultando la comparabilidad y la evaluación efectiva del cumplimiento por parte de los inversores, reguladores y el resto de los grupos de interés o *stakeholders*.

Por ello, resulta fundamental la vía emprendida por la UE para avanzar en la armonización y homogeneización de las obligaciones de transparencia y reporte de información con el fin de mejorar la eficacia de las normas de *disclosure* a la hora de impactar en las prácticas corporativas en las cadenas productivas globales.

A. *Línea de actuación basada en una transparencia "blanda": el modelo anglosajón y los ejemplos de California, el Reino Unido y Australia*

El desarrollo de legislaciones sobre transparencia de las cadenas de suministros en jurisdicciones anglosajonas como California, el Reino Unido y Australia supuso un novedoso avance en la lucha contra la esclavitud moderna y la explotación laboral en las operaciones globales de las empresas. Estas normativas representan un enfoque basado en una transparencia "blanda", donde se pone énfasis en la divulgación de información más que en la imposición directa de sanciones punitivas. Este modelo "blando" delega en el mercado y la opinión pública la tarea de regular a las empresas, por lo que despierta dudas sobre su eficacia y capacidad de impacto para transformar las prácticas corporativas.

En este contexto, los ejemplos de la *California Transparency in Supply Chains Act*, la *Modern Slavery Act* británica y la *Modern*

---

ting obligation: an analysis of directive 2014/95/EU", *Cuadernos de Derecho Transnacional*, Vol. 9, No 1 (2017), p. 288.

Slavery Act australiana, cada una con sus particularidades y lecciones aprendidas, permiten un estudio comparativo que revela tanto los avances conseguidos como los desafíos persistentes que motivan la transición hacia un modelo basado en una transparencia "dura".

i. La California Transparency in Supply Chains Act

Antes de la adopción de la *California Transparency in Supply Chains Act* en 2010, en el ordenamiento jurídico estadounidense los ejemplos de normas sobre divulgación obligatoria de información relacionada con cuestiones que caían en el ámbito de la RSC eran escasos[301]. Estas obligaciones para el reporte de información se centraban predominantemente en aspectos medioambientales bajo legislaciones específicas como la *Clean Air Act* de 1970[302], la *Clean Water Act* de 1972[303],

---

301 BIRKEY, R. N./GUIDRY, R.P./ISLAM, M.A./PATTEN, D.M., "Mandated Social Disclosure: An Analysis of the Response to the California Transparency in Supply Chains Act of 2010", *Journal of Business Ethics*, Volume 152, 2018, p. 828.

302 42 U.S.C. §7401 et seq. La *Clean Air Act* regula la emisión de contaminantes al aire para proteger la salud pública y el medio ambiente. Su ámbito de aplicación abarca a todas las fuentes industriales y móviles en todo el territorio estadounidense. Entre sus características principales, establece normas nacionales de calidad del aire, requiere de planes estatales para cumplir con estas normas y autoriza a la Agencia de Protección Ambiental (EPA) a establecer límites de emisiones.

303 33 U.S.C. §1251 et seq. La *Clean Water Act* tiene como objetivo principal la restauración y el mantenimiento de la integridad química, física y biológica de las aguas de la nación. Prohíbe la descarga de contaminantes en las aguas superficiales de Estados Unidos sin un permiso. También establece estándares para la calidad del agua y sistemas de tratamiento de aguas residuales, y promueve programas para reducir la contaminación proveniente de escorrentías agrícolas y urbanas.

o la *Emergency Planning and Community Right-to-Know Act* de 1986[304].

Sin embargo, hasta la promulgación de la ley californiana, no existían mandatos comparables que exigieran la divulgación de información específicamente relacionada con los derechos humanos o las condiciones laborales en las cadenas de suministro, lo que marcó un cambio significativo en el enfoque de las responsabilidades corporativas en el contexto estadounidense. De ahí lo novedosa que resultó la *California Transparency in Supply Chains Act* de 2010, al introducir obligaciones legales para la transparencia en relación con el trabajo forzoso y la explotación laboral en las cadenas de suministros para las grandes empresas que desarrollan negocios en California[305].

Desde el 1 de enero de 2012, las empresas cubiertas por la normativa deben publicar información en su página web sobre las medidas adoptadas para prevenir la esclavitud y la trata de

---

304 42 U.S.C. §11001 et seq. La *Emergency Planning and Community Right-to-Know Act* mejora la protección de la comunidad y del medio ambiente frente a emergencias químicas. Exige que las instalaciones industriales informen sobre el almacenamiento, uso y liberaciones de sustancias químicas peligrosas a las autoridades locales. Facilita así la planificación de emergencias a nivel local y la respuesta ante incidentes químicos, promoviendo la seguridad pública y el derecho de la comunidad a conocer los riesgos químicos cercanos.

305 Las víctimas de la esclavitud moderna trabajan en prácticamente todas las industrias y sectores, incluyendo la manufactura, agricultura, construcción, entretenimiento y servicios domésticos. El Estado de California, que cuenta con la séptima economía más grande del mundo y la mayor base de consumidores de Estados Unidos, adoptó su propia normativa en materia de transparencia para abordar este problema y contribuir en la erradicación de la trata de personas y la esclavitud a nivel mundial. HARRIS, K.D., *The California Transparency in Supply Chains. Act A Resource Guide*, California Department of Justice, 2015, p. i.

personas en sus cadenas de suministros[306], o, en el caso de carecer de página web, proporcionar la información por escrito a cualquier persona o entidad que realice una solicitud dentro de los 30 días siguientes a su recepción[307]. La información debe hacer referencia a en qué medida se evalúan los riesgos, adoptan medidas para la prevención de la esclavitud moderna y la trata de personas, y si se ha llevado a cabo una verificación por terceros; en qué medida se realizan auditorías a los proveedores para garantizar su cumplimiento; en qué medida se pide a los proveedores directos que certifiquen los materiales utilizados; en qué medida cuentan con estándares internos para la rendición de cuentas de empleados y proveedores; y en qué medida brindan formación y capacitación a los empleados o mandos con responsabilidad directa sobre la cadena de suministros[308].

Sin embargo, la normativa no impone unos requisitos específicos en relación con el contenido de la declaración, dejando libertad a las empresas a la hora de elegir como presentar la información. Ello se debe a que el propósito de la normativa es que las empresas proporcionen a los consumidores y a otros grupos de interés la capacidad de comprobar sus esfuerzos para comportarse de una forma transparente y, con ello, se espera que basen sus decisiones de compra en la información reportada por la empresa. Por lo tanto, es cada empresa la que, tras analizar las posibles consecuencias comerciales y reputacionales que pueden derivarse de su conducta y de la información que

---

306 Artículo 3, Sección 3(a). "Cada minorista y fabricante sujeto a esta sección debe divulgar, en su sitio web, con un enlace conspicuo en la página de inicio, sus esfuerzos para erradicar la esclavitud y la trata de personas de su cadena de suministro".

307 Artículo 3, Sección 3(b). "Si un minorista o fabricante no tiene un sitio web, la empresa debe proporcionar la información por escrito dentro de los 30 días de la recepción de una solicitud por cualquier consumidor".

308 HARRIS, K.D., *The California Transparency in Supply Chains. Act A Resource Guide*, p. 4.

reporta a sus *stakeholders*, debe decidir las medidas específicas a desplegar para comportarse de un modo transparente[309].

La *California Transparency in Supply Chains Act* no impone sanciones directas para penalizar infracciones a sus disposiciones. Si una empresa no cumple con la ley, el recurso exclusivo por una infracción es una acción iniciada por el fiscal general de California para obtener una medida cautelar [310]. Esta estrategia presupone que la transparencia fomentada por la normativa motivará a las empresas a mejorar sus prácticas por temor a repercusiones negativas en su imagen, inversores y relaciones comerciales. No obstante, es importante destacar que, aunque la ley no establece sanciones específicas derivadas de su incumplimiento, no restringe la aplicación de otras leyes estatales o federales. En este sentido, cualquier declaración inexacta o fraudulenta relacionada con las políticas de la cadena de suministros puede derivar en responsabilidades legales bajo la *California Consumer Legal Remedies Act*[311], como delitos publicitarios y prácticas comerciales desleales[312].

---

309 BIRKEY, R. N./GUIDRY, R.P./ISLAM, M.A./PATTEN, D.M., "Mandated Social Disclosure: An Analysis of the Response to the California Transparency in Supply Chains Act of 2010", pp. 829-830.

310 *California Civil Code section* 1714.43.(d).

311 Cal. Civ. Code § 1750 et seq. La *California Consumer Legal Remedies Act*, adoptada en 1970, se aplica a todas las transacciones de bienes y servicios destinados al consumo personal, familiar o doméstico dentro del estado de California. Su objetivo principal es proteger a los consumidores de prácticas comerciales desleales o engañosas. Entre sus principales características, la normativa permite a los consumidores presentar demandas contra comerciantes que empleen métodos de venta considerados engañosos, fraudulentos, o desleales. Además, proporciona una lista específica de prácticas comerciales que se consideran como tales. La ley también dota a los consumidores de la capacidad de exigir compensación, incluyendo daños punitivos, restitución, y el reembolso de los costes legales.

312 SQUIRE SANDERS (US) LLP, *California Transparency in Supply Chains Act (SB 657)*, February 2012, p. 4. Recientemente, en septiembre

ii. La Modern Slavery Act británica

La *Modern Slavery Act* fue impulsada, en parte, por el caso *C.N. v. the United Kingdom* de 2012, donde el TEDH condenó al Reino Unido por no disponer de una legislación adecuada para luchar contra la explotación laboral[313]. Pese a que durante su tramitación el debate giró en torno a la erradicación del trabajo forzoso vinculado a la trata de personas, especialmente niños, finalmente la normativa se dirigió a la lucha contra todas las formas de nueva esclavitud, tales como la trata de personas, las servidumbres por deudas, o el trabajo forzoso e infantil.

Inspirada en parte por la legislación californiana, la normativa británica obliga a las grandes empresas que operan en sus mercados a elaborar y publicar en la página web corporativa una declaración anual sobre las acciones realizadas para combatir todas las formas de esclavitud y la trata de personas

---

de 2024 saltó la noticia de que el fiscal del Estado de California llevaría ante los tribunales a ExxonMobil por falsear la información y engañar a los consumidores en relación con el reciclaje de plásticos. Véase la noticia de prensa, BEAUREGARD, L.P., "California demanda a ExxonMobil por engañar a los consumidores con el reciclaje de plásticos", *El País*, 23 de septiembre de 2024. https://elpais.com/clima-y-medio-ambiente/2024-09-23/california-demanda-a-exxon-mobil-por-enganar-a-los-consumidores-con-el-reciclaje-de-plasticos.html (consultada el 1 de julio de 2025).

313 El caso se siguió tras la denuncia de una mujer ugandesa, que entró en el Reino Unido con documentación falsa escapando de la violencia que sufría en su país, que había sido obligada a trabajar cuidando de un matrimonio de ancianos a jornada completa, sin tiempo libre ni descansos, retirándole su pasaporte, prohibiéndole salir de la casa y sin percibir remuneración alguna. El TEDH declaró por unanimidad que el Reino Unido había violado el art. 4 del Convenio Europeo de Derechos Humanos, concediendo una indemnización a la víctima de un total de 28.000 euros. Asunto *C. N. c. Reino Unido,* (demanda n° 4239/08), 13 de noviembre de 2012.

en sus cadenas productivas[314]. Las áreas se debe proporcionar información incluyen: (i) la organización de la estructura corporativa, identificando filiales, proveedores y entidades de la cadena de suministro; (ii) las políticas y procedimientos para prevenir la esclavitud y la trata, incluyendo compromisos y expectativas hacia empleados y socios comerciales; (iii) los procesos de diligencia debida para identificar y abordar riesgos en sus operaciones y cadena de suministro, como auditorías y evaluaciones de riesgo; (iv) las áreas de mayor riesgo de esclavitud y trata, detallando las medidas para gestionarlos, como sistemas de monitoreo y colaboración con organizaciones de derechos humanos; (v) la efectividad de los esfuerzos mediante indicadores de desempeño, como auditorías, incidentes reportados y acciones correctivas; y (vi) la capacitación a empleados y directivos, describiendo los programas, su frecuencia y los temas cubiertos para asegurar que todos comprendan la importancia de combatir estas prácticas (*Secction* 54.(5)).

La norma británica tampoco establece sanciones directas por incumplimiento. Sin embargo, la ley incluye un mecanismo de cumplimiento indirecto. Si una empresa no presenta la declaración anual requerida sobre esclavitud y trata de personas, el secretario de Estado tiene la facultad de solicitar una orden judicial para obligar a la empresa a cumplir con sus obligaciones[315]. Este mecanismo establece un proceso legal para asegurar el cumplimiento que implica una serie de pasos

---

314 Las empresas deben tener un volumen de negocios anual de al menos 36 millones de libras esterlinas o más. Esta cifra se refiere a los ingresos brutos globales de la empresa en todo el mundo. UK *Modern Slavery Act* section 54.(7).

315 UK *Modern Slavery Act, Secction* 54.(4).f. El Secretario de Estado puede intervenir si una empresa no cumple con la obligación de preparar o publicar una declaración de transparencia en la cadena de suministro. *Secction* 54.(6). La autoridad del Secretario de Estado para hacer cumplir esta disposición requerirá de una orden judicial.

(*secction* 54.(11)). Si se identifica que una empresa no ha presentado su declaración, el secretario de Estado puede emitir una notificación de incumplimiento a la empresa, recordándole su obligación de presentar la declaración. Si la empresa no responde adecuadamente a la notificación, el secretario de Estado puede llevar el caso ante un tribunal y solicitar una orden judicial para obligar a la empresa a cumplir con la ley. Si la empresa desobedece la orden judicial emitida, incurre en desacato, lo que es un delito castigado con sanciones severas que pueden incluir una multa ilimitada[316].

La amenaza de sanciones judiciales más severas, incluida una multa sin límite máximo, sirve como incentivo para que las empresas cumplan con sus obligaciones de divulgación de información. Como evidenció un estudio que comparaba las prácticas en relación con la *Bribery Act* y la *Modern Slavery Act*, los modelos vinculados a la responsabilidad penal impulsan significativamente más la implementación de prácticas de diligencia debida que los requisitos de divulgación de información en los que no se contemplan sanciones[317].

iii. La Modern Slavery Act Australiana

Siguiendo la estela de California y del Reino Unido, en Australia, tras la adopción de la *Modern Slavery Act* de 2018[318], también se requiere que las grandes empresas que tengan sede o

---

316 HAYNES, J., "The *Modern Slavery Act* (2015): A Legislative Commentary", *Statute Law Review*, Volume 37, Issue 1, February 2016, pp. 53-54.

317 LEBARON, G./RÜHMKORF, A., "Steering CSR Through Home State Regulation: A Comparison of the Impact of the UK Bribery Act and *Modern Slavery Act* on Global Supply Chain Governance", *Global Policy*, Vol 8 Supp. 3, May 2017, p. 26.

318 *Modern Slavery Act 2018.*

desarrollen negocios en su territorio informen sobre los riesgos de situaciones de esclavitud moderna en sus operaciones a nivel de grupo corporativo y en las cadenas productivas globales[319]. La ley también se aplica a ciertas entidades públicas australianas que cumplan con el umbral de ingresos determinado, garantizando que las políticas de esclavitud moderna se apliquen también a las operaciones y adquisiciones gubernamentales. Además de en Australia, el Parlamento de Nueva Gales del Sur también aprobó su propia ley de esclavitud moderna en 2018. Aunque ambas normativas plantean requisitos para la presentación de informes con una arquitectura común, adoptan modelos de regulación que difieren en cuanto al modo en que se debe presentar la información[320].

A diferencia de las normas californiana y británica, que utilizan la web corporativa como herramienta para el reporte de información, la *Modern Slavery Act* australiana establece un registro público online como repositorio centralizado en el que las empresas deben presentar sus declaraciones anuales (*section* 18). Al centralizar la información en un registro público, se facilita el acceso a los datos por parte de consumidores, inversores y organizaciones de la sociedad civil, con lo que se promueve en mayor medida que por sus predecesoras la rendición de cuentas y se facilita la comparabilidad entre las prácticas de diferentes empresas.

Bajo la normativa australiana, las declaraciones deben abarcar tanto a la empresa matriz como a sus filiales y otras entidades

---

319 La ley se aplica a las entidades que tienen ingresos consolidados anuales de al menos 100 millones de dólares australiano. Section 5.(1).

320 Un estudio sobre comparativo de dichas normas, REDMOND, P., "Regulating through reporting: an anticipatory assessment of the Australian Modern Slavery Acts", pp. 5-26; SINCLAIR, A./NOLAN, J., "Modern Slavery Laws in Australia: Steps in the Right Direction?", *Business and Human Rights Journal*, Volume 5(1), 2020, pp. 164-170.

bajo su control efectivo (*section* 11), lo que asegura una visión integral de los esfuerzos de toda la organización para combatir la esclavitud moderna. Además de identificar los riesgos, las empresas deben detallar las medidas adoptadas para identificar, evaluar y mitigar dichos riesgos, lo que incluye las políticas de derechos humanos, auditorías de proveedores o programas de capacitación para empleados (*section* 16).

Al igual que en las normativas californiana y británica, la ley australiana no impone sanciones directas por el incumplimiento de los requisitos de presentación de informes. En lugar de ello, confía en las sanciones del mercado y la presión de los inversores para asegurar su eficacia. En agosto de 2021 el Senado australiano aprobó una propuesta de enmienda a la *Australia's Customs Act* con el objetivo de introducir medidas de *enforcement* adicionales para asegurar el cumplimiento[321]. Entre las nuevas propuestas destacan la imposición de sanciones civiles para las empresas que no presenten un informe de esclavitud moderna, o que presenten información materialmente falsa de manera consciente. Aunque se trata de una propuesta que no ha llegado a ser aprobada, muestra una tendencia hacia la implementación de obligaciones más estrictas y sanciones específicas para asegurar el cumplimiento[322].

iv. Principales críticas al modelo de transparencia "blanda"

Las normativas basadas en la transparencia "blanda" establecen un estándar de reporte en cuanto a los ámbitos de información que se debe hacer pública, dejando a la voluntad de

---

321 SEDEX, "Supply chain legislation update: Australia, Germany and Norway", 2021, https://www.sedex.com/blog/supply-chain-legislation-update-australia-germany-and-norway/ (consultada el 6 de julio de 2025).

322 MCMILAN, J., *Report of the statutory review of the Modern Slavery Act 2018 (Cth) The first three years*, Commonwealth of Australia, 2023, PP. 15-19.

su destinatario la libertad para cumplir con él, o no. Pero en cuanto que establecen un "modelo de regulación" se aspira a que, mediante la colaboración público-privada, tarde o temprano las empresas se sumen al mismo. En esta línea, la multinacional *Marks and Spencer* declaró que la *Modern Slavery Act* les había incitado a realizar una mirada a su modelo de negocio e identificar las cosas que debían mejorar, impulsando una conducta más sostenible[323].

Sin embargo, estas normas no exigen directamente el desarrollo de medidas de detección, prevención y mitigación de riesgos, sino que solamente obligan a las grandes empresas a divulgar las acciones que están adoptando para visibilizar y combatir todas las formas de esclavitud y el trabajo infantil en sus cadenas productivas. Pese a que se obliga a las empresas a informar, no se aportan indicaciones precisas sobre el qué se debe informar y cómo debe hacerse. Por ello, una empresa podría optar por no incluir en sus reportes de información aspectos esenciales como los sectores de actividad y proveedores sobre los que existen más riesgos, el tipo de formación que se imparte a los empleados, si se realizan auditorías y como se desarrollan, etc.

En la práctica, la naturaleza de estas normas es en gran medida voluntaria al carecer de mecanismos de supervisión que aseguren la fiabilidad de la información divulgada. Además, la falta de sanciones directas por incumplimiento refleja una estrategia más inclinada a incentivar a las empresas hacia una mayor transparencia que a coaccionarlas para la consecución de los objetivos. Por todo ello, este tipo de reportes enfocados en los derechos humanos pueden convertirse en meras declaraciones de intenciones.

---

323 HOUSE OF LORDS-HOUSE OF COMMONS JOINT COMMITTEE ON HUMAN RIGHTS, *Human Rights and Business 2017: Promoting responsibility and ensuring accountability, Sixth Report of Session 2016–17*, HL PAPER 153 HC 443 Published on 5 April 2017, pp. 37-38.

A pesar de las medidas implementadas por la *California Transparency in Supply Chains Act,* su efectividad ha resultado limitada en cuanto a lograr un impacto completo en la erradicación de la esclavitud y la trata de personas dentro de las cadenas de suministro de las empresas que operan en California[324]. La alta tasa de cumplimiento inicial con la ley sugiere una aceptación formal de los requisitos de divulgación, pero el análisis más detallado indica que las respuestas de las empresas tienden a ser más simbólicas que sustantivas.

Los estudios muestran que, aunque las empresas con mayores riesgos en sus cadenas de suministro eran más propensas a cumplir con la ley y a incluir niveles de divulgación más sustantivos, en general, la calidad de la información divulgada ha sido limitada, lo que puede atribuirse a la tensión entre el deseo de los *stakeholders* de obtener información relevante y completa y las preocupaciones de los inversores sobre el coste potencial asociado con una mayor transparencia. Además, la normativa no ha logrado inducir una mejora significativa en los esfuerzos corporativos para velar por el respeto a los derechos humanos en las actividades de sus cadenas productivas. La naturaleza en gran parte simbólica de la información reportada por las empresas, junto con la ausencia de directrices claras y obligatorias, ha reducido la capacidad de los *stakeholders* para evaluar el desempeño real de las empresas en relación con la esclavitud y la trata de personas.

---

[324] De acuerdo con un informe en el que se publicaron los primeros resultados pasados unos años desde su adopción, la valoración promedio del cumplimiento de los deberes de información por parte de las empresas se situaba en el 60% y la del alcance de las acciones desarrolladas en el 31%. DEVELOPMENT INTERNATIONAL, "Corporate *Compliance* with the California Transparency in Supply Chains Act of 2010", 2 November 2015, p.2. http://media.wix.com/ugd/f0f801_0276d7c94ebe453f8648b91dd35898ba.pdf (consultada el 23 de mayo de 2025).

Estas cuestiones ponen de relieve la necesidad de aportar una mayor orientación mediante normativas más estrictas para inducir niveles más altos transparencia en la divulgación de las prácticas corporativas relacionadas con los derechos humanos en las cadenas productivas[325].

En relación con los primeros resultados tras la aprobación de la *Modern Slavery Act*, un estudio realizado en 2016 detectó problemas cualitativos derivados de que muchas de las empresas cubiertas incumplían en sus declaraciones una serie de requisitos básicos, como no ir firmadas por los dirigentes de la compañía, no detallar los procesos de análisis de riesgos o no identificar los riesgos prioritarios en términos de países, productos o áreas de negocio[326], por lo que resultaba un análisis superficial de actividades filantrópicas o de patrocinio que tradicionalmente han sido parte de la RSC.

La posibilidad de informar opcionalmente sobre aspectos más específicos y relevantes, como el riesgo de explotación entre los proveedores, fue prácticamente ignorada por las entidades. Por ello, desde la doctrina se ha criticado la falta de estándares obligatorios para la divulgación de información que permitirían su comparabilidad, así como la carencia de mecanismos de supervisión efectiva al no existir ninguna agencia especializada y dejar el control en manos de la sociedad civil y las ONG[327].

---

325 BIRKEY, R. N./GUIDRY, R.P./ISLAM, M.A./PATTEN, D.M., "Mandated Social Disclosure: An Analysis of the Response to the California Transparency in Supply Chains Act of 2010", pp. 836-838.

326 ERGON ASSOCIATES, *Reporting on Modern Slavery: The current state of disclosure,* May 2016, p. 1. https://ergonassociates.net/wp-content/uploads/2017/06/Reporting-on-Modern-Slavery2-May-2016.pdf (consultada el 14 de junio de 2025).

327 Además, poco más de 6.000 empresas habían redactado y publicado su informe en el momento de realizarse el estudio. BLOOMFIELD,

Cuatro años después de la implementación de la *Modern Slavery Act*, un informe oficial publicado en 2019 ya indicaba la necesidad de imponer el carácter obligatorio de la divulgación de información sobre los aspectos más críticos de las obligaciones de diligencia debida[328]. Para responder a las deficiencias de la norma, el 15 de junio de 2021 se presentó la *Modern Slavery (Amendment) Bill*[329] como proyecto de ley para fortalecer las obligaciones de transparencia de las empresas cotizadas mediante la publicación y verificación de información detallada sobre sus cadenas productivas, incluyendo el país de origen de los insumos, la realización de inspecciones externas y auditorías no anunciadas, o las relaciones laborales con los gobiernos extranjeros (*Secction* 1.2). La propuesta exige que la información proporcionada sea precisa y verificable, estableciendo un marco que garantice que las empresas declaren sus políticas y demuestren su cumplimiento mediante evidencias concretas. Además, se imponen sanciones administrativas por la divulgación de información falsa, omisiones de datos relevantes o la presentación de datos inexactos en sus informes sobre esclavitud y tráfico de personas[330].

M./LEBARON, G., "The UK *Modern Slavery Act*: Transparency through disclosure in Global Governance", *E-International Relations*, 2018, pp. 2-3.

328 INDEPENDENT REPORT, *Independent review of the Modern Slavery Act: final report (accessible version)*, Presented to Parliament by the Secretary of State for the Home Department by Command of Her Majesty, May 2019, CP 100. Independent review of the *Modern Slavery Act*: final report (accessible version)–GOV.UK (www.gov.uk) (consultada el 16 de mayo de 2025).

329 Modern Slavery (Amendment) Bill [HL].

330 Según el proyecto de ley, una persona responsable de una declaración falsa o incompleta puede ser sancionada con hasta dos años de prisión o una multa que puede alcanzar el 4% del volumen de negocios global de la empresa, con un límite máximo de £20 millones. Secction 1.(3).

El proyecto de ley también contempla sanciones por infracciones cometidas por imprudencia, lo que implica que las empresas y sus directivos pueden ser sancionados por falta de diligencia al asegurar que la información divulgada es precisa y completa, estableciendo un estándar más alto de responsabilidad para los directivos[331], que deberán fortalecer los sistemas internos de auditoría y control para asegurar que la información divulgada cumpla con los nuevos estándares legales.

Otro aspecto destacable de la *Modern Slavery (Amendment) Bill* es la propuesta de sancionar la adquisición de bienes procedentes del trabajo esclavo e infantil[332]. Esta medida se articula como un delito de desobediencia, aplicable a empresas que continúen adquiriendo productos de proveedores que no cumplan con los estándares mínimos de transparencia después de una advertencia formal emitida por del Comité Independiente de Lucha contra la Esclavitud. Con ello, se busca cortar de raíz el incentivo económico para mantener relaciones comerciales con proveedores que violan los derechos humanos.

B. Línea de actuación basada en una transparencia "dura": de los estados no financieros al informe referido a la sostenibilidad de las empresas

A diferencia de las normas anteriores, la Sección 1502 de la *Dodd-Frank Act* estadounidense, la *Fighting Against Forced Labour and Child Labour in Supply Chains Act* canadiense y la estrategia

331 La persona responsable de la declaración puede ser un director o equivalente de la organización, un miembro de una LLP (sociedad de responsabilidad limitada) o un socio en otro tipo de asociación.

332 *Secction* 54ZB *Minimum standards of disclosure and transparency.*

europea iniciada con la *Directiva 2014/95/UE de 22 de octubre de 2014 sobre estados no financieros* y continuada por la *Directiva CSRD*, representan enfoques de "transparencia dura" en la divulgación de información.

Estas normas establecen requisitos legales formales para la presentación de informes ante autoridades de supervisión. En el caso de la Sección 1502 de la *Dodd-Frank Act* estadounidense, las obligaciones de reporte se introdujeron en relación con el comercio de minerales procedentes de zonas de conflicto o alto riesgo. En Canadá, las medidas de transparencia se han enfocado en la erradicación de todas las formas de esclavitud y el trabajo infantil. En cuanto a la estrategia europea, aporta un enfoque ampliado que no se centra en un determinado sector de actividad o en los riesgos relacionados con los derechos laborales, refiriéndose a una gran variedad de ámbitos relacionados con la sostenibilidad y los criterios ESG.

Como veremos en las próximas líneas, con estas normas se ha dado un salto cualitativo en los requisitos de este tipo de información societaria, con el propósito de asemejarla a la información financiera que las grandes empresas cotizadas ya están obligadas a aportar a los reguladores, a los mercados y a los inversores.

i. La Dodd-Frank Act estadounidense y los requisitos de transparencia en relación con los minerales de conflicto

El 21 de julio de 2010 el Congreso de los EE.UU. aprobó la Sección 1502 de la *Dodd-Frank Act* como medida para frenar las graves violaciones de derechos humanos vinculadas al comercio de minerales[333]. La normativa estadounidense

---

333 *Section 1502 of the Dodd-Frank Wall Street Reform and Consumer Protection Act relating to the use of conflict minerals*, on July 21, 2010.

alcanzaba a todas las compañías que cotizan en el mercado de valores de EE.UU. que comercian o utilizan estaño, tantalio, wolframio y oro (minerales 3TG por sus siglas en inglés) como elemento necesario para la fabricación o funcionalidad de alguno de sus productos.

Cumpliendo el mandato del Congreso estadounidense, la SEC desarrolló la normativa norteamericana sobre minerales de conflicto en 2012. Dado que los minerales 3GT tienen muy diversos usos, el hecho de que la normativa se aplique a todos los emisores en el mercado de valores de EE.UU. que utilizan estos minerales como elemento necesario para la fabricación o funcionalidad de alguno de sus productos, tuvo como consecuencia que afectara a un gran número de empresas y sectores industriales, viéndose obligadas a presentar el Informe SD alrededor de 6.000 grupos corporativos[334].

En su formulación inicial, la normativa estadounidense exigía a las compañías rastrear el origen de los minerales utilizados en sus cadenas de suministro y publicar un informe anual, conocido como Informe SD, en el que se debían identificar aquellos productos en los que se hubieran empleado minerales procedentes de la región centroafricana. De acuerdo con la primera propuesta de la SEC, si una compañía detectaba que los minerales utilizados procedían de la región centroafricana, pero no podía certificar que se habían respetado los derechos humanos en su extracción y comercialización, debía clasificarlos como minerales de conflicto. Asimismo, los productos fabricados con dichos minerales debían ser calificados como productos no libres de conflicto.

---

334 RODRÍGUEZ DE RAMÍREZ, Mª.C., "La polémica regulación de la de la Comisión de Valores de Estados Unidos sobre minerales provenientes de zonas en conflicto en la cadena de suministro", *D&G Profesional y Empresaria,* Tomo XV, Nº 180, 2014, pp. 963-965.

La normativa especificaba que esta información debía presentarse anualmente en el Informe SD y publicarse en la página web corporativa, lo que implicaba un potencial daño reputacional para las compañías que se vieran obligadas a calificar sus productos como no libres de conflicto. Además, también se debían considerar los riesgos derivados de calificar incorrectamente productos como libres de conflicto en el Informe SD mediante la inclusión de información falsa o manifiestamente errónea. Si una empresa proporciona información inexacta intencionadamente o por negligencia, podría enfrentarse a responsabilidades bajo las leyes de fraude por el falseamiento de la información. La SEC podría imponer sanciones administrativas y financieras significativas si considerase que se ha cometido un fraude, incrementando el riesgo de multas y acciones regulatorias adicionales[335].

La normativa fue muy criticada por algunos sectores empresariales desde su aprobación, pues a la gran inversión a realizar por las empresas para rastrear el origen de sus minerales se su-

[335] La SEC estableció un período de transición temporal de dos años para las empresas cubiertas (que finaliza en diciembre de 2014) y de cuatro años para las entidades de reporte más pequeñas (que finaliza en diciembre de 2016). Durante el período de transición, las empresas podían clasificar productos como indeterminables respecto al conflicto en la RDC si no podían determinar si los productos estaban libres de conflicto. La empresa aún debía presentar un CMR para estos productos, pero los informes que solo contenían productos indeterminables respecto al conflicto en la RDC no necesitaban ser auditados durante este período de transición. Estas sanciones podrían incluir multas de 100 dólares al día por presentaciones tardías y las sanciones estándar de la SEC por declaraciones erróneas o por el incumplimiento de las obligaciones de reporte. SANKARA, J./LINDBERG, D.L./RAZAKI, K.A., "Conflict Minerals Disclosures: Reporting Requirements and Implications for Auditing", *American Accounting Association*, Vol. 10, No. 1, Spring 2016, p. A4 y A16.

maba el daño reputacional a la imagen corporativa derivado de identificar públicamente un producto como *no libre de conflicto.*

Tal fue este rechazo que la *Asociación Nacional de Fabricantes* y la *Cámara de Comercio de US* llevaron a los tribunales la normativa de la SEC, consiguiendo una victoria parcial ante la Corte de Apelaciones del Distrito de Columbia que, en 2014, sentenció que obligar a las compañías a identificar sus productos como "no libres de conflicto" violaba la Primera Enmienda de la Constitución Norteamericana en relación con la libertad de expresión[336]. Así, la norma fue modificada para que ninguna empresa se viera obligada a identificar sus productos como *no libres de conflicto* y, en su lugar, deja a voluntad de las compañías que identifique sus productos *libres de conflicto* sometiéndose a una auditoría externa que así lo certifique[337].

Según la *Dodd-Frank Act*, las empresas deben presentar el informe SD y, en ciertos casos, un Informe de Minerales en Conflicto (CMR). El informe SD debe describir el proceso de análisis de riesgos realizado para determinar si los minerales en conflicto provienen de la RDC o los países adyacentes. Además, si los minerales se originan o pueden haberse originado en la región de la RDC y no provienen de fuentes recicladas o de desechos, se requiere un CMR auditado que describa la cadena de suministros y las medidas de diligencia debida implementadas[338]. Durante el período de transición, los productos

---

336 En su sentencia de 14 de abril de 2014 la Corte de Apelaciones argumentó que "*forcing a broadcaster to confess that it has blood on its hands interferes with the exercise of its freedom of expresión*"

337 RODRÍGUEZ DE RAMÍREZ, Mª.C., La polémica regulación de la de la Comisión de Valores de Estados Unidos sobre minerales provenientes de zonas en conflicto en la cadena de suministro", pp. 966-968.

338 SANKARA, J./LINDBERG, D.L./RAZAKI, K.A., "Conflict Minerals Disclosures: Reporting Requirements and Implications for Auditing", p. A3

clasificados como "indeterminables" con respecto a su origen en la RDC no necesitaban ser auditados, pero aún se requería un CMR[339]. Las empresas que, una realizado su análisis de riesgos, lleguen a la conclusión de que sus productos están libres de conflicto, deben someter su CMR a una auditoría independiente del sector privado, que no tiene como objetivo determinar si los productos son libres de conflicto, sino evaluar los procesos utilizados por la gestión de la empresa para llegar a tal conclusión[340].

En febrero de 2017 *The Guardian*[341] causó gran conmoción en el sector al publicar el proyecto de orden ejecutiva del presidente Trump que amenazaba con suspender la Sección 1502 de la Ley Dodd-Frank; acción que finalmente no ejecutó[342]. Sin embargo, muchas voces critican la normativa estadounidense, tanto por los costes que implica para las compañías y las posibles vulneraciones a la libertad de expresión, como por las consecuencias que su aplicación ha tenido en

---

339 SANKARA, J./LINDBERG, D.L./RAZAKI, K.A., "Conflict Minerals Disclosures: Reporting Requirements and Implications for Auditing", p. A4.

340 SANKARA, J./LINDBERG, D.L./RAZAKI, K.A., "Conflict Minerals Disclosures: Reporting Requirements and Implications for Auditing", p. A6, A8 y A10.

341 ED PILKINGTON, "Proposed Trump executive order would allow US firms to sell 'conflict minerals'", *The Guardian*, February 8, 2017. https://www.theguardian.com/us-news/2017/feb/08/trump-administration-order-conflict-mineral-regulations (consultada el 25 de junio de 2025).

342 STOOP, N./VERPOORTEN, M./VAN DER WINDT, P., "Trump threatened to suspend the 'conflict minerals' provision of Dodd-Frank. That might actually be good for Congo", *The Washington Post*, September 27, 2018. https://www.washingtonpost.com/news/monkey-cage/wp/2018/09/27/trump-canceled-the-conflict-minerals-provision-of-dodd-frank-thats-probably-good-for-the-congo/ (consultada el 25 de junio de 2025).

los territorios del centro de África. A este respecto, algunas investigaciones sostienen que la normativa no ha ayudado a reducir el conflicto como pretendía y, por el contrario, ha terminado afectando de forma negativa a los mineros locales y artesanales, que han visto mermadas sus posibilidades de acceder a los mercados de minerales[343].

ii. La Fighting Against Forced Labour and Child Labour in Supply Chains Act canadiense

La *Fighting Against Forced Labour and Child Labour in Supply Chains Act* canadiense fue aprobada el 11 de mayo de 2023 para que los administradores y directores de las empresas e instituciones gubernamentales cubiertas reporten al Ministro, antes del 31 de mayo de cada año, las acciones emprendidas durante el año financiero previo para prevenir y reducir el riesgo de que el trabajo forzoso o infantil[344] sea utilizado en cualquier etapa de la producción de bienes que la institución produce, importa, compra o distribuye[345]. Además, se debe proporcionar

---

343 Algunas investigaciones afirman que tras la introducción de la Sección 1502 de la Ley Dodd-Frank, entre 2013 y 2015, en las zonas de extracción de oro de la RDC los conflictos armados aumentaron en un 44%, los saqueos en un 51% y la violencia contra civiles en un 21%. STOOP, N./VERPOORTEN, M./VAN DER WINDT, P., "More legislation, more violence? The impact of Dodd-Frank in the DRC", *PLoS ONE* 13(8), August 9, 2018.

344 Fighting Against Forced Labour and Child Labour in Supply Chains Act, section 3. Las áreas de riesgo cubiertas por la ley se basan en dos convenios fundamentales específicos de la OIT: el Convenio sobre las peores formas de trabajo infantil (1999) y el Convenio sobre el trabajo forzoso (1930).

345 Secciones 6 (1) y 11 (1). La ley se aplica a instituciones gubernamentales, así como a empresas de una amplia gama de industrias, incluidas la energía, la manufactura, la construcción, la confección, la alimentación, etc.

una copia del informe a cada accionista junto con los estados financieros anuales (Sección 13 (2)).

A diferencia de las normas californiana, británica y australiana, que se limitaban a verificar que la empresa aporta información sin entrar en su contenido, y delegaban en los consumidores la capacidad sancionadora mediante el daño reputacional, la norma canadiense establece un sistema de inspección y sanciones para las entidades que no cumplan con los requisitos de reporte de información.

La normativa canadiense establece un marco para la revisión y actualización de los informes, garantizando que la información sea actual y refleje los cambios en las prácticas corporativas (Sección 12). El informe, que puede referirse al conjunto del grupo corporativo o presentarse de forma individual en nombre de cada entidad (Sección 11(2)), debe ser aprobado por el órgano de gobierno o de administración de cada entidad incluida en el mismo (Sección 11(4)). Al requerirse la firma de la alta dirección de la entidad se pretende asegurar que los altos cargos se mantengan informados y comprometidos con la lucha contra el trabajo forzoso e infantil, garantizándose una cadena de responsabilidad que vincule directamente las acciones de las empresas con los altos niveles de toma de decisiones (Sección 11 (5)).

La declaración debe proporcionar una descripción exhaustiva de la estructura organizacional de la empresa, incluyendo información sobre su tamaño, alcance de operaciones y ubicación geográfica. Además, se deben detallar las actividades comerciales y las características de sus cadenas de suministro, identificando específicamente los sectores y regiones donde operan y que pueden estar más expuestos a riesgos de trabajo forzoso e infantil (Sección 11 (3).a).

En relación con el control del cumplimiento, *la Fighting Against Forced Labour and Child Labour in Supply Chains Act* otorga al ministro de Seguridad Pública y Preparación para Emergencias amplias facultades administrativas para asegurar que las entidades cumplan con las obligaciones impuestas por la ley. El ministro tiene la autoridad para solicitar a cualquier entidad sujeta a la ley que proporcione información específica sobre sus políticas y prácticas relacionadas con el trabajo forzoso y el trabajo infantil en sus cadenas de suministro. Esta información puede incluir detalles sobre los procesos de diligencia debida, medidas de mitigación y remediación, y datos sobre la estructura y actividades de la entidad. Además, puede designar a otros organismos o personas para llevar a cabo inspecciones y verificar el cumplimiento de la ley. Estas personas designadas tienen la capacidad de inspeccionar cualquier lugar sospechoso de incumplimiento, examinar objetos relevantes, utilizar medios de comunicación y acceder a sistemas informáticos para inspeccionar y reproducir datos[346].

La norma contempla la posibilidad de imponer sanciones para las entidades que no cumplan con sus obligaciones de transparencia o que presenten información falsa o engañosa en sus reportes. Además de a multas de hasta 250.000 dólares por cada infracción, las entidades o sus directores y oficiales responsables pueden quedar sujetos a condenas sumarias (Secciones 19-21). Esto implica que la alta dirección puede ser sometida a procedimientos judiciales y sanciones adicionales, incluyendo penas de prisión de corta duración y otras medidas correctivas[347].

---

346 Sección 15 (2). Para realizar estas tareas, las personas designadas pueden requerir que se opere o se detenga cualquier equipo en el lugar inspeccionado, pueden restringir el acceso a ciertas áreas y retirar objetos para su examen. Además, en la Sección 16, se estipula que, si el lugar a inspeccionar es una residencia, se necesitará una orden judicial para ingresar sin consentimiento, asegurando que el proceso respeta los derechos individuales y se lleva a cabo legalmente.

347 MASON, R., "Legislative Summary of Bill S-211: An Act to enact the Fighting Against Forced Labour and Child Labour in Supply Chains Act and to amend the Customs Tariff", *Library of Parliament,* Ottawa, 2022, publication nº 44-1-S211-E, 20 May 2020, pp. 7-8.

A la hora de establecer la responsabilidad en caso de que se presente una declaración falsa o fraudulenta, la norma canadiense configura un delito por responsabilidad similar al de la *Bribery Act* en el ámbito de la prevención de la corrupción. Sin embargo, en lugar de a la persona jurídica, en el caso de la *Fighting Against Forced Labour and Child Labour in Supply Chains Act canadiense* la responsabilidad se extiende a los niveles superiores de gobernanza dentro de las organizaciones (Sección 20).

Así, si una entidad comete un delito derivado de presentar una declaración falsa o fraudulenta, cualquier cargo de la alta dirección o administración que haya dirigido, autorizado, consentido o participado en el delito también podrá ser considerado culpable y estará sujeto a las mismas sanciones aplicables a la infracción, independientemente de si la entidad ha sido procesada o condenada. En este caso, para probar la comisión del delito será suficiente demostrar que la falsedad o el fraude fue cometido por un empleado, agente o mandatario de la entidad, sin que resulte necesario identificar o procesar al empleado, agente o mandatario específico, a menos que la entidad pueda demostrar que ejerció la diligencia debida para prevenir la comisión de la infracción (Sección 21).

iii. Estrategia europea: la Directiva CSRD y las normas NEIS

Tras la presentación del Pacto Verde Europeo (*European Green Deal*) en 2019[348], la Comisión Europea subrayó la necesidad de que las empresas desempeñen un papel activo en la

---

[348] En el Pacto Verde Europeo se establecía la necesidad de dar un alto nivel de protección y mejora a la calidad del medio ambiente y a la protección de los valores fundamentales europeos mediante la participación de autoridades y de agentes privados, como las grandes empresas multinacionales. COMUNICACIÓN DE LA COMISIÓN AL PARLAMENTO EUROPEO, AL CONSEJO EUROPEO, AL CONSEJO, AL COMITÉ ECONÓMICO Y SOCIAL

mitigación del cambio climático y en la transición hacia una economía sostenible. Como parte de esta estrategia, se impulsó la transparencia corporativa, exigiendo a las empresas una mayor divulgación de información no financiera para que inversores, consumidores y otras partes interesadas puedan evaluar su desempeño en sostenibilidad[349].

En este contexto, el 14 de diciembre de 2022 se aprobó la *Directiva CSRD*, que busca equiparar la relevancia de la información financiera con la información sobre sostenibilidad, facilitando el acceso a datos comparables, auditables y verificables (Considerando 2 de la *Directiva CSRD*). Con ello, la información sobre derechos humanos, la lucha contra la corrupción y la protección del medio ambiente pasó a considerarse parte integrante del informe de gestión. Cuando la Directiva esté plenamente implementada, todas las sociedades cotizadas estarán obligadas a incluir en sus cuentas anuales información detallada sobre su desempeño en sostenibilidad[350].

EUROPEO Y AL COMITÉ DE LAS REGIONES, El Pacto Verde Europeo, Bruselas, 11.12.2019 COM(2019) 640 final.

349 Sobre la aplicación del Derecho en relación con la transparencia en materia de sostenibilidad, véase RECALDE CASTELLS, A., "¿Puede el Derecho contribuir a evitar o reducir los abusos de las empresas? No lo fíes a los ejecutivos; preocúpate de los bienintencionados; cuida la seguridad jurídica", en CHIARA MARULLO, M./SALES PALLARÉS, L./ZAMORA CABOT, F.J. (Dir.), *Empresas transnacionales, derechos humanos y cadenas de valor: nuevos desafíos,* COLEX, A Coruña, 2023, pp. 108-116.

350 La Directiva reconoce las dificultades que la implementación de estas nuevas obligaciones puede suponer para las empresas, especialmente para las pequeñas y medianas (PYMES), por lo que establece períodos transitorios y medidas de apoyo. Según el Artículo 14.bis de la Directiva 2013/34/UE de 26 de junio de 2013, modificado por el artículo 3.9) de la *Directiva CSRD,* las PYMES tienen hasta el 1 de enero de 2026 para cumplir con los nuevos requisitos, lo que les da tiempo para adaptarse y desarrollar los sistemas necesarios para recopilar y reportar la información requerida.

La *Directiva CSRD* introdujo requisitos más estrictos y detallados, superando el anterior enfoque de "cumplir o explicar" característico de la *Directiva 2014/95/UE sobre información no financiera.* En virtud de esta nueva regulación, las empresas están obligadas a incluir en sus informes de gestión información clara sobre los impactos que sus operaciones generan en términos de sostenibilidad, así como las medidas adoptadas para prevenir, mitigar o remediar dichos efectos. No obstante, se contempla la posibilidad de que las filiales queden exentas de esta obligación cuando estén incluidas en un informe consolidado de la sociedad matriz, siempre que este cumpla con los requisitos establecidos por la normativa de la UE[351].

La normativa europea introduce el principio de la doble materialidad, que obliga a las empresas a considerar y divulgar información relevante desde dos perspectivas: cómo las actividades empresariales impactan en las personas y el medio ambiente, y cómo los riesgos de sostenibilidad afectan a las finanzas de la empresa (art. 19 bis (1)). Esto permite una evaluación más completa del impacto tanto externo como interno de la sostenibilidad en el negocio.

---

351 Este requerimiento se extiende a una descripción del modelo de negocio y la estrategia de la empresa, considerando los riesgos y oportunidades relacionados con la sostenibilidad, y delineando los planes a corto, medio y largo plazo para alinear sus operaciones con los objetivos globales, como el cumplimiento de los ODS o el Acuerdo de París (art. 1.4). Las filiales podrán quedar exentas si están incluidas en un informe consolidado de la sociedad matriz, ya sea dentro o fuera de la UE, siempre que la información se ajuste a las normas de la UE. En tales casos, debe proporcionarse en el informe consolidado una declaración sobre la exención de las filiales y detallar su identificación con la matriz, así como enlaces a la información consolidada (art. 1.7).

La materialidad en términos de incidencia se refiere a los efectos que las actividades de una empresa pueden tener sobre el medio ambiente y las personas, abarcando tanto los derechos humanos como otros impactos directos e indirectos en los diferentes aspectos ESG a lo largo de su cadena productiva. Estos efectos pueden ser positivos o negativos, reales o potenciales, y su relevancia se pondera en función de su gravedad, magnitud, alcance y, en casos de impactos potenciales, su probabilidad de materialización. Por otro lado, la materialidad financiera contempla los riesgos y oportunidades que pueden influir de forma significativa en las finanzas de la empresa, incluyendo los resultados financieros, los flujos de efectivo, el acceso a la financiación y el coste del capital. Este enfoque permite a las empresas identificar cómo las cuestiones de sostenibilidad pueden impactar directamente en su viabilidad económica y operativa a corto, medio y largo plazo[352].

Ambos tipos de materialidad requieren que las empresas adopten un juicio crítico y fundamentado al determinar qué información es relevante y cómo esta debe ser divulgada. Esto implica una descripción detallada de cómo se determinan y evalúan los impactos, riesgos y oportunidades relevantes. La responsabilidad de la gestión de estos procesos recae en los

---

352 La materialidad de incidencia presenta diferencias fundamentales respecto a la materialidad financiera. Mientras que la segunda ha sido una consideración previa en la evaluación de riesgos empresariales y la presentación de informes financieros, la materialidad de incidencia se enfoca en el impacto de las actividades empresariales en los usuarios de la información sobre sostenibilidad y las partes interesadas, un grupo ampliamente definido por las *NEIS*. Este grupo incluye una diversidad de perspectivas y necesidades que probablemente no se satisfarán completamente en el corto plazo. DE PAZ ARIAS, J.M., “Las normas europeas de información sobre sostenibilidad. Un primer análisis de la *NEIS* 1”, *Revista Jurídica Pérez-Llorca*, nº 11, mayo de 2024, pp. 58-63.

órganos de dirección, que deben asegurar que los procedimientos adoptados son adecuados para reflejar fielmente la situación de sostenibilidad de la empresa[353].

Las nuevas obligaciones de transparencia que se están imponiendo a las empresas en el marco de la *Directiva CSRD* suponen el salto de lo voluntario a lo obligatorio en lo relativo a los contenidos materiales de la información referida a la sostenibilidad: tanto en su extensión objetiva en relación con el qué, cómo y cuándo debe informarse; como subjetiva en cuanto a su alcance sobre socios comerciales directos e indirectos. Sin embargo, a diferencia de los informes financieros, aún no existe un modelo unificado de reporte para la sostenibilidad, lo que plantea retos para la estandarización y comparabilidad de los informes en este ámbito.

Para armonizar los criterios e indicadores que permitan la comparabilidad de la información referida a la sostenibilidad, con la *Directiva CSRD* se dota de poderes a la Comisión para que adopte actos delegados con el fin de establecer las normas obligatorias para los reportes sobre sostenibilidad, especificando la información que las empresas deben comunicar y cómo hacerlo (art. 1.8).

El 31 de julio de 2023, la Comisión Europea formalizó la adopción del primer conjunto de Normas Europeas de Información

353 El análisis de la materialidad de incidencia requiere un enfoque distinto al tradicional impacto financiero, centrando la atención en cómo las actividades empresariales afectan a las partes interesadas y al entorno. Este tipo de análisis es esencial desde una perspectiva de responsabilidad corporativa y como parte de los deberes fiduciarios de los administradores, quienes deben considerar tanto los riesgos negativos como las oportunidades positivas derivadas del cambio climático y de un mercado cada vez más inclinado hacia productos y servicios sostenibles. DE PAZ ARIAS, J.M., "Las normas europeas de información sobre sostenibilidad. Un primer análisis de la *NEIS* 1, pp. 72-73.

de Sostenibilidad (*NEIS*) mediante el *Reglamento Delegado (UE) 2023/2772 de la Comisión, de 31 de julio de 2023, por el que se completa la Directiva 2013/34/UE del Parlamento Europeo y del Consejo en lo que respecta a las normas de presentación de información sobre sostenibilidad*. Las *NEIS* aportan una estructura detallada sobre cómo las empresas deben reportar su información de sostenibilidad de manera coherente con los principios de relevancia, fiabilidad, comparabilidad y claridad (art. 2). Esto incluye el principio de doble materialidad, determinando qué temas relevantes sobre incidencias, riesgos y oportunidades (IRO) deben ser incluidos en los informes de sostenibilidad de las empresas en términos de incidencia social y de materialidad financiera (art. 4).

En un principio, las *NEIS* se dividieron en tres categorías principales: (i) normas transversales, (ii) normas temáticas, y (iii) normas sectoriales, diseñadas para guiar la divulgación de información sobre sostenibilidad por parte de las empresas. Las normas transversales establecen los requisitos generales y la información básica que todas las empresas cubiertas deben reportar, independientemente de su sector de actividad[354]. Por su parte, las normas temáticas se centran en cuestiones específicas de sostenibilidad, estructurándose en temas y subtemas detallados que cubren los aspectos ESG[355]. Las normas sectoriales, que aún no habían sido publicadas y debería hacerse antes del 30 de junio de 2026, resultarían aplicables a todas las empresas cubiertas pertenecientes a un sector específico de actividad, abordando los impactos, riesgos y oportunidades

---

354 *NEIS* 1, Requisitos generales. *NEIS* 2, Información general.

355 *NEIS* E1, Cambio climático. *NEIS* E2, Contaminación. *NEIS* E3, Recursos hídricos y marinos. *NEIS* E4, Biodiversidad y ecosistemas. *NEIS* E5, Uso de los recursos y economía circular. *NEIS* S1, Personal propio. *NEIS* S2, Trabajadores de la cadena de valor. *NEIS* S3, Colectivos afectados. *NEIS* S4, Consumidores y usuarios finales. *NEIS* G1, Conducta empresarial.

específicas que puedan no estar completamente cubiertas por las normas transversales y temáticas. El 7 de febrero de 2024, el Consejo y el PE acordaron retrasar dos años la publicación de las *NEIS* sectoriales para dar mayor margen a las empresas para aplicar las *NEIS* transversales y sectoriales[356].

Las empresas deben incluir en sus informes indicadores específicos de desempeño en sostenibilidad (KPI) cuantitativos y cualitativos, permitiendo una evaluación clara y comparativa, ente empresas y en la misma empresa a lo largo del tiempo, del desempeño en áreas como cambio climático, contaminación, uso de recursos hídricos y marinos, biodiversidad, economía circular, prácticas laborales, cadena de valor y conducta empresarial (art. 5). Cada uno de estos temas tiene secciones dedicadas que especifican los datos que deben ser divulgados[357]. Estos indicadores incluyen métricas detalladas sobre emisiones de gases de efecto invernadero, consumo de energía, uso de agua, gestión de residuos y otros aspectos críticos de sostenibilidad. La precisión y el detalle de estos indicadores permiten una evaluación clara del desempeño de la empresa en términos de sostenibilidad[358].

---

356 CONSEJO DE LA UNIÓN EUROPEA, "El Consejo y el Parlamento acuerdan retrasar dos años la presentación de información sobre sostenibilidad para determinados sectores y empresas de terceros países", comunicado de prensa, 7 de febrero de 2024. https://www.consilium.europa.eu/es/press/press-releases/2024/02/07/council-and-parliament-agree-to-delay-sustainability-reporting-for-certain-sectors-and-third-country-companies-by-two-years/ (consultada el 12 de julio de 2025).

357 Como *NEIS* E1-5 para consumo y combinación energéticos, *NEIS* E3-1 para recursos hídricos y marinos, y *NEIS* S1 para personal propio.

358 *NEIS* E1-6, que abarca emisiones de GEI brutas de alcance 1, 2 y 3, y *NEIS* E3-4, que incluye el consumo total de agua y el total de agua reciclada y reutilizada.

Las *NEIS* representan el primer esfuerzo sistemático por establecer un marco técnico y normativo detallado que permita a las empresas cumplir con los requisitos de divulgación previstos en la *Directiva CSRD,* garantizando la comparabilidad, fiabilidad y claridad de la información no financiera. Estas normas abordan una amplia gama de aspectos ambientales, sociales y de gobernanza, y exigen a las empresas reportar tanto los impactos de su actividad sobre la sostenibilidad como los riesgos que los factores de sostenibilidad representan para su modelo de negocio. No obstante, la complejidad técnica de las *NEIS* y el elevado volumen de información exigido generaron preocupación en el ámbito empresarial, especialmente entre las pequeñas y medianas empresas, por el coste y la carga administrativa que conllevaba su cumplimiento[359].

Ante esta situación, y con el objetivo de reducir la carga administrativa y mejorar la coherencia normativa del marco europeo de sostenibilidad, la Comisión Europea presentó el 26 de febrero de 2025 dos paquetes legislativos conocidos como *Omnibus I* y *Omnibus II*[360]. El primero de ellos se centra en

---

359 Según el borrador de la "Guía de Implementación" elaborado por la EFRAG en diciembre de 2023, y que estuvo abierto a consulta pública hasta el 2 de febrero de 2024, las *NEIS* requieren la divulgación de 823 puntos de datos obligatorios. Además, hay otros 279 puntos de datos sobre los cuales las empresas pueden optar por informar de manera voluntaria. Véase EFRAG, "List of ESRS Data Points", https://efrag.org/Assets/Download?assetUrl=%2Fsites%2Fwebpublishing%2FMeeting%20Documents%2F2305101036110389%2F04-03%20Implementation%20Guidance%20-%20Draft%20List%20of%20ESRS%20Data%20Points.pdf Consultada el 15 de julio de 2025).

360 Comisión Europea–Comunicado de prensa, "La Comisión simplifica las normas sobre sostenibilidad e inversiones de la UE, aportando más de 6 000 millones EUR en ayuda administrativa", Brussels, 26 de febrero de 2025. Disponible en https://ec.europa.eu/commission/presscorner/api/files/document/print/es/ip_25_614/IP_25_614_ES.pdf (consultada el 6 de marzo de 2025).

la simplificación de las obligaciones derivadas de la Directiva CSRD, introduciendo una reducción del ámbito de aplicación: solo quedarían sujetas las empresas con más de 1.000 empleados y que superen los 50 millones de euros en facturación o los 25 millones de euros en balance. Asimismo, se propone posponer dos años la entrada en vigor de las obligaciones de reporte para las empresas incluidas en las fases 2 y 3, así como eliminar los estándares sectoriales obligatorios, sustituyéndolos por normas generales de carácter voluntario (*voluntary sector-specific ESRS*). Además, el paquete *Omnibus I* prevé una revisión técnica del contenido de las NEIS, así como una limitación de las obligaciones de diligencia debida previstas en la propuesta de *Directiva CSDDD*, de forma que solo afecten a socios comerciales directos, excluyéndose a los proveedores indirectos de la cadena de suministro.

Por su parte, el paquete *Omnibus II* se orienta a facilitar el acceso de las empresas, especialmente las pymes, a los instrumentos de financiación e inversión de la UE. Para ello, introduce medidas de simplificación en los procedimientos de justificación y acceso a garantías públicas, al tiempo que busca incrementar la eficacia de los mecanismos financieros disponibles. Asimismo, la Comisión ha anunciado la preparación de un tercer paquete legislativo, *Omnibus III*, previsto para el segundo trimestre de 2025, que se centrará en la reducción de cargas regulatorias específicas para empresas de mediana capitalización[361].

---

361 CEOE–Comunicado de prensa, "La Comisión Europea presenta los dos primeros paquetes Omnibus para simplificar el marco regulatorio para las empresas", Madrid, 4 de marzo de 2025. Disponible en https://www.ceoe.es/es/ceoe-news/union-europea/la-comision-europea-presenta-los-dos-primeros-paquetes-omnibus-para (consultada el 6 de marzo de 2025).

Además de estos cambios estructurales, los paquetes *Omnibus* introducen modificaciones técnicas relevantes dirigidas a relajar las exigencias de reporte y permitir una implementación más gradual del marco previsto por la *Directiva CSRD*. Entre otras medidas, se contempla la posibilidad de que las pymes cotizadas se acojan a una exención temporal de dos años en la aplicación de las NEIS, así como una simplificación de los requisitos de información, que incluiría la eliminación de elementos excesivamente técnicos o redundantes. Esta propuesta apunta a permitir una divulgación más concisa y focalizada en los aspectos materiales desde la perspectiva de los inversores y demás partes interesadas[362].

No obstante, este enfoque plantea un riesgo de dilución del marco de transparencia y rendición de cuentas empresarial. Aunque la flexibilización normativa persigue reducir costes de cumplimiento, especialmente para las pymes, también podría generar informes menos comparables y menos robustos, dificultando la evaluación del desempeño empresarial en materia de sostenibilidad. En última instancia, la reducción de las obligaciones informativas puede debilitar uno de los pilares fundamentales de la Directiva CSRD; la toma de decisiones basada en información fiable, relevante y verificable. Por tanto, la estrategia europea se enfrenta a una tensión estructural entre simplificación normativa y solidez informativa, que exigirá un seguimiento riguroso del impacto real de estas reformas a medio y largo plazo.

---

362 Sobre el contenido de los paquetes *Omnibus*, véase la web de la Comisión Europea, https://finance.ec.europa.eu/news/omnibus-package-2025-04-01_en?utm_source=chatgpt.com (consultada el 8 de junio de 2025).

iv. Transposición de las Directivas sobre información no financiera al ordenamiento jurídico español

Hasta la fecha, en el ordenamiento español únicamente se ha procedido a la transposición de la *Directiva 2014/95/UE sobre la divulgación de información no financiera.* Pese a que la fecha límite para transponer esta Directiva a los ordenamientos internos de los Estados miembro de la UE finalizaba el 6 de diciembre de 2016, en el caso de España, se realizó superado el plazo mediante el *Real Decreto-ley 18/2017, de 24 de noviembre,* que dio lugar a la *Ley 11/2018, de 28 de diciembre*[363], que modificó el *Código de Comercio,* la *Ley de Sociedades de Capital* y la *Ley de Auditoría de Cuentas* para incluir las obligaciones de información no financiera, obligando a las grandes empresas y entidades de interés público a presentar un estado de información no financiera a partir del ejercicio iniciado el 1 de enero de 2018[364]. En

363 Ley 11/2018, de 28 de diciembre, por la que se modifica el Código de Comercio, el texto refundido de la Ley de Sociedades de Capital aprobado por el Real Decreto Legislativo 1/2010, de 2 de julio, y la Ley 22/2015, de 20 de julio, de Auditoría de Cuentas, en materia de información no financiera y diversidad.

364 Al igual que la Directiva, en un primer momento la norma española se aplica a las empresas que formulen cuentas consolidadas con más de 500 trabajadores empleados por las sociedades del grupo durante un ejercicio, siendo obligatoria también para las empresas con una plantilla superior a los 250 trabajadores una vez transcurridos tres años desde la promulgación de la Ley (Disposición transitoria. Aplicación). La Ley se aplica a aquellas entidades que tengan la consideración de interés público de conformidad con la legislación de auditoría de cuentas, o bien, que durante dos ejercicios consecutivos reúnan, a la fecha de cierre de cada uno de ellos, al menos dos de las circunstancias siguientes: (i) que el total de las partidas del activo consolidado sea superior a 20 millones de euros; (ii) que el importe neto de la cifra anual de negocios consolidada supere los 40 millones de euros; (iii) que el número medio de trabajadores empleados durante el ejercicio sea superior a 250. Artículo primero.

particular, los grupos empresariales o *holdings* deben presentar cuentas anuales en las que se incluya un informe de gestión consolidado que contenga un estado de información no financiera referido a la sostenibilidad.

La normativa española hace referencia a la coherencia y la comparabilidad de la información no financiera divulgada, que deberá ser verificada por un prestador independiente de servicios de verificación (art. 49.6 del Código de comercio). Se ha planteado la cuestión de las características que debe reunir la figura del "prestador independiente de servicios de verificación", ya que actualmente no existe una regulación específica que establezca los requisitos. En consecuencia, en espera de una normativa que detalle los aspectos de esta verificación, tanto el auditor de cuentas como otras personas con las cualificaciones o conocimientos apropiados pueden realizar esta función. Además, no hay restricciones dentro del marco regulatorio de la auditoría de cuentas que impidan que esta verificación sea llevada a cabo por el auditor de las cuentas anuales de la entidad correspondiente[365].

En la medida en la que el Estado de información no financiera se ubica en el ámbito de la información contable, debe cumplir con los requisitos exigidos por la normativa como ser relevante, fiable, comparable y clara. Sin embargo, a la hora de verificar la información el auditor solo debe comprobar si la empresa ha aportado la información y no la veracidad de esta.

Aunque la normativa española no define de manera exhaustiva el contenido de la información no financiera, sí establece

---

Modificación del Código de Comercio, aprobado por Real Decreto de 22 de agosto de 1885, apartado 2, punto 5.

365 ICAC, Consulta auditoría 1 – BOICAC 117/MARZO 2019. Ministerio de Economía y empresa. https://www.icac.gob.es/sites/default/files/2020-11/BOICAC_117_0319_2.PDF (consultada el 8 de abril de 2025).

que debe incluir información relevante sobre varios aspectos: (i) cuestiones medioambientales, detallando los efectos actuales y previsibles de las actividades de la empresa en el medio ambiente, procedimientos de evaluación o certificación ambiental, recursos dedicados a la prevención de riesgos y aplicación del principio de precaución; (ii) cuestiones sociales y laborales, con indicadores sobre calidad del empleo, organización del trabajo, salud y seguridad laboral, relaciones sociales, formación, accesibilidad para personas con discapacidad e igualdad; (iii) derechos humanos, mencionando los procedimientos de diligencia debida, el cumplimiento de los convenios fundamentales de la OIT, y el respeto a la libertad de asociación, la negociación colectiva y la eliminación de discriminación, trabajo forzoso y trabajo infantil; (iv) lucha contra la corrupción y el soborno, incluyendo las medidas adoptadas para prevenir estos delitos y combatir el blanqueo de capitales, además de las aportaciones a fundaciones y entidades sin ánimo de lucro; (v) compromisos con el desarrollo sostenible, subcontratación, proveedores, consumidores e información fiscal relevante.[366]

A pesar de las exigencias de la *Ley 11/2018 de 28 de diciembre*, diversos informes han señalado un bajo nivel de cumplimiento y calidad en la información presentada por las empresas, especialmente aquellas del IBEX 35. Un análisis del Observatorio de RSC indicó que, aunque muchas empresas cumplen formalmente con la obligación de presentar el estado de información no financiera, la profundidad y la transparencia

---

[366] Sobre el contenido del estado no financiero en el marco de la Ley 11/2018, de 28 de diciembre, véase MUÑOZ ARENAS, A./NÚÑEZ CHICHARRO, M./ALONSO CARRILLO, I./MERINO MADRID, E., "Información sobre sostenibilidad y *greenwashing*", en VIOQUE GALIANA, L.M. (coord.), *Verdes y justas: responsabilidad penal y diligencia debida en las organizaciones multinacionales*, Volumen I, BOE, Madrid, 2025, pp. 585-606.

de la información divulgada siguen siendo insuficientes para garantizar una evaluación adecuada de su desempeño no financiero. Además, la falta de criterios específicos sobre la información que debe ser reportada y la ausencia de sanciones efectivas han sido identificadas como factores que limitan la eficacia de la Ley. Esto sugiere la necesidad de una revisión y posiblemente una mayor rigidez en la aplicación y supervisión de estas normativas para mejorar la calidad de los informes y la responsabilidad corporativa.[367]

Los Estados miembros disponen de 18 meses para transponer la *Directiva CSRD* a su ordenamiento jurídico interno. En el caso de España, el Instituto de Contabilidad y Auditoría de Cuentas (ICAC) abrió a consulta pública el 5 de mayo de 2023 el Anteproyecto de Ley para regular el marco de información corporativa sobre cuestiones medioambientales, sociales y de gobernanza[368]. Posteriormente, el 29 de octubre de 2024, el Consejo de Ministros aprobó el Proyecto de Ley para la transposición de la *Directiva CSRD*, avanzando en su proceso legislativo. Sin embargo, España aún no ha completado la transposición, lo que llevó a la CNMV y al ICAC a emitir un comunicado conjunto el 27 de noviembre de 2024, recomendando que las

---

367 ORSC, "¿Cómo deberá adaptarse la Ley de Información no Financiera y Diversidad a la nueva Directiva de informes de sostenibilidad corporativa?", Observatorio de Responsabilidad Social Corporativa, 28 de mayo de 2021, https://observatoriorsc.org/como-debera-adaptarse-la-ley-de-informacion-no-financiera-y-diversidad-a-la-nueva-directiva-de-informes-de-sostenibilidad-corporativa/ (consultada el 18 de mayo de 2025).

368 Audiencia pública sobre el Anteproyecto de Ley por la que se regula el marco de información corporativa sobre cuestiones medioambientales, sociales y de gobernanza. https://portal.mineco.gob.es/es-es/ministerio/participacionpublica/audienciapublica/Paginas/Audiencia_publica_Anteproyecto_Ley_regula_marco_informacion_corporativa_cuestiones_medioambientales_sociales_gobernanza.aspx (consultada el 16 de junio de 2025).

empresas españolas obligadas por la *Directiva CSRD* preparen su información sobre sostenibilidad del ejercicio 2024 conforme a las *NEIS*, en la medida en que puedan proporcionar datos fiables y relevantes[369].

El Anteproyecto de Ley adapta la normativa española a la CSRD ampliando el ámbito de aplicación de la normativa para incluir a más empresas obligadas a presentar información significativa sobre sostenibilidad, regulando de manera más exhaustiva el contenido del informe de sostenibilidad, estableciendo criterios específicos de información, introduciendo la obligación de elaborar el informe de gestión en formato electrónico, conforme a los estándares europeos de presentación de información, y regulando la verificación obligatoria de la información sobre sostenibilidad, detallando el contenido del informe de verificación y los requisitos para los verificadores.[370]

Mientras se completa la transposición de la Directiva, las empresas deben seguir las directrices provisionales establecidas por la CNMV y el ICAC, con el fin de garantizar la calidad, comparabilidad y fiabilidad de la información de sostenibilidad en España, alineándola con los estándares aplicados en el resto de la Unión Europea.

---

369 Disponible en la web de la CNMV. https://www.cnmv.es/Portal/verDoc.axd?t=%7Bcf90e99a-7fa8-420b-84fb-089bd1fd3830%7D (consultada el 22 de abril de 2025).

370 El borrador del Anteproyecto puede consultarse en la página web del Ministerio de Asuntos Económicos y Transformación Digital. https://portal.mineco.gob.es/RecursosArticulo/mineco/ministerio/participacion_publica/consulta/ficheros/APL_informacion_corporativa.pdf (consultada el 16 de abril de 2025).

II MÁS ALLÁ DEL REPORTE DE INFORMACIÓN: NORMAS DE CONDUCTA EN DERECHOS HUMANOS

La segunda estrategia para el desarrollo de la diligencia debida en derechos humanos ha sido más ambiciosa, imponiendo a las empresas la obligación de adoptar medidas de cumplimiento normativo que van más allá del simple reporte de información. Dentro de este enfoque, se pueden distinguir dos enfoques basados en el modelo de diligencia debida planteado en los *Principios Rectores* y acogido por la OCDE.

El primer enfoque se centra en promover la diligencia debida en sectores o productos de alto riesgo. Aquí, a su vez podemos distinguir dos estrategias.

La primera se basa en un sistema de certificaciones para garantizar que los productos importados en la UE no violen derechos humanos. Ejemplos de esto son el *Reglamento (CE) nº 2368/2002 del Consejo, de 20 de diciembre de 2002, por el que se aplica el sistema de certificación del proceso de Kimberley para el comercio internacional de diamantes en bruto*, o el *Reglamento (UE) nº 995/2010 del Parlamento Europeo y del Consejo, de 20 de octubre de 2010, por el que se establecen las obligaciones de los agentes que comercializan madera y productos de la madera.*

Dentro de este primer grupo de normas, la segunda estrategia exige la adopción de verdaderas medidas de diligencia debida para asegurar que las filiales y proveedores respeten los derechos humanos, como lo establece el *Reglamento (UE) 2017/821 del Parlamento Europeo y del Consejo, de 17 de mayo de 2017, por el que se establecen obligaciones en materia de diligencia debida en la cadena de suministro por lo que respecta a los importadores de la Unión de estaño, tantalio y wolframio, sus minerales y oro originarios de zonas de conflicto o de alto riesgo*, el *Reglamento (UE) 2023/1115 del Parlamento Europeo y del Consejo, de 31 de mayo de 2023, relativo a la comercialización en el mercado de la Unión y a la exportación desde la Unión de determinadas materias primas y productos asociados a la deforestación y la degradación forestal*, o el *Reglamento (UE) 2023/1542 del Parlamento Europeo y del Consejo, de 12 de julio de 2023, relativo a las pilas y baterías y sus residuos.*

El segundo grupo de normas, de aplicación más general, introduce obligaciones de diligencia debida para todas las empresas de cierto tamaño o facturación, dirigiéndose a las filiales y proveedores, en lugar de a productos específicos. Dentro de esta estrategia también se observan dos enfoques.

El primer enfoque, orientado a prevenir la esclavitud moderna y el trabajo infantil, se refleja en normativas como la *Ley neerlandesa de debida diligencia en materia de trabajo infantil, de 14 de mayo de 2019* (*Wet zorgplicht kinderarbeid*), o la *Ley noruega sobre transparencia empresarial, trabajo con derechos humanos básicos y condiciones de trabajo digno, de 18 de junio de 2021* (*Åpenhetsloven*). En esta línea, la UE ha aprobado el *Reglamento (UE) 2024/3015 del Parlamento Europeo y del Consejo, de 27 de noviembre de 2024, por el que se prohíben en el mercado de la Unión los productos realizados con trabajo forzoso.* Aunque esta normativa no impone nuevas obligaciones de diligencia debida, sí establece una relación directa entre el trabajo forzoso y el riesgo empresarial (art. 1.3), reforzando la responsabilidad de las empresas en la supervisión de sus cadenas de suministro al exigir la retirada del mercado de los productos afectados, con lo que se genera un riesgo significativo para las empresas que no supervisen adecuadamente a sus proveedores[371].

El segundo enfoque busca prevenir impactos negativos sobre derechos humanos de manera más amplia. Francia lideró esta iniciativa con su *Ley sobre el deber de vigilancia de las sociedades*

---

371 Un análisis de la propuesta presentada por la Comisión que ha acabado siendo adoptada como Reglamento, en BLACH, J., "Zum Kommissionvorschlag einer. Verordnung über das Verbo von Produkten, die mit Zwangsarbeit hergestellt wurden", *CCZ*, 11/2022, pp. 341-344.

matrices y empresas ordenantes, de 27 de marzo de 2017 (*Loi relative au devoir de vigilance des sociétés mères et des entreprises donneuses d'ordre*). También por Alemania, mediante la *Ley alemana sobre la diligencia debida en las cadenas de suministro, de 16 de julio de 2021* (*Lieferkettensorgfaltspflichtengesetz* – LKSG). En España se inició un proceso de consulta pública para la redacción de un *Anteproyecto de Ley de protección de los derechos humanos, de la sostenibilidad y de la diligencia debida en las actividades empresariales transnacionales,* cuyo borrador se hizo público en marzo de 2022 por el Ministerio de Derechos Sociales y Agenda 2030[372]. Pese a las expectativas generadas y a su relevancia en el contexto normativo europeo, el Anteproyecto no llegó a avanzar en el procedimiento legislativo ordinario ni a ser aprobado por el Consejo de Ministros, quedando paralizado en fase de borrador tras un intenso periodo de deliberación interministerial y oposición de algunos sectores empresariales. Vistos los diferentes desarrollos nacionales en el ámbito europeo, se ha aprobado la *Directiva (UE) 2024/1760 del Parlamento Europeo y del Consejo, de 13 de junio de 2024, sobre diligencia debida de las empresas en materia de sostenibilidad* (*Directiva CSDDD*), con el propósito de armonizar estas obligaciones en el ámbito de la Unión y obligar a los países que aún no lo han hecho a desarrollar su legislación al respecto[373].

[372] MINISTERIO DE DERECHOS SOCIALES Y AGENDA 2030, "Consulta pública previa. Anteproyecto de ley de protección de los derechos humanos, de la sostenibilidad y de la diligencia debida en las actividades empresariales transnacionales", 17 de febrero de 2022. https://www.mdsocialesa2030.gob.es/agenda2030/documentos/220208-consulta-publica-definitiva.pdf (consultada el 10 de abril de 2025).

[373] Resolución legislativa del Parlamento Europeo, de 24 de abril de 2024, sobre la propuesta de Directiva del Parlamento Europeo y del Consejo sobre diligencia debida de las empresas en materia de sostenibilidad y por la que se modifica la Directiva (UE) 2019/1937 (COM(2022)0071 – C9-0050/2022 – 2022/0051(COD)).

Las normativas que se basan en la certificación de los proveedores se enfocan en la verificación documental, donde los proveedores deben demostrar que sus productos cumplen con los requisitos establecidos. Las empresas importadoras, por su parte, son responsables de asegurar la trazabilidad de los productos y de que sus proveedores cuenten con las certificaciones necesarias. Aunque el modelo de certificación y trazabilidad puede parecer menos oneroso operativamente, depende fundamentalmente de la fiabilidad de las certificaciones y de la capacidad de los proveedores para mantener la trazabilidad y el cumplimiento de los estándares. Además, este enfoque puede generar una menor capacidad de respuesta ante los riesgos que puedan surgir a lo largo de la cadena productiva, limitando su eficacia a la hora de prevenir riesgos.

En cambio, las normativas que exigen la adopción de medidas de diligencia debida adoptan un modelo que intensifica las obligaciones de las empresas, exigiendo un control efectivo sobre la conducta de filiales y proveedores. Estas normativas imponen la obligación de prevenir riesgos de violaciones de derechos humanos mediante un análisis exhaustivo de la cadena productiva. Las empresas deben identificar riesgos, implementar políticas internas sólidas, realizar auditorías periódicas y formar a sus proveedores para garantizar el respeto a los estándares internacionales de derechos humanos. Este enfoque exige una gestión activa y continua, asegurando el cumplimiento de estos estándares en todas las etapas del proceso productivo.

Aunque ambos enfoques buscan garantizar el respeto a los derechos humanos en las cadenas productivas globales, su aplicación y efectividad difieren significativamente.

El modelo basado en la certificación de productos es esencialmente reactivo, ya que se centra en la verificación del proveedor a través de sellos o auditorías que certifican el cumplimiento de ciertos estándares. Sin embargo, su eficacia depende en gran medida de la fiabilidad y rigurosidad de las certificaciones, lo que puede generar brechas en la supervisión real de las condiciones laborales y ambientales a lo largo de la cadena de suministro.

Por el contrario, el modelo de diligencia debida adopta un enfoque más dinámico y preventivo, al imponer a las empresas una mayor responsabilidad operativa en la identificación, evaluación y mitigación de riesgos. Este modelo requiere una gestión proactiva, obligando a las compañías a establecer mecanismos continuos de monitoreo y control sobre sus proveedores y operaciones.

Si bien el modelo de certificación de productos puede resultar más sencillo de implementar para una empresa, su alcance es limitado en términos de prevención efectiva de violaciones a los derechos humanos. En cambio, la diligencia debida no solo ofrece una mayor capacidad de detección temprana de riesgos, sino que también promueve una cultura empresarial de cumplimiento más sólida y estructurada.

A. Primera estrategia: promoción de la diligencia debida en sectores o productos de alto riesgo

El desarrollo de regulaciones aplicables a determinados sectores de actividad, a las que nos referiremos a continuación, permite abordar de manera específica las particularidades y riesgos inherentes a cada industria o producto, facilitando así una mayor precisión y eficacia en la aplicación de las obligaciones de diligencia debida. En este contexto, las normas adoptadas no se centran tanto en el tipo de empresa a la que se dirigen, sino que se enfocan en el producto o materia prima cuyo mercado se quiere regular.

En términos generales, esta opción reglamentaria queda limitada a un sector o producto básico específico, con lo que se contribuye a aumentar la fragmentación de los requisitos de diligencia debida entre sectores y materias primas, lo que puede derivar en mayor inseguridad jurídica que unas normas aplicables de forma horizontal a todos los sectores de actividad. Sin embargo, dado que estos reglamentos sectoriales se dirigen a regular las cadenas de valor más complejas y problemáticas, de procederse a su regulación mediante normas más genéricas sería necesario tener en cuenta las especificidades de dichos sectores[374].

i. La regulación de las cadenas de valor de diamantes mediante el Reglamento 2368/2002, de 20 de diciembre, por el que se aplica el sistema de certificación del proceso de Kimberley

El 5 de noviembre de 2002 la Asamblea General adoptó la Declaración de Interlaken, que contenía el documento principal del sistema de certificación *Kimberley Process Certification Scheme*[375] (*Proceso de Kimberley*), que se correspondía con un esquema voluntario de certificación de la industria basado en la trazabilidad, implementado a través de los ordenamientos jurídicos nacionales de los Estados miembros, diseñado para rastrear diamantes en bruto y prevenir la entrada de aquellos de zonas de conflicto a los mercados legítimos.

Al igual que los *Principios Rectores*, el *Proceso de Kimberley* desarrollado por la ONU no es un tratado internacional jurídicamente vinculante. Tal es así que los Estados no se denominan

---

[374] En este sentido, SMIT, L. (et. al), *Study on due diligence requirements through the supply chain, Final Report*, p. 191.

[375] Carta de fecha 29 de enero de 2003 dirigida al Presidente de la Asamblea General por el Representante Permanente de Sudáfrica ante las Naciones Unidas, ANEXO II, Declaración de Interlaken de 5 de noviembre de 2002 relativa al sistema de certificación del Proceso de Kimberley para los diamantes en bruto, Asamblea General de Naciones Unidas, A/57/489.

"Partes" sino "Participantes", el texto contiene recomendaciones en lugar de obligaciones y el documento no ha sido ratificado formalmente. Durante las negociaciones se decidió que el documento debía ser un acuerdo político en lugar de un tratado internacional, dados los largos procesos de conclusión y revisión aparejados a los instrumentos jurídicamente vinculantes, a que la industria de los diamantes se había desarrollado dentro de líneas nacionales y al temor de las empresas multinacionales que controlan el mercado de que un tratado incluyese un sistema de control excesivamente estricto e intrusivo[376].

La UE, dado que sus 28 Estados miembro participan en conjunto en el *Proceso de Kimberley*, lo incorporó al ordenamiento supranacional mediante la adopción del *Reglamento 2368/2002, de 20 de diciembre, por el que se aplica el sistema de certificación del proceso de Kimberley*[377] (*Reglamento de Kimberley*)[378].

---

376 MARTÍNEZ SAN MILLÁN, C., "Las diferentes iniciativas sobre diligencia debida en la cadena de suministro de minerales de zonas de conflicto y de alto riesgo: ¿existen alternativas viables más eficaces?", *Estudios Internacionales,* nº 197, 2020, pp. 137-138.

377 Dicha regulación limita el principio de comercio a escala mundial bajo la justificación de acabar con la relación reconocida por Naciones Unidas entre los conflictos armados, violaciones de derechos humanos y comercio de diamantes. RESOLUCIÓN de la Asamblea General de 29 de enero de 2001, 55/56/2000.

378 Modificado en 2022 en relación con sus anexos en los que se incluye la lista de participantes en el sistema de certificación del proceso de Kimberley por el REGLAMENTO DE EJECUCIÓN (UE) 2022/1359 de la Comisión de 27 de julio de 2022 que modifica el Reglamento (CE) nº 2368/2002 del Consejo, por el que se aplica el sistema de certificación del proceso de Kimberley para el comercio internacional de diamantes en bruto. Sobre el proceso de adopción del Reglamento (CE) nº 2368/2002, véase DIAGO DIAGO, Mª.P., "Minerales y diamantes de conflicto: mecanismo de control y diligencia debida en tiempos de ODS", *Cuadernos Europeos de Deusto,* nº 63, 2020, pp. 159 y ss.

La aplicación simultánea del sistema de certificación Kimberley desarrollado por la ONU y la UE comenzó el 1° de enero de 2003, con lo que transformó el mercado mundial de diamantes[379]. Tal es así que la industria anunció que aplicaría un sistema de autorregulación para ofrecer un sistema de garantías, respaldado con la verificación de auditores independientes y complementado con la imposición de sanciones a nivel interno[380].

El *Proceso de Kimberley* se corresponde con un modelo basado en la certificación de los proveedores, caracterizado por ser un sistema altamente burocrático y estructurado[381],

---

379 El proceso de Kimberley puede evaluarse en términos del seguimiento que han tenido sus procesos, su impacto y su legitimidad. Destaca por su inclusividad y capacidad de evolución, aumentando de 40 miembros fundadores a 59 miembros participantes en la actualidad, que representan a 82 países. La Unión Europea y sus 27 Estados miembros son considerados un único participante en este proceso. También cuenta con observadores oficiales como el Consejo Mundial de Diamantes (WDC), *Global Witness* y *Partnership Africa-Canada.* Se ha establecido un sistema de monitoreo regular, con informes anuales y revisiones de cumplimiento. GLOBAL WITNESS, *An Independent Commissioned Review Evaluating the Effectiveness of the Kimberley Process,* Submitted to the Ad Hoc Working Group on the Review of the Kimberley Process. Endorsed by *Global Witness*/Gremio ABC/Partnership Africa-Canada, London, 2006; Resolución del Parlamento Europeo, de 16 de diciembre de 2021, sobre la aplicación del sistema de certificación del Proceso de Kimberley (2021/2885(RSP)).

380 NADAKAVUKAREN SCHEFER, K., “Stopping Trade in Conflict Diamonds: Exploring the Trade and Human Rights Interface with the WTO Waiver for the Kimberley Process”, en COTTIER, T./PAUWELYN, J./BÜRGI, E. (eds.), *Human Rights and International Trade,* Oxford University Press, 2005, pp. 391-394.

381 El documento de implementación detalla los objetivos del proyecto, su sistema de gobernanza, cuerpos deliberativos, estructuras organizativas y de toma de decisiones, responsabilidades de monitoreo y divulgación pública. La estructura de gobernanza del Proceso Kimberley incluye una presidencia anualmente designada por un

construido sobre controles efectuados por terceros independientes y sanciones internas[382], diseñado para adjudicar un certificado que especifique el origen de cada remesa de diamantes en bruto dedicados a la exportación[383].

Los participantes en el *Proceso de Kimberley* se comprometen a asegurar que las remesas de diamantes en bruto destinadas a la exportación vayan acompañadas de un certificado numerado (Sección II), donde conste el número de paquetes, el peso en quilates y las señas del importador y el exportador (Sección III). Además, se deben establecer controles internos para que las remesas de diamantes en bruto no incluyan diamantes de sangre, designar una autoridad competente para la supervisión, y realizar las importaciones y exportaciones de diamantes en bruto en recipientes a prueba de alteraciones (Sección IV).[384]

---

estado miembro y varios grupos de trabajo especializados. Estos grupos abarcan desde el monitoreo y la estadística hasta la producción artesanal y aluvial. Este proceso se basa en un enfoque colaborativo, donde el Grupo de Trabajo de Monitoreo del Proceso Kimberley ayuda a los miembros a implementar sus requisitos y realiza visitas de revisión para verificar el cumplimiento. SETHI, S.P./EMELIANOVA, O., "Kimberley Process Certification Scheme (KPCS): A Voluntary Multigroup Initiative to Control Trade in Conflict Diamonds", en SETHI, S.P. (ed.), *Globalization and Self-Regulation. The Crucial Role That Corporate Codes of Conduct Play in Global Business*, Palgrave Macmillan, New York, 2011, pp. 213-249.

382 DIAGO DIAGO, M.P., "El comercio internacional de diamantes: sistema de certificación del Proceso Kimberley", *Cuadernos de Derecho Transnacional*, Vol. 1, Nº 1, 2009, pp. 72-91.

383 En la actualidad, el Proceso de Kimberley cuenta con 59 participantes que son responsables de detener el 99,8% de la producción mundial de diamantes de sangre. https://www.kimberleyprocess.com/en/what-kp (consultada el 3 de abril de 2025).

384 En mayor detalle sobre los requisitos, compromisos y controles establecidos por el Proceso de Kimberley, NADAKAVUKAREN

Las mayores debilidades del *Proceso de Kimberley* las encontramos en la presencia de gobiernos débiles que no cumplen con las exigencias establecidas y explotan las lagunas del sistema, por lo que el contrabando sigue siendo un problema y algunos Estados han sido sancionados por incumplimiento[385].

Uno de los casos más notables es el de la RDC, que fue expulsada del sistema de certificación en 2004 por no poder demostrar la legalidad del origen de sus diamantes exportados. Los registros oficiales mostraron que la cantidad exportada superaba la producción nacional, sin evidencia de importaciones legales. Esta suspensión, vista como necesaria para mantener la integridad del esfuerzo internacional contra los diamantes de conflicto, se impuso tras un informe de una misión especial del *Proceso de Kimberley*. El informe reveló que casi todos los 5,2 millones de quilates comercializados anualmente por el país a Europa y Oriente Medio habían sido contrabandeados de países vecinos. Las gemas se enviaban a centros comerciales más pequeños en Suiza y Emiratos Árabes Unidos para evitar los controles en Amberes, Bélgica. Tras mejorar sus mecanismos de control y abordar los problemas de gobernanza en su sector de exportación de diamantes, la RDC fue readmitida en el *Proceso de Kimberley* en 2007[386].

SCHEFER, K., "Stopping Trade in Conflict Diamonds: Exploring the Trade and Human Rights Interface with the WTO Waiver for the Kimberley Process", pp. 411-416.

385 El Proceso de Kimberley fue innovador en la prevención de conflictos, utilizando un enfoque multi-*stakeholder* a la hora de establecer un régimen de certificación de diamantes en bruto, pese a que no dejaba de ser una iniciativa voluntaria. HAUFLER, V., "The Kimberley Process Certification Scheme: An Innovation in Global Governance and Conflict Prevention ", *Journal of Business Ethics*, Nº 89, 2010, pp. 404-405.

386 GOLDMAN, H.B., "Between a roc and a hard place: the Republic of Congo's illicit trade in diamonds and efforts to break the cycle of corruption", *University of Pennsylvania Journal of International Law*, 2008, pp. 359-397.

Las restricciones de exportación/importación del *Proceso de Kimberley* aseguran que los miembros solo comercien entre ellos, elevando el coste para los que están fuera del "club" y preservando así los beneficios de los participantes de la industria. Sin embargo, también se han detectado problemas y lagunas en el sistema. La debilidad en la gobernanza de algunos estados miembros ha dificultado la implementación de controles internos necesarios para rastrear diamantes. Además de la RDC, Angola y Costa de Marfil han demostrado incapacidad o falta de voluntad para controlar el comercio de diamantes dentro de sus fronteras. La situación en Zimbabue ha generado preocupaciones sobre los diamantes producidos en condiciones de violencia y represión, aunque técnicamente no son considerados diamantes de conflicto[387].

Pese a que *Reglamento de Kimberley* se aprobó en 2002, no fue hasta 15 años después, el 20 de julio de 2017, cuando llegó la primera resolución judicial del Tribunal de Justicia de la Unión Europea (TJUE) en la que contemplaba la responsabilidad de un grupo empresarial dedicado a la exportación y comercialización de diamantes, las sociedades del mismo grupo *Badica/Kardiam*[388]

---

387 HAUFLER, V., "The Kimberley Process Certification Scheme: An Innovation in Global Governance and Conflict Prevention ", pp. 410-412. Sobre los efectos del Proceso Kimberley en el comercio de minerales, BIERI, F., *From Blood Diamonds to the Kimberley Process: How NGOs Cleaned Up the Global Diamond Industry*, Routledge, New York, 2016.

388 En el caso, se declaró probado que, durante 2014, la compañía *Badica* exportó diamantes obtenidos de yacimientos bajo el control de grupos armados en la República Centroafricana que exigían el pago de impuestos para su transporte aéreo. Dichos diamantes eran enviados a través de Kinshasa y Dubai hasta Amberes, para que *Kardiam* procediese a su comercialización. Por tales hechos, las compañías fueron sancionadas por el Consejo de Seguridad de Naciones Unidas (Consejo de Seguridad) en 2015, que decretó la congelación

ii. La regulación de las cadenas de valor de minerales por el Reglamento UE 2017/821, 17 de mayo de 2017, sobre minerales de conflicto

La ONU adoptó en 2010 las *Directrices para la diligencia debida en las cadenas de suministro de minerales procedentes de la RDC*[389], norma pionera en desarrollar el marco "*Proteger, respetar y remediar*". Aunque estas directrices no son directamente vinculantes para las empresas y están dirigidas a los Estados para que promuevan su aplicación en sus jurisdicciones, han tenido una aceptación significativa. Esto ha llevado al desarrollo de más de 80 instrumentos de gobernanza y autorregulación en el sector de la minería, entre las que destaca la Guía de la OCDE sobre la materia[390].

---

de sus activos al estimar que brindaban apoyo a grupos armados en la República Centroafricana por medio del comercio ilegal de diamantes. Badica/Kardiam recurrió la decisión ante el TJUE y, el 20 de julio de 2017 el TJUE emitió la primera sentencia que contemplaba la responsabilidad de un grupo empresarial dedicado a la exportación y comercialización de diamantes, confirmando la congelación de activos decretada por el Consejo de Seguridad en su Resolución 2196 (2015) de 20 de agosto. Finalmente, el 5 de abril de 2021, el Comité del Consejo de Seguridad levantó las restricciones impuestas a *Badica/Kardiam. Asunto T-619/15*: Sentencia del Tribunal General de 20 de julio de 2017. *Badica y Kardiam/Consejo*; SC/14485 de 5 de abril de 2021.

389 Recomendación 19 de la RESOLUCIÓN 1952 (2010) Aprobada por el Consejo de Seguridad en su 6432ª sesión, celebrada el 29 de noviembre de 2010.

390 Sobre las diferentes propuestas para la gobernanza del sector de la minería, JIMÉNEZ ALEMÁN, A.A., "La tortuosa senda del *soft law* al *hard law* en el sector de la minería", en OVEJERO PUENTE, A.M. (Coord.), *Derechos Humanos y Empresa: Balance y situación actual sobre el cumplimiento de los tres pilares,* Tirant lo Blanch, Valencia, 2020, pp. 98-123; GILLARD, T., "*Transparency is a corner stone of supply chain due diligence, without which companies can´t account to the public, consumers and regulators,* OCDE Publishing, December, 2016

En el ámbito europeo, el *Reglamento (UE) 2017/821 de 17 de mayo de 2017 sobre minerales de conflicto* ha convertido en obligatorias las recomendaciones de Naciones Unidas y de la OCDE. Esta normativa destaca por ser una de las primeras normas en introducir obligaciones de cumplimiento normativo en derechos humanos para los importadores minerales 3TG procedentes de áreas de conflicto y alto riesgo, que se traducen en el desarrollo de un marco de cinco pasos para: (i) establecer sistemas sólidos de gestión empresarial; (ii) identificar y evaluar el riesgo en la cadena de suministros; (iii) diseñar e implementar una estrategia para responder a los riesgos detectados; (iv) llevar a cabo una auditoría independiente por terceros sobre los procesos de diligencia debida; (v) informar anualmente sobre la diligencia debida de la cadena de suministros (arts. 4 a 7)[391].

Una de las principales críticas dirigidas al *Reglamento (UE) 2017/821 de 17 de mayo de 2017 sobre minerales de conflicto* es que, a diferencia de las Directrices sobre minerales procedentes de la RDC y las recomendaciones de la Guía de la OCDE, que se aplican a todos los operadores de las cadenas de valor de minerales, la normativa europea se limita a los importadores de minerales y metales dentro del mercado de la Unión que superen ciertos volúmenes anuales mínimos de importaciones[392]. Esta restricción significa que el reglamento no se aplica a las empresas situadas en los eslabones aguas abajo o

---

391 En detalle, en VIOQUE GALIANA, LM., "A Proposal for Criminal Liability for Breach of *Due diligence* Obligations: The European Conflict Minerals Regulation as an Example", *European Criminal Law Review,* 11 (1), 2022.

392 El Reglamento se dirige a los importadores de la Unión de minerales 3TG (art. 1.2) que superen el volumen anual de importaciones establecido en su Anexo I (art. 1.3). El reglamento, por lo tanto, solo se aplicará a las empresas con sede en la UE que importen directamente minerales 3TG y sus metales derivados. Quedan excluidos los importadores de productos manufacturados, como circuitos

down stream de la cadena de valor, donde numerosos operadores integran dichos minerales y metales en sus productos finales[393]. Esta exclusión significa que muchas empresas que utilizan minerales de conflicto en sus productos finales no están obligadas a cumplir con los mismos estándares de diligencia debida impuestos a los importadores directos, lo que limita significativamente el alcance de la normativa europea[394].

En relación con los minerales de conflicto, la regulación ha ido más allá de la simple certificación, desarrollando un sistema integral para que las empresas incorporen medidas concretas de diligencia debida. El objetivo es doble: asegurar la trazabilidad de los productos y responsabilizar a las empresas de no financiar conflictos armados ni participar en violaciones de derechos humanos.

En lugar de prohibir la comercialización o utilización de determinados minerales de manera directa, la normativa europea promueve un modelo de diligencia debida basado en la transparencia y la trazabilidad. Este enfoque permite a las empresas y consumidores rastrear el origen de los minerales y asegurar que sus adquisiciones no contribuyan a la perpetuación de conflictos ni a la comisión de abusos contra los derechos humanos. El reglamento establece que las empresas deben implementar un sistema eficiente para la gestión

---

electrónicos y condensadores, que contienen estos minerales o sus derivados, y que los integran en su cadena de producción.

393 Sobre los distintos eslabones que integran las cadenas de valor globales, su estructura y relevancia para la aplicación de la diligencia debida, véase infra el apartado II.B del Capítulo V de esta obra.

394 CANO LINARES, A., "Comercio de minerales, conflictos armados y derechos humanos: hacia un abastecimiento responsable de minerales procedentes de zonas de conflicto", en DÍAZ BARRADO, C.M., RODRÍGUEZ BARRIGÓN, J.M., PEREIRA COUTINHO, F. (Dir.), *Las empresas transnacionales en el* Derecho internacional *contemporáneo*, Tirant lo Blanch, Valencia, 2019 pp. 395.

de la cadena de suministro que incluya la adopción de políticas responsables de abastecimiento. Estas políticas deben ser respaldadas por procesos de auditoría interna y externa para verificar el cumplimiento de los estándares de diligencia debida. Además, se requiere que las empresas proporcionen informes públicos detallados sobre sus prácticas de abastecimiento, facilitando así la rendición de cuentas y aumentando la presión para el cumplimiento ético. La transparencia es un componente clave de este enfoque, ya que permite a los consumidores y otros interesados evaluar el comportamiento de las empresas y tomar decisiones informadas[395].

Se debe destacar la falta de un régimen de sanciones uniforme aplicable en caso de incumplimiento, ya que la normativa deja su determinación a discreción de los Estados miembro (art. 16.1), que deben comunicar a la Comisión Europea el régimen de sanciones que han implementado (art. 16.2) y, en caso de infracciones, notificar las medidas correctoras que el importador de la Unión deberá adoptar. Esta delegación de responsabilidades provoca diferencias en los regímenes sancionadores desarrollados en los Estados miembro, creando potencialmente un mosaico de enfoques nacionales que podría afectar la coherencia y la eficacia de la normativa a nivel europeo. La Comisión Europea tiene el mandato de evaluar estas diferencias en la revisión de la norma, con el objetivo de garantizar que las sanciones sean efectivas, proporcionadas y disuasorias en toda la Unión, pudiendo imponer multas, restricciones comerciales y requerimientos para la adopción de medidas correctivas inmediatas.

En el caso específico de España, la Subdirección General de Comercio Internacional de Mercancías del Ministerio de

---

395 AULA, I., "La diligencia debida como herramienta de prevención del conflicto en la República Democrática del Congo", *Revista CIDOB d'Afers Internacionals*, 2020, nº 125, pp. 62-63.

Industria, Comercio y Turismo (MINCOTUR), y la Subdirección General de Gestión Aduanera de la Agencia Tributaria (AEAT), son las principales autoridades de supervisión, encargadas de verificar que los importadores de minerales 3TG procedentes de zonas de conflicto y alto riesgo cumplan con las obligaciones de diligencia debida establecidas en el Reglamento[396]. Las autoridades españolas llevan a cabo controles posteriores basados en un análisis de riesgos. Sin embargo, no existe una base de datos pública donde se puedan consultar los expedientes abiertos a las empresas o las sanciones impuestas, por lo que no se puede conocer si como consecuencia de dichos controles se han impuesto sanciones.

Los controles de las autoridades de supervisión se centran en importadores con mayor riesgo de incumplimiento o que han sido objeto de preocupaciones justificadas. Cada importador debe ser controlado al menos una vez cada diez años, revisándose sus prácticas de diligencia debida. Estos controles incluyen tanto revisiones documentales como inspecciones físicas para evaluar su sistema de gestión, auditorías externas, gestión de riesgos y comunicación de información. En caso de incumplimientos, se requiere un plan de medidas correctoras, supervisado por la autoridad competente. Los importadores deben proporcionar documentación referente a los planes de gestión, sistemas de trazabilidad y auditorías. Mensualmente, la Subdirección General de Comercio Internacional recuerda a los importadores su obligación de cumplir con el reglamento, solicitando información sobre políticas de diligencia debida. Los importadores seleccionados para su control reciben una notificación anual y deben presentar la documentación requerida. Si se detectan irregularidades, disponen de 30 días para proponer un plan correctivo. Todo

---

396 Pudiendo imponer multas, restricciones comerciales y requerimientos para la adopción de medidas correctivas inmediatas.

el proceso se gestiona de manera centralizada a través de un formulario electrónico del Ministerio de Industria, Comercio y Turismo.[397]

iii. La regulación de las cadenas de valor de los productos relacionados con la deforestación mediante el Reglamento 2023/1115, de 31 de mayo de 2023, relativo a la madera, sus derivados, y otros productos asociados a la deforestación

El mercado de la madera es un ejemplo ilustrativo de la transición desde un modelo de certificación hacia un enfoque más exhaustivo de diligencia debida en derechos humanos. En los orígenes de la regulación de este mercado, el *Reglamento (CE) nº 2173/2005 del Consejo, de 20 de diciembre de 2005, relativo al establecimiento de un sistema de licencias FLEGT aplicable a las importaciones de madera en la UE* estableció un marco basado en la certificación para asegurar la legalidad de la madera y sus productos derivados en el mercado de la Unión Europea.

El *Reglamento (UE) n.º 995/2010 del Parlamento Europeo y del Consejo, de 20 de octubre de 2010, por el que se establecen las obligaciones de los agentes que comercializan madera y productos de la madera,* profundizó en este modelo de certificación de los proveedores. Para ello, exigía a los operadores que comercializan madera y sus productos derivados en el mercado de la Unión que desarrollen sistemas de diligencia debida para evaluar los riesgos de que la madera hubiera sido talada o

---

397 MINISTERIO DE ECONOMÍA, COMERCIO Y EMPRESA, "Aplicación en España del Reglamento de minerales responsables", https://comercio.gob.es/ImportacionExportacion/Regimenes/Documents/APLICACI%C3%93N%20EN%20ESPA%C3%91A%20DEL%20REGLAMENTO%20DE%20MINERALES%20RESPONSABLES.pdf (consultada el 18 de mayo de 2025).

comercializada de forma ilegal, lo que implica recopilar información sobre la madera que desean importar, evaluar la probabilidad de que sea legal y adoptar medidas para mitigar el riesgo de importación de madera ilegal. Sin embargo, en la práctica este mecanismo se tradujo en un sistema de certificación de proveedores.

El *Reglamento (UE) 2023/1115 del Parlamento Europeo y del Consejo, de 31 de mayo de 2023, relativo a la puesta a disposición en el mercado de la Unión y a la exportación desde la Unión de determinados productos asociados a la deforestación y la degradación forestal*, fue adoptado para abordar las limitaciones del *Reglamento (UE) 995/2010* y el modelo de certificación de los proveedores[398], avanzando hacia un modelo más detallado y riguroso de diligencia debida en derechos humanos. Este nuevo reglamento exige la trazabilidad de los productos y la certificación de los proveedores, además de ampliar las obligaciones de las empresas para que incorporen medidas de diligencia debida[399]. Ahora, las empresas cubiertas por la normativa deben adoptar una actitud proactiva para rastrear su cadena productiva, evaluar los riesgos, adoptar medidas para mitigarlos y velar porque con sus productos no contribuyen a la deforestación y otras cuestiones relacionadas con la sostenibilidad.

---

398 Los principales motivos para la adopción del Reglamento de 2023 responden a la necesidad de implementar medidas más efectivas y ambiciosas para detener la deforestación y recuperar los bosques degradados, en línea con los ODS y compromisos internacionales como la Declaración de Nueva York sobre los Bosques y la Declaración de los líderes de Glasgow sobre los bosques y el uso de la tierra. Considerandos número 20, 21 y 22 del Reglamento de la madera de 2023.

399 VIOQUE GALIANA, L.M., "Promuovere la *due diligence* aziendale obbligatoria: la Proposta di regolamento della Commissione e del Parlamento europeo sui beni e i prodotti associati alla deforestazione e al degrado forestale", *CCC HUB*, 6 de octubre de 2022.

Para ello, el *Reglamento (UE) 2023/1115* introduce un enfoque más avanzado de diligencia debida, orientado a verificar la legalidad de los productos y a promover la sostenibilidad (art. 8). Una diferencia importante es la expansión del ámbito de aplicación de la normativa. El *Reglamento (UE) 995/2010* se aplicaba exclusivamente a la madera y sus productos derivados (art. 4.1). En cambio, el *Reglamento (UE) 2023/1115* abarca una gama más amplia de materias primas y productos asociados a la deforestación y la degradación forestal, incluyendo ganado bovino, cacao, café, palma aceitera, caucho y soja, además de la madera (art. 1 y Anexo I). Esta expansión refleja un enfoque más integral para combatir la deforestación global, abarcando productos que tienen un impacto significativo en la deforestación[400].

Ahora, los operadores que importen productos asociados a la deforestación, junto con todos los comercializadores, deben garantizar la conformidad de los productos con los requisitos legales y de sostenibilidad, cumpliendo con deberes más estrictos de documentación (arts. 5 y 7). Más allá de una certificación de los proveedores, lo que se corresponde con una actitud pasiva, se requiere que todos los operadores adopten una actitud proactiva para recopilar información detallada, evaluar los riesgos de acuerdo con dicha documentación e implementar medidas de mitigación de riesgos (arts. 8 a 11). Además, con el Reglamento de 2023 requiere que todos los operadores proporcionen declaraciones de diligencia debida antes de introducir productos en el mercado o exportarlos,

---

400 La inclusión de productos agrícolas como el cacao, el café y el caucho en el reglamento responde a la creciente evidencia de que estos productos también tienen un impacto significativo en la deforestación. De hecho, la expansión agraria es responsable de aproximadamente el 90% de la deforestación mundial, siendo la conversión de bosques en tierras de cultivo y el pastoreo los principales factores. Considerando 16 del Reglamento de la madera de 2023.

un paso que garantiza la transparencia y la responsabilidad en cada etapa de la cadena de valor (art. 4). Esta declaración debe incluir información específica y verificable que demuestre la conformidad del producto con las normativas, incrementando así la responsabilidad y reduciendo la posibilidad de incumplimiento (art. 9).

Otra diferencia relevante del *Reglamento (UE) 2023/1115*, con respecto a los adoptados previamente, radica en el énfasis que la nueva normativa da a la cooperación internacional y la gobernanza forestal. El *Reglamento 995/2010* estaba centrado principalmente en el control de la legalidad de la madera en el mercado de la UE, sin abordar de manera suficiente las causas subyacentes de la deforestación en los países de origen. En cambio, el *Reglamento (UE) 2023/1115* fomenta la cooperación con los países productores para mejorar la gobernanza forestal y abordar las causas estructurales de la deforestación (art. 18). Esta cooperación puede incluir asistencia técnica y financiera, el intercambio de información y mejores prácticas, y el fortalecimiento de las capacidades locales para la gestión sostenible de los recursos forestales.

El *Reglamento (UE) 2023/1115* establece un régimen de sanciones más desarrollado que su predecesor[401]. Entre las sanciones contempladas se incluyen multas proporcionales al daño

---

[401] A la hora de sancionar los incumplimientos, el Reglamento de 2010 delegaba en los Estados miembro la potestad para adoptar todas las medidas necesarias para ejecutar su ejecución estableciendo el régimen de sanciones aplicables, que deberán ser "efectivas, proporcionadas y disuasorias", pudiendo incluir entre otras: multas proporcionales al perjuicio medioambiental, al valor de la madera o de sus productos y a las pérdidas fiscales y perjuicios económicos resultantes de la infracción; incautación de la madera y los productos de que se trate; la suspensión inmediata de la autorización de la actividad comercial. Artículo 19 del Reglamento de la madera de 2010.

medioambiental y al valor de las materias primas involucradas, calculadas para privar a los infractores de los beneficios económicos derivados de sus acciones ilícitas[402]. Además, se prevé la confiscación de productos e ingresos obtenidos por transacciones no conformes, la exclusión temporal de procedimientos de contratación y financiación pública, así como la prohibición temporal de comercializar o exportar productos en caso de infracciones graves o reiteradas. Los Estados miembros deben notificar a la Comisión las sentencias firmes y sanciones impuestas para su publicación en el sitio web de la Comisión, garantizando así la transparencia y la rendición de cuentas.

A la hora de sancionar las conductas relacionadas con el comercio ilegal de los productos asociados a la deforestación, se han empezado a desarrollar los conocidos como delitos forestales o *forestry crimes*[403] que abarcan diversas actividades ilegales como la tala sin autorización, la comercialización y transporte de madera ilegal, la conversión de tierras para otros usos sin los permisos correspondientes, y la quema intencionada de bosques para fines agrícolas o de desarrollo[404].

---

402 Estas multas pueden alcanzar al menos el 4% del volumen de negocios anual total del infractor dentro de la Unión, y pueden incrementarse en casos de reincidencia. Artículo 25.2.a) del Reglamento de la madera de 2023.

403 Los delitos forestales o *forestry crime* es un término general para describir la actividad delictiva en el sector forestal que abarca toda la cadena de suministro, desde la cosecha y el transporte hasta el procesamiento y la venta. También se refiere a aquellos delitos penales que facilitan dicha actividad, incluidos el fraude documental, la corrupción y la lavado de dinero. INTERPOL, *Global Forestry Enforcement: Strengthening Law Enforcement Cooperation Against Forestry Crime*, April 2019, p. 3.

404 Sobre las principales tipologías delictivas relacionadas con la deforestación, HUMPHREYS, D., "Forest crimes and the international trade in illegally logged timber", en ELLIOT, L./SCHAEDLA, W.H. (eds.), *Handbook of Transnational Environmental Crime*, Edward Elgar

Estos delitos suelen estar relacionados con redes de corrupción, falsificación de documentos y el crimen organizado, que permiten dar apariencia de legalidad a la madera obtenida de forma ilícita. Estos actos provocan pérdidas económicas significativas, además de contribuir a la degradación ambiental y al desplazamiento de comunidades locales. Sin embargo, encontramos importantes diferencias entre los Estados miembro de la UE a la hora de sancionar estas conductas bajo el Derecho administrativo o el Derecho penal[405].

En España, corresponde a la Dirección General de Biodiversidad, Bosques y Desertificación del Ministerio para la Transición Ecológica y el Reto Demográfico, la coordinación, relación con la Unión Europea y gestión del Sistema estatal del comercio de la madera. Además, las autoridades competentes designadas por las comunidades autónomas se encargan de realizar los controles a los operadores económicos que comercialicen en España madera o sus productos, junto a los controles sobre las entidades de supervisión que actúen en su territorio[406].

Publishing, Nothampton, 2016, pp. 168 y ss.; En extenso sobre los delitos contra la vida silvestre y los bosques, UNODC, *Herramientas para el análisis de los delitos contra la vida silvestre y los bosques,* Consorcio Internacional para combatir los delitos contra la vida silvestre, Naciones Unidas, Nueva York, 2012, pp. 39-66.

405 De acuerdo con el Informe Bienal para el período de marzo de 2015 a febrero de 2017, elaborado a partir de la información enviada por los entonces 28 Estados miembro de la UE y Noruega, se señalaba que en 21 Estados podían expedirse notificaciones de medidas correctoras, 13 Estados contemplaban sanciones administrativas y penales, 10 Estados contemplaban sanciones exclusivamente administrativas y 2 Estados solo habían introducido sanciones penales. COMISIÓN EUROPEA, "Informe de la comisión al Parlamento Europeo y al Consejo. Informe bienal para el período de marzo de 2015 a febrero de 2017", Bruselas, 5.10.2018, COM(2018) 668 final, pp. 4-5.

406 En detalle sobre la Autoridad competente nacional y las Autoridades autonómicas, página web del Ministerio para la Transición

La implementación de las obligaciones del *Reglamento 995/2010* se llevó a cabo a través de la *Ley 21/2015, de 20 de julio, de montes*[407], y el *Real Decreto 1088/2015, de 4 de diciembre, para asegurar la legalidad de la comercialización de madera y productos de la madera.* Estas normativas optaron principalmente por un régimen de sanciones administrativas para abordar las infracciones relacionadas con el comercio ilegal de madera[408].

A pesar de la preferencia por sanciones administrativas, el marco legal español también contempla mecanismos penales para la persecución del tráfico ilegal de madera. El delito de contrabando, regulado por la *Ley Orgánica 12/1995 de 12 de diciembre, del Código Penal,* aplica sanciones penales para la importación, exportación, comercio y tenencia de productos de madera que se realicen de manera ilegal[409]. Las penas por

---

Ecológica y el Reto Demográfico. https://www.miteco.gob.es/es/biodiversidad/temas/internacional-especies-madera/madera-legal/EUTR/autoridades-competentes.aspx (consultada el 20 de abril de 2025).

407 Ley 21/2015, de 20 de julio, por la que se modifica la Ley 43/2003, de 21 de noviembre, de Montes.

408 Artículo 67 de la Ley 21/2015. Las sanciones administrativas contemplan multas que son proporcionales al valor de la madera comercializada ilegalmente. En casos de infracciones graves, las multas pueden ascender al doble del valor del daño causado o del valor de la madera comercializada, lo que busca desincentivar la práctica ilegal al hacerla económicamente inviable. Además, se prevén sanciones accesorias como la confiscación de los bienes involucrados en la infracción y su enajenación a través de subasta pública. MARQUÉS-BANQUÉ, M., "Estrategias sancionadoras en materia de cambio climático: la persecución penal del tráfico ilegal de madera en la Unión Europea y en España", *Revista Catalana de dret ambiental,* vol X, nº2, 2019, pp. 25-27.

409 La Ley Orgánica 12/1995 establece en su artículo 2 las conductas constitutivas del delito de contrabando, entre las cuales se incluye la importación y exportación de madera y productos derivados sin cumplir con los requisitos legales establecidos. En particular, el artículo 2.1

contrabando pueden incluir multas y penas de prisión, dependiendo del valor de los bienes involucrados[410], contemplándose la responsabilidad penal de las personas jurídicas[411]. Adicionalmente, se tipifica como delito la tala, adquisición y tráfico de especies protegidas de flora silvestre[412]. La ley también permite la adopción de medidas complementarias para asegurar el cumplimiento de las sanciones y la prevención de futuras infracciones. Entre estas medidas, se incluye la posibilidad de aplicar el comiso de bienes, la suspensión de actividades comerciales, y la clausura de establecimientos que hayan participado en actividades de contrabando.

---

señala que "cometerá delito de contrabando quien realice actos de importación, exportación, comercio, tenencia o circulación de bienes sin cumplir los requisitos establecidos por la normativa vigente.

410 Las sanciones para estos delitos se especifican en el artículo 3, donde se establece que las penas pueden incluir prisión de uno a cinco años y multas que oscilan entre el tanto y el séxtuplo del valor de los bienes objeto del delito. En casos donde el delito se comete en el seno de una organización o grupo criminal, o utilizando medios fraudulentos, las penas pueden ser agravadas.

411 El artículo 3 de la Ley Orgánica 12/1995 también contempla la responsabilidad penal de las personas jurídicas, estableciendo que "las personas jurídicas serán penalmente responsables de los delitos de contrabando cometidos por sus directivos, empleados o agentes en el ejercicio de sus actividades".

412 El artículo 2.1 de la Ley Orgánica 12/1995 también menciona la importación y exportación ilegal de especies de flora silvestre protegidas, reforzando así la protección de estas especies bajo el marco del Reglamento (CE) n.º 338/1997 del Consejo, relativo a la protección de especies de fauna y flora silvestres mediante el control de su comercio. Esta conducta se castiga con el artículo 332 del Código Penal, imponiendo penas de prisión de seis meses a dos años, así como multas y otras sanciones accesorias. MARQUÉS-BANQUÉ, M., "Estrategias sancionadoras en materia de cambio climático: la persecución penal del tráfico ilegal de madera en la Unión Europea y en España", pp. 27-38.

B. Segunda estrategia: desarrollo de normativas de conducta aplicables de forma horizontal a todos los sectores de actividad

La segunda estrategia para el desarrollo de normativas de diligencia debida se ha centrado en regulaciones aplicables de manera horizontal, abarcando todos los sectores de actividad. Este enfoque permite establecer un marco normativo uniforme que impone obligaciones de diligencia debida a todas las grandes empresas multinacionales, independientemente del sector de actividad en el que operen, para optimizar la gestión del grupo corporativo y de sus cadenas productivas en relación con los derechos humanos.

Al unificar los requisitos y estándares de diligencia debida se fomenta una mayor coherencia y comparabilidad en las prácticas empresariales, garantizando que todas las organizaciones económicas, sin importar su ámbito de actividad, actúen con el mismo rigor en la identificación, prevención y mitigación de riesgos de contribuir en violaciones de los derechos humanos.

i. La Ley francesa de 2017 sobre el deber de vigilancia de las sociedades matrices y las empresas ordenantes

El primer Estado europeo que se dotó de una ley para introducir obligaciones de diligencia debida en derechos humanos para sus grandes empresas multinacionales lo encontramos en Francia, con la aprobación de su *Ley de 2017 sobre el deber de vigilancia de las sociedades matrices y las empresas ordenantes.* Esta legislación se convirtió en un referente internacional al establecer un marco jurídico que obliga a las empresas a asumir responsabilidades más allá de sus fronteras nacionales[413].

---

413 Sobre la normativa, véase SANGUINETI RAYMOND, W., "La ley francesa sobre el deber de vigilancia de las sociedades matrices y empresas controladoras", *Trabajo y Derecho: nueva revista de actualidad y relaciones laborales,* N° 55-56, 2019, pp. 10-14.

De acuerdo con TATIANA SACHS, con la adopción de la norma francesa se perseguía un doble objetivo: primero, incentivar la puesta en marcha de procedimientos para la prevención de los impactos negativos sobre los derechos humanos en las cadenas de valor globales; segundo, permitir que las víctimas obtengan una reparación de los daños sufridos por la acción u omisión de la empresa. Por ello, la ley se diseñó como un instrumento preventivo para mejorar las prácticas empresariales a nivel global y, además, como un mecanismo de reparación[414].

La adopción de una ley que responsabilizase a las empresas por los daños ocasionados por sus filiales y principales contratistas en el extranjero fue una promesa electoral del presidente François Hollande en 2012. El impulso para concretar esta promesa se intensificó tras la tragedia del *Rana Plaza* en Bangladesh en abril de 2013, que expuso las condiciones deplorables en las que trabajaban los empleados de fábricas que producían para grandes marcas internacionales francesas y generó una ola de indignación en el país[415].

El primer proyecto de ley se presentó en 2013, proponiendo medidas ambiciosas como sanciones penales, la inversión de la carga de la prueba y la responsabilidad por los actos de terceros. Sin embargo, estas propuestas fueron consideradas demasiado exigentes por el gobierno francés y recibieron una fuerte resistencia por parte de diversos actores económicos. El

---

414 SACHS, T., "La loi sur le devoir de vigilance des sociétés-mères et sociétés donneuses d'ordre : les ingrédients d'une corégulation", R*evue de droit du travail*, 06, 2017, p.380.

415 Pocos meses después de la catástrofe, entre el 6 de noviembre de 2013 y el 11 de febrero de 2014, se presentaron ante la Asamblea Nacional Francesa tres proposiciones de ley relativas al deber de vigilancia de las sociedades matrices y de las empresas contratistas.

proceso legislativo fue largo y arduo, con casi cuatro años de debates intensos entre partidos políticos, organizaciones no gubernamentales, representantes de empresas y trabajadores. El texto definitivo de la ley, aprobado el 23 de marzo de 2017, refleja un compromiso entre las diversas partes interesadas. Aunque se moderaron algunas de las propuestas iniciales, la ley mantuvo su espíritu fundamental de imponer obligaciones claras y exigibles a las empresas multinacionales francesas.[416]

La *Ley francesa de 2017 sobre el deber de vigilancia de las sociedades matrices y las empresas ordenantes* refuerza los principios internacionalmente aceptados derivados del *soft law*, dotándoles de carácter obligatorio en Francia y, por extensión, en todos los países en los que se establecen las filiales y los proveedores de los grandes grupos corporativos franceses. Ello es así dado que la ley se extiende a las actividades de las filiales y subcontratistas de las empresas francesas y a las relaciones comerciales establecidas en su cadenas productivas globales. Este marco legal se ha convertido en un referente, al transformar directrices y recomendaciones en mandatos jurídicos exigibles[417].

---

416 En detalle sobre el contexto en el que se aprobó la norma francesa, DUTHILLEUL, A./DE JOUVENEL, M., *Evaluation de la mise en œuvre de la loi n°2017-399 du 27 mars 2017 relative au devoir de vigilance des sociétés mères et des entreprises donneuses d'ordre*, Conseil général de l'économie, de l'industrie, de l'énergie et des technologies (CGEIET), 2020, pp. 11-15.

417 Una de las virtudes de la norma francesa la encontramos en su originalidad, que le permite servirse de diversos mecanismos regulatorios, mezclando las herramientas que proporcionan las distintas ramas del Derecho. MOREAU, M.A., "Lóriginalité de la loi française du 27 mars 2017 relative au devoir de vigilance dans les chaînes d´approvisionnement mondiales", *Droit Social*, 2017, 10, pp.792-797; HANNOUN, C., "Le devoir de vigilance des sociétés mères et entreprises donneuses d'ordre après la loi du 27 mars 2017", *Droit Social*, 2017, 10, pp. 806 y ss.

Desde la aprobación de la norma, las grandes empresas deben elaborar y aplicar efectivamente un plan de vigilancia que debe incluir una evaluación exhaustiva de todos los riesgos potenciales relacionados con los derechos humanos, las libertades fundamentales, la salud y la seguridad de las personas, y el medio ambiente. Esta evaluación debe abarcar las operaciones directas de la empresa matriz, las de sus filiales y las de cualquier entidad con la que mantengan relaciones comerciales estables, como subcontratistas y proveedores (Art. L. 225-102-4-I, párrafo tercero).

Durante la tramitación de la Ley francesa se dejó de lado la propuesta de establecer la responsabilidad penal derivada de incumplimientos, en parte por la complejidad y las implicaciones legales derivadas del incipiente desarrollo de unas obligaciones de diligencia debida que comenzaban a perfilarse.

Pese a ello, la aprobación de la normativa francesa no estuvo exenta de polémica. Una de las controversias más significativas surgió en torno a su régimen sancionador. Originalmente, la Ley preveía sanciones administrativas de hasta 10 millones de euros que podían triplicarse en caso de que se produjesen daños derivados del incumplimiento de las obligaciones de diligencia debida. Sin embargo, el Tribunal Constitucional francés declaró la inconstitucionalidad de este régimen sancionador, argumentando que el legislador no había definido las sanciones en relación con los derechos humanos cubiertos de manera suficientemente clara y concisa, conforme a las garantías constitucionales que exigen precisión en la determinación de las infracciones y las penas[418].

---

418 Decisión nº 2017-750 DC, de 23 de marzo de 2017, del *Conseil Constitutionnel.* De acuerdo con el *Conseil Constitucionnel,* los derechos protegidos se formulan de una forma demasiado amplia e indeterminada como para que su violación pudiera ser castigada con una sanción.

Tras la decisión del Tribunal Constitucional, la ley mantuvo dos formas principales para forzar el cumplimiento de sus disposiciones. En primer lugar, en caso de negativa por parte de una empresa a adoptar un plan de diligencia debida, la ley permite que cualquier parte interesada (incluyendo las ONG, sindicatos y otros actores de la sociedad civil) solicite al juez la imposición de una medida cautelar. Esta medida busca obligar a la empresa a cumplir con su obligación de elaborar y aplicar dicho plan. Este mecanismo judicial actúa como un medio preventivo para asegurar que las empresas establezcan y mantengan los procedimientos necesarios para identificar y mitigar los riesgos asociados a los derechos humanos.

Además, y en segundo lugar, la Ley también permite que las víctimas de daños presenten demandas civiles contra las empresas obligadas a dotarse de un plan de diligencia debida. En estos casos, las víctimas pueden buscar reparación por los daños sufridos, alegando que la falta de implementación adecuada del plan de vigilancia contribuyó a la ocurrencia de dichos daños. La supresión del régimen sancionador original de la ley y su sustitución por estos mecanismos judiciales civiles reflejan un enfoque que combina la prevención y la reparación. Aunque la falta de sanciones directas puede ser vista como una limitación, la capacidad de los jueces de imponer medidas cautelares y admitir demandas se convierte en la herramienta para asegurar el cumplimiento y la rendición de cuentas.

En relación con el cumplimiento de la Ley, los primeros estudios publicados tras su entrada en vigor revelan una situación dispar entre las empresas obligadas. Aunque muchas empresas han cumplido con la obligación de publicar su plan de vigilancia, no todas hacen pública la información necesaria. De hecho, un número considerable de empresas no proporcionan detalles suficientes sobre el contenido y la implementación de sus planes de vigilancia. Esta falta de transparencia impide una evaluación completa y precisa de sus esfuerzos en materia de diligencia debida. Un punto crítico identificado es que algunas empresas no realizan un análisis de riesgos específico para las adquisiciones en su cadena de valor. Además, una buena parte de las empresas obligadas aún no ha incorporado información sobre el seguimiento de las medidas implantadas y la evaluación de su eficacia[419].

Estos resultados parecen confirmar los pesimistas augurios que surgieron tras la promulgación de la Ley, que ya advertían de que las empresas podrían emplear su "ingeniería jurídica" para escapar de su ámbito de aplicación. Estas prácticas de ingeniería jurídica pueden incluir la reorganización estructural de las sociedades que componen un grupo corporativo, la delegación de responsabilidades a filiales no cubiertas por la ley, o la minimización intencional de la información reportada para evadir responsabilidades[420].

Un caso que ha llegado ante los tribunales franceses por el incumplimiento de las obligaciones de diligencia debida es el de *Total Energies* y su controvertido proyecto petrolero en Uganda. Varias ONG, incluyendo *Amigos de la Tierra Francia*, *Sherpa* y *Survie*, demandaron a la compañía alegando incumplimientos de

---

419 Según los estudios, el 5% de las empresas evaluadas se encuentran todavía en la fase de implementación y seguimiento del análisis de riesgos. Esto indica que, si bien la mayoría de las empresas han iniciado el proceso de cumplimiento, una fracción significativa aún no ha completado los pasos necesarios para identificar y mitigar los riesgos asociados a sus operaciones y cadenas de suministro. DUTHILLEUL, A./DE JOUVENEL, M., *Evaluation de la mise en œuvre de la loi n°2017-399 du 27 mars 2017 relative au devoir de vigilance des sociétés mères et des entreprises donneuses d'ordre*, p. 30.

420 ÁLVAREZ VIZCAYA, M., "El deber de vigilancia de las empresas matrices: a propósito de la ley francesa de 27 de marzo de 2017", en VIOQUE GALIANA, L.M. (coord.), *Verdes y justas: responsabilidad penal y diligencia debida en las organizaciones multinacionales*, Volumen I, BOE, Madrid, 2025, pp. 533-550.

sus obligaciones de diligencia debida. Las ONG argumentaron que *Total Energies* no había identificado ni mitigado adecuadamente los riesgos asociados a los derechos humanos y al medio ambiente, específicamente en relación con las comunidades locales afectadas por el proyecto. La demanda presentada por las ONG destacó varios puntos críticos sobre la insuficiencia del plan de vigilancia de *Total Energies* para destacar que la empresa no había desarrollado un plan de vigilancia eficaz, dado que carecía de una evaluación de riesgos rigurosa y detallada de los impactos potenciales de sus operaciones sobre las comunidades locales y el medio ambiente[421].

En una decisión histórica del 5 de diciembre de 2023, el Tribunal Judicial de París consideró que el análisis de riesgos realizado por *Total Energies* era demasiado genérico y no permitía identificar con precisión los factores de riesgo específicos relacionados con sus actividades en Uganda. Además, la jerarquización de los riesgos no reflejaba de una forma adecuada su importancia, lo que impedía la priorización en la adopción de acciones efectivas para mitigarlos. El tribunal ordenó a *Total Energies* complementar su plan de vigilancia con un análisis de riesgos detallado, implementar procedimientos de evaluación de sus subcontratistas basados en los riesgos específicos identificados, y publicar un sistema efectivo para monitorear la implementación de las medidas de vigilancia[422].

---

421 BHRRC, "France: Communities and NGOs use duty of vigilance law to sue TotalEnergies over alleged human rights abuses over giant oil project in Uganda", Business & Human Rights Resource Centre, 27 de junio de 2023. https://www.business-humanrights.org/en/latest-news/france-communities-and-ngos-use-duty-of-vigilance-law-to-sue-totalenergies-over-alleged-human-rights-abuses-over-giant-oil-project-in-uganda/ (consultada el 19 de mayo de 2025).

422 CAVICCHIOLI, C./HANNEZO, E./JAÏS, J.C., "French Duty of Vigilance Law: first decision on the merits rendered by a French Court", *Linklaters,* December 6, 2023.

ii. La Ley de 2019 de los Países Bajos contra el trabajo infantil

El 7 de febrero de 2017 se presentó en Holanda una propuesta la *Ley de diligencia debida para evitar el suministro en los mercados de los Países Bajos de bienes y servicios creados con la ayuda de trabajo infantil*. La norma fue duramente criticada, pues algunos sectores consideraron que interfería con la política del Gobierno holandés para promover las *Directrices de la OCDE* y los Objetivos de Desarrollo Sostenible (ODS). Por ello, en reconocimiento de las preocupaciones expresadas, Attje Kuiken, el parlamentario que redactó la ley e inició la propuesta legislativa, solicitó la suspensión del proceso parlamentario en el Senado[423].

En diciembre de 2017, el CEO de la empresa holandesa dedicada al comercio de chocolate sostenible *Tony Chocolonely* escribió una carta abierta a los miembros del Senado holandés, firmada conjuntamente por los directores ejecutivos de alrededor de otras 40 empresas holandesas[424], en la que se planteaba que también en el ámbito empresarial sentían la necesidad de establecer un marco normativo en relación con el trabajo infantil en las cadenas de valor globales, por lo que se pedía a los Senadores holandeses que votasen a favor de la normativa[425].

---

423 Sobre la tramitación de la Ley holandesa de trabajo infantil, ENNEKING, L., "The Netherlands Country Report", en *Study on due diligence requirements through the supply chain PART III: COUNTRY REPORTS*, Publications Office of the European Union, 2020, pp. 170-173.

424 Incluidas potentes multinacionales como *Aegon Nederland, Heineken, Nestlé Nederland, PLUS Retail*, o *Rabobank*.

425 Las principales razones expuestas en la carta era que: el trabajo infantil es un problema grave que debe abordarse a través de la legislación; que la legislación sobre este tema crearía un campo de juego más nivelado (nacional) y recompensaría a las empresas que son pioneras en lo que respecta a la prevención del trabajo infantil en las cadenas de valor globales; que es importante que los Países Bajos

Finalmente, la *Ley de Diligencia Debida contra el Trabajo Infantil* (*Wet zorgplicht kinderarbeid*) fue aprobada por el Senado neerlandés el 14 de mayo de 2019 y adoptada el 24 de octubre del mismo año. De acuerdo con la normativa, las empresas deben emitir una declaración expresando cómo han ejercido la diligencia debida para evitar que sus bienes y servicios se fabriquen utilizando mano de obra infantil (art. 5). En cuanto a su ámbito de aplicación, resulta evidente que se dirige principalmente a las empresas situadas en el extremo final —*down stream*— de las cadenas de valor globales. Esto implica que las empresas que no suministran bienes o servicios a usuarios finales holandeses, y que se encuentran en los eslabones iniciales e intermedios de la cadena, no caen dentro de su ámbito de aplicación. Por ejemplo, una empresa de manufactura ubicada en otro país, que suministra componentes a otra empresa que a su vez vende productos en los Países Bajos, no estaría directamente obligada bajo esta ley si no interactúa con el mercado holandés de manera directa.

Las empresas dedicadas exclusivamente al transporte de mercancías tampoco se incluyen entre las empresas obligadas, dado que su rol en la cadena de suministro se considera indirecto respecto al consumidor final. Esta exclusión refleja una intención de focalizar las obligaciones en aquellas entidades con mayor capacidad de influir directamente en la erradicación del trabajo infantil (art. 4.4). Además, la ley deja abierta la posibilidad de que otras categorías de empresas también puedan quedar exoneradas de sus obligaciones mediante una Orden Administrativa General (art. 6). Estas categorías pueden incluir, por ejemplo, pequeñas empresas y compañías que

permanezcan entre el grupo de países que lideran la promulgación de legislación nacional con respecto al trabajo infantil. ENNEKING, L., "The Netherlands Country Report", p. 179.

operan en sectores de bajo riesgo[426]. La lógica detrás de esta exención es proporcional, permitiendo a la ley centrarse en aquellas entidades cuya operativa y tamaño presentan mayores riesgos de incumplimiento y, por ende, mayor necesidad de regulación estricta.

En cuanto a las sanciones, la ley contempla la imposición de multas administrativas en caso de que una empresa no presente ante el Registro Mercantil su declaración sobre trabajo infantil o incumpla sus obligaciones de diligencia debida. Estas obligaciones incluyen la realización de análisis de riesgos y el desarrollo de planes de acción destinados a mitigar y prevenir la explotación laboral infantil en su cadena de suministro. Las multas administrativas buscan ser un mecanismo disuasorio, garantizando que las empresas se adhieran a los estándares establecidos[427].

Además, la ley modifica el artículo 1, inciso 2°, de la Ley de Delitos Económicos, introduciendo la responsabilidad penal de la persona física en casos de reincidencia. Si en los cinco años anteriores a la infracción se ha impuesto una multa administrativa por la misma infracción, cometida por la misma empresa, bajo la dirección real del mismo director, se podrá imponer a dicho director una pena privativa de libertad de hasta dos años (art. 9). Esta disposición resalta la seriedad con que se aborda la reincidencia y el incumplimiento, asegurando que tanto las entidades jurídicas como los individuos que las dirigen sean responsables de mantener prácticas empresariales éticas y conformes a la normativa[428].

---

426 ENNEKING, L., "The Netherlands Country Report, p. 174.

427 En el primer caso, de no presentarse la declaración en el Registro Mercantil de entre 4.100€ y 8.200€ (art. 7.1). En el caso de incumplirse las obligaciones de diligencia debida, las multas pueden llegar hasta los 820.000€ o hasta el 10% de la facturación anual de la empresa (art. 7.2)

428 ENNEKING, L., "The Netherlands Country Report", p. 177.

Las reacciones a la norma holandesa han sido diversas. La inclusión de sanciones penales por incumplimiento se ha valorado de forma positiva, entendiéndose como un avance significativo para la responsabilidad corporativa. Con ello se envía un mensaje claro sobre la responsabilidad de los directivos de las empresas, que pueden enfrentarse a serias consecuencias legales en caso de reincidencia en las infracciones. Con esta medida se busca disuadir el incumplimiento y promover una cultura de cumplimiento riguroso y sostenido dentro de las empresas.

Las críticas se centran en la falta de claridad respecto al contenido requerido para los planes de diligencia debida y las declaraciones que deben presentar las empresas. Esta falta de especificidad podría resultar en planes de calidad y profundidad variables, comprometiendo la efectividad de la ley al permitir cumplimientos superficiales que no abordan de una forma adecuada los riesgos en materia de trabajo infantil. Además, la ausencia de directrices sobre la periodicidad para la presentación de informes podría llevar a una vigilancia insuficiente y a la incapacidad de las autoridades para monitorear el cumplimiento de manera efectiva. Por último, la posibilidad de exonerar a ciertas categorías de empresas mediante una Orden Administrativa General podría crear lagunas legales y reducir el cumplimiento en sectores que podrían ser inicialmente considerados de bajo riesgo[429].

Sin embargo, aunque la entrada en vigor de la *Ley de Diligencia Debida contra el Trabajo Infantil* estaba prevista para el 1 de enero de 2020, esta nunca se materializó. En su lugar, en marzo de 2021, se presentó en el Parlamento neerlandés una nueva propuesta legislativa más amplia: la *Ley de Conducta Empresarial Internacional Responsable y Sostenible* (*Wetsvoorstel verantwoord en duurzaam internationaal ondernemen*). Esta iniciativa busca establecer

---

429 GUAMÁN HERNÁNDEZ, A., *Diligencia debida en derechos humanos. : Posibilidades y límites de un concepto en expansión*, pp. 158-159.

una obligación general de diligencia debida para las empresas en relación con los derechos humanos, laborales y el medio ambiente, basándose en las *Directrices de la OCDE.* La propuesta legislativa aún se encuentra en tramitación parlamentaria y su entrada en vigor está pendiente de aprobación definitiva"[430]

iii. La Ley de alemana de 2021 sobre diligencia debida en las cadenas de suministros (LKSG)

Si en el caso de Francia fue la tragedia de *Rana Plaza* la que aceleró el debate sobre la necesidad de establecer obligaciones de conducta para las empresas multinacionales mediante medidas legislativas nacionales, en Alemania dicho debate se intensificó a raíz de la demanda civil presentada en Dortmund por el caso de *KiK,* expuesto extensamente al inicio de esta investigación[431].

Ante las presiones de la sociedad civil y en respuesta al compromiso adquirido por el Gobierno alemán para implementar los *Principios Rectores* y *Directrices de la OCDE,* en 2016, el Gobierno alemán aprobó su PAN[432]. Sin embargo, el estudio

---

430 La tramitación del proyecto puede seguirse en la web: https://www.tweedekamer.nl/kamerstukken/wetsvoorstellen/detail?id=2021Z04465&dossier=35761 (consultada el 18 de mayo de 2025). Sobre el proyecto, SMIT, G./VAN NIEKERK, B., "The Netherlands: A Dutch initiative for a value chain *due diligence*", *Linklaters,* 17 de febrero de 2023. https://sustainablefutures.linklaters.com/post/102i833/the-netherlands-a-dutch-initiative-for-a-value-chain-due-diligence (consultada el 19 de mayo de 2025).

431 Sobre el debate en Alemania hasta la aprobación de la LKSG, EKKENGA, J./SCHIRRMACHER, C./SCHNEIDER, B., "Offene Fragen zur rechtlichen Steuerung nachhaltigen Unternehmertums", *Neue Juristische Wochenschrift (NJW),* nº 21, 2021, pp. 1509-1513.

432 German Federal Foreign Office, National Action Plan for Business and Human Rights, 2016.

de progreso realizado en 2020 reveló que únicamente entre el 13% y el 17% de las empresas con más de 500 empleados cumplían con los requisitos de diligencia debida en derechos humanos[433]. Esta preocupante falta de cumplimiento evidenció la necesidad de desarrollar un marco legislativo vinculante. Como respuesta a esta situación, en julio de 2021 se aprobó la LKSG, que introdujo en el ámbito legislativo alemán los estándares internacionales de diligencia debida estableciendo obligaciones claras y exigibles para que las grandes empresas multinacionales respeten los derechos humanos[434].

La estructura de la LKSG se asemeja a las normas clásicas en cuanto a la creación de un marco legal que define un "riesgo permitido" para las actividades empresariales. Es decir, establece las condiciones bajo las que las empresas pueden operar de manera segura y legal, mitigando los riesgos asociados con sus operaciones. Sin embargo, el alcance de la LKSG va más allá del mero cumplimiento de normas de seguridad o de protección ambiental, y uno de sus aspectos más innovadores lo encontramos en la extensión de la responsabilidad corporativa más allá de las acciones directas de la propia empresa.

Tradicionalmente, las leyes de cumplimiento se han centrado en las actividades directas de las empresas, responsabilizándolas solo por los daños que causan directamente. La LKSG, por el contrario, establece un régimen de obligaciones legales graduadas que también abarca a los proveedores

---

433 MCCORQUODALE, R./NOLAN, J., "The Effectiveness of Human Rights *Due diligence* for Preventing Business Human Rights Abuses", p. 467.

434 Sobre la tramitación de la ley y su borrador, EHRMANN, E., "Der Regierungsentwurf für das Lieferkettengesetz: Erläuterung und erste Hinweise zur Anwendung", *Zeitschrift für Vertriebsrecht (ZvertriebsR)*, 2021, Heft 3, pp. 141-150.

directos e indirectos dentro de la cadena productiva[435]. Estas obligaciones se traducen en el deber de las empresas de ejercer la diligencia debida mediante: (i) el desarrollo de sistemas de gestión de riesgos; (ii) la delimitación de responsabilidades a nivel interno; (iii) la implementación y ejecución de análisis de riesgos regulares; (iv) la presentación de una declaración de principios; (v) el anclaje de las medidas preventivas en la propia área de negocio y aplicables a los socios directos; (vi) el desarrollo de medias correctivas para responder a los riesgos identificados; (vii) el establecimiento de procedimientos de denuncia; (viii) el desarrollo de medidas de diligencia debida aplicables a los riesgos de los proveedores indirectos; (ix) la recopilación y publicación de información (§ 3).

Una novedad de la LKSG es la habilitación de sindicatos y ONG alemanas a llevar a cabo procedimientos judiciales cuando se violen las disposiciones legales establecidas (§ 11). En Alemania, el acceso a la justicia en casos de violaciones de derechos humanos había quedado limitado, especialmente para las comunidades y personas afectadas que, a menudo, se encuentran en países en desarrollo y carecen de los recursos necesarios para emprender acciones legales. Este nuevo mecanismo de habilitación se fundamenta en la premisa de que estas organizaciones poseen el conocimiento, la experiencia y los recursos para identificar y documentar violaciones de derechos humanos. Al dotarlas de legitimidad procesal, se garantiza que estas entidades puedan presentar demandas en nombre de los afectados, amplificando así sus voces y asegurando que los casos reciban la atención judicial adecuada. Los procedimientos judiciales iniciados por sindicatos y ONG pueden abarcar una amplia gama de incumplimientos. Por ejemplo, si una empresa no realiza adecuadamente las evaluaciones de riesgos previstas

---

435 JOHAN, C./SANGI, R. (Red.), *LKSG – Lieferkettensorgfaltspflichtengesetz: Handkommentar*, Nomos, Berlin, 2023, p. 8.

por la LKSG o no implementa medidas correctivas ante la identificación de violaciones, estas organizaciones pueden intervenir judicialmente. Este tipo de acciones legales buscan reparar el daño causado, y, además, establecen precedentes que fortalezcan la cultura de cumplimiento y responsabilidad dentro del sector empresarial.

El sistema de infracciones administrativas de la LKSG establece tres niveles de sanciones económicas[436]. Un aspecto notable del régimen sancionador de la LKSG es la consideración del esfuerzo de la persona jurídica para reparar el daño causado al determinar la cuantía de las sanciones administrativas. Aunque la normativa alemana no establece una obligación explícita de reparación del daño, la evaluación del esfuerzo de la empresa para mitigar y remediar los efectos negativos es un factor a tener en cuenta en el cálculo de la multa (§ 24). Este enfoque introduce un incentivo adicional

---

436 Para las infracciones de menor gravedad, las multas pueden ascender hasta un máximo de 100.000 euros. Estas infracciones menores suelen implicar faltas administrativas que, aunque significativas, no conllevan un daño grave a los derechos humanos. En el caso de infracciones graves, donde el incumplimiento de las obligaciones de diligencia debida tiene un impacto más severo o recurrente, las multas pueden alcanzar hasta 500.000 euros. Este nivel de sanción se aplica a situaciones donde las empresas muestran una negligencia sustancial en el cumplimiento de sus responsabilidades legales, poniendo en riesgo considerable los derechos humanos de los *stakeholders.* Para las infracciones de mayor gravedad, donde los actos de la empresa resultan en daños significativos o sistemáticos, las sanciones pueden llegar hasta 800.000 euros. Este máximo nivel de multas está reservado para los casos más serios de incumplimiento, donde la falta de acción de la empresa contribuye a violaciones graves de derechos humanos. Estas multas pueden multiplicarse hasta por diez en el caso de personas jurídicas y, en los casos en los que su volumen de negocio sea superior a 400 millones de euros, alternativamente se podrá imponer una multa de hasta el 2% del volumen de negocio medio anual. §23 y 24 de la LKSG.

para que las empresas adopten medidas correctivas y proactivas en respuesta a los riesgos identificados. Las empresas que demuestren un compromiso genuino y efectivo para remediar el daño pueden ver reducidas las sanciones, reflejando una política de cumplimiento que valora tanto la prevención como la corrección de los impactos negativos.

iv. La Ley Noruega de 2022 sobre transparencia empresarial, derechos humanos básicos y condiciones trabajo decente en las cadenas de suministros

El 1 de julio de 2022 entró en vigor en Noruega su *Ley de transparencia empresarial, trabajo con derechos humanos básicos y condiciones trabajo decente*, con el propósito de promover el respeto de las empresas por los derechos humanos básicos y las condiciones de trabajo dignas en relación con la producción de bienes y la prestación de servicios. Los trabajos para la elaboración de la norma comenzaron el 1 de junio de 2018, con la designación por el Gobierno noruego de un Comité de Información Ética para evaluar la adopción de una ley de transparencia en materia de sostenibilidad para las empresas noruegas[437]; proceso que concluyó con la promulgación de la norma el 14 de junio de 2021.

Con la adopción de esta Ley se perseguía un doble objetivo: en primer lugar, proporcionar a los consumidores, sindicatos, organizaciones de la sociedad civil y otros *stakeholders*, el derecho al acceso a la información sobre el impacto de las

[437] En noviembre de 2019, el Comité presentó su informe sobre transparencia en las cadenas de suministros en el que se contenían recomendaciones para una propuesta legislativa. El informe puede consultarse en la página web del Gobierno noruego: https://www.regjeringen.no/en/dokumenter/supply-chain-transparency/id2680057/ (consultada el 18 de junio de 2025).

empresas en los derechos humanos y las condiciones laborales en las cadenas de suministro, para que puedan adoptar decisiones informadas; en segundo lugar, promover el respeto a los derechos humanos y al trabajo decente en las cadenas productivas globales mediante la imposición de deberes de evaluación de riesgos y divulgación de información referida a los derechos humanos.[438]

La *Ley de transparencia empresarial, trabajo con derechos humanos básicos y condiciones trabajo decente* se basa en los estándares internacionales sobre diligencia debida aportados por la ONU, la OCDE y la OIT para que las grandes empresas domiciliadas en Noruega, o que ofrecen bienes y servicios en Noruega de conformidad a su legislación interna, desarrollen medidas de diligencia debida para asegurarse de que en sus operaciones se respetan los derechos humanos fundamentales, las condiciones de trabajo dignas, y de que proporcionen información sobre el modo en que abordan sus impactos adversos sobre dichos derechos (art. 1).

Para cumplir con sus obligaciones, las empresas deberán desarrollar procesos de diligencia debida mediante los cuales: (i) se incorpore la conducta empresarial responsable en las políticas de la empresa; (ii) se identifiquen y evalúen los impactos adversos reales y potenciales sobre los derechos humanos que la empresa ha causado o contribuido, o que están directamente relacionados con las operaciones, productos o servicios de la empresa a través de la cadena de suministro o

---

438 REPORT FROM THE NORWEGIAN ETHICS INFORMATION COMMITTEE, *Supply Chain Transparency Proposal for an Act regulating Enterprises' transparency about supply chains, duty to know and due diligence,* Report of the Ethics Information Committee, appointed by the Norwegian government on 1 June 2018, to assess the adoption of an ethics information law. Recommendations delivered to the Ministry of Children and Families on 28 November 2019, p. 4.

socios comerciales; (iii) implementar medidas adecuadas para detener, prevenir o mitigar los impactos adversos con base en las prioridades y evaluaciones de la empresa; (iv) realizar un seguimiento de la implementación y los resultados de las medidas; (v) comunicarse con las partes interesadas afectadas y los titulares de derechos sobre cómo se abordan los impactos adversos; y (vi) proceder o cooperar en la remediación y compensación cuando sea necesario. El programa de diligencia debida deberá ser revisado con regularidad y su diseño dependerá del tamaño y la naturaleza de la empresa, el contexto de sus operaciones y la gravedad y probabilidad de impactos adversos sobre los derechos humanos fundamentales y las condiciones de trabajo decentes (art. 4).

Una novedad de la *Ley de transparencia empresarial, trabajo con derechos humanos básicos y condiciones trabajo decente* es que otorga a todas las personas el derecho a recibir información sobre el modo en que la empresa aborda sus impactos potenciales y reales sobre los derechos humanos y las condiciones laborales, lo que incluye información general e información relacionada con un producto o servicio específico ofrecido por la empresa. Una solicitud podrá ser denegada cuando no proporcione una base suficiente para identificar a qué se refiere, sea claramente irrazonable, la información solicitada se refiera a datos personales, o verse sobre dispositivos y procedimientos técnicos u otros asuntos operativos y comerciales que, por razones de competencia, es importante mantener en secreto en interés de la persona a la que se refiere la información[439]. La Autoridad del Consumidor

---

[439] Artículo 6 de la Ley Noruega. La empresa tiene la obligación de proporcionar la información solicitada por escrito de una forma adecuada, comprensible y en un tiempo razonable (entre 3 semanas y 2 meses dependiendo del tipo de información). Si la empresa deniega una solicitud de información, deberá informar sobre la base legal de los motivos, el derecho y plazo para exigir una justificación más detallada

es el órgano encargado de la supervisión y de aportar orientaciones (art. 7). En cuanto a las sanciones aplicables, se otorga a la Autoridad del Consumidor y al Consejo de Mercado la facultad de emitir decisiones relacionadas con la imposición de sanciones por incumplimiento de sus disposiciones (arts. 11 a 14).

v. El Anteproyecto español de Ley para la protección de los derechos humanos, de la sostenibilidad y sobre la diligencia debida en las actividades empresariales

En septiembre del 2022, se presentó el borrador del Anteproyecto de Ley español. La necesidad de dotarse de una norma obligatoria en materia de diligencia debida en derechos humanos quedó patente en el estudio realizado en 2020 por la Red Española del Pacto Mundial, que llevó a cabo una consulta integral en colaboración con la Secretaría de Estado para la *Agenda 2030* con más de 1.900 empresas españolas. Los resultados del estudio mostraron que solo el 8% de las empresas consultadas evaluaban el impacto de su actividad respecto a los derechos humanos[440]. Por su parte, el Observatorio de RSC analizó las memorias de sostenibilidad del IBEX35 para 2019, llegando a la conclusión de que solo un 39% de estas grandes empresas multinacionales llevaba a cabo un análisis de riesgos en materia de derechos humanos[441].

---

440 RED ESPAÑOLA DEL PACTO MUNDIAL, "Contribución de las empresas españolas a la Estrategia de Desarrollo Sostenible 2030: una consulta integral", 11 de noviembre de 2020. https://www.pactomundial.org/biblioteca/contribucion-de-las-empresas-espanolas-a-la-estrategia-de-desarrollo-sostenible-2030-una-consulta-integral/ (consultada el 25 de abril de 2025).

441 OBSERVATORIO DE RESPONSABILIDAD SOCIAL CORPORATIVA, "La Responsabilidad Social Corporativa en las memorias anuales de las empresas del IBEX 35", ejercicio 2020. https://observatoriorsc.org/descarga-gratis-el-informe/?download-id=8467 (consultada el 25 de abril de 2025).

Sometido al trámite de consulta pública, la mayoría de las personas o entidades que participaron (el 81,8 %) se manifestaron favorables a la propuesta de una norma en materia de diligencia debida. Más en concreto, el 95,9% de las organizaciones no gubernamentales que participaron en la consulta afirmaron la necesidad de una acción normativa sobre diligencia debida, mientras que la opinión favorable de las organizaciones empresariales alcanzó un notable 59,6%, porcentajes ambos que vienen a significar el consenso social sobre una norma de estas características (Punto II de la Exposición de motivos del Anteproyecto de Ley español).

El ámbito de aplicación del Anteproyecto se dirige a grandes empresas y grupos de sociedades, establecidas en España o en cualquier otro Estado, que lleven a cabo la venta de bienes o la prestación de servicios en territorio español (art. 3).

A la hora de concretar el contenido de la diligencia debida, el Anteproyecto de Ley español diseña un proceso continuo por el que las empresas deberán identificar, evaluar todos los efectos adversos; prevenir y mitigar los efectos adversos potenciales; y cesar y en su caso reparar los efectos adversos reales sobre los derechos humanos, el trabajo decente y el medio ambiente de sus propias actividades, de las actividades de sus filiales y de las que se realicen a lo largo de su cadena de valor (art. 5). En cualquier caso, no es preciso subrayar la necesidad de coordinar la futura normativa española sobre diligencia debida con la recientemente aprobada *Directiva CSDDD.*

En el régimen sancionador del Anteproyecto se distingue entre sanciones administrativas leves (no facilitar datos requeridos, no colaborar, no comunicar en tiempo y forma), graves (no publicar la información, no establecer los mecanismos de queja, la reiteración de dos faltas leves en el periodo de un año), y muy graves (no elaborar el plan de diligencia debida o hacerlo incumpliendo manifiestamente los términos previstos, no llevar a cabo el análisis de riesgos, ocultar los impactos adversos, obstruir intencionadamente la labor de la autoridad supervisora o cometer fraude de ley) (art. 27). En caso de reincidencia, cuando se cometa una infracción del mismo tipo y calificación que la que motivó una sanción anterior en el plazo de los tres años siguientes a la notificación de la primera, la cuantía de las sanciones se podrá duplicar[442]. Además, en la determinación de la cuantía deben tenerse en cuenta los esfuerzos que ha hecho la empresa para cumplir con sus obligaciones de diligencia debida (art. 30).

En el Anteproyecto se hace mención expresa a que el cumplimiento de las obligaciones en materia de diligencia debida en ningún caso será causa de exoneración de la responsabilidad penal en que puedan incurrir la empresa y sus administradores de conformidad con lo dispuesto en el Código Penal (art. 34).

---

[442] Las sanciones serán en forma de multa de hasta el 0,5% del volumen de negocio total mundial de la empresa infractora o entre 50.000 y 100.000 euros para las sanciones leves; hasta el 1% del volumen de negocio total mundial de la empresa infractora o entre 100.001 y 2 millones de euros para las sanciones graves; hasta el 5% del volumen de negocio total mundial de la empresa infractora o más de 2 millones de euros para las sanciones muy graves. Adicionalmente, las infracciones graves y muy graves podrán ser sancionadas con: a) pérdida durante un plazo de hasta cinco años de la posibilidad de obtener subvenciones, ayudas públicas y avales de las Administraciones públicas u otros entes públicos; b) pérdida durante un plazo de hasta cinco años de la posibilidad de actuar como entidad colaboradora en relación con las subvenciones reguladas en esta ley; c) prohibición durante un plazo de hasta cinco años para contratar con las Administraciones públicas. Además, se podrá imponer una multa de hasta 60.000 euros a cada uno de los representantes legales de la empresa o a las personas que integran los órganos directivos que hayan intervenido en la conducta. Art. 28 del Anteproyecto.

vi. Una nueva fuerza armonizadora: La Directiva CSDDD

Las normativas adoptadas por países como Francia, Alemania, Países Bajos o Noruega han representado avances significativos en el desarrollo de la diligencia debida en derechos humanos. Sin embargo, estas iniciativas carecían de homogeneidad, coordinación y coherencia, y no siempre proporcionaban los recursos necesarios para que las empresas pudieran cumplir con las obligaciones impuestas. Por ello, la armonización de estas normativas constituye un salto cualitativo importante.

En los últimos años, un diálogo fructífero entre el Parlamento Europeo y la Comisión Europea culminó en la adopción de la *Directiva CSDDD*[443]. El 25 de octubre de 2016, el Parlamento Europeo adoptó una Resolución en la que expresaba su preocupación por los impactos negativos de la globalización e internacionalización de las actividades comerciales[444]. El debate se intensificó en septiembre de 2020, cuando la Comisión de Asuntos Jurídicos del Parlamento Europeo presentó un texto que contenía un borrador de lo que podría ser una propuesta para la adopción de una Directiva sobre diligencia debida en derechos humanos[445].

Apenas un mes después, en octubre de 2020, la Comisión Europea abrió una consulta pública sobre la posibilidad de

---

[443] SANGUINETI RAYMOND, W./MORATO GARCÍA, R.M., "Diligencia debida y derechos humanos laborales en la Propuesta de Directiva de la Comisión Europea", *Revista del Ministerio de Trabajo y Economía Social, Serie Derecho Social Internacional y de la Unión Europea*, nº 154, 2022, p. 24.

[444] RESOLUCIÓN del Parlamento Europeo, de 25 de octubre de 2016, sobre la responsabilidad de las empresas por violaciones graves de los derechos humanos en terceros países (2015/2315(INI)).

[445] EUROPEAN PARLIAMENT, COMMITTEE ON LEGAL AFFAIRS, *DRAFT REPORT with recommendations to the Commission on corporate due diligence and corporate accountability* (2020/2129(INL)), 11.09.2020

adoptar una normativa europea sobre diligencia debida de las empresas y gobierno corporativo sostenible, que desembocó en la Resolución del Parlamento Europeo de 10 de marzo de 2021 en la que se incluían recomendaciones para la Comisión sobre diligencia debida en derechos humanos[446]. Recogiendo este impulso, la Comisión Europea presentó el 23 de febrero de 2022 su propuesta de Directiva sobre Diligencia Debida de las Empresas en Materia de Sostenibilidad[447].

Finalmente, en junio de 2024 vio la luz el texto de la *Directiva CSDDD*[448]. Esta normativa se establece como un marco regulador integral, que no está limitado a sectores específicos, sino que abarca de manera transversal una amplia gama de actividades comerciales. Este enfoque subraya la importancia de una colaboración constructiva con las partes interesadas, incluyendo la consulta previa con empleados y representantes de la empresa, para garantizar una implementación efectiva de la diligencia debida (art. 13). Dado que la *Directiva CSDDD* incorpora los estándares de los *Principios Rectores* y de las *Directrices de la OCDE* en el Derecho europeo, todos los Estados miembro deberán transponer este modelo a sus ordenamientos jurídicos internos[449].

---

446 RESOLUCIÓN del Parlamento Europeo, de 10 de marzo de 2021, con recomendaciones destinadas a la Comisión sobre diligencia debida de las empresas y responsabilidad corporativa (2020/2129(INL)).

447 Propuesta de DIRECTIVA DEL PARLAMENTO EUROPEO Y DEL CONSEJO sobre diligencia debida de las empresas en materia de sostenibilidad y por la que se modifica la Directiva (UE) 2019/1937 Bruselas, 23.2.2022 COM(2022) 71 final 2022/0051 (COD).

448 Resolución legislativa del Parlamento Europeo, de 24 de abril de 2024, sobre la propuesta de Directiva del Parlamento Europeo y del Consejo sobre diligencia debida de las empresas en materia de sostenibilidad y por la que se modifica la Directiva (UE) 2019/1937 (COM(2022)0071 – C9-0050/2022 – 2022/0051(COD)).

449 Sobre el complejo proceso de elaboración de la *Directiva CSDDD*, véase PALAO MORENO, G., “Hacia una regulación europea en

El modelo de diligencia debida desarrollado en la *Directiva CSDDD* requiere la adopción de medidas preventivas *ex ante* dirigidas a la identificación, evaluación y reducción de riesgos sobre los derechos humanos y el medio ambiente. Estas incluyen la formulación de políticas específicas de diligencia debida, la implantación de códigos de conducta, la realización de análisis de riesgos, el diseño de planes de prevención, la incorporación de cláusulas contractuales en las relaciones comerciales, la trazabilidad de las cadenas de valor, la formación del personal y la creación de mecanismos internos de supervisión (arts. 7 a 10).

En segundo lugar, una vez que se han producido o detectado efectos adversos concretos, la norma impone una serie de obligaciones reactivas *ex post*, que obligan a las empresas a intervenir con medidas correctivas proporcionales. Estas comprenden la elaboración e implementación de planes de acción con indicadores de seguimiento, la adopción de medidas para minimizar o eliminar el daño, la revisión de procesos operativos, la modificación de prácticas empresariales, la prestación de apoyo técnico o financiero a los socios implicados, la suspensión o terminación de relaciones comerciales en caso de incumplimientos graves y, en última instancia, la reparación efectiva del daño, ya sea mediante acciones directas o a través de medidas compensatorias adecuadas (arts. 10 a 12)[450].

---

materia de diligencia debida de las cadenas de valor empresariales: retos que suscita al Derecho internacional privado", en CHIARA MARULLO, M./SALES PALLARÉS, L./ZAMORA CABOT, F.J. (Dir.), *Empresas transnacionales, derechos humanos y cadenas de valor: nuevos desafíos*, COLEX, A Coruña, 2023, pp. 45-66.

[450] Para un análisis detallado de las medidas de diligencia debida propuestas por la Directiva CSDDD, véase SERRANO ESTEBAN, A.I., "Análisis de la Directiva sobre Diligencia Debida de las empresas en materia de sostenibilidad (CSDDD) de 24 de abril de 2024", *Revista Aranzadi Doctrinal*, Nº. 7, 2024; MORAL DE LA ROSA, J., "Las cadenas de valor de las empresas y la diligencia debida a partir de la

Estas obligaciones serán supervisadas y quedarán sujetas a mecanismos de reparación, garantizando que las empresas cumplan con los estándares aplicables en materia de derechos humanos. Para apoyar la implementación y seguimiento de la Directiva, la Comisión Europea creará un sistema de asistencia unificado encargado de presentar informes periódicos sobre la aplicación y efectividad de la Directiva, evaluando la necesidad de realizar posibles ajustes o incorporar nuevas disposiciones (art. 21). De este modo, se asegurará la adaptación continua de este marco regulador en desarrollo a las circunstancias y dinámicas cambiantes de las cadenas productivas.

En su articulado, también se materializa la intención de la Comisión Europea de fortalecer la proyección externa de la normativa para evitar que las empresas europeas se encuentren en una desventaja competitiva frente a sus contrapartes de otras regiones del mundo y, al mismo tiempo, preservar sus cuotas de mercado. Para lograr este objetivo, la Directiva establece obligaciones uniformes de diligencia debida tanto para empresas europeas como para aquellas extranjeras que operan dentro del mercado interior de la Unión, ya sea mediante la venta de bienes o la prestación de servicios (art. 2.2). La aplicación de estas obligaciones a las empresas extranjeras está condicionada a que cumplan con ciertos criterios específicos relacionados con su volumen de negocios[451].

Directiva 2024/1760 del Parlamento Europeo y del Consejo, de 13 de junio de 2024", *Diario La Ley,* Nº 10664, 2025.

451 Que se calculan con arreglo a la DIRECTIVA 2013/34/UE DEL PARLAMENTO EUROPEO Y DEL CONSEJO de 26 de junio de 2013 sobre los estados financieros anuales, los estados financieros consolidados y otros informes afines de ciertos tipos de empresas, por la que se modifica la Directiva 2006/43/CE del Parlamento Europeo y del Consejo y se derogan las Directivas 78/660/CEE y 83/349/CEE del Consejo.

La introducción de este requisito responde a la intención de restringir el ámbito de aplicación de la Directiva a las empresas ajenas a los Estados miembro de la UE que mantengan una presencia económica significativa en el mercado interior de la Unión[452]. Sin embargo, la falta de definición clara de estos criterios podría llevar a que algunas empresas opten por no ingresar al mercado interior de la UE o se retiren del mismo para evitar cumplir con las disposiciones de la Directiva. Esta situación de "huida" del mercado es más probable en empresas cuya mayoría de operaciones comerciales se realiza fuera de la UE. Para estas empresas, los costes de adaptación a la Directiva serían desproporcionados respecto a los beneficios, dado que solo afectarían una pequeña parte de su cadena de valor y no impactarían sus actividades comerciales fuera de la UE.

Aunque podría parecer que esta situación de no cumplimiento de la Directiva por parte de algunas empresas extranjeras tendría un impacto menor en la UE, en realidad podría tener consecuencias negativas importantes para la competencia dentro del mercado interior. Esto se debe a que empresas más pequeñas, que de otra manera podrían haber crecido y competido con los grandes operadores ya establecidos, optarían por no desarrollarse dentro de la UE, lo que debilitaría la competencia interna y perjudicaría el dinamismo del mercado interior[453].

El texto definitivamente adoptado de la Directiva es notablemente más estricto en algunos aspectos que las propuestas

---

452 SANGUINETI RAYMOND, W./MORATO GARCÍA, R.M., “Diligencia debida y derechos humanos laborales en la Propuesta de Directiva de la Comisión Europea”, p. 27.

453 GRUPO DE EXPERTOS EN DERECHO DE SOCIEDADES EUROPEO, “Comentario del sobre el Proyecto de Directiva del Parlamento Europeo sobre la Diligencia Debida y la Responsabilidad de las Empresas Grupo de Expertos en Derecho de Sociedades Europeo”, *Revista de Derecho de Sociedades*, N. 62 (2021), pp. 18 y ss.

previas, en particular en lo relativo a la contratación pública. Originalmente, la propuesta de la Comisión Europea de 2022 no contemplaba la inclusión de la contratación pública de bienes, servicios, obras y suministros, a pesar del considerable volumen de negocios que estos representan a nivel comunitario[454]. Sin embargo, la *Directiva CSDDD* ha incorporado en su aplicación la contratación pública. De acuerdo con la *Directiva CSDDD,* los Estados miembro tienen la responsabilidad de asegurar que las obligaciones derivadas de las normas nacionales que transponen la *Directiva CSDDD,* ya sea de manera obligatoria o voluntaria, sean consideradas dentro de los aspectos medioambientales o sociales en los procesos de contratación y concesiones públicas (art. 31). Este mandato permite a los entes adjudicadores incorporar estos aspectos medioambientales y sociales como criterios fundamentales en la adjudicación de contratos públicos y concesiones, promoviendo así prácticas de compra más sostenibles y éticas en el ámbito público.

Los Estados miembros están obligados a establecer un régimen de sanciones efectivas, proporcionadas y disuasorias para responder a cualquier infracción de las disposiciones del derecho nacional derivadas de la Directiva. Este régimen debe incluir sanciones económicas y asegurar todas las medidas necesarias para su ejecución. Al evaluar la imposición y la cuantía de las sanciones, se debe tener en cuenta factores como: la naturaleza, gravedad y duración de la infracción, junto con la gravedad de los efectos resultantes; las inversiones realizadas por la empresa y cualquier apoyo específico recibido bajo los artículos pertinentes de la *Directiva CSDDD*; la cooperación con otras entidades para mitigar los efectos de la infracción; las

[454] SANGUINETI RAYMOND, W./MORATO GARCÍA, R.M., "Diligencia debida y derechos humanos laborales en la Propuesta de Directiva de la Comisión Europea", p. 28.

decisiones de priorización tomadas; infracciones previas comprobadas mediante resolución definitiva; las medidas de reparación implementadas por la empresa; los beneficios económicos obtenidos o las pérdidas evitadas debido a la infracción, y cualquier otro factor agravante o atenuante relevante[455]. Además, los Estados miembros tienen el deber de asegurar que las sanciones se hagan públicas y se encuentren accesibles durante al menos cinco años, además de ser transmitidas a la Red Europea de Autoridades de Control.

No obstante, el impulso armonizador de la *Directiva CSDDD* se enfrenta ya a importantes tensiones internas que amenazan con debilitar su eficacia material. En particular, las modificaciones introducidas por los paquetes *Omnibus* suponen una reducción sustancial del alcance y ambición regulatoria de la Directiva. Entre los ajustes más relevantes destaca la limitación de su ámbito de aplicación a grandes empresas con más de 5.000 empleados y una facturación superior a 1.500 millones de euros, lo que excluye a una parte significativa del tejido empresarial europeo originalmente contemplado. Asimismo, se restringen las obligaciones de diligencia debida a los socios comerciales directos, excluyendo a los proveedores indirectos de la cadena de valor, y se simplifican los

---

[455] El marco sancionador contempla expresamente la imposición de multas, que deben calcularse en función del volumen de negocios mundial neto de la empresa. El límite máximo de estas multas no será inferior al 5% de dicho volumen de negocios del ejercicio financiero anterior al de la decisión sancionadora. En particular, para las empresas que operan bajo un modelo de grupo empresarial, se deberá considerar el volumen de negocios consolidado notificado por la empresa matriz para el cálculo de las sanciones pecuniarias. Además, si una empresa no cumple con una sanción pecuniaria dentro del plazo establecido, se deberá emitir una declaración pública identificando a la empresa y la naturaleza de la infracción. Artículo 27 de la Directiva.

requisitos de supervisión y reporte, lo que puede erosionar los estándares sustantivos de diligencia razonable[456].

Aunque estas reformas se presentan como medidas necesarias para reducir la carga administrativa y mejorar la viabilidad del cumplimiento, en la práctica conllevan un riesgo de vaciado normativo, al debilitar los mecanismos de trazabilidad, control y responsabilidad que constituían el núcleo estructurante de la Directiva. Esta evolución refleja una tensión no resuelta entre ambición reguladora y presión política, que obliga a los Estados miembros y a las autoridades nacionales de supervisión a desempeñar un papel activo para preservar la coherencia, efectividad y credibilidad del nuevo marco europeo de diligencia debida en derechos humanos.

III PRINCIPIOS FUNDAMENTALES DEL CUMPLIMIENTO NORMATIVO EN DERECHOS HUMANOS

El desarrollo de las normativas que hemos analizado en los apartados precedentes se ha nutrido de un continuo diálogo legislativo y de la influencia de estándares y normativas preexistentes. Esto se aprecia claramente en los países anglosajones con el modelo iniciado con la *California Transparency in Supply Chains Act*, que ha servido de base común para las

[456] Véase el comunicado de prensa del CONSEJO DE LA UNIÓN EUROPA, Simplificación: el Consejo acuerda su posición sobre los requisitos de presentación de información y de diligencia debida en materia de sostenibilidad para impulsar la competitividad de la UE, 23 de junio de 2025, disponible en: https://www.consilium.europa.eu/es/press/press-releases/2025/06/23/simplification-council-agrees-position-on-sustainability-reporting-and-due-diligence-requirements-to-boost-eu-competitiveness/ (consultada el 4 de julio de 2025).

normas adoptadas en los ordenamientos jurídicos internos del Reino Unido y de Australia para configurar un modelo de transparencia blanda. De forma similar, la LKSG alemana puede considerarse un "reglamento" complementario a la ley francesa, y su influencia en el desarrollo de la *Directiva CSDDD* es innegable. Esta construcción global refleja el fenómeno de la "fertilización cruzada" basada en la autorregulación regulada. El derecho positivo, en este contexto, ofrece esencialmente *metanormas* que permiten a las empresas adoptar sus propios modelos de cumplimiento, apoyándose en estándares producidos por la OCDE y otras entidades internacionales

Dado que, como acabamos de ver, en apenas unos pocos años se ha conformado un amplio marco regulatorio, podemos identificar ya los rasgos comunes de las obligaciones de diligencia debida. En base a ellos, a continuación, se ofrece un estudio de derecho comparado para definir los principios fundamentales del cumplimiento normativo en derechos humanos.

A. *Un cumplimiento bajo tres líneas de actuación: obligaciones de transparencia que tienden hacia las empresas cotizadas, obligaciones de conducta sectoriales aplicables a todas las empresas que comercializan determinados productos, y obligaciones de diligencia debida que vinculan a las grandes corporaciones multinacionales*

Los *Principios Rectores* se dirigen a todas las empresas, estableciendo que todas las actividades corporativas deben respetar los derechos humanos, tanto a nivel local como internacional[457]. Sin embargo, las normativas de derecho positivo se

---

[457] En el Principio Fundacional número 11 de los PRNU se responsabiliza a todas las empresas de respetar los derechos humanos, independientemente de su tamaño o sector de actividad.

están desarrollando a través de tres enfoques principales: transparencia y reporte de información, diligencia debida sectorial y diligencia debida aplicable de forma generalizada a todas las grandes empresas.

El primer enfoque, desarrollado por las normas de transparencia y reporte de información, comenzó a aplicarse a las grandes empresas en función de su volumen de negocios o facturación dado su mayor impacto potencial en la economía y en los derechos humanos a nivel mundial. El modelo anglosajón para el reporte de información responde a este enfoque, imponiendo obligaciones a grandes empresas en función de su facturación o número de empleados[458].

En el contexto europeo, la *Directiva 2014/95/UE sobre divulgación de información no financiera* seguía este mismo enfoque[459].

---

458 La *California Transparency in Supply Chains Act* requiere que las empresas con ingresos brutos anuales superiores a 100 millones de dólares divulguen sus esfuerzos para erradicar la esclavitud y la trata de personas en sus cadenas de suministros (California Civil Code section 1714.43.(b)). La *Modern Slavery Act* del Reino Unido impone obligaciones a las empresas con un volumen de negocios anual global de al menos 36 millones de libras esterlinas (UK *Modern Slavery Act* section 54.(7)), mientras que la *Modern Slavery Act* australiana se aplica a entidades con ingresos consolidados anuales de al menos 100 millones de dólares australianos (Section 5.(1) de la *Modern Slavery Act* Australiana). De manera similar, la *Fighting Against Forced Labour and Child Labour in Supply Chains Act* canadiense se aplica a entidades que superen el umbral de ingresos anuales de 40 millones de dólares canadienses o dispongan de activos valorados en al menos 20 millones de dólares canadienses, y que cuenten al cierre del ejercicio anual con al menos 250 empleados (Sección 6 de la Fighting Against Forced Labour and Child Labour in Supply Chains Act).

459 Aplicándose inicialmente a grandes empresas de interés público con más de 500 empleados Artículo 1.1 de la Directiva 2014/95/UE sobre divulgación de información no financiera

Sin embargo, con la evolución del marco regulador, se observa una tendencia en la que se están redefiniendo y ajustando los umbrales de aplicación de estas exigencias, buscando un equilibrio entre la transparencia y la reducción de cargas administrativas para las empresas.

La *Directiva CSRD* ha ido expandiendo su ámbito de aplicación de forma paulatina. Actualmente, se aplica a todas las empresas que cumplan al menos dos de los siguientes tres criterios: tener más de 250 empleados, un volumen de negocios neto superior a 40 millones de euros, o un balance general superior a 20 millones de euros[460]. También a las empresas no domiciliadas en la UE que realicen negocios significativos dentro del mercado común[461]. Además, a partir de 2026 todas las empresas que cotizan en mercados regulados de la Unión Europea, exceptuando las microempresas, tendrán requisitos de reporte (aunque más simplificados para las PYMES que para las grandes multinacionales)[462].

No obstante, los paquetes *Omnibus* introducen modificaciones que afectan directamente a la aplicación de estos criterios, elevando la cifra de empleados hasta los 1.000 y la de negocio hasta los 50 millones. También se plantea la posibilidad de conceder una exención temporal de dos años para PYMES cotizadas, permitiendo que estas empresas dispongan de un periodo adicional para adaptarse a las nuevas exigencias.

---

460 Artículo 3 de la Directiva 2013/34/UE, modificada por la *Directiva CSRD*.

461 Aquellas con un volumen de negocios neto superior a 150 millones de euros en la UE y que posean una filial o una sucursal que genere más de 40 millones de euros en ingresos netos Artículo 40.bis de la *Directiva CSRD*.

462 Conforme a lo dispuesto en el artículo 19.bis y artículo 29.bis de la Directiva 2013/34/UE, modificada por la *Directiva CSRD*.

El segundo enfoque, desarrollado por las regulaciones aplicables a determinados productos y sectores de actividad, se dirigirse a todas las entidades que participan en dicho mercado independientemente del tamaño de la empresa[463]. La aplicación de normas sectoriales a todas las empresas involucradas en ciertos segmentos de las cadenas productivas, particularmente aquellas consideradas como altamente sensibles o de mayor riesgo, puede ser percibida como una medida positiva, principalmente porque en estos ámbitos se cometen las más

---

463 Este es el caso del Reglamento (CE) 2368/2002 de 20 de diciembre de 2002, por el que se aplica el sistema de certificación del Proceso de Kimberley para el comercio de diamantes, que no especifica un número de empleados ni facturación sino que se aplica a todas las entidades que participan en el comercio de diamantes en bruto (Artículo 2). Del mismo modo, la regulación del comercio de la madera, desde sus orígenes en el Reglamento (CE) nº 2173/2005 hasta el último Reglamento (UE) 2023/1115, se ha aplicado a todos los operadores que introducen madera y productos derivados en el mercado de la UE, sin especificar un número de empleados. En cuanto a los minerales 3TG, de acuerdo con el Reglamento (UE) 2017/821 de 17 de mayo de 2017 sobre minerales de conflicto, se aplica a todos los importadores de estaño, tantalio, tungsteno y oro que superen cierto volumen de importaciones sin especificar criterios de empleados o facturación (Artículo 4). Sin embargo, dado el elevado volumen de importaciones que requiere la norma para caer en su ámbito de aplicación, en la práctica solo se aplica a las grandes corporaciones multinacionales dedicadas al comercio internacional de minerales o metales. Por último, el Reglamento (UE) 2023/1542 de 12 de julio de 2023 impone obligaciones de diligencia debida a todos los actores económicos involucrados en la cadena de valor de suministro de pilas y baterías, independientemente de su tamaño o facturación (artículo 5). A esta estrategia también se ha sumado la Ley holandesa de diligencia debida en materia de trabajo infantil de 2019, que se dirige a todas las empresas holandesas independientemente de su tamaño o facturación para prevenir la entrada en sus mercados de productos obtenidos mediante trabajo infantil (artículo 4.1).

graves violaciones de derechos humanos. No obstante, este enfoque puede plantear problemas importantes para su aplicación práctica.

La diversificación de las exigencias de diligencia debida en derechos humanos aplicable a los diferentes sectores de actividad puede derivar en una fragmentación normativa que, a su vez, propicie un ambiente de inseguridad jurídica. En este marco, los grupos corporativos multinacionales, que también tienen una actividad muy diversificada, pueden enfrentarse a un panorama regulatorio heterogéneo que dificulta la adopción de prácticas uniformes y coherentes[464]. Por ello, considero que es conveniente dotar de homogeneidad a las obligaciones impuestas por estas normativas sectoriales y que se armonicen con las directrices impuestas al resto de ámbitos de actividad, teniendo en cuenta las particularidades propias y riesgos inherentes de estos sectores productivos de mayor riesgo. Con ello, se garantizaría un enfoque equilibrado que fomente la protección efectiva de los derechos humanos sin imponer cargas desproporcionadas o incoherentes a las empresas implicadas.

Por último, el tercer enfoque se dirige a introducir obligaciones directas para las grandes empresas multinacionales, que son las que configuran sus cadenas productivas situándose en su extremo como compañía dominante de las relaciones comerciales que en ella se producen, infiriéndose una dependencia económica y productiva de los proveedores con la multinacional[465]. La *Directiva CSDDD*, en su versión adoptada en 2024,

---

[464] SMIT, L. (et. al), *Study on due diligence requirements through the supply chain, Final Report*, pp. 285-286.

[465] La Ley francesa sobre el deber de vigilancia de las sociedades matrices y empresas ordenantes de 2017 se aplica a las empresas que tienen al menos 5.000 empleados en Francia o 10.000 empleados en todo el mundo (artículo 1). La LKSG, desde el 1 de enero de 2023,

establece que las empresas sujetas a sus obligaciones deben cumplir alguno de los siguientes criterios: tener una media de más de 1.000 empleados y un volumen de negocios mundial neto superior a 450 millones de euros en el último ejercicio financiero; ser la empresa matriz de otra que haya alcanzado dichos umbrales; o haber celebrado acuerdos de franquicia o licencia en la UE con cánones superiores a 22,5 millones de euros y un volumen de negocios neto superior a 80 millones de euros en la UE.

No obstante, con los paquetes *Omnibus* se han planteado modificaciones que podrían afectar a estos umbrales. Entre las medidas propuestas, se encuentra la reducción del número de empresas sujetas a la *Directiva CSDDD,* incrementando el umbral de empleados hasta los 5.000 y volumen de negocios requerido hasta los 1.500 millones de euros. De aprobarse, estas modificaciones limitarían el alcance de la normativa, excluyendo a ciertas empresas de tamaño medio que actualmente estarían obligadas a cumplir con los requisitos de diligencia debida. Además, se está evaluando la posibilidad de suavizar las exigencias para las empresas extranjeras que operan en la UE,

---

impone obligaciones a todas las empresas con sede en Alemania y un mínimo de 3.000 empleados, reduciendo este umbral a 1.000 empleados a partir del 1 de enero de 2024 (§ 1). La Ley noruega sobre Transparencia Empresarial de 2022 cubre a las empresas que cumplan dos de los siguientes tres requisitos: ingresos superiores a 70 millones de coronas noruegas, balance total superior a 35 millones de coronas noruegas, o más de 50 empleados de media equivalentes a tiempo completo (artículo 2). El Anteproyecto español se dirige a empresas y grupos de sociedades que reúnan al menos una de las siguientes circunstancias: un número medio de empleados igual o superior a 250; un importe neto de la cifra anual de negocios superior a 50 millones de euros; ser consideradas entidades de interés público según la legislación de auditoría de cuentas; haber recibido ayudas o subvenciones públicas superiores a 100 mil euros en el ejercicio anterior (artículo 3).

revisando los umbrales aplicables a los acuerdos de franquicia y licencia para evitar que la carga regulatoria desincentive la inversión en el mercado europeo.

Dada la situación de dependencia económica, productiva u organizativa de las filiales y proveedores, es por lo que la empresa líder —la corporación multinacional— debe adoptar medidas para controlar que su actividad y las de sus proveedores, situados bajo su ámbito de influencia, respete los derechos humanos. De esta forma, se abre una nueva vía para que las víctimas puedan exigir responsabilidades a las corporaciones multinacionales —empresas líderes— por los actos cometidos por sus filiales, proveedores y subcontratistas en función de su capacidad de influencia para modificar las prácticas del proveedor que entrañen riesgos no asumibles en caso de inacción de la empresa multinacional[466].

Las grandes corporaciones multinacionales, debido a sus complejas estructuras jurídicas, su considerable poder frente a Estados menos desarrollados y la externalización de los riesgos de producción, suelen asumir una mayor responsabilidad en garantizar el respeto de los derechos humanos dentro de sus cadenas productivas globales. Estas normativas están transformando las recomendaciones de diligencia debida en obligaciones legales para estas grandes empresas, que cuentan con los recursos financieros y operativos necesarios para implementar sistemas de control basados en procesos de diligencia debida[467].

---

466 AUVERGNON, P., "El establecimiento de un deber de vigilancia de las empresas transnacionales, o como no dejar que los zorros cuiden libremente del gallinero mundial", *Lex Social: Revista De Derechos Sociales, 10*(2), 2020, p. 212.

467 Desarrollar programas de diligencia debida en derechos humanos y de reporte de información conlleva costes significativos para las empresas, que varían según su tamaño y complejidad de

Además, dado su papel central, las matrices de estas corporaciones son las mejor posicionadas para promover prácticas responsables y sostenibles a lo largo de sus cadenas productivas. Esto no implica ignorar los abusos cometidos por pequeñas empresas, pero el enfoque actual de corregulación público-privada pone la responsabilidad en las matrices para garantizar que tanto sus filiales como sus socios comerciales respeten los derechos humanos.

Un problema en la aplicación de estas normativas es la delimitación del ámbito subjetivo. Ha surgido confusión sobre si es necesario que la matriz de un grupo corporativo esté domiciliada en el territorio nacional. En Francia, por ejemplo, el *Conseil Constitutionnel* estableció que la Ley de Vigilancia solo se aplica a empresas con matriz en Francia[468]. Del mismo modo, la legislación alemana carece de cláusulas extraterritoriales y se limita a

las cadenas de valor en las que operan. Los costes iniciales para las grandes empresas pueden oscilar entre 155.000 y 604.000 euros anuales, mientras que para las PYMES estos costes pueden rondar entre 8.000 y 25000 euros al año. Estos costes incluyen la capacitación de los empleados y el desarrollo de mecanismos de diligencia debida. Además, la recopilación de datos y la publicación de los informes pueden oscilar entre los 50.000 y 200.000 euros, con costes adicionales de entre 100.000 y 750000 euros para la verificación externa de los procesos de reporte. Estos elevados costes pueden representar una carga significativa especialmente para las PYMES, que pueden enfrentarse a mayores costes relativos que las grandes multinacionales debido a su menor volumen de negocio y recursos limitados. SMIT, L. (et. al), *Study on due diligence requirements through the supply chain, Final Report*, pp. 299 y ss.

468 GUAMÁN HERNÁNDEZ, A., "Diligencia debida en derechos humanos y empresas transnacionales: de la ley francesa a un instrumento internacional jurídicamente vinculante sobre empresas y derechos humanos", *Revista Jurídica de los Derechos Sociales*, vol. 8 núm. 2/2018, p. 239.

empresas con sede o sucursal en Alemania[469]. En contraste, el anteproyecto español incluye una cláusula de extraterritorialidad similar a la de la Directiva de diligencia debida, que se aplica a empresas extranjeras que cumplan ciertos criterios[470].

Además, en la práctica está resultando complicado identificar a los grupos corporativos que cumplen con estos requisitos[471]. Esto se debe a que la información recogida por los registros mercantiles se encuentra fragmentada y no siempre permite identificar la pertenencia de una empresa a un grupo corporativo mayor ni determinar la plantilla media de las empresas del grupo[472].

Tomando como ejemplo la *Ley francesa de vigilancia empresarial*, que es la norma que más tiempo lleva aplicándose, las organizaciones no gubernamentales han señalado que la falta de información pública y sistemáticamente accesible sobre las empresas complica significativamente este proceso. Por ejemplo, la experiencia ha demostrado que eventos como fusiones,

---

469 La ley se aplica a empresas que tengan sede principal, sucursal principal, sede administrativa o domicilio social en Alemania.

470 Haber generado un volumen de negocios neto superior a 450 millones de euros en la UE en el ejercicio financiero precedente; ser la empresa matriz última de un grupo que haya alcanzado dichos umbrales en el ejercicio financiero anterior; haber celebrado acuerdos de franquicia o licencia en la UE con cánones superiores a 22,5 millones de euros y un volumen de negocios neto superior a 80 millones de euros en la UE.

471 En Francia se han detectado dificultades para acceder a la información del número de empleados totales de los grupos corporativos, sumadas todas las filiales nacionales e internacionales. En Alemania, las dificultades se derivan del cálculo de número de trabajadores cuando la empresa cubre puestos de trabajo con empleados temporales. HEMBACH, H., *Praxisleitfaden. Lieferkettensorgfaltspflichtengesetz*, pp. 53-56.

472 DUTHILLEUL, A./DE JOUVENEL, M., *Evaluation de la mise en œuvre de la loi n°2017-399 du 27 mars 2017 relative au devoir de vigilance des sociétés mères et des entreprises donneuses d'ordre*, p. 18.

adquisiciones y otras reestructuraciones empresariales pueden alterar la configuración de los grupos corporativos, dificultando aún más la tarea de identificación de empleados.

A pesar de los esfuerzos de organizaciones como el *Business and Human Rights Resource Centre, Sherpa, CCFD,* o *Terre Solidaire,* que han intentado crear un registro público de empresas mediante el uso de datos abiertos para rastrear aquellas que deberían estar cumpliendo con la ley, se ha revelado que una proporción significativa de estas empresas no ha publicado un plan de vigilancia conforme a los requisitos legales[473]. Esto supone dificultades adicionales para monitorear el cumplimiento de las empresas, por lo que múltiples partes interesadas han expresado su preocupación sobre la falta de transparencia y las deficiencias en la implementación de la ley.

Para solucionar estas deficiencias, se ha propuesto una modificación del alcance de la *Ley de Vigilancia* para clarificar y simplificar la identificación de las empresas cubiertas. Estas sugerencias incluyen la ampliación del alcance de la ley a más formas corporativas y la consideración de umbrales de facturación y/o de balance general adicionales a los umbrales de

---

473 BUSINESS AND HUMAN RIGHTS RESOURCE CENTRE/SHERPA/CCFD/TERRE SOLIDAIRE, "Duty of Vigilance Radar. List of companies subject to the duty of vigilance". https://vigilance-plan.org/duty-of-vigilance-radar/ (consultada el 25 de mayo de 2025). Además, este grupo de ONG publicó en 2020 un informe en el que se identificaban 265 que deberían entrar dentro del ámbito de aplicación de la ley, lo que en la realidad podría ser un número mayor debido a las dificultades para identificarlas. De ellas, en 27% (72 empresas) no habían publicado su plan de vigilancia. BUSINESS AND HUMAN RIGHTS RESOURCE CENTRE/SHERPA/CCFD/TERRE SOLIDAIRE, "Le radar du devoir de vigilance. Identifier les entreprises soumises à la loi", Edition 2020, https://plan-vigilance.org/wp-content/uploads/2020/06/2020-06-25-Radar-DDV-Edition-2020.pdf (consultada el 25 de mayo de 2025).

empleados existentes, aunque esta solución aún no ha demostrado ser efectiva para simplificar la identificación de las empresas cubiertas[474].

En el caso de la LKSG también se han evidenciado notables complejidades prácticas relacionadas con la identificación de las empresas cubiertas por la norma y la determinación precisa del número de empleados[475]. La LKSG establece que los empleados de todas las entidades del grupo empresarial ubicadas en territorio alemán deben ser incluidos en el número total de empleados de la empresa matriz.

Este requisito plantea ciertas dificultades estructurales, pues solo se consideran los empleados en Alemania, omitiendo aquellos en filiales extranjeras a menos que estén delegados en Alemania (§1.3). Un tema objeto de debate ha sido la interpretación de qué constituye exactamente una "empresa asociada" bajo los términos de la ley, considerando las referencias al §15 y al §18 de la *Ley de Sociedades Anónimas* (AktG), que delinean los contornos de lo que se considera un grupo empresarial.

La LKSG opta por un modelo de acumulación "de abajo hacia arriba", donde los empleados de las filiales se asignan a la empresa matriz, pero no se realiza el proceso inverso. Tal enfoque refleja la intención del legislador de imputar la responsabilidad en el nivel más alto de control corporativo, resaltando la necesidad de una aplicación cuidadosa y contextual de la ley para capturar adecuadamente la realidad operativa de las estructuras corporativas complejas[476].

---

474 SAVOUREY, E./BRABANT, S., "The French Law on the Duty of Vigilance: Theoretical and Practical Challenges Since its Adoption", *Business and Human Rights Journal*, Volume 6, Issue 1, February 2021, pp. 142-143.

475 HEMBACH, H., *Praxisleitfaden Lieferkettensorgfaltspflichtengesetz*, R&W Fachmedien Recht und Wirtschaft, Frankfurt Main, 2022, pp. 53-56

476 SCHALL, A./THEUSINGER, I./POUR RAFSENDJANI, M. (eds.), *Lieferkettensorgfaltspflichtengesetz*, De Gruyter, Berlín, 2023, pp. 86 y ss.

Sin embargo, el ámbito de actividad de la sociedad matriz que da lugar a obligaciones de diligencia debida aplicable a nivel de grupo se limita a las sociedades del grupo corporativo sobre las que dicha sociedad matriz ejerce una influencia decisiva. En ausencia de dicha influencia decisiva, la empresa matriz no tiene ninguna responsabilidad propia de hacer cumplir la diligencia debida. De ello se deriva la sorprendente consecuencia de que la empresa matriz puede disponer de una responsabilidad más intensa con respecto a sus proveedores que en relación con las filiales sobre las que no ejerza una influencia decisiva[477].

Una reflexión sobre cuál debería ser el ámbito de aplicación de la diligencia debida nos lleva a considerar que la fragmentación y la falta de uniformidad en la normativa actual genera tensiones. Las empresas multinacionales operan a través de complejas redes de filiales y socios comerciales, lo que dificulta la implementación efectiva de normas que se basan en criterios nacionales o regionales estrictos. En el caso francés, las ONG han sugerido simplificar y ampliar el alcance de la Ley de vigilancia para alinear su ámbito de aplicación con las Directivas de información no financiera.

Avanzando en esta línea, la estrategia más efectiva sería aplicar las normas de transparencia y de diligencia debida a todas las empresas que cotizan en los mercados de valores. Esta es la opción que ha desarrollado la Sección 1502 de la *Dodd-Frank Wall Street Reform and Consumer Protection Act* y a la que tiende la *Directiva CSRD*, que no se centran en el volumen de negocios o el número de empleados para establecer las obligaciones de transparencia, sino que son más pragmáticas en cuanto a la identificación de las empresas cubiertas al dirigirse a todas aquellas que cotizan en los mercados de valores.

---

477 GEHLING, C., "Umsetzung des LKSG im Konzern", CCZ, 7-8/2023, p. 211.

B. Un cumplimiento cooperativo y supervisado por entidades públicas para el correcto ejercicio de la diligencia debida

La diligencia debida en derechos humanos exige que las empresas implementen mecanismos internos para evaluar y mitigar riesgos, adoptando un enfoque cooperativo que involucra a organizaciones internacionales, Estados, empresas y ONG. Este modelo se caracteriza por una supervisión pública para garantizar su eficacia. La cooperación público-privada promueve acciones conjuntas entre el Estado y las empresas, incluyendo iniciativas colectivas y equipos mixtos que abordan problemas específicos mediante acciones privadas, públicas y colaborativas. Dado lo complejo de las cadenas productivas globales y las dificultades para identificar a todos los proveedores, este enfoque colaborativo facilita el intercambio de información y el trabajo conjunto en la identificación de riesgos, priorizando la transparencia y el apoyo mutuo. Las empresas matrices pueden así influir en sus filiales y proveedores para asegurar el cumplimiento de los estándares[478].

Las normativas adoptadas hasta la fecha refuerzan este modelo cooperativo, similar a lo observado en otros ámbitos como el tributario, donde la cooperación ha mejorado el cumplimiento, reducido la litigiosidad y aumentado la recaudación[479]. Asimismo, en la lucha contra la corrupción y el blanqueo de capitales, inicialmente se propusieron marcos por organismos como el Grupo de Estados contra la Corrupción (GRECO) o el Grupo de Acción Financiera y, en una

478 SMIT, L. (et. al), *Study on due diligence requirements through the supply chain, Final Report,* p. 130.

479 MARTÍN FERNÁNDEZ, J., *Cumplimiento cooperativo en materia tributaria,* Lefebvre-El Derecho, 2018, p. 19.

etapa posterior, se adoptaron normas jurídicamente vinculantes a nivel nacional e internacional[480].

A pesar de que el sector privado puede mostrar reticencias a participar en acciones colectivas por temor a compartir información confidencial que beneficie a la competencia, es importante destacar que las leyes de defensa de la competencia en la UE y EE.UU. no prohíben la colaboración entre empresas siempre que no restrinja injustamente la competencia. En este marco, las normativas se enfocan en evitar cárteles, abuso de posición dominante y fusiones que limitan la competencia, pero permiten la cooperación que mejore la transparencia y el cumplimiento de los derechos humanos[481]. Por ejemplo, el artículo 101 del *Tratado de Funcionamiento de la Unión Europea* (TFUE) prohíbe acuerdos que restrinjan la competencia, pero permite excepciones cuando la colaboración mejora la producción o distribución de bienes o promueve el progreso técnico o económico, siempre que los consumidores reciban una parte justa de los beneficios y no se elimine la competencia[482].

---

480 GÓMEZ INIESTA, D.J., *El delito de blanqueo de capitales en el Derecho español*, Cedecs Editorial, Barcelona, Primera edición, 1996, pp. 18-20.

481 En concreto, la legislación antimonopolio típicamente proscribe cuatro categorías principales de conductas: (i) los cárteles y otras restricciones horizontales de la competencia que son intrínsecamente dañinas (por ejemplo, la fijación de precios o la división de mercados); (ii) otros acuerdos que pueden tener efectos anticompetitivos dependiendo de las circunstancias específicas; (iii) conductas unilaterales que abusan o fortalecen una posición dominante en el mercado; y (iv) concentraciones empresariales (fusiones y adquisiciones) que podrían reducir significativamente la competencia en el mercado relevante. OECD, *Guía de la OCDE de debida diligencia para cadenas de suministro responsables en el sector textil y del calzado*, pp. 29-30.

482 En los EE.UU. la Sección 1 de la *Sherman Act* prohíbe los acuerdos que restringen la competencia, pero, al igual que en la UE, existen interpretaciones que permiten ciertas colaboraciones que pueden

Las normas sectoriales de diligencia debida han adoptado este enfoque colaborativo. El *Reglamento 2017/821 sobre minerales de conflicto* involucra a autoridades y entidades privadas, como Estados miembros, la Comisión Europea, auditoras y acreditadoras, para supervisar el cumplimiento de los importadores de minerales 3TG, mediante auditorías independientes y programas anuales de seguimiento (arts. 6, 8 y 17). El *Reglamento Delegado (UE) 2019/429* establece los criterios para evaluar los programas de cumplimiento y los controles sobre fundiciones y refinerías para que sean incluidas en las "listas blancas". Sin embargo, este proceso podría volverse más simbólico que efectivo si lo que se persigue es un cumplimiento formal busquen cumplir formalmente[483].

En cuanto a los productos asociados a la deforestación, el *Reglamento 2023/1115* fomenta la colaboración entre autoridades de los Estados miembros, aduanas y la Comisión Europea

---

mejorar la eficiencia y la innovación sin comprometer la competencia. Adicionalmente, la *Federal Trade Commission* (FTC) y el DOJ han emitido guías que permiten ciertas actividades colaborativas entre competidores bajo la "rule of reason", es decir, analizando caso por caso si las prácticas promueven o dañan la competencia en general. Sin embargo, se permiten exenciones si los acuerdos contribuyen a mejorar la producción o distribución de bienes o a promover el progreso técnico o económico. Sobre el derecho de la competencia, véase en los EE.UU. y la UE, véase, KWOKA, J.E. (ed.), *The antitrust revolution: economics, competition, and policy*, Oxford University Press, New York, 2014; JONES, A./SUFRIN, B., *EU Competition Law. Text, cases, and materials. Sixth Edition*, Oxford University Press, Oxford, 2016, pp. 112-182.

483 Para evitarlo, en la elaboración de las listas de instalaciones responsables se debería evaluar si el programa de diligencia debida de las fundiciones y refinerías solicitantes se está aplicando de forma eficaz. Sobre este respecto, véanse las observaciones realizadas en *GLOBAL WITNESS, Civil Society Review of Implementation of the EU's Responsible Sourcing Regulation*, 14 de abril de 2018.

(art. 21), facilitando auditorías conjuntas y el intercambio de información confidencial (art. 26). Además, el Observatorio de la UE para la Deforestación[484], encargado de monitorear la deforestación global y proporcionar datos científicos para apoyar las evaluaciones de riesgos (Considerando 31).

De forma similar, las normativas estatales también promueven un modelo colaborativo para garantizar su cumplimiento. La Ley francesa permite al Consejo de Estado detallar cómo las empresas deben aplicar sus planes de vigilancia, adaptándolos a las necesidades del entorno y fomentando la colaboración multisectorial y territorial[485]. En Alemania, la

---

484 La Comisión Europea está avanzando en el establecimiento del Observatorio de la UE para la Deforestación y la Degradación Forestal. Este organismo está destinado a rastrear las alteraciones en las zonas forestales globales y sus causas subyacentes. Proporcionará acceso a datos geográficos y mapas detallados de áreas forestales, facilitando asimismo información relevante sobre las dinámicas de las cadenas de suministro que afectan a los bosques. Esta herramienta vinculará los efectos de la deforestación y la degradación forestal con la demanda de productos y mercancías dentro de la Unión Europea. Cabe destacar que, aunque el observatorio suministra datos relevantes para la comprensión y análisis de estos fenómenos, su función es meramente informativa y no determina por sí sola el cumplimiento o incumplimiento de los reglamentos de la UE o de otros marcos y acuerdos legales internacionales. Véase su página web, https://ieeb.fundacion-biodiversidad.es/recursos/observatorio-de-la-ue-sobre-la-deforestacion-y-degradacion-forestal (consultada el 3 de mayo de 2025).

485 Artículo L. 225-102-3-I, párrafo sexto. Sin embargo, hasta la fecha el Consejo de Estado francés no ha publicado decretos específicos que detallen cómo las empresas deben desarrollar y aplicar sus planes de vigilancia según lo autorizado por la Ley de Vigilancia Empresarial. Este vacío normativo ha llevado a que diversos actores, incluyendo ONGs y asociaciones empresariales, desarrollen sus propias interpretaciones y guías de *soft law*. La guía más completa hasta la fecha es la "Vigilance Plan Reference Guidance", elaborada por la ONG

LKSG otorga amplios poderes a la autoridad competente para supervisar, sancionar y guiar a las empresas en la implementación de sus obligaciones (§ 14), apoyándolas con recursos y asistencia técnica[486]. De manera similar, la *Ley Noruega* designa a la Autoridad del Consumidor para supervisar y asesorar a las empresas (arts. 8 y 9), mientras que la *Ley holandesa sobre trabajo infantil* permite al Ministro de Comercio Exterior aprobar planes de acción conjuntos con organizaciones civiles (art. 5).

Como último ejemplo, la *Directiva CSDDD* establece una Red Europea de Autoridades de Control para coordinar y armonizar la supervisión en todos los Estados miembro, promoviendo un enfoque cooperativo que combina sanciones con el apoyo a las empresas para cumplir con la diligencia debida en derechos humanos (art. 28).

C. Un cumplimiento que va más allá de la mera certificación de los proveedores

Las normas de diligencia debida están evolucionando hacia un enfoque que exige una comprensión y supervisión exhaustiva de las cadenas productivas globales, lo que va más allá de la simple certificación de los proveedores. La diligencia debida en

---

Sherpa. Adicionalmente, informes como los de Entreprises pour les Droits de l'Homme (EDH) revisan anualmente los planes de vigilancia e incluyen orientaciones en las que se recogen las perspectivas de diferentes *stakeholders*. SAVOUREY, E./BRABANT, S., "The French Law on the Duty of Vigilance: Theoretical and Practical Challenges Since its Adoption", pp. 146-147.

486 § 20 de la LKSG. Al ofrecer estas herramientas y recursos, la autoridad facilita el cumplimiento de la ley, promueve una cultura del cumplimiento y un compromiso continuo con la mejora de las prácticas corporativas en relación con los derechos humanos. GABIUS, K., "Das G in ESG: Herausforderungen durch die Nachhaltigkeitstransformation fur den Aufsichtsrat", *CCZ*, 3/2023, pp. 56-57.

derechos humanos ensalza la importancia de asegurar la trazabilidad completa sobre toda la cadena productiva para verificar el cumplimiento de los estándares de derechos humanos por parte de los proveedores directos e indirectos, asegurando que todos los eslabones de la cadena respeten estos principios. Este sistema de trazabilidad requiere una supervisión detallada y constante, que debe incluir auditorías y revisiones regulares para verificar el cumplimiento en cada paso del proceso productivo. Esta metodología de cumplimiento basada en la proactividad y la trazabilidad refleja una evolución del concepto tradicional de RSC hacia una responsabilidad más estructurada y legalmente exigible para la gestión de las cadenas productivas.

Las iniciativas basadas en sistemas de certificación no han tenido el éxito esperado para poner freno a los impactos negativos sobre los derechos humanos que se derivan de la actividad corporativa[487].

En el origen de las regulaciones sectoriales, el *Reglamento de Kimberley* se enfocaba al diseño de un sistema de certificaciones para asegurar la trazabilidad de los diamantes, como: emitir certificados a prueba de falsificaciones o modificaciones; traducir la información de los certificados al inglés; identificar el país de origen de la remesa de diamantes con el código Alfa-2 del país según la norma ISO 3166-1; incluir la fecha de emisión y vencimiento; identificar a la autoridad que emitió el certificado, al importador y a exportador; reseñar el peso en quilates/masa; el valor en dólares estadounidenses; el número de paquetes que componen la remesa; la clave del Sistema Armonizado de Designación y Codificación de Mercancías; o la autenticación de la autoridad exportadora (Anexo I).

---

487 SMIT, L. (et. al), *Study on due diligence requirements through the supply chain, Final Report,* p. 191.

Al requerir que cada envío de diamantes fuese acompañado por una certificación que garantizase su origen libre de conflictos, el *Proceso de Kimberley* creó un mecanismo que combina la certificación de la industria con controles de exportación e importación del sector público para prevenir la financiación de conflictos armados y violaciones de derechos humanos a través del comercio de diamantes.

Con el mercado de la madera y sus productos derivados se ha transitado desde un modelo centrado eminentemente en la certificación hacia un sistema más avanzado de diligencia debida. El modelo desarrollado por el *Reglamento (UE) 995/2010* se correspondía con un sistema de certificación de los proveedores, donde solamente debían ejercer la diligencia debida los agentes que introduzcan la madera en el mercado de la UE para obtener su licencia FLEGT y el resto de los agentes de los siguientes eslabones de la cadena productiva se limitan a comprobar que su proveedor había obtenido una certificación[488]. Aunque en teoría este enfoque debería garantizar prácticas sostenibles y legales, en la práctica no fomenta una verdadera cultura del cumplimiento. En lugar de impulsar un compromiso genuino con la sostenibilidad y los derechos humanos, el modelo basado en la certificación puede llevar a las empresas a simplemente cumplir con los requisitos mínimos exigibles para evitar sus propios riesgos de ser sancionadas.

---

488 El Reglamento de 2010 establecía un marco para combatir la tala ilegal y su comercio asociado, imponiendo a los operadores la obligación de ejercer la "diligencia debida" antes de poner productos de madera en el mercado de la UE. Sin embargo, este reglamento carecía de disposiciones específicas que obligaran a una revisión y actualización periódica de las evaluaciones de riesgo. Los operadores debían cumplir con un sistema de diligencia debida que incluía la recopilación de información, la evaluación del riesgo y la mitigación de los riesgos identificados, pero no se especificaba una frecuencia mínima para revisar y actualizar estos procedimientos

Bajo este enfoque, las empresas se limitaban a verificar que sus proveedores estén certificados sin profundizar en las condiciones reales bajo las cuales se produce la madera u otros productos asociados a la deforestación. La certificación se convierte entonces en una mera formalidad administrativa, en lugar de una herramienta para promover mejoras continuas en las prácticas ambientales y sociales. Las empresas pueden cumplir con el reglamento utilizando únicamente proveedores certificados, sin considerar activamente la necesidad de mejorar las prácticas dentro de sus propias cadenas de suministro.

Mediante el *Reglamento (UE) 2023/1115 sobre productos asociados a la deforestación* se introducen obligaciones de trazabilidad para la verificación de las declaraciones de diligencia debida, como inspecciones in situ y el uso de tecnologías avanzadas de geolocalización y monitoreo satelital para rastrear la procedencia de los productos[489]. Además, se impone una obligación explícita y rigurosa de revisar y actualizar sus evaluaciones de riesgo al menos una vez al año (art. 11). Esta obligación de actualización periódica garantiza que los operadores mantengan un control continuo y dinámico sobre sus cadenas productivas, adaptándose a cualquier cambio en los riesgos asociados con la deforestación y la degradación forestal. En caso de incumplimientos, se establecen medidas correctoras que imponen a los operadores y comerciantes la obligación de subsanar las deficiencias detectadas dentro de un plazo razonable. Las acciones correctivas incluyen corregir no conformidades formales, im-

---

489 Estas tecnologías permiten a las autoridades competentes realizar un seguimiento continuo y en tiempo real de las actividades en las áreas de producción forestal y agrícola. El monitoreo satelital, en particular, facilita la detección de cambios en la cubierta forestal, identificando rápidamente deforestaciones ilegales o no autorizadas. Esta capacidad de vigilancia avanzada proporciona una herramienta para la prevención y la intervención temprana, permitiendo a las autoridades responder de manera más efectiva a las actividades ilegales y minimizar su impacto ambiental.

pedir la comercialización de productos no conformes, retirar o recuperar dichos productos, y, cuando sea posible, donarlos con fines benéficos o proceder a su eliminación conforme a la normativa europea de gestión de residuos. Además, se exige la corrección de cualquier deficiencia en el sistema de diligencia debida para prevenir futuros incumplimientos. Si el operador no actúa dentro del plazo especificado, las autoridades competentes aplicarán las medidas necesarias por todos los medios disponibles según la legislación nacional (arts. 23 y 24).

Este tránsito también se observa claramente en el *Reglamento (UE) 2017/821 de sobre minerales de conflicto* y en la *Directiva CSDDD*. En el primer caso, se establece un marco legal que no se limita a verificar la certificación de los proveedores, sino que implica un seguimiento continuo y la verificación de toda la cadena de valor de minerales desde el punto de extracción hasta la entrada en el mercado de la UE como materia prima. Además, especifica a necesidad de que los importadores mantengan y administren sistemas de gestión de riesgos y realicen auditorías de terceros para validar la información sobre la cadena de suministros (arts. 4 y 6).

Por su parte, la *Directiva CSDDD* establece requisitos similares, aunque en un contexto más amplio. En su marco de diligencia debida en derechos humanos, las empresas deben realizar un seguimiento de sus proveedores directos e indirectos para entender y mitigar los posibles impactos negativos en los derechos humanos a lo largo de su cadena de actividades (arts. 7 y 8).

D. *Un perímetro marcado por un amplio catálogo de derechos humanos y compromisos medioambientales: las posiciones jurídicas protegidas en el marco de la diligencia debida*

En su transición desde el *soft* al *hard law* la diligencia debida está ampliando su perímetro desde los derechos humanos al concepto más amplio de sostenibilidad. El modelo de diligencia debida originario en los *Principios Rectores* se limitaba a asegurar que las empresas respeten de los principales derechos humanos y derechos laborales básicos reconocidos a nivel internacional (Principio número 12). Este es el enfoque por el que ha optado la *Ley Noruega,* dirigida a mejorar las prácticas corporativas en relación con los derechos humanos y las condiciones laborales, sin extenderse de manera específica a cuestiones medioambientales[490]. Mas restringida aún la *Ley holandesa trabajo infantil,* que no se dirige a la protección de un amplio catálogo de derechos humanos, sino que, al igual que las normas de transparencia de derecho anglosajón, se centra en la prevención del trabajo infantil en los productos que llegan hasta los consumidores holandeses[491].

Sin embargo, observamos cómo las normativas de derecho positivo cubren un amplio catálogo de derechos humanos, compromisos internacionales medioambientales y de cambio climático, así como cuestiones referidas a la buena gobernanza, lo que conforma el marco de la sostenibilidad que es el

---

490 En su artículo 3, la norma noruega hace referencia a los derechos humanos internacionalmente reconocidos que están consagrados, entre otros lugares, en el PIDESC, el PIDCP y los convenios fundamentales de la OIT sobre principios y derechos en el trabajo.

491 A la hora de definir el trabajo infantil, la norma se remite al Convenio de la OIT de 1999 sobre las peores formas de trabajo infantil y al Convenio de la OIT de 1973 sobre la edad mínima para trabajar. En el caso de que el trabajo se desarrolle en el territorio de un Estado que no sea parte del Convenio de la OIT de 1973 sobre la edad mínima para trabajar, además se entenderá trabajo infantil cualquier trabajo: realizado por personas en edad de escolarización obligatoria o que aún no han cumplido los 15 años; realizado por personas menores de 18 años, en la medida en que dicho trabajo pueda poner en peligro la salud, la seguridad o la moralidad de los jóvenes en virtud de la naturaleza del trabajo o de las circunstancias en que se realiza. Artículo 2.1.a) y b) de la Ley holandesa de trabajo infantil.

concepto que, hoy en día, marca el perímetro de la diligencia debida en derechos humanos. Este enfoque se corresponde más con el adoptado por la OCDE que, además de los derechos humanos y los derechos laborales fundamentales reconocidos a nivel internacional, también se dirige al respeto del medio ambiente, el cambio climático, la lucha contra el cohecho y otras formas de corrupción, la protección de los intereses de los consumidores; protección de la competencia y cuestiones tributarias. Esto tiene cierta lógica dado que, como ya apuntamos, a diferencia de los *Principios Rectores* las *Directrices de la OCDE* si son vinculantes para sus Estados parte, por lo que deben adaptar sus ordenamientos jurídicos internos a sus disposiciones.

La *Ley francesa sobre vigilancia empresarial* se corresponde con este enfoque expansivo, abordando los riesgos sobre los derechos humanos y las libertades fundamentales, así como la salud, la seguridad de las personas y la protección del medio ambiente, de manera abierta y general, referenciando todos los tratados internacionales ratificados por Francia (art. L. 225-102-3-I, párrafo tercero). En consecuencia, el alcance de las obligaciones de diligencia debida es extenso, permitiendo cubrir una amplia gama de riesgos potenciales que podrían causar daños a terceros. No obstante, esta amplia cobertura y la falta de definición precisa en las conductas que pueden derivar en responsabilidad legal plantean dudas en términos de seguridad jurídica[492].

La indeterminación en la especificación de las conductas punibles ha generado preocupaciones en cuanto a la certeza y claridad legal, principios esenciales para el buen funcionamiento de cualquier sistema de justicia. Estas preocupaciones

---

492 BRABANT, S./MICHON, C./SAVOUREY, E., "The Vigilance Plan, Cornerstone of the Law on the Corporate Duty of Vigilance", *International Review of Compliance and Business Ethics*, n° 50, 2017, pp. 6-7.

fueron fundamentales para que el Tribunal Constitucional francés declarase inconstitucional el régimen sancionador de la ley[493]. Esta situación evidencia la importancia de equilibrar la necesidad de un enfoque legal comprensivo que abarque todos los riesgos relevantes con la necesidad de proporcionar definiciones claras y precisas que garanticen la seguridad jurídica y la protección eficaz de los derechos involucrados.

Avanzando en este camino, a diferencia del enfoque genérico de la legislación francesa, la LKSG define con precisión en un anexo los derechos humanos y ambientales que las empresas deben respetar[494]. Con este enfoque se pretende asegurar

---

493 Decisión nº 2017-750 DC, de 23 de marzo de 2017, del *Conseil Constitutionnel*

494 Convenio núm. 29 de la OIT, de 28 de junio de 1930, sobre el trabajo forzoso u obligatorio; Protocolo de 11 de junio de 2014 al Convenio núm. 29 de la OIT, de 28 de junio de 1930, sobre trabajo forzoso u obligatorio; Convenio núm. 87 de la OIT, de 9 de julio de 1948, sobre la libertad sindical y la protección del derecho de sindicación, enmendado por el Convenio de 26 de junio de 1961; Convenio núm. 98 de la OIT, de 1 de julio de 1949, sobre la aplicación de los principios del derecho de sindicación y el derecho de negociación colectiva, enmendado por el Convenio de 26 de junio de 1961; Convenio núm. 100 de la OIT, de 29 de junio de 1951, sobre igualdad de remuneración para trabajadores y trabajadoras por un trabajo de igual valor; Convenio núm. 105 de la OIT, de 25 de junio de 1957, sobre la abolición del trabajo forzoso; Convenio núm. 111 de la OIT, de 25 de junio de 1958, sobre la discriminación en el empleo y la ocupación; Convenio núm. 138 de la OIT, de 26 de junio de 1973, sobre la edad mínima de admisión al empleo; Convenio núm. 182 de la OIT, de 17 de junio de 1999, sobre la prohibición y medidas inmediatas para eliminar las peores formas de trabajo infantil; Pacto Internacional de 19 de diciembre de 1966 sobre Derechos Civiles y Políticos; Pacto Internacional de 19 de diciembre de 1966 sobre Derechos Económicos, Sociales y Culturales; Convenio de Minamata del 10 de octubre de 2013 sobre el mercurio; Convenio de Estocolmo del 23 de mayo de 2001 sobre contaminantes orgánicos

que los derechos humanos y ambientales protegidos estén claramente definidos y delimitados, facilitando una mayor precisión y certeza legal. Por ello, todos los tratados que se enumeran en el Anexo de la LKSG a la hora de referirse a las posiciones jurídicas protegidas por la normativa han sido ratificados por Alemania y transpuestos a su ordenamiento jurídico interno. Esta concreción ha permitido que las obligaciones sean suficientemente determinables en términos de requisitos constitucionales, ya que su contenido ha sido publicado en el Diario Oficial Federal y es accesible para las empresas, pudiendo ser utilizado como punto de partida para la gestión de riesgos[495].

En la LKSG se detallan un conjunto de prohibiciones relacionadas con prácticas específicamente inaceptables y posiciones jurídicas protegidas, que definen el concepto de riesgo para los derechos humanos. Estas práctica incluyen, pero no se limitan a: el trabajo infantil; todas las formas de esclavitud y trabajos forzados; la trata de menores con fines sexuales o relacionados con el tráfico de drogas; las violaciones significativas en el ámbito de la seguridad laboral, como la inadecuación de las normas de seguridad en el lugar de trabajo y la falta de formación adecuada para los empleados; la discriminación en el empleo; la supresión de los derechos de asociación y de negociación colectiva; la contaminación del suelo, el aire y el agua; la expropiación ilegal de tierras y la tortura. Una cláusula de cierre prohíbe cualquier acción u omisión que pueda perjudicar de manera particularmente grave a una posición jurídica protegida (§ 2.2.1-12). Sin embargo, la normativa reconoce que

---

persistentes; Convenio de Basilea sobre el control de los movimientos transfronterizos de desechos peligrosos y su eliminación, de 22 de marzo de 1989, enmendado por última vez por la Tercera Orden sobre la Enmienda de los Anexos de la Convenio de Basilea del 22 de marzo de 1989 al 6 de mayo de 2014.

495 SCHALL, A./THEUSINGER, I./POUR RAFSENDJANI, M. (eds.), Lieferkettensorgfaltspflichtengesetz, p. 156.

la mera existencia de una infracción a estas prohibiciones no necesariamente constituye una violación de las obligaciones de diligencia debida. Las obligaciones de diligencia debida abarcan la prevención, minimización o terminación de los riesgos y violaciones relacionadas con los derechos humanos, como se detalla en su articulado. Únicamente el incumplimiento, la negligencia y la falta de diligencia en el cumplimiento de una obligación se considera una infracción administrativa que puede ser sancionada con multas (§ 24).

El texto del Anteproyecto de Ley español pretende introducir obligaciones en las empresas para hacer frente a las vulneraciones de determinados derechos presentes en tratados internacionales. En el texto se distingue entre efecto adverso, potencial o real, sobre los derechos humanos y el medio ambiente. En el primer caso, se entiende por tal aquel que pueda afectar a la protección, promoción, garantía y pleno ejercicio de los derechos humanos, incluidos los derechos laborales, en particular aquellos vinculados al trabajo decente y los derechos de carácter colectivo (art. 2.b). La norma alude a las normas de *ius cogens* "*que prohíben la trata de seres humanos, el trabajo forzado, el genocidio, la discriminación racial y el apartheid, la tortura y los tratos inhumanos y/o degradantes, la vulneración del derecho de libre determinación, la vulneración del derecho a la libertad sindical, los crímenes contra la humanidad, las normas intransgredibles de derecho humanitario, y la que prohíbe el uso o la amenaza del uso de la fuerza en las relaciones internacionales, entre otras*" (art. 2).

En el segundo caso, se considera efecto adverso sobre el medio ambiente todo aquel que cause un perjuicio al cambio climático; a la utilización y protección de los recursos hídricos y marinos; a la economía circular, especialmente a la prevención, reutilización y el correcto y eficiente reciclado de residuos; la prevención y el control de la contaminación, cuando la actividad dé lugar a un aumento significativo de las emisiones de contaminantes a la atmósfera, el agua o el suelo, en comparación con la situación existente antes del comienzo de la actividad; la protección y restauración de la biodiversidad y sus ecosistemas; cualquier daño extenso, duradero y perdurable que se produzca como consecuencia de violaciones de obligaciones jurídicas relativas al medio ambiente (art. 2.c).

De forma similar a la normativa alemana, la *Directiva CSDDD* debida incorpora un anexo detallado que referencia los tratados internacionales sobre derechos humanos y medio ambiente que delimitan y definen las posiciones jurídicas protegidas por las normativas[496]. Además, se especifican las obligaciones y

---

[496] PIDCP; PIDESC; Convención sobre los Derechos del Niño; Convenio de la OIT sobre la libertad sindical y la protección del derecho de sindicación, 1948 (n.º 87); Convenio de la OIT sobre el derecho de sindicación y de negociación colectiva, 1949 (n.º 98); Convenio de la OIT sobre el trabajo forzoso, 1930 (n.º 29); Convenio de la OIT sobre la abolición del trabajo forzoso, 1957 (n.º 105); Convenio de la OIT sobre la edad mínima, 1973 (n.º 138); Convenio de la OIT sobre las peores formas de trabajo infantil, 1999 (n.º 182); Convenio de la OIT sobre igualdad de remuneración, 1951 (n.º 100); Convenio de la OIT sobre la discriminación (empleo y ocupación), 1958 (n.º 111); Convenio sobre la Diversidad Biológica de 1992; Protocolo de Cartagena; Protocolo de Nagoya sobre Acceso a los Recursos Genéticos y Participación Justa y Equitativa en los Beneficios que se Deriven de su Utilización; Convención sobre el Comercio Internacional de Especies Amenazadas de Fauna y Flora Silvestres (CITES), 1973; Convenio de Minamata sobre el Mercurio, 2013; Convenio de Estocolmo sobre Contaminantes Orgánicos Persistentes, 2001; Convenio de Rotterdam sobre el Procedimiento de Consentimiento Fundamentado Previo aplicable a Ciertos Plaguicidas y Productos Químicos Peligrosos objeto de Comercio Internacional, 1998; Protocolo de Montreal relativo a las Sustancias que Agotan la Capa de Ozono; Convenio de Viena para la Protección de la Capa de Ozono; Convenio de Basilea sobre el Control de los Movimientos Transfronterizos de los Desechos Peligrosos y su Eliminación, 1989; Convención sobre la Protección del Patrimonio Mundial, Cultural y Natural, 1972; Convención relativa a los Humedales de Importancia

prohibiciones cuyo incumplimiento podría tener impactos negativos significativos, diferenciando el ámbito de los derechos humanos del medioambiental. Como novedad respecto a las normas estatales aprobadas hasta ahora, la Directiva también hace referencia al cambio climático, al incidir en el deber de los Estados de velar por que las empresas adopten planes para garantizar que su modelo de negocio es compatible con la transición a una economía sostenible en consonancia con el Acuerdo de París (art. 1.1.c).

E. Un cumplimiento basado en el reporte de información

La exigencia de que las empresas divulguen información detallada sobre sus operaciones, procedimientos operativos y estructuras de gobernanza, entre otras cuestiones, resulta fundamental para que los mercados y los reguladores conozcan las medidas que están adoptando para prevenir y mitigar los impactos negativos sobre los derechos humanos que puedan derivarse de sus actividades o de las de sus cadenas productivas. El objetivo que se persigue con estas obligaciones de transparencia y reporte de información es el de clarificar las complejas cadenas productivas globales, dando visibilidad a los operadores que ocupan sus diferentes eslabones y sus prácticas operativas.

Este marco regulatorio busca garantizar que las empresas actúen de manera responsable y promueve la adopción de las mejores prácticas. Al revelar públicamente sus métodos y resultados, las empresas establecen puntos de referencia de conducta empresarial que inspiran a otras organizaciones,

---

Internacional especialmente como Hábitat de Aves Acuáticas (Convención de Ramsar), 1971; Convenio Internacional para Prevenir la Contaminación por los Buques (MARPOL 73/78); Convención de las Naciones Unidas sobre el Derecho del Mar, 1982 (CNUDM)

impulsando un ciclo de mejora continua y adopción de estándares más altos por parte de otras entidades.

Las normas de transparencia del modelo anglosajón y la *Fighting Against Forced Labour and Child Labour in Supply Chains Act* canadiense se centraban en el reporte de información referida a cuestiones laborales. Sin embargo, en el contexto de la creciente demanda de transparencia corporativa, se está imponiendo la estrategia europea desarrollada por la *Directiva CSRD* entendida como una transparencia "dura", lo que exige incluir la información sobre sostenibilidad en el informe de gestión anual para alinearse con los intereses de los inversores respecto al cumplimiento en cuestiones ESG.

En el ámbito medioambiental, las empresas deben informar sobre aspectos como las medidas de mitigación y adaptación al cambio climático, incluyendo detalles específicos sobre las emisiones de gases de efecto invernadero. También deben abordar su impacto y gestión de las aguas y los recursos marinos, el uso eficiente de los recursos y prácticas de economía circular, la prevención y gestión de la contaminación, así como la protección de la biodiversidad y los ecosistemas (art. 8.2.a).

Desde una perspectiva social, la *Directiva CSRD* exige información sobre la igualdad de trato y oportunidades, incluida la igualdad de género y retribución equitativa, además de la formación y desarrollo de capacidades, y la inclusión social, incluyendo a personas con discapacidad. Las empresas también deben detallar sus políticas y prácticas para garantizar condiciones laborales adecuadas, como la seguridad del empleo, adecuación de los salarios, y salud y seguridad en el trabajo, así como su compromiso con el respeto a los derechos humanos y las libertades fundamentales conforme a los principales tratados internacionales (art. 8.2.b).

En términos de gobernanza, la Directiva exige a las empresas informar sobre la función y composición de sus órganos de administración en relación con las cuestiones de sostenibilidad, así como sobre los sistemas de control interno y gestión de riesgos relacionados con la sostenibilidad. Además, deben reportar sobre su ética y cultura empresarial, incluyendo aspectos como la lucha contra la corrupción y el soborno, la protección de los denunciantes y el bienestar animal. También se espera que las empresas sean transparentes sobre sus actividades de influencia política y las relaciones con clientes, proveedores y las comunidades afectadas por sus operaciones, destacando las prácticas de pago y la interacción con las pequeñas y medianas empresas (art. 8.2.c).

Las normativas que desarrollan obligaciones de conducta basadas en la diligencia debida también establecen una serie de requisitos detallados para que las empresas informen de manera transparente y periódica sobre sus actividades y prácticas.

En el marco de la *Ley francesa de vigilancia empresarial*, las obligaciones de transparencia se concretan en la obligación de incluir en el informe de gestión anual un apartado exhaustivo referido el plan de diligencia debida que haya implementado[497]. Este informe debe proporcionar una descripción detallada del análisis de riesgos llevado a cabo para identificar y priorizar los riesgos asociados a sus actividades y las de sus filiales, subcontratistas y proveedores con quienes mantengan una relación comercial establecida.

La normativa francesa exige que las empresas detallen los riesgos identificados, así como los procedimientos implementados para la evaluación periódica del cumplimiento por parte de las entidades vinculadas. Además, las empresas deben in-

497 Los primeros Planes de Vigilancia se publicaron en 2018 incluyéndose en el Informe de Gestión del ejercicio 2017. Los primeros informes completos, en los que se incluía la información relativa al seguimiento de las medidas implantadas y la evaluación de su eficacia se publicaron en 2019 con relación al ejercicio de 2018.

formar sobre las acciones específicas que han adoptado para mitigar los riesgos identificados y prevenir daños graves, incluyendo las políticas y prácticas diseñadas para abordar efectivamente los problemas detectados. Esto incluye la descripción de los mecanismos de alerta temprana y recogida de informes, que permiten identificar y reaccionar ante la aparición de nuevos riesgos o la ocurrencia de incidentes. Por último, el informe debe incluir un apartado sobre el sistema de seguimiento y la evaluación de la eficacia de las medidas implementadas. Este componente del reporte debe proporcionar evidencia de cómo las intervenciones y estrategias de mitigación han impactado en la minimización de los riesgos y en la mejora de las condiciones operativas y de cumplimiento dentro de la empresa y a lo largo de su cadena de suministro (art. L. 225-102-3-I, párrafo cuarto).

La *Ley holandesa contra el trabajo infantil* requiere que las empresas presenten una declaración explícita en la que afirmen que han adoptado las medidas necesarias para asegurarse de que el trabajo infantil no se utiliza en la producción de los bienes o servicios que ofrecen en el mercado holandés. La declaración debe estar fundamentada en un análisis exhaustivo y riguroso de las prácticas laborales a lo largo de toda la cadena de suministro, desde los proveedores directos hasta los subcontratistas y cualquier otra entidad involucrada en el proceso productivo. Además, las empresas deben demostrar que han establecido mecanismos efectivos para la remediación y la respuesta rápida en caso de detectar trabajo infantil[498].

---

[498] La declaración deberá remitirse a la autoridad supervisora tras la inscripción de la empresa en el Registro Mercantil o, en el caso de que la empresa ya se encontrase inscrita, dentro de los 6 meses siguientes a la entrada en vigor de la Ley. Las empresas extranjeras que desarrollan su actividad en los Países Bajos y que no estén inscritas en el Registro Mercantil deberán remitir la declaración a la autoridad supervisora dentro de los 6 meses posteriores a la

Bajo la normativa Noruega, las empresas deben publicar una descripción clara de su estructura organizativa y área operacional, proporcionando un contexto sobre el entorno en el que actúa. Además, deben detallar las directrices y procedimientos establecidos para responder tanto a los impactos adversos reales como los potenciales sobre los derechos humanos y las condiciones de trabajo decentes. El informe debe contener una evaluación exhaustiva de los impactos adversos reales y los riesgos significativos de impactos adversos que la empresa ha identificado a través de su proceso de diligencia debida. Adicionalmente, las empresas deben informar sobre las medidas específicas que han implementado o planean implementar para detener cualquier impacto adverso real y mitigar los riesgos de futuros impactos adversos. Este apartado debe detallar no sólo las acciones adoptadas sino también los resultados obtenidos o los resultados esperados para proporcionar un relato transparente del progreso y la eficacia de las políticas de derechos humanos (art. 5).

La futura norma española también introduciría obligaciones de reporte para evaluar la eficacia del programa de diligencia debida. En concreto, las empresas deberán publicar anualmente su plan de diligencia debida en la página web corporativa en el que se identifiquen los sectores y áreas operativas de la empresa, las fuentes de información utilizadas, consultas con las partes interesadas o *stakeholders*, los principales riesgos

entrega de bienes o servicios a usuarios finales en los Países Bajos por segunda vez en un año. La Ley holandesa de trabajo infantil no obliga a las empresas a realizar una declaración anual, sino que solo se debe realizar una declaración y presentarla en el plazo previsto en el Registro Mercantil, quedando todas las declaraciones presentadas por las empresas en un registro oficial que se hará público en un sitio web. Artículo 4 de la Ley holandesa de trabajo infantil. Con mayor detalle, ENNEKING, L., "The Netherlands Country Report", p. 174.

detectados y su forma de afrontarlos (art. 11). Para garantizar la supervisión administrativa de las obligaciones de diligencia debida, es preciso que la norma española concrete los deberes de documentación a que están sujetas las empresas, los documentos que obligatoriamente han de producir y conservar.

Por último, la *Directiva CSDDD* establece deberes claros de comunicación para las empresas, con el objetivo de fortalecer la transparencia y garantizar la divulgación efectiva de sus prácticas de diligencia debida. Para ello, exige la publicación de una declaración anual en sus sitios web, en la que se detallen las medidas adoptadas para identificar, prevenir y mitigar los impactos negativos en derechos humanos y medioambiente. El plazo para esta publicación es de no más tarde de doce meses después del cierre del balance del ejercicio presupuestario correspondiente, o simultáneamente con la publicación de los estados financieros anuales para aquellas empresas que opten por proporcionar información voluntariamente según la *Directiva 2013/34/UE* (art. 16.1). Además, en el caso de empresas constituidas fuera de la UE, la declaración deberá incluir información adicional sobre su representante autorizado, garantizando un mayor control sobre la actividad de las multinacionales extranjeras dentro del mercado europeo (art. 23.2).

F. Un cumplimiento que se traduce en una obligación organizativa proporcional al riesgo y a la capacidad de influencia

La diligencia debida en derechos humanos se configura como una obligación de medios reforzada, cuya intensidad depende del nivel de riesgo identificado y de la capacidad de influencia efectiva que una empresa puede ejercer sobre sus filiales, socios comerciales o proveedores. Como se analizó en el Capítulo II al abordar la compleja genealogía de esta figura, la diligencia debida no se agota en un simple deber negativo de no causar daño (principio *neminem laedere*), ni se transforma en un deber positivo de garantía plena o de colaboración cuasiestatal. Más bien, opera como una posición organizativa compleja, que articula un doble plano de actuación: uno *ex ante*, de prevención e identificación de riesgos, y otro *ex post*, de reacción, mitigación y reparación frente a daños ya materializados o inminentes.

Desde esta perspectiva, la diligencia debida implica, en su fase ex ante, la limitación activa de la libertad de actuación empresarial, exigiendo a las compañías adoptar estructuras internas que permitan detectar, evaluar y prevenir riesgos razonablemente previsibles para los derechos humanos. En su dimensión ex post, las empresas tienen el deber positivo de intervenir activamente cuando se detectan impactos adversos, adoptando medidas correctivas adecuadas y proporcionadas. Por tanto, se trata de un deber especial de cuidado, que va más allá del estándar clásico de abstención, pero que no alcanza la intensidad de un deber de resultado ni configura una posición de garante en sentido penal estricto.

Este enfoque impone a las empresas la obligación de evitar que su actividad —directa o indirectamente— contribuya, facilite o se beneficie de violaciones de derechos humanos, así como de mitigar los efectos negativos y ofrecer reparación cuando sea necesario. No se exige que las empresas controlen a terceros como lo haría un garante, pero sí que adopten medidas razonables y proporcionales para gestionar activamente los riesgos asociados a sus operaciones y relaciones comerciales, conforme a su capacidad de intervención contractual, económica o estructural. Esta lógica recuerda, en cierto modo, a los criterios desarrollados en el ámbito del financiamiento del terrorismo, donde se exige comprobar, mediante estándares razonables, la conducta de los socios con los que se colabora, a fin de evitar la responsabilidad derivada de interacciones con actores implicados en actividades ilícitas.

Todo ello queda reflejado en la Directiva CSDDD, que establece expresamente que las empresas no están obligadas a garantizar, en cualquier circunstancia, la ausencia total de efectos adversos. En su considerando 19, se aclara que *la presente Directiva no debe exigir a las empresas que garanticen, en cualquier circunstancia, que nunca se producirán efectos adversos o que serán eliminados. Por ejemplo, con respecto a los socios comerciales, en los casos en los que los efectos adversos se deriven de la intervención del Estado, la empresa podría no estar en condiciones lograr tales resultados. Por lo tanto, las principales obligaciones de la presente Directiva deben ser obligaciones de medios.* El cumplimiento de estas obligaciones se evalúa en función de las medidas adoptadas por la empresa en relación con su capacidad de influencia, el nivel de riesgo y el contexto operativo.

De forma similar, la normativa neerlandesa sobre debida diligencia en trabajo infantil aclara que no atribuye a las empresas una posición de garante respecto de toda su cadena de valor. En lugar de ello, impone la obligación de adoptar medidas adecuadas y razonables para impedir que productos obtenidos mediante trabajo infantil accedan al mercado holandés[499]. El foco, nuevamente, se sitúa en la calidad del sistema organizativo y en la razonabilidad de las actuaciones, no en la exigencia de evitar por completo cualquier posible daño.

Aunque no todas las legislaciones nacionales han sido tan explícitas respecto a la naturaleza jurídica de estas obligaciones, el enfoque predominante en los marcos normativos existentes es el de considerar la diligencia debida como una

---

[499] Como se anuncia en su Preámbulo, la norma holandesa pretende establecer la base legal para que las empresas que comercian con bienes o servicios en el mercado holandés adopten todas las medidas razonables para evitar el uso de mano de obra infantil en la producción de los bienes y servicios que ofertan a los consumidores holandeses.

obligación organizativa preventiva, cuya intensidad se determina por criterios de proporcionalidad y razonabilidad, y no como un régimen de garantía absoluta de resultados. En este sentido, no se exige a las empresas eliminar todo riesgo ni asegurar completamente la ausencia de violaciones, sino más bien demostrar que han actuado con diligencia reforzada, de acuerdo con las expectativas normativas y su posición en la cadena de valor.

El caso francés ilustra bien este modelo. La *Ley de vigilancia empresarial* no define explícitamente la diligencia debida como una obligación de medios, pero tanto su contenido como su estructura apuntan en esa dirección. La ley exige a las grandes empresas elaborar e implementar planes de vigilancia que incluyan medidas efectivas para identificar y prevenir los riesgos en sus operaciones y relaciones comerciales. La interpretación doctrinal y jurisprudencial dominante entiende que estas obligaciones se orientan más hacia la implantación de procedimientos diligentes, que a la garantía de resultados o a la asunción de funciones públicas de control. El cumplimiento, por tanto, se evalúa con base en la seriedad, consistencia y adecuación de los esfuerzos preventivos realizados por la empresa, no en la mera ausencia de daños[500].

En Alemania, este principio también se refleja en la LKSG, cuyo preámbulo aclara que no puede exigirse a las empresas lo que sea fáctica o legalmente imposible. La LKSG no impone

---

500 Esto se refleja en los requisitos para que las empresas realicen evaluaciones de riesgo adecuadas, implementen medidas de prevención y remedio, y establezcan sistemas de gestión de riesgos. Estos elementos indican que la ley se centra en que las empresas adopten un enfoque proactivo para identificar y mitigar riesgos, en lugar de garantizar un resultado específico en términos de eliminar por completo las violaciones de derechos humanos o daños ambientales en sus cadenas productivas.

una posición de garante sobre filiales o proveedores, sino que exige hacer todo lo razonablemente posible para prevenir riesgos, mediante la implementación de sistemas de gestión adecuados[501]. No obstante, el cumplimiento de las obligaciones preventivas puede derivar en responsabilidad si, por ejemplo, se incumplen garantías contractuales asumidas por la empresa con respecto a sus socios (§ 6.(4).2).

Además, la ley impone medidas correctivas cuando se identifican violaciones de derechos humanos: en el territorio nacional, debe ponerse fin a la infracción; en el extranjero, deben adoptarse medidas que tiendan razonablemente a ese fin (§ 7.(1)). El principio de idoneidad (§ 3) limita las exigencias a aquellas medidas que sean adecuadas, razonables y proporcionadas, sin imponer cargas desproporcionadas. Así, el control por parte de las autoridades o tribunales se centra en verificar la adecuación del sistema preventivo, y no en exigir a la empresa que elimine por completo cualquier riesgo residual o impacto adverso[502].

En definitiva, la diligencia debida en derechos humanos impone a las empresas una obligación organizativa en forma de deber de solidaridad reforzado, estructurado como un deber de medios proporcional al riesgo y a la capacidad de influencia, sin que ello implique la asunción de una posición de garante ni la exigencia de un resultado garantizado. Su cumplimiento requiere adoptar medidas preventivas y correctivas razonables, adaptadas al contexto y a la posición de la empresa en la cadena de valor, con el fin de prevenir, mitigar y reparar impactos negativos sobre los derechos humanos. La clave, por tanto, no reside en la eliminación total del riesgo, sino en la implantación de

---

501 HARINGS, L./ZEGULA, F., "Die Lieferkette als Anknüpfungspunkt der CompHance-Verpflichtungen nach dem LKSG", p. 170.

502 JOHAN, C./SANGI/R. (Red.), *LKSG – Lieferkettensorgfaltspflichtengesetz: Handkommentar*, p. 11.

sistemas eficaces de gestión diligente, evaluables en función de su idoneidad, proporcionalidad y buena fe empresarial.

G. Un cumplimiento que se construye sobre obligaciones contractuales tipo

En la expansión de los requisitos de diligencia a lo largo de las cadenas de valor globales ha adquirido una gran importancia en derecho de contratos[503]. Mediante mecanismos contractuales que aseguren la conformidad de los proveedores con las políticas de la empresa se consigue una mejor ejecución y verificación del cumplimiento en comparación con el desarrollo de políticas no vinculantes, dado que los socios comerciales o proveedores también queden obligados a garantizar el cumplimiento de las obligaciones de diligencia debida en sus propias cadenas de suministros[504]. De este modo, en lugar de obligar directamente a todas las empresas de las cadenas productivas globales a adoptar medidas de diligencia debida, las normativas delegan en determinadas empresas, o eslabones de la cadena productiva, la tarea de extenderla para crear un efecto cascada que alcance a toda la cadena.

---

503 Lo que se desarrolla en el apartado II del Capítulo IV de esta obra.

504 Si bien algunas empresas han adoptado códigos de conducta que son publicitados en sus páginas web, no necesariamente se incorporan en contratos de manera que obliguen legalmente a los proveedores. Esta falta de incorporación contractual puede llevar a una implementación deficiente y falta de cumplimiento efectivo de los estándares de derechos humanos y laborales. SCHELTEMA, M., "The mismatch between human rights policies and contract law Improving contractual mechanisms to advance human rights *compliance* in supply chains", en ENNEKING, L (et. Al.), *Accountability, International Business Operations, and the Law Providing Justice for Corporate Human Rights Violations in Global Value Chains,* Routledge, New York, 2020, p. 260.

Las garantías contractuales deben incluir una definición precisa de las obligaciones de derechos humanos, asegurar que los mecanismos de auditoría y monitoreo sean efectivos y que existan sanciones contractuales claras y aplicables para el caso de incumplimiento. En vez de imponer condiciones rígidas, los contratos deberían permitir flexibilidad para adaptarse a las circunstancias locales, sin comprometer los estándares éticos. Por ejemplo, en regiones con alto riesgo de trabajo infantil, se podrían incluir mecanismos de verificación y remedio específicos, junto con programas educativos y de desarrollo comunitario. Además, las cláusulas deben garantizar que se proporciona capacitación y soporte técnico para ayudar a los proveedores a alcanzar los estándares aplicables. Esto puede abarcar desde formación en mejores prácticas de derechos humanos hasta educación sobre seguridad laboral y las consecuencias legales de violar normas de derechos humanos. Por último, se deben garantizar las evaluaciones y revisiones de las prácticas de diligencia debida, lo que puede incluir la autorización para realizar auditorías regulares y recabar cierta información.[505]

Siguiendo este modelo, el *Reglamento (UE) 2017/821 sobre minerales de conflicto* obliga a los importadores de la Unión de minerales o metales a reforzar su compromiso con los proveedores mediante la incorporación de su política de cadena de suministro en los contratos y acuerdos con proveedores en coherencia con el anexo II de la *Guía de Diligencia Debida de la OCDE sobre minerales de conflicto.*

Para los proveedores directos, las cláusulas contractuales suelen ser más rigurosas y detalladas debido a su proximidad directa a la empresa principal y su mayor capacidad de influencia. Estas cláusulas especifican requisitos claros de cumplimiento

---

[505] SCHELTEMA, M., “The mismatch between human rights policies and contract law Improving contractual mechanisms to advance human rights *compliance* in supply chains”, pp. 261-265.

en relación con las normativas sobre derechos humanos y evitación de conflictos. Por ejemplo, un contrato podría incluir una cláusula que requiere que el proveedor implemente ciertas prácticas de monitoreo de sus operaciones y de sus propios proveedores para asegurar que no existan violaciones de derechos humanos o impactos negativos significativos asociados a la extracción y comercialización de minerales[506].

En cambio, para los proveedores indirectos, aquellos que están más lejos en la cadena de suministro y sobre los cuales la empresa principal tiene un grado de influencia más limitado, las cláusulas son, en general, menos específicas, pero igualmente orientadas a garantizar que no contribuyan a conflictos o violaciones de derechos humanos. Aquí, el enfoque puede incluir la promoción de la cooperación entre industrias para facilitar la implementación de la debida diligencia y mitigar los riesgos de manera colectiva, ayudando a estos proveedores a mejorar sus propios sistemas y prácticas de gestión de riesgos[507].

En ambos casos, las cláusulas deben incluir disposiciones sobre el monitoreo y la verificación del cumplimiento. Esto podría incluir auditorías periódicas, reportes de sostenibilidad y otros mecanismos de rendición de cuentas que permitan a la empresa contratante asegurarse de que se están cumpliendo las políticas a lo largo de toda la cadena productiva[508].

La LKSG aborda de forma detallada las obligaciones de las empresas respecto a sus proveedores directos y, en un nivel de atención más general, hacia sus proveedores indirectos. En el caso de los proveedores directos, la ley alemana establece

---

506 OCDE, *Guía de la OCDE de minerales procedentes de zonas de conflicto*, pp. 59-60.

507 Guía de la OCDE de minerales, pp. 64-65.

508 Guía de la OCDE de minerales, p. 74.

requisitos claros para la inclusión de cláusulas contractuales específicas que incluyan compromisos de intercambio de información y mecanismos de supervisión que permitan a la empresa principal monitorizar el cumplimiento de estas medidas y recibir alertas tempranas ante cualquier incidente que pueda surgir (§ 6.(4).2 y 4). En cuanto a los proveedores indirectos, aunque la LKSG no exige una supervisión tan estricta como con los proveedores directos, se espera que las empresas ejerzan una influencia adecuada para promover el cumplimiento de las normas laborales y medioambientales a través de políticas de compra y contratos que incluyan cláusulas de cumplimiento para los proveedores indirectos[509].

Si el incumplimiento de un proveedor directo es tal que la empresa no puede remediarlo en un futuro previsible, debe desarrollarse inmediatamente un plan para finalizar la relación comercial, en el que se incluya un cronograma específico, y considerar la adopción de medidas adicionales como el desarrollo conjunto de medidas para finalizar o minimizar el incumplimiento del proveedor, la participación con otras empresas en acciones colectivas para aumentar la influencia sobre el incumplidor, o una suspensión temporal de la relación comercial mientras se trata de minimizar los riesgo. La medida más grave, que es la finalización de una relación comercial, solo se requiere si gravedad del incumplimiento y la efectividad de las medidas para influir en el proveedor así lo requieren (§ 7(2)).

La *Directiva CSDDD* propone un sistema de garantías contractuales dirigidas a proveedores directos e indirectos más detallado que sus predecesoras. Este sistema requiere que las empresas incluyan cláusulas en los contratos con sus proveedores directos, obligándoles a evaluar y gestionar los riesgos en sus propias cadenas de suministro. Además, estos proveedores

---

509 RUDKOWSKI, L., " Die Mindestarbeitsbedingungen nach dem LKSG–ein kritischer Überblick", CCZ, 11/2022, pp. 329-330.

directos deben imponer obligaciones contractuales similares a sus propios proveedores, lo que incluye el control y mitigación de riesgos y la supervisión de estas prácticas (art. 10.2.b). Estas obligaciones contractuales deben diseñarse para asegurar que los proveedores directos evalúen los riesgos en sus cadenas, implementen medidas de control y otorguen posibilidades de supervisión, manteniendo así las prácticas responsables y los estándares de cumplimiento a lo largo de toda la cadena de valor de la empresa.

De forma adicional, la *Directiva CSDDD* permite a las empresas con una influencia significativa en las cadenas productivas firmar contratos directamente con proveedores indirectos. Estos contratos pueden estipular que todos los proveedores, incluidos los que se encuentran en etapas remotas de la cadena, deben adherirse a las políticas corporativas en materia de derechos humanos y principios éticos (art. 6.2.e).

Esta estrategia contractual ampliada facilita a las empresas multinacionales la uniformidad en el cumplimiento de normativas y la adopción de medidas de protección laboral o ambiental alineadas con las expectativas de la empresa principal. Además, pueden incluir cláusulas que obliguen a estos proveedores a participar en programas de capacitación y mejora continua, asegurando su adherencia a los estándares deseados y promoviendo prácticas sostenibles en todos los niveles de la cadena de valor.

H. Un cumplimiento enfocado en la responsabilidad y la reparación

Como último principio o elemento común de la diligencia debida en derechos humanos, queremos hacer referencia a que se trata de un modelo enfocado a responsabilizar a las empresas para que reparen los daños. Atendiendo a las diferentes normativas adoptadas en el ámbito europeo para promover la diligencia debida en derechos humanos, tanto las basadas en la transparencia como las que introducen obligaciones de conducta, aún no existe una apuesta clara por el tipo de responsabilidad, ya sea civil, administrativa o penal, que debe generar el incumplimiento de estas nuevas obligaciones corporativas.

En los orígenes de la estrategia basada en la transparencia se apostó por un modelo "blando", con el que se pretendía incentivar a las empresas para que adoptasen medidas para reportar información sobre el modo en que se relacionaban con los derechos humanos más que sancionar los incumplimientos. Ello se debe a que se trataba de un modelo incipiente para el reporte de información que se encontraba en su fase inicial de desarrollo, por lo que requería definir claramente los estándares aplicables y que las empresas adaptasen sus estructuras y procesos a nivel interno para cumplir con dichas obligaciones. Así, normativas como *California Transparency in Supply Chains Act*, la *Modern Slavery Act* británica, la *Modern Slavery Act* australiana, o la Directiva 2014/95/UE de 22 de octubre de 2014 sobre estados no financieros, se basaban en el principio cumplir o explicar (*comply or explain*) y no desarrollaban un régimen sancionador para castigar los incumplimientos.

Sin embargo, en el nuevo marco diseñado por la *Directiva CSRD* y las *NEIS*, mucho más detallado y estructurado con respeto a los requisitos de la información que las empresas deben divulgar, se está dando un vuelco a esta situación inicial al requerirse a los Estados miembro de la UE que se aseguren de desarrollar sistemas efectivos de investigación y sanciones para detectar, corregir y prevenir la ejecución inadecuada de auditorías legales y asegurar la verificación de la información sobre sostenibilidad[510]. En este sentido, de acuerdo con las primeras transposiciones que se están realizando de la *Directiva CSRD*,

---

[510] Las sanciones deben ser efectivas, proporcionadas y disuasorias para los auditores legales y las sociedades de auditoría cuando no cumplan con las disposiciones de la Directiva o el Reglamento (UE) n.º 537/2014. Los Estados miembros pueden optar por no establecer normas sobre

como en el caso de Francia mediante la *Ordonnance n° 2023-1142 du 6 décembre 2023*[511], empieza a contemplarse la posibilidad de castigarse por la vía penal las falsedades en la información referida a la sostenibilidad[512], aspecto sobre el que nos detendremos en el Capítulo VI[513].

En cuanto a las normativas que establecen obligaciones de conducta, en primer lugar, parece que empieza a consolidarse su relación con la responsabilidad civil extracontractual, con la que no solamente se busca resarcir los daños una vez producidos, sino que también sirve como un mecanismo preventivo y disuasorio que incentiva a las empresas a velar por los estándares de derechos humanos aplicados en todas sus operaciones y por sus relaciones comerciales. En relación con la

---

sanciones administrativas para los incumplimientos que ya estén sujetos a Derecho penal nacional. Artículo 30.1 y 2 de la *Directiva CSRD*.

511 *Ordonnance n° 2023-1142 du 6 décembre 2023 relative à la publication et à la certification d'informations en matière de durabilité et aux obligations environnementales, sociales et de gouvernement d'entreprise des sociétés commerciales.* En la normativa se especifican las responsabilidades civiles, administrativas y penales para las empresas y los auditores en caso de falsedades en los informes de sostenibilidad.

512 Sección 15, artículo L. 821-6. "Será castigado con pena privativa de libertad de cinco años y multa de 75.000 euros cualquier director de una persona o entidad jurídica o cualquier persona o entidad al servicio de una persona o entidad que obstruya las verificaciones o controles de los auditores o peritos designados en ejecución de los artículos L. 223-37 y L. 225-231, o negarles la comunicación in situ de todos los documentos útiles para el ejercicio de su misión y, en particular, todos los contratos, libros, documentos contables y registros de actas". Sección 15, articulo L. 821-9. "El hecho, para cualquier persona que ejerza la profesión de auditor, de dar o confirmar información falsa sobre la situación se castiga con pena de prisión de cinco años y multa de 75.000 euros por no revelar al Ministerio Fiscal los hechos delictivos de los que haya tenido conocimiento".

513 Véase el apartado II del Capítulo VI.

posible responsabilidad civil por daños, resulta fundamental esclarecer la naturaleza jurídica de las nuevas obligaciones de diligencia debida en derechos humanos. Ello es así dado que, si se considerase que estas obligaciones son de resultado, su incumplimiento implicaría automáticamente responsabilidad por los daños causados. En cambio, si se concluye que son obligaciones de medios, la simple existencia de un daño no conllevaría responsabilidad, siempre y cuando la empresa haya demostrado haber actuado con la debida diligencia para prevenirlo.

La *Ley francesa de vigilancia empresarial* establece un régimen de responsabilidad civil para obligar a las empresas a reparar o indemnizar los daños causados (art. 225-102-5). Esto significa que las víctimas de tales daños ya sean individuos, comunidades o incluso entidades gubernamentales, pueden llevar a la empresa ante los tribunales para obtener una compensación. Esta responsabilidad civil cubre tanto los daños directos como las consecuencias indirectas de las acciones de las entidades controladas por la empresa y aquellas con las que mantiene relaciones comerciales estables. Además, cuando una empresa es declarada responsable, debe hacer pública la decisión judicial de condena, lo que introduce un componente de transparencia y puede afectar su reputación.

Sin embargo, normativas posteriores no siguieron el camino de la Ley francesa. Este es el caso de la LKSG, la Ley holandesa sobre trabajo infantil o la Ley noruega, que no contemplan la responsabilidad civil derivada del incumplimiento de las obligaciones en caso de que las violaciones de derechos humanos se lleguen a materializar, por lo que configura un deber de precaución que no tiene repercusiones en el Derecho civil[514].

---

514 Sobre el debate en Alemania referente a cómo los tribunales alemanes podrían establecer la responsabilidad civil por las infracciones de las obligaciones de diligencia debida, HÜBNER, L., "Grundla-

Esta estrategia de configurar un modelo de diligencia debida ajena a la responsabilidad civil fue también por el que optaron las normas de diligencia debida sectoriales.

Lo que si hace la LKSG es habilitar a los sindicatos y organizaciones no gubernamentales alemanas a llevar a cabo procedimientos judiciales, en el caso de que se violen situaciones legales protegidas por el incumplimiento de las obligaciones de diligencia debida[515]. Además, el legislador alemán ha optado por desarrollar un nuevo sistema de infracciones administrativas graduables dependiendo de la gravedad del incumplimiento[516].

La *Directiva CSDDD* ha optado por seguir el modelo francés y desarrollar su propio régimen de responsabilidad civil. Una empresa puede ser considerada responsable por daños si ha incumplido, de forma deliberada, por negligencia o falta de diligencia, las obligaciones establecidas y de dicho incumplimiento

---

gen der Haftungsmöglichkeiten im nationalen Zivilrecht", en KRAJEWSKI, M./OEHM, F./SAAGE-MAASS, M. (Hrsg.), *Zivil- und strafrechtliche Unternehmensverantwortung für Menschenrechtsverletzungen,* Springer, Berlin, 2018, pp. 13-32.

515 § 11 de la LKSG. Sobre las reclamaciones en Alemania en virtud del derecho contractual y la cuestión de la responsabilidad civil en la LKSG, FUCHS, M., "La Ley de Diligencia Debida en la Cadena de Suministros de Alemania (1)", *La Ley Trabajo y Derecho,* nº 16, noviembre de 2022, pp. 4-7 y 11-13.

516 Con un máximo de 100.000€ en el caso de infracciones de menor gravedad, hasta 500.000€ para las graves y hasta los 800.000€ en el caso de las de mayor gravedad. Estas multas pueden multiplicarse hasta por diez en el caso de personas jurídicas y, en los casos en los que su volumen de negocio sea superior a 400 millones de euros, alternativamente se podrá imponer una multa de hasta el 2% del volumen de negocio medio anual (§23 y 24). Pese a que la norma alemana no establece una obligación de reparación del daño como tal, se toma en consideración el esfuerzo de la persona jurídica para reparar el daño a la hora de calcular la cuantía de las sanciones administrativas (§ 24º).

ha resultado un daño a los intereses protegidos de una persona por el Derecho nacional (art. 29.1).

En el marco de la *Directiva CSDDD*, las víctimas de violaciones de derechos humanos tienen derecho a una indemnización íntegra como consecuencia del incumplimiento de las obligaciones de diligencia debida, asegurando que la compensación no sea excesiva para evitar indemnizaciones punitivas, múltiples o de otro tipo que pudieran considerarse desproporcionadas (art. 29.2). Además, los Estados miembros deben garantizar que las normas sobre plazos de prescripción y costas procesales no obstaculicen indebidamente el derecho a interponer demandas (art. 29.3). Dado que la Directiva deberá transponerse a los ordenamientos jurídicos internos de todos los Estados miembro de la UE, este será el modelo que se acabe imponiendo.

Este modelo basado en la responsabilidad civil extracontractual había sido también la opción elegida en el Anteproyecto de ley español, que en su Título IV introducía las disposiciones relativas a la responsabilidad civil y acceso a la justicia, estableciéndose expresamente que "*el incumplimiento por las empresas de sus obligaciones en materia de diligencia debida empresarial podrá dar lugar a responsabilidades civiles por los daños y perjuicios que puedan derivarse de dicho incumplimiento*" (art. 34.1). Sin embargo, una empresa no podrá ser considerada responsable de los daños causados por sus socios comerciales si ha cumplido con todas sus obligaciones de diligencia debida. Además, dado que la diligencia debida en derechos humanos requiere de la priorización de los riesgos, si una empresa ha adoptado todas las medidas adecuadas para cumplir con sus obligaciones de diligencia debida no será responsable por los daños causados por los efectos adversos menos significativos que aún no se hayan abordado.

Pero la diligencia debida en derechos humanos implica ir más allá de la responsabilidad civil, administrativa o penal cuando se produce un daño. La adopción de un enfoque retributivo, tradicional en la política criminal relacionada con violaciones de derechos humanos, a menudo no logra satisfacer las necesidades y expectativas de las víctimas. Este enfoque, centrado principalmente en el castigo del infractor, puede no abordar adecuadamente las complejas consecuencias de tales violaciones, ni contribuir significativamente a la reparación del daño causado a las víctimas.

En este contexto, surge la necesidad de repensar las estrategias de justicia penal para poner los intereses de las víctimas en el centro de la política criminal[517]. Este nuevo concepto de reparación no se limita a una indemnización del delincuente a la víctima, sino que, superando el concepto estricto de indemnización y avanzando hacia una concepción amplia de reparación que va más allá de la compensación económica, trata de restaurar el daño que ha sufrido la víctima con motivo de la vulneración de sus derechos fundamentales[518].

La justicia restaurativa empresarial puede coexistir con los procedimientos civiles, administrativos o penales tradicionales, ofreciendo una vía complementaria para la resolución de conflictos. Los Acuerdos de Enjuiciamiento Diferido (*Deferred Prosecution Agreements*, DPA) y los Acuerdos de No Enjuiciamiento (*Non-Prosecution Agreements*, NPA) se han consolidado como herramientas recurrentes en el ámbito internacional para abordar la responsabilidad penal de las personas jurídicas. Estos mecanismos, originarios de la práctica estadounidense, ofrecen una alternativa a los procedimientos judiciales

---

517 NIETO MARTÍN, A., "Justicia restaurativa empresarial y responsabilidad penal: las personas jurídicas", en NIETO MARTÍN, A./CALVO SOLER, R., (coords.), *Justicia restaurativa empresarial. Un modelo para armar*, Reus, Madrid, 2023, p. 167.

518 VIDELA BUSTILLOS, L., "Los acuerdos reparatorios a la luz del concepto de reparación", *Revista de Estudios de la Justicia*, nº 13, 2010, pp. 295-299.

convencionales, enfocándose en la resolución extrajudicial de conflictos y la reparación de daños, elementos clave de la justicia restaurativa. En este marco, los DPA y los NPA se presentan como formas de *diversion* que evitan el enjuiciamiento tradicional a cambio de que la entidad acusada se comprometa a cumplir ciertas condiciones, que pueden incluir la implementación de reformas internas, el pago de multas o la cooperación en las investigaciones.[519]

[519] Sobre los acuerdos de aplazamiento del juicio, MARTUFI, A., "Acuerdos procesales restaurativos", en NIETO MARTÍN, A./CALVO SOLER, R., (coords.), *Justicia restaurativa empresarial. Un modelo para armar*, Reus, Madrid, 2023, pp. 173-179.

Capítulo IV

Las diferentes aristas del cumplimiento normativo en derechos humanos

La consolidación del deber de diligencia debida en derechos humanos ha traído consigo un replanteamiento profundo del concepto de cumplimiento normativo en el ámbito empresarial. Si en su configuración clásica el *compliance* se articulaba en torno a la prevención de delitos económico-patrimoniales y la defensa penal de la persona jurídica, hoy se impone una visión más compleja y poliédrica que integra nuevas exigencias de vigilancia sobre impactos sociales, ambientales y de derechos fundamentales, particularmente en contextos de operación transnacional.

Este capítulo se propone examinar las distintas manifestaciones que adopta el cumplimiento normativo en derechos humanos, prestando especial atención a su dimensión funcional como instrumento de gestión del riesgo, a su papel estructural en la imputación penal por defecto de organización, y a su vinculación con otros mecanismos regulatorios como las certificaciones sectoriales, la auditoría externa o las cláusulas contractuales en la cadena de suministro. Como se verá, el *compliance* en esta materia no puede reducirse a una técnica de defensa empresarial, sino que debe entenderse como un elemento sustantivo en la configuración de los deberes jurídicos exigibles en clave preventiva.

I SISTEMA DE FUENTES PROCEDENTE DEL DERECHO REGULATORIO GLOBAL

Las normativas que hemos estudiado en el capítulo anterior proceden de lo que viene denominándose *Derecho global*. La definición de este fenómeno es compleja, debido a la diversidad y heterogeneidad de normas que caben bajo su denominación, lo que ha generado una falta de uniformidad en su tratamiento doctrinal[520]. Tradicionalmente, el Estado ha ostentado el monopolio de la creación y ejecución de las normas jurídicas, ejerciendo esta facultad dentro de su ámbito territorial a través de sus ordenamientos internos y, en el plano internacional, mediante su participación en organizaciones internacionales y tratados[521].

Sin embargo, en el marco del Derecho global se ha producido una mutación profunda en la arquitectura regulatoria. Han emergido múltiples *actores globales* que desempeñan un papel creciente en la creación, aplicación e interpretación de estándares normativos, lo que ha configurado un sistema

---

520 También definido como "espacio jurídico global" por Sabino Cassese, hace referencia a un ordenamiento jurídico, que surge con la globalización, donde la cooperación entre organizaciones sin el elemento central de soberanía produce normas cuya legitimidad se encuentra en base al Derecho y no mediante el consenso. CASSESE, S., *La globalización jurídica*, traducción de ORTEGA, L./MARTÍN DELGADO, I./GALLEGO CÓRCOLES, I., Instituto Nacional de Administración Pública, Marcial Pons, Ediciones Jurídicas y Sociales, Madrid y Barcelona, 2006, pp. 17-31.

521 En el sistema tradicional, la ejecución de las normas procedentes del Derecho internacional se producía de forma descentralizada mediante medios estatales, a través de los tribunales y administraciones públicas nacionales, o centralizada por parte de las organizaciones internacionales mediante tribunales internacionales estables y el arbitraje internacional. ORTEGA CARCELÉN, M., *Derecho global.* Derecho internacional *Público en la era global*, Tecnos, Madrid, 2014, pp. 211 y ss.

de gobernanza multinivel y policéntrico[522]. Este fenómeno responde, en parte, al paso del Estado prestacional al denominado Estado regulador —y, más recientemente, al post-regulador—, en el que el poder público ya no interviene directamente como prestador de servicios, sino como garante de la regulación y coordinador de una red de actores públicos y privados con capacidad normativa. En palabras de OSBORNE y GAEBLER, el Estado ya no es quien "rema", sino quien "dirige el barco"[523]

En este nuevo modelo de producción de normas las autoridades establecen marcos de conducta mediante derecho positivo, pero delegan la concreción de los medios de cumplimiento en las propias empresas. Estas, a su vez, se dotan de normas internas —códigos de conducta, sistemas de *compliance,* mecanismos de evaluación y auditoría— que integran estándares procedentes de instrumentos de *soft law,* como los *Principios Rectores,* las *Directrices de la OCDE* o las normas ISO. Se genera así un diálogo normativo entre la autorregulación empresarial y la estandarización internacional, en el que el cumplimiento ya no es solo jurídico, sino también reputacional, técnico y financiero[524].

---

522 Por lo que estos actores han sido denominados como los “nuevos reguladores globales”. BÜTHE, T./MATTLI, W., *The New Global Rulers: The Privatization of Regulation in the World Economy,* Princeton University Press, New Jersey, 2011, pp. 1-41.

523 Osborne y Gaebler sostienen que el gobierno debe adoptar un papel catalítico, "dirigiendo" en lugar de "remar", es decir, enfocándose en establecer políticas y estrategias mientras otros actores ejecutan los servicios. Véase OSBORNE, D./GAEBLER, T., *Reinventing Government: How the Entrepreneurial Spirit is Transforming the Public Sector,* Addison-Wesley, Massachusetts, 1992.

524 Desde este enfoque de la gobernanza, la toma de decisiones y la autoridad se distribuye y comparte entre múltiples niveles de gobierno entre actores gubernamentales y no gubernamentales, en lugar de centralizarse en un solo nivel de gobierno. Ello se debe a que se reconoce que muchos desafíos y asuntos de interés pú-

Nos encontramos así ante una regulación "coproducida" en la que distintos actores públicos y privados interactúan y generan normas con efectos jurídicos y materiales concretos, aunque carezcan de origen parlamentario[525].

Este proceso plantea serios desafíos en términos de legitimidad, transparencia y control democrático, dado que muchas de las normas operativas que rigen las cadenas productivas globales no provienen de fuentes estatales ni están sometidas a los cauces tradicionales de deliberación pública[526]. Como observa RAQUEL MONTANER FERNÁNDEZ, esta lógica regulatoria implica un "adelgazamiento del Derecho administrativo clásico", sustituido por "formas privadas o mixtas de regulación" y

---

blico, como los referidos al respeto generalizado de los derechos humanos en las cadenas de valor globales, no se pueden abordar de manera efectiva por un solo nivel de gobierno y requieren la colaboración y coordinación de organizaciones internacionales, gobiernos locales, ONGs y otros actores relevantes. O´BRIEN, C.M., "The relevance of governance and multi-level governance to the study of human rights: insights from business and human rights", en ANDREASSEN, B.A. (ed.), *Research Handbook on the Politics of Human Rights Law,* Edward Elgar Publishing, New York, 2023, pp. 145-165.

525 NIETO MARTÍN, A., "Transformaciones del ius puniendi en el Derecho global", en NIETO MARTÍN, A./GARCÍA MORENO, B. (Dir.), *Ius Puniendi y Global Law: hacia un Derecho penal sin estado,* Tirant lo Blanch, Valencia, 2019, p.17.

526 Dado a que gran parte de las fuentes del Derecho global no proceden de autoridades elegidas en un proceso democrático, se plantean importantes desafíos relacionados con la legitimidad y la transparencia de la propia comunidad internacional. DARNACULLETA GARDELLA, M.M., "La producción de normas en un mundo global", en ARROYO JIMÉNEZ, L./MARTÍN DELGADO, I./MEIX CERECEDA, P. (Dir.), *Derecho público global: fundamentos, actores y procesos,* Iustel, Madrid, 2020, pp. 245-248.

por el protagonismo de organismos técnicos o agencias independientes con alto grado de autonomía[527].

Aunque los Estados siguen siendo actores relevantes, han dejado de ser los únicos creadores y ejecutores de normas. Organizaciones internacionales formales —como el FMI, la OCDE, la OIT o el Banco Mundial— así como agentes privados como empresas multinacionales, entidades de certificación y estandarización, o incluso ONG, desempeñan un papel clave en el diseño y aplicación de estándares regulatorios globales. Como se ha señalado, este desplazamiento normativo hacia actores no estatales responde a una lógica de gobernanza que busca eficiencia, rapidez y tecnificación en la toma de decisiones, pero que acentúa la fragmentación del poder normativo y el debilitamiento del principio democrático[528].

Esta nueva forma de crear Derecho se articula a partir de normas, principios, directrices y acuerdos provenientes tanto de organismos internacionales como de la autorregulación empresarial, cuyo contenido responde en gran medida a las exigencias derivadas de la apertura de mercados y la competitividad global[529]. Como veremos en las próximas líneas, mediante el desarrollo del cumplimiento normativo en derechos humanos se impone a determinadas empresas la obligación de

---

527 MONTANER FERNÁNDEZ, R., *Accesoriedad, regulación y Derecho penal económico. Una propuesta de teorización desde la regulación del insider trading y de la corrupción privada*, pp. 76-81.

528 Sobre los nuevos actores del escenario global, véase LEÑERO BOHÓRQUEZ, R., "Los sujetos del Derecho Público global", en ARROYO JIMÉNEZ, L./MARTÍN DELGADO, I./MEIX CERECEDA, P. (Dir.), *Derecho público global: fundamentos, actores y procesos*, Iustel, Madrid, 2020, pp. 121-134.

529 DARNACULLETA GARDELLA, M.M., "¿Qué es el Derecho global? Una visión desde el Derecho público", en NIETO MARTÍN, A./GARCÍA MORENO, B. (Dir.), *Ius Puniendi y Global Law: hacia un Derecho penal sin estado*, Tirant lo Blanch, Valencia, 2019, pp. 111.

autorregularse en atención a estándares internacionales que, aunque no emanan directamente del legislador nacional, tienen un impacto normativo relevante. Con ello, se delega en el sector privado una función estructural de control social, al encargarse de prevenir y mitigar daños a los derechos humanos a lo largo de las cadenas globales de valor.

Bajo este modelo, cada empresa debe identificar, priorizar y gestionar sus principales riesgos en materia de derechos humanos, diseñando medidas adecuadas de prevención, mitigación y rendición de cuentas. El sector privado, por tanto, asume un papel de liderazgo no solo en la implementación, sino también en la elaboración de las reglas que se le aplican[530]. Como señala LUIGI FERRAJOLI, este giro expresa una "inversión de la jerarquía democrática", en la que ya no son los parlamentos quienes controlan a los poderes económicos, sino estos quienes imponen las reglas del juego a los gobiernos en nombre de la eficiencia y la competitividad global[531].

A. *Cumplimiento normativo como forma de regulación post-estatal multinivel: participación de múltiples actores y estandarización mediante soft law como insignias*

La estrategia regulatoria en la que se encuadra el cumplimiento normativo en derechos humanos responde a una modalidad de gobernanza multinivel en la que participan múltiples actores con capacidad para generar sus propias normas. Este modelo se ha convertido en una característica distintiva

---

530 NIETO MARTÍN, A., "Problemas fundamentales del cumplimiento normativo en el Derecho penal", en KUHLEN, L./MONTIEL, J.P./ ORTIZ DE URBINA GIMENO, I., (eds.), *Compliance y teoría del Derecho penal*, Marcial Pons, Madrid, 2013, p. 21.

531 FERRAJOLI, L., *Constitucionalismo más allá del Estado*, Trotta, Madrid, 2024, pp. 17-19

en un contexto —el de las cadenas productivas globales— donde la globalización de los mercados, el libre movimiento de capitales y los avances tecnológicos han reducido de forma significativa la capacidad de los Estados para imponer regulaciones y abordar los desafíos transnacionales[532]. En respuesta a esta transformación, los marcos regulatorios han evolucionado hacia formas de intervención menos jerárquicas, más funcionales y distribuidas, articuladas en torno a la promoción de una autorregulación guiada por estándares internacionales como los de la diligencia debida en derechos humanos[533].

La expansión del cumplimiento normativo en derechos humanos no puede entenderse al margen del giro estructural que ha experimentado el modelo de producción jurídica en el contexto global. En un escenario marcado por la fragmentación del poder regulador, la emergencia del *Estado post-regulador* ha dado paso a una forma de gobernanza multinivel en la que

---

532 La digitalización y las nuevas herramientas tecnológicas han revolucionado numerosos sectores, desde la agricultura hasta la gestión de recursos naturales. Las nuevas tecnologías ofrecen capacidades innovadoras para monitorear, analizar y responder a problemas complejos a una escala y con una precisión sin precedentes. En el ámbito de los derechos humanos, la digitalización puede facilitar la detección y el seguimiento de impactos negativos, como la explotación laboral, el tráfico de personas o la represión política. Herramientas basadas en IA pueden analizar grandes volúmenes de datos de fuentes abiertas, como redes sociales y noticias, para identificar patrones y casos de abusos. Además, tecnologías como el *blockchain* pueden asegurar la integridad de la evidencia digital, haciéndola inalterable y confiable para su uso en procedimientos legales y en la rendición de cuentas. Sin embargo, estos avances tecnológicos aún no están siendo tenidos en cuenta lo suficiente por las empresas en el ejercicio de la diligencia debida. SMIT, L. (et. al), *Study on due diligence requirements through the supply chain, Final Report,* p. 22.

533 NIETO MARTÍN, A., *El cumplimiento normativo como estrategia político-criminal,* Hammurabi, Buenos Aires, 2022, p. 25.

confluyen múltiples actores —Estados, organismos internacionales, agencias técnicas, empresas multinacionales y entidades certificadoras— que participan en la creación y aplicación de normas. Este nuevo modelo se caracteriza por la descentralización del control y la consolidación de una autorregulación empresarial regulada desde fuera, en la que el cumplimiento normativo actúa como interfaz entre estándares internacionales y adaptación organizativa interna. La participación activa del sector privado en la elaboración y operacionalización de estos estándares plantea interrogantes sobre su legitimidad democrática y su compatibilidad con los principios clásicos del Derecho administrativo y penal[534]

Este nuevo paradigma ha llevado a la proliferación de lo que se conoce como "*soft law*" (derecho blando), que se utiliza para distinguir una variedad de normas que quedan fuera del "derecho estricto", pero que son algo más que acuerdos puramente políticos en los que la legislación está prácticamente ausente. Aunque el *soft law* no es legalmente vinculante, tampoco es insignificante, pues cuando esta "ley blanda" se endurece puede convertirse en Derecho internacional consuetudinario[535]. El ámbito del *soft law* comienza una vez que los acuerdos jurídicos se debilitan en una o más de las dimensiones de obligación, precisión y delegación[536].

---

[534] Véase MONTANER FERNÁNDEZ, R., *Accesoriedad, regulación y Derecho penal económico. Una propuesta de teorización desde la regulación del insider trading y de la corrupción privada*, pp. 76-81, donde se analiza el desplazamiento del Estado como único regulador, la fragmentación del poder normativo, la proliferación del *soft law* y la participación de actores privados en la producción normativa a través de mecanismos como la autorregulación regulada y la estandarización internacional.

[535] NARINE, M.L., "Living in a Material World – From Naming and Shaming to Knowing and Showing", p. 224.

[536] ABBOTT, K.W./SNIDAL, D., "Hard and *Soft law* in International Governance", *International Organization–Cambridge University Press*, Vol. 54, No. 3, 2000, p. 422.

Con esta nueva forma de generar Derecho se están desarrollando sistemas complejos de ejecución de normas que consiguen un alto grado de cumplimiento, superior incluso al alcanzado por algunos tratados internacionales. Con ello, se está produciendo una gran expansión de los estándares procedentes del *soft law* internacional con un alto grado de penetración en el Derecho nacional[537].

Es en una etapa posterior cuando se están aprobando normas de derecho positivo —o *hard law*— que transforman las recomendaciones y estándares derivados del *soft law* en mandatos legales para las empresas que resultan jurídicamente exigibles. El término *hard law* se refiere a aquellas normas que establecen obligaciones jurídicas claras y definidas, susceptibles de ser detalladas y ampliadas mediante procesos reglamentarios adicionales. Estas disposiciones confieren autoridad a entes gubernamentales o judiciales para interpretar, ejecutar y hacer cumplir la ley, posibilitando la imposición de sanciones en caso de infracciones.

Las características distintivas del *hard law* incluyen su carácter imperativo y coercitivo, por lo que este tipo de normas obligan a las partes a su cumplimiento con consecuencias legales específicas por la omisión o el incumplimiento de deberes[538]. A diferencia del *soft law,* que se basa en la voluntariedad y la cooperación, el *hard law* establece mecanismos de control y sanción bien definidos, que pueden incluir responsabilidad civil, sanciones administrativas y penales, así como otras medidas correctivas[539].

---

537 DARNACULLETA GARDELLA, M.M., "La producción de normas en un mundo global", pp. 248-255.

538 ABBOTT, K.W./SNIDAL, D., "Hard and *Soft law* in International Governance", p. 421

539 BATALLER GRAU, J., "Noción, objeto y fuentes de la responsabilidad social y la sostenibilidad", en BATALLER GRAU, J./BOQUERA

Por otro lado, mientras que los procesos de adopción de tratados y convenios internacionales suelen avanzar con lentitud, la amplia aceptación del modelo propuesto por los *Principios Rectores* y las *Directrices de la OCDE* ha generado un entorno regulatorio favorable. En este contexto, varios Estados del mundo occidental y organizaciones supranacionales como la UE han comenzado a impulsar sus propias normativas de derecho positivo, con el objetivo de establecer obligaciones jurídicamente exigibles para las empresas. Tal es así que, en apenas una década ya se ha conformado un cuerpo normativo bastante importante compuesto por normas nacionales y supranacionales que promueven diligencia debida en derechos humanos.

En un primer nivel, son los diferentes Estados y organizaciones supranacionales como la UE, en cuanto a la parte correspondiente a la regulación pública, quienes están obligando a determinadas empresas a ejercer el cumplimiento normativo en derechos humanos y comunicar sus progresos. Como vimos en el capítulo precedente, acogiendo el mandato de los *Principios Rectores* y de las *Directrices de la OCDE,* las autoridades están comenzando a desarrollar normativas de obligado cumplimiento para las empresas por las que deben autorregularse "mirando" de cerca los diferentes estándares internacionales desarrollados en el ámbito del *soft law.*

En un segundo nivel, son las Organizaciones Internacionales formales, como las Naciones Unidas con su guía para la interpretación de los *Principios Rectores*[540] y la OCDE con sus

MATARREDONA, J. (Dir.), Responsabilidad social y sostenibilidad. El marco de actuación de la empresa, Tirant lo Blanch, Valencia, 2023, p. 33.

540 OFICINA DEL ALTO COMISIONADO, *La responsabilidad de las empresas de respetar los derechos humanos. Guía para la interpretación,* Naciones Unidas, Nueva York y Ginebra, 2012.

diversas Guías para la implementación efectiva de la diligencia debida, quienes están promoviendo el cumplimiento normativo en derechos humanos mediante el desarrollo de estándares internacionales de *soft law.* También desataca la OIT, al desarrollar numerosos Convenios en los que se identifican los derechos laborales básicos y que resultan relevantes para la implementación de los *Principios Rectores* en el ámbito laboral[541]. Además, con la adopción de la *Declaración Tripartita de Principios sobre las Empresas Multinacionales y la Política Social*[542], y el *Plan de actuación para el trabajo decente en las cadenas de suministros globales,* la OIT integró la diligencia debida en sus recomendaciones para proporcionar orientaciones directas sobre política social, prácticas inclusivas, responsables y sostenibles en el lugar de trabajo. Las normas y recomendaciones de la OIT están asentando los estándares de cumplimiento normativo en el ámbito laboral de

---

541 Como el Convenio núm. 105 de la OIT, de 25 de junio de 1957 sobre la abolición del trabajo forzoso; Convenio núm. 87 de la OIT, de 9 de julio de 1948, sobre la libertad sindical y la protección del derecho de sindicación, enmendado por el Convenio de 26 de junio de 1961; Convenio núm. 100 de la OIT, de 29 de junio de 1951, sobre igualdad de remuneración para trabajadores y trabajadoras por un trabajo de igual valor; Convenio núm. 111 de la OIT, de 25 de junio de 1958, sobre la discriminación en el empleo y la ocupación; o el Convenio núm. 182 de la OIT, de 17 de junio de 1999, sobre la prohibición y medidas inmediatas para eliminar las peores formas de trabajo infantil; entre otros. En la siguiente página web pueden consultarse todos los Convenios de la OIT ratificados por España. https://www.ilo.org/dyn/normlex/es/f?p=NORMLEXPUB:11200:0::NO::P11200_COUNTRY_ID:102847 (consultada el 12 de abril de 2025).

542 OIT, *Declaración tripartita de principios sobre las empresas multinacionales y la política social, Publicaciones de la Organización Internacional del Trabajo,* 6ª Edición, 2022. Adoptada por el Consejo de administración de la OIT en su 204.ª reunión (Ginebra, noviembre de 1977) y enmendada en sus 279.ª (noviembre de 2000), 295.ª (marzo de 2006), 329.ª (marzo de 2017) y 346.ª (octubre-noviembre de 2022), reuniones.

las cadenas productivas y ofrecen a las empresas multinacionales, gobiernos, organizaciones de empleadores y organizaciones de trabajadores orientaciones en materia de empleo, formación sobre condiciones de trabajo digno y relaciones laborales[543].

En este segundo nivel, junto a los principios de *soft law*, numerosas acciones colectivas de *private law*, lanzadas conjuntamente por organizaciones empresariales y sindicales, como el *Accord on Fire and Building Safety in Bangladesh*[544], la *Alliance for Water Stewardship*[545], o la *Ethical Trading Initiative* (ETI)[546], entre muchas otras que iremos viendo a lo largo de esta investigación, están dictando los estándares internacionales que configuran el contenido del cumplimiento normativo en derechos humanos.

---

543 OIT, *Declaración tripartita de principios sobre las empresas multinacionales y la política social, Publicaciones de la Organización Internacional del Trabajo,* 6ª Edición, 2022, p. 5.

544 El acuerdo fue firmado en 2013 tras el colapso del Rana Plaza que causó la muerte de más de 1,100 trabajadores de la confección. Se trata de una iniciativa conjunta entre marcas de ropa internacionales, sindicatos y organizaciones no gubernamentales para mejorar las condiciones de seguridad en las fábricas de Bangladesh. https://bangladeshaccord.org/ (consultada el 3 de mayo de 2025).

545 Iniciativas como la Alianza para el Agua Sostenible, integrada por empresas, ONGs y sindicatos, buscan mejorar la gestión del agua en las cadenas de suministro industriales. Esta alianza trabaja para reducir el impacto ambiental relacionado con el uso del agua en sectores críticos como el textil y el agrícola. https://a4ws.org/ (consultada el 3 de mayo de 2025).

546 La ETI es una alianza de empresas, sindicatos y ONGs dedicada a mejorar las condiciones laborales de los trabajadores en las cadenas de suministro globales. Promueve el respeto por los derechos de los trabajadores y mejora las condiciones laborales a través de la colaboración y el compromiso práctico. https://www.ethicaltrade.org/ (consultada el 3 de mayo de 2025).

Se suman otras organizaciones no gubernamentales, como la *Social Accountability International* (SAI) [547], la *Responsible Mineral Alliance* (RMA)[548], o la *Extractive Industries Transparency Initiative* (EITI)[549], que también desarrollan estándares que sirven de referencia para evaluar y asegurar el cumplimiento de las responsabilidades de las empresas en materia de derechos humanos, y, además, ofrecen servicios de certificación para validar las prácticas corporativas en las cadenas productivas globales. Este enfoque permite a las empresas colaborar entre sí, con instituciones gubernamentales, con organizaciones de la sociedad civil y con otras partes interesadas para enfrentar los riesgos comunes que afectan a diversos sectores.

---

547 Social Accountability International (SAI) es una organización no gubernamental dedicada a mejorar los lugares de trabajo y las comunidades asegurando la implementación ética de prácticas laborales en todo el mundo. https://sa-intl.org/ (consultada el 3 de mayo de 2025).

548 La RMA es un proyecto colaborativo mundial, lanzado en 2004, diseñado para convertir la minería artesanal y de pequeña escala (MAPE) en una práctica social y ambientalmente sostenible, buscando elevar el nivel de vida de los mineros artesanales y de sus comunidades. página web de la RMA, https://www.responsiblemines.org/sobrearm/ (consultada el 25 de mayo de 2025).

549 LA EITI la transparencia y la rendición de cuentas en las industrias extractivas. Aunque su enfoque principal no incluye específicamente la certificación de prácticas corporativas, EITI desarrolla estándares para el reporte de información para informar sobre aspectos como los pagos de las empresas extractivas a los gobiernos o entidades vinculadas en los lugares de extracción. https://eiti.org/es. (consultada el 1 de junio de 2025). En detalle sobre la EITI y sus resultados, MOBERG, J./RICH, E., "Beyond governments: lessons on multi-stakeholder governance from the Extractive Industries Transparencia Initiative (EITT), en PIETH, M. (ed.), *Collective action: innovative strategies to prevent corruption*, Dike, Zurich, 2012, pp. 113-124.

En el contexto de la diligencia debida en derechos humanos, las acciones colectivas ofrecen un marco para que las empresas multinacionales colaboren en la prevención de riesgos y la mejora de la transparencia. Herramientas como pactos de integridad, mecanismos de denuncia y auditorías sociales permiten abordar riesgos concretos, como la explotación laboral y la corrupción, estableciendo estándares comunes de conducta y supervisión. Este tipo de acción colectiva se basa en un compromiso formal y colaborativo entre las partes, lo que refuerza la eficacia de las medidas adoptadas. Para las empresas, participar en estas iniciativas no solo fortalece sus programas de cumplimiento, sino que también reduce riesgos legales y reputacionales, elevando los estándares éticos en los mercados donde operan. Además, esta participación envía una señal clara a clientes, inversores y socios comerciales sobre su compromiso real con la responsabilidad corporativa y el respeto a los derechos humanos[550]. Aunque la mayoría de estas iniciativas no resultan jurídicamente vinculantes, se retroalimentan y nutren del contenido de las normativas adoptadas en el nivel superior.

En el tercer nivel, se delega en las propias empresas reguladas por el primer nivel la potestad de elegir el modo concreto de ejercer la diligencia debida para cumplir con sus obligaciones en materia de derechos humanos, atendiendo a lo establecido por los niveles superiores. Para ello, las empresas deben desarrollar programas de cumplimiento normativo enfocados a los derechos humanos. A modo de ejemplo, las empresas deben adaptar sus políticas internas de acuerdo con los estándares de derechos

---

550 Véase WANNENWETHSCH, S./SOLORZANO, O., "La acción colectiva: Una herramienta eficaz en la lucha contra la corrupción y la protección de los derechos fundamentales", en VIOQUE GALIANA, L.M. (coord.), *Verdes y justas: responsabilidad penal y diligencia debida en las organizaciones multinacionales*, Volumen I, BOE, Madrid, 2025, pp. 481-502.

humanos e incluir a sus filiales y proveedores. El cumplimiento de estas políticas se debe asegurar mediante controles internos realizados por la propia empresa o por auditorías externas que verifiquen el cumplimiento de los compromisos adquiridos a nivel de grupo corporativo o de forma contractual. Además, las evaluaciones preventivas de los posibles socios comerciales, para confirmar que cumplen con los estándares necesarios antes de ser aceptados como tales, obligan a los operadores de las cadenas productivas globales a seguir los estándares impuestos mediante contratos tipo por las grandes empresas multinacionales que se sitúan en su cabecera.

Bajo este modelo construido para la diligencia debida, también desarrolla un sistema para incentivar y guiar a las empresas para cumplan con sus obligaciones y fiscalicen los incumplimientos. Esto puede aportar beneficios potenciales tanto a los *stakeholders* afectados por la actividad corporativa como a las propias empresas en relación con la armonización de estándares, la seguridad jurídica o la competencia en igualdad de condiciones mediante la adopción de normativas obligatorias, cuyo cumplimiento no resulta negociable, aplicables a todos los actores que operan en las cadenas productivas globales[551].

En definitiva, el cumplimiento normativo en derechos humanos se erige como una pieza central en este nuevo paradigma regulatorio multinivel, que combina fuentes estatales y no estatales, normas vinculantes y principios voluntarios, mecanismos públicos y autorregulación empresarial. Las empresas, lejos de ser meras destinatarias pasivas del Derecho, se convierten en agentes co-reguladores que interiorizan y desarrollan estándares globales mediante procedimientos propios. Esta lógica post-estatal de producción normativa, caracterizada por la flexibilidad y la adaptación sectorial, no

---

551 SMIT, L. (et. al), *Study on due diligence requirements through the supply chain, Final Report*, p. 17.

implica una ausencia de exigibilidad jurídica. Al contrario: como se analizará en los apartados siguientes, el contenido sustantivo de estos estándares —aun cuando se gesten en el ámbito del *soft law* o la autorregulación— puede adquirir relevancia en la concreción de deberes de cuidado jurídicamente exigibles, con posibles consecuencias en el plano sancionador, incluida la responsabilidad penal de las empresas por omisiones estructurales.

Entender este nuevo modelo multinivel para la producción de Derecho y dotarlo de eficacia constituye un primer paso imprescindible para comprender la génesis y el funcionamiento de las normas de diligencia debida en derechos humanos[552]. Todo ello, desde luego, sería más sencillo en un mundo en el que las obligaciones para las empresas partieran de una convención internacional, por ejemplo, de Naciones Unidas, a la que se sumaran la mayoría de los Estados. Muchas críticas a esta nueva forma de gobernanza tan poco estatalista suelen ir en este, pero esta forma tradicional de legislar, de momento, "ni está, ni se la espera".

B. El salto desde la autorregulación a la "autorregulación regulada" para el desarrollo del cumplimiento normativo en derechos humanos

El cumplimiento normativo en derechos humanos ha supuesto una evolución desde la autorregulación corporativa voluntaria en materia social y ambiental hacia un modelo

---

552 Esta reflexión ya había sido aportada por Short y Toffel, quienes, frente a la mera voluntariedad y la ausencia de supervisión, proponían que los reguladores creasen medios de supervisión continuos dirigidos a guiar a las empresas y no solo inspeccionar y castigar los incumplimientos. SHORT, J.L./TOFFEL, M.W., "Making Self-Regulation More Than Merely Symbolic: The Critical Role of the Legal Environment", *Administrative Science Quarterly*, 2010, Volume 55, Issue 3, pp. 361 y ss.

de *autorregulación regulada*, en el que los estándares internos empresariales ya no se diseñan en un vacío normativo, sino que responden a exigencias externas de los poderes públicos y de la comunidad internacional. Aunque los modelos de autorregulación tienen una larga tradición en el ámbito corporativo, históricamente se han promovido como herramientas de gestión de riesgos reputacionales o sectoriales, especialmente en contextos donde la regulación estatal era débil o fragmentaria[553].

Desde una perspectiva comparada, el concepto de autorregulación corporativa adopta distintas configuraciones. En los sistemas anglosajones (EE.UU., Reino Unido), se interpreta como una delegación de funciones normativas del Estado a actores privados, mientras que en Europa continental —especialmente en Alemania y España— se concibe como una forma de regulación pública indirecta, que solo adquiere eficacia jurídica en la medida en que sea reconocida o incorporada por el ordenamiento[554]. En su esencia, la autorregulación permite que las empresas establezcan y apliquen sus propios estándares de conducta sin la intervención directa del Estado. Sin embargo, este modelo ha desplazado la determinación del espacio de riesgo permitido en las relaciones empresariales

553 MOREIRA NETO, D.F., "Crisis y regulación de mercados financieros. La autorregulación regulada: ¿una respuesta posible?, en *Revista de Administración Pública*, nº 180, 2009, p. 9 y 19.

554 ARROYO JIMENEZ, L., "Introducción a la autorregulación", en ARROYO JIMÉNEZ, L./NIETO MARTÍN, A., *Autorregulación y Sanciones*, Segunda edición, Thomson Reuters Aranzadi, Navarra, 2015, pp. 28-29. Sobre el concepto de autorregulación, ESTEVE PARDO, J., "El reto de la autorregulación o como aprovechar en el sistema jurídico lo que se gesta extramuros del mismo. Mito y realidad del Caballo de Troya", en ARROYO JIMÉNEZ, L./NIETO MARTÍN, A., *Autorregulación y Sanciones*, Segunda edición, Thomson Reuters Aranzadi, Navarra, 2015, pp. 43-54.

desde instancias públicas a actores privados[555], que operan bajo una lógica multinacional en el contexto de cadenas productivas globales[556].

No obstante, esta evolución hacia la autorregulación regulada no está exenta de ambigüedades. La proliferación de cláusulas legales que remiten genéricamente a "normas técnicas", "buenas prácticas" o "estándares internacionales" sin identificarlos con precisión produce un efecto de "externalización de la producción normativa". En la práctica, esta técnica legislativa delega el contenido efectivo de las obligaciones empresariales en actores no estatales —entidades certificadoras, organizaciones sectoriales, foros *multistakeholder*— cuyas decisiones pueden tener efectos jurídicos materiales sin pasar por procedimientos legislativos ni estar sometidas a control democrático efectivo. Estas remisiones, operadas a través de una "cláusula técnica", introducen en el ordenamiento una forma de normatividad sin representación, que tensiona los principios clásicos de legalidad, publicidad y racionalidad normativa[557].

---

555 Desde una perspectiva tradicional, la competencia sobre la delimitación del riesgo permitido es de naturaleza pública y recae sobre el legislador. ESTEVE PARDO, J., *Principios de Derecho regulatorio. Sectores económicos de interés general y regulación de riesgos*, Marcial Pons, Madrid, 2021, pp. 175-177.

556 Lo que supone que cada vez resulte más complicado distinguir al sujeto regulador del sujeto que debe cumplir con dicha regulación. NIETO MARTÍN, A., "Private Ius Puniendi", en *Global Criminal Law*, Palgrave Macmillan, Switzerland, 2021, p. 49.

557 Veáse MONTANER FERNÁNDEZ, R., *Accesoriedad, regulación y Derecho penal económico. Una propuesta de teorización desde la regulación del insider trading y de la corrupción privada*, pp. 94-99, donde se analiza de forma crítica el uso de remisiones normativas indeterminadas a estándares técnicos, la figura de la "cláusula técnica" y el desplazamiento de la producción normativa hacia actores privados en esquemas de autorregulación regulada.

Este sistema de gobernanza indirecta, aunque pragmáticamente eficaz al aprovecharse del poder económico y la capacidad operativa de las empresas multinacionales para desarrollar y hacer cumplir normas internas[558], plantea el riesgo de una privatización encubierta del poder normativo, en la medida en que convierte estándares privados —como las normas ISO, los códigos de conducta sectoriales o las certificaciones de sostenibilidad— en criterios materiales de legalidad o diligencia debida, sin intervención parlamentaria ni deliberación pública previa, afectando negativamente los intereses públicos[559]. Así, la autorregulación deja de ser un complemento y se transforma en un mecanismo funcionalmente equivalente a la legislación, pero con menor legitimidad democrática[560].

Por ello, confiar exclusivamente en la autorregulación corporativa para gobernar la economía global representa un riesgo considerable. Para mitigar estos efectos, los Estados han adoptado un enfoque de "autorregulación regulada",

---

558 En la era de la globalización, los sujetos privados (como los operadores del mercado, la industria y el comercio) han demostrado tener mayor capacidad que los Estados para alcanzar y hacer efectivos consensos normativos de alcance global. Así, se ha favorecido que la armonización internacional se haya desarrollado a través de la autorregulación. DARNACULLETA GARDELLA, M.M., "¿Qué es el Derecho global? Una visión desde el Derecho público", p. 114.

559 GUTIÉRREZ GUTIÉRREZ, I., "Estado de Derecho y democracia más allá del Estado", en ARROYO JIMÉNEZ, L./MARTÍN DELGADO, I./MEIX CERECEDA, P. (Dir.), *Derecho Público Global. Fundamentos, actores y procesos,* Iustel, Madrid, 2020, pp. 33-35.

560 Por ello, la autorregulación debe quedar sujeta a una serie de condiciones de legitimidad, transparencia y responsabilidad para que cumpla con su propósito de servir a la mejora del respeto a los derechos humanos y el medio ambiente en las cadenas de valor globales. NIETO MARTÍN, A., *El cumplimiento normativo como estrategia político-criminal,* p. 110.

también conocido como "meta-regulación corporativa", en el que se supervisa la calidad y eficacia de las prácticas de autorregulación empresarial[561]. Este modelo híbrido, basado en la corregulación público-privada, permite que el Estado regule la autorregulación imponiendo requisitos mínimos y mecanismos de verificación, sin eliminar la flexibilidad organizativa de las empresas.

En este contexto, el cumplimiento normativo en derechos humanos encarna un esquema típico de autorregulación regulada en el que los Estados exigen que las empresas adopten políticas, procedimientos y mecanismos de verificación internos que se alineen con estándares internacionales, pero sin imponer directamente su contenido normativo[562]. Esta lógica colaborativa se articula mediante un modelo de corregulación en red, en el que la empresa actúa como implementadora de estándares generados en foros internacionales o entornos técnico-privados, y los Estados ejercen un rol de auditor y verificador[563].

---

561 El término "autorregulación regulada" refleja entonces un cambio significativo: de ser una práctica opuesta a la regulación estatal, se convierte en una estrategia de regulación en sí misma. Autores como Robert Baldwin, Martin Cave y Wolfgang Hoffmann-Riem han destacado este nuevo "interés gubernamental" en la autorregulación, viéndola como un complemento, y, en algunos casos, como un sustituto de la regulación tradicional. DARNACULLETA I GARDELLA, M.M., "La autorregulación regulada en la doctrina anglosajona y continental europea", en ARROYO JIMÉNEZ, L./NIETO MARTÍN, A., *Autorregulación y Sanciones*, Segunda edición, Thomson Reuters Aranzadi, Navarra, 2015, pp. 57-59.

562 GUAMÁN HERNÁNDEZ, A., "Diligencia debida en derechos humanos y empresas transnacionales: de la ley francesa a un instrumento internacional jurídicamente vinculante sobre empresas y derechos humanos", p. 238.

563 Sobre la integración del concepto de autorregulación regulada en el Derecho Público europeo, DARNACULLETA I GARDELLA, M.M., "La autorregulación regulada en la doctrina anglosajona y continental europea", pp. 55-72.

Estos modelos buscan fortalecer la responsabilidad empresarial mediante la cooperación entre gobiernos, empresas, inversores y otros actores afectados, promoviendo la adopción de estándares globales para abordar desafíos como el cambio climático, la desigualdad económica y la justicia social[564]. La cooperación en red dentro de este marco pretende cerrar los espacios de impunidad derivados de la actividad de las corporaciones multinacionales[565], promoviendo mecanismos que no solo permitan investigar y sancionar abusos en las cadenas productivas globales, sino que también fomenten la prevención de vulneraciones graves de derechos humanos, como la tortura, la esclavitud o la trata de personas[566].

Sin embargo, se hace necesario reforzar su control jurídico para exigir que estos estándares sean públicamente accesibles, materialmente razonables y revisables por las autoridades. Solo así puede mantenerse la compatibilidad de este modelo con los principios estructurales del Estado de Derecho, especialmente cuando las infracciones de estos estándares pueden tener consecuencias jurídicas relevantes, incluidas sanciones administrativas o imputación penal por omisión organizativa[567].

---

564 Sobre los diversos actores y ejemplos de asociaciones público-privadas en relación con la lucha contra la corrupción internacional, ámbito estrechamente relacionado con la diligencia debida, véase KLITGAARD, R., "Public-private collaboration and corruption", en PIETH, M. (ed.), *Collective action: innovative strategies to prevent corruption*, Dike, Zurich, 2012, pp. 41-66.

565 En este sentido, NIETO MARTÍN, A., "Transformaciones del *ius puniendi* en el Derecho global", p. 101.

566 NIETO MARTÍN, A., "El cumplimiento normativo", en NIETO MARTÍN, A., (Dir.), *Manual de cumplimiento penal en la empresa*, Tirant lo Blanch, Valencia, 2015, p. 27.

567 Lo que será objeto de estudio en el Capítulo VI de esta obra.

C. *Formas de coacción en el marco del cumplimiento normativo en derechos humanos: Derecho privado y derecho público*

En el contexto de la diligencia debida, la necesidad de ejercer un control efectivo sobre la conducta de las empresas multinacionales en las cadenas productivas globales adquiere una enorme relevancia, dada la capacidad de estas estructuras empresariales para eludir marcos regulatorios nacionales e incluso vulnerar normas de *ius cogens*, como las relativas a los derechos humanos[568]. Por ello, el desarrollo normativo de la diligencia debida busca establecer parámetros legales operativos para orientar la actividad empresarial, garantizando que la maximización de beneficios no se realice a costa de los derechos fundamentales.

Este proceso requiere delimitar el ámbito del riesgo permitido, es decir, las condiciones bajo las que una empresa puede actuar lícitamente sin incurrir en responsabilidad, incluso en ausencia de un daño concreto. A partir de esa delimitación, el cumplimiento normativo en derechos humanos permite articular obligaciones organizativas preventivas, cuya omisión podría dar lugar a consecuencias jurídicas relevantes. Sin embargo, dejar el control de estas obligaciones exclusivamente en manos del sector privado conlleva el riesgo de caer en prácticas simbólicas, más orientadas al *greenwashing* y la legitimación reputacional que a la eficacia material.

Confiar únicamente en la voluntad de las empresas para autorregularse conlleva el riesgo de caer en prácticas simbólicas o cosméticas, que buscan más bien mejorar su imagen pública o servir como herramientas de marketing y *greenwashing*,

568 NIETO MARTÍN, A., "Autorregulación, "*compliance*" y justicia restaurativa", en ARROYO JIMÉNEZ, L./NIETO MARTÍN, A., *Autorregulación y Sanciones*, Segunda edición, Thomson Reuters Aranzadi, Navarra, 2015, p. 130.

especialmente en momentos de crisis reputacionales. De ahí que se apueste por una estrategia mixta, basada en la combinación de autorregulación empresarial y coacción estatal. El modelo hacia el que se avanza podría caracterizarse como una autorregulación regulada y coaccionada, en el que las empresas deben cumplir con estándares de diligencia debida que ya no son meras recomendaciones voluntarias, sino que encuentran respaldo en disposiciones legales de cumplimiento obligatorio, muchas veces complementadas con mecanismos sancionadores. De esta forma, se combina la flexibilidad y la capacidad de adaptación de la autorregulación con la fuerza normativa y disuasoria de las sanciones, ofreciendo un camino más idóneo hacia la regulación efectiva de las actividades de las empresas multinacionales en el ámbito global[569].

Ahora bien, conviene tener en cuenta que el uso de la coacción pública para hacer efectivas estas obligaciones se distribuye entre diversas formas de responsabilidad, especialmente la administrativa y la civil. La sanción penal, en este contexto, representa la forma más intensa de intervención, pero debe aplicarse con extrema cautela y conforme a criterios de subsidiariedad y última ratio[570]. Como se desarrollará en el Capítulo VI, la accesoriedad del Derecho penal económico impone que su activación dependa, en buena medida, del marco regulatorio extrapenal en el que se inserta. Así, el Derecho penal no puede operar de forma aislada ni como única herramienta de *enforcement*, sino que debe interpretarse en conexión con los sistemas normativos que definen previamente los deberes de organización y diligencia debida. De lo contrario, se corre el riesgo de vaciar

---

569 En este sentido, NIETO MARTÍN, A., "Autorregulación, "*compliance*" y justicia restaurativa", pp. 130-132.

570 NIETO MARTÍN, A., *El cumplimiento normativo como estrategia político-criminal*, p. 26.

de contenido el principio de legalidad, al penalizar omisiones sin una base normativa suficientemente determinada[571].

Esta necesidad de conexión entre lo penal y lo regulatorio cobra especial sentido en el campo del cumplimiento normativo en derechos humanos, donde los estándares que definen el contenido de los deberes empresariales derivan muchas veces del *soft law*, de prácticas sectoriales o de mecanismos técnicos no integrados formalmente en el Derecho positivo. Sin embargo, aún no encontramos una apuesta firme por el recurso del Derecho penal económico como herramienta de *enforcement* de la "meta-regulación corporativa". Ello parece lógico dado que, por el momento, las obligaciones concretas de cumplimiento normativo no se han delimitado de forma suficientemente detallada a nivel legal y reglamentario, por lo que establecer responsabilidades penales en esta etapa incipiente de formación de la diligencia debida en derechos humanos podría acarrear inseguridad jurídica para las empresas.

Pese a todo, sí que encontramos algunos ejemplos que apuntan a la posible aplicación futura del Derecho penal económico. Los *Principios Rectores* llaman a los Estados a adoptar medidas eficaces para garantizar el cumplimiento de la diligencia debida en derechos humanos, entre las que se incluyen las infracciones penales (Comentario al Principio número 7). En esta línea, el Consejo de Europa, en una recomendación emitida en 2016, también apostaba por el mismo enfoque[572]. Además, algunas normas de diligencia debida como la holandesa, dirigida a erradicar el trabajo infantil de las cadenas de

---

571 Sobre el concepto de accesoriedad en el Derecho penal económico, véase MONTANER FERNÁNDEZ, R., *Accesoriedad, regulación y Derecho penal económico*, pp. 131-226.

572 Recomendación CM/Rec (2016) 3 del Comité de Ministros a los Estados miembros sobre los Derechos Humanos y las empresas.

suministros de las empresas de los Países Bajos, empiezan a recurrir tímidamente al Derecho penal económico para castigar los incumplimientos reiterados y advertidos en vía administrativa[573]. Por ello, como veremos con detalle en el Capítulo VI[574], comienza a hablarse de un Derecho penal económico de los derechos humanos y la sostenibilidad.

II IMPACTO DEL CUMPLIMIENTO NORMATIVO EN DERECHOS HUMANOS EN LA *LEX MERCATORIA*: CLÁUSULAS CONTRACTUALES Y ACUERDOS MARCO GLOBALES

Otro de los principales exponentes del Derecho global lo encontramos en el ámbito del comercio internacional y la conformación de un cuerpo de *lex mercatoria*, que se ha convertido en la fuerza rectora para la regulación de las transacciones comerciales transfronterizas. La evolución de las normas del comercio internacional refleja su naturaleza dinámica y compleja, en constante adaptación a las prácticas y necesidades de las empresas multinacionales. Sin embargo, este cuerpo de normas y principios comerciales, que no cuenta con una definición unívoca debido a su naturaleza orgánica y descentralizada que le permite evolucionar junto con el comercio mismo, se ha centrado en los aspectos económicos dejando en un segundo plano las cuestiones relacionadas con el respeto a los derechos humanos.

La diligencia debida en derechos humanos dispone del potencial suficiente como para transformar la globalización mediante su incidencia en las relaciones económicas privadas internacionales. Con el desarrollo de medidas de cumplimiento normativo en derechos humanos se persigue producir un

---

573 Véase el apartado II.B.ii del Capítulo III de esta obra.

574 Véase el apartado II del Capítulo VI de esta obra.

impacto significativo en la *lex mercatoria* para promover un crecimiento económico sostenido, inclusivo y sostenible, evitando al mismo tiempo la perpetuación de desequilibrios en los mercados.

Como veremos en las próximas líneas, gracias a la incorporación de obligaciones en materia de derechos humanos en las cláusulas de los contratos celebrados entre empresas y sus proveedores o prestadores de servicios, junto a la firma de AMG construidos sobre estándares internacionales, la diligencia debida está contribuyendo a redefinir las normas del comercio internacional, incorporando la consideración del respeto a los derechos humanos en la regulación de las actividades económicas transfronterizas.

A. El concepto de lex mercatoria en el marco del Derecho global

El de *lex mercatoria* no es un concepto pacífico. De acuerdo con FRANCISCO LÓPEZ RUÍZ[575], *la lex mercatoria* se refiere a un conjunto de normas de carácter supranacional y autónomo, diseñadas para regular las relaciones económicas y privadas internacionales, especialmente aplicables a los contratos internacionales. Estas normas, que pueden prevalecer sobre las disposiciones de los ordenamientos jurídicos nacionales, son creadas principalmente por grandes empresas transnacionales, firmas legales y agencias privadas internacionales, sin intervención directa de los poderes legislativos estatales. La nueva *lex*

---

575 Por dicha razón, el autor considera que dentro del ámbito de la *lex mercatoria* caben, además de las materias clásicas del derecho del comercio internacional, parte de las operaciones realizadas en los mercados financieros internacionales, oficiales y no oficiales. LÓPEZ RUÍZ, F., "El papel de la societas mercatorum en la creación normativa: la *lex mercatoria*", *Cuadernos electrónicos de filosofía del derecho*, Nº. 20, 2010, p. 69.

mercatoria busca establecer un marco regulatorio uniforme para las relaciones comerciales y financieras en el contexto del mercado global, trascendiendo las fronteras políticas de los Estados.

Por su parte, JUAN HERNÁNDEZ ZUBIZARRETA[576] define la *lex mercatoria* como un conjunto de normas, convenios, tratados y acuerdos que constituyen un nuevo derecho corporativo global, diseñado para proteger los intereses de las grandes empresas, que adolece de una falta de equilibrio adecuado y mecanismos efectivos para supervisar y mitigar sus efectos en los ámbitos social, económico, laboral, ambiental y cultural.

Tradicionalmente, la *lex mercatoria* se ha consolidado y desarrollado a través de instrumentos de Derecho privado, como los Términos Internacionales de Comercio (INCOTERMS) y los créditos documentarios. En este contexto, aspectos como el respeto a los derechos humanos, la protección ambiental o la buena gobernanza, han quedado en un segundo plano. Además, bajo este modelo se han impulsado vías para la resolución de conflictos económicos basadas en la sumisión a la mediación y el arbitraje internacional, con los problemas que ello conlleva al colisionar con la adecuada protección estatal de los derechos humanos, configurándose una justicia a medida de los poderes económicos contrapuesta a una justicia de masas para los ciudadanos[577].

---

576 HERNÁNDEZ ZUBIZARRETA, J./RAMIRO PÉREZ, P., "*Lex mercatoria* vs. derechos humanos. Las empresas transnacionales y la arquitectura jurídica de la impunidad", *Gaceta sindical: reflexión y debate*, Nº. 26, 2016, p. 227.

577 Sobre las relaciones entre los acuerdos de libre comercio, el sistema internacional de protección de los derechos humanos y el DPI, PÉREZ CEPEDA, A.I./TERRADILLOS BASOCO, J., "Acuerdos de libre comercio y el sistema internacional de derechos humanos en el marco del Derecho penal Internacional", *Revista Penal México*, nº 14-15, marzo 2018-febrero 2019, pp. 263-274.

Dichos problemas fueron puestos de manifiesto por la Alta Comisionada de la Comisión de Derechos Humanos en su informe presentado en 2002:

> "El Derecho del comercio internacional y el Derecho de los derechos humanos han crecido más o menos aislados el uno del otro. Sin embargo, a medida que las normas comerciales amplían cada vez más su alcance a áreas que afectan el disfrute de los derechos humanos, los comentaristas están reconociendo los vínculos entre ambos, buscando entender cómo interactúan los derechos humanos y el comercio, en un intento por proporcionar mayor coherencia al Derecho internacional y a la formulación de políticas, y un orden internacional y social más equilibrado. La lógica detrás de entender estos vínculos es convincente. Mientras que los acuerdos de la Organización Mundial del Comercio (OMC) proporcionan un marco legal para los aspectos económicos de la liberalización del comercio y se centran en objetivos comerciales, las normas y estándares de derechos humanos proporcionan los medios para ofrecer un marco legal para las dimensiones sociales de la liberalización del comercio".[578]

Ante este panorama, con el desarrollo de la diligencia debida en derechos humanos también se pretende modernizar la economía social de mercado a escala global para logar una transición justa hacia la sostenibilidad, jugando un papel determinante el derecho de contratos y los AMG para la promoción de unas condiciones de trabajo dignas y el respeto a las comunidades de todo el mundo[579].

---

578 CONSEJO ECONÓMICO Y SOCIAL/COMISIÓN DE DERECHOS HUMANOS, "Liberalization of trade in services and human rights. Report of the High Commissioner", 25 June 2002. E/CN.4/Sub.2/2002/9. Párrafo 4, p. 7.

579 En la Comunicación de la Comisión de 14 de enero de 2020 sobre una Europa social fuerte para unas transiciones justas, se ponía el foco en la necesidad de modernizar la economía social de mercado europeo para garantizar que nadie se quede atrás en la transición hacia un desarrollo sostenible. COMUNICACIÓN DE LA COMISIÓN AL PARLAMENTO EUROPEO, AL CONSEJO,

B. Obligaciones contractuales y Acuerdos Marco Globales para transformar la lex mercatoria

El derecho de contratos juega un papel fundamental en la implementación y expansión de la diligencia debida en derechos humanos. Dada su capacidad para formalizar las expectativas y obligaciones de las partes contratantes, permite que las empresas establezcan, de manera clara y vinculante, las prácticas y estándares de cumplimiento normativo en derechos humanos a seguir en sus operaciones y por sus relaciones comerciales establecidas en las cadenas productivas globales. Por ello, una de las principales obligaciones para las empresas en el marco de la diligencia debida la encontramos en la inclusión de cláusulas contractuales, específicas para proveedores y otros socios comerciales de las cadenas productivas, que exijan el cumplimiento de los estándares aplicables en materia de derechos humanos[580]. Estas cláusulas no solamente deben

---

AL COMITÉ ECONÓMICO Y SOCIAL EUROPEO Y AL COMITÉ DE LAS REGIONES UNA EUROPA SOCIAL FUERTE PARA UNAS TRANSICIONES JUSTAS, Bruselas, 14.1.2020 COM(2020) 14 final. Además, en la Comunicación de la Comisión, de 23 de febrero de 2022, sobre el trabajo digno en todo el mundo, la UE también se comprometía a desarrollar políticas y estrategias para promocionar el trabajo digno en las cadenas productivas globales. COMUNICACIÓN DE LA COMISIÓN AL PARLAMENTO EUROPEO, AL CONSEJO Y AL COMITÉ ECONÓMICO Y SOCIAL EUROPEO, sobre el trabajo digno en todo el mundo para una transición justa a escala mundial y una recuperación sostenible, Bruselas, 23.2.2022, COM(2022) 66 final.

580 Como ejemplo, el art. 4.d. del Reglamento (UE) 2017/821 de 17 de mayo de 2017 sobre minerales de conflicto obliga a los importadores de la Unión de minerales o metales a reforzar su compromiso con los proveedores mediante la incorporación de su política de derechos humanos en los contratos y acuerdos en coherencia con el anexo II de la Guía de Diligencia Debida de la OCDE sobre minerales de conflicto.

establecen obligaciones claras para las partes contratantes, sino que también proporcionan un marco para la rendición de cuentas y la resolución de controversias en caso de incumplimiento.

La incorporación de este tipo de cláusulas contractuales dentro del cuerpo de *lex mercatoria*, actuando como un instrumento más de Derecho global, implica reconocer que el comercio internacional no puede ser ajeno a su impacto en la sociedad y el medio ambiente.

La forma en que las grandes empresas multinacionales pueden influir a través de la contratación varía significativamente dependiendo de si nos referimos a su influencia sobre los proveedores directos o aquellos indirectos, lo que demuestra la diversidad de enfoques y estrategias que se pueden desarrollar en las relaciones contractuales dentro de las cadenas productivas globales.

En lo que respecta a los proveedores directos, los *Principios Rectores* plantearon que la diligencia debida en derechos debe de ponerse en marca en la fase de preparación de los contratos u otros acuerdos cuando se emprende una nueva actividad o se inicia una nueva relación comercial (Comentario al Principio número 17). Por ello, resulta esencial realizar una evaluación de riesgos detallada antes de formalizar cualquier contrato con un proveedor para determinar qué cláusulas contractuales son las apropiadas para exigir la corrección de cualquier deficiencia en la prevención de riesgos relacionados con los derechos humanos[581].

---

[581] Las Directrices de la OCDE, en su Punto 17, reconocen que las empresas multinacionales pueden ejercer su influencia sobre sus proveedores mediante la celebración de acuerdos tales como contratos de gestión, obligaciones de precalificación de los potenciales proveedores, pactos de accionistas y contratos de licencia o franquicia, para determinar la respuesta adecuada por porte de los proveedores y otras relaciones comerciales a los riesgos identificados.

En cuanto a los socios comerciales indirectos, se debe establecer un sistema de garantías contractuales que vaya más allá de los proveedores directos. Las *Directrices de la OCDE* plantearon la capacidad contractual de la empresa líder como la vía para expandir las prácticas responsables a lo largo de toda la cadena de valor. Mediante este tipo de obligaciones contractuales se pretende que las empresas multinacionales ejerzan su poder para alcanzar a todos los eslabones de su cadena de valor para conseguir que todos los operadores se adapten a sus estándares de respeto a los derechos humanos[582].

Mediante el cumplimiento normativo en derechos humanos se obliga a las empresas multinacionales a que adopten políticas y procedimientos en derechos humanos, que los hagan públicos dándolos a conocer a todos sus proveedores —directos e indirectos—, y, al mismo tiempo, aseguren su cumplimiento mediante la introducción de cláusulas contractuales en los contratos celebrados con sus socios comerciales.

Para crear una cascada contractual que resulte efectiva es necesario que las cláusulas incluidas en los contratos con los proveedores directos sean claras, exigibles y verificables mediante mecanismos específicos de monitoreo y auditoría, así como sanciones privadas derivadas del incumplimiento de los proveedores. Además, es importante que estos contratos estipulen la obligación de los proveedores directos de garantizar que sus subcontratistas y otros terceros involucrados en

---

582 OCDE (2018) *Guía de la OCDE de Debida Diligencia para una Conducta Empresarial Responsable*, apartado II.1.3, "incorporar las expectativas y políticas de CER en las relaciones con los proveedores y otras relaciones comerciales". Misma recomendación en la *Guía de Debida Diligencia de la OCDE para Cadenas de Suministro Responsables de Minerales en las Áreas de Conflicto o de Alto Riesgo*, que en su Anexo I.1.D) encomienda a las empresas del sector a que incorporen las políticas de diligencia debida en derechos humanos en los contratos o acuerdos firmados con los proveedores.

la producción que puedan catalogarse como proveedores indirectos de la empresa principal también se adhieran a estos mismos estándares, creando así un entorno de cumplimiento integrado y coherente en toda la cadena de valor.

En este modelo de cumplimiento también han adquirido gran importancia iniciativas como los AMG, como forma de colaboración directa entre sindicatos y empresas para fijar unos derechos laborales mínimos y garantizar la libertad de asociación[583]. Los AMG son pactos negociados a escala mundial, entre una empresa multinacional y una federación sindical global, para proteger los derechos fundamentales de los trabajadores en todas las operaciones de la empresa y de sus cadenas de suministros[584].

Los AMG implementan estándares sobre derechos sindicales, prácticas de seguridad y salubridad en el lugar de trabajo, y principios de calidad laboral, independientemente del país en el que se desarrolle la actividad del grupo corporativo[585]. La adopción de los AMG contribuye de forma significativa al desarrollo de un modelo laboral global que respete y promueva de forma activa el respeto de los derechos de los trabajadores. Se trata de una evolución hacia la creación de un entorno de

---

583 Sobre los AMG, véase SANGUINETI RAYMOND, W., "Acuerdo Marco Internacional", en BAYLOS GRAU, A.P./FLORENCIO THOMÉ, C./GARCÍA SCHWARZ, R./CASAS BAAMONDE, M.E., *Diccionario internacional de derecho del trabajo y de la seguridad social,* Tirant lo Blanch, Valencia, 2014, pp. 71-76.

584 Sobre los AMG desde el ámbito laboral, BAYLOS GRAU, A.P., "Un instrumento de regulación: Empresas transnacionales y acuerdos marco globales", *Cuadernos de Relaciones Laborales,* 27, núm. 1, 2009, pp. 107-125; GARRIDO SOTOMAYOR, V./BOIX LLUCH, I., "La Sostenibilidad solo puede ser global (1)", *La Ley Trabajo y Derecho,* nº 16, noviembre de 2022, pp. 8-12.

585 OECD, *Guía de la OCDE de debida diligencia para cadenas de suministro responsables en el sector textil y del calzado,* p. 29.

trabajo decente[586] para priorizar el bienestar y los derechos de los empleados en todas las jurisdicciones.

Un ejemplo de AMG suscrito por un grupo corporativo multinacional español lo encontramos en el suscrito por *Inditex*. *Inditex* comercializa 9 marcas, dispone de unas 7.500 tiendas repartidas en 93 países y para ella trabajan más de 174.000 personas en todo el mundo. Su cadena de suministros, con más de 1.800 proveedores e intermediarios, la conforman más de 6.700 fábricas distribuidas en 41 países en las que trabajaban unas 2.200.000 personas. En 2001, *Inditex* implanto su código de conducta y firmó un Convenio Marco con la ONG *Entreculturas* y, en 2007, firmó el AMG con la *Federación Sindical Internacional FITTVC*. En virtud de su AMG, *Inditex* proporciona información a la Federación Sindical Internacional FITTVC sobre toda su cadena de suministros, incluyendo la localización de las fábricas, número de trabajadores, tipo de producción y calificación en la última auditoría, proporcionando derecho al acceso sindical a todos sus centros de trabajo[587]. Tras más de una década de colaboración con los sindicatos, en 2019 se firmó el AMG con *IndustriALL Global Union* con el fin de promover el respeto

---

586 Tras un animado debate, que concluyó con la inclusión del trabajo decente en la agenda de la Conferencia Internacional del Trabajo de 2016, la OIT adoptó la Resolución relativa al trabajo decente en las cadenas mundiales de suministros, reconociendo explícitamente las deficiencias de las normas actuales para lograr el trabajo decente, ante las carencias de los modelos tradicionales para abordar las complejidades de las cadenas de valor y de suministros globalizadas. OIT, *Resolución relativa al trabajo decente en las cadenas mundiales de suministro*, Adoptada por la Conferencia General de la OIT, congregada en Ginebra en su 105ª reunión, 2016

587 BOIX, I., "El Acuerdo Marco Global de Inditex, una práctica de Acción Sindical Global", *CCOO Industria*, 2019, pp. 9-11.

a las normas laborales internacionales en toda la cadena de suministros de *Inditex*[588].

III EL "HOMO ANTECESOR" DEL CUMPLIMIENTO NORMATIVO EN DERECHOS HUMANOS: LA RESPONSABILIDAD SOCIAL CORPORATIVA

El desarrollo de medidas de cumplimiento normativo en derechos humanos evidencia que el actual concepto de responsabilidad corporativa dista mucho del descrito por MILTON FRIEDMAN, quien en la década de 1970 afirmaba que la única responsabilidad de las empresas consistía en llevar a cabo sus negocios conforme a su voluntad para obtener el mayor beneficio posible para sus inversores, ajustándose para ello a las reglas básicas de la sociedad[589].

En contraposición a esta tesis, hoy en día se tienen en consideración los intereses de una gama más amplia de grupos de interés además de los accionistas, mediante la integración en las decisiones estratégicas de la empresa de sus preocupaciones

---

588 El AMG puede consultarse en la web https://www.industriall-union.org/sites/default/files/uploads/documents/2019/SWITZERLAND/INDITEX/espanol - industriall inditex acuerdo marco global.pdf (consultada el 15 de febrero de 2025).

589 En su obra, en contra de los postulados que sugerían que las empresas debían tener un compromiso con la sociedad y con el medio ambiente, el economista desarrolló su teoría de los shareholders con la que defendía que la única responsabilidad de las empresas era la de maximizar sus beneficios respetando las normas y participando en un mercado de competencia abierta, libre de engaños y fraudes. Véase, FRIEDMAN, M., "A Friedman doctrine: The Social Responsibility of Business Is to Increase Its Profits", *The New York Times*, September 13, 1970; FRIEDMAN, M., *Capitalismo y Libertad*, Síntesis, Madrid, 2012.

en aspectos medioambientales, sociales y de gobernanza. Este pensamiento se ha recogido en la célebre cita *no me digas qué haces con los beneficios, dime cómo los obtienes y con quién te asocias para crear un mundo mejor*[590].

Para comprender el cumplimento normativo en derechos humanos resulta fundamental el estudio del origen y evolución de la RSC como su "homo antecesor", ya que marca la transición de una visión centrada exclusivamente en los intereses financieros de los accionistas hacia un enfoque integral en el que consideran las implicaciones sociales y ambientales de las actividades empresariales sobre sus *stakeholders.* Estas herramientas comparten el objetivo de pretender garantizar la buena gobernanza y la legitimidad[591] de una empresa en su entorno, lo que constituye, en la actualidad, uno de los grandes retos de gestión empresarial para las grandes corporaciones multinacionales.

---

[590] Palabras pronunciadas por el filósofo francés François Vallaeys y por Ramón Jauregui, entre otros. VALLAEYS, F., "Ética en responsabilidad social: "no me digas qué haces con los beneficios, dime cómo los obtienes", Centro de Ética y Responsabilidad Social, 9 de octubre de 2018, https://cers.up.edu.pe/blog/etica-en-responsabilidad-social-no-me-digas-que-haces-con-los-beneficios-dime-como-los-obtienes/ (consultada el 20 de enero de 2025); BUYOLO, F., "Las empresas que no sean éticas no pueden ser consideradas empresas", *El País,* 10 de enero de 2017.

[591] El concepto de legitimidad se entiende como un proceso mediante el cual una organización justifica su derecho a existir, existiendo una congruencia entre los valores asociados a las actividades de dicha organización y las normas de comportamiento existentes en los sistemas sociales. RENDTORFF, J.D., "The Concept of Business Legitimacy: Corporate Social Responsibility, Corporate Citizenship, Corporate Governance as Essential Elements of Ethical Business Legitimacy", en CROWTHER, D./SEIFI, S./WOND, T. (Eds.), *Responsibility and Governance: The Twin Pillars of Sustainability,* Springer, Singapore, 2018, p. 47.

La diligencia debida y su aplicación mediante medidas de cumplimiento normativo en derechos humanos, tal como se aborda en esta obra, puede considerarse como una evolución lógica y necesaria de la RSC. Este desarrollo se fundamenta en la cada vez mayor conciencia global de la importancia de que las empresas multinacionales se comprometan con el desarrollo social y la protección ambiental. Mientras que la RSC queda limitada al compromiso voluntario asumido por las empresas para ir más allá de los negocios y contribuir de forma positiva a la sociedad, el cumplimiento normativo en derechos humanos eleva este compromiso a un nivel de exigencia legal estructurada y guiada mediante normativas de obligado cumplimiento que dan lugar a una responsabilidad directa y ponderable.

Esta evolución ha llevado a las empresas a reconocer la importancia de integrar los intereses de todas las partes relacionadas con su actividad en los procesos de toma de decisiones. Como veremos a continuación, no existe un momento concreto desde el que las empresas comenzaron a desarrollar e implementar políticas de responsabilidad social, sino que se han venido realizando diferentes acciones que hoy integran el contenido de lo que se entiende por RSC[592].

Así, desde hace décadas, especialmente a partir del caso Nike que "despertó" a la opinión pública mundial, se ha venido construyendo un sistema de RSC basado en un amplio elenco de iniciativas procedentes de la autorregulación empresarial que

---

592 APARICIO TOVAR, J./VALDÉS DE LA VEGA, B., "Sobre el concepto de responsabilidad social de las empresas. Un análisis europeo comparado", *Cuadernos de Relaciones Laborales*, Vol. 27, núm. 1, 2009, p. 54. Si bien algunas empresas venían desarrollando múltiples iniciativas en contextos "sociales", estas no se agrupaban bajo la noción de RSC o incluso no se ponían en valor al ser consideradas parte de la "cultura de la empresa". BARAÑANO CID, M., "Contexto, concepto y dilemas de la responsabilidad social de las empresas transnacionales europeas: una aproximación sociológica", p. 30.

pueden agruparse en tres dimensiones: la dimensión económica, que engloba las políticas de buen gobierno corporativo; la dimensión social, que incluye los derechos humanos y las relaciones laborales; y la dimensión medioambiental, que incluye el respeto del entorno, del medio ambiente y el cambio climático[593]. Entre estas iniciativas de RSC destacan el Pacto Mundial y la *Agenda 2030*, al aproximar las obligaciones estatales y las responsabilidades empresariales para la consecución de una serie de objetivos globales relacionados con los derechos humanos y el desarrollo sostenible[594].

A. *Origen de la responsabilidad social corporativa: una cuestión de filantropía*

El concepto de RSC tiene una larga y variada historia, apareciendo con antelación en los EE.UU. que en Europa[595]. Para algunos autores, los orígenes de la responsabilidad social aparecen en la década de 1920[596], momento en el que empieza a

---

593 APARICIO TOVAR, J./VALDÉS DE LA VEGA, B., "Sobre el concepto de responsabilidad social de las empresas. Un análisis europeo comparado", p. 59.

594 Concepto el de sostenibilidad al que nos referiremos ampliamente en el apartado V.A del Capítulo II, "Entendiendo el concepto de sostenibilidad".

595 En la Europa continental, al existir una mayor regulación, el legislador era el encargado de fijar el punto de equilibrio entre las demandas sociales e intereses colectivos afectados por la actividad de la empresa y los intereses económicos perseguido por los socios. Por el contrario, en los EE.UU. siempre existió una fuerte oposición a la regulación estatal y la representación de los intereses sociales en la gestión de las empresas era menor, motivos por los que la RSC apareció con antelación. NIETO MARTÍN, A., *El cumplimiento normativo como estrategia político-criminal*, p. 109.

596 Con anterioridad podemos encontrar ejemplos aislados en los que se aplicó un modelo empresarial basado en principios éticos

debatirse sobre si la responsabilidad derivada de la administración y gestión de la empresa debe ser de carácter social[597].Otros académicos sitúan el origen de la RSC unos años después, marcando en 1953 la publicación de Bowen *Social Responsibilities of the Businessman*[598] el inicio del periodo moderno de la literatura referida a la responsabilidad social de las empresas[599].

---

y morales, como el caso del británico Robert Owen (1771-1858), donde se formaba en principios y valores morales a los trabajadores, se limitó la jornada laboral a 12 horas, se educaba a los niños y se impedía su acceso al trabajo hasta los 10 años. TRIGO PORTELLA, J., "Responsabilidad social de la empresa: una difícil fundamentación", en SÁNCHEZ, V.M./JIMÉNEZ, T. (eds.), *Sostenibilidad, competitividad e innovación: Retos y oportunidades para la Responsabilidad Social Empresarial,* HUYGENS Editorial, Barcelona, 2013, pp. 81-82.

597 En su obra *The philosophy of management,* publicada en 1923, Oliver Sheldon ya hacía referencia a la necesidad de atender a la ética en la gestión de las empresas, calificaba como sociales las responsabilidades básicas de gestión y enfatizaba sobre los deberes sobre los elementos humanos de los empresarios, estableciendo la obligación de tratar a los trabajadores y subordinados con justicia y honestidad. SHELDON, O., *The Philosophy of Management,* Routledge, United Kingdom, 2003 edition, pp. 68-96. Posteriormente, durante las décadas de 1930-40 se desarrollan otros trabajos en los que se hace referencia a la responsabilidad social de las empresas, como BARNARD, C., *The Functions of the Executive,* Harvard University Press, Cambridge, 1938; y CLARK, J.M., *Social Control of Business,* McGraw-Hill, New York and London, 1939.

598 BOWEN, H.R. *Social responsibilities of businessman,* Harper & Brothers, New York, 1953.

599 En su obra, Bowen hacía referencia a las obligaciones de los empresarios con la consecución de los objetivos y valores de la sociedad, acuñando la primera aproximación moderna al concepto de RSC entendida como *las obligaciones que tienen los directivos empresariales de proseguir políticas, tomar decisiones o seguir líneas de acción que sean deseables de acuerdo con los objetivos y valores de nuestra sociedad,* poniendo el acento en términos como los de "responsabilidad pública´, "obligaciones sociales" o "moralidad empresarial". Para Bowen, estas "obligaciones sociales" de las empresas se presentaban como

Dejando a un lado el momento exacto en el que surge la noción, en sus orígenes la responsabilidad social se identificaba más con una cuestión filantrópica de los grandes empresarios para desarrollar obras altruistas que como un verdadero deber social de las empresas[600]. Entendida como un deber moral más que como una obligación empresarial durante su fase de conceptualización a lo largo de la década de 1960, la responsabilidad social se construyó como el deber de los empresarios de supervisar el funcionamiento del sistema económico para que satisfaga las expectativas de la sociedad[601]. De este modo,

---

un compromiso moral de asunción voluntaria, en cuya virtud los empresarios deberían asumir las implicaciones sociales derivadas de sus decisiones. BOWEN, H.R., *Social Responsibilities of the Businessman,* University of Iowa Press, 2013 edition, p. 6 y 30.

600 En sus orígenes la RSC apareció vinculada a diversas fundaciones vinculadas a grandes empresarios, destacando en los EE.UU. J. D. Rockefeller con la creación de la Fundación Rockefeller, el Instituto Rockefeller para la investigación Médica o la Laura Rockefeller Memorial, instituciones privadas dedicadas a aspectos sociales. Véase CHERNOW, R., *Titan: the life of John D. Rockefeller, Sr.*, Warner Books, New York, 1998.

601 Esta primera fase de desarrollo de la RSC ha sido denominada por algunos autores como "etapa filosófica", al concebirse la RSC como un concepto abstracto centrado en la ética y la moral que deben regir en las empresas. FREDERICK, W.C., "Towards CSR: Why ethical analysis is indispensable and unavoidable in corporate affairs", *California Management Review,* nº 28(2), 1986, pp. 126-141. Uno de los autores más destacados en este periodo, Keith Davis, definió la responsabilidad social como las decisiones y acciones de los hombres de negocios adoptadas por razones que van más allá del interés económico o directo de la empresa, presentándola como una idea difusa que debe tenerse en cuenta en un contexto de gestión. Además, Davis consideraba que las responsabilidades sociales de los empresarios deberían ser proporcionales a su poder social y que la negación de la responsabilidad social de las empresas conducía a una erosión gradual del poder social. DAVIS, K., "Can Business Afford to Ignore Social Responsibilities?", *California Management Review,* 1960, nº 2, pp. 70-73.

la concepción de la responsabilidad social suponía, además de obligaciones económicas y legales, las empresas también disponían de ciertas responsabilidades para con la sociedad que se extienden más allá de dichas obligaciones[602].

Con la llegada de la década de 1970, la definición de la "responsabilidad social" comenzó a abarcar la responsabilidad de las empresas de contribuir a las metas sociales generales, incluyendo expectativas económicas, legales, éticas y discrecionales impuestas por la sociedad[603]. Este período también marcó el inicio de la relevancia de los informes sociales, en respuesta a las preocupaciones éticas relacionadas con la gestión empresarial[604]. Este cambio fue impulsado significativamente por las preocupaciones éticas de los inversores, particularmente en el contexto de acontecimientos como la guerra de Vietnam, donde la producción y uso de sustancias químicas como el agente naranja generó una profunda inquietud moral y un replanteamiento sobre el papel de las empresas en la sociedad[605].

---

602 Por lo que las empresas deben implicarse en cuestiones políticas que afecten al bienestar de la comunidad, a la educación, a la felicidad de sus empleados y otras cuestiones sociales, por lo que las empresas deben comportarse como lo haría un buen ciudadano. MCGUIRE, J.W., *Business and Society*, McGraw-Hill, New York, 1963, p. 144.

603 CARROLL, A.B., "A three-dimensional conceptual model of corporate social performance", *Academy of Management Review*, nº 4, 1979, pp. 497-505.

604 MOZAS MORAL, A./PUENTES POYATOS, R., "La responsabilidad social corporativa y su paralelismo con las sociedades cooperativas", *REVESCO: revista de estudios cooperativos*, Nº. 103, 2010, p. 80.

605 El ejemplo del agente naranja, utilizado en la guerra de Vietnam, se convirtió en un símbolo de los daños éticos y ambientales que las empresas pueden infligir, llevando a un cuestionamiento más amplio sobre la gestión empresarial y su impacto en la sociedad y el medio ambiente. Sobre la historia del agente naranja, los debates científicos sobre sus efectos y las implicaciones políticas de su uso, MARTINI, E.A., *Agent Orange: History, Science, and the Politics of Uncertainty*, University of Massachusetts Press, Chicago, 2012.

Es en esta época cuando empieza a reconocerse la necesidad de que las empresas actúen de forma transparente y se doten de herramientas de gestión como códigos de buenas prácticas y auditorías sociales[606]. Además, comienzan a adquirir relevancia los conceptos de gobierno corporativo[607] y de *stakeholders*, al insinuarse la posibilidad de aplicar a la gestión corporativa un enfoque desde las partes interesadas haciéndose referencia a una "multiplicidad de intereses". Sin embargo, la responsabilidad social seguía enfocándose desde una perspectiva de los intereses de los *shareholders*. Con ello, el desarrollo de programas sociales aún respondía al objetivo de aumentar los beneficios de la organización, por lo que seguía identificándose con la maximización de beneficios a largo plazo para los accionistas[608].

Para los defensores de este modelo, predominante en el mundo anglosajón[609], las empresas solo deberían desarrollar acciones sociales si con ello se consiguen ventajas competitivas que redunden en el incremento de los beneficios de sus

---

606 BOWEN, H.R., *Social Responsibilities of the Businessman*, 2013, pp. 153, 155 y 161.

607 En cuanto al gobierno corporativo, hace referencia al conjunto de normas, prácticas y procesos implicados en la dirección y gestión de una empresa que buscan el equilibrio entre los intereses de los diferentes *stakeholders* de una compañía, como sus accionistas, gerentes, clientes, proveedores, inversores, gobierno o comunidad local. CARROL, A.B., "Corporate Social Responsibility: Evolution of a Definitional Construct", *Business & Society*, *38*(3), 1999, p. 273. Sobre el concepto de gobierno corporativo, véase OLCESE SANTOJA, A., "La responsabilidad social y el nuevo paradigma empresarial: la empresa responsable y sostenible", en *El capitalismo humanista*, Marcial Pons, Madrid, 2009, pp. 82 y ss.

608 JOHNSON, H. L., *Business in contemporary society: Framework and issues*, Wadsworth, Belmont, 1971, p. 54.

609 CHILOSI, A./DAMIANI, M., "*Stakeholders* vs. shareholders in corporate governance", *MPRA Paper*, nº 2334, 2007, pp. 2-5.

accionistas[610]. En este contexto y desde la óptica de los *shareholders*, la RSC estaba llamada a cumplir con una doble función: convertirse en herramienta de comunicación corporativa para mitigar la crítica social que generaba la actividad de las empresas; al tiempo de ser utilizada como elemento de negociación con el fin de convencer a los gobiernos de que la autorregulación corporativa era más eficaz que la regulación estatal.

En resumen, en esta primera etapa de desarrollo de la responsabilidad social, aunque la opinión mayoritaria era la de que los gestores de una empresa únicamente deben tener como objetivo la consecución del ánimo de lucro para proporcionar los máximos beneficios a sus propietarios, empezaba a reconocerse que dicho fin se debe conseguir respetando el Derecho y la ética imperante en los negocios a través de la costumbre. De este modo, la legitimidad del ánimo de lucro quedaba vinculada al adecuado respeto de los límites jurídicos en vigor y los límites éticos impuestos por la sociedad en las operaciones mercantiles[611].

---

610 Pese a que las empresas seguían siendo consideradas fundamentalmente como entidades económicas, una empresa socialmente responsable se empezaba a presentar como aquella cuyo personal directivo equilibra una multiplicidad de intereses en lugar de esforzarse únicamente por obtener mayores ganancias para sus accionistas. De este modo, una empresa socialmente responsable era aquella que tenía en consideración los intereses de empleados, proveedores, distribuidores, comunidades locales y la nación. JOHNSON, H. L., *Business in contemporary society: Framework and issues*, p. 50.

611 Con la concepción de la RSC pasó a considerarse que mantener buenas relaciones con las comunidades locales, trabajadores, consumidores, y demás grupos de interés, implicaba una mayor legitimidad y, por lo tanto, una mayor facilidad para que la empresa desarrollase su actividad. NIETO MARTÍN, A., *El cumplimiento normativo como estrategia político-criminal*, p. 109.

B. La institucionalización de los intereses de los stakeholders en el gobierno corporativo: un punto de inflexión tras el caso Nike

Podríamos decir que es en la década de 1980 cuando se da un salto de la conceptualización a la aplicación práctica de la RSC, reestructurándose las preocupaciones centrales de la responsabilidad social en conceptos, teorías y términos alternativos como el de "responsabilidad pública" o "ética empresarial"[612]. Es en esta época cuando Edwar Freeman sienta las bases de la teoría de los *Stakeholders* en 1984[613], enfoque que amplió el espectro de la responsabilidad social más allá de la mera consideración de los intereses financieros de los accionistas, para incluir a todas las partes interesadas o *stakeholders* que pueden verse afectadas por las operaciones de una empresa[614].

Por su parte, las empresas también empezaban a aportar por este tipo de responsabilidad, pero, en su caso, con el propósito de servir de freno a la regulación estatal. Bajo el paradigma del *stakeholder capitalism*[615], la RSC comenzaba a entenderse como un deber de las corporaciones hacia los grupos constituyentes de la sociedad, distintos de los accionistas, que va más allá de las obligaciones prescritas por la ley o por los

---

612 CARROL, A.B., "Corporate Social Responsibility: Evolution of a Definitional Construct", p. 284.

613 FREEMAN, R.E., *Strategic management: a stakeholder approach*, Pitman, Boston, 1984.

614 DONALDSON, T./PRESTON, L.E., "The stakeholder theory of the corporation: Concepts, evidence and implications", *Academy of Management Journal*, nº 16(2), 1995, pp. 312-322.

615 Sobre el concepto de *stakeholder capitalism*, SCHWAB, K./VANHAM, P., "*Stakeholder capitalism*", en *Stakeholder Capitalism: A Global Economy that Works for Progress, People and Planet*, John Wiley & Sons Ltd, New Jersey, 2021, pp. 171-198.

convenios sindicales[616]. Las empresas, guiadas por principios de RSC, empiezan a reconocer que su éxito a largo plazo también depende de satisfacer las necesidades y expectativas de un conjunto más amplio de partes interesadas, incluidos empleados, clientes, proveedores, comunidades locales y la sociedad en general[617].

Es a partir de la década de 1990 cuando se da un mayor impulso a la responsabilidad social, integrándose en ella la responsabilidad medioambiental de las empresas junto a las preocupaciones en materia de derechos humanos en las cadenas de valor y suministros globales, y a la institucionalización de la representación de los *stakeholders* en el gobierno corporativo, lo que implicó que las empresas comenzasen a incorporar voces de diversas partes interesadas en sus procesos de toma de decisiones y estructuras de gobernanza. Con la adopción de diversos códigos de buen gobierno comenzaron a detallarse las relaciones entre

---

616 Distinguiéndose dos facetas en la definición de RSC: en primer lugar, la obligación debe adoptarse voluntariamente, mientras que el comportamiento influenciado por las fuerzas coercitivas de la ley o los convenios sindicales no es voluntario. En segundo lugar, la obligación es amplia y se extiende más allá del deber tradicional de accionistas a otros grupos sociales como clientes, empleados, proveedores y comunidades locales. JONES, T. M., "Corporate social responsibility revisited, redefined", *California Management Review*, Spring 1980, pp. 59-60.

617 De este modo, el gobierno corporativo pasa a abarcar todos los ámbitos de gestión de una empresa, desde la planificación estratégica hasta la gestión de recursos, incluyendo aspectos como los derechos y responsabilidades de los accionistas, los intereses de otros *stakeholders,* los roles, responsabilidades y funciones del consejo de administración, la integridad y responsabilidad ética de la empresa, la divulgación y la transparencia en las operaciones y finanzas. LETZA, S./SUN, X./KIRKBRIDE, J., "Shareholding versus stakeholding: a critical review of corporate governance", *Corporate Governance,* nº 12(3), 2004, pp. 242-262.

el órgano de gobierno corporativo y la dirección de la empresa para defender los intereses de los accionistas minoritarios[618].

Este tipo de instrumentos especificaron aspectos como la composición del máximo órgano de gobierno (número de consejeros, porcentaje de consejeros ejecutivos, dominicales e independientes, entre otros), la estructura de dicho órgano (recomendando principalmente la formación de comisiones delegadas para asuntos como nombramientos, retribuciones y auditoría), así como las funciones que debe cumplir (estrategia, control, servicio, entre otras)[619]. Pese a que en esta época

---

618 Desde la década de 1990 se han venido publicando numerosos códigos de buen gobierno corporativo, como el Informe Cadbury (1992, Reino Unido), el Informe Vienot (1995, Francia), el Informe Greenbury (1995, Reino Unido), el Informe Hampel o Código Combinado en Gobierno Corporativo (1998, Reino Unido), el Código de Autodisciplina para las Sociedades Cotizadas (1999, Italia), el Informe Winters (2002, Comisión Europea), el Informe Aldama (2003, España), el Informe Higgs (2003, Reino Unido), el Código Alemán de Gobierno Corporativo (2003, Alemania), los Principios del Gobierno de las Empresas (2003, Francia), el Código Combinado en Gobierno Corporativo (reformado en 2003, Reino Unido), el Código Unificado de Buen Gobierno (2006, España), los Diez Principios de Gobierno Corporativo de la Bolsa de Luxemburgo (2006, Luxemburgo), la Guía de Gobierno Corporativo para Empresas Cotizadas (2019, España), el Código de Buen Gobierno de las Sociedades Cotizadas (2020, Italia), o la Revisión del Código Alemán de Gobierno Corporativo (2022, Alemania), entre muchos otros instrumentos.

619 El buen gobierno corporativo en una empresa se ve influenciado significativamente por factores como la composición, estructura, funciones y procedimientos operativos de sus órganos de gobierno y dirección. La diversidad en experiencias, conocimientos y características personales de los consejeros impacta directamente su capacidad para contribuir al éxito de la empresa. Además, la implementación de comisiones dentro del Consejo de administración subraya la necesidad de manejar ciertos temas con atención y seguimiento especializados. Las normativas que rigen el funcionamiento del

la responsabilidad social aún se vinculaba al cumplimiento de unas responsabilidades legales de mínimos y a actuaciones filantrópicas, comenzaba a hablarse de la estrecha relación de la RSC con los resultados financieros.

El escándalo en el que se vio envuelta la multinacional *Nike,* tras la publicación en julio de 1996 en la revista *Life* de un artículo sobre explotación infantil[620] acompañado de la foto de un niño de 12 años cosiendo un balón de fútbol en Pakistán, supuso un punto de inflexión al visualizar ante la opinión pública internacional los riesgos de la externalización de la producción sin la debida consideración y control de las condiciones laborales de los Estados de acogida. Este artículo generó una gran polémica a nivel internacional. Incluso *Michael Moore* visualizó los hechos en su documental *The Big One* en 1997, creándose una campaña en contra de la firma deportiva[621].

Como respuesta al daño a su imagen corporativa, Nike dio un giro a sus políticas de RSC y en 1999 se convirtió en fundador y promotor de la *Fair Labor Association* (FLA), una acción colectiva que contaba con la participación de algunas empresas del sector con el fin de extender un código de conducta que obligase a sus miembros a pagar el salario mínimo legal a los trabajadores, fijar la edad mínima para trabajar en los 15 años, establecer jornadas de trabajo de un

---

Consejo también juegan un papel esencial a la hora de asegurar la capacidad de sus miembros para cumplir con sus responsabilidades asignadas. OLCESE, A./RODRÍGUEZ, M.A./ALFARO, J., *Manual de la empresa responsable y sostenible*, pp. 52-53.

620 SCHANBERG, S.H., "Six Cents an Hour", *Life Magazine*, March 28, 1996. El texto completo de artículo puede consultarse en la web https://laborrights.org/in-the-news/six-cents-hour-1996-life-article (consultada el 31 de marzo de 2025).

621 SPAR, D.L., "Contra la pared: Nike y las Prácticas Laborales Internacionales", *Harvard Business School*, 6 de septiembre de 2002.

máximo de 60 horas semanales e incorporar auditorías de las fábricas[622]. Además, mediante el desarrollo de códigos éticos comenzaron a señalarse las aspiraciones de las empresas en relación con el respeto a los derechos humanos por parte de sus proveedores.

Con la adopción de estas medidas por parte de la multinacional Nike quedó patente que, gracias a su gran poder económico, estas empresas podían influir no solamente en sus relaciones contractuales directas (consumidores, trabajadores, socios comerciales directos, etc.), sino también en el conjunto de la sociedad. El caso de Nike también nos enseñó que dejar en manos del marcado y consumidores el castigo a la compañía por sus prácticas abusivas tampoco resulta eficaz, pues ni las víctimas fueron indemnizadas —ya que no se iniciaron procedimientos judiciales— ni el mercado o los consumidores castigaron a la marca. Al contrario, en 1996, año del escándalo, *Nike* incrementó en un 36% sus ventas mundiales, mejoró el posicionamiento de su marca y obtuvo un beneficio neto superior en un 38,5% al obtenido el año anterior[623].

Volviendo al desarrollo de la RSC en esta época, comienza a instaurarse un modelo piramidal que se compone de cuatro tipos de responsabilidades: económica, jurídica, ética y filantrópica. Dichas responsabilidades se deben cubrir de forma integral y no secuencial, por lo que la RSC se identifica con el deber de obtener un beneficio, obedecer la ley, comportarse

---

622 SPAR, D./ BURNS, J., "Contra la Pared: Nike y las Prácticas Laborales Internacionales", *Harvard Business School*, HBS Case Study No. 712-S17, 6 de septiembre de 2002.

623 SCHWARTZ, P./GIBB, B., *When good companies do bad things*, pp. 51-55; RIERA, S.,"Ética y moda: el caso Nike", *Modaes*, 3 de mayo de 2013. https://www.modaes.com/entorno/etica-y-moda-el-caso-nike (consultada el 13 de abril de 2025).

de una forma ética y como un buen ciudadano[624]. Desde este enfoque y de acuerdo con el modelo piramidal de RSC, la empresa debe cubrir sus necesidades económicas como base para atender su responsabilidad legal ética y filantrópica, sin que exista incompatibilidad entre los objetivos económicos y sociales[625].

C. Colaboración público-privada para el desarrollo de mecanismos basados en la RSC: El Pacto Mundial y la Agenda 2030 de las Naciones Unidas

Es con la llegada del siglo XXI cuando, debido a la globalización, la falta de regulación sobre las cadenas productivas mundiales y la exigencia de la sociedad de una gestión más ética y responsable, se produce un desarrollo generalizado de la RSC mediante el desarrollo de mecanismos de colaboración público-privada que aportan una visión holística de los impactos de las empresas en los derechos humanos y otras cuestiones sociales y medioambientales. Así, la RSC recibe un impulso por parte de las Naciones Unidas con el lanzamiento del Pacto Mundial (1999) y los Objetivos de Desarrollo del Milenio (2000), o la *Agenda 2030* (2015), de la OCDE con la actualización de sus Directrices (2000, 2011 y 2023), y por la UE con la publicación del Libro Verde por la Comisión Europea (2001). Estas iniciativas aportaron su propia definición de RSC, acompañadas de principios y recomendaciones para que las empresas contribuyan al desarrollo sostenible.

---

624 CARROL, A.B., "The pyramid of corporate social responsibility: Toward the moral management of organizational *stakeholders*", *Business Horizons,* Volume 34, Issue 4, July-August 1999, pp. 39-48.

625 WOOD, D.J., "Social issues in management: theory and research in corporate social performance", *Journal of Management,* nº 17(2), 1991, pp. 383–406.

Esta última etapa desemboca en las actuales políticas de RSC y el origen del cumplimiento normativo en derechos humanos, donde comienzan a proliferar los códigos éticos y de conducta, análisis de riesgos, consultas con las partes interesadas, etc.[626] Sin embargo, la forma de entender la aportación de las empresas a la consecución de los objetivos de la sociedad continuaba viéndose desde el modelo de economía liberal, incluso en el caso del modelo de economía social europeo que es mucho más intervencionista que el americano.

Esto se comprueba en la definición de RSC adoptada por la UE, entendida como *la integración voluntaria, por parte de las empresas, de las preocupaciones sociales y medioambientales en sus operaciones comerciales y sus relaciones con sus interlocutores*[627], y en el reconocimiento de que *la principal función de una empresa consiste en crear valor con la producción de bienes y servicios que respondan a la demanda de la sociedad y generar de este modo beneficios para sus propietarios y accionistas, así como bienestar para la sociedad en general, en particular gracias a un proceso continuo de creación de empleo*[628].

A continuación, dada su relevancia al aproximar las obligaciones estatales y las responsabilidades corporativas, nos

---

626 APARICIO TOVAR, J./VALDÉS DE LA VEGA, B., "Sobre el concepto de responsabilidad social de las empresas. Un análisis europeo comparado", p. 58.

627 COMISIÓN DE LAS COMUNIDADES EUROPEAS, *Libro Verde. Fomentar un marco europeo para la responsabilidad social de las empresas,* Punto 20, p. 7.

628 COMISIÓN DE LAS COMUNIDADES EUROPEAS, *La responsabilidad social de las empresas: una contribución empresarial al desarrollo sostenible,* Bruselas, 2.7.2002, COM (2002) 347 final, p. 5. Sobre el desarrollo de la RSC en la UE, BARDEL, D., "Aproximación al desarrollo de la responsabilidad social empresarial en la Unión Europea: rendición de cuentas y normas de Derecho internacional privado", *Revista de Estudios Europeos,* N° 73, enero-junio 2019, pp. 34-65.

centraremos en el estudio del Pacto Mundial y la *Agenda 2030* de las Naciones Unidas para examinar cómo estos marcos internacionales han influido en las prácticas de RSC.

i. Avanzando en la responsabilidad corporativa: el Pacto Mundial de las Naciones Unidas

Durante el Foro Económico Mundial de 1999, el entonces Secretario General de las Naciones Unidas, Kofi Annan, propuso el Pacto Mundial. Un año más tarde, la propuesta comenzaba su andadura durante el Foro de Davos del año 2000. El Pacto Mundial nació como una acción colectiva de partenariado público-privado[629], con el objetivo principal de incentivar a las empresas y organizaciones de todo el mundo a adoptar prácticas sostenibles y socialmente responsables[630].

En sus orígenes, el Pacto Mundial establecía 9 principios inspirados en la Declaración Universal de los Derechos Humanos, la Declaración de la OIT Sobre los Principios y Derechos Fundamentales en el Trabajo y la Declaración de Río sobre el Medioambiente y el Desarrollo. En el año 2004, tras la adopción de la Convención de las Naciones Unidas sobre la Corrupción en 2003, se incorporó el décimo principio relativo a la corrupción.[631]

---

[629] En relación con la importancia de las acciones colaborativas en el marco del Pacto Global, GORMAN, D., "SDG 17 – The History of Global Partnerships and International Cooperation", en GORMAN, D./GUTMANN, M., *Before the UN Sustainable Development Goals: A Historical Companion*, online edn., Oxford Academic, Onford, 2022, pp. 504-535.

[630] Página del Pacto Global. https://www.pactomundial.org/que-puedes-hacer-tu/diez-principios/ (consultada el 17 de mayo de 2025).

[631] Sobre los principios del Pacto Global, RASCHE, A./KELL, G., (eds.), *The United Nations Global Compact. Achievements, Trends and Challenges*, Cambridge University Press, New York, 2010, pp. 21-112.

El Pacto Mundial no surgió como una propuesta jurídicamente vinculante para las empresas, por lo que, a diferencia de los desarrollo de diligencia que se están produciendo en el ámbito europeo, no contiene un sistema de derechos cubiertos, prohibiciones y sanciones aplicables, sino que las entidades que se adhieren voluntariamente asumen el compromiso de implementar sus principios. Por ello, se trata de un instrumento que pretende impulsar la cultura de la sostenibilidad en las empresas mediante la implementación voluntaria de estándares procedentes de la RSC[632]. Para ser parte de esta acción colectiva, las empresas deben manifestarse públicamente a favor del Pacto Mundial, incorporar sus principios en las operaciones corporativas y publicar en sus informes anuales una descripción de las formas en las que la empresa apoya al Pacto Mundial y sus principios[633].

Así, uno de los aspectos más innovadores del Pacto Mundial lo encontramos en su mecanismo de *enforcement* basado en la transparencia y la presentación de informes de progreso, que, aunque no es un sistema de exigencia de cumplimiento

---

632 En el fondo, el Pacto Mundial consiste en un catálogo de buenas prácticas empresariales de libre adhesión para las empresas. KING, B., "The U.N. Global Compact: Responsibility for Human Rights, Labor Relations, and the Environment in Developing Nations", *Cornell International Law Journal*, vol. 34, 2001, p. 482.

633 En la actualidad, se han adherido más de 22.000 entidades participantes, 3.000 signatarios no empresariales con sede en más de 160 países y 70 redes locales. En lo referente a España, son más de 1.500 entidades las que se han asociado, entre las que se incluyen 32 de las 35 empresas del IBEX35. Datos obtenidos de la página del Pacto Global. https://www.pactomundial.org/quienes-somos/ (consultada el 17 de mayo de 2025). Sobre el modelo de colaboración público-privada del Pacto Global, véase MAKINWA, O., "Collective action: the UN Global Compact´s innovative solutions for change", en PIETH M. (ed.), Collective action: innovative strategies to prevent corruption, Dike, Zurich, 2012, pp. 135-146.

o garantía en el sentido jurídico, funciona como un instrumento de control social. Los informes de progreso anuales, en los que las empresas deben detallar las actividades y estrategias para la implementación de los diez principios del Pacto Mundial, son una herramienta clave para la evaluación de su desempeño. Estos informes de progreso, que se enmarcan en el ámbito de la información social corporativa, deben ser públicos y accesibles para fomentar la transparencia y permitir a los *stakeholders*, incluidos consumidores, inversores y organizaciones de la sociedad civil, evaluar y monitorear el compromiso de la organización[634].

Los partidarios del Pacto Mundial argumentan que la colaboración con el sector privado representa una solución beneficiosa para todos en la lucha contra la pobreza global. Además, contribuye a la legitimidad de los mercados al aumentar su transparencia y visibilidad ante el público. Esto se logra a través de la conexión que el Pacto Mundial establece entre las empresas, las ONGS y la sociedad civil, evidenciando una convergencia natural de intereses entre los países en desarrollo y el sector corporativo. Asimismo, el Pacto Mundial promueve el diálogo como una alternativa preferible a la confrontación y a la imposición de sanciones[635].

Por su parte, los críticos presentan tres argumentos principales. En primer lugar, consideran que el pacto simboliza una alianza creciente entre la ONU y las corporaciones multinacionales,

---

634 Con el recurso a los Informes de Progreso se pretendía transformar el modo en que las empresas reportaban sus avances en los ámbitos cubiertos por el Pacto Global, sirviéndose de un formato estandarizado con el objetivo de mejorar la transparencia y la eficacia en la recopilación de datos. Página web del Pacto Global, https://www.pactomundial.org/que-ofrecemos/informes-de-progreso/ (consultada el 8 de diciembre de 2023).

635 FORCADA BARONA, I., "Derecho internacional, responsabilidad social corporativa y derechos humanos", p. 74.

lo que compromete la neutralidad de la ONU y permite a estas empresas mejorar su imagen aprovechándose del prestigio de las Naciones Unidas. Además, se critica su estructura y procedimientos por basarse en la participación voluntaria y autorregulación de las empresas, sin establecer mecanismos que aseguren su responsabilidad. Por último, se argumenta que el Pacto Mundial refleja un enfoque tardío e ineficaz para abordar las responsabilidades, que beneficia a organizaciones como la OMC y minimiza su necesidad de considerar los efectos negativos de la economía neoliberal en aspectos sociales, ambientales y éticos[636].

En atención a estas posturas, uno de los grandes desafíos lo encontramos a la hora de asegurar la autenticidad y la exactitud de los informes de progreso. La falta de mecanismos de verificación independiente puede llevar a cuestionamientos sobre la fiabilidad de la información reportada. Precisamente, las principales críticas que ha recibido el Pacto Mundial hacen referencia a su carácter voluntario y a la falta de obligatoriedad para las empresas de cumplir con sus principios, por lo que ha sido calificado de instrumento de relaciones públicas o *greenwashing*. Además, dado que el Pacto Mundial se financia con las contribuciones voluntarias aportadas por un pequeño grupo de países donantes y por las empresas participantes que actúan como *partners*, se ha facilitado que las corporaciones multinacionales puedan influir en las decisiones de los organismos de la ONU[637].

---

636 FORCADA BARONA, I., "Derecho internacional, responsabilidad social corporativa y derechos humanos", pp. 74-75.

637 El Relator Especial de las Naciones Unidas sobre el derecho a la alimentación entre 2.000 y 2.008, Jean Ziegler, manifestó en 2007 que el Pacto Mundial habría que combatirlo porque se trata de una operación de relaciones públicas de las empresas multinacionales, denunciando a su vez que el instrumento había sido diseñado por los dirigentes de las corporaciones multinacionales más poderosas bajo la presión de los estadounidenses. Por su parte, Ramesh Singh,

En un estudio realizado a los 10 años tras el inicio del Pacto Mundial se contenían los principales resultados y conclusiones sobre su aplicación, destacando la falta de un marco regulador e institucional, la falta de una selección efectiva de los participantes y un control efectivo de su actuación, la inexistencia de estructura de financiación y de procedimientos de dotación de personal que convertían su estructura de gestión en onerosa y de dudosa eficacia, o la necesidad de una evaluación periódica, imparcial e independiente del desempeño por parte de las empresas.[638] Todas estas críticas y deficiencias destacan la ineficacia de los sistemas basados en la voluntariedad, justificando el desarrollo de la diligencia debida en derechos humanos como norma de conducta esperada y exigible para las empresas.

ii. La Agenda 2030: catalizando la acción empresarial hacia el desarrollo sostenible

Durante la Cumbre de las Naciones Unidas sobre el Desarrollo Sostenible, celebrada en 2015 en Nueva York[639], se aprobó

---

dirigente de la ONG ActionAid, se refirió al Pacto Mundial como un "alegre club sin preocupaciones". LÓPEZ-FRANCOS DE BUSTURIA, A.A., *Derechos Humanos, Empresas Transnacionales y Responsabilidad Social Empresarial*, pp. 213-215.

638 FALL, P.L./MOUNIR ZAHRAN, M., *United Nations corporate partnerships: The role and functioning of the Pacto Global*, United Nations, Joint Inspection Unit, Ney York, 2010, pp. 7-9. Además, diferentes estudios han demostrado que el cumplimiento de los estándares voluntarios de RSC por parte de las empresas es más simbólico que real. JAMALI, D., "MNCs and International Accountability Standards through an Institutional Lens: Evidence of Symbolic Conformity or Decoupling", *Journal of Business Ethics*, 2010, vol. 95, p. 625.

639 El contenido de la Cumbre de las Naciones Unidas sobre el Desarrollo Sostenible, celebrada del 25 al 27 de septiembre de 2015 en Nueva York, puede consultarse en la página web de la ONU https://www.un.org/es/conferences/environment/newyork2015 (consultada el 8 de mayo de 2025).

el plan "Transformar nuestro mundo: la *Agenda 2030* para el Desarrollo Sostenible" que incluía una declaración con 17 ODS[640]. La *Agenda 2030* ha instaurado un marco global para un desarrollo inclusivo, justo y ecológicamente sostenible, haciendo un llamado a la colaboración entre gobiernos, empresas y la sociedad civil para lograr la consecución de los ODS.

Los ODS proporcionan a las empresas un marco de referencia para integrar prácticas sostenibles en sus operaciones y estrategias. Este marco exige ir más allá de la búsqueda de rentabilidad, enfocándose en cómo las actividades corporativas pueden impactar y mejorar aspectos sociales y medioambientales. Las empresas se ven impulsadas a innovar en productos y servicios que alineen sus objetivos comerciales con metas de sostenibilidad global, como la promoción de la salud, la educación de calidad, la igualdad de género y la acción contra el cambio climático.

---

640 (1) El fin de la pobreza mundial; (2) El hambre cero; (3) La salud y el bienestar; (4) La educación de calidad; (5) La igualdad de género; (6) El acceso al agua; (7) La energía sostenible; (8) El trabajo decente y el crecimiento económico; (9) La innovación en la industria; (10) La reducción de las desigualdades; (11) La sostenibilidad de ciudades y comunidades, (12) La producción y el consumo responsable; (13) La acción por el clima; (14) La vida submarina; (15) La vida de ecosistemas terrestres; (16) La paz y la justicia; y (17) Las alianzas para lograr los objetivos. Todos los ODS pueden consultarse en la página web de la *Agenda 2030*. https://www.un.org/sustainabledevelopment/es/objetivos-de-desarrollo-sostenible/ (consultada el 8 de abril de 2025). En relación a los ODS, véase HERRANZ DE LA CASA, J.M./GARCÍA CABALLERO, S., "Comprometidos con los ODS: Cómo están comunicando las organizaciones los objetivos de desarrollo sostenible", en HERRANZ DE LA CASA, J.M./GÓMEZ CIRIANO, E.J. (coord.), *Los objetivos de desarrollo sostenible desde una perspectiva de derechos humanos, el trabajo social y la comunicación,* Tirant lo Blanch, Valencia, 2020, pp. 26-55.

Para alinear sus operaciones con la *Agenda 2030*, las empresas deben desarrollar e implementar políticas de diligencia debida que permitan una identificación, prevención y mitigación efectiva de los impactos negativos sobre los derechos humanos y el medio ambiente. Estas políticas incluyen la realización de evaluaciones de impacto, el establecimiento de objetivos de sostenibilidad específicos, medibles y la rendición de cuentas transparente sobre los avances en la consecución de los ODS. Además, las empresas deben fomentar una cultura de responsabilidad y transparencia, involucrando a todos los niveles de la organización y a los *stakeholders* en la consecución de estos objetivos. Esta integración se traduce en la gestión interna de la sostenibilidad y la comunicación de logros obtenidos, fortaleciendo la reputación corporativa y contribuyendo al desarrollo global sostenible.[641]

En relación con el reporte de información por parte de las empresas, con la *Agenda 2030* se han abordado algunas de las críticas realizadas al Pacto Mundial, especialmente en lo referente a la autenticidad y veracidad de la información incluida en los informes de progreso, promoviendo una rendición de cuentas más estructurada y transparente. Este proceso implica una evaluación interna rigurosa y una comunicación transparente con los *stakeholders*, ofreciendo una rendición de cuentas sobre el progreso hacia metas sostenibles. Sin embargo, las empresas, al abordar los ODS, a menudo reportan progresos de manera selectiva, destacando logros y minimizando deficiencias, lo cual puede dar lugar a que sigan siendo utilizados como una herramienta de *greenwashing* que no cumpla su objetivo y genere la desconfianza de los *stakeholders*.

---

641 DÍAZ BARRADO, C.M., "Sustainable development goals: a principle and several dimensions", en DURÁN Y LALAGUNA, P./DÍAZ BARRADO, C.M./FERNÁNDEZ LIESA, C.R., (eds.), *International society and sustainable development goals*, Thomson Reuters Aranzadi, Navarra, 2016, pp. 49-72.

La naturaleza voluntaria de la *Agenda 2030*, aunque fomenta la participación, carece de la rigurosidad necesaria para garantizar una acción corporativa efectiva y equitativa. Ante esta situación, es necesario avanzar hacia desarrollos de diligencia debida en derechos humanos bajo un marco jurídicamente vinculante, donde la adopción de regulaciones jurídicamente vinculantes y el desarrollo de mecanismos de rendición de cuentas transparentes basados en requisitos obligatorios pueda asegurar que las empresas realmente contribuyan al cumplimiento de los ODS, garantizando un compromiso auténtico y mesurable con el desarrollo sostenible.

D. El tránsito desde la RSC al cumplimiento normativo: un pequeño paso para las empresas, un gran salto para los derechos humanos

Hoy en día, la RSC está evolucionando hacia el cumplimiento normativo a partir de la idea de sostenibilidad y los criterios ESG[642]. Este tránsito refleja una evolución significativa del modo en que las empresas abordan sus impactos negativos en los derechos humanos y el medio ambiente. Como hemos comprobado en las páginas precedentes, históricamente las cuestiones sociales y medioambientales han quedado bajo el control de normativas de carácter voluntario, presentándose como un valor añadido de las empresas "socialmente responsables"[643].

---

642 Sobre los criterios sociales, ambientales y de gobernanza, véase el apartado V.C del Capítulo IV de esta obra.

643 Esta concepción de la RSC, como un compromiso voluntario de ir más allá del cumplimiento de las obligaciones jurídicas cumplir con una serie de compromisos de van más allá de las obligaciones jurídicas en materia de derechos sociales o normas medioambientales, es la acogida por la estrategia europea iniciada con el Libro Verde de 2001 para fomentar un marco europeo para la responsabilidad

Que la empresa tenga obligaciones sociales significa que hay sujetos frente a los que se genera una expectativa razonable de respeto a los derechos humanos. Sin embargo, dado que las responsabilidades sociales de las empresas que se proyectan en sus políticas y decisiones corporativas han quedado constreñidas al ámbito ético y moral, no podían aplicarse instrumentos jurídicos para la rendición de cuentas.

La evolución desde la RSC hacia un marco de cumplimiento normativo en derechos humanos representa un cambio de paradigma, pasando de un enfoque basado en la ética a uno regido por la ley[644]. Esta transición surge como respuesta a la necesidad de otorgar mayor legitimidad a los sistemas de gobernanza corporativa y está respaldado por diversas teorías de la regulación y el derecho público[645], o teorías procedentes del

---

social de las empresas. Sobre el objeto de la RSC en la actualidad, BATALLER GRAU, J., "Noción, objeto y fuentes de la responsabilidad social y la sostenibilidad", pp. 23-26.

644 Sobre esta transición, véase DE LA VEGA JUSTRIBÓ, B., "Sostenibilidad y derechos humanos: hacia la responsabilidad empresarial por incumplimiento de la diligencia debida", en CHIARA MARULLO, M./SALES PALLARÉS, L./ZAMORA CABOT, F.J. (Dir.), *Empresas transnacionales, derechos humanos y cadenas de valor: nuevos desafíos*, COLEX, A Coruña, 2023, pp. 157-166.

645 Sobre este aspecto debemos destacar la obra de Christopher Stone, que ya en 1975 planteaba que el Derecho debía buscar nuevas estrategias para conseguir que las empresas se ajusten a la legalidad y respeten los intereses de la sociedad. De acuerdo con la tesis de Stone, se debía intervenir en los procesos de toma de decisión de las empresas introduciendo contrapesos, como la remodelación de los órganos de dirección o la existencia de informes preceptivos referidos a cuestiones sociales antes de la toma de decisiones, que inclinen la voluntad empresarial a favor de los intereses colectivos. STONE, C.D., *Where the Law Ends: The Social Control of Corporate Behavior*, Harper&Row, New York, 1975. La teoría de Stone ha sido confirmada en trabajos posteriores, como los desarrollados por Short y Toffel, quienes constataron que no se puede esperar que

management empresarial como, por ejemplo, la *team production*[646] y la *stewardship theory*[647], que sugieren estrategias para asegurar el cumplimiento legal y equilibrar los intereses de *shareholders* y *stakeholders* en las decisiones corporativas, aunque reconociendo que los intereses económicos suelen tener prioridad[648].

---

la actividad de una empresa sea conforme con la ley simplemente con la amenaza de la imposición de una sanción, lo que suele fomentar el cumplimiento "cosmético" y proporciona a las empresas una coartada moral para infringir sus deberes u obligaciones. SHORT, J.L./TOFFEL, M.W., "Making Self-Regulation More Than Merely Symbolic: The Critical Role of the Legal Environment", pp. 366 y ss.

646 Teoría desarrollada por Margaret Blair y Lynn Stout en 1999, donde sostenían que la junta directiva de una corporación sirve como una jerarquía mediadora para la empresa en su conjunto, reduciendo los comportamientos oportunistas y contrarios a la ley. BLAIR, M./STOUT, L., "A Team Production Theory of Corporate Law", *Virginia Law Review,* Vol. 85, No. 2, Mar., 1999, pp. 247-328.

647 Teoría desarrollada por James Davis, David Schoorman y Lex donaldson en 1997, en la que definen situaciones en las que los gerentes no están motivados por objetivos individuales, sino que son administradores cuyas motivaciones se encuentran alineados con los objetivos de los accionistas a la hora de adquirir compromisos institucionales. DAVIS, J./SCHOORMAN, F.D./ DONALDSON, L., "Toward a Stewardship Theory of Management", *The Academy of Management Review,* Vol. 22, No. 1, Jan., 1997, pp. 20-47.

648 Al respecto, PARKER, C., *The Open Corporation. Effective Self-regulation and Democracy,* Cambridge University Press, London, 2002; PARKER, C., "Meta-Regulation: Legal Accountability for Corporate Social Responsibility", en MCBARNET, D./VOICULESCU, A./ CAMPBELL, T. (eds.), *The new corporate accountability: corporate social responsibility and the law,* Cambridge University Press, London, 2007, pp. 207-239. Donde el autor argumenta que la regulación legal que persigue fomentar la RSC en ocasiones lo que hace es poco más que

Dentro de este marco renovado, el cumplimiento normativo en derechos humanos ha adoptado medidas previamente asociadas con la RSC para fortalecer su implementación. Los códigos de conducta, que antes eran directrices éticas voluntarias, se han transformado en normativas obligatorias para mitigar los riesgos de contribuir en impactos negativos sobre los derechos humanos. El reporte de información no financiera, que solía resultar voluntario, ahora es fundamental para demostrar el cumplimiento de las políticas de derechos humanos, incrementando la transparencia y la confianza entre las partes interesadas. La certificación de proveedores y productos, junto a las auditorías, inicialmente enfocada en aspectos ambientales o de calidad, ahora también pasará a validar el cumplimiento en materia de derechos humanos para promover una cultura de cumplimiento y responsabilidad.

Esta evolución marca un avance significativo en el compromiso con la justicia social y la responsabilidad ética, promoviendo una relación más transparente y responsable entre las empresas, sus *stakeholders*, y la comunidad en general. Este enfoque reconoce que las empresas tienen un deber ético y una obligación legal de respetar los derechos humanos de sus *stakeholders* mediante la implementación de la diligencia debida. Como se discutirá en el Capítulo VI, esta responsabilidad abre la puerta a la consideración de nuevos "delitos contra los derechos de los *stakeholders*", que se relacionan estrechamente con los "delitos contra los derechos de los trabajadores". Este nuevo paradigma no se limita a exigir que las empresas cumplan con las expectativas éticas de sus *stakeholders* o mejoren su imagen corporativa, sino que establece un marco legal para que las empresas respeten de una forma efectiva de los derechos humanos.

---

exigir a las empresas que se "pongan un disfraz" para parecer legítimas, evitando al mismo tiempo un cambio social fundamental para mejorar la responsabilidad.

IV RESPONSABILIDAD SOCIAL CORPORATIVA Y RENDICIÓN DE CUENTAS: ESTANDARIZACIÓN, CERTIFICACIÓN, AUDITORÍA Y *GREENWASHING*

Como acabamos de ver, la RSC se ha construido desde la base de responsabilidades asumidas de forma voluntaria por las empresas, complementarias a su obtención de beneficios y ánimo de lucro, por lo que la responsabilidad social se ha venido considerando un compromiso de las empresas que no resulta legalmente exigible. Por ello, gran parte de la regulación corporativa actual en materia social y medioambiental responde a un modelo de autorregulación voluntaria de *private law*[649], donde las empresas son las encargadas de asumir voluntariamente nuevas obligaciones que no son jurídicamente vinculantes, creando sus propios estándares de conducta y de verificación del cumplimiento[650].

Dado que en los sistemas de RSC el "poder punitivo" recae sobre los consumidores, que son quienes tienen la capacidad de "castigar" a las empresas poco responsables no adquiriendo sus productos o servicios, desde un punto de vista corporativo podría ser suficiente con que los consumidores perciban que la empresa se comporta de un modo socialmente responsable para obtener una ventaja competitiva sin llegar a hacerlo realmente.

---

649 En este modelo de autorregulación no existe intervención pública destinada a fomentar o estimular la autorregulación, sino que surge como iniciativa propia de la empresa. NIETO MARTÍN, A., "El cumplimiento normativo, p. 36.

650 Modelo de *private law* en el que las entidades certificadoras adquieren una gran influencia en la regulación global del comercio internacional, superior al propio derecho estatal en determinados ámbitos como el de la calidad de los alimentos. NIETO MARTÍN, A., "Transformaciones del *ius puniendi* en el Derecho global", pp. 78 y ss.; RÜHMKORF, A., *Corporate Social Responsibility, Private Law and Global Supply Chains*, Edward Elgar Publishing, Northampton, 2015, pp. 1-26.

Como hemos visto al referirnos al Pacto Mundial y la *Agenda 2030*, en el ámbito de la RSC el principal mecanismo de *enforcement* lo encontramos en el reporte de información a los mercados y consumidores sobre el compromiso social de la empresa. Este tipo de informes sociales se apoyan sobre prácticas de estandarización, certificación y auditoría para aportar seguridad a sus destinatarios, con las limitaciones y carencias de dichas prácticas para asegurar el respeto a los derechos humanos y el fenómeno de *greenwashing*; aspectos a los que nos referimos a continuación.

En el ámbito de la RSC, las prácticas de estandarización, certificación y auditoría representan las herramientas más utilizadas por las empresas para demostrar su compromiso con la sostenibilidad y los derechos humanos en sus cadenas productivas globales[651]. Estas prácticas, que son fundamentalmente voluntarias, están diseñadas para establecer parámetros claros y medibles que las empresas deben seguir para asegurar que sus operaciones son éticas y responsables. Mediante estos mecanismos, las organizaciones buscan cumplir con las expectativas de sus *stakeholders* y mejorar su imagen posicionándose como un referente de buenas prácticas en un mercado cada vez más consciente y exigente respecto a la ética empresarial. Sin embargo, como veremos en las próximas líneas, la eficacia de estas prácticas a la hora de prevenir impactos negativos en los derechos humanos y promover una verdadera responsabilidad social es más que discutible.

La transición hacia la obligatoriedad de las prácticas de estandarización, certificación y auditoría, dentro de en un marco más amplio de medidas en el ámbito del cumplimiento normativo en derechos, humanos marca un cambio significativo en

---

[651] MONTANER FERNÁNDEZ, R., "Las auditorías sociales y su posible trascendencia para el Derecho penal", *Revista Electrónica de Ciencia Penal y Criminología RECPC,* 24-33, 2022, p.3.

la gestión de la RSC. Al pasar de ser voluntarias a obligatorias, estas prácticas se vuelven más rigurosas y quedan sujetas a un escrutinio más estricto, lo que puede acarrear consecuencias legales en caso de encontrarse deficiencias en los procesos. Con este enfoque obligatorio y estructurado se pretende cerrar las brechas que permiten a las empresas evadir responsabilidades, asegurando que las certificaciones y auditorías no deriven en chequeos superficiales, sino que se realicen evaluaciones profundas que realmente midan el impacto de las operaciones corporativas en los derechos humanos.

A. *Estandarización y certificación de las prácticas corporativas en el ámbito de la RSC*

La estandarización en el ámbito de la RSC consiste en establecer normas consensuadas que guían las prácticas empresariales en áreas como la ética, la sostenibilidad ambiental y el respeto por los derechos humanos. Estas normas, desarrolladas por organizaciones internacionales o consorcios industriales, ofrecen un marco de referencia que las empresas pueden seguir para asegurar que sus operaciones, y las de sus proveedores, cumplan con ciertos estándares éticos. Al adoptar estas normas, las empresas mejoran su impacto social y ambiental, fortalecen su cumplimiento legal y mejoran su imagen. La estandarización también facilita la homogeneización de prácticas de RSC a nivel global, haciendo más efectivo el monitoreo de políticas de responsabilidad social.[652]

La estandarización también facilita los procesos de auditoría y certificación, al definir criterios claros que deben cumplirse. Esto da mayor transparencia y confianza en los productos

[652] HOPKINS, M., *Corporate Social Responsibility and International Development: Is Business the Solution?*, Earthscan from Routledge, London, 2007, pp. 148-150.

y servicios certificados, tanto para los mercados como para los consumidores. La certificación es parte del proceso de evaluación de la conformidad, que busca asegurar a clientes y compradores que los productos o servicios cumplen con ciertos estándares[653]. Un tercero independiente valida que las prácticas de una empresa cumplen con normas específicas de RSC a nivel nacional o internacional[654]. Este proceso permite a las empresas demostrar su compromiso con la ética y la sostenibilidad, lo que a menudo se traduce en una ventaja competitiva. Además de servir como prueba para consumidores e inversores, la certificación impulsa a las empresas a mejorar continuamente, ya que la renovación de la certificación exige mantener o elevar los estándares operativos[655].

Estos mecanismos de estandarización y certificación de prácticas de RSC se pueden clasificar en dos categorías principales: iniciativas sectoriales dirigidas a estandarizar prácticas en relación con ámbitos productivos específicos para certificar que determinados productos o servicios determinados

---

653 La auditoría y certificación de programas de cumplimiento normativo se lleva a cabo por entidades privadas acreditadas por organismos nacionales, como la ENAC en España. Con esta actividad se busca verificar el cumplimiento de ciertos estándares. MONTANER FERNÁNDEZ, R., "Las auditorías sociales y su posible trascendencia para el Derecho penal", p. 6.

654 De acuerdo con la ISO/IEC 17021-1:2015(es) de Evaluación de la conformidad, que contiene los requisitos para los organismos que realizan la auditoría y la certificación de sistemas de gestión, "*la certificación de un sistema de gestión proporciona una demostración independiente de que el sistema de gestión de la organización: a) es conforme con los requisitos especificados; b) es capaz de lograr coherentemente su política y objetivos declarados; y c) está implementado de manera eficaz*".

655 CRANE, A./MATTEN, D./GLOZAR, S./SPENCE, L.J, *Business ethics: managing corporate citizenship and sustainability in the age of globalization*, Fifth Edition, Oxford University Press, Oxford, 2019, p. 215.

cumplen con los estándares de respeto a los derechos humanos; y normativas internacionales de estandarización o certificación que buscan acreditar que las prácticas corporativas desarrolladas a nivel general son respetuosas con los derechos humanos.

En cuanto a las iniciativas sectoriales, no se dirigen a certificar que las prácticas corporativas, sino que otorgan un sello distintivo que acredita que determinados productos han sido fabricados siguiendo unos estándares responsables a nivel social y medioambiental.

Algunos ejemplos los encontramos en relación con el comercio de minerales y su uso en la industria de componentes electrónicos, donde la Iniciativa *Responsible Minerals Initiative* (RMI)[656] ofrece información y soporte para asegurar que los minerales se extraen de manera responsable y que sus productos derivados se comercializan de forma ética y sostenible.

En relación con la industria textil, la *Fair Wear Foundation* (FWF)[657] se enfoca en mejorar las condiciones de trabajo en la industria de la moda y ofrece una lista de marcas y proveedores que cumplen con sus estándares de trabajo justo y condiciones laborales dignas.

---

656 Con más de 500 empresas asociadas, la RMI es uno de los recursos más utilizados y respetados por empresas de una variedad de industrias que abordan cuestiones de abastecimiento responsable de minerales en sus cadenas de suministro. Véase la página web de la RMI, https://www.responsiblemineralsinitiative.org/ (consultada el 25 de abril de 2025).

657 La FWF se constituyó en 1999 como una iniciativa de múltiples partes interesadas con la misión de mejorar las prácticas laborales en la industria de la confección. Véase la página web de la FWF, https://www.fairwear.org/ (consultada el 25 de abril de 2025).

En el ámbito de la industria agroalimentaria, la *Rainforest Alliance* (RA)[658] certifica productos alimenticios basándose en criterios de sostenibilidad ambiental, social y económica, y su sello se encuentra en productos como café, té, cacao o frutas, entre otros, indicando que provienen de fuentes responsables.

Como último ejemplo, la *Forest Stewardship Council* (FSC)[659] es un sistema de certificación internacional que identifica los productos provenientes de bosques bien gestionados según principios y criterios de sostenibilidad forestal, pudiendo encontrar su sello en productos como la madera, el papel y otros derivados forestales.

A pesar de su intención de fomentar prácticas sostenibles, las certificaciones voluntarias de productos a menudo han resultado ser insuficientes para garantizar una responsabilidad real y efectiva. Un caso notorio es el de *Better Cotton* (BC), una organización establecida en 2005 que se dedica a establecer y promover estándares para prácticas agrícolas sostenibles[660].

Better Cotton también certifica el algodón producido conforme a estándares sostenibles. Sin embargo, en 2024, la organización se vio envuelta en un considerable escándalo cuando se

---

658 La Rainforest Alliance es una acción colectiva que surge de la alianza de agricultores, comunidades forestales, empresas y consumidores. Véase la página web de la Rainforest Alliance, https://www.rainforest-alliance.org/es/ (consultada el 25 de abril de 2025).

659 El sistema FSC procede de una organización internacional sin ánimo de lucro que promueve la gestión responsable de los bosques en todo el mundo. Fundada en 1993, la FSC establece estándares internacionales para la certificación de bosques y productos forestales, asegurando que provengan de fuentes gestionadas de manera sostenible y ética. Véase la página web de FSC https://www.es.fsc.org/es-es (consultada el 25 de abril de 2025).

660 Página web de BC, https://bettercotton.org/es/ (consultada el 25 de abril de 2025).

reveló que 816,000 toneladas de algodón certificados por ella procedían de dos empresas multinacionales brasileñas previamente condenadas por actividades de corrupción y deforestación ilegal. Este incidente destacó la desconexión entre los objetivos de las certificaciones y la realidad operativa, poniendo en duda la eficacia de estos "sellos" para supervisar y asegurar el cumplimiento genuino de prácticas respetuosas con los derechos humanos en las cadenas productivas globales[661].

Además de estas iniciativas sectoriales dirigidas a determinados productos o sectores de actividad, las normativas de estandarización y certificación internacionales proporcionan marcos globales para la evaluación y certificación de las prácticas corporativas en relación con los derechos humanos. Ejemplos de estas normativas internacionales en el ámbito del *soft law* para la estandarización o certificación de los programas de RSC los encontramos, entre otras, en la *ISO 26000* o la *SA8000*; ésta última a la que hicimos referencia en el caso introductorio por ser utilizada por *Rina Services* para certificar que las prácticas desarrolladas en la fábrica de *Ali Enterprises* eran adecuadas.

La *ISO 26000* sobre RSC se lanzó en 2010 y nace de una acción colectiva tras un proceso de negociaciones entre multitud de partes interesadas a nivel mundial, incluidos gobiernos, ONGS, representantes de la industria, grupos de consumidores y representantes de los trabajadores. La norma proporciona orientación a las empresas para que cumplan con su responsabilidad de respetar los derechos humanos garantizando

---

661 El escándalo ha salpicado a grandes multinacionales del mundo de la moda, como H&M y *Zara*, que utilizaron dicho algodón en 8 fábricas textiles de sus proveedores asiáticos. Noticia de prensa, EL MUNDO, "H&M y *Zara* abren una investigación tras ser vinculadas por una ONG en la utilización de algodón "sucio" en Brasil", 11 de abril de 2024, https://www.elmundo.es/economia/2024/04/11/6617b4bfe85ece503e8b4585.html (consultada el 25 de abril de 2025).

la libertad de asociación y la negociación colectiva, la igualdad de oportunidades en el empleo y la prevención de todas las formas de discriminación[662].

A diferencia de otras normas internacionales de gestión, como la *ISO 9001* sobre los Sistemas de Gestión de Calidad[663] o *ISO 14001* para la Gestión de Riesgos Ambientales[664], la *ISO 26000* no está diseñada para ser utilizada como base para una certificación. Esto significa que no existe un proceso formal de certificación que permita a las empresas obtener un sello o reconocimiento oficial que verifique su cumplimiento con la norma. Al contrario, la *ISO 26000* consiste más bien en una guía para ayudar a las organizaciones a entender lo que implica actuar de manera socialmente responsable, ofreciendo recomendaciones sobre cómo pueden integrar los principios de responsabilidad social en sus valores y prácticas, pero sin establecer un conjunto de requisitos específicos que puedan ser objeto de una certificación por terceros[665].

---

662 Según la norma *ISO 26000*, se espera que las empresas ejerzan la diligencia debida para evitar contribuir a los impactos negativos por medio de sus actividades o las actividades vinculadas de forma significativa a la organización. Página web de la ISO. https://www.iso.org/obp/ui#iso:std:iso:26000:ed-1:v1:es (consultada el 16 de mayo de 2025).

663 Norma *ISO 9001:2015* sobre los Sistemas de Gestión de Calidad.

664 Norma *ISO 14001* para la Gestión de Riesgos Ambientales

665 La *ISO 26000* proporciona una guía integral para que cualquier tipo de organización, ya sea pública, privada, o mixta, incluyendo pequeñas, medianas o grandes empresas, administraciones públicas y ONG, integre prácticas de responsabilidad social en sus operaciones. Este estándar internacional aborda varios aspectos clave de la responsabilidad social, destacando la importancia de que las organizaciones sean conscientes de la universalidad de los derechos humanos y conozcan las leyes y tratados relevantes, como la Declaración Universal de Derechos Humanos, el Pacto Internacional de Derechos Civiles y Políticos (PIDCP) y el Pacto Internacional sobre Derechos Económicos, Sociales y Culturales (PIDESC). Las empresas deben

Por su parte, el estándar *SA8000,* norma auditable y certificable lanzada en 1997 por la *SAI,* se basa en acuerdos internacionales sobre condiciones laborales que incluyen temas como la justicia social y los derechos de los trabajadores[666]. El objetivo de la *SA8000* es ofrecer una norma, basada en los instrumentos internacionales sobre derechos humanos y las leyes laborales nacionales, que proteja y faculte a todo el personal bajo el control e influencia de una empresa (que participa en la producción o provee servicios para esa empresa) incluyendo el personal contratado por la misma, así como por sus proveedores directos e indirectos, contratistas, subcontratistas y trabajadores desde el hogar. La norma *SA8000* ofrece una certificación que resulta verificable a través de un proceso de auditoría basado en la evidencia[667].

---

adoptar una diligencia debida en todas sus decisiones y actividades para minimizar impactos negativos sobre los derechos humanos. También deben establecer mecanismos preventivos y de gestión de riesgo para evitar ser cómplices de violaciones de estos derechos, y establecer procedimientos que permitan denunciar abusos y buscar compensaciones cuando sea necesario. Sobre la ISO26000, véase ARGANDOÑA, A./ISEA SILVA, R., "*ISO26000,* una guía para la responsabilidad social de las organizaciones", *Cuadernos de la Cátedra "la Caixa" de Responsabilidad Social de la Empresa y Gobierno Corporativo,* nº 11, junio de 2011.

666 La SAI es una organización independiente, no gubernamental y sin fines de lucro dedicada al desarrollo, la implementación y el control de normas de responsabilidad social verificable y voluntaria con el objetivo de proteger la integridad de los trabajadores en todo el mundo, mediante la creación de capacidad local y el desarrollo de sistemas de rendición de cuentas, a través de las normas de responsabilidad social. Página web de la SAI https://sa-intl.org/wp-content/uploads/2020/02/SA8000Standard_Espanol.pdf (consultada el 16 de mayo de 2025).

667 Sobre la norma SA8000, véase VIOQUE GALIANA, L.M./MUÑOZ ARENAS, A., (Coord.), *Información sobre sostenibilidad y diligencia debida en derechos humanos,* Tirant lo Blanch, Valencia, 2024, pp. 131 y ss.

Sin embargo, a pesar de su intención de garantizar prácticas corporativas respetuosas con los derechos humanos y el medio ambiente, estas certificaciones a menudo resultan insuficientes. Un ejemplo es el caso de la empresa KIK, con el que iniciamos esta investigación, donde pese a haberse otorgado una certificación bajo la norma *SA8000* para ella y su proveedor en Pakistán, *Ali Enterprises*, dicha certificación no impidió una tragedia debido a prácticas inadecuadas, lo que evidencia que estas evaluaciones pueden ser incapaces de abordar los complejos riesgos en la gestión de las cadenas productivas globales.

Este tipo de certificaciones pueden, además, crear una falsa sensación de seguridad entre los *stakeholders*, quienes pueden percibir la certificación como una garantía de cumplimiento absoluto con estándares de derechos humanos, cuando, en realidad, la supervisión y las medidas implementadas pueden resultar superficiales o aplicarse sin el suficiente rigor o de forma inadecuada.

B. Auditorías de las prácticas corporativas en el marco de la RSC

En el contexto de la RSC, las auditorías sociales pueden definirse como evaluaciones integrales diseñadas para medir y verificar el impacto de una empresa en aspectos laborales, de derechos humanos y medioambientales. Este tipo de auditorías se han convertido en el método preferido por las grandes empresas multinacionales para evaluar el cumplimiento de las normas en sus cadenas productivas, constituyéndose, además de en una herramienta de gestión interna, como un instrumento de gobernanza global[668].

---

[668] Pese a que su eficacia, como vimos en el caso introductorio de KIK, es cuanto menos discutible en base a los estudios empíricos realizados. En este sentido, véase un estudio realizado sobre el régimen de auditoría para la industria china de producción de bienes de consumo en

El alcance de este tipo de auditorías puede variar significativamente. Pueden abarcar desde una revisión de la totalidad del sistema de RSC, hasta limitarse a evaluar los aspectos específicos de la cadena productiva, lo que en uno y otro caso incluye a diferentes actores entre las partes involucradas. Esto implica que el proceso de auditoría puede ser tanto exhaustivo como selectivo, dependiendo de los objetivos específicos y los requisitos de la norma bajo la cual se realiza la auditoría.

En relación con los derechos humanos y las cuestiones sociales, las auditorías examinan aspectos como las condiciones de trabajo, el respeto a la diversidad e inclusión, la no discriminación, y la protección contra el trabajo infantil y el trabajo forzoso. Desde la perspectiva medioambiental, las auditorías se enfocan en la gestión de residuos, la emisión de contaminantes, el uso sostenible de recursos y la mitigación del impacto ambiental de las operaciones de la empresa[669]. Este tipo de auditorías están estrechamente ligadas a los procesos de estandarización y certificación, a los que nos hemos referido con anterioridad.

La norma *SA8000* es un ejemplo de cómo la estandarización establece marcos y criterios para realizar auditorías. Estos estándares uniformizan las expectativas y permiten la comparabilidad de las auditorías en diferentes industrias y regiones[670]. La

---

el que se concluye que este tipo de auditorías funcionan más como un mecanismo para legitimar y proteger los intereses de las empresas que como una herramienta para enfrentar los impactos negativos sobre los derechos humanos y el medio ambiente en las cadenas productivas. LEBARON, G./LISTER, J./DAUVERGNE, P., "Governing Global Supply Chain Sustainability through the Ethical Audit Regime", *Globalizations*, vol. 14, núm. 6, 2017, pp. 958-975, p. 961.

669 CRANE, A./MATTEN, D./GLOZAR, S./SPENCE, L.J, *Business ethics: managing corporate citizenship and sustainability in the age of globalization*, p. 206.

670 SAI, Responsabilidad Social 8000. SA 8000, 2008, p. 2.

certificación se otorga cuando una empresa demuestra cumplir con estos estándares durante la auditoría, lo que valida sus esfuerzos en RSC y mejora su reputación ante clientes, inversores y otros *stakeholders* que valoran la sostenibilidad y la responsabilidad social. El proceso de auditoría incluye una revisión de los documentos internos para asegurar que las políticas y procedimientos de la empresa cumplan con los estándares, como la *SA8000*, y puede incluir visitas in situ para evaluar las condiciones de trabajo e intervenciones con empleados, incluidas las filiales[671].

Las auditorías se realizan de manera periódica para mantener la certificación, lo que obliga a las empresas a someterse a auditorías de seguimiento para asegurar el cumplimiento continuo y la mejora constante. Así, las auditorías son necesarias para obtener certificaciones y fomentar una cultura de mejora continua, transparencia y responsabilidad.

Sin embargo, las auditorías que sirven de base a las certificaciones dentro del marco voluntario de la RSC han evidenciado limitaciones significativas en cuanto a la supervisión efectiva de las prácticas corporativas y la asignación de responsabilidades frente a irregularidades. A pesar de que el Reglamento (UE) 1025/2012 del 25 de octubre de 2012 sobre la normalización europea proporciona directrices claras en relación con la transparencia y los conflictos de interés[672], se observan

---

671 SAI, Responsabilidad Social 8000. SA 8000, 2008, apartado 9.15.

672 REGLAMENTO (UE) No 1025/2012 DEL PARLAMENTO EUROPEO Y DEL CONSEJO de 25 de octubre de 2012 sobre la normalización europea, por el que se modifican las Directivas 89/686/CEE y 93/15/CEE del Consejo y las Directivas 94/9/CE, 94/25/CE, 95/16/CE, 97/23/CE, 98/34/CE, 2004/22/CE, 2007/23/CE, 2009/23/CE y 2009/105/CE del Parlamento Europeo y del Consejo y por el que se deroga la Decisión 87/95/CEE del Consejo y la Decisión no 1673/2006/CE del Parlamento Europeo y del Consejo.

deficiencias estructurales persistentes en cómo estas entidades privadas monitorean los estándares de las filiales y proveedores en las cadenas productivas de grandes corporaciones multinacionales, que, a menudo, conducen a una representación distorsionada de la responsabilidad social de las empresas.

Se han identificado varios problemas relacionados con los conflictos de interés entre los auditores y las empresas auditadas, lo que puede afectar negativamente los resultados de las auditorías y las acciones correctivas posteriores[673]. Algunas empresas solicitan auditorías permisivas que no reflejan fielmente la realidad de sus operaciones. Además, la capacidad limitada de los auditores en comparación con los inspectores estatales, y la confidencialidad de los resultados, dificultan la transparencia y la rendición de cuentas en el ámbito de la RSC.[674]. Estos factores reducen la efectividad de las auditorías

---

673 En las auditorías sociales las empresas que encargan los servicios determinan cuán exhaustivo debe ser un programa de auditoría y qué se hace con los resultados, lo que genera conflictos de interés inherentes al sistema de monitoreo. ESBENSHADE, J., "The private social accountability contract: Private monitoring from Los Angeles to the global apparel industry", *Labor Studies Journal*, 26(1), 2001, pp. 98-120, pp. 106-107.

674 Las auditorías sociales han demostrado fallos significativos al inspeccionar las operaciones de las empresas, pasando por alto tanto infracciones menores como violaciones graves de derechos humanos. Además del caso introductorio de *KiK* y *Rina Services,* otros ejemplos los encontramos en relación con *Cal-Safety*, la principal empresa de auditoría en Los Ángeles. En 1994, pese a que inspeccionó las prácticas de la multinacional *D&R*, la firma de auditoría no fue capaz de detectar que la multinacional transfería una gran cantidad de trabajo a talleres clandestinos en Chile. Un caso similar ocurrió en 1998 con *Trinity Knitworks,* a la que *Cal-Safety* otorgó un informe favorable a pesar de la falta de registros completos, descubriéndose más tarde por las autoridades estatales que la compañía adeudaba importantes sumas a sus trabajadores en concepto de salarios atrasados. ESBENSHADE,

como herramientas de supervisión y mejora continua. Dado que las empresas multinacionales contratan a las auditoras para certificar las condiciones en sus cadenas globales, se fomenta una competencia comercial entre auditoras, donde suele prevalecer la que ofrezca menos complicaciones a la empresa contratante.

En esta situación, nos encontramos en una distopía en la que las certificaciones y auditorías voluntarias en materia de sostenibilidad generan un alto nivel de confianza en los mercados y en los consumidores, al tiempo en que no incurren en riesgos legales ni sirven de forma adecuada al propósito de mejorar el respeto de los derechos humanos en las cadenas de valor globales[675].

Este problema es particularmente importante cuando se considera el riesgo de *greenwashing*, al que nos referiremos a continuación, donde las empresas pueden verse tentadas a presentar informes que enfatizan sus esfuerzos en RSC sin proporcionar una visión integral de los impactos negativos de sus actividades. La consecuencia es una desconexión entre la percepción pública de la responsabilidad corporativa y la realidad de las prácticas empresariales, lo que socava la confianza de los consumidores y los inversores, además de

J., "The private social accountability contract: Private monitoring from Los Angeles to the global apparel industry", *Labor Studies Journal*, 26(1), 2001, pp. 98-120, pp. 106-107.

675 Sobre el valor jurídico de las auditorias sociales voluntarias, MONTANER FERNÁNDEZ, R., "La posible responsabilidad penal de las certificadores y auditoras por violaciones de derechos humanos: una aproximación desde el *compliance* penal y a propósito de la Directiva europea sobre debida diligencia empresarial", en VIOQUE GALIANA, L.M. (coord.), *Verdes y justas: responsabilidad penal y diligencia debida en las organizaciones multinacionales*, Volumen I, BOE, Madrid, 2025, pp. 237-276.

dificultar la identificación de responsables en casos en los que se producen de violaciones de derechos humanos[676].

Para tratar de dar solución a estos problemas, con la diligencia debida se está dando un carácter obligatorio a este tipo de medidas de control[677]. En el marco diseñado por el cumplimiento normativo en derechos humanos podemos distinguir entre las auditorías de segunda parte y las auditorías de terceros. Las auditorías de segunda parte son aquellas realizadas directamente por socios comerciales a sus proveedores o en nombre de estos socios. Estas auditorías son útiles para que las empresas aseguren que sus proveedores cumplen con los estándares específicos que la relación comercial requiere[678]. Sin embargo, aunque útiles, estas auditorías pueden verse influenciadas por la relación existente entre el cliente y el proveedor, lo que podría afectar su objetividad. Por otro lado, las auditorías de terceros deben ser ejecutadas por entidades completamente independientes de las relaciones comerciales entre cliente y proveedor[679].

---

676 Sobre la expansión de la auditoría social para la gestión de riesgos en las cadenas de valor globales y su discutible eficacia, LEBARON, G./LISTER, J./DAUVERGNE, P., "Governing Global Supply Chain Sustainability through the Ethical Audit Regime", pp. 958-975

677 Por ejemplo, encontramos referencias a la verificación de la información sobre sostenibilidad por parte de un tercero independiente en el artículo 34.1.a).bis de la Directiva 2013/34/UE, introducido por la *Directiva CSRD*.

678 Por ejemplo, la *Directiva CSDDD* establece en su artículo 15 la obligación para las empresas de realizar evaluaciones periódicas de las operaciones de sus socios comerciales para supervisar la idoneidad y eficacia de las medidas de detección, prevención, minimización y eliminación de efectos adversos. Estas evaluaciones deben llevarse a cabo al menos cada doce meses y revisarse cuando surjan nuevos riesgos.

679 Siguiendo con el ejemplo de la *Directiva CSDDD*, en su artículo 19 se encomienda a las empresas a que recurran a la auditoría por un

Este tipo de auditorías está ganando cada vez más importancia en el ámbito empresarial debido a su capacidad para ofrecer evaluaciones imparciales y libres de conflictos de intereses. La independencia de las auditorías de terceros es fundamental, ya que permite una evaluación justa y equitativa de las prácticas empresariales, que puede culminar en la emisión de certificaciones de conformidad. Estas certificaciones, a su vez, son fundamentales para validar públicamente el cumplimiento de las empresas con los estándares internacionales aplicables, reforzando así su credibilidad y reputación en el mercado[680].

C. Responsabilidad social corporativa y greenwashing: ¿un auténtico compromiso o mera publicidad?

Se ha demostrado que, en multitud de ocasiones, las empresas han utilizado sus prácticas de RSC como instrumento de *greenwashing*, con el objetivo de legitimar y proteger sus intereses comerciales en lugar de mejorar su gobernanza y gestionar los riesgos en materias sociales o medioambientales[681]. Atendiendo

---

tercero independiente para apoyar el cumplimiento de sus obligaciones de diligencia debida, quienes deberán actuar con objetividad e independencia, estar libres de conflictos de interés y rendir cuentas sobre la calidad y fiabilidad de la auditoría.

680 MONTANER FERNÁNDEZ, R., "La posible responsabilidad penal de las certificadores y auditoras por violaciones de derechos humanos: una aproximación desde el *compliance* penal y a propósito de la Directiva europea sobre debida diligencia empresarial".

681 Sobre el recurso del *greenwashing* como factor diferenciador y competitivo para las empresas, HALLAMA, M./MONTLLÓ RIBO, M./ROFAS TUDELA, S./CIUTAT VENDRELL, G., "El fenómeno del *greenwashing* y su impacto sobre los consumidores: propuesta metodológica para su evaluación", *Aposta: Revista de ciencias sociales,* Nº. 50, 2011, pp. 70-108; CANTERO DE JULIÁN, J.I., "La comunicación estratégica de los ODS desde el punto de vista ambiental: migraciones climáticas y *greenwashing* en los medios de comunicación", en

a la realidad, reproducida fielmente en el caso expuesto al inicio de esta investigación, donde la multinacional alemana *KiK* publicitaba en sus informes sociales que sus proveedores cumplían los estándares de seguridad laboral, nos encontramos con que, a menudo, las auditorías y certificaciones en el marco de la RSC no logran detectar, informar y resolver los problemas para los derechos humanos que plantean las cadenas productivas globales. Por el contrario, en multitud de ocasiones las empresas los utilizan con fines lucrativos y de mejora de imagen corporativa[682].

Se pueden distinguir dos tipos principales de *greenwashing*: el dirigido a "blanquear" la imagen de la totalidad de la sociedad mediante la divulgación de información distorsionada de la empresa en su conjunto; y el orientado a mejorar la imagen de un producto o servicio determinado mediante la divulgación de información distorsionada sobre ese producto o servicio específicos[683]. En ambos supuestos, nos encontramos con casos

---

HERRANZ DE LA CASA, J.M./GÓMEZ CIRIANO, E.J. (coord.), *Los objetivos de desarrollo sostenible desde una perspectiva de derechos humanos, el trabajo social y la comunicación*, Tirant lo Blanch, Valencia, 2020, pp. 232-257.

682 Cada vez encontramos más empresas que informan sobre el carácter ecológico de sus productos o utilizan otras prácticas para aprovecharse del nicho de mercado abierto en torno a la sostenibilidad, habiéndose multiplicado la publicidad relacionada con la sostenibilidad casi por 10 entre la última década del siglo pasado y la primera del presente, y triplicado del 2006 a 2011. En un estudio realizado por la ONG TerraChoice entre 2008 y 2009, más del 95% de los productos analizados se recurría en diverso grado al *greenwashing*. DELMAS, M.A./CUEREL BURBANO, V., "The Drivers of *Greenwashing*", *California Management Review*, 2011, Volume 54, Issue 1, p. 64; TerraChoice Group, Inc.,"The Seven Sins of *Greenwashing*,"2009.

683 DELMAS, M.A./CUEREL BURBANO, V., "The Drivers of *Greenwashing*", *California Management Review*, Volume 54, Issue 1, 2011,

en los que las corporaciones multinacionales se han enfrentado a acusaciones de utilizar este tipo de información social de modo fraudulento.

En el ámbito de la industria textil, grandes corporaciones multinacionales han sido acusadas de utilizar el *greenwashing* para mejorar su imagen corporativa e influir en las decisiones de los consumidores. Este ha sido el caso de la sueca *Hennes & Mauritz Logistik AB & Co.KG* (*H&M*) [684] quien, pese anunciar en sus informes de sostenibilidad su compromiso para conseguir una cadena de valor ecológicamente positiva y reducir las emisiones de sus operaciones, en 2017 fue acusada de quemar toneladas de ropa nueva procedente de sus almacenes sin informar de dichas prácticas en sus informes de sostenibilidad[685]. *H&M* también ha sido acusada de servirse de

---

pp. 69. Sobre las diferentes teorías de greenwashing, véase MUÑOZ ARENAS, A./NÚÑEZ CHICHARRO, M./ALONSO CARRILLO, I./MERINO MADRID, E., "Información sobre sostenibilidad y *greenwashing*", en VIOQUE GALIANA, L.M. (coord.), *Verdes y justas: responsabilidad penal y diligencia debida en las organizaciones multinacionales,* Volumen I, BOE, Madrid, 2025, pp. 585-606.

684 El modelo de negocio de *H&M* se encuadra en la denominada "*fast fashion*", donde se utiliza la estrategia de cambiar y renovar frecuentemente los productos con estilos de moda diferentes para captar la atención de los consumidores. Dentro de este modelo de negocio, H&M es una de las corporaciones multinacionales con mayor poder adquisitivo en materia de producción. BARNES, L./ LEA-GREENWOOD, G., "Fast fashioning the supply chain: shaping the research agenda", Journal of Fashion Marketing and Management, 2006, Vol. 10 No. 3, pp. 259-271, p. 260; STRÄHLE, J./HAUK, K., "Impact on Sustainability: Production Versus Consumption", en STRÄHLE, J. (ed.), *Green Fashion Retail,* Springer, Singapore, 2017, pp. 66-67.

685 En 2017 la empresa fue acusada de quemar 12 toneladas de ropa nueva pese a que no anunciaba tales prácticas en sus informes de sostenibilidad, lo que centró la atención de los medios suecos. La multinacional de la moda se justificó alegando que la incineración era

greenwashing referido a sus productos, llegando incluso a ser demandada ante el juzgado de Misuri en los EE.UU. por fraude a los consumidores al utilizar las etiquetas "*Conscious Choice*" y "*sustentable*" en determinados artículos[686].

Para tratar de enfrentar estos problemas, la Directiva (UE) 2024/825 de 28 de febrero de 2024 sobre *greenwashing*[687] representa un avance significativo en el marco legal europeo para combatir la desinformación y las prácticas desleales en materia de sostenibilidad por parte de las empresas, especialmente en lo que respecta a la publicidad que podría considerarse engañosa o "camuflada" sobre el compromiso de la empresa con el respeto de los derechos humanos y el medio ambiente.

---

la última opción para la ropa que no se podía reciclar ni reutilizar. FARMBROUGH, H., "H&M Is Pushing Sustainability Hard, But Not Everyone Is Convinced", *Forbes*, April 14, 2018, https://www.forbes.com/sites/heatherfarmbrough/2018/04/14/hm-is-pushing-sustainability-hard-but-not-everyone-is-convinced/?sh=685f71ee7ebd (consultada el 6 de abril de 2025); ÅKERBLOM, T.A., "H&M bränner helt nya kläder i Sverige", *SVT Nyheter*, November 22nd, 2017, https://www.svt.se/nyheter/granskning/ug/h-och-m-branner-helt-nya-klader-i-sverige (consultada el 6 de enero de 2025).

[686] El 12 de mayo de 2023 un juez federal del Distrito Este de Missouri desestimó la demanda colectiva puesta contra H&M, en la que se alegaba que el marketing que utilizaba H&H para su línea de productos "Conscious" engañaba a los consumidores, haciéndoles creer eran sostenibles y respetuosos con el medio ambiente. *Abraham Lizama, et al., v. H&M Hennes & Mauritz LP, 4:22-cv-01170* (E.D. Mo.); FERRIS, T./LAWLOR, J./KETTERER, E., "Guidance for 'sustainable' claims after dismissal of H&M '*greenwashing*' class action", *Reuters*, June 2, 2023.

[687] Directiva (UE) 2024/825 del Parlamento Europeo y del Consejo, de 28 de febrero de 2024, por la que se modifican las Directivas 2005/29/CE y 2011/83/UE en lo que respecta al empoderamiento de los consumidores para la transición ecológica mediante una mejor protección contra las prácticas desleales y mediante una mejor información.

Entre sus principales medidas, se incluye la obligación para las empresas de proporcionar información precontractual precisa sobre la durabilidad, reparabilidad y otras características medioambientales y sociales de los productos y servicios que ofertan. Esto implica prohibir las afirmaciones genéricas de sostenibilidad que no estén respaldadas por evidencias claras y objetivas[688], así como exigir la transparencia en cuanto a las metas y compromisos específicos asumidos por las empresas[689].

Además, se prohíben prácticas como la exhibición de distintivos de sostenibilidad sin el respaldo de certificaciones reconocidas y la realización de afirmaciones medioambientales sobre la totalidad de un producto cuando en realidad solo se refieren a un aspecto específico del mismo. La norma también aborda el problema de la "ecoimpostura", prohibiendo expresamente la realización de afirmaciones publicitarias que podrían llevar a los consumidores a creer erróneamente que un producto o empresa es más beneficioso para los consumi-

688 El artículo 1 de la Directiva (UE) 2024/825 de 28 de febrero de 2024 sobre *greenwashing* modifica el art. 6 de la Directiva 2005/29/CE para establecer la prohibición de realizar afirmaciones medioambientales sobre el comportamiento futuro que no estén respaldadas por compromisos claros, objetivos, públicos y verificables, establecidos en un plan de ejecución detallado y realista. Además, este artículo prohíbe anunciar beneficios para los consumidores que sean irrelevantes y no derivados de ninguna característica del producto o de la empresa.

689 El artículo 1 de la Directiva (UE) 2024/825 de 28 de febrero de 2024 sobre *greenwashing* modifica el art. 7 de la Directiva 2005/29/CE para añadir un apartado que considera sustancial la información sobre el método de comparación de productos, sobre los productos objeto de la comparación, los proveedores de dichos productos y las medidas para mantener la información actualizada, especialmente cuando se comparan aspectos medioambientales o sociales o de economía circular, como la durabilidad, reparabilidad o reciclabilidad de los productos.

dores, el medio ambiente o la sociedad que otros productos o empresas del mismo tipo, sin que exista una base sólida para tales afirmaciones[690].

V HACIA UN CUMPLIMIENTO TRANSVERSAL: DERECHOS HUMANOS, SOSTENIBILIDAD Y CRITERIOS ESG

El éxito de la diligencia debida queda patente tanto en su evolución histórica como en su adaptabilidad para anidar en los diferentes ámbitos del Derecho (privado, internacional público y corporativo). También se refleja en su capacidad para sumar intereses que caen bajo su perímetro de aplicación.

En su desarrollo original, los *Principios Rectores* se dirigieron a los derechos enunciados en la Carta Internacional de Derechos Humanos y los principios establecidos en la Declaración de la OIT relativa a los principios y derechos fundamentales en el trabajo (Principio número 12). Las Directrices y Guías de la OCDE ampliaron su ámbito de aplicación al medio ambiente, la lucha contra la corrupción, las peticiones de soborno y otras formas de extorsión, la protección de los intereses de los consumidores, la protección de la competencia y cuestiones tributarias[691]. En una etapa posterior, normas como la *Directiva*

---

[690] El Anexo de la Directiva (UE) 2024/825 de 28 de febrero de 2024 sobre *greenwashing* modifica el Anexo I de la Directiva 2005/29/CE para incluir una serie de prácticas comerciales desleales relacionadas con afirmaciones medioambientales genéricas no respaldadas por información verificable y contrastada, así como otras prácticas que pueden inducir a error a los consumidores en cuanto a los aspectos medioambientales y de sostenibilidad de los productos

[691] OCDE, *Líneas Directrices de la OCDE para Empresas Multinacionales*, p. 7.; OCDE, *Guía de la OCDE de Debida Diligencia para una Conducta Empresarial Responsable*, pp. 14-15.

CSDDD están integrando ambos enfoques al fundamentarse en los valores de respeto a la dignidad humana, libertad, democracia, igualdad, Estado de Derecho, respeto a los derechos humanos, al medio ambiente consagrados en la Carta de los Derechos Fundamentales de la UE y otros instrumentos internacionales, así como la lucha contra el cambio climático[692].

Una de las conclusiones que podemos extraer de esta evolución en la ampliación del perímetro del cumplimiento normativo en derechos es que se dirige a la prevención de daños a intereses colectivos mediante el fomento de prácticas de respeto a los derechos de los *stakeholders* de la empresa. Con ello, se subraya el papel protagonista de las empresas multinacionales a la hora de modificar las prácticas de las cadenas productivas globales, donde disponen de una gran capacidad para influir en la consecución de los ODS tanto de forma positiva como negativa.

A. Entendiendo el concepto de sostenibilidad

Las relaciones entre los derechos humanos, los derechos laborales, el respeto al medio ambiente y el cambio climático son intrínsecas y complejas, reflejando el creciente reconocimiento de que la actividad empresarial impacta en la sociedad y el planeta[693].

---

692 Considerando 1 de la Resolución legislativa del Parlamento Europeo, de 24 de abril de 2024, sobre la propuesta de Directiva del Parlamento Europeo y del Consejo sobre diligencia debida de las empresas en materia de sostenibilidad.

693 Según la CIJ en el caso *Gabčíkovo-Nagymaros* (Hungría/Eslovaquia), el desarrollo sostenible no es solo un principio del Derecho internacional moderno, sino una idea fundamental de la herencia humana con un importante papel en el Derecho internacional. El concepto de sostenibilidad ha evolucionado para abarcar aspectos ambientales, económicos y sociales dentro del enfoque de triple resultado de la RSC y la diligencia debida. CIJ, *Case Concerning the Gabcikovo-Nagymaros Project,* sentencia de 25 de septiembre de 1997, opinión

En este contexto, el principio de sostenibilidad ha surgido como un concepto global que busca armonizar los objetivos económicos con la equidad social y la viabilidad ecológica, instando a las empresas a operar de manera que garanticen la capacidad de las generaciones futuras para satisfacer sus propias necesidades. El concepto de sostenibilidad tiene una perspectiva intergeneracional, lo que implica identificar, evaluar y gestionar tanto las necesidades actuales como las futuras, considerando los efectos a largo plazo de las decisiones y equilibrando los intereses de corto y largo plazo. En el ámbito corporativo, la sostenibilidad se refiere a aquellas actividades que buscan contribuir proactivamente al equilibrio económico, social y ambiental, mediante la incorporación de prácticas sostenibles en los sistemas organizativos de la empresa y la comunicación continua con las partes interesadas[694].

La noción de sostenibilidad, desarrollada originariamente en los acuerdos internacionales pesqueros como el Rendimiento Máximo Sostenible, referido a la cantidad máxima de capturas sin comprometer la regeneración de la especie, ha ganado un protagonismo creciente en el siglo XXI. Desde la década de 1970, los problemas relacionados con los límites del crecimiento económico y el impacto ambiental, conocidos como "límites al desarrollo", han sido reconocidos como desafíos globales[695].

---

individual del vicepresidente Weeramantry, pp. 107-108; KITSIOS, F./KAMARIOTOU, M./TALIAS, M.A., "Corporate Sustainability Strategies and Decision Support Methods: A Bibliometric Analysis", *Sustainability*, 12(2) 521, 2020, pp. 11-12.

694 LOZANO, R. "A holistic perspective on corporate sustainability drivers", *Corporate Social Responsibility and Environmental Management*, 22, 2015, p. 33.

695 El principio poblacional de Thomas Malthus, expuesto en su obra "Ensayo sobre el principio de la población" (1798), influyó en el debate sobre sostenibilidad al afirmar que la población crece

El concepto de sostenibilidad, tal como lo entendemos hoy, comenzó a tomar forma cuando se hicieron evidentes las consecuencias a largo plazo del crecimiento económico y de la industrialización en el medio ambiente y las sociedades humanas[696]. La Conferencia de Estocolmo de 1972[697] impulsó la creación del Programa de las Naciones Unidas para el Medioambiente (PNUMA)[698] y la adopción del principio de "quien contamina paga" por la OCDE[699]. En 1987, el Informe

---

geométricamente, mientras que los recursos lo hacen aritméticamente, lo que llevaría a un desequilibrio. FOCARELLI, C., "La sostenibilità nel diritto internazionale: spunti dalla prassi più recente", *Rivista di Diritti Comparati*, nº 3, 2022, p. 343.

696 El derrame de 67.000 toneladas de hidrocarburos tras el naufragio del petrolero Torrey Canyon en 1967, que afectó a las costas de Francia e Inglaterra, destacó la necesidad de una protección ambiental a escala global. DE AZCÁRRAGA BUSTAMANTE, J.L., "Algunas reflexiones en torno al siniestro del "Torrey Canyon", *Anuario Hispano-Luso-Americano de Derecho internacional*, Nº3, 1967, pp. 165-184.

697 Con la asistencia de 113 Estados, 19 organismos intergubernamentales y más de 400 organizaciones. "Conferencia de las Naciones Unidas sobre el Medio Humano, 5 a 16 de junio de 1972, Estocolmo". https://www.un.org/es/conferences/environment/stockholm1972 (consultada el 6 de mayo de 2025).

698 El PNUMA fue creado mediante la Resolución 2997 (XXVII) de la Asamblea General de la ONU, el 15 de diciembre de 1972.

699 El principio de "quien contamina paga" establece que quien contamina debe cubrir los costes de prevención y reparación del daño ambiental. OCDE, *Recommendation of the Council on the Implementation of the Polluter-Pays Principle*, Novembre 14, 1974. Según este principio, *quien contamina debería sufragar los gastos de la ejecución de las medidas de prevención y control de la contaminación impuestas por las autoridades públicas, para garantizar que el* medio ambiente *se encuentre en un estado aceptable*. TRIBUNAL DE CUENTAS EUROPEO, "Principio de `quien contamina paga': Aplicación incoherente entre las políticas y acciones medioambientales de la UE", *Informe Especial*, 12.2021. Punto 3.

Brundtland definió el desarrollo sostenible como aquel que satisface las necesidades del presente sin comprometer las capacidades de las futuras generaciones[700].

En las últimas dos décadas, se ha reconocido que el crecimiento económico y la sostenibilidad ambiental deben complementarse. Para ello surge el concepto de "economía verde", concebida como una economía que mejora el bienestar humano y la igualdad social al tiempo que reduce significativamente los riesgos ambientales y la escasez ecológica[701], promovida desde 2008 por el PNUMA para reducir el impacto ambiental y mejorar el bienestar humano, al mismo tiempo que fomenta la creación de empleo justo y la cohesión social[702].

---

700 El concepto de desarrollo sostenible ha evolucionado desde la idea de límites fijos en el uso de recursos hasta un enfoque que equilibra prioridades ambientales, económicas y sociales. ASAMBLEA GENERAL, "Informe de la Comisión Mundial sobre el Medioambiente y el Desarrollo, Anexo `Nuestro Futuro Común'", 4 de agosto de 1987, A/42/427, Párrafo 27, p. 23.

701 El concepto de economía verde se popularizó a finales de los 80 tras su definición en el informe Blueprint for a Green Economy (1989), donde se estableció su base teórica. Este modelo, complementario al desarrollo sostenible, busca reorientar las políticas económicas, ambientales y sociales hacia la sostenibilidad. PEARCE, D.W./MARKANDYA, A./BARBIER, E., *Blueprint for a Green Economy*, Earthscan, London, 1989; MERINO-SAUM, A./CLEMENT, J./WYSS, R./BALDI, M.G., "Unpacking the Green Economy concept: A quantitative analysis of 140 definitions", *Journal of Cleaner Production*, 242, 2022.

702 Algunos países emergentes y en desarrollo han criticado las propuestas del PNUMA al entender que limitan la soberanía nacional sobre el control de sus recursos naturales, fomentando la privatización y la mercantilización de la naturaleza, así como medidas proteccionistas con la excusa de tener como objetivo la protección del medio ambiente. FOCARELLI, C., "La sostenibilità nel diritto internazionale: spunti dalla prassi più recente", p. 345.

Un hito clave fue la decisión de la Asamblea General de las Naciones Unidas el 28 de julio de 2022[703], que reconoció el derecho a un medio ambiente limpio, saludable y sostenible como un derecho humano, instando a Estados, empresas y organizaciones internacionales a adoptar políticas que protejan el medio ambiente y refuercen la cooperación internacional.

La UE también ha desarrollado marcos importantes, como el *Plan de Acción para la Financiación del Crecimiento Sostenible de 2018*[704], que alinea las prácticas empresariales con los ODS de la *Agenda 2030*. Este plan propone que las empresas establezcan objetivos mensurables de sostenibilidad, como la reducción de emisiones o mejoras en la eficiencia energética, y apliquen procesos de cumplimiento normativo en derechos humanos a lo largo de toda la cadena de suministro. Una de las propuestas más innovadoras dentro de este plan consistía en la posible exigencia a los consejos de administración de las empresas de que *establezcan y comuniquen una estrategia de sostenibilidad, incluido un procedimiento adecuado de diligencia debida en toda la cadena de suministro, y objetivos mensurables de sostenibilidad,* además de plantear la *posible necesidad de clarificar las normas con arreglo a las cuales los consejeros deben actuar en el interés a largo plazo de la empresa*[705].

Este creciente protagonismo ha dado lugar a una vertiente constitucional de la sostenibilidad, que integra principios sostenibles en las estructuras legales y políticas estatales, como lo

---

[703] RESOLUCIÓN de la Asamblea General de 28 de julio de 2022, A/76/L.75.

[704] COMUNICACIÓN DE LA COMISIÓN AL PARLAMENTO EUROPEO, AL CONSEJO EUROPEO, AL CONSEJO, AL BANCO CENTRAL EUROPEO, AL COMITÉ ECONÓMICO Y SOCIAL EUROPEO Y AL COMITÉ DE LAS REGIONES, Plan de Acción: Financiar el desarrollo sostenible, 8 de marzo de 2018, COM/2018/097 final.

[705] Plan de Acción: Financiar el desarrollo sostenible. Acción 10: Fomentar un gobierno corporativo sostenible y reducir el cortoplacismo en los mercados de capitales.

demuestra el Pacto Verde Europeo de 2019[706]. A nivel internacional, la *Agenda 2030* ha servido como guía para la incorporación de la sostenibilidad en las políticas nacionales, y algunos países han comenzado a incluir la protección del desarrollo sostenible en sus Constituciones, asegurando su relevancia para las generaciones futuras.

B. Los perfiles constitucionales de la sostenibilidad

La urgencia de abordar crisis sistémicas como la pérdida de biodiversidad y el cambio climático ha elevado la sostenibilidad a un tema de interés público. Como resultado, muchos Estados están adoptando políticas que buscan mejorar el respeto por los derechos humanos y frenar el deterioro ambiental causado por la actividad humana.

El paralelismo entre el Pacto Verde Europeo y el Green Deal de Roosevelt[707] subraya este renovado enfoque, impulsando un

---

706 Para cumplir con los compromisos del Acuerdo de París y los ODS, la Comisión Europea lanzó en diciembre de 2019 el Pacto Verde Europeo, que establece la meta de lograr la neutralidad climática para 2050. Este compromiso se refuerza con el programa "Objetivo 55", desarrollado por el Reglamento (UE) 2021/1119, que busca reducir las emisiones de gases de efecto invernadero en al menos un 55% para 2030. Además, en abril de 2021, la Comisión Europea delineó el objetivo de transformar su sistema económico y financiero para alinearlo con los ODS y el Green Deal, promoviendo una economía más inclusiva y sostenible, a través de más de 15 propuestas legislativas enfocadas en la tarificación de emisiones, el apoyo a energías renovables y la mejora de la eficiencia energética. GABIUS, K., "Das G in ESG: Herausforderungen durch die Nachhaltigkeitstransformation fur den Aufsichtsrat", pp. 51-58.

707 El "Green Deal" de Roosevelt se refiere a una serie de políticas económicas y sociales implementadas en Estados Unidos durante la década de 1930 por el presidente Franklin D. Roosevelt, conocidas colectivamente como el "New Deal". Estas políticas fueron diseñadas

cambio profundo en el modelo de Estado, donde el desarrollo económico debe alinearse con el respeto a los derechos humanos y el clima, tanto a nivel global como intergeneracional. Este enfoque, reflejado en las normas que juridifican la diligencia debida en derechos humanos, refuerza la importancia de un desarrollo sostenible que sienta las bases para un ambicioso marco de renovación constitucional, que actualmente influye en muchas legislaciones europeas[708].

La constitucionalización de la sostenibilidad supondría un cambio fundamental en el modelo de Estado europeo, integrando el desarrollo económico con el respeto a los derechos humanos y la protección climática. Un ejemplo relevante es la modificación de la Constitución francesa en 2005, que incluyó la Carta del Medioambiente en su preámbulo[709]. La Carta del Medioambiente francesa establece principios importantes como el de precaución, prevención, y responsabilidad ambiental, asegurando que los daños al medio ambiente sean prevenidos y, si ocurren, reparados[710]. La Carta del Medioambiente ha servido como un marco legal fundamental para la legislación

---

para aliviar los efectos de la Gran Depresión, reformar el sistema financiero, y revitalizar la economía estadounidense a través de intervenciones del gobierno en banca, trabajo, y sectores de bienestar social. Aunque no es un término específicamente medioambiental, estableció la base para una serie de reformas estructurales y regulaciones económicas. ROLLINS, A.B., "Franklin D. Roosevelt and the New Deal, 1932–1940", *Journal of American History,* Volume 51, Issue 1, June 1964, pp. 124-125.

708 CHITI, E., "Managing the ecological transition of the EU: the European Green Deal as a regulatory process ", *Common Market Law Review,* 59: 19–48, 2022, pp. 19 y ss.

709 Charte de l'environnement de 2004. Loi constitutionnelle No 2005-205 du 1er mars 2005.

710 Sobre la Carta francesa del medio ambiente, véase MARRANI, D., "Reforzando los derechos ambientales. La Carta francesa del medio ambiente", *Revista europea de derechos fundamentales,* N°. 25, 2015, pp. 383-400

ambiental francesa, impactando significativamente en la jurisprudencia y en la manera en que los derechos ambientales son interpretados y aplicados en el país[711]. Dada la importancia que se ha dado al desarrollo sostenible en Francia, no sorprende que sea precisamente dicho país el pionero a la hora de aprobar su propia normativa sobre diligencia debida en derechos humanos.

La constitucionalización de la sostenibilidad está siendo impulsada por el creciente reconocimiento de los derechos de la naturaleza y de los pueblos indígenas a nivel internacional. En Nueva Zelanda, el Parlamento adoptó una postura pionera, influenciada por las reivindicaciones de las tribus maoríes. En 2014, la *Te Urewera Act*[712] otorgó personalidad jurídica al Parque Nacional Te Urewera[713], y en 2017, con la promulgación del *Te Awa Tupua* (*Whanganui River Claims Settlement*) *Act*[714], el río Whanganui fue reconocido como una entidad legal con derechos, reflejando la cosmovisión maorí que considera al río como un ancestro viviente y sagrado.

En Latinoamérica, el reconocimiento de la naturaleza como sujeto de derechos ha ganado fuerza[715]. Este enfoque, impulsado por la lógica de los derechos de la naturaleza y

---

711 KOTZÉ, L.J., *Global Environmental Constitutionalism in the Anthropocene*, Hart Publishing, Portland, 2015, p. 146-147.

712 *Te Urewera Act*, 27 July 2014.

713 De acuerdo con la norma que protege el bosque, Te Urewera tiene una identidad en si misma que obliga a la gente a comprometerse con su cuidado. BURGERS, L., "Private Rights of Nature", *Transnational Environmental Law*, 11:3, 2022, p. 468.

714 *Te Awa Tupua (Whanganui River Claims Settlement) Act*, 20 March 2017.

715 VIDAL MARÍN, T., "Sombras en el reconocimiento constitucional de los derechos de la naturaleza en Latinoamérica: especial consideración de la constitución ecológica de ecuador", en RUIZ DORADO, M., (ed.), *Interculturalidad, derechos de la naturaleza, paz: valores para un nuevo constitucionalismo*, Tirant lo Blanch, Valencia, 2020, p. 169.

de las comunidades indígenas, resalta la protección del medio ambiente como una cuestión de supervivencia cultural y social, además de ser un imperativo ético y ecológico[716]. Este proceso, profundamente influenciado por el creciente reconocimiento de los derechos de la naturaleza, representa un cambio paradigmático en el reconocimiento jurídico del medio ambiente va más allá de considerarlo un bien de interés público, sino también poseedor de intereses privados y derechos intrínsecos[717].

La Constitución de Ecuador de 2008 fue la primera en el mundo en otorgar derechos a la naturaleza o "Pacha Mama" [718], estableciendo un marco legal innovador que se aleja del antropocentrismo y adopta una visión biocéntrica, reconociendo el derecho inherente de los ecosistemas a existir, regenerarse y mantenerse[719]. Esta medida también fue una respuesta directa

---

716 PACARI, N., "Naturaleza y territorio desde una mirada de los pueblos indígenas", en ACOSTA, A./MARTÍNEZ, E. (coords.), *Derechos de la naturaleza. El futuro es ahora*, Abya-Yala, Quito, pp. 31 y ss.

717 Adoptar una perspectiva que valora igualmente a todos los seres del planeta no significa necesariamente que se trate a áreas concretas de la naturaleza como si tuvieran sus propios intereses privados. Sin embargo, este enfoque y la sostenibilidad están relacionados y pueden coexistir. En otras palabras, podemos gestionar el medio ambiente pensando en el bienestar de toda forma de vida. Así, la sostenibilidad se convierte en un objetivo más amplio que busca el equilibrio entre las necesidades de las personas y las del resto de seres vivos, en lugar de centrarse solamente en las futuras generaciones humanas. BURGERS, L., "Private Rights of Nature", p. 468.

718 El artículo 71 de la Constitución de la República del Ecuador de 2008 establece: "La naturaleza, o Pacha Mama, donde la vida se reproduce y ocurre, tiene derecho al respeto integral de su existencia y al mantenimiento y regeneración de sus ciclos vitales, estructura, funciones y procesos evolutivos".

719 DÍAZ REVORIO, F.J., "Derechos humanos y derechos de la naturaleza: a la búsqueda de un fundamento común", en RUIZ DORADO,

a las prácticas extractivistas impulsadas por el capitalismo, que habían provocado la explotación intensiva de los recursos de la Amazonía con graves consecuencias ambientales[720].

El reconocimiento de los derechos de la naturaleza en Ecuador ha sido un hito que ha inspirado a otras jurisdicciones. Bolivia, con su Constitución de 2009, introdujo el concepto de "buen vivir" (Sumak Kawsay), basado en la armonía con la naturaleza. También adoptó la Ley de la Madre Tierra, que otorga a la naturaleza derechos como el derecho a la vida, regeneración, biodiversidad y equilibrio[721]. Esta tendencia se

---

M., (ed.), *Interculturalidad, derechos de la naturaleza, paz: valores para un nuevo constitucionalismo,* Tirant lo Blanch, Valencia, 2020, pp. 115-158. El reconocimiento de los derechos de la naturaleza en la Constitución ecuatoriana permite la protección de los ecosistemas y especies naturales por su derecho inherente a existir, mantenerse y regenerarse. Bajo esta perspectiva, las leyes y políticas deben alinearse para garantizar que las actividades humanas no transgredan estos derechos fundamentales de la naturaleza. KOTZÉ, L.J./VILLAVICENCIO CALZADILLA, P. "Somewhere between Rhetoric and Reality: Environmental Constitutionalism and the Rights of Nature in Ecuador", *Transnational Environmental Law,* 6(3), 2017, pp. 401-433.

720 El proceso constituyente que culminó en la Constitución ecuatoriana de 2008 no fue un hecho aislado, sino que surgió de la crisis económica y política que afectó a Ecuador a finales del siglo XX y principios del XXI. Las políticas neoliberales intensificadas desde 1992 llevaron al colapso financiero, lo que generó una grave crisis económica y un fuerte descontento social, provocando la destitución de dos presidentes. En este contexto, el proceso constituyente se presentó como una oportunidad para redefinir el marco normativo del país, buscando justicia social y estabilidad. VIDAL MARÍN, T., "Sombras en el reconocimiento constitucional de los derechos de la naturaleza en Latinoamérica: especial consideración de la constitución ecológica de ecuador", pp. 171-172.

721 Sobre el reconocimiento de los derechos de la naturaleza en las constituciones ecuatoriana y boliviana, KOTZÉ, L.J., *Global Environmental Constitutionalism in the Anthropocene,* pp. 201 y ss.

observa en otros países, como Armenia, República Dominicana, Egipto, Hungría, Kenia, y Jamaica, que han reformado sus constituciones para incluir obligaciones de protección ambiental, demostrando un creciente compromiso global con el desarrollo sostenible y la conservación ambiental[722].

El reconocimiento de la Madre Tierra como sujeto de derechos ha ganado eco a nivel internacional, especialmente en debates dentro de la ONU, donde se ha propuesto que el Derecho internacional proteja los derechos de la naturaleza. Varios países latinoamericanos han impulsado la idea de que las Naciones Unidas adopten una Declaración Universal de los Derechos de la Madre Tierra, inspirada en la Declaración Universal de los Derechos Humanos. Esta iniciativa, presentada simbólicamente el 20 de abril de 2010 en la Conferencia Mundial de los Pueblos en Cochabamba, Bolivia, busca equiparar la protección de la naturaleza con los derechos humanos. La declaración establece derechos inherentes a la naturaleza, como el derecho a la vida, el respeto, la regeneración de la biodiversidad, y el acceso a agua y aire limpios[723].

Como parte de este esfuerzo, se ha creado el Tribunal Permanente por los Derechos de la Naturaleza y de la Madre Tierra, un órgano ético que investiga violaciones a los derechos de la naturaleza. Aunque sus decisiones no son vinculantes, el Tribunal desempeña un papel importante en promover el respeto por los derechos establecidos en la Declaración Universal

---

722 KOTZÉ, L.J., *Global Environmental Constitutionalism in the Anthropocene*, p. 149.

723 Pese a que esta conferencia no fue un evento oficial de la ONU, tuvo una influencia significativa a nivel internacional. *Conferencia Mundial de los Pueblos sobre el Cambio Climático y los Derechos de la Madre Tierra Tiquipaya, Cochabamba, 20 al 22 de abril 2010. Discursos y Documentos Seleccionados*, Diplomacia por la vida, Bolivia, 2010.

de los Derechos de la Madre Tierra[724]. Estos esfuerzos representan un avance importante en la redefinición de la relación entre el Derecho internacional y el entorno natural, subrayando una tendencia creciente hacia la integración de consideraciones ecológicas y ambientales en el marco jurídico global[725].

Este movimiento hacia la constitucionalización de la sostenibilidad refleja la interdependencia entre el bienestar humano y la salud ecológica, destacando que desafíos como el cambio climático y la pérdida de biodiversidad requieren respuestas legales transformadoras. Al otorgar estatus constitucional a los derechos ambientales, las naciones se comprometen a integrar estas consideraciones en sus sistemas legales, asegurando un futuro sostenible para las próximas generaciones[726].

C. *Los tres pilares de la sostenibilidad: los criterios ambientales, sociales y de gobernanza (ESG)*

El concepto de sostenibilidad se basa en tres pilares fundamentales: los criterios ambientales, sociales y de gobernanza (criterios ESG: *Environmental, Social, Governance*), que constituyen una base transversal sobre la que se debe construir un desarrollo equilibrado, respetuoso con el planeta y las generaciones futuras. Las cuestiones ESG se caracterizan por encontrarse en

---

[724] *Informe de la comisión del Tribunal Internacional de Derechos de la Naturaleza sobre el caso Territorio Indígena y Parque Nacional Isiboro Sécure (TIPNIS–Bolivia)*, 16 de enero de 2019, pp. 5-6. https://cejis.org/wp-content/uploads/2019/01/informe-tribunal-final-jan-7th-2019-word.pdf (consultada el 13 de abril de 2025).

[725] VIDAL MARÍN, T., “Sombras en el reconocimiento constitucional de los derechos de la naturaleza en Latinoamérica: especial consideración de la constitución ecológica de ecuador”, p. 174.

[726] KOTZÉ, L.J., *Global Environmental Constitutionalism in the Anthropocene*, pp. 210-211.

el foco de la preocupación pública y hacer referencia a aspectos cualitativos, por lo que no son fácilmente medibles o evaluables en términos financieros. Estas cuestiones hacen referencia a factores que no son bien captados por los mecanismos del mercado (como la contaminación), sino que suelen ser objeto de una normativa más estricta y que aparecen en las cadenas de valor y de suministros globales de una empresa.

Para entender la amplitud del impacto de los criterios ESG, resulta fundamental familiarizarse con el significado de este término y la variedad de aspectos que engloban.

Los criterios ambientales (E) se centran en cómo una empresa gestiona su impacto sobre el medio ambiente. Esto implica el cumplimiento de normativas ambientales y la adopción de medidas proactivas para mitigar los efectos negativos de sus actividades. Entre los aspectos clave se encuentran la gestión de recursos naturales, la reducción de la huella de carbono y la prevención de la contaminación. Las empresas deben desarrollar estrategias para el uso eficiente de recursos como el agua y la energía, así como implementar medidas para reducir las emisiones de gases de efecto invernadero y promover el uso de energías renovables. La gestión de residuos, la conservación de la biodiversidad y la adaptación al cambio climático también son elementos esenciales. Estas acciones deben abordar la sostenibilidad ambiental a corto plazo y desarrollar estrategias para garantizar que el modelo de negocio no comprometa la viabilidad del planeta a largo plazo.

Los criterios sociales (S) están enfocados en las relaciones de la empresa con sus empleados, clientes, proveedores y comunidades. Estos criterios incluyen la protección de los derechos humanos y laborales, asegurando condiciones de trabajo dignas y justas. Además, se evalúa cómo la empresa gestiona la salud y seguridad de los trabajadores, el respeto por la diversidad y la inclusión en el lugar de trabajo, y el impacto de la empresa en la sociedad en general. La inversión en el capital humano, a través de la formación y el desarrollo profesional, también resulta fundamental. Una empresa que adopta un enfoque socialmente responsable busca, además de cumplir con las regulaciones laborales, fomentar una cultura inclusiva y respetuosa con sus *stakeholders*, contribuyendo al bienestar social en las comunidades donde opera.

Por último, los criterios de gobernanza (G) abordan cómo una empresa está dirigida y controlada. Estos criterios se centran en asegurar una gestión ética, transparente y responsable. La compensación de los ejecutivos, la estructura de los consejos de administración y los derechos de los accionistas son elementos clave. Las empresas deben garantizar que las decisiones importantes sean transparentes y que los accionistas puedan ejercer su influencia en los momentos críticos. Además, se analiza la diversidad en los órganos de dirección, así como la existencia de auditorías y controles internos para prevenir la corrupción y el fraude. La gobernanza adecuada es fundamental para mantener la confianza de los inversores y garantizar que la empresa sea dirigida de manera que beneficie a todos sus *stakeholders* de manera equilibrada y responsable.[727]

---

[727] Las compañías que implementan estrategias de operación ecoeficientes que disminuyen su huella ecológica, se alinean con las expectativas de los clientes y con los marcos regulatorios estatales, obtienen beneficios competitivos y reducen de posibles riesgos legales. Además, aquellas corporaciones que priorizan y elevan sus estándares sociales suelen cosechar una lealtad más firme de sus trabajadores y consolidar una imagen más favorable en el mercado y ante los consumidores, por lo que tienen un menor riesgo de verse involucradas en conflictos sociales. Por su parte, una buena gobernanza corporativa garantiza la existencia de mecanismos de supervisión, equilibrios y protocolos que salvaguardan los intereses de todos los *stakeholders*. Véase SHERWOOD, M.W./POLLARD, J., *Responsible Investing*, Taylor & Francis, London, 2018; HILL, J., *Environmental, Social, and Governance (*ESG*) Investing: A Balanced Analysis of the Theory and Practice of a Sustainable Portfolio*, Elsevier Inc, San Diego, 2020.

Crear un listado fijo y cerrado de cuestiones relacionadas con los criterios ESG resulta inviable, ya que estos temas están en permanente transformación, adaptándose a las preocupaciones sociales y medioambientales predominantes en cada momento histórico. Además, la relevancia de las distintas cuestiones ESG varía significativamente según la región geográfica. Por ejemplo, es común que los países en desarrollo otorguen más importancia a los aspectos sociales y de gobernanza en comparación con los problemas medioambientales, debido a sus contextos económicos y sociales específicos. Esto se debe a que, en estas regiones, los desafíos como la desigualdad, los derechos laborales y la gobernabilidad pueden tener un impacto más directo y palpable en la vida cotidiana de la población. Por su parte, en los países desarrollados, donde las estructuras de gobernanza y los sistemas sociales pueden estar más establecidos, los problemas medioambientales y el cambio climático a menudo reciben mayor atención.[728]

La relación entre los criterios ESG y el cumplimiento normativo en derechos humanos resulta evidente. Para que una empresa sea sostenible debe garantizar que sus operaciones respeten los derechos humanos, lo que implica evitar la explotación de trabajadores o el deterioro de medioambiental mediante prácticas comerciales justas y responsables. Las normas de diligencia debida en derechos humanos reflejan un cambio significativo y, desde los *Principios Rectores* hasta la reciente *Directiva CSDDD* vemos un hilo conductor claro: la responsabilidad empresarial ya no se trata solo de un tema de rentabilidad, sino también de sostenibilidad.

---

[728] LEANDRO VIEIRA DA COSTA, P./VÁZQUEZ FERNÁNDEZ, A., "¿Qué relación tiene el fenómeno ESG (environmental, social and governance) con la responsabilidad penal de la empresa?", en ORTEGA BURGOS, E. (Dir.), *Actualidad Derecho penal 2023,* Tirant lo Blanch, Valencia, 2023, p. 225.

D. *Integración de los criterios ESG en la financiación e inversión internacional: un poder de coacción indirecto*

De forma paralela al desarrollo del concepto de desarrollo sostenible al que nos acabamos de referir, en la vertiente corporativa los criterios ESG comenzaron a adquirir relevancia en el ámbito financiero e inversionista desde finales de la década de 1990. En relación con la expansión del cumplimiento normativo en derechos humanos, la inversión emerge en el actual entorno corporativo como un poderoso incentivo para que las empresas implementen de manera efectiva prácticas responsables con los derechos humanos. Si bien los criterios ESG surgieron inicialmente como estándares voluntarios centrados en la rentabilidad y el cumplimiento fiduciario, en la actualidad están evolucionando hacia posibles fuentes de responsabilidad jurídica, incluidas la administrativa y la penal[729].

La iniciativa "*Who Cares Wins*" de 2004[730] y el informe *Freshfields* de 2005[731] popularización y formalización los criterios

[729] LEANDRO VIEIRA DA COSTA, P./VÁZQUEZ FERNÁNDEZ, A., "¿Qué relación tiene el fenómeno ESG (environmental, social and governance) con la responsabilidad penal de la empresa?", p. 202.

[730] La iniciativa "*Who Cares Wins*" introdujo el término ESG en 2004, bajo la dirección del Pacto Mundial de las Naciones Unidas, en un informe que buscaba orientar a las instituciones financieras sobre cómo las cuestiones ambientales, sociales y de gobernanza están estrechamente relacionadas con la asignación eficiente de recursos financieros. Este informe, respaldado por 18 instituciones financieras líderes de 9 países, destacó que la gestión de los temas ESG es parte integral de la calidad de gestión necesaria para el éxito competitivo y sostenible de las empresas. GLOBAL COMPACT, "Who Cares Wins. Connecting Financial Markets to a Changing World", Swiss Federal Department of Foreign Affairs/ United Nations, 2004.

[731] El informe Freshfields de 2005, comisionado por la Iniciativa Financiera del Programa de las Naciones Unidas para el Medioambiente, exploró si los inversores institucionales, como los fondos

ESG al incidir en la importancia de integrar consideraciones ambientales, sociales y de gobernanza en la toma de decisiones de inversión, argumentando que esto conduciría a mercados más estables y predecibles[732]. De este modo, se abrió un nuevo paradigma empresarial centrado en la empresa responsable y sostenible que aborda la necesidad de proporcionar a directivos y empresarios, tanto actuales como futuros, una guía clara sobre qué constituye la responsabilidad y sostenibilidad empresarial[733]

En 2006, los Principios para la Inversión Responsable (PRI)[734] presentaron un enfoque con el que se pretendía convertir a los

---

de pensiones y las compañías de seguros, pueden integrar legalmente las cuestiones ESG en sus decisiones de inversión. UNEP FINANCE INITIATIVE, "A legal framework for the integration of environmental, social and governance issues into institutional investiment", Freshfields Bruckhaus Deringer, October 2005.

732 Resulta interesante mencionar que la publicación del informe "Who Cares Wins" coincidió con uno de los escándalos financieros más graves de la historia, que culminó en la bancarrota de la corporación energética Enron y el colapso de su firma auditora Arthur Andersen. Este caso se ha convertido en un referente clásico de las graves repercusiones que pueden surgir de prácticas inadecuadas en la gobernanza corporativa. LINTHICUM, C./REITENGA, A.L./ SÁNCHEZ, J.M., "Social responsibility and corporate reputation: The case of the Arthur Andersen Enron audit failure ", *J. Account. Public Policy*, 29, 2010, pp. 160-176.

733 Sobre el concepto de empresa responsable y sostenible, OLCESE SANTOJA, A., "La responsabilidad social y el nuevo paradigma empresarial: la empresa responsable y sostenible", pp. 41-60.

734 Los PRI son una iniciativa de inversores internacionales en colaboración con la ONU, con el objetivo de mejorar la sostenibilidad del sistema financiero global mediante la incorporación de factores ambientales, sociales y de gobierno corporativo en las decisiones de inversión y el ejercicio activo de la propiedad. "Principios para la Inversión Responsable ", Naciones Unidas-Pacto Global, 2006. https://www.unpri.org/download?ac=10970 (consultada el 24 de abril de 2025).

fondos de inversión en parte de la solución para la mejora de la sostenibilidad a escala global. Fruto de estas iniciativas, en los últimos años se está produciendo un importante desarrollo de la Inversión Sostenible y Responsable (ISR) que ha llevado a inversores, accionistas, gobiernos y empresas a valorar el desempeño en los criterios ESG. El cumplimiento de los criterios ESG desempeñan una doble función en las decisiones de inversión. Por un lado, pueden influir en el rendimiento futuro de la empresa y, por tanto, en el riesgo de una inversión. Por el otro, pueden tenerse en cuenta a la hora de evaluar el impacto de una inversión en la sociedad en su conjunto[735].

Los PRI se componen de 6 principios dirigidos a los fondos de inversión para: incorporar las cuestiones ESG en los procesos de análisis y de toma de decisiones en lo que se refiere a inversiones (principio 1); incluir las cuestiones de ESG en las prácticas y políticas de actuación de la empresa (principio 2); promover la transparencia de las cuestiones ESG en las empresas en las que se invierte (principio 3); promover la aceptación y aplicación de estos principios en el sector de las inversiones (principio 4); trabajar en conjunto para mejorar la eficacia en la aplicación de los principios (principio 5); y reportar sobre las actividades y progreso actual de los principios (principio 6).[736]

Más recientemente, el Pacto de Glasgow para el clima adoptado en 2021 asignó al sector privado y sus estrategias de inversión un papel protagonista a la hora de alcanzar los objetivos climáticos mediante la movilización de capitales privados hacia

---

735 HEMBACH, H., *Praxisleitfaden Lieferkettensorgfaltspflichtengesetz*, p. 2.

736 Sobre la integración de los criterios ESG en las inversiones internacionales, DOWELL-JONES, M., "Investors: models and strategies for engaging with human rights", en BAUMANN-PAULY, D./NOLAN, J. (eds), *Business and Human Rights: From Principles to Practice*, Routledge, London, 2016, pp. 297-314.

inversiones sostenibles y bajas en carbono[737]. El Pacto de Glasgow alienta al sector privado a invertir en tecnologías innovadoras y sostenibles, que resultan necesarias para desarrollar soluciones de energía limpia, infraestructuras sostenibles y prácticas que reduzcan la huella de carbono y promuevan la resiliencia ambiental. Para ello, se promueve la adopción de normas uniformes de divulgación de riesgos climáticos y criterios ESG, lo que permite a los inversores tomar decisiones más informadas y alinear las carteras de inversión con los ODS. Con ello, se fomenta un enfoque colaborativo entre el sector público y el privado para desarrollar políticas que faciliten una mayor inversión privada en proyectos sostenibles y para implementar incentivos que alienten al sector privado a comprometerse más profundamente con los objetivos climáticos.

En el entorno europeo, la integración de los criterios ESG en las estrategias de inversión no es simplemente una tendencia, sino una necesidad que ha sido reconocida y regulada a nivel de la Unión Europea a través de recientes modificaciones legislativas[738]. Además, de acuerdo con el marco "Forjar una Europa

---

737 Que estableció mecanismos precisos para hacer frente al cambio climático y limitar el calentamiento global a 1,5 °C. NACIONES UNIDAS, Convención Marco sobre el Cambio Climático, Conferencia de las Partes en calidad de reunión de las Partes en el Acuerdo de París Tercer período de sesiones Glasgow, 31 de octubre a 12 de noviembre de 2021, FCCC/PA/CMA/2021/L.16, párrafo n.º 20.

738 La Directiva 2013/36/UE, de 26 de junio de 2013, relativa al acceso a la actividad de las entidades de crédito y a la supervisión prudencial de las entidades de crédito y las empresas de inversión, y la Directiva 2014/59/UE, de 15 de mayo de 2014, por la que se establece un marco para la reestructuración y la resolución de entidades de crédito y empresas de servicios de inversión, han sido enmendadas para incorporar disposiciones que abordan explícitamente los riesgos ambientales, sociales y de gobernanza incidiendo en la importancia de supervisar y sancionar las actividades bancarias y de inversión que no consideren adecuadamente los impactos y riesgos ESG.

resiliente al cambio climático"[739] y la estrategia de adaptación al cambio climático en la UE, las nuevas decisiones de inversión deben tener en cuenta el clima para resultar sostenibles en el largo plazo. Al asignar al sector privado un papel protagonista, con la incorporación de los criterios ESG en las decisiones de inversión amplía el alcance de la responsabilidad corporativa, redefiniendo las expectativas hacia las corporaciones y los inversores en cuanto a su papel en cuestiones como la mitigación del cambio climático o la promoción de la sostenibilidad.

En el ámbito de la sostenibilidad, agencias de calificación entre las que destacan *S&P Dow Jones Indices, Moody's Ratings*, o *MSCI*, emplean metodologías rigurosas para evaluar el desempeño de las empresas de acuerdo con los criterios ESG. Por ejemplo, *S&P Dow Jones Indices* ha desarrollado una metodología en la que se tienen en consideración factores de sostenibilidad específicos para cada industria, publicando los resultados en informes detallados que califican a las empresas en una escala de riesgo ESG, desde el nivel más bajo hasta el más alto[740]. Por su parte, *Moody's Ratings* utiliza un enfoque que integra la evaluación ESG en sus análisis de crédito, proporcionando así

La última de estas modificaciones fue presentada el 17 de abril de 2024 con las enmiendas del Parlamento Europeo a la propuesta de la Comisión sobre la DIRECTIVA DEL PARLAMENTO EUROPEO Y DEL CONSEJO por la que se modifican la Directiva 2013/36/UE, en lo referente a las facultades de supervisión, las sanciones, las sucursales de terceros países y los riesgos ambientales, sociales y de gobernanza, y la Directiva 2014/59/UE (COM(2021)0663 – C9-0395/2021 – 2021/0341(COD)).

739 COMUNICACIÓN DE LA COMISIÓN AL PARLAMENTO EUROPEO, AL CONSEJO, AL COMITÉ ECONÓMICO Y SOCIAL EUROPEO Y AL COMITÉ DE LAS REGIONES Forjar una Europa resiliente al cambio climático. La nueva estrategia de adaptación al cambio climático de la UE, Bruselas, 24.2.2021 COM(2021) 82 final.

740 Véase su página web, https://www.spglobal.com/spdji/es/landing/investment-themes/sustainability/ (consultada el 25 de julio de 2025).

una perspectiva de cómo los factores ESG podrían impactar la calidad crediticia de las empresas. Sus resultados son también accesibles a través de informes y calificaciones que se hacen públicos para orientar a los inversores[741]. Como último ejemplo, MSCI, conocido por sus índices bursátiles, ofrece calificaciones ESG que son utilizadas ampliamente por fondos de inversión y gestores de activos para configurar fondos que cumplen con criterios de sostenibilidad.

Estos índices y calificaciones se basan en análisis de datos públicos y privados, y están diseñados para proporcionar una evaluación clara del desempeño relativo de las empresas en áreas clave de sostenibilidad[742]. Estas agencias hacen conocer sus resultados a través de publicaciones en sus sitios web, reportes anuales, y bases de datos en línea que están disponibles para suscriptores e inversores, lo que permite una transparencia significativa y facilita la toma de decisiones informadas en el mercado financiero.

En este contexto, la información referida a la sostenibilidad de las empresas se está convirtiendo en un elemento esencial para las decisiones de inversión, por lo que los inversores y otros agentes del mercado financiero valoran cada vez más este tipo de información para evaluar aspectos patrimoniales y contables más allá de los meros datos financieros. Esto refleja un cambio significativo en cómo se percibe el valor y el riesgo en las inversiones, integrando factores que tradicionalmente no se consideraban en el análisis financiero convencional[743].

---

741 Como se informa en su web, https://es.ratings.moodys.io/integration-of-esg-into-credit-risk (consultada el 25 de julio de 2025).

742 ESG Ratings. Measuring a company's resilience to long-term, financially relevant ESG risks. https://www.msci.com/sustainable-investing/esg-ratings (consultada el 25 de julio de 2025).

743 MONTANER FERNÁNDEZ, R., "La posible responsabilidad penal de las certificadores y auditoras por violaciones de derechos humanos: una aproximación desde el *compliance* penal y a propósito de la Directiva europea sobre debida diligencia empresarial".

Como vemos, la integración de los criterios ESG se está convirtiendo en una piedra angular de las estrategias de inversión que buscan, además de rendimientos financieros, generar beneficios sociales y ambientales tangibles. A medida que los inversores integran los criterios ESG en su toma de decisiones, la capacidad de una empresa para demostrar un compromiso auténtico con estas áreas se vuelve esencial para asegurar y mantener el flujo de capital. En este sentido, el cumplimiento de las obligaciones de cumplimiento normativo en derechos humanos se convierte en una cuestión de cumplimiento que va más allá de lo ético o legal, convirtiéndose en un factor determinante en la atracción de inversiones dada la evidencia de que las prácticas sostenibles pueden correlacionarse con un rendimiento financiero y sostenible a largo plazo[744].

De esta manera, la inversión responsable y la evaluación basada en criterios ESG se establecen como un "arma" de coac-

---

[744] A lo largo de los años, la integración de los criterios ESG ha ganado impulso a medida que los inversores y las empresas reconocen la importancia de estos factores en la creación de valor a largo plazo y la mitigación de riesgos asociados con el medio ambiente, la inestabilidad social y la gobernanza deficiente. En los orígenes de la iniciativa, solo 18 entidades gestoras de fondos de inversión se sumaron a la propuesta firmando sus principios y promoviendo las inversiones socialmente responsables. Tras la presentación de los PRI en la Bolsa de Valores de Nueva York, los signatarios crecieron hasta alcanzar la centena. En 2020, 14 años después de su presentación, son más de 3.000 los fondos de inversión que se han sumado a los PRI. Sin embargo, en 2021 únicamente 47 de los 100 fondos de inversión más importantes publicaron informes sobre sostenibilidad e integración de los principios ASG en sus decisiones de inversión, siendo los fondos soberanos de China, Japón, Arabia Saudita y los Emiratos Árabes Unidos los menos transparentes. UNCTAD, "World Investment Report 2022, International tax reforms and sustainable investment, Chapter IV, Capital Markets and Sustainable Finance", 2022, p. 176.

ción indirecta por la que se incentiva a las empresas a cumplir proactivamente con el cumplimiento normativo en derechos humanos y el reporte de información en materia de sostenibilidad. Por ello, mediante la inversión responsable también se ha dado un nuevo impulso a la diligencia debida en derechos humanos, convirtiendo el desarrollo sostenible como uno de los elementos a considerar en las estrategias de negocio[745].

VI LOS CONCEPTOS DE ÁMBITO DE INFLUENCIA Y DE ZONAS DE GOBERNANZA DÉBIL

Los grupos corporativos multinacionales pueden manifestar su influencia de diferentes formas: controlando a sus filiales; ejerciendo su poder frente a los Estados; o determinando las decisiones de sus relaciones comerciales en las cadenas productivas globales. Sin embargo, resulta notorio que las empresas multinacionales no siempre utilizan su capacidad de influencia de forma positiva para la sociedad, sino que los intereses económicos pueden prevalecer y, con ello, el fomento de conductas poco éticas, ilegales o incluso criminales.

El concepto de influencia se encuentra estrechamente relacionado con la noción de zonas de gobernanza débil, que se refiere a regiones del planeta en las que las estructuras estatales se muestran incapaces, o reacias, a ejercer las funciones básicas de un gobierno en relación con la protección y respeto de los derechos humanos[746].

---

745 Sobre la transición de la RSC hacia la sostenibilidad, BATALLER GRAU, J., "Noción, objeto y fuentes de la responsabilidad social y la sostenibilidad", pp. 26-30.

746 Una visión crítica sobre la conceptualización de las zonas de gobernanza débil y su relación con las amenazas globales, PATRICK, S., "Weak States and Global Threats: Fact or Fiction?", *The Washington Quarterly*, 29:2, 2006, pp. 27-53.

La máxima expresión de estas regiones la encontramos en las zonas consideradas de conflicto o de alto riesgo, en cuyo contexto los deberes de cumplimiento normativo en derechos humanos implican un extra de responsabilidad[747]. En el ámbito laboral, la OIT ha identificado áreas con marcados déficits de trabajo decente que se han denominado Zonas Francas Industriales (ZFI). Si bien las ZFI no pueden considerarse zonas de gobernanza débil como tales, se caracterizan por los bajos estándares de protección laboral y restricciones a la actividad sindical[748].

La relación entre los conceptos de influencia y de gobernanza débil se produce mediante el más amplio de soberanía. Al igual que el de diligencia debida, la noción de "esfera de influencia" también tiene sus raíces en el Derecho internacional, haciendo referencia originariamente a un área geográfica o sector en el que un Estado ejerce influencia o control, sin poseer soberanía formal, para influir en las prácticas de otros Estados.

La noción surgió en el siglo XIX en el contexto del imperialismo y la colonización, donde las potencias europeas establecían zonas de influencia en regiones como África o Asia, marcando áreas de control o influencia económica y política al tiempo que se evitaba la responsabilidad administrativa directa[749]. De este modo, desde sus orígenes el concepto de

---

747 Principio Rector número 7.

748 CONFERENCIA INTERNACIONAL DEL TRABAJO, *Resolución relativa al trabajo decente en las cadenas mundiales de suministro*, adoptada el 10 de junio de 2016, párrafo 5.

749 El concepto se popularizó durante la década de 1880 durante la expansión colonial europea en África y Asia. Las "esferas de influencia" surgieron como modo de gestionar de forma pacífica la competencia colonial a través de procedimientos acordados como, por ejemplo, el acuerdo de 1885 entre Gran Bretaña y Alemania sobre el Golfo de Guinea. Tras la I Guerra Mundial, la importancia legal de las esferas de influencia disminuyó, aunque

influencia se relacionó con el poder y, en virtud de su propia naturaleza, acarrea responsabilidades y exigencias de fundamentación jurídica y moral, independientemente de su reconocimiento u ocultación deliberada[750]. En última instancia, la interacción entre influencia y gobernanza débil en el marco de la diligencia debida subraya la responsabilidad corporativa de ir más allá del cumplimiento legal cuando emprenden "negocios en el infierno", adoptando un enfoque proactivo para respetar los derechos humanos y no propiciar o involucrase en violaciones de derechos humanos.

A. *El concepto de ámbito de influencia corporativa para el ejercicio del cumplimiento normativo en derechos humanos*

En el ámbito internacional, ejercer influencia se corresponde con una manifestación de poder que conlleva una serie de responsabilidades. Impone al Estado dominante el deber de establecer normas de conducta que se ajusten tanto a principios legales como éticos. Estas normas dictan lo que es considerado como comportamiento aceptable dentro del ámbito de la influencia, tanto por parte del Estado que la ejerce como por los Estados sujetos a ella. Además, determinan los límites de lo

---

la noción ha persistido como herramienta de influencia de gran poder para organizar regiones periféricas. Pese a que se trata de un término usado con frecuencia, se ha criticado que se trata de un concepto vago y poco definido que precisa de una comprensión más profunda y matizada en el contexto actual de las relaciones internacionales. Sobre los orígenes del concepto de "esfera de influencia" en el ámbito del Derecho internacional y de las relaciones internacionales, HAST, S., *Spheres of Influence in International Relations History, Theory and Politics*, Routledge, New York, 2014, pp. 29-48.

750 HAST, S., *Spheres of Influence in International Relations History, Theory and Politics*, pp. 72-74.

que es permisible o reprobable, regulando las interacciones en una variedad de aspectos, desde políticos y económicos hasta culturales y sociales.

Históricamente, las esferas de influencia han requerido de una legitimación constante ante la comunidad internacional y las poblaciones locales. Esta legitimación se ha buscado a través de la promulgación de códigos de conducta y la adhesión a estándares internacionales de conducta con los que se buscaba asegurar la estabilidad y previsibilidad de las interacciones dentro del área de influencia, además de mitigar los posibles abusos derivados del desequilibrio de poder entre el Estado dominante y los Estados o territorios bajo su influencia[751].

Hoy en día, los límites de la influencia internacional se imponen mediante el Derecho internacional en base a los principios de soberanía estatal y de no intervención en los asuntos internos de los Estados[752]. En la actual coyuntura jurídica internacional no parece que pueda justificarse la perpetuación de las esferas de influencia en el orden geopolítico. De este modo, ni los líderes políticos ni la academia defienden que hoy en

---

751 CONNOLLY, W.E., *The Terms of Political Discourse,* Princeton University Press, New Jersey, 1993, p. 97.

752 La soberanía estatal se identifica con la principal idea organizadora del sistema de Estados, pudiendo distinguirse la "soberanía interna", entendida como la supremacía sobre todas las demás autoridades dentro de un territorio y una población determinados, y la "soberanía externa", entendida como la independencia frente a las autoridades externas. La soberanía externa constituye una pretensión de independencia política y jurídica de cualquier superior, por lo que la igualdad jurídica de los Estados significa una pretensión de independencia de cualquier superior político, reconociendo al mismo tiempo la misma pretensión por parte de todos los demás. WIGHT, M., *Systems of States,* edited by Hedley Bull (Leicester University Press in association with the LSE), Leicester, 1977, p. 23 y 130.

día se pueda justificar la existencia de esferas de influencia a nivel estatal, sino que su justificación se ha trasladado al pensamiento jurídico internacional, a un nivel más general, para conseguir la estabilidad de la sociedad internacional y la unidad de las grandes potencias para la prevención de los conflictos bélicos[753].

El concepto de influencia ha evolucionado significativamente en las últimas décadas a través de la jurisprudencia del TEDH, que lo ha reinterpretado como un mecanismo de poder político o económico de un Estado sobre otro y un principio legal que implica responsabilidades en el ámbito de los derechos humanos, particularmente en contextos donde individuos —como los soldados— actúan bajo la autoridad del Estado fuera de su territorio[754]. Como ejemplo, en el caso *Al-Skeini y otros v.*

---

753 Bajo el argumento de que la guerra entre grandes potencias supone la mayor amenaza para los derechos humanos, se puede justificar el recurso del concepto de "esfera de influencia" eliminando sus connotaciones peyorativas para que resulte útil en la consecución del objetivo de estabilidad internacional. JACKSON, R., *The Global Covenant. Human Conduct in a World of States,* Oxford University Press, Oxford, 2000, pp. 291 y ss. Sobre el concepto contemporáneo de influencia en las relaciones estatales, HAST, S., *Spheres of Influence in International Relations History, Theory and Politics,* Routledge, New York, 2014, pp. 9-14.

754 El TEDH ha extendido el alcance de la CEDH a situaciones en las que los Estados miembros ejercen control efectivo fuera de sus fronteras, a través de sus agentes, como en casos de operaciones militares extraterritoriales. Este desarrollo jurisprudencial se basa en el principio de que los derechos humanos no deben ser obstaculizados por las fronteras geográficas cuando un Estado tiene control sobre individuos, incluso si estos se encuentran fuera de su territorio soberano. Un caso emblemático en este contexto es el de *Loizidou v. Turkey* (1995), donde el TEDH estableció que Turquía era responsable de violaciones de derechos humanos en el norte de Chipre, a pesar de que técnicamente no era parte de su territorio soberano. El tribunal encontró que había suficiente control efectivo

Reino Unido (2011), el TEDH dictaminó que el Reino Unido tenía la responsabilidad de garantizar los derechos de las personas en Basora, Irak, bajo su control efectivo, sosteniendo que los derechos establecidos en la *Convención Europea de Derechos Humanos*[755] (CEDH) no se limitan a las fronteras nacionales, sino que se extiende a cualquier área bajo la jurisdicción de un Estado parte conceptualmente considerada dentro de su "esfera de influencia"[756].

Las decisiones del TEDH reflejan una interpretación expansiva del concepto de jurisdicción en el Derecho internacional de los derechos humanos. Al hacerlo, el TEDH ha reforzado la noción de que los Estados no pueden evadir sus obligaciones en materia de derechos humanos simplemente porque la conducta tenga lugar fuera de sus fronteras territoriales tradicionales. Esta interpretación exige a los Estados asegurar que sus acciones en el extranjero, especialmente a través de sus agentes como los militares, respeten los derechos humanos fundamentales, reflejando una carga normativa significativa y una extensión del principio de protección de los derechos humanos a nivel global.

i. La traslación del concepto de "esfera de influencia" al ámbito corporativo

El concepto de "esfera de influencia" ha evolucionado significativamente en el ámbito del Derecho internacional, pasando de su uso tradicional en contextos estatales a abarcar también a

---

por parte de Turquía sobre la región para atribuirle responsabilidad bajo la CEDH. *Case of Loizidou v. Turkey*, Application no. 15318/89, Strasbourg, 23 March 1995.

755 Convenio Europeo para la Protección de los Derechos Humanos y de las Libertades Fundamentales, adoptado por el Consejo de Europa el 4 de noviembre de 1950.

756 *Case of Al-Skeini and others v. United Kingdom,* Application no. 55721/07, Strasbourg, 7 July 2011.

las empresas multinacionales. Estas empresas, que actúan como nuevas formas de autoridad privada, superan las fronteras nacionales y transforman las dinámicas de poder en un mundo globalizado. Las multinacionales ejercen una influencia considerable sobre las economías, gobiernos locales y comunidades en las que desarrollan su actividad, y lo hacen sin las restricciones que anteriormente imponían las fronteras geográficas. Su poder se extiende más allá de los aspectos puramente económicos o contractuales, abarcando las múltiples dimensiones de su actividad en las cadenas productivas globales[757].

La esfera de influencia de una empresa multinacional puede entenderse en dos sentidos: como la capacidad de estas empresas de influir en la vida de sus *stakeholders* y, además, como su capacidad o autoridad para efectuar cambios o dar dirección a las políticas y prácticas de sus filiales y relaciones comerciales de los distintos eslabones de sus cadenas productivas globales.

En la primera de sus acepciones, el origen de la aplicación del concepto de influencia al ámbito corporativo puede rastrearse en la evolución de la RSC en el proceso de integración de los intereses de los *stakeholders* en el gobierno corporativo. En este marco, el concepto de influencia se regía mediante un criterio de proximidad por el que cuanto más directa fuese la conexión de una empresa con las víctimas de vulneraciones de derechos humanos, mayor debería ser su responsabilidad de protegerlos.

---

757 La particularidad de las empresas multinacionales radica en su capacidad para organizar de manera flexible las conexiones entre las diferentes entidades que forman parte de sus cadenas productivas. Esta flexibilidad no solo les permite adaptarse a los intereses cambiantes de dichas entidades, sino también responder a las diversas exigencias, incluidas las regulatorias, que surgen en los múltiples contextos geográficos y legales en los que operan. DI VETTA, G., *La responsabilità de reato degli enti nella dimensione transnazionale*, pp. 20-21.

De este modo, los empleados, consumidores y comunidades presentes en el lugar en el que opera la empresa multinacional se situarían dentro de la primera línea de responsabilidad[758].

La segunda acepción del concepto de capacidad de influencia, referida a la que se ejerce sobre las filiales y relaciones comerciales, constituye el eje central para determinar el grado de responsabilidad de las empresas matrices de los grupos corporativos multinacionales sobre la conducta de terceros[759].

El concepto de "esfera de influencia" comenzó a adquirir relevancia en el ámbito de la RSC tras su desarrollo por el Pacto Mundial. En este marco, la "esfera de influencia" se visualizaba mediante una serie de círculos concéntricos que representan a los distintos grupos de interés o *stakeholders* afectados por la actividad de una empresa. En el núcleo se encuentran los empleados, directamente impactados por las políticas corporativas. Luego, expandiéndose desde el centro hacia afuera, se sitúan los proveedores vinculados por contrato a las normas de la empresa. Más allá, el mercado, que incluye a clientes y competidores, siente el impacto de las estrategias comerciales y de marketing. En los círculos más periféricos, la comunidad local y el gobierno experimentan las consecuencias de las

---

758 LEISINGER, K./CRAMER, A./NATOUR, F., “Making sense of the United Nations Global Compact human rights principles”, en RASCHE, A./KELL, G., (eds.), *The United Nations Global Compact Achievements, Trends and Challenges,* Cambridge University Press, Cambridge, 2010, p. 32.

759 De acuerdo con el modelo de diligencia debida propuesto en los *Principios Rectores,* las empresas tienen la responsabilidad de ejercer su influencia de manera positiva para asegurarse que se respetan los derechos humanos por sus entidades asociadas, considerándose que existe capacidad de influencia cuando una empresa es capaz de modificar las prácticas perjudiciales de una entidad que provoca un daño. Principio número 19 de los *Principios Rectores* y su comentario.

operaciones empresariales en términos de empleo, inversión, prácticas ambientales y cumplimiento de las normas.[760]

Este concepto de esfera de influencia también fue el propuesto en 2003 por las *Normas de la ONU* sobre empresas transnacionales. Pese a que las *Normas de la ONU* no consiguieron alcanzar el consenso necesario para su aprobación, en el proyecto se propuso un enfoque similar al del Pacto Mundial, utilizando la "esfera de influencia" para definir la responsabilidad corporativa con un enfoque que sugiere que la responsabilidad de una empresa aumenta en relación con su proximidad al potencial daño[761]. Dicho sistema de círculos concéntricos fue utilizado a modo de concepto análogo al de la jurisdicción de los Estados, donde las empresas dispondrían de mayores obligaciones cuanto más cerca de la fuente del daño se encontrasen[762]

El concepto de "esfera de influencia" propuesto en el Pacto Mundial y las *Normas de la ONU* resulta impreciso, lo que llevó a interpretaciones diversas. Este concepto se entiende mejor como el equilibrio entre dos ideas fundamentales. Por un lado, se establece que las empresas no deben ser consideradas equivalentes a los Estados en los que operan, sino que son las autoridades locales las que tienen las responsables primarias de garantizar el respeto a los derechos humanos[763]. Por otro lado,

---

760 A/HRC/8/5, párrafos 65-72.

761 CONSEJO DE DERECHOS HUMANOS, "Aclaración de los conceptos de `esfera de influencia' y `complicidad', Informe del Representante Especial del Secretario General sobre la cuestión de los Derechos Humanos y las Empresas Transnacionales y otras Empresas Comerciales, John Ruggie", 15 de mayo de 2008, p. 8.

762 A/HRC/8/5, párrafo 66.

763 Del mismo modo que con el desarrollo de la diligencia debida en derechos humanos no se pretendía equiparar las obligaciones estatales con las responsabilidades empresariales, sino definir un nuevo marco para que las empresas respeten los derechos humanos a escala

se reconoce que cuanto mayor es el poder de una empresa más justificado está que ejerza su influencia no exclusivamente sobre sus socios comerciales, sino también sobre el gobierno anfitrión, para asegurar que estos actores también cumplan con los estándares de derechos humanos.[764]

El modelo propuesto basado en círculos concéntricos no distingue las dos acepciones de capacidad de influencia expuestas con anterioridad, al no diferenciar las partes que podrían resultar afectadas por la actividad de la empresa y los agentes en cuyas acciones podría tener cierta influencia[765]. Por ello, el uso aislado de este concepto de "influencia", basado en la proximidad entre la empresa y sus *stakeholders*, no resulta adecuado para asignar o definir responsabilidades, ya que confunde dos significados muy distintos de influencia: uno es el impacto, referido al lugar en el que las actividades corporativas o las relaciones de la empresa causan un daño; el otro es la influencia que una empresa puede ejercer sobre actores que están causando daño. Mientras que el impacto se correspondería con nuestra primera acepción y caería dentro de la responsabilidad corporativa de respetar los derechos humanos, la influencia se correspondería con la segunda y solo podría ejercerse de acuerdo con unas circunstancias determinadas y particulares.

---

global. Apartado III.B del Capítulo I, "El marco "Proteger, respetar y remediar" desarrollado por los *Principios Rectores* de Naciones Unidas sobre Empresas y Derechos Humanos".

764 DE SCHUTTER, O., "The Challenge of Imposing Human Rights Norms on Corporate Actors", en DE SCHUTTER, O. (Ed.), *Transnational Corporations and Human Rights,* Hart Publishing, Portland, 2006, p. 12.

765 Motivo por el que la "influencia" puede analizarse desde la óptica del impacto sobre los derechos humanos o desde la de la autoridad que una empresa puede ejercer sobre otros agentes para evitar el daño. A/HRC/8/5, párrafos 11 y 12.

ii. El concepto de "ámbito de influencia" desarrollado en el marco de la diligencia debida en derechos humanos

Durante los trabajos preparatorios de los *Principios Rectores*, en mayo de 2008, John Ruggie presentó un informe en el que se examinaba la adecuación del concepto de "esfera de influencia"[766], concluyendo que resulta demasiado amplio y ambiguo para definir con rigor su alcance. Pese a que reconocía que la esfera de influencia constituye *una metáfora útil para que las empresas reflexionen ampliamente sobre sus responsabilidades y oportunidades con respecto a los derechos humanos fuera del lugar de trabajo,* el concepto quedaba limitado a la hora de aclarar los parámetros específicos de la responsabilidad de las empresas[767].

Como acertadamente argumentó Ruggie, el concepto de esfera de influencia que se había propuesto en el marco del Pacto Mundial y el proyecto de *Normas de la ONU* carecía de concreción y resultaba demasiado amplio y flexible. Por ello, de utilizarse para delimitar el alcance de las responsabilidades corporativas de respetar los derechos humanos en el marco de la diligencia debida, podría dar lugar a que dicha responsabilidad se extendiese hasta cada entidad sobre la que la corporación multinacional tuviese algún tipo de influencia, por pequeña que fuese, del daño en cuestión[768]. El Representante Especial de las Naciones Unidas propuso un criterio alternativo, basado en un proceso inductivo, con el fin de delimitar el ámbito de influencia de una empresa y, con ello, el alcance que se le debe dar a la diligencia debida en derechos humanos. En este proceso se deben tener en cuenta tres factores:

---

766 A/HRC/8/16.

767 A/HRC/8/16, párrafo 18.

768 LEISINGER, K./CRAMER, A./NATOUR, F., "Making sense of the United Nations Global Compact human rights principles", p. 32.

(i) el contexto en el que se desarrollan las actividades comerciales;

(ii) el impacto que dichas actividades pueden causar en los derechos humanos en su calidad de productores, proveedores de servicios, empleadores, vecinos, etc.;

(iii) la posibilidad de contribuir en la vulneración de derechos humanos por actividades vinculadas a socios comerciales, proveedores, organismos oficiales y otros agentes estatales y no estatales presentes en las cadenas de valor globales[769].

En primer lugar, atender al contexto en el que opera un grupo multinacional es fundamental para determinar sus responsabilidades específicas en materia de derechos humanos. Esto incluye factores geográficos, políticos, económicos y sociales[770]. La diligencia debida en derechos humanos exige conocer y comprender el entorno local, incluyendo las leyes, la cultura y las dinámicas sociales, para identificar cómo las actividades de la empresa pueden impactar en los derechos humanos y cómo mitigar esos impactos de manera efectiva. Por ejemplo, una filial que opera en una zona de conflicto, o en un país con un historial de violaciones de derechos humanos, se enfrenta a riesgos significativamente diferentes y potencialmente mayores que la empresa matriz ubicada en un contexto más estable y sujeta a una regulación con controles más estrictos.

En segundo lugar, en cuanto al impacto que las actividades, se deben evaluar las consecuencias directas e indirectas

---

769 A/HRC/8/16, párrafos 18 y 19.

770 Como ejemplo, de acuerdo con el Considerando 32 la *Directiva CSDDD*, las empresas deben tener *en cuenta todas las circunstancias pertinentes del caso concreto, incluidos la naturaleza y el alcance de las operaciones comerciales de la empresa y su cadena de actividades, sector económico y contexto geográfico y operativo.*

de las operaciones del grupo corporativo en los derechos humanos. Las empresas deben analizar cómo su actividad, desde la producción y suministro de servicios hasta sus prácticas laborales, pueden afectar en los derechos de sus *stakeholders*. Esto implica evaluar los impactos, tanto positivos como negativos, para maximizar los beneficios al tiempo que se minimizan los riesgos de contribuir a causar daños sobre los derechos humanos. Para ello, las evaluaciones de riesgos deben ser continuas y flexibles para poder adaptarse a los diferentes contextos operacionales, reconociendo que los riesgos pueden variar con el tiempo a medida que evoluciona el contexto operacional de la empresa.[771]

Por último, en relación con la posibilidad de contribuir en la vulneración de derechos humanos por actividades vinculadas a socios comerciales, proveedores, organismos oficiales y otros agentes estatales y no estatales, este factor amplía la responsabilidad de las empresas más allá de sus operaciones directas para incluir las asociaciones comerciales indirectas con otros agentes de la cadena productiva[772]. Las empresas deben asegurarse de que sus socios comerciales y proveedores no causen ni

---

771 Así, de acuerdo con el art. 8 de la Directiva de diligencia debida corporativa, las empresas están obligadas a adoptar medidas adecuadas para gestionar y minimizar los riesgos de causar efectos adversos sobre los derechos humanos en sus operaciones, las de sus filiales y las de sus socios comerciales si estas últimas están relacionadas con sus cadenas de actividades. Este proceso incluye dos pasos: primero, realizar un análisis de riesgos exhaustivo de todas las operaciones relevantes para identificar las áreas donde es más probable que ocurran estos efectos adversos y donde estos puedan ser más severos. Segundo, basándose en los resultados de este análisis de riesgos, efectuar una evaluación de las áreas identificadas para comprender y abordar los posibles efectos adversos más significativos.

772 Siguiendo con el ejemplo de la Directiva de diligencia debida corporativa, en su art. 3.1.f define los socios comerciales directos e indirectos presentes en las cadenas de actividades de una entidad hacia

contribuyan en violaciones de derechos humanos. Esto requiere establecer y mantener un sistema de gestión de riesgos que incluya la evaluación de terceros, además de un compromiso para intervenir y remediar cualquier violación detectada que esté vinculada a las actividades de la empresa, incluso si estas son indirectas.

Trasladados estos criterios al marco de la diligencia debida en derechos humanos, podemos diferenciar diferentes niveles en los que una empresa multinacional puede ejercer su influencia.

A nivel interno, dentro del grupo corporativo, esta influencia se corresponde con el grado de control de la matriz sobre sus filiales, pudiendo considerarse que la influencia es particularmente intensa cuando se cumplen los criterios establecidos para atribuir a una sociedad su pertenencia a un *holding* empresarial en base a dependencia económica, control de las decisiones, existencia de cargos o estructuras conjuntas, etc.

En el contexto de las cadenas productivas globales la capacidad de influencia no se corresponde tanto con un poder de control directo, sino que se traduce en la capacidad para instaurar cambios en la conducta de los socios comerciales directos y las relaciones comerciales indirectas mediante el derecho de contratos. Bajo este modelo de influencia, en situaciones donde exista una dependencia económica, productiva u organizativa significativa, como por ejemplo ocurre en aquellos casos en los que un proveedor dedica casi la totalidad de su producción a cumplir con los pedidos de un grupo multinacional, dicha empresa multinacional dispondrá de una mayor capacidad y responsabilidad a la hora de emplear su influencia

---

los que las empresas deben dirigir sus esfuerzos de diligencia debida en derechos humanos.

para asegurar mejoras sustanciales en las prácticas de sus proveedores directos e indirectos.

B. Las de zonas de gobernanza débil y su relación con el cumplimiento normativo en derechos humanos

En el contexto del Derecho internacional de los derechos humanos y la responsabilidad empresarial, debemos comprender que los riesgos de que una empresa se vea involucrada en acusaciones de complicidad por violaciones de derechos humanos aumentan significativamente cuando operan en zonas de gobernanza débil. Estas regiones se caracterizan porque sus estructuras de gobierno y orden social están tan debilitadas que no pueden desempeñar eficazmente las funciones básicas de un Estado ni asegurar la protección de los derechos fundamentales de sus ciudadanos. Estos Estados suelen enfrentarse a problemas como la corrupción endémica, la ineficacia institucional y un grave deterioro en la provisión de servicios públicos. Además, la inestabilidad en estos países se agrava por los conflictos internos y tensiones para mantener el control territorial, lo que a menudo lleva a un vacío de poder que puede ser explotado por grupos armados o criminales.

La inversión extranjera en estos contextos es un arma de doble filo, pues, aunque puede resultar beneficiosa para la comunidad local, a menudo exacerba la fragilidad de sus pobladores al no abordar las causas subyacentes del conflicto y la debilidad estatal. Esto, a su vez, puede perpetuar ciclos de inestabilidad política y violencia armada, dificultando aún más los esfuerzos hacia la democratización y la institucionalización de los derechos humanos.[773]

---

773 Sobre los complejos problemas que enfrentan las zonas de gobernanza débiles, en particular los Estados fallidos, y cómo la descomposición de las instituciones contribuye a la inestabilidad

Junto a estas áreas, se debe prestar atención a las ZFI, que, aunque no presentan unas carencias tan pronunciadas en sus estructuras estatales como las zonas de gobernanza débil comparten ciertas características en cuanto a los riesgos para los derechos humanos derivados de la actividad de las empresas multinacionales. Las ZFI son regiones en las que las actividades económicas se benefician de condiciones regulatorias y fiscales especialmente diseñadas para atraer inversión extranjera y promover la exportación. Como consecuencia de esta regulación a la baja en cuanto a la protección de los derechos de los ciudadanos, y la supervisión limitada por parte de las autoridades estatales en las ZFI, se contribuye a crear un entorno propicio para la explotación laboral, el trabajo infantil, y otras violaciones graves de derechos humanos.

En estos contextos, la ausencia de legislación en materia medioambiental o referente a salud y seguridad laboral puede suponer un obstáculo para las empresas a la hora de identificar los estándares aplicables a nivel territorial, implementar sistemas internos eficaces para la gestión y prevención de riesgos y velar por el cumplimiento de filiales y proveedores. Por ello, en estas circunstancias, se espera que las empresas multinacionales incrementen sus esfuerzos para ejercer la diligencia debida y que los Estados desarrollados se aseguren de que "sus" empresas multinacionales no contribuyan ni participen en los abusos cometidos en estas regiones más desfavorecidas[774].

---

y la pobreza en las regiones en desarrollo, véase EZROW, N.M./ FRANTZ, E., *Failed States and Institutional Decay: Understanding Instability and Poverty in the Developing World*, Bloomsbury Academic, New York, 2013.

774 OFICINA DEL ALTO COMISIONADO DE LAS NACIONES UNIDAS PARA LOS DERECHOS HUMANOS, *Preguntas frecuentes acerca de los Principios Rectores sobre las Empresas y los Derechos Humanos*, Naciones Unidas, Nueva York y Ginebra, 2014, pp. 27-28.

Como vimos a la hora de referirnos a los *Principios Rectores*, aunque la responsabilidad primaria de proteger los derechos humanos recae en el Estado donde la empresa multinacional desarrolla su actividad, cuando nos encontramos en estas regiones con bajos estándares de gobernanza el Estado anfitrión a menudo es incapaz de garantizar su protección. Por lo tanto, deben ser los Estados de origen de las empresas multinacionales, aquellos donde está constituida la sede principal del grupo corporativo, los que adopten medidas para asegurar que sus empresas nacionales respetan los derechos humanos en el extranjero[775].

En cuanto a las empresas que operan en estas regiones, se espera que adopten un papel proactivo y riguroso para respetar los derechos humanos, trascendiendo su tradicional enfoque en la rentabilidad y la operatividad (Principio número 23 y su comentario). Desde un punto de vista empresarial, invertir en la mejora de la gobernanza de estas regiones y en el fortalecimiento de sus instituciones no solo se corresponde con una cuestión ética, sino que, además, constituye una estrategia para mitigar riesgos. Las zonas de gobernanza débil y las ZFI suelen estar marcadas por la inseguridad jurídica, lo que incrementa los riesgos operacionales y financieros debido a la volatilidad gubernamental y la posibilidad de que se produzcan conflictos armados o cambios radicales en los gobiernos. Al contribuir al desarrollo y estabilización de estas regiones, los grupos

---

[775] Colaborando con ellas a la hora de identificar, prevenir y mitigar riesgos de derechos humanos relacionados tanto con sus propias actividades como con sus relaciones comerciales, restringiendo el acceso a apoyos o servicios públicos para aquellas empresas implicadas en violaciones graves de derechos humanos que se nieguen a enmendar su conducta, asegurando la eficacia de las políticas, leyes, reglamentos y medidas coercitivas en relación con el incumplimiento de las obligaciones de diligencia debida por parte de las empresas, etc. Principio número 7 de los *Principios Rectores* y su comentario.

corporativos multinacionales pueden mejoran su entorno operativo al tiempo que establecen una relación positiva con las comunidades locales en pro de la sostenibilidad a largo plazo de sus inversiones.[776]

Uno de los ámbitos en los que mayor atención se ha prestado a los riesgos derivados de operar en zonas de gobernanza débil lo encontramos en relación con el comercio de minerales. Un rasgo distintivo de las zonas de conflicto lo encontramos la debilidad de las instituciones estatales, donde las estructuras legales pueden estar desarticuladas o directamente ausentes. La falta de regulación adecuada y la corrupción endémica permiten el comercio ilícito de minerales que financia las actividades de grupos armados. La competencia por controlar recursos valiosos en estas regiones a menudo conduce a violencia extrema donde los civiles son frecuentemente víctimas de masacres, violencia sexual, reclutamiento forzado de niños soldados y otras violaciones de derechos humanos.

Nos centraremos ahora en el concepto de zonas de gobernanza débil desarrollado por la Sección 1502 de la *Dodd-Frank Act* estadounidense y *el Reglamento (UE) 2017/821 sobre minerales de conflicto,* que las definieron como regiones zonas de conflicto o de alto riesgo que requieren de un "plus" por parte de las empresas multinacionales a la hora de ejercer el cumplimiento normativo en derechos humanos.

La norma estadounidense se centró en la RDC y sus países adyacentes, aportando un listado de las áreas identificadas como zonas de conflicto debido a la presencia de grupos armados que se benefician del comercio de minerales[777]. Pese a que

---

776 WORLD ECONOMIC FORUM, *Partnering to Strengthen Public Governance: The Leadership Challenge for CEOs and Boards,* World Economic Forum-BSR-AccountAbility-Harvard University-IBLF, Geneva, 2008, p. 10.

777 En su sección 1502(e)(1) se incluye un listado de países que comparten una frontera reconocida internacionalmente con la RDC,

la Sección 1502 de la *Dodd-Frank Act* no define explícitamente las zonas de conflicto, de acuerdo con su contexto estas zonas frecuentemente están marcadas por conflictos armados activos, donde grupos rebeldes o fuerzas militares luchan por el control del territorio o recursos, lo que se manifiesta en una falta de capacidad o voluntad del gobierno para ejercer control efectivo, aplicar la ley o asegurar la protección de derechos humanos.

Por su parte, el art. 2.f) del *Reglamento (UE) 2017/821 sobre minerales de conflicto* se refiere a las zonas de conflicto o de alto riesgo como *las zonas que se encuentren en situación de conflicto armado o de posconflicto frágil, así como las zonas con gobiernos o seguridad precarios o inexistentes, como los Estados fallidos, y con vulneraciones generalizadas y sistemáticas del* Derecho internacional, *incluidas las violaciones de los derechos humanos.* A diferencia de la norma estadounidense, que formula una lista exhaustiva de los territorios que se consideran de conflicto o de alto riesgo (gobernanza débil), la norma europea no hace referencia expresa a una región geográfica concreta, sino que encomienda a la Comisión que solicite asesoramiento externo para elaborar una lista orientativa, no exhaustiva, de las zonas que pueden considerarse que se encuentran en conflicto o alto riesgo (art. 14.2). Consideramos que esta es mejor opción, puesto que la normativa estadounidense deja fuera de su protección a regiones que también pueden considerarse de conflicto o gobernanza débil en determinados momentos, como podría ser el caso de los países latinoamericanos en relación con la exportación de oro.

En agosto de 2018, la Comisión Europea hizo públicas sus directrices no vinculantes para la identificación de zonas de

---

que se consideran zonas de conflicto o de alto riesgo. En la actualidad, se considera que son zonas de conflicto o de alto riesgo Angola, Burundi, República Central Africana, República del Congo, Ruanda, Sudán del Sur, Tanzania, Uganda y Zambia.

conflicto o de alto riesgo, donde se ofrecen una serie de criterios para la identificación de estas regiones, pero sin aportar un listado de países concretos. De acuerdo con la *Recomendación (UE) 2018/1149 de la Comisión, de 10 de agosto de 2018*[778], estas zonas de gobernanza débil se definen como *las zonas que se encuentren en situación de conflicto armado o de posconflicto frágil, así como las zonas con gobiernos o seguridad precarios o inexistentes, como los Estados fallidos, y con vulneraciones generalizadas y sistemáticas del* Derecho internacional, *incluidas las violaciones de los derechos humanos* (Considerando 3).

En primer lugar, es importante entender que estas regiones se encuentran inmersas en situaciones de conflicto armado, las cuales pueden adoptar diversas formas, incluidos conflictos a nivel internacional, regional o local. Estos pueden involucrar a múltiples Estados y manifestarse como guerras de liberación, insurgencias o guerras civiles. Los *Convenios de Ginebra de 1949*[779] definieron las "situaciones de conflicto armado", que abarca

---

778 RECOMENDACIÓN (UE) 2018/1149 DE LA COMISIÓN de 10 de agosto de 2018 sobre directrices no vinculantes para la identificación de zonas de conflicto y de alto riesgo y otros riesgos relacionados con la cadena de suministro de conformidad con el Reglamento (UE) 2017/821 del parlamento Europeo y del Consejo.

779 Los cuatro Convenios de Ginebra de 1949, junto con sus Protocolos Adicionales, constituyen tratados internacionales fundamentales que establecen las normas esenciales para mitigar los efectos brutales de la guerra. Estos convenios buscan asegurar la protección de individuos que no están involucrados en los conflictos armados, como los civiles, el personal sanitario y los miembros de entidades humanitarias, así como de aquellos que se encuentran incapacitados para continuar en el combate, incluyendo a los heridos, enfermos, náufragos y prisioneros de guerra. Los textos de los Convenios pueden consultarse en la web del Comité Internacional de la Cruz Roja, https://www.icrc.org/es/document/los-convenios-de-ginebra-de-1949-y-sus-protocolos-adicionales (consultada el 25 de febrero de 2025).

cualquier guerra declarada o conflicto armado entre partes, sin que sea necesario el reconocimiento formal del estado de guerra, incluyendo las situaciones de ocupación militar[780]. No obstante, de acuerdo con el *Protocolo Adicional II de 1977* a dichos Convenios[781], estas disposiciones no se extienden a tensiones internas o disturbios de menor escala, tales como motines, actos esporádicos de violencia o situaciones similares que no alcanzan el umbral de un conflicto armado[782].

En segundo lugar, se trata de zonas con gobiernos precarios y seguridad casi inexistente, donde se producen vulneraciones generalizadas y sistemáticas del Derecho internacional, incluidos los derechos humanos. Las áreas identificadas como "zonas de posconflicto frágil" son aquellas que, tras el cese de hostilidades activas, exhiben una fragilidad significativa. Esto implica que la región o Estado en cuestión tiene capacidades gubernamentales limitadas y enfrenta dificultades para fomentar relaciones constructivas en la sociedad debido al conflicto pasado. Estas zonas son susceptibles a disturbios, ya sean internos

---

780 El Artículo 3, común a los cuatro Convenios de Ginebra de 1949, representó un hito al extender las normativas a los conflictos armados no internacionales, una categoría previamente excluida de los tratados. Este artículo abarca una variedad de conflictos, incluidas las guerras civiles, los conflictos internos con implicaciones transfronterizas, y aquellos en los que intervienen terceros Estados o fuerzas internacionales, estableciendo un conjunto inderogable de normas básicas aplicables los conflictos armados y consolidando los principios fundamentales de los Convenios de manera resumida.

781 Protocolo II adicional a los Convenios de Ginebra de 1949 relativo a la protección de las víctimas de los conflictos armados sin carácter internacional, 1977.

782 Sobre los Convenios de Ginebra de 1949 y sus Protocolos, CLAPHAM, A./GAETA, P./SASSÒLI, M. (eds.), *The 1949 Geneva Conventions: A Commentary*, Oxford Commentaries on International Law, Ney York, 2015.

o causados por crisis económicas o desastres naturales.[783] Los Estados fallidos representan un caso extremo de inestabilidad institucional. Esta condición se caracteriza por el colapso completo de las estructuras de poder y autoridad, la desintegración del orden público y la ausencia de instituciones que puedan ejercer como representantes legítimos del Estado[784].

La conceptualización de las zonas de gobernanza débil nos obliga a reconocer la complejidad de estas regiones, especialmente en términos de estabilidad institucional y respeto por los derechos humanos. El Índice de Estados Frágiles (*Fragile States Index*, FSI) es una herramienta desarrollada por la ONG *The Fund for Peace*, encargada de evaluar y clasificar anualmente la estabilidad y las presiones a las que se enfrentan los Estados en todo el mundo. La clasificación se realiza en base a doce indicadores de vulnerabilidad que incluyen aspectos políticos, sociales, económicos y de seguridad. La posición de cada país en el índice se determina a partir de la suma de las puntuaciones obtenidas en estos indicadores, que son evaluados tanto cuantitativamente como cualitativamente por expertos y mediante análisis informatizado. Las puntuaciones se traducen en categorías como "alerta máxima", "alerta alta", "alerta", "advertencia" y "sostenible", cada una indicando un nivel creciente de estabilidad[785]. Un listado como el Índice de Estados

---

783 Sobre los desafíos y estrategias asociados con la construcción del Estado en contextos de posconflicto, abordando diversas cuestiones que van desde la gobernanza hasta el desarrollo económico y la justicia transicional, WILLIAMS, P./STERIO, M. (eds.), *Research Handbook on Post-Conflict State Building*, Edward Elgar Publishing, Cheltenham-Northampton, 2020.

784 Un marco completo de análisis sobre las zonas de conflicto o de gobernanza débil y las contribuciones desde el gobierno corporativo, FEIL, M., *Global Governance and Corporate Responsibility in Conflict Zones* Palgrave Macmillan, London, 2012, pp. 47-82.

785 Véase la web del *Fragile States Index*, https://fragilestatesindex.org/ (consultada el 4 de agosto de 2025). En el último análisis de 2023,

Frágiles puede ayudar a las empresas en el proceso de diligencia debida en derechos humanos, especialmente cuando operan o consideran invertir en regiones de gobernanza débil, al ayudarlas a identificar áreas geográficas donde los riesgos de violaciones de derechos humanos son mayores debido a la inestabilidad política o conflictos, permitiéndoles prepararse mejor para mitigar riesgos y adoptar decisiones informadas sobre cómo y dónde realizar sus operaciones para cumplir con sus obligaciones.

En conclusión, resulta fundamental que las empresas identifiquen los contextos de gobernanza débil y que, en dichos contextos, ejerzan un cumplimiento normativo reforzado siendo plenamente conscientes de las implicaciones que conllevan sus operaciones en estos entornos inestables. En otras palabras, si una empresa multinacional quiere realizar "negocios en el infierno", deberá responsabilizarse para no contribuir a violaciones de derechos humanos para salvaguardar la integridad y sostenibilidad de su actividad. La adopción de prácticas empresariales responsables y el compromiso con la mejora de la gobernanza local pueden ser pasos significativos hacia la mitigación de riesgos, y, al mismo tiempo, contribuir a la estabilidad a largo plazo de estas zonas con severos déficits de gobernanza.

Somalia ocupaba la única posición en nivel "very high alert", seguida por Yemen, Sudán del Sur, RDC, Syria, Afganistán, Sudán, República Centroafricana, Chad, Haití, Etiopía y Myanmar en nivel "High Alert". FSI, *Fragile States Index 2023–Annual Report,* The Fund for Peace, 2023, p. 7.

Capítulo V

La economía global y sus sombras: cadenas productivas globales y nuevas formas de "complicidad" corporativa

La transformación de la economía global en las últimas décadas ha dado lugar a una profunda reconfiguración del modo en que se organizan, controlan y externalizan los procesos productivos. Las empresas multinacionales ya no actúan como unidades cerradas, sino como vértices de complejas redes contractuales que estructuran cadenas de suministro transnacionales. Esta fragmentación deliberada de funciones permite optimizar costes, diversificar riesgos y, en muchos casos, diluir responsabilidades. Como consecuencia, se abren zonas de opacidad en las que pueden producirse violaciones graves de derechos humanos y estándares laborales sin que exista una atribución clara de deberes jurídicos.

Este capítulo examina cómo esta arquitectura económica globalizada ha generado nuevas formas de "complicidad" empresarial, entendida no como participación penal en sentido estricto, sino como un entramado estructural de beneficios, dependencias y omisiones que puede dar lugar a imputaciones por incumplimientos organizativos. A partir del análisis de casos paradigmáticos y del desarrollo normativo reciente, se exploran los desafíos que plantea este fenómeno para los marcos jurídicos nacionales e internacionales, así como para los modelos de imputación construidos sobre el defecto estructural de diligencia debida.

I ENTENDIENDO LAS CADENAS PRODUCTIVAS GLOBALES: DEFINICIONES Y CONCEPTOS

En el contexto de la diligencia debida en derechos humanos, debemos distinguir entre los conceptos de "cadena de valor" y "cadena de suministros", ya que su distinción afecta la extensión de las medidas de responsabilidad y cumplimiento. Sin embargo, analizadas las normas de diligencia debida que han precedido a los *Principios Rectores*, comprobamos que se están empleando como sinónimos a la hora de establecer los deberes y obligaciones en materia de derechos humanos para las empresas.

De hecho, pese a que en los *Principios Rectores* se hace referencia a las "cadenas de valor" (Principio número 13 y su comentario), en las *Directrices de la OCDE* los deberes de diligencia debida se sitúan en las cadenas de suministros[786]. Del mismo modo, mientras que el Reglamento sobre la madera de 2010 hacía referencia a las "cadenas de suministros", en su modificación de 2023 se utilizan indistintamente los términos "cadena de valor" y "cadena de suministros" sin que se precisen las diferencias en el significado de uno y de otro término[787].

---

786 Las Directrices de la OCDE fueron modificadas en 2011 aplicando *un enfoque nuevo y amplio en relación con el principio de la debida diligencia y con la gestión responsable de la cadena de suministro, que implica un avance significativo en comparación con las anteriores propuestas.* OCDE, *Líneas Directrices de la OCDE para Empresas Multinacionales*, p. 4.

787 Por ejemplo, en su Considerando 30 se hace referencia al deber de *garantizar que en cada cadena de suministro exista un operador en el sentido del presente Reglamento que esté establecido en la Unión y al que pueda exigirse responsabilidad en caso de incumplimiento de las obligaciones derivadas del presente Reglamento.* Sin embargo, en el Considerando 77 se hace referencia a que *las autoridades competentes también deben cooperar con las autoridades competentes responsables de la supervisión y aplicación de otros actos jurídicos de la Unión que establezcan requisitos de diligencia debida en la cadena de valor en relación con efectos adversos para los derechos humanos o el* medio ambiente.

En vista de esta confusión terminológica, en la *Directiva CSDDD* se ha optado por omitir estos términos y hacer referencia a las "cadenas de actividades de la empresa" (Considerando 19 y artículo 3.1.g), compuestas por los socios comerciales directos e indirectos cuyos suministros sean necesarios para la fabricación del producto o para la prestación del servicio que se corresponda con la actividad comercial de la empresa[788].

Pese a este uso indiferenciado de la terminología, lo cierto es que la cadena de valor y la cadena de suministros son dos conceptos diferentes cuya definición desde el punto de vista teórico no resulta pacífica, por lo que merecen de una breve matización en lo que respecta a su uso en el ámbito de la diligencia debida en derechos humanos[789].

La "cadena de valor", concepto acuñado por Michael Porter en 1985[790], engloba todas las actividades que una empresa realiza para agregar valor a sus productos o servicios, desde la

---

788 Artículo 3.1.f) de la *Directiva CSDDD.* En cuanto a los socios comerciales, es importante destacar que se limitan a aquellas relaciones que proporcionan elementos esenciales para la fabricación del producto en cuestión o la prestación del servicio, y no meramente auxiliares. Por ejemplo, un fabricante de automóviles no tendría que aplicar la diligencia debida a su proveedor de material de oficina. HARINGS, L./ZEGULA, F., "Die Lieferkette als Anknüpfungspunkt der CompHance-Verpflichtungen nach dem LKSG", p. 167.

789 No se pretende ofrecer un estudio sobre la gestión de las cadenas de valor y de las cadenas de suministros desde el punto de vista de la administración y dirección de empresas o de la economía, ya que no es objeto del presente estudio, sino que se limita a una precisión terminológica desde el punto de vista del objetivo y contenido de la diligencia debida. En detalle sobre las diferencias de las cadenas de valor y las cadenas de suministros, FELLER, A./SHUNK, D./ CALLARMAN, T., "Value Chains Versus Supply Chains", *BPTrends*, March 2006, pp. 1-7.

790 PORTER, M.E., "Competitive Advantage: Creating and Sustaining Superior Performance", *The Free Press,* New York, 1985.

concepción y diseño hasta la distribución y el servicio postventa[791]. Estas actividades se dividen en primarias, que incluyen la producción física del bien y su entrega, y secundarias, que proporcionan apoyo a las primarias a través de funciones como tecnología, recursos humanos o abastecimiento[792]. Además, la cadena de valor de una empresa se encuentra incrustada dentro del sistema de valor global, donde los proveedores tienen sus propias cadenas de valor que crean y entregan los insumos utilizados en la propia cadena de la empresa que se sitúa en la cabecera[793].

---

791 De acuerdo con la definición aportada por la Comisión Económica para América Latina y el Caribe (CEPAL) de las Naciones Unidas, una cadena de valor global "*comprende toda la variedad de actividades que se requieren para que un producto o servicio transite a través de las diferentes etapas de producción, desde su concepción hasta su entrega a los consumidores y la disposición final después de su uso [...] cada una de las etapas —concepción y diseño, producción del bien o servicio, tránsito de la mercancía, consumo y manejo, y reciclaje final— son comúnmente conocidas como eslabones.* Definición de cadena de valor de la Biblioteca de la CEPAL. Sobre el concepto de cadena de valor, PORTER, M.E., "Competitive Advantage: Creating and Sustaining Superior Performance", pp. 11-15.

792 A su vez, las actividades primarias se dividen en 5 categorías genéricas: logística interna, operaciones, logística externa, marketing y ventas, servicios. Por su parte, las actividades de apoyo pueden asociarse con actividades primarias específicas o al apoyo de la cadena de valor por completo. OLMEDO, F.O./OLMEDO, F.A./PLAZAOLA, N., "Cadena de valor", *Estr@tegia Magazine*, 2004, año 1, Edición nº 19, pp. 1-3.

793 Un análisis de los sistemas de producción y las actividades de las cadenas de valor y sistemas de valor, TOUS ZAMORA, D./GUZMÁN PARRA, V.F./CORDERO TOUS, M./SÁNCHEZ TEBA, E.M., *Sistemas de producción. Análisis de las actividades primarias de la cadena de valor*, ESIC Business & Marketing School, Madrid, 2019. Sobre las cadenas golbales de valor, ANTRÀS, P./CHOR, D., "Global value chains", *Handbook of International Economics*, Volume 5, 2022, pp. 297-376.

Por otro lado, la "cadena de suministros" tiene un enfoque más limitado y acotado, centrándose en las actividades relacionadas con la gestión y coordinación de los materiales, información y finanzas, desde los proveedores hasta la entrega al cliente final[794]. Esto incluye el flujo logístico y operativo que conecta las distintas etapas de producción y distribución, asegurando que los productos lleguen a los consumidores en condiciones óptimas[795]. Al ser más acotadas, las cadenas de suministros forman parte integrante de las cadenas de valor.

Estas diferencias conceptuales son importantes para diseñar estrategias de diligencia debida en derechos humanos, ya que mientras la cadena de valor incluye todas las actividades que agregan valor al producto o servicio, la cadena de suministros se centra en los procesos operativos.

En la práctica, las cadenas de valor, por su naturaleza más amplia, ofrecen un panorama integral de todas las actividades

---

794 De acuerdo con la definición dada por la OIT, una cadena de suministro global comprende *toda organización transfronteriza de las actividades necesarias para producir bienes o servicios y llevarlos hasta los consumidores, sirviéndose de distintos insumos en las diversas fases de desarrollo, producción y entrega o prestación de dichos bienes y servicios. Esta definición incluye las operaciones de inversión extranjera directa (IED) efectuadas por las empresas multinacionales, tanto en filiales que les pertenecen en su totalidad como en empresas mixtas en las que la multinacional tiene la responsabilidad directa de la relación de trabajo. También incluye el modelo cada vez más predominante de abastecimiento internacional, en cuyo marco las obligaciones de las empresas principales se fijan en los acuerdos contractuales (o, a veces, tácitos) que suscriben con los proveedores y con las empresas subcontratadas para el suministro de bienes, insumos y servicios específicos.* OIT, "El trabajo decente en las cadenas mundiales de suministro", Conferencia Internacional del Trabajo, 105ª Reunión, 2016, Informe IV, p.1.

795 Sobre el concepto de cadena de suministros, PRADA RICARDO, O.P., "Orientación a la cadena de suministro y su relación con diferentes grupos de interés. Una revisión bibliográfica", *Revista de Tecnología*, vol. 15, nº1, 2016, pp. 117-128.

y proveedores, directos e indirectos, involucrados en la creación y distribución de un determinado producto o servicio. En las cadenas de valor de una gran multinacional pueden participar decenas de miles de proveedores indirectos distribuidos en múltiples niveles, manteniendo relaciones contractuales directas únicamente con sus proveedores de primer nivel, limitado a aquellas relaciones comerciales con las que se tiene un contacto directo y regular. Sin embargo, la visibilidad de los proveedores indirectos que participan más allá de este primer nivel es, en la mayoría de los casos, extremadamente limitada o incluso inexistente[796].

Esta opacidad se debe, en gran medida, a la práctica común entre los proveedores de primer nivel de proteger celosamente la información referente a sus propios proveedores y subcontratistas. Por ello, al realizar un análisis detallado de la cadena de valor, las empresas pueden identificar los riesgos sobre los derechos humanos de sus proveedores directos de los primeros niveles, y de los proveedores indirectos del resto de eslabones que participan en la creación de un producto o en la prestación de un servicio.

En cuanto a la responsabilidad de la empresa en estas cadenas, las normativas adoptadas hasta el momento se están centrando en los socios comerciales directos e indirectos que quedan dentro del ámbito de influencia de la empresa. Por ejemplo, la *LKSG* alemana establece que la responsabilidad recae sobre los proveedores directos, y de forma limitada sobre los indirectos cuando sus bienes y servicios son esenciales para la empresa. En este sentido, se requiere que la empresa contribuya al incremento del riesgo a través de su falta de diligencia

---

796 MCCORQUODALE, R./SMIT, L./NEELY, S./BROOKS, R., "Human Rights *Due diligence* in Law and Practice: Good Practices and Challenges for Business Enterprises", *Business and Human Rights Journal*, 195, 2:2, 2017, p. 222.

para que se le pueda atribuir responsabilidad por las violaciones de derechos humanos cometidas por los proveedores[797].

De manera similar, la *Directiva CSDDD* regula el control de las "cadenas de actividades" de las empresas, limitando el alcance de las medidas a los socios comerciales directos e indirectos, sin extenderse a fases posteriores como la eliminación del producto. No obstante, los paquetes *Omnibus* proponen limitar la obligación de diligencia debida exclusivamente a los socios comerciales directos, salvo en aquellos casos en los que existan indicios claros de impactos negativos en la cadena de suministro indirecta. Con ello, se pretende aligerar la carga de cumplimiento para las empresas, reduciendo las exigencias en aquellas áreas donde el control efectivo resulta más complejo.

Bajo estos modelos, se establecen diferentes requisitos de diligencia debida según el tipo de socio comercial. Para los socios comerciales directos, las empresas deben implementar estrategias alineadas con sus propios estándares y verificar su cumplimiento a través de auditorías y documentación adecuada[798]. Esto incluye la evaluación de riesgos y la adopción de estrategias para mitigar cualquier impacto negativo en los derechos humanos, permitiendo la verificación mediante la revisión de la documentación proporcionada por los socios directos[799].

En cuanto a los socios comerciales indirectos, las empresas deben asegurarse de que estos también adopten medidas adecuadas, exigiendo a sus proveedores directos que incluyan garantías contractuales que obliguen a sus propios socios

797 JOHAN, C./SANGI, R. (Red.), *LKSG – Lieferkettensorgfaltspflichtengesetz: Handkommentar*, pp. 9-10.

798 Art. 3.1.f de la *Directiva CSDDD.*

799 Arts. 7 y 10 de la *Directiva CSDDD.*

comerciales a cumplir con los requisitos establecidos[800]. Estas garantías deben ir acompañadas de mecanismos de verificación, como auditorías realizadas por terceros independientes. Además, las empresas están obligadas a actuar si reciben información sobre violaciones de derechos humanos en cualquier parte de su cadena de suministro, más allá de sus operaciones directas.

II DIFERENTES TIPOLOGÍAS DE CADENAS DE PRODUCTIVAS GLOBALES

Desde una perspectiva conceptual, es importante comprender que las tipologías de cadenas productivas varían significativamente según la industria, la región geográfica y el modelo de negocio. No podemos asumir que estas cadenas operan de manera lineal y jerárquica, con una empresa multinacional en el centro controlando todas las decisiones. Por el contrario, las cadenas productivas globales suelen adoptar una estructura descentralizada en forma de red, que incorpora múltiples proveedores y rutas de distribución, lo que dificulta el control preciso sobre los distintos procesos que intervienen en la fabricación del producto final que acaba en el mercado. Hoy en día, las cadenas de valor y suministro globales se consideran sostenibles cuando las relaciones comerciales en ellas constituidas son permanentes, a largo plazo, y basadas en una selección rigurosa de los socios comerciales[801].

---

800 Art. 6.2.e de la *Directiva CSDDD.*

801 MING, K.L./MING-LANG, T./KIM HUA, T./TAT DAT, B., "Knowledge management in sustainable supply chain management: Improving performance through an interpretive structural modelling approach", *Journal of Cleaner Production,* 162, 2017, p. 807. Una cadena de valor sostenible se caracteriza por ser rentable en todas sus etapas, lo que asegura la sostenibilidad económica. Además,

Las cadenas productivas globales generalmente se dividen en tres grandes eslabones, conocidos en inglés como *upstream, midstream*, y *downstream*[802]. La etapa *upstream* se refiere a la obtención de materias primas y recursos esenciales para la producción, como la exploración y extracción de recursos naturales o el cultivo de tierras. La etapa *midstream* abarca la comercialización mayorista de estas materias primas, su transporte, almacenamiento, y transformación en productos procesados. Finalmente, la etapa *downstream* corresponde a la distribución de los productos derivados hasta los consumidores finales, incluyendo actividades de venta minorista y marketing[803]. En este

---

debe generar beneficios amplios para la sociedad, contribuyendo así a la sostenibilidad social, y tener un impacto positivo o neutro en el medio ambiente, lo que garantiza la sostenibilidad ambiental. KOBERG, E./LONGONI, A., "A systematic review of sustainable supply chain management in global supply chains", *Journal of Cleaner Production,* Volume 207, 10 January 2019, pp. 1084-1098. En este contexto, las cadenas de valor no se limitan únicamente a la producción primaria, sino que su sostenibilidad también implica acciones relacionadas con la producción y el consumo responsables. FAO, LATIN AMERICAN AND CARIBBEAN FORESTRY COMMISSION, Sustainable wood value chains, Thirty-Third Session, FO:LACFC/2023/3, 26-30 June 2023, p. 2.

802 Los conceptos de "*upstream*", "*midstream*" y "*downstream*" son términos que se originaron en la industria del petróleo, el gas y los minerales para describir las diferentes etapas de la cadena de valor de las industrias extractivas, pero posteriormente fueron adoptados por otras industrias para describir sus propias cadenas de valor y flujos operacionales. GUTIÉRREZ ENGELMANN, O./VEGA VÁZQUEZ, L./MENA LABARTHE, C./REYES QUEVEDO, Y., "Industria petrolera en transición a la competencia", en COLMENTER, R./ENRÍQUEZ, D., (Coord.), *Transacciones petroleras internacionales en América Latina. Actualización de tendencias en la industria,* Segunda Edición, Tirant lo Blanch, Ciudad de México, 2018, p. 125 y ss.

803 FAHED SALEH AL-KHATIB, S., *Strategic Logistics Outsourcing: Integrated Models for Evaluating and Selecting Logistics Service Providers (LSPs). Upstream/Downstream Supply Chain Comparison,* Doctoral thesis, Liverpool John Moores University, 2015, p. 192.

contexto, las grandes empresas multinacionales suelen situarse a la cabeza de la cadena, organizando e imponiendo las condiciones del proceso productivo.[804]

A continuación, abordaremos diferentes tipologías de cadenas de valor globales según su estructura y organización. Alguna de ellas, como la del mercado de diamantes, presentan una estructura centralizada donde las multinacionales tienen el control de la producción y distribución. En otras, como las cadenas de minerales o de la madera y otros productos asociados a la deforestación, las multinacionales comparten la producción con las comunidades locales que desarrollan la actividad a pequeña escala, mientras que en industrias como la textil o agroalimentaria son una multitud de pequeñas empresas las que constituyen la base de la cadena. El análisis de estas diferentes tipologías nos ayudará a comprender mejor las características de las cadenas productivas globales, como paso previo al diseño de medidas concretas de diligencia debida en derechos humanos.

También resulta relevante en este punto hacer una mención a las graves vulneraciones de derechos humanos que han impulsado la regulación específica de algunas de estas cadenas. Con ellos pretendemos mostrar cómo, mientras se otorga a las empresas multinacionales un papel protagonista para la promoción de la buena gobernanza global y el respeto a los derechos humanos, estas mismas empresas a menudo se aprovechan las violaciones de derechos humanos para mejorar sus márgenes comerciales[805].

---

[804] En detalle sobre la logística de las cadenas productivas y su organización en eslabones *upstream, midstream,* y *downstream,* FAHED SALEH AL-KHATIB, S., "Strategic logistics outsourcing: upstream-downstream supply chain comparison", *Journal of Global Operations and Strategic Sourcing,* Vol. 10, N.º 3, 2017, pp. 309-333.

[805] FEIL, M., *Global Governance and Corporate Responsibility in Conflict Zones,* p. 3.

A. Cadenas productivas centralizadas: el ejemplo de la prohibición de los "diamantes de sangre"

El escándalo de los "diamantes de sangre" marcó un punto de inflexión en la regulación internacional de las cadenas de valor de materias primas, tras revelarse que el conflicto armado en Sierra Leona (1991-2002) se financió en gran parte a través del comercio de estas piedras preciosas[806]. Durante este conflicto se cometieron gravísimas violaciones de derechos humanos, como asesinatos en masa, mutilaciones, violaciones, explotación sexual y trabajo infantil. Estas atrocidades fueron perpetradas por grupos rebeldes que se beneficiaron del comercio de diamantes extraídos ilegalmente en Sierra Leona, que eran intercambiados por armas con el expresidente de Liberia, Charles Taylor, quien luego los vendía a compañías multinacionales. De este modo, unos pocos grupos corporativos multinacionales que controlaban el mercado obtuvieron grandes beneficios al acceder a diamantes en bruto a un precio mucho menor al establecido en el circuito legal, pero contribuyendo en la prolongación del conflicto armado y su consiguiente derramamiento de sangre[807].

---

806 Para entender la relación entre los diamantes y los conflictos de Sierra Leona que llevó al desarrollo del Proceso de Kimberley, SMILLIE, I./LANSANA, G./HAZLETON, R., *The heart of the matter. Sierra Leone, Diamonds & Human Security*, Partnership Africa Canada (PAC), Ottawa, 2000.

807 Sobre la relación del comercio de diamantes y el conflicto en Sierra Leona, véase RESOLUCIÓN de la Asamblea General, *The role of diamonds in fuelling conflict: breaking the link between the illicit transaction of rough diamonds and armed conflict as a contribution to prevention and settlement of conflicts*, February 12, 2007, A/RES/61/28; NADAKAVUKAREN SCHEFER, K., "Stopping Trade in Conflict Diamonds: Exploring the Trade and Human Rights Interface with the WTO Waiver for the Kimberley Process", pp. 400-410; HART, M., *Diamond: The History of a Cold-Blooded Love Affair*, Fourth Estate Publishing, Glasgow, 2003.

A finales de los años 90, los gobiernos africanos comenzaron a reconocer que el control de los recursos naturales era un factor determinante en los conflictos armados que afectaban a la región[808]. Esto condujo a la adopción de la *Declaración de Interlaken* por la Asamblea General de la ONU en 2002 donde se incluía el Sistema de Certificación del *Proceso de Kimberley*[809]. Este sistema buscaba romper el vínculo entre el comercio ilegal de diamantes y los conflictos armados[810]. La Unión Europea

---

808 En 1998, *Global Witness* presentó a las Naciones Unidas el informe A Rough Trade: The Role of Companies and Governments in the Angolan Conflict, que revelaba cómo el comercio de diamantes en bruto entre la UNITA y compradores internacionales financiaba la guerra civil en Angola, perpetuando violaciones de derechos humanos. Este informe fue clave para aumentar la conciencia global sobre el vínculo entre los recursos naturales, como los diamantes, y los conflictos armados. Además, desempeñó un papel importante en la creación del Proceso de Kimberley, un sistema de certificación para evitar que los diamantes de zonas de conflicto llegasen al mercado mundial. El informe puede consultarse en la página web de *Global Witness*, https://www.globalwitness.org/en/archive/rough-trade/ (consultada el 9 de diciembre de 2023).

809 Carta de fecha 29 de enero de 2003 dirigida al Presidente de la Asamblea General por el Representante Permanente de Sudáfrica ante las Naciones Unidas, ANEXO II, Declaración de Interlaken de 5 de noviembre de 2002 relativa al sistema de certificación del Proceso de Kimberley para los diamantes en bruto, Asamblea General de Naciones Unidas, A/57/489. Dicha regulación limita el principio de comercio a escala mundial bajo la justificación de acabar con la relación reconocida por Naciones Unidas entre los conflictos armados, violaciones de derechos humanos y comercio de diamantes. RESOLUCIÓN de la Asamblea General de 29 de enero de 2001, 55/56/2000.

810 Sobre el desarrollo del Proceso de Kimberley en la ONU y su aplicación por la Organización Mundial del Comercio (OMC), NADAKAVUKAREN SCHEFER, K., "Stopping Trade in Conflict Diamonds: Exploring the Trade and Human Rights Interface with the WTO Waiver for the Kimberley Process", pp. 391-394.

integró este sistema en su normativa con el Reglamento 2368/2002 del Consejo, de 20 de diciembre de 2002, conocido como el Reglamento Kimberley[811].

En cuanto a la organización de estas cadenas de valor, nos encontramos ante un sector que ha estado monopolizado durante más de un siglo por el cartel sudafricano de *De Beers*, estrechamente relacionado con el Reino Unido[812], que controlaba tanto la oferta como la distribución de diamantes en bruto mediante la manipulación de la producción, la compra de otras compañías y minas, y la acumulación de un stock que se liberaba para estabilizar el suministro[813]. Además de controlar la mayoría de las minas de diamantes, el grupo *De Beers* también creó una sola vía de distribución para mantener los precios altos convirtiendo los diamantes en un bien de lujo creando una ilusión de escasez[814].

---

811 Modificado en 2022 en relación con sus anexos en los que se incluye la lista de participantes en el sistema de certificación del proceso de Kimberley por el REGLAMENTO DE EJECUCIÓN (UE) 2022/1359 de la Comisión de 27 de julio de 2022 que modifica el Reglamento (CE) nº 2368/2002 del Consejo, por el que se aplica el sistema de certificación del proceso de Kimberley para el comercio internacional de diamantes en bruto.

812 De Beers se fundó en Sudáfrica en 1888 por Cecil Rhodes, con la financiación inicial de N M Rothschild & Sons Limited, un banco con sede en Londres. Posteriormente, en 1929, la empresa se reorganizó bajo el nombre de *De Beers Consolidated Mines Limited*, con su financiación y dirección provenientes en gran parte del Reino Unido. Además, durante muchos años De Beers tuvo su sede central de ventas y distribución en Londres, lo que reforzó aún más sus vínculos con Europa.

813 En la literatura encontramos ejemplos de los cárteles internacionales fallidos, muchos de ellos lanzados al mismo tiempo que el cartel de los diamantes. SPAR, D.L., *The Cooperative Edge: The Internal Politics of International Cartels*, Cornell University Press, Ithaca, 1994.

814 SPAR, D. L., "Markets: Continuity and Change in the International Diamond Market', The Journal of Economic Perspectives, 2006,

Este monopolio comenzó a debilitarse en la década de 1990. La caída de la Unión Soviética, el desorden en los Estados productores de diamantes africanos y nuevos descubrimientos de yacimientos en Australia y Canadá redujeron la capacidad de *De Beers* para mantener la estabilidad de precios y, para el año 2000, países como Botsuana, Rusia y Canadá se convirtieron en los principales productores de diamantes. En respuesta a estos desafíos, *De Beers* reestructuró su compañía abandonando su control estricto sobre el suministro y la distribución de diamantes en bruto, cambiando de estrategia para convertirse en "proveedor de primera opción". Esta nueva estrategia incluyó la venta de una gran parte de su stock, reduciendo con ello su capacidad para manipular el mercado, pero accediendo directamente a los mercados de consumo de diamantes pulidos con la marca *Forevermark*[815].

Hoy en día, el mercado de los diamantes se caracteriza por una cadena de valor altamente centralizada, donde unas pocas corporaciones multinacionales controlan tanto la explotación[816] como el comercio mayorista[817]. Esta estructura facilita

---

nº 20, pp. 195-208; STEFAN, K., *The Last Empire: De Beers, Diamonds, and the World*, Farrar Straus Giroux – Macmillan, New York, 1993.

815 HAUFLER, V., "The Kimberley Process Certification Scheme: An Innovation in Global Governance and Conflict Prevention ", p. 405.

816 *De Beers* sigue manteniendo una posición de dominio del mercado, pues produce en sus minas de Sudáfrica, en sus filiales *Debswana* y *Namdeb,* (Sociedades compartidas al 50% con los gobiernos de Botsuana y Namibia respectivamente) y de su mina de Tanzania (De la que el gobierno de Tanzania es propietaria del 25%) alrededor del 45% de los diamantes que se comercializan en todo el mundo.

817 La rama de ventas del grupo *De Beers* es la *Diamond Trading Company* (DTC), con sede en Londres, que comercializa alrededor de 2/3 del suministro mundial de diamantes. La DTC organiza 10 subastas anuales a las que los compradores solo pueden acceder con una invitación especial y deben informar, con anterioridad a la subasta, de la cantidad de diamantes que quieren adquirir y sus características.

la manipulación de precios y la generación de elevados márgenes de beneficio, además de dificultar la transparencia en cada etapa de la cadena productiva, desde la extracción hasta la distribución. Esto es particularmente problemático en zonas de conflicto, donde el control sobre la cadena puede ocultar las condiciones de extracción y los abusos cometidos.

En este tipo de cadenas, la diligencia debida en derechos humanos debe ser capaz de penetrar estas estructuras y garantizar la transparencia y trazabilidad de todas las operaciones. No basta con adoptar sistemas de certificación de productos; las multinacionales deben implementar políticas rigurosas de diligencia debida, incluyendo auditorías independientes, verificaciones de terceros y la colaboración activa con gobiernos y organizaciones internacionales. Solo así podrán garantizar el respeto a los derechos humanos en todas las fases del proceso productivo y ser capaces de demostrarlo ante los *stakeholders*.

B. Cadenas productivas estratificadas construidas sobre la base de grandes empresas multinacionales: los ejemplos del comercio de minerales de conflicto y de la madera y de sus productos derivados

i. Las cadenas de valor de minerales procedentes de zonas de conflicto

El caso de los "diamantes de sangre" dio paso a un enfoque global sobre las cadenas de valor de minerales, destacando las graves violaciones de derechos humanos en conflictos armados,

---

En la subasta, la DTC se encarga de igualar la demanda con los diamantes que tiene en stock mediante la formación de lotes que los compradores deben adquirir completos sin opción a escoger (todo o nada). PRADO, J.J., "De Beers: La ilusión de los diamantes", *IDE Business School*, ENE-C-003, 2018, pp. 1-12.

como el de la RDC entre 1996 y 2003[818]. Según el informe de 2001 del Grupo de Expertos de la ONU, el conflicto en la RDC se alimentaba por el control y comercio de los recursos minerales, con la participación de empresas privadas que facilitaban su intercambio por armas, perpetuando la inestabilidad para obtener beneficios económicos[819]. Así, con la colaboración de grandes corporaciones multinacionales dedicadas a la extracción y comercio de materias primas, se fomentaba la perpetuación del

---

818 Un mayor detalle sobre las luchas de poder por el control de los recursos naturales en la RDC, BALLESTEROS MOYA, V., *Actores no estatales y responsabilidad internacional del Estado,* J.B. Bosch, Barcelona, 2016, pp. 354-367; PAPAIOANNOU, A.M., "The Illegal Exploitation of Natural Resources in the Democratic Republic of Congo: A Case Study on Corporate Complicity in Human Rights Abuses", en DE SCHUTTER, O. (Ed.), *Transnational Corporations and Human Rights,* Hart Publishing, Portland, 2006, pp. 263-286.

819 Los recursos minerales, especialmente los denominados "3TG" (tantalio, wolframio, estaño y oro), son reconocidos ampliamente como un factor clave en los problemas de la región oriental de la RDC. Desde principios de los 2000, la explotación de estos minerales ha ganado mucha atención internacional. Grupos armados controlan o frecuentan muchos de los yacimientos mineros, utilizando los minerales como fuente de ingresos para diversos fines, desde financiar a combatientes y apoyar el presupuesto estatal hasta fortalecer redes criminales o la autoridad de rebeldes locales. GRUPO DE EXPERTOS DE NACIONES UNIDAS, "Final Report of the Group of Experts on the Democratic Republic of the Congo", Naciones Unidas, 10 de agosto de 2017; HUMPHREYS, M., "Natural Resources, Conflict, and Conflict Resolution Uncovering the Mechanisms", *Journal of Conflict Resolution,* vol. 49, n.° 4, 2005, pp. 508-537; ROSS, M., "How Do Natural Resources Influence Civil War? Evidence from Thirteen Cases", *International Organization,* vol. 58, n.° 1, 2004, pp. 35-67; STEARNS, J., "Causality and Conflict: Tracing the Origins of Armed Groups in the Eastern Congo", *Peacebuilding,* vol. 2, n.° 2, 2014, pp. 151-171.

conflicto armado con el objetivo de mantener la inestabilidad en la zona y obtener un mayor rendimiento económico[820].

Ante esta situación, la ONU adoptó en 2010 las *Directrices para la diligencia debida en las cadenas de suministro de minerales procedentes de la RDC*[821], donde por primera vez se desarrollaba el marco "*Prevenir, Respetar y Remediar*" basado en la diligencia debida en derechos humanos. Este marco ha servido de base para la aprobación de dos importantes normas: la Sección 1502 de la *Dodd Frank Act* en los EE.UU., y el *Reglamento (UE) 2017/821 sobre minerales de conflicto.*

En las últimas décadas las cadenas de valor de los minerales se han multiplicado y sofisticado[822], particularmente en el caso de minerales estratégicos como los 3TG[823]. El sector de

---

820 CERVERA VALLTERRA, M., "Democratic Republic of Congo: perverse effects of globalization on failed state ", *Anuario Español de Derecho internacional*, vol. 30, 2014, pp. 131-133.

821 Recomendación 19 de la RESOLUCIÓN 1952 (2010) Aprobada por el Consejo de Seguridad en su 6432ª sesión, celebrada el 29 de noviembre de 2010.

822 Durante el periodo comprendido entre 1970 y 2017 la extracción global de materias primas creció a un promedio anual de 2,6%, acelerándose a un 3,2% anual entre 2000 y 2017. El aumento de la demanda global de materiales se ha impulsado en gran medida por importantes inversiones en infraestructura y el aumento del nivel de vida en los países en desarrollo y en transición, especialmente asiáticos, mientras que en los países desarrollados hubo una breve desaceleración en la tasa de crecimiento de la demanda de materiales entre 2008 y 2010 como resultado de la crisis financiera. INTERNATIONAL RESOURCE PANEL, *Global resources Outlook 2019: Natural resources for the future we want,* United Nations Environment Programme, 2019, p. 42.

823 Las cadenas de valor de los minerales se han multiplicado y sofisticado debido a revolución tecnológica vivida desde finales del siglo pasado, que ha dotado de nuevas aplicaciones a determinadas materias primas que las han convertido en imprescindibles para la

las industrias extractivas es uno de los que presenta una mayor volatilidad del valor de las acciones de las empresas y de las propias materias primas, por lo que es considerado uno de los mercados más competitivos. Además, se trata de un sector que precisa de fuertes inversiones de capital para desarrollar la fase de exploración de los yacimientos, fundamentado en la aplicación de economías de escala para rentabilizar la explotación debido a la necesidad de desarrollar multitud de infraestructuras para realizar la actividad[824]. Por ello, las empresas multinacionales que operan en este sector tienden a negociar condiciones favorables con los gobiernos locales, que a menudo están deseosos de atraer y retener inversiones extranjeras con las que prometer crecimiento económico y creación de empleo.

En la organización de las cadenas de valor observamos una estructura fragmentada y compleja. Estas cadenas suelen comenzar con grandes multinacionales extractivas que operan en las primeras etapas —*upstream*— de la producción, principalmente en regiones de América del Sur, África y el sudeste asiático[825]. Junto a estas grandes entidades, también participan

---

industria electrónica, armamentística o aeroespacial. Como muestra de la gran importancia que han adquirido en el comercio internacional determinados minerales y metales vinculados al progreso tecnológico, los minerales 3TG han sido declarados materias primas fundamentales para la UE. Anexo 1 de la *Comunicación de la Comisión al Parlamento Europeo, al Consejo, al Comité Económico y Social Europeo y al Comité de las Regiones* relativo a la lista de 2017 de materias primas fundamentales para la UE, Bruselas, 13.9.2017 COM (2017) 490 final.

824 Sobre las industrias extractivas, JIMÉNEZ ALEMÁN, A.A., "La tortuosa senda del *soft law* al *hard law* en el sector de la minería", pp. 89-97.

825 Dado que uno de los objetivos de toda empresa es maximizar sus beneficios y reducir los costes, el hecho de que los minerales extraídos en la región centroafricana tengan un coste muy inferior a los obtenidos en minas de otros lugares del mundo otorga una ventaja competitiva a las empresas que se abastezcan de ellos.

en el suministro global de minerales pequeñas operaciones mineras o minería informal, muchas veces desarrolladas sin cumplir con los permisos o regulaciones formales. La integración de estas actividades informales en el marco de la diligencia debida en derechos humanos es necesaria, ya que este sector, al estar menos regulado y ser más disperso, presenta riesgos elevados[826].

Si bien la minería informal puede ser un medio de subsistencia para algunas comunidades, también puede ser aprovechada por exportadores que adquieren minerales extraídos sin asumir los costes sociales o ambientales correspondientes[827]. Por ello, las grandes multinacionales que operan en

---

A modo ilustrativo, en 2009 por cada kilo de coltán —tantalio-niobio— extraído ilegalmente en la RDC se pagaban 10 dólares, un precio muy inferior a los más de 300 dólares a los que cotizaba el mineral en las principales bolsas de metales. OTERO E., "Diez años de guerra por el coltán, el `oro gris' estratégico", *Peatom*, 5 de julio de 2008. http://www.peatom.info/3y3/ciencia/14166/la-guerra-por-el-coltan-el-nuevo-oro-estrategico-y-negro/ (consultada el 1 de mayo de 2025)

826 En lo referente al comercio de minerales, a diferencia de como ocurre en el ámbito de los diamantes que se trata de una industria monopolística, en la extracción y comercio de esta materia prima participan una multitud de empresas multinacionales dedicadas a la explotación de uno o varios minerales o metales —incluyendo empresas estatales— que representan más del 2% de la capitalización bursátil mundial. También por el sector de la minaría artesanal, que emplea entre 15 y 20 millones de personas distribuidas en más de 30 países. HUMPHREYS, D., *The Remaking of the Mining Industry*, Palgrave Macmillan, London, 2015, p. 9.

827 Sobre la actividad de las grandes multinacionales extractivas y su impacto en la minería informal en Perú y Venezuela, que en ocasiones representa el método de subsistencia de algunas comunidades locales, puede consultarse la entrevista realizada a Percy García Cavero y Vladimir Aguilar en REPMULT. https://www.youtube.com/watch?v=1mDaJPGERf0 (consultada el 5 de mayo de 2025).

los primeros eslabones de la cadena de suministro tienen la responsabilidad de garantizar que no se cometan daños graves en los lugares de origen de las materias primas. Esto implica recopilar la información necesaria para identificar los lugares de extracción, las condiciones en las que se realiza y el transporte de los materiales.

En una etapa intermedia o *midstream*, el mineral se transporta, a menudo a través de intermediarios, a instalaciones de fundición y refinería situadas en países como Alemania, Estados Unidos, Canadá, China, o India, entre otros[828]. Estas instalaciones actúan como cuello de botella a la hora de asegurar la trazabilidad. Ello se debe a que, a la hora proceder a su fundición y refinado, se mezclan minerales de diversas procedencias que dan lugar a un metal integrado por dichos minerales. Este metal es un nuevo producto cuya trazabilidad no puede rastrearse más allá de la instalación de fundición o refinería en la que fue procesado, por lo que los deberes documentales para el requerimiento de información a los eslabones previos resultan esenciales en este nivel intermedio de la cadena a la hora de ejercer la diligencia debida para que la trazabilidad alcance a todos los proveedores indirectos de la cadena de valor.

Finalmente, en la fase *downstream* los importadores de minerales procesados y metales, grandes multinacionales que cotizan en las bolsas de metales y que fijan el precio de las materias primas con su cotización, los colocan en el mercado sirviendo como el último eslabón antes de que estos insumos lleguen a las industrias manufactureras. En este nivel, los

---

[828] Debido a la participación de múltiples agentes en las fases iniciales de la cadena de valor del coltán una de las formas utilizadas para camuflar el mineral obtenido ilegalmente ha sido exportarlo con la intermediación de segundos países que lo camuflan como extraído de forma legal. TIFFANY M.A, "China and Congo´s coltan connection", *Project 2049 Institute*, June 22, 2009.

productos pasan a través de una intrincada red de empresas que participan en la fabricación de componentes electrónicos y otros bienes de consumo que finalmente llegan al consumidor final[829]. En la fase *downstream*, dado que los minerales han pasado por múltiples transformaciones y han sido integrados en distintos productos finales, rastrear su procedencia se vuelve considerablemente complejo, por lo que todo el sistema se sustenta sobre la calidad de la información que se haya ido transmitiendo a lo largo de los diferentes eslabones.

A diferencia del mercado de diamantes, que está altamente centralizado, las cadenas de valor de minerales involucran a una multitud de empresas multinacionales que organizan la producción a través de filiales, proveedores o minería informal[830].

En este tipo de cadenas, las grandes empresas mineras multinacionales, que controlan la extracción y refinado, tienen la responsabilidad de generar documentación que asegure la transparencia y trazabilidad. Al final de la cadena, las empresas importadoras y fabricantes, en primer lugar, deben requerir información fiable y verificable a las empresas que operan en los niveles inferiores antes de colocar esta materia prima en el mercado. Además, las grandes corporaciones multinacionales tecnológicas o armamentísticas, que incorporan dichos minerales en sus productos finales, deben implementar sistemas de verificación para exigir a sus proveedores que proporcionen, y a la vez exijan a sus propios proveedores,

---

829 En mayor detalle sobre las cadenas de suministros de minerales, véase VIOQUE GALIANA, LM., "A Proposal for Criminal Liability for Breach of *Due diligence* Obligations: The European Conflict Minerals Regulation as an Example", pp. 75-77.

830 El ranking mundial de las empresas multinacionales mineras con mayores ingresos de 2023 puede consultarse en la web https://es.statista.com/estadisticas/600784/empresas-del-sector-minero-con-mayores-ingresos/ (consultada el 8 de mayo de 2025).

documentación detallada y verificable sobre el origen de los minerales y las condiciones en que se extrajeron y procesaron.

ii. Las cadenas de valor de la madera y de sus productos derivados

La explotación intensiva de la madera y productos forestales, muchas veces ilegal, ha provocado una alarmante deforestación con efectos como la pérdida de biodiversidad y la reducción de los sumideros de carbono, contribuyendo al cambio climático[831]. Estos efectos impactan directamente en los derechos humanos de las comunidades locales que dependen de

---

831 La Comunicación de la Comisión del 20 de marzo de 2020, "Estrategia de la UE sobre la biodiversidad de aquí a 2030", busca proteger la naturaleza y revertir la degradación de los ecosistemas en Europa. Su objetivo es recuperar la biodiversidad para 2030 mediante acciones concretas como la protección de ecosistemas, restauración de sistemas degradados y transformación de prácticas agrícolas, con el fin de garantizar la sostenibilidad y responder a la creciente preocupación por la pérdida de biodiversidad. COMUNICACIÓN DE LA COMISIÓN AL PARLAMENTO EUROPEO, AL CONSEJO, AL COMITÉ ECONÓMICO Y SOCIAL EUROPEO Y AL COMITÉ DE LAS REGIONES, Estrategia de la UE sobre la biodiversidad de aquí a 2030. Reintegrar la naturaleza en nuestras vidas, Bruselas, 20.5.2020, COM(2020) 380 final. En cuanto a los sumideros de carbono, según el Informe especial sobre el cambio climático y la tierra de 2019, elaborado por el Grupo Intergubernamental de Expertos sobre el Cambio Climático (IPCC), la deforestación contribuye por sí misma al 11 % de las emisiones totales de gases de efecto invernadero. MASSON-DELMOTTE, V. (et. al.), *El cambio climático y la tierra Informe especial del IPCC sobre el cambio climático, la desertificación, la degradación de las tierras, la gestión sostenible de las tierras, la seguridad alimentaria y los flujos de gases de efecto invernadero en los ecosistemas terrestres*, IPCC, 2019. https://www.ipcc.ch/site/assets/uploads/sites/4/2020/06/SRCCL_SPM_es.pdf (consultada el 4 de mayo de 2025).

los bosques para su sustento, afectando su economía y cultura. La destrucción del hábitat también incrementa el riesgo de emergencias sanitarias, como la propagación de enfermedades zoonóticas, representando una amenaza global para la salud pública[832]. Este problema se agrava debido a la corrupción y la falta de regulación efectiva en muchos países ricos en recursos forestales, lo que facilita la explotación insostenible por actores locales y multinacionales[833].

Varios programas y acuerdos internacionales buscan abordar la deforestación y promover la gestión sostenible de los bosques. Entre ellos destaca el programa *REDD+* (*Reducing Emissions from Deforestation and Forest Degradation*) de la Convención Marco de las Naciones Unidas sobre el Cambio Climático, centrado en mitigar el cambio climático reduciendo las emisiones de gases de efecto invernadero causadas por la deforestación[834]. También

---

832 Considerando número 3 del Reglamento (UE) 2023/1115 del Parlamento Europeo y del Consejo, de 31 de mayo de 2023, relativo a la comercialización en el mercado de la Unión y a la exportación desde la Unión de determinadas materias primas y productos asociados a la deforestación y la degradación forestal, y por el que se deroga el Reglamento (UE) nº 995/2010.

833 De acuerdo con los informes de INTERPOL, los delitos forestales constituyen un delito internacional grave que representa entre el 15% y el 30% del comercio maderero mundial, con un valor estimado entre 51.000 y 152.000 millones de dólares anuales, llegando a alcanzar la tala ilegal entre el 50% y el 90% de la tala total en muchos países tropicales, por lo que representa además una importante pérdida de ingresos fiscales para los países productores. INTERPOL, *Foresty Crime,* February 2021. https://www.interpol.int/content/download/17367/file/Forestry%20Crime%20Fact%20sheet%202021.pdf (consultada el 19 de enero de 2025).

834 Adoptada en Nueva York en 4 de junio de 1992. Sobre la UNFCCC, véase la web de las naciones unidas "Qué es la Convención Marco de las Naciones Unidas sobre el Cambio Climático", https://unfccc.

existen acuerdos como *CITES* (*Comercio Internacional de Especies Amenazadas*)[835] y el *FLEGT* (*Plan de Acción para la Aplicación de las Leyes, Gobernanza y Comercio Forestales*)[836], así como *el Reglamento (UE) 2023/1115 de 31 de mayo de 2023 relativo a la comercialización de materias primas y productos asociados a la deforestación y la degradación forestal*, han proporcionado un marco legal que pretende asegurar la trazabilidad y legalidad de los productos madereros comercializados dentro de la Unión Europea.

Las cadenas de valor de la madera, especialmente en el contexto de la tala ilegal en bosques tropicales, se estructuran de manera similar a las cadenas de valor de los minerales de conflicto[837].

Estas cadenas comienzan con grandes empresas forestales que operan en regiones como América del Sur, África y el sudeste asiático[838]. En este primer eslabón, también participan

---

int/es/process-and-meetings/que-es-la-convencion-marco-de-las-naciones-unidas-sobre-el-cambio-climatico (consultada el 29 de junio de 2025).

835 Convenio sobre el Comercio Internacional de Especies Amenazadas de Fauna y Flora Silvestres (CITES), hecho en Washington el 3 de marzo de 1973.

836 Resolución del Parlamento Europeo sobre la aceleración de la ejecución del Plan de acción de la Unión Europea sobre la aplicación de las leyes, gobernanza y comercio forestales (FLEGT), 7 de julio de 2005, P6_TA(2005)0300.

837 Destacando los casos de comercialización internacional de madera extraída ilegalmente en la región de la Amazonía. PALOMO, R., "Así se 'lava' la madera ilegal del Amazonas", *El País*, 23 de agosto de 2021. https://elpais.com/planeta-futuro/2021-08-23/asi-se-lava-la-madera-ilegal-del-amazonas.html; AMANTEGUI GUEZALA, A., "La tala ilegal de la Amazonia brasileña, al descubierto", *La Vanguardia*, 24 de diciembre de 2021. https://www.lavanguardia.com/natural/20211224/7949326/tala-ilegal-amazonia-brasilena-pmv.html (consultadas el 18 de febrero de 2025).

838 América latina y el Caribe son las regiones del mundo con mayor área forestal en proporción a su superficie total, representando las

pequeños productores locales, donde la madera y productos derivados juegan un papel clave en la economía y la generación de empleo[839]. Estas empresas son responsables de garantizar prácticas de tala sostenibles y deben recoger información sobre el origen y condiciones de explotación. En la etapa intermedia, la madera es transportada a plantas de procesamiento, donde se mezclan productos de diversas procedencias, dificultando la trazabilidad. Finalmente, las grandes corporaciones multinacionales distribuyen estos productos a través de una red compleja que incluye fabricantes de muebles y materiales de construcción, hasta llegar al consumidor final[840].

---

cadenas de valor de la madera una importante fuente de empleo y de ingresos. La FAO, en colaboración con la Universidad de Georgia, estimó que en 2015 la industria de la madera contribuyó con 46,02 mil millones de dólares al Producto Interno Bruto (PIB) de las economías nacionales en los países de América Latina y el Caribe, representando el 1% del PIB de la región. LI, Y./MEI, B./LINHARES-JUVENAL, T./FORMENTON CARDOSO, N./TSHERING, C., "Forest sector contribution to national economies 2015. The direct, indirect and induced effects on value added, employment and labour income", *FAO,* Forestry Working Paper No. 33. Rome, 2022.

839 El empleo total en el sector forestal global en 2019 se estimó en 33.3 millones de empleados formales e informales. La contribución directa combinada de los sectores forestales formales e informales al empleo en 2017-2019 fue de 2.8 millones de empleos en América (América del Norte, América Latina y el Caribe). La mitad de esta cifra se refiere al sector informal (basado en datos desglosados para 13 países). Por ejemplo, en Brasil, aproximadamente el 67% del sector forestal total y el 52% de la fuerza laboral de la industria de la madera es informal. FAO, LATIN AMERICAN AND CARIBBEAN FORESTRY COMMISSION, *Sustainable wood value chains,* p. 6.

840 En detalle sobre la estructura y gobernanza de las cadenas de valor de la madera y sus productos derivados tras la globalización, CASHORE, B./POHNAN, E./STONE, M.W., "Impact of Globalization on forest users: trends and opportunities", en HANSEN, E./PANWAR, R./VLOSKY, R., *The Global Forest Sector: Changes, Practices, and Prospects,* Taylor & Francis Group, Boca Raton, 2014, pp. 15-40.

Estos ejemplos de las cadenas de valor de los minerales de conflicto y la madera muestran cómo las grandes empresas multinacionales, que operan en los primeros eslabones, tienen la capacidad de asegurar la trazabilidad de los productos. Sin embargo, a medida que las cadenas productivas se fragmentan, la información debe transmitirse a una red cada vez más atomizada de productores y consumidores intermedios. Este tipo de cadenas productivas pone en evidencia las limitaciones de los sistemas de certificación y estandarización de los derechos humanos que se han desarrollado en el ámbito de la RSC[841], que ahora podemos abordar desde su implicación práctica.

Tomando como ejemplo el ámbito europeo para el comercio de la madera[842], hasta ahora se ha desarrollado un sistema basado en una serie de obligaciones de trazabilidad impuestas a los importadores de la Unión que tiene su origen en el *Reglamento (CE) nº 2173/2005 del Consejo, de 20 de diciembre de 2005, relativo al establecimiento de un sistema de licencias FLEGT aplicable a las importaciones de madera en la UE*[843], que se desarrollaron con

---

841 A las que nos referimos en el apartado II.B.i del Capítulo II, "Estandarización, certificación y auditoría de las prácticas de responsabilidad social corporativa"

842 Que cambiará completamente a partir del 30 de junio de 2025 y la entrada en vigor de todas las disposiciones del Reglamento (UE) 2023/1115 de 31 de mayo de 2023 referente a los productos asociados a la deforestación (art. 38).

843 Reglamento (CE) nº 2173/2005 del Consejo, de 20 de diciembre de 2005, relativo al establecimiento de un sistema de licencias FLEGT aplicable a las importaciones de madera en la Comunidad Europea. Fue modificado por el Reglamento (UE) n ° 657/2014 del Parlamento Europeo y del Consejo, de 15 de mayo de 2014, por el que se modifica el Reglamento (CE) n ° 2173/2005 del Consejo, en lo referente a la concesión de poderes delegados y competencias de ejecución a la Comisión; por el Reglamento Delegado (UE) 2016/1387 de la Comisión, de 9 de junio de 2016, por el que se modifican los

el *Reglamento (UE) 995/2010 de 20 de octubre de 2010*[844]. Estas normativas obligan a los importadores a desarrollar un sistema que facilite la obtención de información detallada sobre el producto, su origen y las condiciones de explotación[845]. Para garantizar el cumplimiento los Estados de la UE han designado sus propias entidades de supervisión, encargadas de verificar que las empresas han implementado un sistema de trazabilidad adecuado[846].

En este marco, las empresas han venido demostrado su cumplimiento mediante la estandarización de prácticas y la certificación de proveedores y productos, siendo el sello FSC una de las iniciativas más utilizadas en la industria de la madera[847]. En este sistema, las empresas productoras que operan en los primeros eslabones de la cadena obtienen la certificación FSC

---

anexos I y III del Reglamento (CE) n° 2173/2005 del Consejo tras un Acuerdo de Asociación Voluntaria con Indonesia relativo a un sistema de licencias FLEGT aplicable a las importaciones de madera en la Unión Europea; y por el Reglamento (UE) 2019/1010 del Parlamento Europeo y del Consejo, de 5 de junio de 2019, relativo a la adaptación de las obligaciones de información en el ámbito de la legislación relativa al medio ambiente y por el que se modifican los Reglamentos (CE) n.o 166/2006 y (UE) n.o 995/2010 del Parlamento Europeo y del Consejo, las Directivas 2002/49/CE, 2004/35/CE, 2007/2/CE, 2009/147/CE y 2010/63/UE del Parlamento Europeo y del Consejo, los Reglamentos (CE) n.o 338/97 y (CE) n.o 2173/2005 del Consejo, y la Directiva 86/278/CEE del Consejo.

844 Art. 4 del Reglamento (UE) 995/2010 de 20 de octubre de 2010.

845 Art. 6 del Reglamento (UE) 995/2010 de 20 de octubre de 2010.

846 Art. 8 del Reglamento (UE) 995/2010 de 20 de octubre de 2010. En España, la entidad de supervisión responsable de la aplicación del Reglamento es el Ministerio de Agricultura, Pesca y Alimentación, a través de la Dirección General de Desarrollo Rural, Innovación y Política Forestal.

847 En el caso de los minerales, se sigue un modelo similar prestando los servicios para la estandarización y la certificación la iniciativa Aseguramiento de Minerales Responsables (RMI).

para sus productos con la que acreditan la sostenibilidad de sus prácticas. Los agentes en los eslabones posteriores confían en este sello para garantizar que los productos que compran cumplen con las normativas aplicables, aunque no tengan acceso directo a la información concreta sobre cómo se ha obtenido la madera que están adquiriendo[848]. Aunque este sistema de certificación simplifica los procesos, no aumenta la transparencia de la cadena de valor ya que la información relevante se sustituye por un simple sello y número de lote, lo que dificulta la identificación de los proveedores indirectos y sus prácticas.

Mediante este modelo de certificación lo que se hace es dar mayor visibilidad a las empresas que cumplen con los requisitos y prácticas estandarizadas establecidas por la entidad certificadora del producto, como en este caso FSC, pero en realidad no se dota de mayor transparencia a la cadena de valor. Ello se debe a que la información no se encuentra disponible para los eslabones finales de la cadena, sino que queda almacenada por la empresa productora y por la entidad encargada de otorgar "el sello", por lo que no se crea un verdadero registro en el que se pueda consultar la procedencia y condiciones de extracción de los productos que se comercializan. Además, la ausencia de dicha información y su sustitución por un simple sello y número de lote no ayuda a crear una mayor concienciación con un consumo sostenible y una cultura de cumplimiento.

Al contrario, dado que toda la información relevante que justifica la utilidad del sello se "pierde" ante la preponderancia de este, en la práctica lo que ocurre es que los operadores de los eslabones intermedios y finales de la cadena adquieren productos con un sello que les "garantiza" su cumplimiento sin mayores preocupaciones. Mediante la adopción del *Reglamento (UE) 2023/1115 de 31 de mayo de 2023 relativo a la comercialización de materias primas y*

---

848 Sobre el sistema de certificación FSC, vid su web, https://es.fsc.org/es-es/sistema-de-certificacion-fsc (consultada el 6 de mayo de 2025).

productos asociados a la deforestación y la degradación forestal se pretende corregir estas deficiencias, transitando hacia un verdadero modelo de diligencia debida para que las empresas adopten una actitud proactiva a la hora de detectar y mitigar los riesgos.

C. Cadenas productivas estratificadas construidas sobre la base de una multitud de pequeños y medianos productores: las industrias textil y agroalimentaria

iii. Las cadenas de valor de la industria textil y del calzado

Las cadenas de valor de la industria textil y del calzado han llamado la atención de la comunidad internacional por la precariedad laboral y los graves accidentes industriales[849]. Uno de los más importantes sucedió el 24 de abril de 2013, con el colapso del edificio *Rana Plaza* en Daca, considerado el accidente industrial más grave de la historia y calificado por algunos sindicatos como un "homicidio industrial masivo"[850], en el

---

[849] Muchas multinacionales de la industria textil que se han visto envueltas en escándalos relacionados con las condiciones similares a la esclavitud de los trabajadores de sus proveedores ubicados en el sudeste asiático son *Adidas, H&M, Marks and Spencer, GAP*, o *Joe Fresh,* lo que evidencia lo extendidas que se encuentran estas prácticas en las cadenas de valor globales textiles. Todos estos casos pueden consultarse en el informe que la ONG Human Rights Watch publicó en 2015 fruto de sus investigaciones en las fábricas textiles ubicadas en Camboya. HUMAN RIGHTS WATCH, *"Work Faster or Get Out" Labor Rights Abuses in Cambodia's Garment Industry,* 2015, pp. 14-15. https://www.hrw.org/report/2015/03/12/work-faster-or-get-out/labor-rights-abuses-cambodias-garment-industry (consultada el 25 de abril de 2025).

[850] GARRIDO SOTOMAYOR, V., "5 Aniversario del homicidio industrial de Rana Plaza, Bangladesh", CCOO Industria, 2018. https://www.ccoo.es/dac648b9e53769bab71d243b0a4275a8000001.pdf (consultada el 14 de abril de 2025).

que perdieron la vida 1.129 personas y aproximadamente otras 2.500 resultaron heridas[851]. En el edificio, que había sido diseñado para oficinas, se habían instalado cinco talleres textiles que actuaban como proveedoras de multinacionales occidentales como *Mango, El Corte Inglés, Primark, C&A, KiK, Wal-Mart, Children's Place* o *Benetton,* entre otras[852].

Las cadenas de valor textiles se han visto especialmente afectadas por las prácticas de deslocalización de la producción. Durante la década de 1970, las grandes empresas textiles expandieron su mercado hacia un modelo de "masificación de la moda", en el que las grandes inversiones en publicidad se compensaron con un recorte de costes laborales. Para ejecutar este proceso, las grandes marcas de la moda reorganizaron sus cadenas de valor, reduciendo la producción en sus propias fábricas y subcontratando las fases de mano de obra intensiva a múltiples proveedores ubicados en países periféricos del sudeste asiático y América del Sur, o zonas periféricas de grandes ciudades como Nueva York, Los Ángeles, Londres y París[853].

---

851 MASUD, K., "Grandes historias 2013: el derrumbe en Bangladesh que sacudió la industria textil", *BBC News Mundo,* 26 de diciembre de 2013. https://www.bbc.com/mundo/noticias/2013/12/131127_grandes_historias_2013_edificio_bangladesh_yv (consultada el 14 de abril de 2025).

852 Aunque el día anterior al colapso del edificio se habían detectado grandes grietas estructurales que amenazaban la integridad del inmueble, los propietarios del edificio y de las fábricas en él instaladas —actuando en connivencia con los dirigentes políticos municipales— no hicieron caso a las órdenes de evacuación y ordenaron a sus trabajadores que continuasen con la faena. INDUSTRIALL GLOBAL UNION, "Mueren centenares de trabajadores de la confección en Bangladesh", 25 de abril de 2013. https://www.industriall-union.org/es/mueren-centenares-de-trabajadores-de-la-confeccion-en-bangladesh (consultada el 13 de abril de 2025).

853 La deslocalización de la producción textil ha sido significativa en las últimas décadas. Países como Bangladesh, Vietnam, India y China se

En estas cadenas de valor la transparencia resulta fundamental para conocer el origen de los materiales textiles y las condiciones en las que se procesan, tejen y confeccionan las prendas. La trazabilidad, desde el campo de algodón, las fábricas de tejido y confección, hasta la venta del producto en las tiendas a los clientes finales, resulta fundamental para identificar a la multiplicidad de actores que participan en las tareas de producción[854].

Las cadenas productivas de esta industria son notoriamente largas y complejas, pero, a diferencia de los diamantes y de los minerales, donde los eslabones iniciales son ocupados principalmente por grandes empresas multinacionales, en el ámbito textil y del calzado encontramos múltiples pequeños y medianos productores en las diferentes fases del proceso productivo: cultivo de fibras, hilado, tejido, confección, y finalmente, la distribución y venta al por menor[855].

---

han convertido en centros neurálgicos de la producción textil. Estas regiones ofrecen costes laborales bajos y capacidad de producción a gran escala, atrayendo a grandes corporaciones textiles. MONTERO, J., "Discursos de moda. ¿Cómo justificar la explotación de inmigrantes en talleres de costura?", *Trabajo y sociedad: Indagaciones sobre el empleo, la cultura y las prácticas políticas en sociedades segmentadas,* N° 23, 2014, pp. 108-110.

854 La trazabilidad se refiere al método mediante el cual las compañías monitorean los materiales y productos, así como las condiciones en que estos fueron fabricados, a lo largo de su cadena de suministro. Debemos destacar que, aunque la trazabilidad actúa como un instrumento útil que permite a las empresas adquirir información sobre los participantes en etapas más altas de su cadena de suministro, no deben limitarse únicamente a este proceso. OECD, *Guía de la OCDE de debida diligencia para cadenas de suministro responsables en el sector textil y del calzado,* p. 55.

855 Se estima que al sector textil se dedican más de 75 millones de personas en todo el mundo y que existe una mano de obra oculta del 94% en las cadenas de valor globales. GUAMÁN, A./LUQUE GONZÁLEZ,

Tras la tercerización de la producción, las grandes empresas de moda se convirtieron en "fabricantes sin fábricas", utilizando su poder económico para dictar precios y condiciones de producción, lo que ha generado bajos salarios, condiciones laborales precarias y problemas ambientales. Los talleres textiles, a menudo clandestinos y ocultos tras "fábricas pantalla", forman parte de esta cadena oculta, con intermediarios que permiten a las grandes marcas desvincularse de la informalidad y la responsabilidad por las vulneraciones de derechos humanos[856].

La pandemia de *COVID-19* puso de manifiesto la fragilidad de estos operadores, cuando las grandes multinacionales cancelaron pedidos por miles de millones de euros, dejando a los proveedores y trabajadores sin ingresos[857]. Ante esta situación, las grandes marcas deben establecer garantías contractuales para asegurar el respeto de los derechos humanos a lo largo de su cadena productiva. Además, estas cláusulas deben ir acompañadas de condiciones económicas y organizativas que permitan a los proveedores cumplir con las exigencias de diligencia debida, evitando prácticas que, en la práctica, imposibilitan el respeto de los derechos humanos.

A., "Cadenas de suministro, derechos humanos, Empresas Transnacionales e industria textil: de los AMI a un Instrumento Internacional Jurídicamente Vinculante", *Cuadernos de Relaciones Laborales,* 37(1), 2019, p. 396.

856 GALLO, P., "La responsabilidad penal de las `grandes marcas´ por la explotación laboral en los talleres textiles clandestinos de Argentina", en VIOQUE GALIANA, L.M. (coord.), *Verdes y justas: responsabilidad penal y diligencia debida en las organizaciones multinacionales,* Volumen II, BOE, Madrid, 2025, pp. 279-294.

857 Sobre las consecuencias de la pandemia del COVID-19 en las cadenas de valor globales, con especial referencia a la industria textil, VOSS, H., "Implications of the COVID-19 pandemic for human rights and modern slavery vulnerabilities in global value chains", *Transnational Corporations Journal,* vol. 27, nº2, 2020, pp. 113-126.

iv. Las cadenas de valor agroalimentarias

El último ejemplo de cadena de valor que estudiaremos, referida a la industria agroalimentaria, también se ha visto afectada por graves y generalizadas violaciones de derechos humanos en sectores como el del cacao, especialmente en relación con el trabajo infantil[858]. La cadena de valor agroalimentarias globales son complejas y abarcan desde la producción primaria (cultivo, cría de ganado, etc.) hasta el procesamiento, empaquetado, transporte, distribución y venta al detalle de productos alimenticios.

Las grandes corporaciones multinacionales dominan estas cadenas, concentrando grandes extensiones de cultivos en regiones como África, Sudamérica, el Sudeste Asiático o el sur de Europa. Aunque muchos pequeños agricultores también participan en estas cadenas, la producción tiende a concentrarse en regiones que ofrecen ventajas como bajos costes de mano de obra o regímenes regulatorios más flexibles, lo que no siempre trae efectos positivos para las economías locales[859].

---

858 De acuerdo con el informe realizado por los Gobiernos de Costa de Marfil y de Ghana, el Departamento de Trabajo de los EE.UU. y la *International Chocolate and Cocoa Industry*, entre 2010 y 2020 el trabajo infantil en las cadenas de valor globales de cacao aumentó del 30% al 41%. GOVERNMENT OF CÔTE D'IVOIRE/GOVERNMENT OF GHANA/U.S. DEPARTMENT OF LABOR/INTERNATIONAL CHOCOLATE AND COCOA INDUSTRY, *CLCCG REPORT: 2010-2020 Efforts to Reduce Child Labor in Cocoa*, 2022. https://www.dol.gov/sites/dolgov/files/ILAB/reports/CLCCG-Ten-Year-Report.pdf (consultada el 1 de junio de 2025).

859 Como ejemplo la cadena de valor del cacao, donde la demanda del cacao se produce principalmente por las empresas productoras de chocolate, entre las que destacan grandes grupos empresariales como Mars (EE.UU.), Ferrero Group (Luxemburgo/Italia) o Nestlé (Suiza); demandado las 5 compañías con mayor volumen de negocio el 50% de la producción mundial de cacao. En

Si bien, al igual que en el caso de la industria textil, las cadenas de valor agroalimentarias se construyen sobre múltiples pequeños y medianos productores que dan servicio a las grandes multinacionales de la alimentación, otros grupos multinacionales también se encuentran indirectamente detrás de la producción de estos agentes. Y es que, Aunque la producción agroalimentaria parece fragmentada y competitiva, un estudio de 2013 reveló que un pequeño grupo de multinacionales, en su mayoría norteamericanas y europeas, controla gran parte del comercio mundial de productos clave en esta industria. En el ámbito de las semillas, unas pocas multinacionales controlan más de la mitad del mercado[860], y en el caso de pesticidas y fertilizantes,

---

mayor detalle sobre las cadenas de valor globales de cacao, MORENO MELGAREJO, A./ESPÍN OCAMPO, J./MUÑOZ DE CUERVA, L.L./MATTERA, M., "La transformación en la cadena de suministros de la industria del caco y su relación con los derechos Humanos", en OVEJERO PUENTE, A.M. (Coord.), *Derechos Humanos y Empresa: Balance y situación actual sobre el cumplimiento de los tres pilares*, Tirant lo Blanch, Valencia, 2020, pp. 309-317.

860 Monsanto (EE. UU., desde 2016 su propietaria es la multinacional alemana Bayer), DuPont Pioneer (EE. UU.), Syngenta (Suiza) y Vilmorin (perteneciente a la corporación multinacional francesa Groupe Limagrain) controlaban el 58% del mercado mundial. las 10 principales compañías (entre las que se incluían dos japonesas) el 75,3% del mercado mundial, lo que supone una cantidad total de 34.495 millones de dólares. Y la cuota de mercado de estos gigantes corporativos se encuentra en expansión hacia las zonas más deprimidas del mundo, pues en 2013, momento en el que se realizó el estudio, una de las compañías dedicadas al comercio de semillas más importante del mundo, la suiza Syngenta, contrató a 700 personas e invirtió 500 millones de dólares para abrir nuevos mercados en países como Ghana, Etiopia, Tanzania, Mozambique, Costa de Marfil, Nigeria o Kenia. ETC GROUP, *Putting the Cartel before the Horse ...and Farm, Seeds, Soil, Peasants, etc. Who Will Control Agricultural Inputs, 2013?*, September, 2013, nº 111, pp. 6-10. https://www.etcgroup.org/files/CartelBeforeHorse11Sep2013.pdf (Consultada el 8 de mayo de 2025).

apenas unas cuantas compañías dominan más de tres cuartas partes del mercado global[861]. Esto se traduce en que muchos de los químicos que impactan negativamente la salud y el medio ambiente se utilizan en países del sur global[862].

Este nivel de concentración muestra que las cadenas de valor agroalimentarias están lejos de ser mercados libres, y más bien, están controladas por cárteles y oligopolios en sectores fundamentales para la alimentación mundial. Además de semillas y productos agroquímicos, este control se extiende a áreas como productos farmacéuticos para animales, genética ganadera, e investigación avícola y bovina. Esta estructura de poder hace que el mercado sea más opaco, bajo un "gobierno invisible" que dificulta conocer el nivel de control del mercado ejercido por dichas multinacionales[863].

---

861 Podemos comprobar que algunas de las corporaciones que lideraban el mercado de semillas también lo hacían en el de productos agroquímicos: Syngenta (Suiza), Bayer CropScience (Alemania), BASF (Alemania), Dow AgroSciences (EE. UU.), Monsanto (EE. UU., desde 2016 su propietaria es la multinacional alemana Bayer) y DuPont (EE. UU.). En el mercado de agroquímicos, las once mayores empresas ocupan el 97,8% del mercado global, lo que supuso un total de 44.015 millones de dólares en 2013. ETC GROUP, *Putting the Cartel before the Horse ...and Farm, Seeds, Soil, Peasants, etc. Who Will Control Agricultural Inputs, 2013?*, pp. 10-15.

862 Por ejemplo Suráfrica, donde los gastos en pesticidas se incrementaron un 59% entre 1999 y 2009, proveyéndose otro aumento del 55% hasta el 2019. De acuerdo con el estudio, el uso de pesticidas ha causado daños en 37 países del África subsahariana, con unos costes para los pequeños agricultores de más de 4.400 millones de dólares en concepto de días de trabajo perdidos, tratamientos médicos y hospitalizaciones. ETC GROUP, *Putting the Cartel before the Horse ...and Farm, Seeds, Soil, Peasants, etc. Who Will Control Agricultural Inputs, 2013?*, p. 15-18.

863 ETC GROUP, *Putting the Cartel before the Horse ...and Farm, Seeds, Soil, Peasants, etc. Who Will Control Agricultural Inputs, 2013?*. p. 3.

En Europa, la estrategia "*de la granja a la mesa*", presentada por la Comisión Europea en 2020 como parte del Pacto Verde Europeo, busca transformar el sistema alimentario para que sea justo, saludable y respetuoso con el medio ambiente[864].El objetivo es acelerar la transición hacia un sistema alimentario sostenible que mitigue el cambio climático, revierta la pérdida de biodiversidad y garantice el acceso a alimentos seguros, nutritivos y sostenibles para todos. En este contexto, la diligencia debida en derechos humanos debe evaluar tanto los riesgos asociados a la producción como las prácticas monopolísticas que pueden afectar a los pequeños productores. Además, la trazabilidad debe ir más allá de rastrear el origen de los productos, e incluir la documentación y divulgación de las prácticas de todos los proveedores en cada nivel de la cadena de valor, dado el control que ejercen las grandes multinacionales sobre cada eslabón.

III TIPOLOGÍAS DE VULNERACIONES DE DERECHOS HUMANOS EN LAS CADENAS PRODUCTIVAS GLOBALES

El fenómeno de las vulneraciones de los derechos humanos en las cadenas productivas globales es, desafortunadamente, amplio y complejo[865]. Las empresas tienen la capacidad de influir

---

864 COMUNICACIÓN DE LA COMISIÓN AL PARLAMENTO EUROPEO, AL CONSEJO, AL COMITÉ ECONÓMICO Y SOCIAL EUROPEO Y AL COMITÉ DE LAS REGIONES, Estrategia «de la granja a la mesa» para un sistema alimentario justo, saludable y respetuoso con el medio ambiente, Bruselas, 20.5.2020, COM(2020) 381 final.

865 En un estudio en el que se analizan diferentes casos de vulneraciones de derechos humanos admitidos ante los tribunales de los Estados miembro de la UE, se concluye que el número de asuntos que llegan a los tribunales es mucho menor al número de casos en los que se producen violaciones de derechos humanos con participación corporativa y que las víctimas encuentran enormes

prácticamente en todos los derechos humanos reconocidos a nivel internacional[866]. Por esta razón, es probable que el

---

dificultades para el ejercicio de sus derechos. GARCÍA ESTEBAN, A./PATZ, C. (et. Al.), *Suing Goliath An analysis of civil proceedings brought against EU companies for human rights abuses and environmental harm in their global operations and value chains, and key recommendations to improve access to judicial remedy,* European Coalition for Corporate Justice (ECCJ), Brussels, September 2021. En la web de *Business Human Rights* puede consultarse un listado de los casos más recientes, https://www.business-humanrights.org/en/corporate-legal-accountability/case-profiles/complete-list-of-cases-profiled (consultada el 25 de mayo de 2025). Una interesante exposición de Jacobo Dopico Gómez-Aller sobre las consecuencias negativas de la deslocalización productiva y del desarrollo de largas cadenas de suministros en zonas geográficas donde los estándares de protección por sus autoridades nacionales de los derechos humanos y el medio ambiente son más laxos, MOOC ESPONSABILIDAD PENAL DE EMPRESAS MULTINACIONALES POR VIOLACIONES DE DERECHOS HUMANOS, *Módulo 1. Empresas multinacionales y violaciones de derechos humanos,* Video 1, Casuística reciente, Jacobo Dopico Gómez-Aller, https://blog.uclm.es/repmult/2022/12/31/modulo-1-empresas-multinacionales-y-violaciones-derechos-humanos/ (consultada el 7 de noviembre de 2024).

866 Amnistía internacional ha realizado investigaciones sobre violaciones de derechos humanos en las cadenas de valor globales, incluyendo, por ejemplo, el informe sobre la explotación infantil en las minas de cobalto de la República Democrática del Congo, mineral que resulta necesario para la fabricación de las baterías de litio utilizadas en los productos electrónicos. AMNESTY INTERNATIONAL, *This is what we die for": Human rights abuses in the Democratic Republic of the Congo power the global trade in cobalt,* Amnesty International Ltd., 2016. https://www.amnesty.org/en/documents/afr62/3183/2016/en/ (consultada el 29 de mayo de 2025). Por su parte, Observatorio de Multinacionales en América Latina ha publicado diversos estudios sobre la explotación de recursos y el impacto de las empresas multinacionales en los derechos humanos en América Latina (https://omal.info/spip.php?article9369). (consultada el 29 de mayo de 2025).

intento de elaborar un listado cerrado de riesgos omita uno o más derechos que podrían ser impactados en el caso específico, lo que resultaría en una orientación errónea. Estas conductas no representan exclusivamente un problema de criminalidad, sino también un fenómeno que surge de la precariedad del mercado laboral, la desigualdad económica y la vulnerabilidad de ciertos grupos sociales, especialmente los inmigrantes. Por ello, para abordar este problema de manera efectiva, es necesario considerar reformas estructurales que mejoren las condiciones laborales de las cadenas productivas y reduzcan las desigualdades[867].

En el marco de la diligencia debida es importante determinar tanto la conducta como el resultado para delimitar en qué consiste una vulneración de los derechos humanos. En cuanto a la conducta, mientras que, tradicionalmente, para poder atribuir a una empresa el estigma de una violación de derechos humanos se venía considerando que era indispensable la participación del Estado en el hecho que causa el daño, con el modelo de la diligencia debida se renuncia expresamente a tal contribución soberana al daño específico cuando nos referimos al control de la actividad de las filiales y los proveedores de las cadenas productivas globales. Consiste en un enfoque distinto. No se trata de determinar el grado de colaboración de la empresa con el Estado en la violación de derechos humanos para establecer su responsabilidad, sino que es la determinación del grado de incumplimiento de las obligaciones propias de diligencia debida lo que genera la responsabilidad en el caso de que las filiales o proveedores se vean involucrados en violaciones de derechos humanos.

---

867 MONGILLO, V., "Forced labour e sfruttamento lavorativo nella catena di fornitura delle imprese: strategie globali di prevenzione e repressione", pp. 651-654.

En relación con el resultado, se debe determinar cuál debe ser el grado de intensidad del daño para que pueda considerarse, como tal, una violación o vulneración de derechos humanos y no un simple abuso de derecho.

Las normativas que están traduciendo las recomendaciones de diligencia debida en obligaciones de cumplimiento normativo están detallando los derechos cubiertos en atención a multitud de tratados y convenciones internacionales, que van desde crímenes internacionales, como el genocidio o la tortura y otros tratos degradantes, hasta la determinación de la duración máxima de la jornada laboral o el tratamiento de residuos de productos que contienen mercurio. Con ello, se está configurando un catálogo de posiciones jurídicas protegidas de los *stakeholders* que están dando un sentido muy amplio al concepto de violación o vulneración de los derechos humanos en el ámbito corporativo[868].

El término "derechos humanos" puede tener distintos significados para diferentes personas y organizaciones[869]. En la actualidad, se observa una tendencia a acusar a las empresas occidentales de violar los derechos humanos sin considerar adecuadamente la conducta lesiva, ni mucho menos su tipicidad. Más bien, parece existir una percepción de que se están vulnerando los derechos humanos simplemente por la existencia de una desigualdad estructural dentro de las cadenas productivas globales, que se manifiesta en una brecha de prosperidad entre los clientes occidentales y las empresas proveedoras en el "sur global".

---

868 Catálogo de posiciones jurídicas protegidas en el marco de la diligencia debida en derechos humanos que desglosamos en el apartado II.B del Capítulo V, "Posiciones jurídicas protegidas que delimitan el concepto de "riesgo" en relación con los derechos humanos".

869 PETRASEK, D., *Beyond voluntarism. Human rights and the developing international legal obligations of companies*, International Council on Human Rights Policy, London, 2002, p. 21.

Si el colapso del edificio *Rana Plaza* o el incendio en la fábrica de *Ali Enterprises* hubieran ocurrido en un país europeo, probablemente se habría tratado como un trágico accidente, castigando a los responsables, pero difícilmente se habría calificado como una violación de derechos humanos[870]. Sin embargo, en el caso de una tortura, independientemente de dónde ocurra, siempre se consideraría una violación de los derechos humanos. El origen de la víctima o del agresor, el lugar donde ocurre el daño o la capacidad financiera de las partes no deberían influir en la protección de los derechos humanos. En un sistema basado en derechos humanos universales e indivisibles, que deben aplicarse a todas las personas en cualquier lugar y circunstancia, no debería haber espacio para interpretaciones que ajusten su alcance en función de criterios jurídicos arbitrarios.

Aunque este enfoque amplio sobre los derechos humanos puede desviar la atención de la gravedad real de las infracciones, es útil en discursos ideológicos que priorizan temas como el trabajo digno y el desarrollo sostenible. Sin embargo, esta concepción tan amplia podría desvirtuar las garantías de los derechos humanos, al equipararlas con el incumplimiento de normas menos graves, como las de protección laboral. Por ello, las referencias a violaciones de derechos humanos deberían reservarse para situaciones de "gravedad excepcional", caracterizadas por un "desprecio cínico" hacia estos derechos y una "crueldad especial" en la búsqueda desmedida de beneficios[871].

La necesidad de concretar qué comportamientos o resultados específicos deberían conllevar la responsabilidad corporativa

---

[870] BLACH, J., "Menschenrechtsschutz durch Billigkeitshaftung Konzeptionelle Überlegungen :zur Haftungsverfassung von Wertschöpfungsk, etten", *CCZ*, 1-2/2022, p. 15.

[871] BLACH, J., "Menschenrechtsschutz durch Billigkeitshaftung Konzeptionelle Überlegungen :zur Haftungsverfassung von Wertschöpfungsk, etten", p. 16.

resulta fundamental para la seguridad jurídica. Esta situación nos lleva a preguntarnos, ¿debería una empresa ser responsable por actos que, aunque legales en una jurisdicción, serían considerados vulneraciones de los derechos humanos en el lugar en el que se encuentra la sede de la matriz del grupo corporativo? Algunos de estos instrumentos internacionales son percibidos como insuficientes o "vacíos", en el sentido de que no proporcionan bases claras y justificables para la toma de decisiones efectivas en contextos específicos. Esta falta de contenido concreto puede resultar en una aplicación inconsistente y en la dificultad para establecer responsabilidades claras para las entidades corporativas y los Estados[872].

Además, los derechos humanos representan obligaciones de protección que competen inicialmente al Estado y tienen una relevancia fundamental que antecede a la creación y asignación de derechos subjetivos en el ámbito del derecho privado. Aunque los derechos humanos influyen en el reconocimiento y la distribución de estos derechos subjetivos, su aplicación

---

872 Estos tratados y convenios están alcanzando mayor detalle mediante las interpretaciones de las Comisiones de Tratados de la ONU o las Comisiones de Expertos de la OIT, organismos encargados de clarificar y aplicar las normas internacionales. En el caso de los Comités de Expertos de la OIT, podemos distinguir entre los informes anuales, que tratan de forma principal sobre cuestiones fundamentales, y las solicitudes directas que no se publican, sino que se envían directamente a los gobiernos interesados. El informe anual contiene los denominados "estudios generales", que se refieren a determinados temas seleccionados por el Consejo Rector de la OIT y proporcionan detalles y definiciones sobre diferentes temas. Por ejemplo, en relación con la interpretación del convenio sobre trabajo forzoso, véase GENERAL REPORT, *Report of the Committee of Experts on the Application of Conventions and Recommendation*s (articles 19, 22 and 35 of the Constitution), International Labour Conference, 96th Session, 2007.

no se traduce directamente en relaciones jurídicas privadas de manera concreta y directa. Esto implica que, sin una normativa específica, los derechos humanos no son jurídicamente vinculantes para los actores privados, como las empresas.

Normativas como la LKSG aclaran que la responsabilidad empresarial solo surge cuando se afectan derechos humanos que están reconocidos como intereses jurídicos protegidos en el derecho nacional. Por ello, la normativa alemana establece, de una forma clara, que la responsabilidad solo puede surgir en el caso de que se vean afectados aquellos derechos humanos que han sido reconocidos como intereses jurídicos protegidos en el Derecho nacional[873].

Respecto al tipo de actividad empresarial que presenta mayores riesgos, la explotación de recursos naturales, como los minerales o la madera, además de los serios impactos ambientales inherentes a la actividad, causa impactos negativos sobre la seguridad humana, los derechos sociales, culturales y de género, lo que se traduce en la violación de una multiplicidad de derechos humanos[874]. El comercio de productos de venta al por menor y de consumo, como las industrias textil, alimentaria o tecnológica, con largas cadenas productivas que resultan poco sostenibles, concentran las denuncias por abusos sobre los derechos laborales. En relación con el lugar en el que se cometen estos impactos negativos sobre los derechos humanos, son mucho más frecuentes en zonas de gobernanza débil como en los Estados fallidos africanos, regiones

[873] BLACH, J., "Menschenrechtsschutz durch Billigkeitshaftung Konzeptionelle Überlegungen zur Haftungsverfassung von Wertschöpfungsketten", pp. 13-14.

[874] Sobre los impactos negativos sobre los derechos humanos derivados de la explotación de recursos naturales, CARDONA, M., "Explotación de recursos naturales y la protección internacional de derechos humanos", *Tiempo de Paz,* nº 136, primavera de 2020, pp. 25-33.

con serios déficits de gobernanza como en América del sur, o las ZFI más presentes en la región Asia-Pacífico.[875]

A continuación, con el objetivo de poner de manifiesto como la organización de las cadenas productivas globales ha generado situaciones de graves vulneraciones de los derechos humanos, aportamos un listado abierto con algunos ejemplos de las diferentes formas con las que la actividad corporativa puede impactar de forma negativa en la vida y el medio ambiente de las comunidades donde operan.

A. *Eventos que desembocan en muertes, lesiones graves, torturas y otros tratos degradantes*

A la hora de ponderar la gravedad de las formas en que las empresas multinacionales pueden impactar de forma negativa en los derechos humanos, en primer lugar, es necesario prestar atención a aquellas situaciones que afectan a la integridad de las personas y que constituyen los crímenes internacionales más graves, como el genocidio, los crímenes de lesa humanidad, la tortura y otros tratos degradantes. Estas categorías representan las violaciones más graves de derechos humanos y han sido reguladas por el Derecho internacional. Los contextos más vulnerables a estos graves crímenes son las regiones con gobernanza débil y afectadas por conflictos armados, donde los factores desencadenantes de los impactos negativos en los derechos humanos incluyen la debilidad institucional, la corrupción, y el desinterés o negligencia de las empresas a la hora de monitorear y mitigar sus riesgos.

---

875 Información sobre los derechos humanos principalmente afectados por la actividad corporativa en las cadenas de valor globales obtenida del estudio de 320 denuncias presentadas en el Business & Human Rights Resource Centre entre febrero de 2005 y diciembre de 2007. RUGGIE, J.G., *Just Business: Multinational Corporations and Human Rights,* pp. 41-51.

De acuerdo con la Convención para la Prevención y la Sanción del Delito de Genocidio de 1948[876], el genocidio incluye actos cometidos con la intención de destruir, total o parcialmente, a un grupo nacional, étnico, racial o religioso. Esto incluye actos como el asesinato de miembros del grupo, causarles daño físico o mental grave, imponer condiciones de vida calculadas para provocar su destrucción física, imponer medidas destinadas a prevenir nacimientos dentro del grupo, y la transferencia forzosa de niños del grupo a otro grupo[877]. Un caso aso emblemático en el que una multinacional si vio implicada en la financiación de un genocidio fue el del banco francés *BNP Paribas,* que en 1994 facilitó una transacción financiera que, presuntamente, permitió la compra de 80 toneladas de armas que fueron utilizadas en el genocidio de Ruanda, donde más de 800.000 personas, en su mayoría de la minoría tutsi, fueron asesinadas[878].

En cuanto a los crímenes de lesa humanidad, se definen en el ECPI como actos inhumanos de gran magnitud cometidos como parte de un ataque generalizado o sistemático contra cualquier población civil, con conocimiento de dicho ataque. Esto incluye el asesinato, exterminio, esclavitud, deportación, encarcelamiento, tortura, violación, y otros actos sexuales violentos, persecución por motivos políticos, raciales, nacionales, étnicos, culturales, religiosos o de género, y otros actos inhumanos que causan gran sufrimiento o afectan gravemente la integridad física o mental[879].

---

876 ASAMBLEA GENERAL, Convención para la Prevención y la Sanción del Delito de Genocidio, 9 de diciembre de 1948.

877 Artículo II de la Convención para la Prevención y la Sanción del Delito de Genocidio.

878 BHRRC, "NGOs file suit in France against BNP Paribas over alleged complicity in genocide in Rwanda",: https://www.business-humanrights.org/en/ngos-file- Demanda-en-Francia-contra-BNP-Paribas-por-supuesta-complicidad-en-genocidio-en-Ruanda. (consultada el 15 de mayo de 2025).

879 Artículo 7 del ECPI.

Como vimos al referirnos a las cadenas de valor de los diamantes y de los minerales, estos delitos pueden ser perpetrados tanto por gobiernos como por grupos paramilitares, a menudo gracias a la financiación que consiguen mediante la venta dichos minerales, por lo que se convierte en un ciclo de perpetuación. Algunos ejemplos son los desplazamientos forzados debido a robos, asesinatos, torturas, extorsiones, violaciones y piratería en el lago Tanganica, perpetrados originalmente por el Ejército Patriótico Ruandés y continuados por el Ejército Nacional Congoleño, la policía del Congreso para la Defensa del Pueblo-Goma y la milicia Banyamulenge[880]. El hallazgo de setecientos reclutas jóvenes en un campo de entrenamiento de las Fuerzas de Defensa del Pueblo de Uganda en Tchakwanzi, de los cuales ciento sesenta y cinco eran niños entre los 14 y 16 años, pone de manifiesto las peores consecuencias que pueden derivarse de una actividad comercial descontrolada[881].

La Convención contra la Tortura y Otros Tratos o Penas Crueles, Inhumanos o Degradantes de 1984[882], define la tortura como cualquier acto por el cual se inflige dolor o sufrimiento grave, ya sea físico o mental, intencionalmente a una persona para obtener, de ella o de un tercero, información o una confesión para castigarla por un acto que haya cometido o se sospeche que ha cometido, o para intimidar o coaccionar

---

880 CONSEJO DE SEGURIDAD, "Report of the Panel of Experts on the Illegal Exploitation of Natural Resources and Other Forms of Wealth of the Democratic Republic of the Congo", 12 de abril de 2001, p. 18.

881 CONSEJO DE SEGURIDAD, "Report of the Panel of Experts on the Illegal Exploitation of Natural Resources and Other Forms of Wealth of the Democratic Republic of the Congo", p. 16.

882 ASAMBLEA GENERAL, Convención contra la Tortura y Otros Tratos o Penas Crueles, Inhumanos o Degradantes, Adoptada y abierta a la firma, ratificación y adhesión por la Asamblea General en su resolución 39/46, de 10 de diciembre de 1984.

a esa persona o a otras. También incluye actos que no llegan a ser tortura pero que constituyen tratos crueles, inhumanos o degradantes[883]. Los casos de tratos degradantes más graves que se cometen en las cadenas de suministros globales suelen estar relacionados con un catálogo prácticas laborales extremas como el trabajo infantil o las prácticas análogas a la esclavitud, entre otras a las que nos referimos a continuación.

B. Trabajo infantil

La abolición del trabajo infantil es uno de los principales objetivos de la OIT, ocupando un lugar central en la Declaración de la OIT relativa a los principios y derechos fundamentales en el trabajo[884]. Este compromiso se centra en erradicar el trabajo forzoso, la esclavitud, la discriminación laboral, asegurar condiciones de trabajo seguras y saludables, y garantizar la libertad de asociación y negociación colectiva[885]. Según la OIT y UNICEF, en 2020 había más de 160 millones de niños en situación de trabajo infantil en todo el mundo, lo que revela la magnitud y persistencia de este problema global[886].

La lucha contra el trabajo infantil se complica por las diversas percepciones culturales y geográficas que influyen en la

---

883 Artículo I de la Convención contra la Tortura y Otros Tratos o Penas Crueles, Inhumanos o Degradantes.

884 Declaración de la OIT relativa a los principios y derechos fundamentales en el trabajo y su seguimiento. Adoptada en la 86.a reunión de la Conferencia Internacional del Trabajo (1998) y enmendada en la 110.a reunión (2022).

885 Artículo 2 de la Declaración de la OIT relativa a los principios y derechos fundamentales en el trabajo.

886 ILO/UNICEF, "Trabajo infantil. Estimaciones mundiales 2020, tendencias y el camino a seguir", Organización Internacional del Trabajo y Fondo de las Naciones Unidas para la Infancia, Geneva, 2021, p. 8.

definición del "trabajo infantil", generando discrepancias en su identificación. En muchas comunidades agrícolas de países en desarrollo, es común que los niños participen en las labores familiares, lo cual no siempre se percibe como trabajo infantil, aunque desde una perspectiva occidental podría clasificarse como tal si interfiere con la educación o pone en riesgo el bienestar del niño[887]. Estas diferencias culturales dificultan la implementación de políticas globales efectivas que respeten las particularidades locales sin dejar de proteger los derechos de los niños. Para lograr avances, se deben establecer límites de edad claros para participar en ciertas formas de trabajo, proteger el desarrollo físico, emocional y educativo de los menores, y ofrecer apoyo socioeconómico a las familias para reducir su dependencia del trabajo infantil[888].

En el marco de la diligencia debida en derechos humanos, el trabajo infantil es un riesgo importante. La prohibición del trabajo infantil tiene su base en el Convenio de la OIT sobre la edad mínima de 1973[889], que establece que la edad mínima para trabajar no debe ser inferior a la de finalización de la escolaridad obligatoria, y en ningún caso inferior a los 15 años[890], aunque se permiten excepciones en los países en desarrollo, donde se puede fijar en 14 años[891]. El objetivo es asegurar que el trabajo no interfiera en la educación y el desarrollo de los niños.

---

887 OIT, *Eliminar el trabajo infantil: 100 años de acción,* Organización Internacional del Trabajo/Servicio de Principios y derechos fundamentales en el trabajo (FUNDAMENTALS), Ginebra, 2019, pp. 58-59.

888 OIT, *Eliminar el trabajo infantil: 100 años de acción,* pp. 18-19.

889 Convenio de la OIT nº 138, sobre la edad mínima, de 1973

890 Artículo 2.3 del Convenio sobre la edad mínima de 1973.

891 Artículo 2.4 del Convenio sobre la edad mínima de 1973. Además, en virtud de su artículo 7, la legislación nacional puede permitir que los niños de 13 años realicen trabajos ligeros siempre que no perjudiquen su salud ni su desarrollo, y no afecten a su capacidad para recibir educación.

En cuanto a las actividades que deben considerarse trabajo infantil, el Convenio de la OIT sobre las peores formas de trabajo infantil de 1999 especifica y prohíbe aquellas consideradas especialmente dañinas y peligrosas[892].

Un primer grupo de prohibiciones hace referencia a cuestiones relacionadas con el acceso al trabajo. Así, el Convenio prohíbe explícitamente la esclavitud de los niños y prácticas similares, como la trata (lo que implica el reclutamiento, transporte, traslado, alojamiento o acogida de niños con fines de explotación), la servidumbre por deudas (práctica en la que un niño es obligado a trabajar para pagar una deuda contraída por él o sus familiares), y la servidumbre involuntaria (similar a la servidumbre por deudas, pero añade la coacción de los niños para trabajar sin consentimiento bajo amenaza de penalización o violencia)[893].

El segundo grupo de prohibiciones hace referencia a actividades que resultan ilícitas en cualquier caso, como la explotación sexual, en particular la prostitución infantil (entendida como el uso de niños en actividades sexuales a cambio de dinero o compensación material) y la pornografía infantil (la producción, distribución o posesión de imágenes o representaciones de menores en actividades sexuales), y la utilización, el reclutamiento o la oferta de niños para la realización de actividades ilícitas (en particular, la producción y el tráfico de estupefacientes)[894].

Por último, se contiene una cláusula de cierre redactada de forma genérica para prohibir cualquier trabajo que, por su naturaleza o por las condiciones en las que se lleva a cabo, pueda

---

892 Convenio de la OIT nº 182, sobre las peores formas de trabajo infantil, de 1999.

893 Artículo 3.a del Convenio de la OIT nº 182, sobre las peores formas de trabajo infantil, de 1999.

894 Artículo 3.b y c del Convenio de la OIT nº 182, sobre las peores formas de trabajo infantil, de 1999.

dañar la salud, seguridad o moralidad de los niños[895] (como la exposición a químicos tóxicos, trabajos en condiciones extremas como la minería, o la utilización de maquinaria peligrosa).[896]

Los casos de explotación infantil en las cadenas productivas globales son numerosos. En países como Pakistán o Bangladesh, es común encontrar niños trabajando en talleres textiles en condiciones deplorables, donde las jornadas son largas y las instalaciones inseguras, lo cual representa una violación directa a los convenios de la OIT. Además, estos niños a menudo no tienen la oportunidad de asistir a la escuela.

Como vimos al referirnos a las cadenas de valor agroalimentarias, en la industria del cacao en África occidental son frecuentes los casos de niños trabajando en plantaciones de cacao, en países como Costa de Marfil y Ghana, y a menudo están expuestos a herramientas peligrosas, pesticidas tóxicos y jornadas laborales extenuantes que comprometen su salud y seguridad[897].

Grandes multinacionales tecnológicas también se han visto implicadas en casos de explotación infantil para la obtención de las materias primas utilizadas en la fabricación de sus productos electrónicos. Este ha sido el caso de los gigantes *Apple, Google, Dell, Microsoft* y *Tesla,* que fueron demandados en 2018 en los EE.UU. por abastecerse de cobalto extraído por niños de minas de la región centroafricana en condiciones peligrosas que acabaron con la vida de varios menores[898].

---

895 Artículo 3.d del Convenio de la OIT nº 182, sobre las peores formas de trabajo infantil, de 1999.

896 Sobre las peores formas de trabajo infantil, véase OIT, *Report IV (2A). Child labour, Fourth item on the agenda,* International Labour Office, Geneva, 1999, artículo 3.

897 Apartado III.C.iii.b) del Capítulo III, "Las cadenas de valor agroalimentarias".

898 En la demanda, que fue presentada por la organización international *Rights Advocates* actuando en nombre de 14 familias congoleñas,

C. Prácticas análogas a la esclavitud: servidumbre por deudas, trabajo forzoso y condiciones de trabajo extremas

En el contexto de la diligencia debida en derechos humanos, es importante definir conceptos como esclavitud, trabajo forzoso, o explotación laboral, debido a sus implicaciones tanto legales como prácticas. La precisión es fundamental para el principio de legalidad en el Derecho penal y para el diseño de políticas eficaces contra estos delitos. Aunque existen áreas de intersección entre estos conceptos, no son completamente equivalentes. Por ejemplo, no todo trabajo forzoso se considera esclavitud, ya que esta última implica un grado mayor de cosificación y control sobre la persona. Aunque la esclavitud clásica implicaba la propiedad física de una persona, las formas modernas de esclavitud (como el trabajo forzoso y la servidumbre por deudas) son más sutiles, basadas en amenazas, coerción psicológica y explotación de la vulnerabilidad de las víctimas[899].

---

se solicitaba una compensación por las muertes y lesiones de niños producidas en las minas de cobalto de la RDC en las que trabajaban y que se encargaban de abastecer a los proveedores de las multinacionales tecnológicas. En prensa, "Por qué acusan a Apple, Google, Tesla y otras compañías tecnológicas de contribuir a la esclavitud infantil", *BBC News Mundo*, 17 de diciembre de 2019. https://www.bbc.com/mundo/noticias-50812210 (consultada el 14 de mayo de 2025).

899 Sobre la conceptualización de la esclavitud y otras prácticas análogas en el marco del sistema europeo de derechos humanos, así como las dificultades actuales para delimitar jurídicamente estos fenómenos, véase VALVERDE CANO, A.B., "La prohibición de la esclavitud y otras prácticas análogas en el sistema europeo de derechos humanos: evolución y preguntas sin respuesta", *Revista de Derecho del Trabajo y Protección Social*, vol. 6, n.º 1, 2025, pp. 121-147. En relación con la necesidad de precisión terminológica en la definición legal de categorías como esclavitud, trabajo forzoso y explotación laboral, y su tratamiento en el ámbito del Derecho internacional y de las cadenas de suministro empresariales, véase MONGILLO, V., "Forced labour e sfruttamento lavorativo nella catena di fornitura delle imprese: strategie globali di prevenzione e repressione", *Rivista italiana di diritto del lavoro*, 2023, pp. 632-636.

Las formas contemporáneas de esclavitud continúan representando un desafío global para los derechos humanos. La esclavitud, según la Convención sobre la Esclavitud de 1926[900] y la Convención Suplementaria de 1956[901], se define como la condición de una persona sobre la que se ejercen atributos del derecho de propiedad. Además, en el ECPI se identifica la esclavitud como un crimen de guerra[902], lo que destaca su gravedad. Aunque la esclavitud clásica, caracterizada por el reconocimiento legal de una persona como propiedad de otra (*chattle slavery*), ha sido formalmente abolida en todo el mundo, persisten manifestaciones que limitan drásticamente la libertad individual bajo nuevas formas que imponen un control absoluto sobre las personas, equiparable al derecho de propiedad[903].

---

900 Artículo 1 de la *Convención sobre la Esclavitud.* Firmada en Ginebra el 25 de septiembre de 1926.

901 Artículo 7.(a) de la *Convención suplementaria sobre la abolición de la esclavitud, la trata de esclavos y las instituciones y prácticas análogas a la esclavitud.* Adoptada por una Conferencia de Plenipotenciarios convocada por el Consejo Económico y Social en su resolución 608 (XXI), de 30 de abril de 1956.

902 Artículo 7.2.(c) del ECPI.

903 La abolición oficial de la esclavitud se produjo en diferentes momentos a lo largo de los siglos XIX y XX, variando según el país y las circunstancias legales específicas. En el Reino Unido, la esclavitud fue abolida con la *Slavery Abolition Act* de 1833. En los EE.UU., su abolición llegó de la mano de la *Emancipation Proclamation* de 1863, seguida por la *Thirteenth Amendment* de 1865. En Brasil, la esclavitud se abolió en 1888 a través de la "Ley Áurea". Aunque estos actos legislativos marcaron el fin legal de la esclavitud, sus prácticas continuaron de manera encubierta y evolucionaron hacia formas modernas como la servidumbre por deudas y la trata de personas. A nivel internacional, la Sociedad de Naciones y más tarde las Naciones Unidas adoptaron diversos tratados para combatir la esclavitud y sus prácticas contemporáneas, incluyendo la Convención sobre la Esclavitud de 1926 y el Protocolo de 1953 para modificar la Convención sobre la Esclavitud. Sobre la evolución de la esclavitud a lo

Hoy en día, muchas de estas formas de esclavitud, comúnmente denominadas "vestigios de esclavitud", permanecen profundamente arraigadas en estructuras sociales y económicas complejas[904]. Según estimaciones de la OIT, en 2021 aproximadamente 50 millones de personas se encontraban atrapadas en condiciones de esclavitud moderna, lo que supone un incremento de casi 10 millones de personas respecto a 2016[905]. Estos datos reflejan una preocupante tendencia alcista en la persistencia de prácticas esclavistas dentro de las cadenas productivas globales, a pesar de los avances normativos impulsados en materia de diligencia debida en derechos humanos. Esta situación evidencia, además, las limitaciones estructurales del marco jurídico actual para proteger adecuadamente a las víctimas de prácticas de sometimiento como la esclavitud, la servidumbre o los trabajos forzosos, debido en gran parte a las dificultades en su definición y a los vacíos existentes en la tipificación penal. Todo ello subraya la necesidad de reforzar los instrumentos legales de protección y de precisar los bienes jurídicos implicados, como condición indispensable para asegurar una tutela efectiva frente a las nuevas formas de explotación humana[906].

---

largo de la historia y los procesos de abolición, CARBALLO DE LA RIVA, M., "Aproximación histórica a la trata de seres humanos: elementos conceptuales y debates históricos", en *Explotación, esclavitud y trata de seres humanos. Historia, debates y limitaciones jurídicas,* Tirant lo Blanch, Valencia, 2021, pp. 17-80.

904 SHAHINIAN, G., "Aproximación a la realidad de las formas contemporáneas de esclavitud", en PÉREZ ALONSO, E., *El Derecho ante las formas contemporáneas de esclavitud,* Tirant lo Blanch, Valencia, 2017, p. 32.

905 ILO/IOM, *Global Estimates of Modern Slavery: Forced Labour and Forced Marriage,* International Labour Organization/Walk Free/International Organization for Migration, Geneva, 2022, p. 21.

906 Sobre la necesidad de una mejor definición jurídica de los conceptos de esclavitud, servidumbre y trabajos forzosos, así como sobre la importancia de identificar correctamente el bien jurídico protegido para garantizar una respuesta penal adecuada frente a estas

La diferencia entre condiciones laborales extremas y esclavitud radica en el grado de control y coacción sobre la persona. En este sentido, se considera esclavitud cualquier situación en la que un individuo no tiene libertad para dejar su empleo debido a amenazas, coerción o engaño.

i. Servidumbre por deudas

La servidumbre por deudas es una de las formas más comunes de esclavitud contemporánea. Se produce cuando una persona ofrece sus servicios, o los de un dependiente, como garantía para el pago de una deuda, y el valor de estos servicios no se aplica adecuadamente a la deuda[907]. A menudo, los acreedores manipulan la deuda, inflándola con costes adicionales, lo que perpetúa el trabajo no remunerado y la dependencia. En muchos casos, los afectados quedan atrapados en un ciclo interminable de trabajo para saldar una deuda que nunca disminuye[908].

Este fenómeno sigue presente en muchas regiones debido a normas culturales, como el sistema de castas en la región del sur de Asia, que perpetúa la explotación y la desigualdad. A pesar de las leyes que prohíben estas prácticas, como la Ley de Abolición del Trabajo Forzoso de 1976 en India[909], o normativas similares

---

prácticas, véase: VALVERDE-CANO, A.B., "¿Lo sé cuando lo veo? El bien jurídico a proteger en las conductas de sometimiento a esclavitud, servidumbre y trabajos forzosos", *Revista Electrónica de Ciencia Penal y Criminología,* n.º 23-14, 2021, pp. 1-34.

[907] Artículo 1.a) de la Convención Suplementaria sobre la Abolición de la Esclavitud de 1956

[908] Sobre el concepto de servidumbres por deudas y su desarrollo, ALLAIN, J., "125 años de abolición: el Derecho de la esclavitud y la explotación humana", en PÉREZ ALONSO, E. (Dir.), *El Derecho ante las formas contemporáneas de esclavitud,* Tirant lo Blanch, Valencia, 2017, pp. 164-170.

[909] La *Bonded Labour System (Abolition) Act* de 1976 fue implementada para erradicar la servidumbre por deudas en todo el territorio de la

en Pakistán[910] y Nepal[911], la servidumbre por deudas sigue siendo un problema persistente. Esto se debe, en parte, a que las transacciones que suelen llevar a la servidumbre por deudas, como los anticipos de salario o los costes de desplazamiento pagados por el empleador, son inicialmente legales. En este marco, la distinción entre una relación laboral legítima y la servidumbre por deudas la encontramos en la capacidad de los empleadores para ejercer un control desproporcionado sobre las condiciones económicas y personales de los trabajadores, limitando su libertad de movimiento y su capacidad para buscar un empleo alternativo[912].

En la jurisprudencia del TEDH, la servidumbre por deudas se considera una forma grave de restricción de la libertad,

---

India. La normativa prohíbe específicamente cualquier sistema de trabajo forzoso en el que un deudor contrae obligaciones de prestar servicios personales a su acreedor o a cualquier otra persona que el acreedor designe como medio de pago o garantía de una deuda. Además, la ley establece mecanismos para la liberación económica y la rehabilitación de los trabajadores afectados por estas prácticas, y prescribe sanciones estrictas para aquellos que perpetúan el sistema de trabajo forzoso en cualquier forma.

910 En Pakistán, la *Bonded Labour System (Abolition) Act* de 1992 fue diseñada con el propósito de liberar a los trabajadores de la servidumbre por deudas, además de cancelar todas las obligaciones de deudas existentes y prohibir las prácticas de servidumbre en el futuro.

911 Nepal implementó la *Bonded Labour (Prohibition) Act* en 2002 para prohibir específicamente las formas de esclavitud, para lo que establece medidas para la rehabilitación de las personas afectadas por la servidumbre por deudas. La legislación nepalí también incluye provisiones para la educación y el apoyo económico a las víctimas liberadas de la servidumbre.

912 Sobre las servidumbres por deudas en la región de India y Pakistán, lugar al que se han expandido las cadenas productivas globales, véase DE LAURI, A., "The Absence of Freedom. Debt, Bondage and Desire among Pakistani Brick Kiln Workers", *Journal of Global Slavery*, 2(1-2), 2017, pp. 122-138.

caracterizada principalmente por la obligación de realizar servicios específicos para otra persona, acompañada de la exigencia de vivir en el terreno de esta última y la imposibilidad de cambiar estas condiciones. Este entendimiento del concepto de servidumbre por deudas por parte del TEDH subraya la profundidad de la privación de la libertad que implica, marcando claramente la diferencia entre condiciones laborales pobres y la coerción inaceptable que define la servidumbre. La interpretación del tribunal resalta que el aspecto crítico de la servidumbre por deudas no es solo la coerción física o la restricción directa, sino también la restricción psicológica y social impuesta sobre el individuo, que siente que no tiene escape de sus circunstancias[913].

El caso de la esclavitud en la pesca tailandesa es un ejemplo destacado de estas prácticas. En 2014, diversos medios de comunicación y ONG hicieron públicas varias investigaciones que relacionaban a gigantes multinacionales como Costco y Nestlé en prácticas esclavistas en sus cadenas de suministros en Tailandia, donde los trabajadores de sus proveedores, en su mayoría migrantes de países vecinos, eran atraídos con promesas engañosas y luego retenidos en barcos reclamándoles el pago de una deuda bajo condiciones inhumanas de las que les era imposible escapar[914].

---

913 *C.N. y V. c. Francia*, solicitud núm. 67724/09, 11 de octubre de 2012, pp. 19-20.

914 Esta investigación reveló que los trabajadores migrantes, principalmente de Myanmar y Camboya, eran engañados con falsas promesas y forzados a trabajar en condiciones deplorables en la industria pesquera tailandesa. Estos trabajadores eran empleados en barcos y procesadoras de mariscos, donde enfrentaban extrema explotación y violencia, incluyendo incidentes donde trabajadores eran arrastrados al agua y desaparecían. Sobre este caso, véase la investigación periodística realizada por HODAL, K./KELLY, C./LAWRENCE, F., "Revealed: Asian slave labour producing prawns for supermarkets

La multinacional Nestlé comenzó una investigación interna y, en 2015, admitió públicamente la presencia de esclavitud en su cadena de suministro en Tailandia, reconociendo al mismo tiempo que casi todas las empresas estadounidenses y europeas que importaban mariscos de Tailandia estaban igualmente expuestas a estos riesgos de esclavitud. Como respuesta, Nestlé se comprometió a implementar una serie de medidas correctivas a lo largo de 2016, incluyendo la imposición de nuevos requisitos a sus proveedores, la capacitación en derechos humanos para los propietarios y capitanes de barcos, y la contratación de auditores externos para asegurar la implementación de estas prácticas. Esta transparencia condujo a un litigio en agosto del mismo año, cuando los consumidores de alimentos para mascotas presentaron una demanda colectiva alegando que la comida para gatos *Fancy Feast* era producto del trabajo esclavo vinculado a *Thai Union Frozen Products*, uno de sus principales proveedores[915].

ii. Trabajo forzoso

El trabajo forzoso constituye otra grave forma de explotación humana y representa un problema mundial en el contexto de los mercados laborales globalizados, afectando a todos los países y tipos de economías sin distinción. Según datos de

---

in US, UK", *The Guardian*, 10 June 2014. https://www.theguardian.com/global-development/2014/jun/10/supermarket-prawns-thailand-produced-slave-labour (consultada el 1 de julio de 2025).

915 Esta demanda fue parte de una serie de acciones legales dirigidas contra importantes minoristas estadounidenses que importan mariscos de Tailandia. ASSOCIATED PRESS, "Nestlé admits to forced labour in its seafood supply chain in Thailand", *The Guardian*, 24 Novembre 2015. https://www.theguardian.com/global-development/2015/nov/24/nestle-admits-forced-labour-in-seafood-supply-chain (consultada el 1 de julio de 2025).

2021 de la OIT, aproximadamente 27.6 millones de personas se encuentran en situaciones de trabajo forzoso, con un notable incremento de 2.7 millones desde 2016, y más de 3.3 millones son mujeres y niñas bajo un alto riesgo de explotación sexual con fines de prostitución. Económicamente, el trabajo forzoso se produce principalmente en aquellas cadenas productivas en las que los trabajadores se encuentran en condiciones de vulnerabilidad extrema[916]. Este escenario ha llevado a la adopción de normativas como el *Uyghur Forced Labor Prevention Act* en los EE.UU. o el Reglamento europeo que prohíbe la entrada de productos elaborados con trabajo forzoso en el mercado de la UE.

El trabajo forzoso está prohibido en múltiples normativas internacionales, incluido el Convenio nº 29 de la OIT sobre trabajo forzoso u obligatorio de 1930, entendido como cualquier tipo de trabajo o servicio requerido de una persona bajo amenaza de cualquier pena y para el que dicho individuo no se ofrece voluntariamente[917]. El Convenio también establece que el trabajo forzoso debe ser considerado y sancionado como delito dentro de la legislación de los Estados parte. Esto implica una obligación para los países firmantes de adoptar medidas legislativas que aseguren la criminalización efectiva del trabajo forzoso, garantizando que las penas sean adecuadas, efectivas y disuasorias.

En el contexto del Código Penal español, el trabajo forzoso está incluido dentro de las figuras delictivas relacionadas con la trata de seres humanos. Por ejemplo, el artículo 177 bis del Código Penal define y sanciona la trata de personas y menciona explícitamente el trabajo o servicios forzados como una de

---

916 ILO/IOM, *Global Estimates of Modern Slavery: Forced Labour and Forced Marriage*, pp. 22-23.

917 Artículo 2 del Convenio de la OIT nº 29, sobre trabajo forzoso u obligatorio de 1930.

las finalidades de la explotación[918]. Sin embargo, el fenómeno de la trata, tanto en su conceptualización internacional como en su recepción en los ordenamientos internos, no debe entenderse exclusivamente como un medio para alcanzar la explotación laboral o sexual, sino como una práctica abusiva per se, que implica la utilización de medios coercitivos, fraudulentos o de abuso de poder para trasladar o captar a la víctima con fines de explotación. Tal y como ha señalado ANA BELÉN VALVERDE CANO, centrarse únicamente en el "propósito de explotación" oculta la dimensión estructuralmente abusiva que caracteriza a la trata, dificultando una respuesta penal adecuada y distorsionando la naturaleza autónoma del fenómeno. En consecuencia, es esencial interpretar la trata no solo como un proceso instrumental para la explotación futura, sino como una conducta de explotación en sí misma, que lesiona de manera inmediata la dignidad y la autonomía de la persona afectada[919].

Los elementos constitutivos del trabajo forzoso son tres: (i) trabajo o rendimiento; que debe entenderse en un sentido amplio,

---

918 Estableciéndose penas de prisión de cinco a ocho años para quienes promuevan, favorezcan o faciliten la trata de personas, aumentando las penas en circunstancias agravantes, como la explotación laboral de menores o el uso de violencia, intimidación o engaño. Adicionalmente, el Código Penal impone penas adicionales en caso de que las víctimas se encuentren en situaciones de vulnerabilidad personal o económica. Sobre los delitos relacionados con el trabajo forzoso en el ámbito español, véase VALVERDE-CANO, A.B., "Trabajo forzoso", en *Más allá de la trata: el Derecho penal frente a la esclavitud, la servidumbre y los trabajos forzados,* Tirant lo Blanch, Valencia, 2023, pp. 163-204.

919 Sobre la necesidad de reformular la definición de trata de seres humanos para enfatizar su carácter de práctica abusiva y no solo como medio para fines de explotación, véase VALVERDE-CANO, A.B., "Reexaminando la definición de trata de seres humanos del Protocolo de Palermo: la trata como forma de explotación", *Estudios de Deusto,* vol. 67, n.º 2, 2019, pp. 15-29.

abarcando cualquier actividad exigida, ya sea por el Estado o actores privados, incluyendo las tareas impuestas en contextos de encarcelamiento o detención, así como en sectores formales e informales de la economía (ii) proporcionado bajo la amenaza de un castigo; donde el castigo no necesita ser una sanción penal, pudiendo manifestarse también en la pérdida de derechos y privilegios, con amenazas que pueden incluir violencia física, penalidades económicas, y restricciones psicológicas o sociales (iii) que no se proporciona voluntariamente; esto abarca situaciones donde el consentimiento inicial puede ser irrelevante debido al engaño o fraude, y donde la coacción legal, física o psicológica impide a la persona retirar su labor o dejar el empleo.[920]

El trabajo forzoso abarca cualquier actividad que pueda clasificarse como laboral o de servicio, independientemente de quién sea el actor que la impone, ya sea el Estado o actores privados. Es fundamental diferenciar el trabajo forzoso de las condiciones laborales precarias o los salarios bajos, que no necesariamente constituyen trabajo forzoso a menos que estén vinculadas a una amenaza de penalización. El Convenio sobre trabajo forzoso u obligatorio de la OIT especifica que la evaluación de si un trabajo es forzoso debe considerar tanto la naturaleza como la duración del trabajo en cuestión. Las actividades normales dentro del contexto familiar o los servicios esperados de quienes comparten una vivienda, como podría ser el mantenimiento compartido, generalmente quedan fuera de esta categoría siempre que no se imponga una carga desproporcionada sobre la persona involucrada.[921]

---

920 ILO, Forced Labour and Human Trafficking: Casebook of Court Decisions, International Labour Organization, Geneva, 2009, p. 11.

921 ILO, *A global alliance against forced labour. Global Report under the Follow-up to the ILO Declaration on Fundamental Principles and Rights at Work 2005,* International Labour Conference, 93rd Session, Geneva, 2005, pp. 5-6

El elemento central del trabajo forzoso implica una coerción directa, que puede adoptar la forma de amenazas físicas, retención de documentos importantes, o amenazas legales, como, por ejemplo, amenazar con denunciar a alguien por su estatus migratorio. Es necesario que la amenaza sea de tal naturaleza e intensidad que deje a la persona sin opción razonable más que continuar trabajando. Estas amenazas también pueden incluir la pérdida de derechos o privilegios, como negar el acceso a necesidades básicas. Sin embargo, las condiciones de pobreza general, o la falta de mejores alternativas de empleo, no se consideran suficientes para constituir una amenaza de castigo bajo los términos del trabajo forzoso[922].

La involuntariedad se refiere a la ausencia de consentimiento libre y genuino del trabajador para participar en el trabajo. Incluso si inicialmente se ofreció voluntariamente, el trabajo puede convertirse en forzoso si cambian las condiciones y el trabajador se ve impedido a abandonarlo bajo amenaza de sanción o coacción, transformando un empleo originalmente voluntario en trabajo forzoso[923].

El TEDH ha abordado cómo las malas condiciones laborales y la falta de alternativas económicas pueden influir en la

---

922 POMARES CINTAS, E., *El Derecho penal ante la explotación laboral y otras formas de violencia en el trabajo,* Tirant lo Blanch, Valencia, 2013, p. 77.

923 Se reconocen ciertas excepciones donde el trabajo impuesto no se considera forzoso. Esto incluye el servicio militar, ciertos tipos de servicios cívicos obligatorios, y el trabajo realizado por convictos bajo condiciones adecuadas y supervisión estatal. Las actividades impuestas en situaciones de emergencia, como desastres naturales o calamidades, también se consideran excepciones cuando son necesarias para la seguridad y bienestar público. Es importante que estas excepciones no se exploten para encubrir prácticas de trabajo forzoso. ILO, *A global alliance against forced labour. Global Report under the Follow-up to the ILO Declaration on Fundamental Principles and Rights at Work 2005*, p. 6.

percepción de la voluntariedad en la realización de un trabajo o prestación de un servicio, ilustrando la complejidad de determinar cuándo un empleo deja de ser considerado voluntario.

Un ejemplo es el caso *Chowdurry y otros v. Grecia*[924], donde un grupo de migrantes de Bangladesh trabajaban en condiciones extremas en una de las mayores plantaciones de fresas de Grecia. A estos trabajadores se les prometió un salario, pero solo bajo la condición de que permanecieran hasta el final de la temporada agrícola. Vivían en condiciones precarias, en alojamientos improvisados sin servicios básicos, y enfrentaban la amenaza de no recibir pago alguno si abandonaban su trabajo antes de tiempo. Además, estaban bajo la constante amenaza de ser arrestados y deportados debido a su estatus migratorio irregular. Esta situación, exacerbada por un incidente donde un supervisor disparó a uno de los trabajadores durante una huelga, llevó al TEDH a considerar que estas condiciones laborales, junto con la falta de alternativas económicas viables, hacían que su trabajo no pudiera considerarse voluntario. Esta conclusión está en línea con la definición de trata de personas del Protocolo de Palermo, destacando cómo la coerción y el abuso de vulnerabilidades pueden transformar una relación laboral en una forma de trabajo forzoso[925].

Por otro lado, el TEDH también ha adoptado decisiones que diferencian claramente entre condiciones de trabajo duras y trabajo forzoso. En el caso *Mentes y otros v. Turquía*[926], en relación con los empleados de las tiendas de un aeropuerto turco en las que trabajaban en turnos de 24 horas, el TEDH consideró que estos empleados habían aceptado voluntariamente

---

924 Asunto *Chowdurry y otros v. Gracia (Demanda nº 21884/15.*

925 Sentencia *Chowdurry y otros v. Gracia (Demanda nº 21884/15), Estrasburgo, 30 de marzo de 2017,* pp. 34-35.

926 Asunto *Mentes y otros v. Turquía (58/1996/677/867).*

dichas condiciones laborales y que la mera amenaza de despido si rechazaban trabajar en dichos turnos no era suficiente para calificar el empleo como trabajo forzoso[927]. Igualmente, en el caso de *Adigüzel v. Turquía*, se determinó que la obligación de un médico de realizar horas extras no remuneradas no constituía trabajo forzoso, aunque el médico pudiera ser despedido por no cumplir con dichos requerimientos[928].

Un ejemplo de trabajos forzosos en una filial que llegó a judicializarse en el Estado de la matriz lo encontramos en el caso *Nevsun Resources Ltd. v. Araya* (*Nevsun*), donde tres ciudadanos eritreos demandaron en Canadá a la compañía canadiense *Nevsun Resources Ltd.* por los trabajos forzados a los que fueron sometidos mientras realizaban su servicio militar en una mina de la que era propietaria su filial ubicada en Eritrea[929]. El 28 de febrero de 2020, la Corte Suprema rechazó la petición de archivo presentada por la multinacional canadiense al entender que el Derecho internacional de los derechos humanos forma parte del Derecho canadiense y, desde la adopción de los *Principios Rectores*, existe una corriente creciente que aboga por que sus postulados también sean aplicables a las empresas[930]. En octubre de 2020, tras un acuerdo histórico cuyos términos aún son confidenciales, la compañía *Nevsun* indemnizó a los demandantes

---

927 Sentencia *Mentes y otros v. Turquía, Estrasburgo, 28 de noviembre de 1997*, p. 14.

928 *Adıgüzel v. Turkey (7442/08). Decision 6.2.2018 [Section II]*

929 En el caso, que llegó hasta la Corte Suprema, los demandantes alegaban haber sido obligados a trabajar en condiciones de esclavitud durante la realización de su servicio militar en una mina que pertenecía en un 60% a la compañía canadiense *Nevsun* y en un 40% a la *Corporación Nacional de Minería de Eritrea*. Algunas de las prácticas relatadas consistían en arrojar a los trabajadores a la arena caliente y golpearlos con palos hasta perder la consciencia, o atarlos de brazos y piernas para abandonarlos bajo el sol durante horas.

930 *Nevsun Resources Ltd. v. Araya*, 2020 SCC 5.

para evitar ser enjuiciada en Canadá por los actos de trabajos forzosos de los que era responsable su filial en Eritrea[931].

iii. Condiciones de trabajo extremas: retención de un salario adecuado, seguridad y salud laboral

Las condiciones de trabajo extremas, si bien no alcanzan el nivel de gravedad de la esclavitud o el trabajo forzado, representan una vulneración de los derechos humanos extendida a lo largo de todos los tipos de cadenas productivas globales.

En sectores como la agricultura en Italia, la explotación laboral está estrechamente vinculada con la criminalidad organizada. El fenómeno del *caporalato*, particularmente presente en el sur del país, se ha consolidado como un método en el cual la criminalidad organizada gestiona el reclutamiento y control de la mano de obra agrícola. Estas organizaciones explotan las condiciones de vulnerabilidad de los trabajadores, especialmente migrantes irregulares, generando redes de intermediación ilícita que han permitido que estas actividades se perpetúen y se extiendan. Se estima que entre 400.000 y 430.000 trabajadores agrícolas están expuestos al riesgo de ser atrapados en este sistema, lo que refleja la magnitud del problema en el sector agroalimentario[932].

La OIT ha destacado la retención de un salario adecuado y la seguridad y salud laboral como los problemas más destacados en relación con las condiciones laborales[933]. Casi una décima

---

931 WALTON, B., "Nevsun Resources Ltd. v. Araya", *American Journal of International Law, 115*(1), 2021, pp. 107-114.

932 MONGILLO, V., "Forced labour e sfruttamento lavorativo nella catena di fornitura delle imprese: strategie globali di prevenzione e repressione", pp. 646-647.

933 PETRASEK, D., *Beyond voluntarism. Human rights and the developing international legal obligations of companies*, pp. 28-29.

parte de la población trabajadora mundial vive con sus familias con menos de 1.90 dólares al día, destacando la prevalencia de bajos salarios que no son suficientes para sostener un nivel de vida decente[934]. Más de 2.78 millones de trabajadores mueren cada año debido a accidentes o enfermedades relacionadas con el trabajo. Además, hay aproximadamente 374 millones de incidentes no mortales relacionados con el trabajo anualmente, que resultan en ausencias prolongadas del trabajo[935].

Estos problemas se agravan en los países en desarrollo y entre los trabajadores informales. Las ZFI son particularmente vulnerables a esta forma de explotación económica, destacando por su laxitud en cuanto a la regulación y control de las condiciones laborales, lo que incrementa significativamente el riesgo de que se cometan las peores situaciones de condiciones de trabajo extremo[936]. Como vimos con el caso introductorio

---

934 En ocho países el nivel es inferior al umbral de pobreza de 3,2 dólares de los Estados Unidos; el número de países aumenta a 18 si se toma el umbral de 5,5 dólares de los Estados Unidos. OIT, *Informe Mundial sobre Salarios 2020-2021: Los salarios y el salario mínimo en tiempos de la COVID-19*, Organización Internacional del Trabajo, Ginebra, 2021, p. 104.

935 ILO, *World Employment and Social Outlook: Trends 2021*, International Labour Office, Geneva, 2021, p. 12.

936 En 2021, se estimó que 49,6 millones de personas vivían en situaciones de esclavitud moderna. De estas, 27,6 millones estaban sometidas a trabajos forzados y 22 millones a matrimonios forzados. Dentro del grupo de trabajo forzoso, 17,3 millones eran explotados en el sector privado, 6,3 millones sufrían explotación sexual comercial forzada y 3,9 millones realizaban trabajos forzados impuestos por el Estado. Las mujeres y niñas constituían una gran parte de las víctimas, representando 4,9 millones en explotación sexual comercial forzada y 6 millones en trabajos forzados en otros sectores económicos. Un dato alarmante es que el 12% de todas las personas en trabajos forzados son niños, y más de la mitad de estos niños se encuentran en situaciones de explotación sexual comercial. ILO, *Global Estimates*

de *KiK* o en el derrumbe del edificio *Rana Plaza* en Daca, estos desastres, además de causar numerosas víctimas, muestran las condiciones precarias y peligrosas en las que operan muchas fábricas en las ZFI.

La obligación de pagar un salario adecuado se encuentra especificada en el Pacto Internacional sobre Derechos Económicos, Sociales y Culturales, estipulando que los Estados parte deben garantizar condiciones de trabajo justas y favorables[937]. Este derecho incluye específicamente la provisión de un salario que asegure al menos un ingreso adecuado para el trabajador y su familia, teniendo en cuenta tanto las disposiciones legales locales como los costes de vida regionales, y asegurando que no existan disparidades salariales por motivos de género u otros criterios discriminatorios.

Un "salario adecuado" se refiere a la cantidad mínima que debe pagarse según las leyes nacionales y los costes de la vida del área donde reside el trabajador y su familia. Este enfoque ayuda a garantizar que los empleados puedan mantener un estándar

---

of Modern Slavery. Forced Labour and Forced Marriage, International Labour Organization (ILO), Walk Free, and International Organization for Migration (IOM), Switzerland, 2022. https://www.ilo.org/global/topics/forced-labour/lang—en/index.htm (consultada el 7 de enero de 2025). La OIT ha publicado diversos informes sobre las condiciones laborales en diferentes sectores y regiones, abordando temas como el trabajo infantil, el trabajo forzoso, o el trabajo digno en las cadenas de valor globales. En la página web del sector de trabajo, INWORK incluye enlaces a diversos informes sobre la materia y publicaciones como el Informe mundial sobre salarios, que ha sido reconocido como fuente acreditada de información sobre tendencias salariales. https://www.ilo.org/global/topics/dw4sd/themes/working-conditions/lang—es/index.htm (consultada el 29 de octubre de 2023).

937 artículo 7.a).1) del Pacto Internacional sobre Derechos Económicos, Sociales y Culturales

de vida decente, reflejando el principio de que el trabajo debe ser remunerado de manera justa para satisfacer sus necesidades básicas y contribuyendo al bienestar económico y social de la familia del trabajador[938].

En cuanto a la obligación de garantizar la seguridad y la salud en el trabajo, su fundamento se encuentra en los derechos a la vida y la salud, internacionalmente reconocidos en los artículos 6 del PIDCP y 12 del PIDESC, respectivamente. Estas disposiciones obligan a los empleadores a proporcionar un ambiente de trabajo seguro y saludable, capaciten adecuadamente a sus empleados para manejar los riesgos asociados con su trabajo y mantengan estándares adecuados en la provisión y el mantenimiento de las instalaciones laborales. Además, se destaca la necesidad de implementar medidas protectoras efectivas contra la exposición a sustancias químicas, físicas o biológicas, y estrategias para prevenir el agotamiento físico y mental excesivo, que puede ser exacerbado por una organización inadecuada del trabajo, incluyendo horarios de trabajo y pausas inapropiados.[939]

Multinacionales españolas de la industria textil, como *Zara*, también se han visto involucradas a través de sus proveedores en el uso de mano de obra bajo condiciones de trabajo extrema en su cadena productiva global. Entre julio y agosto de 2011, las inspecciones de trabajo brasileñas detectaron a 15 trabajadores extranjeros (9 hombres y 6 mujeres, uno de ellos menor con 14 años) trabajando en tres talleres de Sao Paulo en condiciones insalubres, siendo sometidos a jornadas laborales de 16 horas al día a cambio de un sueldo de miseria[940].

---

938 OIT, *Informe Mundial sobre Salarios 2020-2021: Los salarios y el salario mínimo en tiempos de la COVID-19*, p. 166.

939 ILO, *World Employment and Social Outlook: Trends 2021*, pp. 55-57.

940 CAMPOS, A./VAN HUIJSTEE, M./THEUWS, M., *From moral responsibility to legal liability? May 2015 Repórter Brasil & SOMO Modern day*

Aunque *Zara* negó tener conocimiento de las condiciones en las que trabajaban algunos de sus proveedores, los autos de infracción emitidos por el Ministerio de Trabajo de Brasil destacaban una serie de graves fallos en la vigilancia y supervisión de sus socios comerciales[941]. Meses después de comenzar la investigación y pese a que *Zara* negó tener una vinculación directa con los hechos, la multinacional española pactó con la procuraduría laboral de Sao Paulo la firma de un acuerdo por el que realizaría una inversión de 1,4 millones de euros para eliminar "*las precarias condiciones de trabajo de las empresas proveedoras*"[942], lo que sugiere un reconocimiento tácito de su rol en la perpetuación de estas condiciones de trabajo extremas y marca un importante paso hacia la asunción de responsabilidad.

D. Restricciones a la libertad de asociación

La libertad de asociación es un derecho fundamental reconocido internacionalmente en el artículo 23 de la Declaración Universal de los Derechos Humanos, que permite a las personas formar grupos o sindicatos para defender sus intereses

---

slavery conditions in the global garment supply chain and the need to strengthen regulatory frameworks: The case of Inditex-Zara in Brazil, Stichting Onderzoek Multinationale Ondernemingen (SOMO), 2015, p.34.

941 El Ministerio de Trabajo de Brasil emitió 52 autos de infracción a *Zara* por jornadas laborales excesivas, pagos irregulares de salarios, falta de seguridad e higiene en el lugar de trabajo y discriminación étnica de trabajadores, entre otras cuestiones. EL PAÍS, "Brasil investiga a *Zara* por un caso de trabajo esclavo", 18 de agosto de 2011.

942 Un mes antes de alcanzarse el acuerdo, el Ministerio de Trabajo de Brasil había pedido a *Zara* una indemnización mucho mayor, de 8,2 millones de euros, para reparar los daños colectivos que se habían causado. *Zara* rechazó pagar tal indemnización, alcanzando un acuerdo mucho más beneficioso poco después. EL PAÍS, "*Zara* llega a un acuerdo con el Gobierno de Brasil por una acusación de practicar trabajo esclavo", 20 de diciembre de 2011.

comunes. Este derecho resulta fundamental en el contexto laboral, ya que facilita la organización de los trabajadores para negociar colectivamente condiciones más justas y seguras.

La OIT ha establecido estándares internacionales para proteger este derecho, como el Convenio sobre la libertad sindical y la protección del derecho de sindicación de 1948[943] y el Convenio sobre el Derecho de Sindicación y de Negociación Colectiva de 1949[944]. A nivel regional, documentos como la CEDH[945], la Carta Social Europea[946], la Carta de los Derechos Fundamentales de la Unión Europea[947], la Carta

---

943 Convenio nº 87 de la OIT sobre la libertad sindical y la protección del derecho de sindicación, 1948.

944 Convenio nº 98 de la OIT sobre el derecho de sindicación y de negociación colectiva, 1949

945 El artículo 11 de la CEDH protege la libertad de asociación, estableciendo que toda persona tiene derecho a la libertad de asociación pacífica y a formar sindicatos para la protección de sus intereses. Sin embargo, también permite las restricciones a estos derechos que sean necesarias en una sociedad democrática para la seguridad nacional, la seguridad pública, la prevención del desorden o del crimen, la protección de la salud o la moral, o la protección de los derechos y libertades de los demás.

946 En su artículo 5, la Carta Social Europea establece el derecho a la libertad sindical, permitiendo a los trabajadores y empleadores el derecho de fundar sindicatos y afiliarse a ellos para la defensa de sus intereses económicos y sociales. Además, detalla las garantías para la libertad sindical, protegiendo el derecho de los trabajadores y empleadores a fundar organizaciones sin autorización previa, y asegurando el derecho de estas organizaciones a funcionar sin interferencias.

947 La Carta de los Derechos Fundamentales de la Unión Europea garantiza, en su artículo 12, garantiza el derecho a la libertad de asociación en todos los niveles, incluida la formación y afiliación a sindicatos y asociaciones patronales, y el derecho de los sindicatos a defender los intereses de sus miembros, negociar y celebrar convenios colectivos.

Africana de Derechos Humanos y de los Pueblos[948], y la Convención Americana sobre Derechos Humanos[949], también refuerzan este derecho, aunque permiten restricciones legales bajo ciertas condiciones para proteger intereses nacionales o el orden público[950].

El Convenio sobre la libertad sindical garantiza que los trabajadores y empleadores puedan formar y afiliarse a sindicatos sin interferencia del Estado, y que no se impongan obstáculos que equivalgan a la prohibición de la formación sindical. El Convenio de 1949 complementa esta protección al centrarse en la negociación colectiva y la prevención de la discriminación laboral dirigida a socavar la libertad sindical. En 1998, la OIT reafirmó estos principios como derechos humanos fundamentales, obligando a todos sus miembros a respetarlos, incluso si no han ratificado los convenios[951].

---

948 El artículo 10 de la Carta Africana de Derechos Humanos y de los Pueblos protege el derecho de cada individuo a asociarse libremente con otros. Aunque no menciona específicamente a los sindicatos, este derecho se interpreta de forma que incluye la libertad sindical.

949 En su artículo 16, la Convención Americana sobre Derechos Humanos Afirma que todas las personas tienen derecho a asociarse libremente con fines ideológicos, religiosos, políticos, económicos, laborales, sociales, culturales, deportivos o de cualquier otra índole. También establece restricciones legales en interés de la seguridad nacional, seguridad o salud públicas, o para proteger los derechos y libertades de terceros.

950 SWEPSTON, L., "Human Rights Law and Freedom of Association: Development through ILO Supervision", *International Labour Review*, 137, no. 2, 1998, pp. 173-174.

951 Sobre el proceso en las Naciones Unidas y la OIT para la protección internacional del derecho de asociación y libertad sindical, SWEPSTON, L., "Human Rights Law and Freedom of Association: Development through ILO Supervision", pp. 169-194.

Todos los trabajadores, incluidos los del sector público, tienen derecho a formar sindicatos. La legislación debe permitir la existencia de múltiples sindicatos en una misma empresa y garantizar que los sindicatos minoritarios también puedan funcionar y representar a sus miembros[952]. Sin embargo, en muchos países persisten obstáculos como legislaciones restrictivas, discriminación por parte de los empleadores y falta de medidas para proteger a los sindicalistas de represalias. El Comité de Libertad Sindical de la OIT ha abordado numerosos casos de interferencia estatal en la formación de sindicatos, como el ocurrido en Panamá en 2011, donde las autoridades impusieron requisitos no contemplados en la ley para negar la creación de sindicatos[953].

Además del derecho a formar sindicatos, los trabajadores deben estar protegidos contra la discriminación o represalias por sus actividades sindicales. La libertad sindical incluye el derecho a participar en el sindicato sin temor a despidos, degradaciones

---

952 En España, la libertad sindical se encuentra consagrada en el apartado 1° del artículo 28 de la CE y ha sido desarrollada por la Ley Orgánica 11/1985, de 2 de agosto, de Libertad Sindical. Sobre el derecho a la libertad sindical en el marco constitucional español, VIDAL MARÍN, T., "La libertad sindical", *Parlamento y Constitución*, n° 4, 2000, pp. 201-238.

953 En su respuesta, el Comité de Libertad Sindical de la OIT explicó que los requisitos legales mencionados o su interpretación en la práctica no estaban en consonancia con el artículo 3 del Convenio n° 87 de la OIT, que garantiza el principio de no intervención por parte de las autoridades. Caso número 2868 (Panamá), Fecha de presentación de la queja 6 de junio de 2011. Las reclamaciones presentadas ante el Comité de Libertad Sindical de la OIT pueden consultarse en la web https://normlex.ilo.org/dyn/normlex/es/f?p=1000:20060:0:FIND:NO:20060:P20060_COUNTRY_ID,P20060_COMPLAINT_STATU_ID:102792,1495812 (consultada el 2 de julio de 2025).

u otras medidas perjudiciales[954]. El derecho a huelga, como extensión de la libertad sindical, permite a los trabajadores presionar por mejores condiciones laborales[955], aunque puede ser regulado para garantizar la prestación de servicios esenciales cuya interrupción podría poner en peligro la vida, la seguridad personal o la salud pública[956]. El TEDH ha dictado varias sentencias que establecen los límites de este derecho, asegurando que las restricciones sean legales, legítimas y necesarias en una sociedad democrática[957].

---

954 Sobre la libertad sindical, véase BAYLOS GRAU, A.P., "Libertad sindical", en BAYLOS GRAU, A.P./FLORENCIO THOMÉ, C./GARCÍA SCHWARZ, R./CASAS BAAMONDE, M.E., *Diccionario internacional de derecho del trabajo y de la seguridad social*, Tirant lo Blanch, Valencia, 2014, pp. 1329-1332.

955 El derecho de huelga, aunque no está expresamente reconocido en el Convenio Europeo para la Protección de los Derechos Humanos y las Libertades Fundamentales, es considerado como un derecho fundamental que se deriva del derecho a la asociación, amparado por su artículo 11.

956 Sobre el derecho de huelga en el ordenamiento jurídico español, véase BAYLOS GRAU, A.P., "El derecho de huelga", en MARTÍN JIMÉNEZ/VICENTE SEMPERE, N., *El modelo social en la Constitución española de 1978*, Ministerio de Trabajo e inmigración, Subdirección General de Publicaciones, Madrid, 2003, pp. 585-614.

957 En varios casos, el TEDH ha analizado situaciones específicas donde se cuestionaba la proporcionalidad y la necesidad de las restricciones impuestas al derecho de huelga. Por ejemplo, en un caso relacionado con el arbitraje obligatorio en Noruega, el TEDH considera que las medidas eran proporcionales y necesarias dadas las significativas repercusiones económicas y de seguridad que podrían haber surgido de la huelga en plataformas marinas. El TEDH también ha abordado las prohibiciones totales del ejercicio del derecho de huelga, como en el caso de las huelgas de solidaridad en el Reino Unido, donde sostuvo que, aunque la prohibición de las huelgas de solidaridad podría tener un impacto significativo, las autoridades británicas tenían razones legítimas y suficientes para imponer dichas restricciones basadas en la protección de los

Durante las dictaduras militares en Argentina (1976-1983) y Chile (1973-1990), la represión sindical fue una política sistemática. En Argentina, la intervención de sindicatos y la detención, desaparición y asesinato de activistas sindicales fueron comunes. Muchos sindicatos fueron puestos bajo la administración de funcionarios militares que reprimieron cualquier forma de disidencia. En Chile, bajo Pinochet, los sindicatos fueron severamente restringidos y miles de sindicalistas fueron arrestados, torturados y a menudo desaparecidos. En ambos casos, las dictaduras buscaron desmantelar cualquier forma de oposición o resistencia organizada, incluyendo la laboral.

En Guatemala, el caso de Adolfo Ich, un líder sindical y comunitario que fue asesinado en 2009 ilustra los riesgos extremos a los que se enfrentan los sindicalistas en contextos de fuertes intereses económicos y explotación de recursos naturales. Ich fue brutalmente asesinado durante enfrentamientos relacionados con la oposición a las operaciones mineras de la compañía canadiense *Hudbay Minerals*. Los miembros de la comunidad alegan que la empresa estaba directamente involucrada en actos de violencia y represión, aunque la empresa negó cualquier responsabilidad.

En Myanmar, se acusó a la empresa *Unocal* (corporación petrolera estadounidense ahora parte de *Chevron*), la represión de sindicalistas durante la construcción de un gasoducto en la década de 1990. Los trabajadores y activistas que intentaron organizarse o protestar contra las condiciones laborales enfrentaron represalias severas por parte de las autoridades locales, supuestamente en colaboración con la empresa.

---

derechos y libertades de terceros y la prevención de graves consecuencias económicas. Sobre estos casos y otras resoluciones del TEDH referentes al derecho de Huelva, véase DURÁN LÓPEZ, F., "El derecho de huelga en la doctrina del Tribunal Europeo de Derechos Humanos", *Temas Laborales*, núm. 145/2018, pp. 317-326.

Estos casos muestran cómo las empresas multinacionales pueden beneficiarse de un ambiente donde la represión sindical está institucionalizada. Ya sea a través de la complicidad directa o mediante la falta de diligencia debida para prevenir violaciones de derechos humanos, estas organizaciones económicas pueden colaborar en la perpetuación de un ciclo de violencia y represión contra sindicalistas y trabajadores que buscan mejorar sus condiciones laborales.

E. Discriminación

El principio de igualdad y no discriminación es fundamental para la protección de los derechos humanos, garantizando que todas las personas tengan el mismo estatus social y disfruten de derechos iguales ante la ley, como el derecho al voto, la libertad de expresión y el acceso a la educación, salud y protección social. La igualdad social implica que el orden jurídico no debe distinguir entre individuos por características inherentes como género, edad, orientación sexual, origen, religión o discapacidad, evitando así tratos desiguales. En lugar de simplemente hablar de "igualdad", se suele emplear la expresión "igualdad de oportunidades", enfocada en asegurar la participación equitativa en la vida social y profesional, especialmente para aquellos expuestos a la discriminación[958].

---

[958] El término igualdad está estrechamente relacionado con el de equivalencia, y a menudo se usan indistintamente. Sin embargo, la equivalencia es un concepto que en sí mismo contiene derechos iguales para todos y es el prerrequisito para la realización de la igualdad formal en sus dimensiones emergentes: género, etnicidad, nacionalidad, necesidades especiales, edad, orientación sexual y creencias religiosas y políticas. La igualdad en derechos, deberes y posibilidades representa la protección de la especificidad, con referencia a las diferencias entre personas, mientras que la equivalencia se refiere a la presencia proporcionalmente igual en la vida pública y privada,

A nivel internacional, convenios y pactos como el PIDCP, el PIDESC, la Convención sobre la Eliminación de la Discriminación Racial y la Convención sobre la Eliminación de la Discriminación contra la Mujer refuerzan este principio. De manera similar, la Convención sobre los Derechos de las Personas con Discapacidad y la Convención sobre los Derechos del Niño aseguran que estos colectivos disfruten de sus derechos en igualdad de condiciones[959].

El problema de la discriminación ha sido persistente en toda Europa, lo que ha motivado la creación de legislación

---

igual estatus, igualdad de posibilidades para la realización de todos los derechos, así como para el igual beneficio de los resultados alcanzados. JOVIC-PRLAINOVIC, O./BELOVIC, J., "Prohibition of Discrimination: Citizenship as a Possible Discrimination Basis," *European Journal of Law Reform*, vol. 18, Issue 3, 2016, pp. 320-321.

959 El artículo 26 del PIDCP garantiza la igualdad de todos ante la ley, complementado por el artículo 24 que protege específicamente a los niños contra la discriminación. De forma similar, el artículo 2 del PIDESC promueve los derechos sin discriminación. Por su parte, la Convención Internacional sobre la Eliminación de todas las Formas de Discriminación Racial de 1965 exhorta a los estados a erradicar la discriminación racial en todas sus manifestaciones. La Convención sobre la Eliminación de todas las Formas de Discriminación contra la Mujer obliga a los estados a eliminar la discriminación contra las mujeres en todas las esferas de la vida. Además, la Convención sobre los Derechos de las Personas con Discapacidad y la Convención sobre los Derechos del Niño refuerzan la prohibición de discriminación hacia estos colectivos asegurando sus derechos y libertades en igualdad de condiciones con otros. También a nivel regional se han desarrollado importantes regulaciones. En el contexto africano, la Carta Africana de Derechos Humanos y de los Pueblos de 1981 prohíbe la discriminación en su artículo 3, y se complementa por el Protocolo de la Carta Africana sobre los Derechos de la Mujer en África de 2003 que establece medidas específicas contra la discriminación de las mujeres.

europea específica contra la discriminación para atender las necesidades reales de todos los países miembros.

En este contexto, el artículo 14 del Convenio Europeo para la Protección de los Derechos Humanos y de las Libertades Fundamentales[960] establece que los derechos y libertades reconocidos en el Convenio deben disfrutarse sin discriminación alguna. Sin embargo, este artículo es de naturaleza accesoria, ya que solamente garantiza la igualdad de trato en relación con los derechos y libertades reconocidas en la Convención y no puede ser aplicado de forma independiente[961].

En respuesta a estas limitaciones, en el año 2000 se introdujo el Protocolo 12 al CEDH, que amplía la prohibición de la discriminación obligando a los Estados miembros a garantizar

---

960 Convenio Europeo para la Protección de los Derechos Humanos y de las Libertades Fundamentales, firmado en Roma el 4 de noviembre de 1950.

961 En la resolución del caso *Rasmussen v. Dinamarca 8777/79*, de 28 de noviembre de 1984, se señala claramente que el Art. 14 complementa otros artículos esenciales de la Convención. En otras palabras, no tiene significado por sí mismo porque solo es eficaz con el disfrute de los derechos y libertades garantizados por esos artículos, y no puede ser aplicado si los hechos en cuestión no están relacionados con una o más normas reguladas. De forma similar, en el caso *Hoffman v. Austria* (reclamación 12875/87 del 23 de junio de 1993), el TEDH señaló que en lo que respecta al disfrute de los derechos humanos y libertades garantizadas por la Convención, el Art. 14 proporciona protección contra el trato desigual, pero no tiene justificación objetiva o razonable para las personas que se encuentran en posiciones similares. Por lo tanto, debe determinarse primero si hay razones para que el demandante alegue que ocurrió un trato discriminatorio. La diferencia en el trato es discriminatoria si no hay una justificación objetiva y razonable para la diferencia, es decir, si no está justificada con un objetivo legítimo, y por lo tanto no hay una relación de proporcionalidad razonable entre los medios empleados y el fin que se pretende realizar.

el disfrute de todos los derechos bajo su jurisdicción, independientemente de si están específicamente mencionados en el Convenio, prohibiendo la discriminación por cualquier motivo, incluyendo sexo, etnia, color de piel, lengua, religión, convicciones políticas u otras, origen nacional o social, pertenencia a una minoría, posición económica, nacimiento u otra condición[962].

Hasta el año 2000, en el entorno europeo las normas antidiscriminación se aplicaban principalmente en relación con el género el ámbito del empleo y la seguridad social. Posteriormente, se extendió a la discriminación por origen racial y étnico, orientación sexual, creencias religiosas, edad y discapacidad. La adopción de regulaciones por la UE sobre la prohibición de discriminación se concretó mediante dos Directivas del año 2000: la *Directiva del Consejo 2000/78/CE*, que estableció un marco general para la igualdad de trato en el empleo y la ocupación, y la *Directiva del Consejo 2000/43/CE*, que implementa el principio de igualdad de trato entre personas independientemente de su origen racial o étnico.

Posteriormente, la *Directiva del Consejo 2004/113/CE* implementó el principio de igualdad de trato entre hombres y mujeres en el acceso a bienes y servicios, ampliando así el ámbito de la prohibición de discriminación de género a las áreas de bienes y servicios. Además, en 2006 se adoptó la *Directiva 2006/54/CE del Parlamento Europeo y del Consejo sobre la implementación del principio de oportunidades iguales y trato igualitario de hombres y mujeres en asuntos de empleo y ocupación*. Cabe destacar que las Directivas de la UE, aunque prohíben la discriminación, limitan esta prohibición principalmente al contexto del empleo.[963]

---

962 Artículo 1 del Protocolo 12 al Convenio Europeo de Derechos Humanos

963 Sobre el origen de la regulación contra la discriminación en la UE, JOVIC-PRLAINOVIC, O./BELOVIC, J., "Prohibition of Discrimination: Citizenship as a Possible Discrimination Basis", pp. 326-329.

En el ámbito empresarial, el principio de no discriminación es fundamentales para asegurar que las prácticas sean equitativas. Esto implica la adopción de políticas que promuevan la igualdad de oportunidades en el empleo, prácticas de contratación justas y programas que fomenten la diversidad y la inclusión en el lugar de trabajo. Las empresas multinacionales tienen un amplio margen para desarrollar e implementar acciones en favor de individuos y grupos que tradicionalmente se han visto afectados por la violencia que implica la discriminación asociada a sus condiciones personales, étnicas, culturales o religiosas. Además, las desigualdades por cuestión de género, raza, religión u otra índole, tanto en el acceso a los puestos de trabajo como en las remuneraciones percibidas, pueden constituir vulneraciones de los derechos humanos en el marco de la diligencia debida.[964]

Ejemplo de esto son las empresas tecnológicas estadounidenses que han sido denunciadas por desigualdades significativas en género, tanto en acceso a empleo como en remuneración. En gigantes como *Google*, *Twitter*, y *Yahoo!*, las mujeres constituyen aproximadamente el 30% de la plantilla, mientras en compañías como Mozilla y Airbnb, solo el 12.42% de los roles técnicos son ocupados por mujeres. Aún más, investigaciones del Departamento de Trabajo de EE.UU. han evidenciado "desigualdades salariales sistémicas" en Google, donde las mujeres ganan menos que los hombres por trabajos similares, situación que se repite en la industria con hasta un 28% menos de salario en roles de programación, a pesar de tener la misma formación y experiencia. Además, un estudio de 2016 reveló que el 84% de mujeres con puestos ejecutivos en empresas tecnológicas reportaron haber sido calificadas como demasiado agresivas, y el 60% recibió insinuaciones o

964 PETRASEK, D., *Beyond voluntarism. Human rights and the developing international legal obligations of companies*, pp. 23-24.

propuestas sexuales no deseadas, lo que pone de manifiesto una discriminación de género sistémica[965].

F. Daños ambientales con consecuencias en el suelo y el agua

Los daños ambientales provocados por la actividad de las empresas suelen producir alteraciones perjudiciales en los suelos y cuerpos de agua. Aunque a primera vista estos riesgos parezcan concernir exclusivamente a intereses medioambientales, estos daños tienen consecuencias en los derechos humanos de las personas al impactar directamente en la vida y salud de las comunidades afectadas. Consecuentemente, estas acciones frecuentemente resultan en desalojos y en la privación injusta de terrenos para las comunidades locales como consecuencia de la contaminación. El marco legal internacional respalda esta perspectiva al derivar este tipo de daños al ámbito de derechos humanos fundamentales como el derecho a la vida y a la salud, consagrados respectivamente en los artículos 6 del PIDCP y el artículo 12 del PIDESC.

Basta mencionar el desastre sucedido en 2015 en el estado de Minas Gerais (Brasil) tras la ruptura del dique de desechos minerales de la empresa *Samarco Mineraçao S.A.*, compañía filial de la mayor empresa minera brasileña, Vale do Rio Doce, y del gigante anglo-australiano *BHP Hilton.* El grave accidente, debido a la inadecuada gestión de los residuos procedentes de la explotación minera, generó una gran ola tóxica que causó 19 muertos, más de 250 heridos, afectó a siete poblados de la región de Minas Gerais y contaminó un tramo de 700 kilómetros del río Doce, lo que tuvo un grave impacto negativo

965 BOTERO GÓMEZ, S., *Las empresas transnacionales y los derechos humanos*, Tirant lo Blanch, Ciudad de México, 2019, pp. 113-114.

tanto en el modo de vida de las comunidades locales como en el litoral atlántico brasileño[966].

Este ejemplo nos sirve para ilustrar las tipologías de vulneraciones de derechos humanos en los que la sociedad matriz se aprovecha de su filial en el extranjero, que actúa de una forma imprudente diferente a la que hubiera desarrollado la sociedad matriz en el Estado de su nacionalidad, para conseguir un beneficio económico.

---

[966] GARCÉS CARTES, E., "El Caso Samarco y principios rectores sobre empresas y derechos humanos", *Revista Tribuna Internacional*, Volumen 9, Nº 17, 2020, pp. 2-4. El caso Samarco se ha catalogado como la mayor catástrofe ambiental de origen humano en la historia de Brasil. Este incidente, que involucró el colapso de dos represas de relaves mineros en el estado de Minas Gerais en noviembre de 2015, resultó en devastadoras consecuencias ambientales, incluyendo la liberación de millones de toneladas de lodo tóxico que arrasaron con comunidades enteras y contaminaron el río Doce, afectando gravemente la biodiversidad y la economía local. A pesar de la magnitud del desastre, hasta la fecha, el sistema judicial brasileño no ha logrado procesar y sentenciar a los individuos directamente responsables del incidente. La situación se ha complicado debido a desafíos jurídicos significativos, incluyendo la suspensión del caso por el Supremo Tribunal de Justicia. La corte identificó una superposición y conflictos de competencia entre las jurisdicciones regional y federal, lo cual ha obstaculizado el avance de las acciones legales. De manera paralela, la empresa Samarco alcanzó un acuerdo con las autoridades brasileñas para indemnizar a los afectados, pero dicho acuerdo fue declarado nulo por no haber contado con la participación de las víctimas. Esta suspensión ha generado críticas y preocupaciones, ya que subraya las dificultades en la gestión de responsabilidades ante desastres ambientales de esta envergadura y su impacto en la búsqueda de justicia para las víctimas y la rehabilitación del medio ambiente. En profundidad sobre el caso concreto de las industrias extractivas, CARO CORIA, D., "Derechos humanos, *compliance* e industrias extractivas en América Latina", en LAURA BÖHM, M./AMBOS, K., *Empresas transnacionales y graves violaciones de derechos humanos en América latina*, Tirant lo Blanch, Valencia, 2020, pp. 115-143.

Precisamente en relación con este desastre humano y medioambiental encontramos un ejemplo en el que se intentó un proceso de reparación desde una lógica restaurativa, aunque los resultados no fueron todo lo positivos que podría esperarse. Para reparar los daños socioambientales y socioeconómicos derivados de la tragedia de Minas Gerais se constituyó la *Fundación Renova*, entidad sujeta a derecho privado y encargada de ejecutar los procesos restaurativos planteados, que debía ser mantenida y financiada por las empresas mineras responsables de la presa[967].

Pese a que se pretendía integrar a todos los grupos afectados en el *Termo de Transação e de Ajustamento de Conduta*, finalmente en el sistema de gobernanza de la Fundación Renova no se contó con una representación directa de las víctimas. Esta falta de representación ha sido criticada por algunos sectores, llegando a calificarse a la *Fundación Renova* como una representante de los intereses de los actores gubernamentales y corporativos que participaron en el pacto. En la práctica, podría decirse que la experiencia no ha resuelto el conflicto social, pues las relaciones sociales no se han mejorado y los procesos judiciales no se han cerrado[968]. Además, cuatro años tras el desastre de Mariana, en 2019, volvió a replicarse en un accidente de similares características con la ruptura de la presa de Brumadinho, que también era

---

967 Sobre el caso Samarco y la Fundación Renova, véase la entrevista a Roberta Guasti (Samarco) y Leonardo Gandara (Fundación Renova), realizada en el ámbito del proyecto "Responsabilidad penal de empresas multinacionales por violaciones de derechos humanos y al medio ambiente", REPMULT, su página web: https://blog.uclm.es/repmult/2020/02/17/multyddhh/ (consultada el 1 de mayo de 2025).

968 RENOLDI VIEIRA, D./ZORZAL E SILVA, M., "Discursos y asimetrías en la reparación de daños derivados del desastre de la presa de Samarco", *Revista Psicología Política*, Vol. 19, Nº. Extra-1, 2019, pp. 62-83.

propiedad de la empresa minera *Vale, S.A.*, causando un "tsunami" de residuos tóxicos que cubrió miles de hectáreas y dejó 259 muertos y 11 desaparecidos[969].

G. Desplazamientos forzosos y privación del terreno a poblaciones indígenas

La protección contra el desplazamiento forzoso se fundamenta en el derecho a un nivel de vida adecuado, que incluye acceso suficiente a alimentación, alojamiento y servicios de agua y saneamiento, como se estipula en el artículo 11 del PIDESC.

En el contexto de grandes proyectos, como los mineros, adquiere especial relevancia la Declaración de las Naciones Unidas sobre los Derechos de los Pueblos Indígenas[970], que, aunque no es legalmente vinculante al tratarse de una declaración de la Asamblea General, es uno de los instrumentos internacionales que aparecen referenciados en la *Directiva CSDDD* [971]. La Declaración de los pueblos indígenas incluye el principio de consentimiento libre, previo e informado, que otorga a los pueblos indígenas el derecho a no ser desplazados de sus tierras o territorios sin su consentimiento previo, así como el derecho a negociar compensaciones justas y equitativas[972].

---

969 EFE, "Desastre minero en Brasil fue provocado por acción de Vale, afirma la Policía", 26 de febrero de 2021. https://efs.efeservicios.com/en/texto/desastre-minero-brasil-provocado-accion-vale-policia/18010350102 (consultada el 25 de mayo de 2025).

970 Declaración de las Naciones Unidas sobre los derechos de los pueblos indígenas. Adoptada en Nueva York el 13 de septiembre de 2007.

971 Considerandos 33 y 65 de la *Directiva CSDDD.*

972 CONSEJO DE DERECHOS HUMANOS. MECANISMO DE EXPERTOS SOBRE LOS DERECHOS DE LOS PUEBLOS INDÍGENAS, "Estudio definitivo sobre los pueblos indígenas y el derecho a participar en la adopción de decisiones", 26 de mayo de 2011, A/HRC/EMRIP/2011/2, p. 14.

Un claro ejemplo de los riesgos asociados con las industrias extractivas es la invasión de tierras habitadas por comunidades indígenas en busca de recursos naturales. Estas invasiones, frecuentemente apoyadas por gobiernos locales, pueden llevar a desplazamientos de personas sin compensaciones adecuadas, lo que constituye una violación de sus derechos sobre sus tierras ancestrales y un ataque a su patrimonio cultural. Algunas multinacionales españolas del sector energético se han visto implicadas en casos de desplazamientos forzados de poblaciones indígenas. En 2005, Endesa se encargó de la construcción del embalse Ralco en la región del Alto Bio, al sur de Chile, una zona con un significado especial por su rica herencia cultural y la presencia de comunidades indígenas. Este proyecto, que contó con el respaldo y protección militar del gobierno chileno, generó conflictos y tensiones con la población local.

Durante la fase de construcción del embalse, numerosos miembros de la comunidad pehuenche fueron forzados a abandonar sus tierras ancestrales en un proceso caracterizado por irregularidades administrativas y prácticas fraudulentas. Las protestas y manifestaciones de los indígenas contra esta intromisión en su territorio vital fueron duramente reprimidas, y cualquier forma de oposición era rápidamente etiquetada como un "acto terrorista". La situación escaló hasta tal punto que el ejército chileno intervino, aplicando medidas extremas de represión. Este nivel de fuerza motivó la aplicación de la *Ley n° 18314*, conocida como Ley Antiterrorista, contra los miembros del pueblo mapuche. La implementación de esta ley en contextos de conflicto social y protesta ha sido ampliamente criticada por organismos internacionales y defensores de derechos humanos, ya que se considera que criminaliza la protesta social y la lucha por los derechos indígenas.[973]

[973] Hasta la fecha, la cultura y la identidad del pueblo mapuche permanecen en riesgo. La región sigue bajo control de Endesa y no se

IV AVANZANDO HACIA NUEVAS FORMAS DE COMPLICIDAD CORPORATIVA POR VULNERACIONES DE DERECHOS HUMANOS

Tradicionalmente, los estudios criminológicos sobre los impactos negativos en los derechos humanos que se producen en el ámbito corporativo se han centrado en la complicidad entre las empresas y los agentes estatales que cometen las violaciones de derechos humanos[974]. Sin embargo, como veremos en este capítulo, este enfoque ha quedado obsoleto debido al nuevo modelo productivo que ha surgido en el contexto de las cadenas productivas globales. El modelo de la diligencia debida en derechos humanos se orienta hacia las deficiencias en la supervisión de actores como las filiales y proveedores que, estando bajo la influencia de la empresa, causan el daño. Por ello, la efectividad del modelo de diligencia debida en derechos humanos depende esencialmente de la definición que se haga de los conceptos de "influencia" y "complicidad"[975].

---

han llevado a cabo procesos penales efectivos contra aquellos que perpetraron el fraude durante el desplazamiento. Los esfuerzos por alcanzar un acuerdo justo para las víctimas aún están en curso, con la intervención de la Comisión Interamericana de Derechos Humanos buscando mediar y proporcionar alguna forma de reparación y reconocimiento a los afectados por este proyecto. Sobre el caso, véase CARO CORIA, D.,"Derechos humanos, *compliance* e industrias extractivas en América Latina", pp. 116.

974 Por ejemplo, véase RAMASASTRY, A.,"Corporate Complicity: From Nuremberg to Rangoon-An Examination of Forced Labor Cases and Their Impact on the Liability of Multinational Corporations", *Berkeley Journal of International Law*, Vol. 20:91, 2002; WHYTE, D., "Regimes of permission and state-corporate crime", *State Crime Journal*, 3(2), 2014, pp. 237-246.

975 Dado que las empresas multinacionales ejercen una considerable influencia sobre sus cadenas de suministro, incluyendo filiales y proveedores en diversos contextos geopolíticos y económicos, lo que

Como vimos en el Capítulo IV, el concepto de influencia se refiere a la capacidad de una empresa de dirigir o alterar las políticas y prácticas de sus filiales y relaciones comerciales. Esta influencia puede ser directa, mediante instrucciones explícitas a las filiales, o indirecta, a través de expectativas de cumplimiento y estándares operativos que se imponen con los proveedores como parte de los acuerdos contractuales. De este modo, la influencia se convierte en una herramienta de prevención y mitigación de los riesgos asociados a la producción de causar o contribuir en impactos negativos sobre los derechos humanos.

En cuanto al concepto no jurídico de complicidad, ha sido interpretado de manera algo ambigua. Inicialmente, la doctrina lo aplicó principalmente para describir situaciones en las que existe una colaboración entre la empresa y el Estado en la violación de derechos humanos, donde la empresa suele ocupar el papel de cómplice del Estado que es quien provoca los daños. Este rango de colaboración puede variar desde la participación directa en las violaciones de derechos humanos, el conocimiento y consentimiento tácito de las prácticas que causan los daños, hasta el apoyo indirecto a través de la financiación de regímenes abusivos[976].

---

puede dar lugar a diferentes formas de complicidad. CLAPHAM, A., "State responsibility, corporate responsibility, and complicity in human rights violations", en BOMANN-LARSEN/WIGGEN, O. (eds.), *Responsibility in World Business. Managing Harmful Side-effects of Corporate Activity*, United Nations Press, Ney York, 2004, pp. 50-81; CLAPHAM, A./JERBI, S., "Categories of Corporate Complicity in Human Rights Abuses", *Hastings International and Comparative Law Review*, Volume 24, nº3, Spring 2001, pp. 339-349.

976 TÓFALO, I., "Overt and Hidden Accomplices. Transnational Corporations´ Range of Complicity for Human Rights Violations", DE SCHUTTER, O. (Ed.), Transnational Corporations and Human Rights, Hart Publishing, Portland, 2006, pp. 339-357.

La Comisión Internacional de Juristas ha explorado este concepto tradicional de complicidad, centrándose en modelos clásicos de atribución de responsabilidad que presuponen alguna forma de colaboración con el Estado[977]. Sin embargo, el desarrollo de este concepto no jurídico de complicidad corporativa adolece de la significativa limitación de que tiende a excluir aquellos casos en los que las violaciones de derechos humanos se cometen sin la colaboración explícita del Estado, con lo que se ha subestimado cómo las interconexiones internacionales de las empresas multinacionales con los gobiernos nacionales, y su actividad estableciendo relaciones comerciales con múltiples proveedores en las cadenas productivas globales, también puede fomentar o facilitar vulneraciones de los derechos humanos.

En respuesta a dichas limitaciones, se ha teorizado sobre nuevas formas criminológicas de complicidad corporativa en vulneraciones de derechos humanos como respuesta a la nueva realidad surgida de la globalización y el modo en que operan las empresas multinacionales en contextos complejos. Un ejemplo de estas nuevas propuestas es el desarrollo de la noción no jurídica de complicidad aportada en el marco del proyecto de *Normas de la ONU*, con el que se pretendía abarcar cualquier forma de colaboración o contribución en vulneraciones de derechos humanos expandiendo la

---

977 Los expertos de la Comisión Internacional de Juristas se decantaban por emplear el término “participación” en lugar de “complicidad”, al considerar que este último se emplea en el sentido técnico de “cooperación no necesaria”, que contraponen al concepto político de complicidad empresarial en violaciones de derechos humanos. DEMETRIO CRESPO, E., “Presentación: Vulneración de Derechos Humanos por empresas multinacionales”, en DEMETRIO CRESPO, E./NIETO MARTÍN, A. (Dir.), *Derecho penal económico y Derechos Humanos*, Tirant lo Blanch, Valencia, 2018, pp. 19-22.

responsabilidad corporativa más allá de sus acciones directas, para incluir las de sus relaciones comerciales y asociaciones en la cadena productiva[978].

La implicación de la amplia conceptualización de complicidad que se aportaba en las *Normas de la ONU* podría conllevar a la renuncia a ciertas oportunidades comerciales en determinadas regiones en las que existe un riesgo significativo de contribuir en violaciones de derechos humanos. Así, en contextos donde la gobernanza es débil y la legislación ineficaz, las empresas multinacionales podrían enfrentarse a la difícil decisión de cesar sus operaciones o retirarse del mercado para evitar incurrir en complicidad en violaciones de derechos humanos, lo que también tendría repercusiones negativas para las comunidades locales ante la caída de las inversiones en las regiones más necesitadas de ellas.

Aplicado al marco de la diligencia debida, el concepto no jurídico de complicidad debería implicar que una empresa puede ser considerada responsable no solamente por las violaciones de derechos humanos en las que colabore con el Estado, sino también por aquellas vulneraciones cometidas por filiales o socios comerciales que sean consecuencia del incumplimiento de sus obligaciones de diligencia debida. Esto incluye situaciones donde la matriz de la empresa multinacional puede no haber causado directamente los daños, pero su inacción, las deficiencias en sus políticas o prácticas comerciales, el desempeño de un cumplimiento "cosmético", o su intención directa de reducir los costes "a cualquier precio", han facilitado que se cometan abusos sobre los derechos humanos en otra parte de su cadena productiva.

---

978 AMNISTÍA INTERNACIONAL, *Las Normas de Derechos Humanos de la ONU para Empresas: Hacia la responsabilidad legal*, 2004, p. 14. https://observatoriorsc.org/wp-content/uploads/2013/11/Normas_derechos_humanos_ONU.pdf (consultada el 17 de abril de 2025).

Basándonos en las definiciones de los conceptos de "influencia" y "complicidad" desarrollados en el ámbito de la diligencia debida[979], proponemos una clasificación de las diferentes tipologías de complicidad corporativa en vulneraciones de derechos humanos. Esta clasificación toma como referencia la realizada por la Comisión Internacional de Juristas sobre la complicidad entre empresas y el Estado[980], pero adaptada para responder a las particularidades del nuevo modelo productivo global del siglo XXI y al nuevo enfoque propuesto con la diligencia debida.

El análisis se desarrolla desde dos perspectivas principales. En primer lugar, la complicidad clásica, centrada en la relación entre la empresa y el gobierno del país en el que opera, donde las violaciones de derechos humanos suelen estar vinculadas a crímenes internacionales, como genocidio, crímenes de lesa humanidad o torturas.

En segundo lugar, se aportan tres nuevos supuestos de complicidad corporativa que ya no dependen de la participación estatal, sino que tienen como protagonistas a las filiales de las empresas multinacionales y sus socios comerciales. En estos casos, las vulneraciones de derechos humanos no necesariamente se corresponden con crímenes internacionales, pero implican graves impactos en los derechos fundamentales de trabajadores y comunidades afectadas.

---

979 Véase el apartado VI del Capítulo IV de esta obra.

980 INTERNATIONAL COMMISSION OF JURISTS, *Corporate Complicity & Legal Accountability Report of the International Commission of Jurists Expert Legal Panel on Corporate Complicity in International Crimes Facing the Facts and Charting a Legal Path. Report of the International Commission of Jurists Expert Legal Panel on Corporate Complicity in International Crimes,* ICJ, Geneva, 2008, pp. 10-19.

Dentro de este enfoque ampliado, identificamos cuatro tipos de complicidad corporativa, que desarrollaremos a continuación:

1. Complicidad clásica de la empresa multinacional con el Estado: se produce cuando la empresa colabora activamente con el Estado en la implementación de políticas que vulneran derechos fundamentales, ya sea facilitando recursos, tecnología o conocimientos para la represión o discriminación.
2. Complicidad con filiales y proveedores por negligencia en zonas de gobernanza débil: ocurre cuando una empresa no realiza una diligencia debida adecuada, permitiendo que sus socios comerciales operen en contextos sin regulación efectiva, contribuyendo de manera indirecta a violaciones de derechos humanos.
3. Complicidad con el proveedor por inacción corporativa y omisión consciente: se da cuando la empresa, a pesar de conocer prácticas abusivas dentro de su cadena de suministro, no actúa para prevenirlas o detenerlas, perpetuando así condiciones laborales precarias o daños ambientales.
4. Complicidad con la filial por beneficio económico: se produce cuando una empresa utiliza de manera deliberada a sus filiales para explotar condiciones laborales degradantes o recursos naturales sin control, obteniendo beneficios económicos mientras evade responsabilidades legales y regulatorias.

Estas nuevas formas de complicidad empresarial, que van más allá del esquema tradicional de cooperación con actores estatales y se insertan en la arquitectura descentralizada de las cadenas productivas globales, exigen una reformulación de las categorías jurídicas con las que tradicionalmente se ha abordado la responsabilidad empresarial. Desde esta perspectiva, la tipología aquí propuesta permite identificar núcleos de riesgo jurídico relevantes no sólo para la responsabilidad civil o reputacional, sino también para el ámbito penal.

En la medida en que estas formas de complicidad se basan en omisiones estructurales, fallos de supervisión o aprovechamiento de contextos de gobernanza débil, se alinean con los supuestos dogmáticos que sustentan el emergente Derecho penal económico de los derechos humanos y la sostenibilidad. Como se analizará con mayor detalle en el Capítulo VI[981], este nuevo enfoque penal no se fundamenta en la participación dolosa directa en crímenes internacionales, sino en la infracción de deberes organizativos y de prevención derivados de la diligencia debida, lo que abre paso a nuevas formas de imputación penal de las personas jurídicas por su intervención funcional —aunque mediata o indirecta— en la producción de graves vulneraciones de derechos fundamentales.

A. Complicidad clásica de la empresa multinacional con el Estado

Históricamente, las estrategias para establecer la responsabilidad de las empresas multinacionales por su participación en violaciones de derechos humanos en el extranjero se han dirigido a establecer los vínculos entre estructuras empresariales centralizadas, características de la era fordista, y los agentes estatales responsables de los daños. En estos supuestos las empresas suelen tener un papel secundario, actuando más como cómplices del Estado que como perpetradores principales de las violaciones de derechos humanos.

Este modelo de complicidad corporativa se estructura en torno a dos ejes: mientras que el primero se dirige a la identificación de los responsables directos y sus colaboradores en la

---

981 Véanse los apartados II y III del Capítulo VI de esta obra.

violación específica de derechos humanos, el segundo eje se adentra en el examen de cómo las estructuras corporativas y las políticas estatales interactúan para facilitar o permitir dichas violaciones de derechos humanos.

Este análisis se basa en el concepto de crimen corporativo-estatal, desarrollado por KRAMER y MICHALOWSKI, donde las violaciones de derechos humanos deben entenderse no solo en términos del hecho en sí, sino también considerando el contexto y las dinámicas entre el Estado y la empresa multinacional[982]. Ello se debe a que la criminalidad corporativa no puede ser vista únicamente como una serie de actos ilegales aislados cometidos por individuos dentro de una organización, sino que estos actos deben ser entendidos como parte de un sistema más amplio de interacciones entre corporaciones y estructuras estatales.

El Estado puede, por medio de sus leyes y agencias (como policías, jueces y organismos de inspección), crear un ambiente de permisividad o tolerancia que facilite a las corporaciones multinacionales operar sin restricciones, o incluso desarrollar una política pública criminal en la que participen las empresas. Con esta perspectiva se pone de relieve cómo las violaciones de derechos humanos que se producen como consecuencia de la actividad de las empresas multinacionales, especialmente en Estados con regulaciones débiles o corruptas, pueden ser facilitadas, o incluso incentivadas, por las políticas o prácticas de los gobiernos[983].

---

[982] Este enfoque ofrece una perspectiva crítica y completa para el análisis de violaciones de derechos humanos en el contexto corporativo. KRAMER, R.C./MICHALOWSKI, R., *State-Corporate Crime: Wrongdoing at the Intersection of Business and Government*, Rutgers University Press, New Jersey, 2006.

[983] Los autores enfatizan en la importancia de analizar el contexto y las iteraciones entre el Estado y las corporaciones multinacionales, lo

Los casos de complicidad de empresas multinacionales con el Estado en violaciones de derechos humanos se inscriben en el marco del concepto de criminalidad corporativa estatal. De acuerdo con ANITA RAMASASTRY, podemos identificar una serie de características comunes en los casos que se produce complicidad entre la empresa y el Estado en las violaciones de derechos humanos: (i) la existencia de una relación de negocio fuerte e interdependiente entre la empresa multinacional y el gobierno; (ii) la empresa multinacional es consciente de las violaciones de derechos humanos; (iii) la empresa multinacional continúa prestando apoyo financiero al Estado anfitrión en virtud del proyecto conjunto. Sin embargo, para que se pueda apreciar la complicidad empresarial con el Estado en las violaciones de derechos humanos, resulta determinante el grado de influencia de la corporación multinacional sobre los actores estatales y otros factores, como la intención de cometer los abusos o de beneficiarse con ellos.[984]

El elemento central de la criminalidad corporativa estatal lo encontramos en la complicidad que se produce entre el Estado y la corporación multinacional a la hora de cometer las violaciones de derechos humanos, lo que implica que el Estado, ya sea por acción o por omisión, participa o permite tales

---

que incluye entender las dinámicas políticas, económicas y sociales que permiten y perpetúan la criminalidad corporativa. Además, la consideración del contexto sirve para comprender por qué ciertos comportamientos delictivos prevalecen en ciertas regiones o sectores productivos. KRAMER, R.C./MICHALOWSKI, R./KAUZLARICH, D., "The Origins and Development of the Concept and Theory of State-Corporate Crime", *Crime & Delinquency*, 2002, 48(2), 263-282.

984 RAMASASTRY, A., “Corporate Complicity: From Nuremberg to Rangoon-An Examination of Forced Labor Cases and Their Impact on the Liability of Multinational Corporations”, p. 103.

violaciones[985]. Esta complicidad puede manifestarse a través de la corrupción, de una falta de regulación adecuada, o de la falta de supresión activa de las actividades corporativas.

Dentro de este grupo de casos podemos diferenciar entre los *state-initiated corporate crimes,* en los que la empresa tiene un rol subsidiario de complicidad en cuanto que favorece una política pública criminal, y los *state-facilitated corporate crimes,* donde el Estado crea un entorno que permite o fomenta la comisión de delitos corporativos que es aprovechado por las empresas para obtener mayores beneficios[986]. Aunque en ocasiones las dos ópticas pueden fusionarse en una, como en los casos en los que la empresa multinacional opera mediante la constitución de una *joint venture* con participación del Estado anfitrión, deben analizarse por separado para diferenciar las tipologías de las diferentes situaciones que pueden plantearse[987]

Dentro de los *state-initiated corporate crimes* habría que situar en primer lugar los casos en los que una empresa multinacional contribuye en las violaciones de derechos humanos causadas por el Estado mediante una contribución que no entra dentro de su actividad y tiene un marcado carácter delictivo. La provisión por parte de las empresas de herramientas o recursos que se emplean directamente para la violación de derechos humanos, como las tecnologías de vigilancia utilizadas en la represión de la disidencia, también se encuadran bajo esta categoría.

---

985 ZERK, J., "How do businesses become implicated in gross human rights abuses?", en *Corporate liability for gross human rights abuses Towards a fairer and more effective system of domestic law remedies,* Report prepared for the Office of the UN High Commissioner for Human Rights, 2014, pp. 16-31.

986 BERNAT, I./WHYTE, D., "State-Corporate Crimes", en RORIE, M.L., *The Handbook of White-Collar Crime,* John Wiley & Sons, Inc., New Jersey, 2020, pp. 127-139.

987 DE SCHUTTER, O., "The Challenge of Imposing Human Rights Norms on Corporate Actors", p. 13.

Ejemplos de estos casos los encontramos en las relaciones entre empresas y los gobiernos de las dictaduras de Argentina y Chile. En el caso argentino, la facilitación por parte de Volkswagen de los datos de los sindicalistas contrarios a la dictadura y la cesión de sus locales para la realización de torturas por parte de Ford-Muller, son ejemplos de este tipo de participación no neutral de las corporaciones multinacionales en violaciones de derechos humanos. En el caso de Chile, las donaciones para la financiación de la represión de la DINA o la cesión de buques para la tortura por parte de las empresas son ejemplos de conductas que podrían enmarcase bajo esta tipología[988].

Bajo esta tipología también pueden encuadrarse los casos en los que la empresa vulnera los derechos humanos como consecuencia de su participación en una política pública. En este caso, las empresas multinacionales utilizan su poder de influencia para promover y mantener políticas que dañan los derechos humanos, pero con las que obtienen cuantiosos beneficios.

Este proceder lo encontramos en las empresas mineras que operaban en Suráfrica bajo el régimen del *apartheid*, donde la Comisión de la Verdad y la Reconciliación ha documentado ampliamente las relaciones entre el Estado y las corporaciones multinacionales para el desarrollo de políticas laborales que

---

[988] Sobre los casos chilenos, véase MATUS, J.P./RAMÍREZ, Mª.C., "Empresas durante la dictadura. El caso chileno 1973-1989", en VIOQUE GALIANA, L.M. (coord.), *Verdes y justas: responsabilidad penal y diligencia debida en las organizaciones multinacionales,* Volumen II, BOE, Madrid, 2025, pp. 415-434; DELGADO DÍAZ, J.P., "El rol criminal de empresas en las dictaduras chilena y argentina, algunas consideraciones jurídico-penales para su persecución", en VIOQUE GALIANA, L.M. (coord.), *Verdes y justas: responsabilidad penal y diligencia debida en las organizaciones multinacionales,* Volumen II, BOE, Madrid, 2025, pp. 435-456.

les resultasen beneficiosas en contra de los derechos humanos de los trabajadores negros. La estrategia de las corporaciones multinacionales mineras instaladas en el país consistía en influir en su legislación para excluir a los trabajadores negros del sistema salarial limitando sus percepciones, permitiendo prácticas de reclutamiento forzado de personas negras respaldadas por el Estado y desempeñando un papel protagonista al ayudar al Estado a implementar las políticas abusivas.[989]

Por último, dentro de los supuestos de los *state-initiated corporate crimes* también encontramos casos de complicidad directa que se produce cuando existe una colaboración activa entre la empresa y el Estado en la perpetración de violaciones de derechos humanos.

Ejemplos históricos de este tipo de complicidad, en el que la empresa, sus directivos o empleados son directamente responsables de los abusos sobre los derechos humanos, los encontramos en el empleo de trabajo esclavo por las industrias extractivas en El Congo[990] y parte de Latinoamérica[991] durante la época colonial. Los abusos cometidos por determinadas empresas alemanas afines al régimen Nazi durante la II Guerra Mundial supusieron un punto de inflexión, siendo acusados, juzgados y en muchos casos condenados en los juicios subsecuentes a Núremberg los dirigentes de empresas como *Flick, I.G. Farben, Krupp, Roechling Enterprises, Tesch & Stabenow,* y *Töpf*

---

989 MINYUKU, B. (et al.), "Final Report of the Truth and Reconciliation Commission (South Africa)", *Business and Labour,* vol 4, ch 2, 29 October 1998. https://www.justice.gov.za/trc/report/finalreport/Volume%204.pdf (consultada el 1 de abril de 2025).

990 RENTON, D./SEDDON, D./ZEILIG, L., *Congo: Plunder and Resistance,* Zed Books, New York, 2015, pp. 94 y ss.

991 TANDETER, E.: "Trabajo forzado y trabajo libre en el Potosí colonial tardío", *Desarrollo Económico. Revista de Ciencias Sociales,* vol. 20, nº. 80, Jan.-Mar., 1981, pp. 511-548.

& Sohne, por su complicidad en los crímenes internacionales cometidos durante el Tercer Reich entre 1939 y 1945.[992]

Desde una perspectiva jurídico-penal, en el caso de los de los *state-initiated corporate crimes* el debate central se centra en determinar si la contribución de la empresa puede ser considerada delictiva.

Este es el ámbito de la doctrina de los "comportamientos neutrales", que ha sido objeto de discusión desde los Juicios de Núremberg y a la que nos referiremos con posterioridad en mayor detalle. En este tipo de conductas encontramos una notable discrepancia entre la visión estrictamente penal y la perspectiva que considera la creación de un contexto propicio para que se produzcan violaciones de derechos humanos. El principal desafío jurídico en estos casos radica en la presencia de legislaciones nacionales o autorizaciones administrativas que puedan legitimar violaciones de derechos humanos.

Un ejemplo claro de esta problemática sería si un país decide autorizar la deforestación de un área esencial para el bienestar global permitiendo a las empresas llevar a cabo una explotación insostenible. Esto plantea la cuestión de si leyes o actos administrativos que contravengan principios de derechos humanos, normativas de trabajo decente o estándares para la protección de ecosistemas, hábitats y biodiversidad, pueden

---

992 En mayor detalle sobre la complicidad entre determinadas empresas y el régimen nazi durante la II Guerra Mundial, RAMASASTRY, A., "Corporate Complicity: From Nuremberg to Rangoon-An Examination of Forced Labor Cases and Their Impact on the Liability of Multinational Corporations", pp. 104-113; KYRIAKAKIS, J., *Corporations Accountability and International Criminal Law. Industry and Atrocity,* Edward Elgar Publishing, Ney York, 2021, pp. 46-103; LIPPMAN, M., "War Crimes Trials of German Industrialists: The Other Schindlers", *Temple International and Comparative Law Journal,* vol. 9, issue 2, 1995

ser considerados una justificación válida para la actividad de las empresas ubicadas en dichos Estados.

En el caso de los *state-facilitated corporate crimes*, este tipo de complicidad indirecta sitúa a las empresas en una posición en la que participan de forma secundaria en las acciones represivas estatales, por ejemplo, mediante la facilitación de información, sin ser las autoras directas de dicha represión. La distinción clave aquí es que las actividades represivas del Estado tienen como principal objetivo proteger los intereses corporativos, a menudo a expensas de los derechos humanos y la seguridad de los activistas, sindicalistas, periodistas y defensores de derechos humanos, quienes pueden ser sometidos a situaciones de violencia o incluso encontrar la muerte a manos de fuerzas de seguridad o agentes estatales.

Este fue el caso del asesinato de Adolfo Ich, la agresión a German Chub y las violaciones en grupo de 11 mujeres de la comunidad Maya ocurridas en 2009 en Guatemala a manos de soldados, policías y agentes estatales de seguridad de *Hudbay-CGN* (filial de la multinacional canadiense *Hudbay Minerals Inc.*)[993]. Otro ejemplo paradigmático de este grupo de

---

[993] El caso *Choc v Hudbay* se sigue ante el Tribunal Superior de Justicia de Ontario desde 2009. La demanda se presentó por una comunidad maya guatemalteca tras el asesinato de Adolfo Ich, la agresión que dejó paralítico a German Chub y las violaciones en grupo de 11 mujeres que en 2009 perpetraron los agentes de seguridad de la compañía guatemalteca *Hudbay-CGN*, filial de la multinacional canadiense *Hudbay Minerals Inc.* En la demanda, presentada en Canadá contra la empresa matriz canadiense por los actos atribuidos a su filial en Guatemala, se alegó que la empresa matriz no efectuó un control y supervisión adecuados sobre su filial, lo que facilitó la violación de derechos humanos cometida por ésta. El Tribunal canadiense aceptó la demanda a trámite al entender que existe "*a reasonable cause of action in negligence*" de la empresa matriz y la existencia de un debate internacional abierto sobre la posibilidad

supuestos lo encontramos en el caso *Doe Vs. Unocal Corp.* y las violaciones de derechos humanos cometidas por el ejército de Myanmar durante la construcción de un oleoducto en el país. *Unocal*, empresa multinacional estadounidense dedicada a la producción y comercialización de petróleo y gas (desde agosto de 2005 filial perteneciente al grupo *Chevron*), contrató al ejército del país para que se encargase de las labores de seguridad de las instalaciones de la corporación, denunciando los pobladores locales que fueron sometidos a desalojos y trabajos forzosos, violaciones, asesinatos y torturas[994].

---

de responsabilidad a las empresas por las graves violaciones de derechos humanos. *Choc v Hudbay* [2013] ONSC 1414; BERGKAMP, P.A., "Models of Corporate Supply Chain Liability", *Jura Falconis Jg.* 55, number 2, 2018–2019, pp. 198-199. Más información de los hechos en noticia de prensa, CHAPMAN, L. "Maniobras dilatorias de Hudbay Minerals en Canadá para zafar de juicio", *Radio Canadá Internacional*, 21 de noviembre de 2019. https://www.rcinet.ca/es/2019/11/21/maniobras-dilatorias-de-hudbay-minerals-en-canada-para-zafar-de-juicio/ (consultada el 7 de marzo de 2025).

994 En septiembre de 1996, la comunidad de Tenasserim presentó una demanda contra Unocal por su complicidad en violaciones de derechos humanos cometidas por el ejército de Myanmar durante la construcción de un oleoducto (Nat'l Coalition Gov't of the Union of Burma v. Unocal, Inc., 176 F.R.D. 329, 334 [C.D. Cal. 1997]). Los demandantes alegaron trabajo forzado y confiscación de tierras. En 2000, el Tribunal del Distrito desestimó la demanda, argumentando que no se demostró participación activa de Unocal (Doe v. Unocal Corp., 67 F. Supp. 2d 1140 [C.D. Cal. 1999]). Sin embargo, en 2002, el Tribunal de Apelaciones del Noveno Circuito revocó esta decisión, considerando que el trabajo forzoso era una forma moderna de esclavitud y que Unocal podía ser responsable bajo la ATCA (Doe I v. Unocal Corp., 395 F.3d 932 [9 Cir. 2002]). Finalmente, en 2005, Unocal llegó a un acuerdo extrajudicial con los demandantes, estableciendo un fondo para mejorar las condiciones de vida en Myanmar. Véase WILSON A.J., "Beyond Unocal: Conceptual Problems in Using International Norms to Hold Transnational Corporations Liable under the *Alien Tort Claims Act*", en DE

B. *Complicidad con filiales y proveedores por negligencia en zonas de gobernanza débil*

Como hemos visto, las zonas de gobernanza débil se caracterizan por la incapacidad estatal para hacer cumplir las leyes y proteger los derechos humanos, por lo que son terreno fértil para que se produzcan graves abusos en el ámbito de la actividad corporativa.

En estos contextos, ejemplos emblemáticos como los diamantes de sangre o los minerales de conflicto ilustran claramente cómo las empresas pueden implicarse en esta forma de complicidad corporativa. Estos recursos, extraídos en condiciones de conflicto armado o bajo el control de regímenes autoritarios, a menudo financian la violencia y perpetúan las violaciones de derechos humanos. Este tipo de participación en vulneraciones de los derechos humanos incluye la adquisición directa de estos recursos en zonas conflictivas o de alto riesgo, además de la falta de transparencia que permite que estos minerales acaben ingresando en el mercado junto con los extraídos de forma lícita. Por tanto, la responsabilidad corporativa en estos casos no se limita a las acciones directas de la empresa, sino que se extiende a su participación en una cadena de productiva que sostiene y financia las estructuras de poder y violencia en regiones donde los derechos humanos son violados de forma sistemática.

Además de los diamantes y minerales, un ejemplo paradigmático dentro de este grupo lo encontramos en el caso *Lafarge*,

---

SCHUTTER, O. (Ed.), *Transnational Corporations and Human Rights*, Hart Publishing, Portland, 2006, pp. 43-72; SCHWARTZ, P./GIBB, B., *When good companies do bad things*, pp. 33-41; ECCHR, "Demanda de Unocal (sobre Myanmar)", https://www.ecchr.eu/fileadmin/Juristische Dokumente/Amicus Curiae Brief Mina Aguilar 2012-12.pdf (consultada el 20 de septiembre de 2025).

multinacional francesa que se vio salpicada por su contribución en las graves violaciones de derechos humanos que se han producido durante la guerra civil en Siria desde 2011.

En noviembre de 2016, un grupo de extrabajadores sirios, con el apoyo del ECCHR y la ONG Sherpa, presentaron una querella ante la justicia francesa contra la matriz del grupo *Lafarge* y su filial en Siria, *LCS*, por complicidad en la comisión de crímenes de guerra, crímenes de lesa humanidad, financiación del terrorismo, puesta en peligro de personal de la empresa de forma deliberada y realización de trabajos forzosos[995].

En un primer momento, el Tribunal francés desestimó los cargos por complicidad en la comisión de crímenes de lesa humanidad, al no apreciar la existencia del dolo necesario para considerar la posibilidad de complicidad en un crimen internacional. Sin embargo, el 7 de septiembre de 2021 el Tribunal Supremo francés anuló dicha decisión al entender que una empresa no puede utilizar como excusa sus objetivos comerciales para eludir su responsabilidad, ya que *Lafarge* tenía conocimiento preciso de los crímenes que se estaban cometiendo por los grupos armados que recibían su financiación[996].

---

[995] Los cargos se sustentaban en que *Lafarge* había pagado una cantidad de 15 millones de dólares a diversos grupos armados que de facto controlaban la región —entre los que se incluía el grupo terrorista *Daesh*— con el propósito de asegurar el paso de sus trabajadores y materiales para mantener en funcionamiento su planta de cemento en Jalabiya, en la que había invertido más de 680 millones de dólares, contribuyendo con dichos pagos en la comisión de gravísimas violaciones de derechos humanos. ONG SHERPA, "Lafarge sued for financing terrorism". https://media.business-humanrights.org/media/documents/files/documents/Press_Pack_Lafarge_sued_for_financing_terrorism.pdf (consultada el 10 de abril de 2025).

[996] El 18 de mayo de 2022 la Sala de Instrucción del Tribunal de Apelaciones de París confirmó todos los cargos por los que podía ser imputada Lafarge, considerando que la empresa puso en peligro la

De forma paralela se inició un procedimiento separado por los mismos hechos en los EE.UU., en el que *Lafarge* y su filial *LCS* se declararon culpables de conspirar para proporcionar apoyo material a organizaciones terroristas extranjeras ante un tribunal federal de Brooklyn, aceptando la multinacional francesa en octubre de 2022 pagar sanciones económicas, incluidas multas penales y decomisos, por una cantidad de 777,78 millones de dólares[997].

Los supuestos de explotación laboral en las ZFI también formarían parte de esta tipología, donde las violaciones de derechos humanos no se producen como consecuencia de una política pública criminal ni del favorecimiento estatal de los intereses corporativos mediante políticas criminales, sino como consecuencia de la incapacidad del Estado para proteger de forma adecuada los derechos humanos en su territorio.

Este sería el caso de las fábricas de ropa en Pakistán y Bangladesh, países a los que se dirige el Acuerdo Internacional para la

vida de su propio personal. ÍÑIGO ÁLVAREZ, L., "Un paso adelante en la lucha contra la impunidad corporativa: desarrollos del caso Lafarge", *Agenda Estado de Derecho,* 1 de febrero de 2023. https://agendaestadodederecho.com/desarrollos-del-caso-*Lafarge*/ (consultada el 10 de abril de 2025).

997 Lafarge se declaró culpable de negociar acuerdos para pagar a los grupos armados involucrados en la guerra civil que estalló en Siria en 2011 para proteger a los empleados de LCS, garantizar el funcionamiento continuo de la planta de cemento de Jalabiya y obtener una ventaja económica sobre sus competidores en Siria. DEPARTMENT OF JUSTICE EE. UU./OFFICE OF PUBLIC AFFAIRS, *Lafarge Pleads Guilty to Conspiring to Provide Material Support to Foreign Terrorist Organizations,* October 18, 2022. https://www.justice.gov/opa/pr/lafarge-pleads-guilty-conspiring-provide-material-support-foreign-terrorist-organizations (consultada el 5 de mayo de 2025).

Salud y Seguridad en la Industria Textil y de la Confección[998]. También el de las maquilas argentinas, una de las regiones hacia las que se ha dirigido esta deslocalización industrial textil, estimándose que existen unos 30.000 talleres textiles clandestinos, 5.000 de ellos en la ciudad de Buenos Aires "escondidos en el paisaje de la ciudad". Estos talleres clandestinos suelen instalarse en propiedades viejas, deterioradas por la humedad, sin suministros adecuados luz, agua y gas, generando graves riesgos para los trabajadores de electrocución, de incendio y riesgos de enfermedades (especialmente afecciones pulmonares)[999].

C. Complicidad con el proveedor por inacción corporativa y por omisión consciente

Los supuestos de inacción corporativa o participación pasiva se refieren a situaciones en las que una empresa multinacional no adopta medidas proactivas para prevenir o mitigar los riesgos de contribuir a vulneraciones de derechos humanos cometidas por los socios comerciales en sus cadenas producti-

---

998 Acción colectiva creada en 2013 como respuesta al accidente del Rana Plaza y suscrita por UNI, IndustriALL Global Union y las grandes marcas mundiales de ropa. El acuerdo, que resulta jurídicamente vinculante, tiene como propósito mejorar las medidas de seguridad contra incendios en la industria textil. Dado su éxito, se adoptó un acuerdo similar para el caso de Pakistán, diseñado para prevenir desastres en los lugares de trabajo y asegurar la seguridad de los trabajadores mediante inspecciones de seguridad independientes, promoción de la transparencia y participación de los trabajadores a través de capacitaciones de seguridad y un mecanismo de quejas. El acuerdo y sus resultados pueden consultarse en la página web del *International Accord for Health and Safety in the Textile and Garment Industry*, https://internationalaccord.org/ (consultada el 2 de junio de 2014).

999 GALLO, P., "La responsabilidad penal de las `grandes marcas´ por la explotación laboral en los talleres textiles clandestinos de Argentina".

vas. Este tipo de participación se caracteriza por una falta de acción que indirectamente facilita o perpetúa el daño causado por otros. En estos casos, las empresas multinacionales pueden beneficiarse de las acciones de sus proveedores sin involucrarse ellas mismas directamente en prácticas ilícitas, lo que les permite mantener una imagen pública de responsabilidad mientras externalizan los riesgos asociados a la producción.

La participación pasiva implica una negligencia o falta de diligencia significativas en el ejercicio de la diligencia debida en derechos humanos, que se manifiesta en una falta de conocimiento adecuado sobre las prácticas de los socios comerciales que puede resultar en la perpetuación de abusos sobre los derechos humanos sin que se adopten las medidas correctivas necesarias.

Los ejemplos de participación pasiva son variados y dependen en gran medida de la naturaleza de la cadena productiva y del contexto operativo de la empresa. Un ejemplo de caso que podríamos catalogar bajo esta tipología lo encontramos en relación con la cadena de valor del cacao. En 2014, los gigantes de la industria agroalimentaria *Nestlé*, *Cargill* y *Archer-Daniels-Midland* fueron demandados ante los tribunales de los EE.UU. por contribuir a la explotación infantil mediante la compra de cacao a sus proveedores ubicados en Costa de Marfil. Pese a que las multinacionales aseguraban desconocer los hechos, los menores demandantes afirmaban haber sido víctimas de trata en Costa de Marfil y obligados a trabajar en las plantaciones de cacao durante 14 horas al día sin percibir salario alguno, además de sufrir daños físicos como azotes y todo tipo de vejaciones.[1000]

Por su parte, el supuesto de participación por omisión culpable implica la decisión deliberada de una empresa de no

---

[1000] *JOHN DOE I V. NESTLE, USA, No. 10-56739 (9th Cir. 2014).*

adoptar medidas preventivas ni desarrollar acciones correctivas a pesar de ser plenamente consciente de las vulneraciones de derechos humanos que ocurren dentro de su cadena productiva. Este tipo de participación va más allá de simples defectos en la supervisión o carencias en la gestión de los socios comerciales, pues se motiva en una elección consciente y estratégica de ignorar los riesgos con el fin de preservar los beneficios económicos o mantener la estabilidad de la cadena productiva.

En términos de conciencia, la complicidad por omisión se caracteriza por el conocimiento, directo o indirecto, de las vulneraciones de derechos humanos existentes o de un alto riesgo de su ocurrencia. Las empresas pueden adquirir este conocimiento a través de varios canales, incluyendo informes de auditorías internas, denuncias realizadas por *stakeholders*, investigaciones periodísticas, informes de ONG, etc. A pesar de la disponibilidad de esta información, estas empresas optan por mantener una inacción calculada, donde los intereses financieros se priorizan sobre el respeto a los derechos humanos. Esta inacción no debe entenderse como pasiva, sino como una elección activa que tiene impactos directos y adversos sobre los derechos humanos. Al decidir no actuar, la empresa permite que los riesgos se materialicen, contribuyendo así a la perpetuación o incluso al incremento de los daños.

Esta falta de acción deliberada, más allá de constituir una negligencia, revela un dolo eventual por parte de la empresa multinacional. Al optar por no actuar, la dirección conscientemente acepta el riesgo de que se perpetúen las violaciones de derechos humanos dentro de su cadena de suministro.

Este tipo de participación resulta especialmente grave y dañina porque, a diferencia de la complicidad pasiva, donde la inacción puede deberse a una falta de conocimiento o a deficiencias en los mecanismos de control, la complicidad por omisión implica una plena consciencia de las prácticas ilícitas y una decisión deliberada de ignorarlas para mantener beneficios o relaciones comerciales.

En los casos de inacción corporativa, las empresas suelen justificar su conducta alegando desconocimiento de los impactos negativos sobre los derechos humanos o falta de recursos para supervisarlas de forma adecuada. Sin embargo, en la omisión culpable, estas excusas pierden validez. La empresa es consciente de las irregularidades cometidas por sus socios y decide no intervenir, poniendo sus intereses comerciales por encima del bienestar humano. Esta omisión intencionada constituye una forma de participación más directa y moralmente reprochable. Al optar por la decisión de no actuar, las empresas facilitan de una forma activa las vulneraciones de derechos humanos.

Un ejemplo de omisión culpable se puede observar en el sector de la electrónica, donde ciertas empresas han sido señaladas por utilizar minerales a sabiendas de que se habían obtenido mediante violaciones de derechos humanos. Este ha sido el caso de los gigantes *Apple*, *Google*, *Dell*, *Microsoft* y *Tesla*, que fueron demandados en 2018 en los EE.UU. por conocer que el cobalto utilizado en sus productos podría estar relacionado con la explotación infantil y no adoptar medidas al respecto. Además, se acusaba a estas grandes multinacionales de ayudar e instigar a las compañías mineras para que se beneficiaban del trabajo infantil, que se realizaba en condiciones peligrosas y que derivó finalmente en la muerte de los niños. Los menores fallecidos trabajaban en minas propiedad de la empresa minera británica *Glencore*, que vendía el cobalto a *Umicore*, comerciante de minerales y de metales con sede en Bruselas que a su vez vendía el cobalto a las conocidas multinacionales tecnológicas para las baterías que utilizaban en sus productos[1001].

[1001] KELLY, A., "Apple and Google named in US lawsuit over Congolese child cobalt mining deaths", *The Guardian*, December 16, 2019.

D. Complicidad con la filial por beneficio económico

Como tipología final de nuestra clasificación, la participación a través de filiales por beneficio económico se produce cuando una empresa matriz facilita o permite activamente que sus filiales realicen actividades que resultan en violaciones de derechos humanos en la búsqueda de maximizar los beneficios. Esta forma de participación incluye cualquier acción que, directa o indirectamente, haga posible que se materialice el daño, como la falta de supervisión adecuada, el suministro de recursos o tecnologías inapropiadas, o la imposición de políticas corporativas que fomenten prácticas peligrosas.

Bajo esta tipología, el desastre de Bhopal es emblemático, tanto por la escala de la tragedia como por el intrincado entramado de responsabilidades corporativas involucradas. Este caso refleja cómo decisiones empresariales negligentes y la falta de acción ante riesgos evidentes pueden generar consecuencias devastadoras, exponiendo la gravedad de la omisión en contextos de violaciones de derechos humanos y desastres industriales.

La noche del 2 al 3 de diciembre de 1984, una planta de pesticidas en Bhopal, India, operada por *Union Carbide India Limited*, liberó 40 toneladas de isocianato de metilo, un gas altamente tóxico. Desde entonces y como consecuencia directa, las víctimas ascienden a más de 25.000 fallecidos y medio millón de personas con enfermedades graves[1002]. La empresa que

---

https://www.theguardian.com/global-development/2019/dec/16/apple-and-google-named-in-us-lawsuit-over-congolese-child-cobalt-mining-deaths (consultada el 14 de mayo de 2025).

[1002] El desastre, que se debió al escape de 27 toneladas de *methyl isocyanate* y otros gases letales, causó la muerte directa de más de 3.000 personas, lo que evidenció ante el mundo los peligros derivados de realizar transferencias tecnológicas desde las empresas multinacionales occidentales hacia filiales instaladas en países menos desarrollados sin el adecuado control. SHULTZ, E.B.JR./SHULTZ, J.L., "Recor-

operaba en la planta de pesticidas era la filial india de *Union Carbide Corporation* con sede en los EE.UU. Investigaciones posteriores revelaron que la filial india había implementado tecnologías y estándares de seguridad menos estrictos en comparación con las operaciones que el grupo corporativo desarrollaba en los EE.UU., priorizando la reducción de costes sobre la seguridad. Además, la matriz estadounidense ejercía un control operativo y realizaba una supervisión técnica considerable sobre la planta de Bhopal, lo que indica que tenía conocimiento de las prácticas y deficiencias en la instalación. Esto lleva a considerar que el accidente podría no haberse debido únicamente a negligencia, sino también a un comportamiento doloso por parte de la matriz, derivado de la implementación de prácticas peligrosas, pero más económicas por parte de su filial extranjera[1003].

El caso *Chevron/Texaco* ilustra otro ejemplo preocupante de participación activa de una empresa multinacional con su filial por beneficio económico, y cómo dicha participación puede resultar en vulneraciones de derechos humanos y daños medioambientales significativos. Entre 1964 y 1990, *Texaco* (posteriormente adquirida por *Chevron*) extrajo millones de barriles de petróleo de la Amazonía ecuatoriana. A

---

dando a Bhopal: la ética y los valores en los negocios en relación con la transferencia de tecnología riesgosa hacia el tercer mundo", *Tecnología en Marcha*, VOL. 9 Nº 3 – 1989, pp. 8-14; RAINA, V., "Supervivientes del desastre gasístico de Bhopal: 25 años después", *Ecología política*, Nº 37, 2009, pp. 90-94.

1003 La compañía multinacional estadounidense utilizaba la planta de su filial en la India para la producción del plaguicida *Sevin*, mediante técnicas que no hubieran sido permitidas en el Estado de la matriz del grupo corporativo, el empleo de agentes altamente tóxicos y la aplicación de procedimientos peligrosos tanto para la salud de las personas como para el medio ambiente. SCHWARTZ, P./GIBB, B., *When good companies do bad things*, pp. 48-51.

pesar de que la compañía disponía de tecnología avanzada y métodos de explotación seguros que ya utilizaba en los Estados Unidos y, de hecho, estaban patentados por la propia empresa, optó por no emplear estas prácticas en Ecuador. La negligencia de *Chevron/Texaco* en Ecuador incumplió las estipulaciones del contrato de explotación, que exigía el uso de tecnologías y métodos destinados a minimizar el impacto ambiental, además de desatender las normas fundamentales de protección ambiental y derechos humanos[1004]. Como resultado, la operación en la Amazonía ecuatoriana causó extensos daños ambientales, incluyendo la contaminación de ríos, suelos y recursos acuíferos, afectando gravemente la salud y el modo de vida de los habitantes de la región[1005].

Como hemos visto en las páginas precedentes, las casuísticas por las que una empresa multinacional puede causar o contribuir en violaciones de derechos humanos son muy variadas, pero en todos los casos relatados hasta el momento podemos encontrar ciertas similitudes:

1. Las matrices de las corporaciones multinacionales que se vieron implicadas en los hechos negaron su responsabilidad, bajo el pretexto de que los daños fueron ocasionados por filiales o proveedores independientes sobre cuya actividad no tenía el control efectivo.

1004 MONTESINOS PADILLA, C., "La explotación y exploración de petróleo en América Latina: Razones y propuestas para la actuación", en OVEJERO PUENTE, A.M. (Coord.), *Derechos Humanos y Empresa: Balance y situación actual sobre el cumplimiento de los tres pilares,* Tirant lo Blanch, Valencia, 2020, pp. 144-147; SCHWARTZ, P./GIBB, B., *When good companies do bad things*, pp. 44-48.

1005 MINISTERIO DE RELACIONES EXTERIORES Y MOVILIDAD HUMANA DE ECUADOR, "El caso *Chevron/Texaco* en Ecuador. Una lucha por la justicia ambiental y social", *Apoya Al Ecuador – Equipo de Arbitrajes y Transnacionales,* abril de 2015.

2. Las filiales o los proveedores que se vieron implicadas en las vulneraciones de los derechos humanos se encontraban bajo la influencia de un grupo corporativo multinacional
3. Las sociedades matrices no tenían obligaciones jurídicamente vinculantes para supervisar y controlar de una forma adecuada y eficaz el modo en que desarrollaba la actividad su filial, proveedor o socio comercial.
4. Las vulneraciones de derechos humanos se cometieron en lugares en los que era público y notorio que su protección es más laxa que en los Estados en los que se ubicaba la sede de la matriz del grupo corporativo multinacional.
5. Las víctimas de los impactos negativos sobre los derechos humanos no consiguieron una reparación adecuada.

Con la adopción de normas jurídicamente vinculantes de diligencia debida en derechos humanos se pretende responder a estos desafíos mediante el desarrollo y fortalecimiento de un marco normativo, con aspiración de llegar a convertirse en global, que rija la actividad de las empresas multinacionales y establezca su responsabilidad todos los niveles, desde las tareas de producción hasta las labores de comercialización[1006].

[1006] LYON-CAEN, A./SACHS, T., "The Responsibility of Multinational Enterprise. A constitutionalization process", en ROBÉ, J.P./ LYON-CAEN, A./VERNAC, S., (Eds.), *Multinationals and the constitutionalization of the world power system*, Routledge, New York, 2016, pp. 204-210.

V LA EXTREMA VULNERABILIDAD DE LAS VÍCTIMAS CORPORATIVAS

Mientras que en el ámbito de la criminología el estudio de las implicaciones de las empresas multinacionales en violaciones de derechos humanos ha recibido una atención considerable, el estudio de los procesos de victimización, especialmente en lo que respecta a la figura de la víctima corporativa, ha quedado relegado a un segundo plano. Del mismo modo, los derechos de las víctimas han recibido una atención limitada en el Derecho internacional a lo largo de los años, lo que se debe, principalmente, a que está dirigido, en esencia, a regular las relaciones entre Estados y no entre individuos[1007]. Para llenar estas lagunas en la investigación criminológica, desde 2006 la victimología corporativa se viene ocupando del estudio de las relaciones entre empresas y víctimas, centrándose en establecer quién y cómo es victimizado por la actividad empresarial[1008].

1007 DELLA MORTE, G., "Victims in international law: an overview", en FORTI, G. (ed. In chief), *Victims and Corporations. Legal Challenges and Empirical Findings*, Wolters Kluwer Italia S.r.l., Milan, 2018, p. 137.

1008 SAAD, E., "Víctimas corporativas", en NIETO MARTÍN, A./CALVO SOLER, R., (coords.), *Justicia restaurativa empresarial. Un modelo para armar*, Reus, Madrid, 2023, p. 51-52. La victimología corporativa, formulada originariamente por William Laufer, se presenta como un área especializada dentro del estudio más amplio de la victimología, que se centra específicamente en la dinámica de victimización dentro del contexto corporativo. Este campo de estudio se dedica a explorar cómo las acciones o inacciones de las empresas pueden resultar en daños significativos, ya sea a individuos, comunidades, o incluso a otras empresas, y busca entender los mecanismos a través de los cuales estas entidades pueden ser consideradas responsables por tales perjuicios. LAUFER, W., "The missing account of Progressive Corporate Criminal Law", *New York University Journal of Law and Business*, nº 14, 2017, pp. 1-60; LAUFER, W., "A very special regulatory milestone", *University of Pennsylvania Journal of Business Law*, nº2, 2018, pp. 392-428.

El análisis de las necesidades de las víctimas adquiere especial relevancia cuando se considera la experiencia de victimización en contextos corporativos. La reacción de las víctimas al delito que han sufrido está intrínsecamente vinculada a la tipología y magnitud de los daños experimentados, lo que, a su vez, se ve influenciado por una variedad de factores entre los que se incluyen las circunstancias del delito, los rasgos de personalidad de la víctima, su estatus social, nivel educativo o el contexto social en el que se encuentra. Por ejemplo, cuanto mayor sea la pérdida de control que sienta la víctima como consecuencia del delito, mayor será su necesidad de información como medio para recuperar el control sobre su vida y su futuro. Del mismo modo, un mayor estrés psicológico resultante del delito incrementa la necesidad de ser escuchado y reconocido, mientras que una intensificación en la sensación de vulnerabilidad derivada de la experiencia traumática del delito aumenta la necesidad de obtener garantías y protección[1009].

En cuanto a las víctimas de violaciones de derechos humanos en el contexto de las cadenas productivas globales, el primer problema que nos encontramos es que no siempre resulta fácil identificarlas, por lo que se ha construido la idea de que los delitos corporativos constituyen una especia de "crímenes sin víctimas"[1010].

En la práctica, a estas víctimas se les imposibilita el acceso a recursos eficaces, tanto en el lugar donde se cometen los daños como en la nación en el que se ubica la matriz del grupo corporativo. Entre los principales obstáculos que encuentran a

---

1009 VISCONTI, A., "Corporate violence harmful consequences and victims 'needs an overview", en FORTI, G. (ed. In chief), *Victims and Corporations. Legal Challenges and Empirical Findings,* Wolters Kluwer Italia S.r.l., Milan, 2018, p. 150.

1010 SAAD, E., "Víctimas corporativas", p. 51.

la hora de recurrir a la justicia, podemos destacar: la dificultad para establecer el nexo causal entre la conducta de la matriz demandada, radicada en una jurisdicción, y la violación de derechos humanos resultante en otra por la conducta de la filial o el proveedor; los altos costes derivados de la litigación internacional; la dificultad para la obtención de información y pruebas para fundamentar la reclamación; la carencia de mecanismos de cooperación judicial internacional adecuados; las dificultades para ejecutar en un Estado del fallo dictado en otro; o el recurso en algunas jurisdicciones de la doctrina del *forum non conveniens* para inadmitir o desestimar las demandas[1011].

Además, el uso de la doctrina del *forum non conveniens* permite a las empresas multinacionales evitar ser juzgadas en el lugar en el que se encuentra su capital, alegando que el foro más conveniente es el lugar en el que se cometió el daño; lugar en el que, con frecuencia, la filial ya no existe o se ha descapitalizado[1012].

Otra de las barreras que impiden enjuiciar a los responsables de las violaciones de derechos humanos en el ámbito corporativo se deriva del rechazo que muestran muchos Estados para aplicar el principio de extraterritorialidad. Este hecho, unido a la creciente capacidad de las empresas multinaciona-

---

1011 Observación general nº 24 sobre las obligaciones de los Estados en virtud del PIDESC en el contexto de las actividades empresariales, Consejo Económico y Social, Comité de Derechos Económicos, Sociales y Culturales, 10 de agosto de 2017, E/C.12/GC/24, p. 14. ZERK, J., *Corporate liability for gross human rights abuses: Towards a fairer and more effective system of domestic law remedies. A report prepared for the Office of the UN High Commissioner for Human Rights,* A report prepared for the Office of the UN High Commissioner for Human Rights, 2013, p. 43.

1012 GUAMÁN HERNÁNDEZ, A./MORENO GONZÁLEZ, G., *Empresas Transnacionales y Derechos Humanos. La necesidad de un Instrumento Vinculante,* pp. 36-37.

les para mover su capital entre Estados y reconfigurar sus cadenas de suministros a escala global, ha provocado importantes vacíos de protección que precisan avanzar en las obligaciones extraterritoriales impuestas a las empresas, con el fin de afrontar los nuevos retos en materia de derechos humanos derivados de la era de la globalización[1013].

Esta situación ha dado lugar a que en los Estados débiles o con gobiernos corruptos las empresas causen impactos negativos en los derechos humanos de las personas sin asumir ningún tipo de responsabilidad, quedando las víctimas sin posibilidad efectiva de acceder a mecanismos de reparación. De este modo, como se puso de manifiesto en el Informe Colectivo sobre Empresas y Derechos Humanos elaborado por la Red-DESC y presentado ante el Consejo de Derechos Humanos de las Naciones Unidas en junio de 2008, las víctimas de los impactos negativos sobre los derechos humanos provocados por las empresas no reciben la misma protección y atención que las víctimas de otro tipo de violaciones de derechos humanos[1014].

Y es que podemos encontrar múltiples ejemplos de victimización secundaria cuando las personas que han padecido violaciones de derechos humanos intentan recurrir a la justicia. Uno de ellos lo encontramos en el caso *Rana Plaza*, donde, pese a la magnitud de la tragedia, únicamente se condenó, el 27 de agosto de 2017 por un tribunal de Dacca, al dueño del edificio a tres años de cárcel y al pago de una multa de 625 dólares sin que, hasta el momento, se haya conseguido responsabilizar a las empresas multinacionales a las que las empresas ubicadas en el edificio destinaban su producción[1015].

1013 Declaración de Viena+20 OSC, adoptada el 26 de junio de 2013, p. 2.

1014 LÓPEZ-FRANCOS DE BUSTURIA, A.A., *Derechos Humanos, Empresas Transnacionales y Responsabilidad Social Empresarial*, pp.171-172.

1015 Aparte de la vía judicial, en octubre de 2013 se estableció una Comisión de Coordinación del Rana Plaza presidida por la OIT en la que

Igualmente, el caso de la demanda a *Nestlé, Cargill* y *Archer-Daniels-Midland* ante los tribunales de los EE.UU. por contribuir a la explotación infantil en Costa de Marfil. Pese a que la demanda fue admitida a trámite y a que la Sala de Apelaciones rechazó en 2016 la petición de desestimación solicitada por las corporaciones multinacionales, en junio de 2021 la Corte Suprema rechazó las pretensiones de los demandantes afirmando que la Sala de Apelaciones se había equivocado el permitir que la demanda continuase adelante, debiendo haber aplicado la doctrina del *forum non conveniens*[1016] [1017].

---

participaban representantes del gobierno de Bangladesh, organizaciones sindicales, algunas de las empresas textiles implicadas y diversas ONGS para alcanzar un acuerdo sobre pagos a las víctimas y sus familiares. El acuerdo de Rana Plaza fue una iniciativa innovadora por la que se realizarían pagos por lucro cesante a aquellas familias afectadas por la tragedia. Dos grupos distintos de beneficiarios pudieron reclamar en virtud del Acuerdo: las personas lesionadas en el desastre y que como consecuencia perdieron su capacidad de obtener ingresos; y los dependientes de las víctimas fatales o de las personas que supuestamente desaparecieron como resultado del incidente. El método de cálculo de las indemnizaciones se diseñó de conformidad con los principios del Convenio núm. 121 sobre prestaciones por accidentes del trabajo de la OIT. El Acuerdo de Rana Plaza puede consultarse en la página web https://ranaplaza-arrangement.org/ (consultada el 14 de mayo de 2023). En detalle, NOLAN, J., "Rana Plaza: The Collapse of a Factory in Bangladesh and its Ramifications for the Global Garment Industry", en BAUMANN-PAULY, D./NOLAN, J., *Business and Human Rights: From Principles to Practice, Routledge,* New York, 2016, pp. 56-62.

1016 De acuerdo con el TJUE, "*en virtud de la excepción de forum non conveniens coma tal como se aplica en Derecho inglés, un órgano jurisdiccional nacional puede inhibirse en favor de un órgano jurisdiccional situado en otro Estado, que es asimismo competente, si considera que obviamente este es un foro más adecuado para conocer del litigio, es decir, que el litigio puede resolverse ante éste de forma más adecuada, habida cuenta de los intereses de las partes y de los objetivos de la justicia*". Sentencia de 1 de marzo de 2005 del TJUE, asunto *C-281/02–Owusu*

1017 Véase noticia de prensa, "La Corte Suprema de EE.UU. falla a favor de las compañías Nestlé y Cargill en una demanda por explotación

Caso paradigmático el de Bhopal, donde, pese a que han pasado casi 40 años desde la tragedia, multitud de víctimas aún siguen sin encontrar una reparación adecuada. En 1989 la Corte Suprema de la India negoció una compensación entre el Gobierno Indio y la *Union Carbide Corporation*, aceptando la multinacional indemnizar a las víctimas con 393 millones de euros, pero quedando libre de cualquier responsabilidad civil o penal. Dicho acuerdo fue recurrido por *Dow Chemicals* (multinacional que adquirió las acciones de la compañía tras el accidente) y fue revisado por la Corte Suprema de la India que, en 2004, ordenó a la compañía a pagar 263 millones de euros, recibiendo cada víctima en 2008 un total 890 euros a modo de indemnización[1018].

En cuanto a los procedimientos judiciales seguidos en EE.UU., en uno de los últimos pronunciamientos, de 24 de mayo de 2016, el Tribunal de Apelaciones del Circuito Segundo de Nueva York eximió de responsabilidad a *Union Carbide Corporation* por las muertes y daños ambientales ocasionados con el escape de gas en aplicación de la doctrina del *forum non conveniens*[1019]. De acuerdo con ESTEVE MOLTÓ, el tratamiento

---

laboral infantil", *¡Democracy NOW!*, 18 de junio de 2021. https://www.democracynow.org/es/2021/6/18/titulares/scotus_rules_in_favor_of_nestle_cargill_in_child_slave_labor_case (consultada el 14 de mayo de 2025).

1018 En mayor profundidad sobre los acuerdos judiciales alcanzados en la India, AMNISTIA INTERNACIONAL, "Nubes de injusticia. El desastre de Bhopal 20 años después", 29 de noviembre de 2004, p. 5. https://www.amnesty.org/es/wp-content/uploads/sites/4/2021/09/asa201042004es.pdf (consultada el 16 de mayo de 2025).

1019 Sobre el caso Bhopal y sus consecuencias 3 décadas después del desastre, DEVA, S., "Bhopal: the saga continues 31 years on", en BAUMANN-PAULY, D./NOLAN, J., Business and Human Rights: From Principles to Practice, Routledge, New York, 2016, pp. 49-54.

del caso Bhopal por los tribunales supuso la vulneración directa del derecho a la justicia de las víctimas, la quiebra del Estado de Derecho y la constatación de la insuficiencia de los ordenamientos jurídicos para enfrentarse al poder de las empresas multinacionales[1020].

En el contexto europeo, la *Directiva 2012/29/UE del 25 de octubre de 2012,* centrada en los derechos, el apoyo y la protección de las víctimas de delitos, [1021], no ha logrado asegurar efectivamente el acceso a la justicia para las víctimas de delitos corporativos, especialmente en situaciones que involucran múltiples jurisdicciones. Este desafío se hace particularmente evidente en casos donde las víctimas de países no europeos intentan reivindicar sus derechos mediante litigios transnacionales por daños y perjuicios contra la matriz de grupos multinacionales ubicados en Estados europeos. Dichas víctimas están sujetas a la autoridad y al control territorial del Estado donde reside la matriz, según lo estipula el artículo 1 del CEDH. Esto implica que los tribunales nacionales encargados de estos casos están obligados a adherirse a las obligaciones internacionales del Estado en materia de derechos humanos para garantizar un acceso efectivo a la justicia y a los recursos civiles adecuados.

1020 ESTEVE MOLTÓ, J.E, "La estrecha interdependencia entre la criminalidad de las empresas transnacionales y las violaciones al Derecho internacional de los derechos humanos y del medio ambiente: lecciones del caso Bhopal", *Revista Electrónica de Estudios Internacionales (REEI),* nº 32, 2016; ESTEVE MOLTÓ, J.E., "The Impunity Veil of Transnational Corporations: The Judicial Saga of Bhopal", en CHIARA MARULLO, M./ZAMORA CABOT, F.J. (Coord.), *Empresas y derechos humanos: temas actuales,* Editoriale Scientifica, Nápoles, 2018, p. 250.

1021 Directiva 2012/29/UE del Parlamento Europeo y del Consejo, de 25 de octubre de 2012, por la que se establecen normas mínimas sobre los derechos, el apoyo y la protección de las víctimas de delitos.

Sin embargo, el marco jurídico actual, tanto a nivel internacional como nacional, no ha sido capaz de adaptarse plenamente a las complejidades asociadas con las operaciones transnacionales de las empresas y dar solución a las víctimas. Al contrario, se hace cada vez más evidente que las limitaciones impuestas por el progresivo proceso de desresponsabilización corporativa impiden abordar de forma adecuada los retos que presentan las cadenas productivas globalizadas y la compleja estructura de los grupos corporativos[1022].

En el marco de la diligencia debida en derechos humanos, el derecho de las victimas a ser reparadas se corresponde con el tercer pilar de los *Principios Rectores*. Para ello, se abordan los aspectos esenciales para facilitar a las víctimas de violaciones de derechos humanos corporativas el acceso a la justicia y proporcionarles una protección efectiva. En particular, se establecen medidas que permiten a las víctimas presentar demandas de forma más accesible y efectiva, así como protecciones específicas durante el proceso de litigio.

Como ejemplo, la *Directiva CSDDD* ha implementado un régimen de responsabilidad civil para asegurar que las víctimas puedan presentar demandas por responsabilidad en los Estados de origen de los grupos corporativos multinacionales, facilitando así el acceso a la justicia incluso cuando los daños se produzcan en terceros países (art. 29). Además, se promueven procedimientos civiles que permiten a organizaciones no gubernamentales y sindicatos representar a las víctimas, lo que es crucial en contextos donde las víctimas individuales podrían no tener los recursos o el conocimiento necesario para iniciar acciones legales a título personal (art. 29.3.d).

[1022] SMIT, L. (et. al), *Study on due diligence requirements through the supply chain, Final Report*, p. 231.

La *Directiva CSDDD* también establece plazos de prescripción extendidos para estas demandas, asegurando que las víctimas tengan suficiente tiempo para reclamar daños y perjuicios, lo que resulta especialmente importante dado que la recopilación de pruebas y la preparación de estos casos pueden ser procesos largos y complicados (art. 29.3.a). Además, se aborda la exhibición de pruebas, permitiendo que los tribunales de los Estados miembro de la UE realicen requerimientos a las empresas multinacionales para que aporten las evidencias que podrían estar en su poder (art. 29.3.e), con el propósito de resolver uno de los mayores obstáculos en litigios de derechos humanos como es la dificultad de acceder a información que está controlada por la empresa multinacional acusada de causar el daño.

Capítulo VI

Hacia un nuevo paradigma de responsabilidad penal en el marco de la diligencia debida

El desarrollo normativo de la diligencia debida en derechos humanos ha transformado profundamente el modo en que se concibe la responsabilidad empresarial en contextos de riesgo estructural. Esta transformación alcanza también al Derecho penal económico, que se ve interpelado por la necesidad de ofrecer una respuesta adecuada frente a omisiones organizativas que permiten, facilitan o no evitan la comisión de graves vulneraciones de derechos fundamentales en el seno de las cadenas productivas globales.

En este nuevo escenario, la responsabilidad penal de la persona jurídica deja de fundarse exclusivamente en la infracción directa de bienes jurídico-patrimoniales y se construye, cada vez más, sobre el incumplimiento de deberes de vigilancia, supervisión y control que derivan de estándares normativos o técnicos previamente establecidos.

Junto a este replanteamiento en el plano del Derecho penal económico, emerge también la cuestión de la atribución de responsabilidad a las empresas multinacionales en el ámbito del Derecho penal internacional (DPI), especialmente cuando sus actividades contribuyen a crímenes internacionales como el trabajo forzoso, la esclavitud moderna o los crímenes contra la humanidad. Aunque el DPI ha estado históricamente centrado en la responsabilidad individual de los altos mandos, cada vez se discute con mayor intensidad la posibilidad de imputar también a personas jurídicas que intervienen de forma funcional en la comisión de estos crímenes, ya sea mediante aportaciones materiales o por omisiones deliberadas dentro de contextos de gobernanza débil.

Este capítulo examina, por tanto, los fundamentos dogmáticos, los límites normativos y las tensiones estructurales que plantea la construcción de un nuevo paradigma de responsabilidad penal empresarial, en el que confluyen el Derecho penal económico, el DPI y los estándares derivados de la diligencia debida. A partir de los desarrollos anteriores —en particular, los principios del cumplimiento normativo en derechos humanos, la coacción regulatoria y las nuevas formas de complicidad— se analizan las condiciones bajo las cuales puede atribuirse responsabilidad penal a la persona jurídica por su intervención en escenarios de vulneración de derechos humanos, respetando los principios de legalidad, accesoriedad y proporcionalidad.

I LA RESPONSABILIDAD DE LAS EMPRESAS POR VIOLACIONES DE DERECHOS HUMANOS ANTE EL DERECHO PENAL INTERNACIONAL

En las últimas décadas, ha cobrado fuerza el debate sobre la posibilidad de atribuir responsabilidad penal internacional a las empresas por su participación en crímenes graves contra los derechos humanos. Este debate no es nuevo y puede rastrearse hasta el final de la Segunda Guerra Mundial, cuando los Juicios de Núremberg y los tribunales creados bajo la *Control Council Law nº 10* (CCL) [1023] abordaron, junto a la responsabilidad de

---

[1023] Control Council Law nº 10: https://www.legal-tools.org/doc/ffda62/pdf/ (consultada el 14 de julio de 2025).

líderes políticos y militares, la implicación de directivos empresariales en la comisión de los conocidos como *core crimes*. Aunque en esos procesos se mantuvo el principio de la responsabilidad penal individual, se estableció por primera vez que los agentes económicos podían facilitar o promover crímenes de guerra y crímenes contra la humanidad mediante su colaboración con regímenes autoritarios.

A partir de este precedente, algunos sectores doctrinales han defendido que, dada la capacidad real de las empresas multinacionales para influir en decisiones estatales, políticas públicas y entornos sociales, se debería posibilitar su imputación penal a nivel internacional. No obstante, el DPI contemporáneo, tal como lo estructura el Estatuto de Roma, sigue excluyendo expresamente la posibilidad de procesar a personas jurídicas, al circunscribir la competencia de la Corte Penal Internacional (CPI) únicamente a personas físicas.

Esta exclusión ha dado lugar a una paradoja jurídica y práctica, pues, mientras las empresas multinacionales participan en violaciones sistemáticas de derechos humanos fuera de sus fronteras estatales, no pueden ser llevadas ante una corte internacional, lo que perpetúa un sistema de impunidad estructural. La figura penal de *societas delinquere non potest*, aunque superada en muchos ordenamientos internos, sigue predominando en el plano internacional, cerrando la puerta a la imputación directa de las empresas como actores responsables de crímenes internacionales.

A. *Orígenes de la responsabilidad penal internacional de las empresas en Núremberg: responsabilidad individual, comportamientos neutrales y estado de necesidad*

La idea de atribuir responsabilidad penal internacional a organizaciones empresariales por su participación en violaciones graves de derechos humanos comenzó a perfilarse tras la

Segunda Guerra Mundial. En ese contexto, se decidió procesar a directivos de empresas que colaboraron con el régimen nazi en la comisión de crímenes internacionales entre 1939 y 1945. Los juicios de Núremberg y los tribunales para enjuiciar a los industriales, establecidos bajo la CCL, sentaron las bases de la responsabilidad penal internacional de estas organizaciones y ampliaron el foco de responsabilidad más allá de las autoridades estatales, reconociendo la posible implicación penal de actores privados, incluidas las empresas, en crímenes contra la paz y de lesa humanidad.

Estos precedentes abrieron el camino a una reflexión más amplia —retomada décadas después, especialmente en el marco de los debates previos al Estatuto de Roma— sobre la necesidad de exigir a las empresas el respeto de los derechos humanos no solo como principio ético, sino como obligación jurídica vinculante en el derecho internacional. Esta línea evolutiva conecta directamente con el debate contemporáneo sobre la posibilidad de atribuir deberes internacionales directos a las empresas multinacionales en contextos de criminalidad transnacional[1024].

En Núremberg, a figura jurídica de la *conspiracy*, central en el Derecho penal estadounidense, fue utilizada estratégicamente por los fiscales americanos para ampliar la responsabilidad penal y alcanzar a una gama más amplia de implicados en los crímenes nazis. Esta estrategia buscaba, además de castigar los actos consumados, punibilizar los acuerdos y planes que no llegaron a ejecutarse, asignando severas penas a quienes participaron en las fases iniciales de los complots.

Sin embargo, esta interpretación de la "conspiración" no resonaba de igual manera en el marco jurídico europeo, donde la responsabilidad penal suele centrarse más en los actos

---

[1024] Debate desarrollado en el apartado III del Capítulo II de esta obra.

consumados y en los autores directos de los delitos. Durante estos procesos se produjo una tensión significativa entre las perspectivas americana y europea sobre cómo deberían ser juzgados los criminales de guerra, reflejando un choque de culturas jurídicas. La insistencia americana en usar la figura de la *conspiracy* para facilitar las condenas chocó con la visión más restrictiva del Derecho penal continental, que no aceptaba de plano la equiparación entre la planificación y la ejecución del crimen[1025].

El debate sobre el alcance y los límites del DPI, y, en consecuencia, sobre la necesidad de establecer una cláusula umbral que delimite su campo de aplicación, se planteó de forma paradigmática en torno al crimen de lesa humanidad. El concepto de "cláusula de umbral" se utilizó para determinar en qué circunstancias los crímenes superan un umbral de gravedad que justifica la intervención de la comunidad internacional, desafiando la soberanía estatal. Esta cláusula permite distinguir entre el DPI y el Derecho penal transnacional, que depende de la cooperación entre Estados, enfatizando en la importancia de los ataques generalizados o sistemáticos, así como la política organizacional detrás de los crímenes[1026]. Al introducirse esta figura en los Acuerdos de Londres de 1945, se buscaba precisamente ampliar la jurisdicción penal internacional más allá del campo de batalla, para abarcar también

---

[1025] ARROYO ZAPATERO, L., "La «conspiracy» norteamericana y los límites de la leal cooperación jurídica internacional: Una cuestión de garantías penales. El ejemplo de Nuremberg", en JAREÑO LEAL, Á., et. al. (coord.), *Las garantías penales: un homenaje a Javier Boix Reig*, Iustel, 2021, pp. 55-61.

[1026] NIETO MARTÍN, A., "Le droit pénal international comme instrument de gouvernance mondiale", en GIUDICELLI-DELAGE, G. (et. al.), *Cheminer avec Mireille Delmas-Marty. Mélanges ouverts*, Mare & Martin, Paris, 2022, pp. 534-536.

violaciones sistemáticas de derechos humanos cometidas contra nacionales y otros grupos no combatientes[1027].

Esta ampliación, basada en la lógica de la cláusula umbral, cristalizó en los juicios de Núremberg, cuyo modelo sigue impregnando los fundamentos del Derecho penal internacional contemporáneo. Dicho modelo, construido a partir de un contexto histórico singular, puede resumirse en cinco características principales: En primer lugar, se centra en crímenes derivados de conflictos bélicos o que se producen en su entorno, vinculando así el DPI a situaciones de guerra o violencia armada[1028]. En segundo lugar, está indisolublemente ligado a la criminalidad estatal o paraestatal, ya que los actores que cometen estos crímenes suelen ser gobiernos, militares o estructuras paralelas al Estado. En tercer lugar, solo las personas físicas pueden responder penalmente, excluyendo así a las personas jurídicas. La cuarta característica es el enfoque del DPI en la protección de derechos humanos de primera generación, como la vida o la integridad física, que constituyen el

---

1027 Sobre la interpretación de la cláusula umbral en Núremberg y su relación con los delitos de lesa humanidad, NIETO MARTÍN, A., "La conformación de la cláusula umbral en el delito de ecocidio", en DEMETRIO CRESPO, E. (et. al. eds.), *Homenaje al Profesor Ignacio Berdugo Gómez de la Torre. Liber Amicorum. Derechos humanos y Derecho penal. Tomo II*, Ediciones Universidad de Salamanca, Salamanca, 2022, pp. 695-700.

1028 Aunque se contempló la posibilidad de incluir crímenes de lesa humanidad cometidos antes de iniciarse la Guerra, esta interpretación fue descartada. De este modo, la vinculación entre guerra y violencia estatal permaneció profundamente arraigada en el Estatuto del Tribunal Militar, así como en la jurisprudencia de Núremberg y en los Tribunales creados en las zonas de ocupación bajo la CCL. NIETO MARTÍN, A., "Le droit pénal international comme instrument de gouvernance mondiale", p. 534.

núcleo de los bienes jurídicos tutelados[1029]. En quinto y último lugar, el modelo de Núremberg refleja una concepción del Derecho penal fuertemente orientada a la retribución, donde la pena tiene como fin principal castigar a los responsables de los crímenes internacionales más graves.[1030]

Puede afirmarse que los procesos posteriores a Núremberg desarrollados bajo la CCL sentaron un precedente decisivo en la configuración del DPI, al establecer que los actores económicos —a través de sus dirigentes— podían incurrir en responsabilidad penal por su contribución a crímenes internacionales. Sin embargo, el modelo resultante quedó fuertemente condicionado por su contexto histórico centrado en conflictos armados, vinculado a la criminalidad estatal y limitado a la responsabilidad individual. Estas características han determinado los contornos del DPI hasta hoy, pero también han evidenciado sus limitaciones para abordar las nuevas formas de criminalidad económica global. La experiencia de Núremberg sigue siendo un punto de partida indispensable, aunque insuficiente, para afrontar los desafíos contemporáneos en torno a la responsabilidad penal de las empresas en el ámbito internacional.

i. Responsabilidad individual

Si bien en los orígenes del DPI no se reconoció expresamente la responsabilidad penal de las personas jurídicas, lo cierto es que estos procesos sentaron las bases para una futura reflexión sobre su implicación en crímenes internacionales. En los juicios bajo la CCL se imputó —y en muchos casos se

---

[1029] GIL GIL, A./MACULAN, E., "Qué es el Derecho penal internacional", en GIL GIL, A./MACULAN, E. (Dir.), *Derecho penal internacional*, Dykinson, Madrid, 2019, pp. 42 y ss.

[1030] NIETO MARTÍN, A., "La conformación de la cláusula umbral en el delito de ecocidio", pp. 690-691.

condenó— a directivos y altos cargos de empresas por su complicidad en la comisión de crímenes de guerra y crímenes contra la humanidad, en apoyo al régimen nazi. La participación de estos empresarios no fue marginal, dado que sus compañías fueron señaladas como instrumentos esenciales para la maquinaria del Tercer Reich, lo que generó un debate sobre la posibilidad de atribuir responsabilidad también a las estructuras corporativas que permitieron o facilitaron tales crímenes[1031].

Aunque formalmente no se procesó a las empresas como personas jurídicas, muchas de ellas estuvieron indirectamente implicadas en los procedimientos a través de sus representantes legales, lo que evidenciaba su conexión material con los hechos investigados. La decisión de no declarar a estas empresas como organizaciones criminales no obedeció a una imposibilidad jurídica, sino a razones de oportunidad política y limitaciones prácticas del momento histórico. Se trató, en definitiva, de una omisión pragmática más que de una exclusión normativa expresa. Esta interpretación se ve reforzada por el hecho de que el Tribunal Militar Internacional sí reconoció que los particulares, incluidos los dirigentes corporativos, estaban vinculados por deberes inderogables conforme al Derecho internacional, y, por tanto, podían ser procesados penalmente por su participación directa o indirecta en crímenes internacionales de especial gravedad[1032].

Este debate ha girado, en parte, en torno a la interpretación del artículo 9 del Estatuto del Tribunal Militar Internacional, que establecía la posibilidad de declarar criminales a organizaciones cuando se procesase a sus miembros:

1031 MARTÍN ORTEGA, O., *Empresas multinacionales y derechos humanos en* Derecho internacional, p. 242.

1032 RAMASASTRY, A., "Corporate Complicity: From Nuremberg to Rangoon. An Examination of Forced Labor Cases and Their Impact on the Liability of Multinational Corporations", p. 100.

> *"En el juicio de aquella persona o personas miembros de algún grupo u organización, el Tribunal podrá declarar (en relación con cualquier acto por el que dicha persona o personas puedan ser castigados) que el grupo u organización a la que pertenecía la citada persona o personas era una organización criminal".*

Algunos autores, como JENDRIK ADAM, han sostenido que el artículo 9 del Estatuto del Tribunal Militar Internacional fue concebido para permitir el enjuiciamiento de entidades tanto políticas como económicas, incluyendo a empresas privadas[1033]. Sin embargo, la aplicación práctica del precepto se limitó a organizaciones de carácter político y represivo —como la cúpula del Partido Nazi, la Gestapo, las *Shutzstaffen* (SS) y la *Der Scherheitsdeinst des Reichfuhrer* (SD)— y la doctrina mayoritaria considera que su finalidad estaba circunscrita a dichas estructuras ideológicas y militares[1034]. En efecto, el artículo 10 del Estatuto establecía que la declaración de criminalidad de una organización permitiría enjuiciar individualmente a sus miembros, atendiendo a su grado de participación objetiva y a su conocimiento o intención subjetiva, reafirmando así el principio de responsabilidad penal individual.

> *"En el supuesto de que un grupo u organización sea declarado criminal por parte del Tribunal, la autoridad nacional competente de cada uno de los Signatarios tendrá derecho a enjuiciar a personas por pertenencia a dicho grupo u organización ante los tribunales nacionales, militares o de ocupación. En tales casos, la naturaleza criminal del grupo u organización se considerará probada y no podrá ser cuestionada".*

1033 ADAM, J., *Die Strafbarkeit juristischer Personen im Völkerstrafrecht*, NOMOS, Baden-Baden, 2015, pp. 51 y ss.

1034 AMBOS, K., "Responsabilidad penal internacional de las empresas: una aproximación desde la perspectiva de la praxis jurídica", en AMBOS, K./LAURA BÖHM, M., *Empresas transnacionales y graves violaciones de derechos humanos en América latina*, Tirant lo Blanch, Valencia, 2020, p. 83.

En consecuencia, el Estatuto de Núremberg dejó fuera de su ámbito de aplicación formal a las personas jurídicas privadas pese a su posible implicación en la comisión de crímenes internacionales. No obstante, el hecho de que el Tribunal considerase a organizaciones enteras como criminales ha sido interpretado por parte de la doctrina como un reconocimiento implícito de que las entidades colectivas —incluidas las empresas— pueden desempeñar un papel estructural en la comisión de atrocidades masivas, y, por tanto, no deberían quedar exentas per se de responsabilidad penal. Este precedente, aunque limitado, alimenta el debate actual sobre la imputabilidad penal de las empresas en el ámbito internacional, marcando un hito en el desarrollo posterior de mecanismos de responsabilidad empresarial por violaciones de derechos humanos.[1035]

ii. Doctrina de los actos neutrales

La llamada doctrina de los actos neutrales (o *business as usual*) constituye una construcción jurídico-penal fundamental en el ámbito del DPI, especialmente cuando se analiza la responsabilidad penal por formas indirectas de participación en crímenes de guerra, lesa humanidad o genocidio. Esta doctrina se desarrolló inicialmente en el contexto de los juicios subsiguientes a Núremberg celebrados bajo la CCL, en los que se abordó la implicación de industriales, banqueros y proveedores en la maquinaria bélica y represiva del Tercer Reich. Se argumentaba entonces que las campañas expansionistas del ejército alemán no habrían sido posibles sin el respaldo activo del sector empresarial, que proveía materiales, logística, servicios y financiación al aparato estatal, al tiempo que obtenía

---

[1035] ADAM, J., *Die Strafbarkeit juristischer Personen im Völkerstrafrecht*, p. 51 y 53; AMBOS, K., "Responsabilidad penal internacional de las empresas: una aproximación desde la perspectiva de la praxis jurídica", p. 84.

beneficios directos de la explotación de mano de obra esclava y forzada en fábricas y campos de concentración[1036].

Este escenario suscitó una cuestión fundamental para el Derecho penal, referida a si actividades en apariencia legítimas —como la producción de bienes, la financiación de infraestructuras o la prestación de servicios— podían transformarse en conductas penalmente relevantes cuando el agente actuaba con conocimiento de que su actividad facilitaba la comisión de crímenes internacionales. Por ejemplo, el caso de un proveedor que suministra materiales para la construcción de instalaciones en un campo de concentración, o que financia operaciones logísticas de un régimen genocida, sabiendo que esos materiales serán utilizados para cometer crímenes de lesa humanidad, no puede considerarse neutral. En tal caso nos encontramos ante una cooperación activa con el delito, aunque el comportamiento en sí mismo —la venta o la financiación— sea, en otras circunstancias, lícita[1037].

1036 LIPPMAN, M., "War Crimes Trials of German Industrialists: The Other Schindlers", pp. 175-176.

1037 En el caso de Emil Rasche, directivo del Dresdener Bank acusado de financiar al régimen nazi, se aplicó la doctrina de los comportamientos neutrales. Aunque el banco proporcionó recursos que apoyaron el esfuerzo bélico nazi, su defensa se basó en que las actividades comerciales habituales, como los servicios financieros, no implican automáticamente complicidad en los crímenes, a menos que haya un conocimiento directo o participación activa. Este caso sentó un precedente sobre la cautela al penalizar actividades corporativas consideradas neutrales en contextos internacionales. Para una consulta más detallada de los documentos y análisis de este caso, véase COMISIÓN PREPARATORIA DE LA CORTE PENAL INTERNACIONAL, "Estados Unidos de América contra Ernst von Weizsäcker y otros (el caso Ministerios)", en *Examen histórico de la evolución en materia de agresión,* Grupo de Trabajo sobre el crimen de agresión, Nueva York, 8 a 19 de abril de 2002, PCNICC/2002/WGCA/L.1, pp. 85 y ss.

El núcleo de la doctrina de los actos neutrales reside, por tanto, en la necesidad de analizar el contexto concreto y el conocimiento del agente. Desde una perspectiva dogmática, esta teoría se relaciona con la noción de "elevación causal del riesgo", según la cual una conducta cotidiana —como vender, transportar o financiar— puede adquirir relevancia penal cuando se traduce en un incremento del riesgo jurídicamente desaprobado. La clave no está únicamente en el carácter formalmente lícito del acto, sino en si este acto, en las circunstancias del caso concreto, facilita objetiva y conscientemente la comisión de un delito internacional. No existen, en consecuencia, actos inherentemente neutrales, sino que su significación penal depende de su inserción funcional en un plan delictivo y del grado de conocimiento del autor sobre sus consecuencias.[1038]

La ubicación sistemática de la doctrina de los actos neutrales ha sido objeto de debate. Aunque en algunos enfoques tradicionales se ha entendido como una cuestión vinculada a la antijuridicidad —como si se tratara de una eximente o causa de justificación—, una concepción más rigurosa la sitúa correctamente en el ámbito de la tipicidad, en cuanto que determina si la conducta puede ser subsumida en una categoría delictiva en función de su conexión con el hecho principal y del riesgo que representa.

En este sentido, los elementos constitutivos de los actos neutrales se asientan sobre la relevancia de lo objetivo y lo subjetivo, lo que permite evaluar la relevancia penal de estas acciones en

---

1038 Si no es así, incluso aunque dichas acciones pudieran resultar antijurídicas desde un punto de vista civil, podrían calificarse como "neutrales" en cuanto a su impacto penal. ROXIN, C., Derecho penal. Parte General. Tomo I. Fundamentos. La estructura de la teoría del delito, traducción y notas LUZÓN PEÑA, D.M./DÍAZ Y GARCÍA CONLLEDO, M./DE VICENTE REMESAL, J., primera edición, Civitas, Madrid, 1997, p. 218.

función de una doble exigencia: (i) por un lado, debe existir una superación del riesgo permitido desde el punto de vista externo y funcional de la conducta; (ii) por otro, el conocimiento o previsión del autor sobre el destino ilícito de su contribución. Esta estructura dual impide imputaciones penales desproporcionadas o meramente objetivas, obligando a valorar la posición del sujeto en relación con el plan delictivo al que se incorpora su actuación.[1039]

Para articular esta evaluación se introduce la noción del juicio de neutralidad, entendida como una herramienta metodológica que permite determinar si una conducta que formalmente podría considerarse neutra puede ser tratada como acto de cooperación punible. Este juicio exige un análisis estructurado de varios elementos: (a) la naturaleza del bien o servicio prestado; (b) la potencialidad de dicho acto para facilitar o reforzar el hecho delictivo; (c) la existencia de una elevación del riesgo jurídico; y (d) el grado de conocimiento del sujeto sobre el contexto y sobre el uso previsible de su contribución en la comisión de delitos graves. Este enfoque evita tanto el automatismo de la imputación como la impunidad estructural, al exigir que el análisis no se base únicamente en la apariencia formal del comportamiento sino en la estructura interna del hecho, en la conexión funcional con el delito principal, y en la actitud subjetiva del agente respecto al resultado.[1040]

1039 Sobre la doctrina de los actos neutrales como criterio de imputación penal de conductas en apariencia legítimas, y la necesidad de una estructura mixta de imputación que combine la superación del riesgo permitido con el conocimiento del autor respecto al plan delictivo, véase DE LA CUERDA MARTÍN, M., *Responsabilidad penal y negocios estándar: los casos del asesor fiscal y del abogado*, BOE, Madrid, 2023, pp. 257-259.

1040 AMBOS, K., *La parte general del Derecho penal internacional. Bases para una elaboración dogmática*, Traducción de MALARINO, E., Konrad-Adenauer-Stiftung E. V, Berlin, 2005, pp. 259-260.

Un ejemplo paradigmático para ilustrar la aplicación de la doctrina de los actos neutrales es el caso del suministro de gas *Zyklon B* al campo de concentración de Auschwitz-Birkenau. En este supuesto, la cuestión esencial residía en determinar si una conducta aparentemente neutra —la venta de un producto utilizado legítimamente para desinfección industrial— podía ser calificada como acto de cooperación en crímenes internacionales en función del contexto y del uso real que se dio al producto. La esencia del análisis no estaba en la formalidad de la transacción comercial, sino en si los proveedores conocían o podían conocer razonablemente que el *Zyklon B* sería utilizado como medio para la comisión de asesinatos masivos en las cámaras de gas. En los procesos judiciales se aplicó precisamente un juicio de neutralidad, concluyéndose que, en ausencia de un conocimiento demostrable sobre la finalidad genocida del producto, la conducta no podía ser considerada criminal. La imposibilidad de probar que los proveedores tenían conocimiento real del uso mortal que se haría del gas condujo a su absolución penal en algunos casos, pese a lo extremadamente sensible del contexto histórico en el que se realizaron las transacciones.[1041]

Otro caso recurrente en la discusión de los actos neutrales es el del comercio internacional de armas. En principio, la exportación de armamento es una actividad reglamentada y amparada por licencias administrativas emitidas por los Estados. Sin embargo, cuando el exportador tiene conocimiento o acepta la alta probabilidad de que las armas suministradas sean utilizadas para cometer crímenes de guerra o crímenes de lesa humanidad, su actividad pierde la neutralidad jurídica. En tales casos, la participación del comerciante puede ser calificada como cooperación punible, en tanto su

---

[1041] Sobre los cargos, acusaciones, argumentos de la defensa basada en los actos neutrales en el caso *IG Farben*, LIPPMAN, M., "War Crimes Trials of German Industrialists: The Other Schindlers", pp. 206-229.

contribución material facilita directamente la ejecución de delitos graves, superando el riesgo permitido y conectándose funcionalmente con el hecho ilícito[1042].

El análisis de estos ejemplos demuestra que la responsabilidad penal en el contexto de los actos neutrales no puede basarse únicamente en la apariencia externa de la conducta. Es imprescindible realizar un examen contextualizado que contemple tanto las circunstancias fácticas del caso como el grado de conocimiento del agente sobre los efectos de su actuación. Solamente a partir de esta valoración, centrada en la estructura del hecho y en el elemento subjetivo del autor, puede determinarse si una actividad formalmente lícita se convierte en acto de cooperación punible en crímenes internacionales.

Por ello, el mero suministro de bienes o servicios en el curso ordinario de las actividades comerciales de una empresa, incluso si estos apoyan de alguna manera actividades estatales ilícitas, no basta por sí solo para fundamentar una imputación penal. La doctrina de los actos neutrales exige un plus de conocimiento y aceptación de la finalidad ilícita[1043]. Esta estricta configuración ha permitido que, históricamente, empresas y directivos mantuvieran relaciones comerciales con regímenes que violaban gravemente los derechos humanos sin temor a consecuencias penales directas, generándose así zonas de impunidad estructural en el ámbito económico internacional[1044].

1042 AMBOS, K., *La parte general del Derecho penal internacional. Bases para una elaboración dogmática*, pp. 262-263.

1043 Sobre el desarrollo de la doctrina de los comportamientos neutrales en el marco de la diligencia debida en derechos humanos, véase DE LA CUERDA, M., "Los comportamientos neutrales: La necesaria revisión del business as usual", en VIOQUE GALIANA, L.M. (coord.), *Verdes y justas: responsabilidad penal y diligencia debida en las organizaciones multinacionales*, Volumen I, BOE, Madrid, 2025, pp. 277-298.

1044 FRONZA, E., "Verso un nuovo diritto penale economico internazionale? L'esempio dell'ecocidio", en DE VICENTE MARTÍNEZ, R.

iii. Cumplimiento de órdenes superiores y estado de necesidad

Muchos de los procesados en los procesos de Núremberg y en los juicios subsiguientes bajo la CCL intentaron eximir su responsabilidad amparándose en el cumplimento de órdenes superiores y el estado de necesidad, argumentando que su negativa a colaborar con el régimen nazi habría resultado en consecuencias graves para ellos o que actuaron bajo coacciones.

En relación con el cumplimiento de órdenes superiores, en el ámbito del Derecho penal internacional no suele aceptarse como causa de exención de responsabilidad. Este principio, consagrado en los procesos de Núremberg y reafirmado por la jurisprudencia posterior, establece que la obediencia a órdenes no justifica la comisión de crímenes internacionales, especialmente cuando dichas órdenes son manifiestamente ilegales. En estos casos, el Derecho internacional impone un límite claro; la obediencia no puede prevalecer sobre la obligación de respetar derechos fundamentales, como la vida, la integridad física o la dignidad humana. Así, el subordinado tiene el deber de desobedecer cuando una orden entra en conflicto evidente con normas internacionales básicas.

No obstante, el cumplimiento de órdenes puede actuar como circunstancia atenuante en la determinación de la pena si se demuestra que el acusado actuó bajo coacción o que disponía de un margen de maniobra muy limitado. Esto requiere evaluar si una persona razonable, en su misma situación, habría podido reconocer la ilegalidad de la orden y resistirse sin exponerse a consecuencias graves e inmediatas[1045]. En este contexto, se plantea también la problemática del error,

---

et al. (Dir.), *Libro homenaje al Profesor Luis Arroyo Zapatero. Un Derecho penal humanista*, Vol. II, BOE, Madrid, 2022, pp. 1396 y ss.

1045 AMBOS, K., *La parte general del Derecho penal internacional. Bases para una elaboración dogmática*, pp. 87-88.

pues si el subordinado no percibió la ilicitud de la orden, cabe analizar si su error era vencible, es decir, si podría haber comprendido su ilegalidad actuando con la diligencia debida. Solo si el error era invencible —es decir, objetivamente inevitable—, podría excluirse su responsabilidad penal.

En relación con el estado de necesidad, los tribunales de Núremberg y los juicios subsiguientes establecieron criterios sumamente estrictos para su aceptación como causa eximente de responsabilidad penal. Para que el estado de necesidad fuera aplicable, el acusado debía encontrarse en una situación de coacción extrema, donde no existieran alternativas razonables para evitar el peligro inminente. Además, el mal causado no podía ser mayor que el mal que se buscaba evitar. En otras palabras, el daño que el acusado pretendía prevenir debía ser proporcional al daño que efectivamente causó con su conducta. Adicionalmente, se exigía que el acusado no hubiera provocado voluntariamente la situación de peligro en la que se encontraba y que hubiera actuado con la intención genuina de evitar un daño inmediato e inevitable. Esto implicaba que la persona debía estar bajo una presión intensa y, además, demostrar que no tenía otras alternativas viables para evitar el peligro, asegurando que su conducta no había sido motivada por el interés personal o la indiferencia hacia las consecuencias de sus acciones[1046].

En la mayoría de los casos juzgados tras la Segunda Guerra Mundial los procesados no lograron cumplir con estos requisitos. A menudo se demostró que actuaron de manera voluntaria y deliberada, participando en actividades ilícitas de las que obtuvieron beneficios económicos o estratégicos, y sin que existiera un peligro real o inmediato. Además, muchos de ellos tuvieron la oportunidad de resistirse o minimizar su

1046 AMBOS, K., *La parte general del Derecho penal internacional. Bases para una elaboración dogmática*, pp. 88.

colaboración sin exponerse a consecuencias graves reales, y el daño causado por su participación en crímenes internacionales era desproporcionado en comparación con cualquier posible riesgo personal que pudiera derivarse, lo que hacía inviable la defensa del estado de necesidad.

En algunos casos recientes de complicidad empresarial en crímenes internacionales las empresas han intentado justificar su participación en actos ilícitos bajo una lógica similar a la del estado de necesidad. Por ejemplo, en el caso de *Lafarge* en Siria la empresa cementera argumentó que sus pagos a grupos terroristas, incluidos ISIS y Al-Nusra, fueron necesarios para proteger a su personal y continuar operando en una zona controlada por esos grupos. Aunque no se invocó explícitamente el estado de necesidad como defensa principal, el argumento se basaba en la idea de que *Lafarge* no tenía otra opción viable y que actuar de manera diferente habría puesto en peligro a sus empleados y las operaciones de la planta de cemento[1047].

Sin embargo, desde la perspectiva del DPI, este tipo de defensa plantea serias dificultades. Continuando con el ejemplo del caso de *Lafarge*, sería necesario demostrar que no existían alternativas razonables, que los pagos a grupos terroristas eran el único medio disponible para proteger a los empleados, y que el mal causado (financiar a grupos terroristas) no era mayor que el mal a evitar. Dado que *Lafarge* siguió obteniendo beneficios de su actividad comercial en la región y pudo haber optado por suspender sus operaciones, en lugar de colaborar con las facciones armadas, su argumento se debilita. Además, financiar a organizaciones terroristas que cometen crímenes de extrema gravedad resulta difícilmente justificable

---

[1047] Véase COTEÑO MUÑOZ, A., "La complicidad empresarial en crímenes internacionales a la luz del Estatuto de Roma (a propósito del Caso Lafarge)", en *Eunomía. Revista en Cultura de la Legalidad*, 22, 2022, pp. 188-209.

en términos de proporcionalidad, lo que complica aún más la posibilidad de una defensa basada en el estado de necesidad.

En conclusión, se puede afirmarse que los juicios de Núremberg y sus desarrollos posteriores supusieron un punto de inflexión en el tratamiento jurídico de la responsabilidad penal por crímenes internacionales, al incorporar por primera vez el papel activo de actores económicos en las dinámicas de violencia masiva. Si bien el modelo resultante centró la imputación en las personas físicas y dejó fuera a las entidades corporativas, estableció importantes criterios sobre la cooperación, la complicidad y los límites de la obediencia debida o del estado de necesidad. Estas bases han alimentado las discusiones contemporáneas sobre el papel de las empresas en la comisión de violaciones graves de derechos humanos, abriendo la vía para repensar —desde una perspectiva más estructural y globalizada— las condiciones bajo las cuales la responsabilidad penal de actores económicos debe integrarse de manera efectiva en el sistema del DPI.

B. Evolución del Derecho penal internacional económico: aplicación a nuevos actores no estatales en tiempo de paz

Aunque la CPI ha mostrado interés en investigar casos relacionados con violaciones de derechos humanos por parte de empresas, los avances en esta área del DPI han sido limitados[1048]. En la práctica, lo cierto es que los tribunales penales

---

1048 En los casos de Van Anraat y Guus Kouwenhoven, ambos juzgados en los Países Bajos, se abordó la complicidad en crímenes de guerra. Van Anraat fue condenado por suministrar productos químicos que fueron utilizados en ataques con armas químicas por el régimen de Saddam Hussein en Irak. Su condena estableció un precedente sobre la responsabilidad por facilitar medios que contribuyen a la comisión de crímenes de guerra. *CA The Hague*, 9 de mayo 2007,

internacionales han centrado sus esfuerzos en líderes políticos y militares responsables de violaciones graves de derechos humanos, mientras que las empresas y sus directivos, a menudo involucrados en la financiación o facilitación de estos crímenes, han quedado fuera del alcance de la justicia penal internacional[1049].

ECLI:NL:GHSGR:2007:BA6734. Por su parte, Kouwenhoven fue condenado por tráfico de armas y complicidad en crímenes de guerra en Liberia, relacionados con el régimen de Charles Taylor. Su participación en la exportación de armas contribuyó significativamente al conflicto armado en la región, lo que le llevó a ser considerado cómplice en esos crímenes. *CA The Hague*, 10 de marzo de 2008, ECLI:NL:GHSGR:2008:BC7373; Tribunal Supremo (SC) 20 de abril de 2010, ECLI:NL:HR: 2010:BK8132, NJ 2011, 576.

1049 Como ejemplo, Charles Taylor, expresidente de Liberia que fue juzgado y condenado por el Tribunal Especial para Sierra Leona por su papel al apoyar las atrocidades cometidas durante la guerra civil de Sierra Leona, financiadas en parte por el comercio ilícito de diamantes. Su caso es notable por establecer un vínculo directo entre la explotación de recursos naturales y la financiación de conflictos armados. Tribunal Especial para Sierra Leona, *The Prosecutor v. Charles Ghankay Taylor,* SCSL-03-01-T, Sentencia, 2012. También el caso de Jean-Pierre Bemba, líder del Movimiento de Liberación del Congo, que fue procesado y condenado inicialmente por la CPI por crímenes de guerra y crímenes contra la humanidad relacionados con actos de violencia cometidos por sus tropas en la República Centroafricana. Aunque su condena fue posteriormente anulada por apelación, el caso refleja la atención internacional sobre los líderes que controlan áreas ricas en recursos. CORTE PENAL INTERNACIONAL, *The Prosecutor v. Jean-Pierre Bemba Gombo,* ICC-01/05-01/08, Sentencia, 2016. Como último ejemplo, Bosco Ntaganda, conocido como el "Terminator", fue condenado por la CPI por crímenes de guerra y crímenes contra la humanidad en la RDC, incluyendo la masacre de civiles y violencia sexual, en un contexto de lucha por el control de zonas ricas en minerales. CORTE PENAL INTERNACIONAL, *The Prosecutor v. Bosco Ntaganda,* ICC-01/04-02/06, Sentencia, 2019.

Esto se debe en parte a que, como hemos visto en el apartado precedente, el modelo de DPI que se consolidó tras Núremberg, particularmente en el ECPI, prioriza el tratamiento de crímenes cometidos en conflictos armados o contextos de violencia directa. Aunque el ECPI abarca crímenes de genocidio y lesa humanidad, aplicables también en tiempos de paz (arts. 6 y 7), se sigue asociando a la violencia masiva y sistemática. Esto ha limitado la capacidad del DPI para abordar violaciones de derechos humanos cometidas por empresas, ya que muchos abusos empresariales, como violaciones de derechos económicos, sociales o laborales, no encajan en esta noción de violencia directa. La responsabilidad penal internacional sigue muy vinculada a la criminalidad estatal o paraestatal, donde el control del territorio y la violencia organizada juegan un papel central.

Como ha señalado MIREILLE DELMAS-MARTY[1050], el declive del peso del Estado en la gobernanza global no implica su desaparición, sino una reorganización en la que actores no estatales, como las empresas multinacionales, asumen una creciente influencia en la creación de normas y políticas globales. En este contexto, los programas de cumplimiento normativo han emergido como una herramienta clave de gobernanza, permitiendo que los Estados exijan a las empresas que adopten políticas de prevención de violaciones a los derechos humanos y combatan problemas globales como la corrupción[1051].

Uno de los aspectos que ha cobrado especial relevancia en este debate es la interpretación del término *organización* en el marco del DPI. Tradicionalmente, esta noción ha sido

---

[1050] Citada en NIETO MARTÍN, A., "Le droit pénal international comme instrument de gouvernance mondiale", p. 531.

[1051] Como vimos en el apartado II del Capítulo II y el apartado I del Capítulo IV de esta obra.

entendida de forma restrictiva, limitada a entidades estatales o grupos estrechamente vinculados al Estado[1052]. Sin embargo, ante la creciente capacidad de influencia de las empresas multinacionales en la economía global y en la configuración de las condiciones de vida de comunidades enteras, diversos enfoques doctrinales han defendido la necesidad de ampliar dicha interpretación. Bajo esta perspectiva, una empresa podría ser considerada una *organización* a los efectos del DPI siempre que su capacidad de generar impactos masivos y sistemáticos sobre los derechos humanos sea equiparable a la de un actor estatal.

Esta línea argumental también ha puesto de relieve que para configurar un crimen internacional no es necesario que exista una *política* formalmente adoptada o expresamente documentada. La repetición sistemática de conductas abusivas, la negligencia frente a su existencia o la tolerancia institucionalizada ante vulneraciones de derechos fundamentales pueden ser indicios suficientes para considerar que existe una *política corporativa* con efectos jurídicamente relevantes. En esta misma línea, el concepto de *ataque* —tradicionalmente asociado a actos violentos y directos— está siendo reinterpretado para incluir también prácticas estructurales de exclusión o denegación sistemática de derechos económicos, sociales o culturales. Estos desarrollos doctrinales permiten vislumbrar una posible expansión del ámbito subjetivo del DPI que abarque no solo a Estados y líderes políticos, sino también a

---

1052 Lo que se ha debido al temor de que una interpretación más amplia del término "organización" expanda los límites del DPI al admitir ataques masivos contra la población llevados a cabo por grupos terroristas o el crimen organizado. Véase BASSIOUNI, C., "Revisiting the architecture of crimes against humanity", en SADAT, L. (ed.), *Forging a convetion for crimes against humanity*, Cambridge University Press, New York, 2011, pp. 43-58.

actores económicos privados cuyas acciones produzcan consecuencias equiparables[1053].

En paralelo, otros desarrollos doctrinales han propuesto aplicar el principio de *responsabilidad de mando*, recogido en el artículo 28 del Estatuto de Roma, a las estructuras empresariales. Esta disposición permite responsabilizar a quienes, teniendo autoridad y control efectivo sobre subordinados, omiten adoptar medidas razonables para prevenir o castigar la comisión de crímenes internacionales. No obstante, su traslación al ámbito corporativo presenta serios desafíos. A diferencia de las jerarquías militares o políticas, las estructuras empresariales son, por lo general, más difusas y descentralizadas, lo que dificulta identificar con precisión quién posee ese *control efectivo*. Además, la traslación de este principio requiere resolver cuestiones complejas en términos jurídicos y éticos, como, ¿qué nivel de conocimiento se exige a los directivos?, ¿qué medidas deberían haber tomado para impedir la comisión de abusos?, ¿cuál es el umbral de responsabilidad cuando la conducta proviene de socios comerciales o filiales?

Por estas razones, ni la práctica estatal ni la jurisprudencia internacional han consagrado todavía la aplicación directa de la responsabilidad de mando en el ámbito económico. Sin embargo, su potencial teórico sigue presente como una herramienta a considerar para responder a los nuevos retos que plantea la globalización económica en materia de justicia penal internacional[1054].

Uno de los avances más importantes en esta dirección ha sido el reconocimiento de que ciertas conductas económicas

---

[1053] NIETO MARTÍN, A., "Le droit pénal international comme instrument de gouvernance mondiale", pp. 535-536.

[1054] BREINING-KAUFMANN, C., "The legal matrix of human rights and trade law", p. 99.

pueden alcanzar la gravedad suficiente para ser consideradas crímenes internacionales, incluso sin necesidad de un conflicto armado. El saqueo de recursos naturales, la explotación sistemática de trabajadores o la degradación medioambiental masiva son ejemplos de delitos que, aunque tradicionalmente se situaban en el ámbito del Derecho nacional, hoy pueden plantear responsabilidades desde la óptica internacional.

La Oficina del Fiscal de la CPI, en su *Documento de selección y priorización de casos* de 2016[1055], reflejó una evolución significativa en su enfoque. En él se afirmó que, junto a los crímenes tradicionales —genocidio, crímenes de guerra, crímenes de lesa humanidad y crímenes de agresión—, se daría prioridad a aquellos delitos que ocasionen daños sociales, económicos o ambientales graves, especialmente cuando afecten de forma sistemática a poblaciones vulnerables. Este criterio se ha visto reflejado en la recepción de comunicaciones relacionadas, por ejemplo, con la ocupación masiva de tierras en Camboya, o con la participación de actores privados en la gestión de centros de detención para solicitantes de asilo en Nauru e Isla Manus, donde se reportaron condiciones inhumanas y tratos degradantes[1056].

Aunque este documento no introdujo competencia penal directa sobre personas jurídicas, ni supuso un cambio en el mandato de la CPI respecto a la responsabilidad de empresas

---

1055 RESOLUCIÓN ICC, Fortalecimiento de la Corte Penal Internacional y de la Asamblea de los Estados Parte, Aprobada por consenso en la octava sesión plenaria, celebrada el 9 de diciembre de 2021, ICC-ASP/20/Res.5.

1056 CAVALLARO, J. (et. Al.), "Communiqué to the Office of the Prosecutor of the International Criminal Court Under Article 15 of the Rome Statute on the Situation in Nauru and Manus Island: Liability for crimes against humanity in the detention of refugees and asylum seekers", *Stanford Law School,* February 14, 2017.

multinacionales, sí evidenció un desplazamiento en el análisis hacia los impactos estructurales y colectivos de los delitos atribuidos a personas físicas. En este sentido, amplió el horizonte temático del DPI más allá del contexto bélico clásico, introduciendo una apertura conceptual hacia la protección de bienes jurídicos colectivos, como el medio ambiente, los recursos naturales o los derechos económicos y sociales de las comunidades afectadas.

Pese a estos avances, como ha señalado NICOLE CITERONI[1057], existe una percepción creciente de "discriminación" en el ámbito de la CPI por no perseguir de manera efectiva los delitos económicos internacionales, a pesar de que estos podrían interpretarse dentro de su mandato mediante una lectura más expansiva del ECPI. Esta inacción puede responder a diversos factores, como la escasez de recursos técnicos, la falta de experiencia especializada en la persecución de este tipo de crímenes, y la elevada complejidad política que presentan muchos de ellos. Esto es especialmente evidente cuando los delitos económicos implican a actores estatales o a altos cargos con poder de influencia, lo que condiciona la capacidad real de la CPI para investigar y sancionar eficazmente estas conductas dentro del ámbito internacional.

En la era de la globalización, el poder y la influencia que estas empresas ejercen sobre los derechos humanos y el medio ambiente son comparables a los de los Estados. Las políticas empresariales, incluso en casos de negligencia ambiental o laboral, podrían considerarse crímenes internacionales si se demuestra que son sistemáticas y causan un impacto negativo significativo. La tendencia hacia una gobernanza global del

---

[1057] CITERONI, N., "International economic crimes in the Rome Statute? Reflections on multilevel enforcement of international criminal law", *Studies on Enforcement in Multilevel Regulatory Systems,* Nomos Verlagsgesellschaft mbH & Co. KG, 2022. p. 253.

crimen, que incluye actores no estatales y mecanismos como los programas de cumplimiento normativo, está transformando el enfoque tradicional del DPI, lo que requiere reconsiderar el modelo de Núremberg y adaptarlo a los nuevos desafíos que plantea la globalización[1058].

Sin embargo, como veremos a continuación, la preocupación por los delitos económicos sigue dirigida exclusivamente a la imputación individual, no a las empresas. El *Estatuto de Roma* mantiene como sujetos de responsabilidad únicamente a personas físicas, sin que la CPI haya adoptado pasos significativos para investigar o procesar a empresas por su complicidad en crímenes internacionales, lo que refleja las dificultades estructurales para incorporar a las entidades corporativas en el sistema de justicia penal internacional.

C. Responsabilidad penal de las personas jurídicas en el Derecho penal internacional: avances doctrinales y prácticos

Una vez reconocido que determinadas conductas económicas pueden ser calificadas como crímenes internacionales incluso en tiempos de paz, surge la cuestión crucial de si las personas jurídicas, en particular las empresas multinacionales, podrían ser consideradas responsables penalmente en el ámbito del DPI. Esta discusión se remonta a los orígenes del DPI moderno y se ha mantenido viva en el debate doctrinal y político hasta la actualidad.

Durante la Conferencia de Roma de 1998, donde se adoptó el Estatuto de la CPI, se propuso por parte de Francia y del Comité Preparatorio un modelo de responsabilidad penal de

---

[1058] En este sentido, NIETO MARTÍN, A., "Le droit pénal international comme instrument de gouvernance mondiale", pp. 536-539.

las personas jurídicas basado en la teoría del *alter ego*[1059]. Este modelo contemplaba que las empresas pudieran responder penalmente por actos cometidos por sus altos directivos, siempre que estos actuaran en nombre o con el consentimiento de la entidad y en el marco de sus actividades. Sin embargo, la propuesta fue finalmente descartada. Esta decisión no obedeció a una imposibilidad jurídica, sino más bien a factores políticos y prácticos: la falta de consenso sobre los estándares de imputación, la diversidad de modelos nacionales en relación con la responsabilidad penal de las personas jurídicas, y la escasez de tiempo para abordar adecuadamente el tema. También se argumentó que incluir a las empresas podría desviar el foco de la CPI, centrado en la responsabilidad penal individual, y generar tensiones con el principio de complementariedad, especialmente en Estados que no reconocen la responsabilidad penal corporativa[1060].

Pese a este rechazo, el debate ha continuado. Parte de la doctrina sostiene que la omisión de las personas jurídicas como sujetos de imputación penal internacional genera un vacío en la arquitectura del DPI. Desde esta perspectiva, empresas multinacionales que desempeñan un papel determinante

---

[1059] Según esta teoría, una persona jurídica podría ser responsabilizada por las acciones de su personal directivo cuando estas acciones están relacionadas con la gestión de la empresa y se realizan bajo su control o con su consentimiento, siempre que estas personas hubieran sido condenadas por tales acciones. Sobre esta propuesta, véase CLAPHAM, A., "The Question of Jurisdiction Under International Criminal Law Over Legal Persons: Lessons from the Rome Conference on an Intemational Criminal Court", en KAMMINGA, M.T./ ZIA-ZARIFI, S. (eds.), *Liability of Multinational Corporations Under International Law*, Kluwer Law International, Den Haag, 2000, pp. 143 y ss.

[1060] Véase International Criminal Court, Preparatory Committee on the Establishment of an International Criminal Court, *Working Group on General Principles of Criminal Law*, A/AC.249/1998/WG.4/DP.2, 24 de marzo de 1998.

en contextos de violaciones sistemáticas de derechos humanos continúan operando con un alto grado de impunidad, ya que sus acciones no pueden ser perseguidas directamente ante la CPI[1061].

Como ha afirmado ALICE DE JONGE, extender la competencia de la CPI a las personas jurídicas permitiría homogeneizar los estándares de responsabilidad penal empresarial, limitar el *forum shopping*, y reforzar la legitimidad del sistema internacional en la protección de los derechos humanos[1062]. En una línea similar, MANFRED NOWAK ha defendido la creación de un tribunal internacional específico para juzgar a las empresas por violaciones de derechos humanos, con la finalidad de garantizar el acceso directo de las víctimas a la justicia internacional. Según este enfoque, los actuales mecanismos de rendición de cuentas resultan insuficientes para enfrentar las dimensiones transnacionales del poder económico y su impacto sobre los derechos fundamentales[1063].

En la práctica, se han producido algunos avances. El Tribunal Especial para el Líbano (TEL), en sus decisiones de 2014 y 2015, examinó la posibilidad de extender su jurisdicción a personas jurídicas en casos de desacato al tribunal. Aunque el Estatuto del TEL solo contemplaba la competencia sobre personas físicas, el tribunal consideró que sus reglas procesales permitían imputar penalmente a entidades jurídicas cuando sus actos afectaban gravemente la administración de

---

1061 A favor de establecer la responsabilidad penal de la persona jurídica bajo el DPI, NIETO MARTÍN, A., "Le droit pénal international comme instrument de gouvernance mondiale", pp. 539-541.

1062 DE JONGE, A., *Transnational Corporations and International Law: Accountability in the Global Business Environment,* Edward Elgar Publishing, Ney York, 2011, p. 161.

1063 NOWAK, M. "The Need for a World Court of Human Rights", *Human Rights Law Review,* vol. 7, 2007, p. 254.

justicia[1064]. En los casos de *Al Jadeed (New TV S.A.L.)* y *Akhbar Beirut S.A.L.*, se afirmó que la responsabilidad de las empresas podía deducirse cuando actuaban a través de representantes que cometían actos punibles en su nombre[1065].

Otro ejemplo relevante es el *Protocolo de Malabo de 2014*, que propone la creación de una Corte Africana de Justicia, Derechos Humanos y de los Pueblos con una sección penal con competencia sobre las personas jurídicas[1066]. Este modelo resulta innovador al permitir la imputación directa a empresas por crímenes internacionales cuando estos pueden atribuirse a políticas o prácticas corporativas sistemáticas[1067]. No se requiere probar la intención individual de una persona física concreta, sino demostrar que la conducta ilícita forma parte de una lógica empresarial sostenida. Aunque el *Protocolo de Malabo* aún no ha entrado en vigor por falta de ratificaciones suficientes[1068], su contenido representa un importante precedente normativo y doctrinal en la evolución del DPI.

En 2015, en el caso *Pueblos Kaliña y Lokono vs. Surinam*, la Corte Interamericana de Derechos Humanos estableció un

---

1064 *CC, Decision on Interlocutory Appeal Concerning Personal Jurisdiction in Contempt Proceedings*, 02.10.2014.

1065 ICC, Decision on Interlocutory Appeal Concerning Personal Jurisdiction in Contempt Proceedings, 23.02.2015.

1066 Protocolo sobre Enmiendas al Protocolo de Estatuto de la Corte Africana de Justicia y de los Derechos Humanos (Protocolo de Malabo), 27 de junio de 2014. Disponible en: https://au.int/en/treaties/protocol-amendments-protocol-statute-african-court-justice-and-human-rights (consultado el 29 de abril de 2025).

1067 Artículo 46.c del Protocolo de Malabo.

1068 Sobre el estado de las ratificaciones, véase la web del Pan-African Parliament, https://pap.au.int/en/news/press-releases/2024-07-06/pan-african-parliament-resolves-intensify-advocacy-ratification-th (consultada el 2 de abril de 2025).

precedente significativo al declarar que las empresas tienen la obligación de actuar conforme a los principios de respeto y protección de los derechos humanos. Esta responsabilidad incluye la prevención y mitigación de los impactos negativos que sus operaciones puedan generar, así como la obligación de asumir responsabilidad por las consecuencias adversas derivadas de sus actividades[1069]. En línea con esta perspectiva, el *Texto del proyecto de artículos sobre la prevención y el castigo de los crímenes de lesa humanidad*, presentado por la Comisión de Derecho Internacional de las Naciones Unidas en 2019, incluye recomendaciones para el reconocimiento de la responsabilidad penal de las personas jurídicas[1070]. Sin embargo, estas recomendaciones se orientan principalmente a su incorporación en los ordenamientos jurídicos internos de los Estados, y no a su desarrollo bajo el sistema del DPI, lo que evidencia una voluntad más pragmática de avanzar en esta materia a través del fortalecimiento de los marcos nacionales, en lugar de reformar la arquitectura institucional del DPI vigente.

Pese a estos avances, el principio de *societas delinquere non potest* sigue vigente en el DPI, lo que limita la posibilidad de responsabilizar penalmente a las empresas por violaciones graves de derechos humanos. Esto genera una paradoja, pues las empresas multinacionales, cuya influencia es comparable a la de muchos Estados, no son plenamente sujetos de derecho internacional y no pueden ser procesadas a nivel internacional. Este vacío jurídico permite que las multinacionales y sus dirigentes operen con un amplio margen de impunidad, sin enfrentar

---

[1069] Caso *Pueblos Kaliña y Lokono vs. Surinam*, Sentencia de 25 de noviembre de 2015.

[1070] Informe de la Comisión de Derecho internacional de la ONU de 2019, A/74/10.

consecuencias penales por sus acciones u omisiones que dan lugar a vulneraciones de los derechos humanos[1071].

Sin embargo, ampliar la responsabilidad de la CPI a las personas jurídicas podría percibirse como una disminución de la soberanía estatal, otorgando a las empresas una legitimidad y un poder que algunos argumentan que no deberían poseer. Además, la falta de estándares uniformes para establecer dicha responsabilidad complica la adopción de un marco coherente a nivel internacional. También existe preocupación por la posible erosión del principio de responsabilidad individual y las significativas dificultades probatorias que presentan las investigaciones contra empresas, especialmente aquellas con operaciones multinacionales, lo cual podría exceder la capacidad operativa de la CPI[1072].

KAI AMBOS ha sostenido que la inclusión de las empresas en la competencia de la CPI habría desviado la atención de su objeto central, centrado en la persecución penal de las personas físicas. Además, dado que en numerosos Estados aún no se reconoce la responsabilidad penal de las personas jurídicas, su incorporación habría debilitado el principio de complementariedad, dificultando la cooperación y el funcionamiento eficaz de la Corte[1073].

En una línea similar, ALICE DE JONGE argumenta que existen razones de índole pragmática para mantener la competencia de la CPI limitada a las personas físicas, pues, dadas las reticencias de parte de la comunidad internacional para aceptar la CPI, resulta poco probable que una ampliación de

---

1071 Problema derivado del proceso de desresponsabilización corporativa analizado en el apartado III del Capítulo I.

1072 AMBOS, K., *Derecho penal internacional económico*, Thomson Reuters, Navarra, 2018, pp. 57-59.

1073 Con cita en DEMETRIO CRESPO, E., "Presentación: Vulneración de Derechos Humanos por empresas multinacionales", p. 12.

su competencia a las personas jurídicas lograse un impacto significativo en la efectividad del sistema[1074].

En definitiva, aunque el reconocimiento de la responsabilidad penal de las personas jurídicas en el DPI ha sido objeto de importantes desarrollos doctrinales y propuestas normativas, su consagración práctica sigue enfrentando serios obstáculos jurídicos, políticos y estratégicos. Las limitaciones del ECPI, las divergencias entre sistemas jurídicos nacionales y la delicada arquitectura institucional de la CPI justifican, al menos por ahora, una aproximación cautelosa.

No obstante, estos límites no anulan la relevancia del debate ni su proyección hacia el futuro, dada la creciente consolidación de estándares internacionales de diligencia debida, que, junto con la expansión de legislaciones nacionales que reconocen la responsabilidad penal empresarial por violaciones graves de derechos humanos, configuran un escenario en el que la presión normativa y social puede acabar forzando una transformación estructural del DPI. Así, más allá de su ausencia en la práctica jurisdiccional internacional, la imputación penal de las personas jurídicas se perfila como un horizonte normativo en evolución, cuyas implicaciones deben ser consideradas seriamente tanto en el plano nacional como en el internacional.

D. Hacia un nuevo Derecho penal internacional económico

La consolidación de este pluralismo jurídico económico, en el que las corporaciones transnacionales han logrado articular sistemas normativos propios y mecanismos de resolución de controversias ajenos al control estatal o internacional, pone de manifiesto una profunda brecha en la arquitectura

---

1074 DE JONGE, A., *Transnational Corporations and International Law: Accountability in the Global Business Environment*, pp. 161-162.

del Derecho penal internacional clásico. Esa inmunidad funcional de los actores económicos globales —capaces de operar en zonas grises de la legalidad formal mientras externalizan costes sociales y ambientales— ha impulsado en la doctrina una reflexión renovada sobre la necesidad de extender el paradigma penal internacional hacia las esferas económicas[1075].

De esta reflexión emerge la idea de un Derecho penal internacional económico, concebido para atribuir responsabilidad a las estructuras empresariales cuya actuación, mediante decisiones corporativas, políticas de inversión o dinámicas de producción y suministro, contribuye de forma sistemática a la generación de daños colectivos y violaciones graves de derechos humanos.

Su objetivo es ampliar el perímetro de protección penal hacia bienes jurídicos colectivos como el medio ambiente, los derechos sociales y la sostenibilidad, particularmente en contextos de explotación de recursos o cadenas de suministro globales marcadas por la asimetría de poder y la gobernanza débil[1076].

El DPIE se distingue tanto del DPI tradicional, centrado exclusivamente en individuos, como del Derecho penal económico transnacional, cuyo foco reside en la protección del orden económico internacional. En contraste, el DPIE parte del reconocimiento de que determinadas prácticas empresariales —como la exportación de modelos de producción intensamente extractivos, la externalización sistemática de riesgos laborales y ambientales, o la omisión de medidas ante situaciones de explotación en las cadenas de suministro— pueden

---

[1075] Sobre estos desafíos para el DPI, véase OLASOLO, H./GALAIN PALERMO, P., *Los desafíos del Derecho Internacional Penal. Atención especial a los casos de Argentina, Colombia, España, México y Uruguay,* Tirant lo Blanch, Valencia, 2018, pp. 139 y ss.

[1076] AMBOS, K., *Derecho penal internacional económico,* p. 25.

afectar gravemente a bienes jurídicos fundamentales de la comunidad internacional[1077].

Esta concepción ha comenzado a reflejarse en ciertos ordenamientos jurídicos nacionales, como el francés o el británico, que han desarrollado marcos normativos específicos de responsabilidad penal de las personas jurídicas en el ámbito internacional —*responsabilité des personnes morales au droit pénal international*[1078] en Francia o *corporate criminal liability in international criminal law*[1079] en el Reino Unido—, reconociendo que las empresas, y no solo sus directivos, pueden ser directamente responsables penalmente por su participación en crímenes internacionales[1080].

El desarrollo del DPIE ha dado lugar a propuestas doctrinales orientadas a crear una nueva categoría penal para los "crímenes económicos contra la humanidad". Esta categoría incluiría violaciones masivas y sistemáticas de derechos

---

1077 AMBOS, K., *Derecho penal internacional económico*, pp. 23-24.

1078 En Francia se ha discutido ampliamente sobre la evolución de la responsabilidad penal individual y la exclusión histórica de las personas jurídicas en el DPI, destacándose la importancia de imputar responsabilidad penal colectiva especialmente en relación con los crímenes de guerra y de lesa humanidad. En detalle sobre el debate francés en relación con la responsabilidad penal de las personas jurídicas en el DPI, véase CRESSENT, C., *La responsabilité pénale des personnes morales pour violations graves du droit international*, HAL open science, Droit. Université de Lille, 2024, pp. 43 y ss.

1079 La "corporate criminal liability in international criminal law" hace referencia a la imputación de responsabilidad penal a las empresas por su participación en crímenes internacionales. En el modelo anglosajón, este debate se vincula con el desarrollo de la diligencia debida y la creciente expectativa de que las empresas operen de acuerdo con normas internacionales de derechos humanos. BERNAZ, N., "Corporate Criminal Liability under International Law", *Journal of International Criminal Justice*, 13, 2015, pp. 313-330.

1080 AMBOS, K., *Derecho penal internacional económico*, p. 27.

económicos, sociales, culturales o medioambientales —como la explotación laboral severa, el saqueo de recursos naturales, la contaminación irreparable o el desplazamiento forzoso de comunidades— aun en ausencia de conflicto armado[1081]. Esta concepción ampliada del crimen contra la humanidad permitiría sancionar conductas empresariales que, aunque no impliquen violencia directa, produzcan efectos devastadores en la dignidad y el bienestar de poblaciones enteras, reforzando así la centralidad de los derechos humanos en el ámbito del DPI[1082].

En el marco del DPIE se podría recurrir a la diligencia debida en derechos humanos como estándar normativo de imputación penal. Esta herramienta introduce una lógica de prevención y evaluación de riesgos que permite desplazar el eje del juicio de responsabilidad desde el conocimiento subjetivo hacia la razonabilidad objetiva del comportamiento empresarial. En este nuevo marco, la ausencia de una política corporativa adecuada, la existencia de protocolos ineficientes o el cumplimiento meramente formalista de las obligaciones debidas pueden funcionar como indicios de una complicidad estructural u omisión dolosa. Así, la diligencia debida no solo permite prevenir daños, sino que también actúa como línea divisoria entre la actividad lícita y la cooperación punible en contextos empresariales[1083].

1081 Una aproximación y caracterización de esta categoría de "crímenes económicos contra la humanidad", en ARENAL LORA, L., *Crímenes económicos en* Derecho internacional*: Propuesta de una nueva categoría de crímenes contra la humanidad*, Aranzadi, Pamplona, 2019.

1082 En este mismo sentido, en relación con la creación de un crimen internacional de ecocidio, NIETO MARTÍN, A., "La conformación de la cláusula umbral en el delito de ecocidio", p. 692.

1083 Con mayor detalle, véase IGLESIAS VÁZQUEZ, M.A., "África y la Justicia Internacional: una agitada relación", *Deusto Journal of Human Rights*, No. 6, 2020, pp. 153-177.

Cuando una empresa, pese a contar con información suficiente, omite adoptar medidas razonables para la mitigación de riesgos o reacción ante los daños, podría interpretarse como una forma de cooperación estructural o aceptación tácita del daño. Este enfoque adquiere especial relevancia en sectores donde la trazabilidad es exigible —como la extracción de minerales o las materias primas asociadas a la deforestación— y permite reinterpretar doctrinas tradicionales como la de los actos neutrales. Así, una empresa que comercia con recursos provenientes de zonas de conflicto o áreas deforestadas no puede escudarse en la falta de intención si omite establecer mecanismos efectivos de control sobre sus proveedores[1084]. La diligencia debida no solo actúa como criterio preventivo, sino también como línea de separación entre la licitud y la complicidad punible. Esto proporciona una solución viable para cerrar la brecha entre el mero riesgo y la plena conciencia de las circunstancias que permitirían la intervención del DPI[1085].

No obstante, este desplazamiento hacia estándares más objetivos y funcionales también plantea riesgos. Si se aplica sin las debidas garantías, podría dar lugar a imputaciones penales desproporcionadas que vulneren los principios de tipicidad y culpabilidad. Por ello, la diligencia debida no debe concebirse como un criterio automático de responsabilidad, sino como un elemento integrador del juicio de imputación penal, cuya

---

1084 DAM-DE JONG, D., "Ignorantia facti excusat? The viability of *due diligence* as a model to establish international criminal accountability for corporate actors purchasing natural resources from conflict zones", en ENNEKING, L (et. Al.), *Accountability, International Business Operations, and the Law Providing Justice for Corporate Human Rights Violations in Global Value Chains,* Routledge, New York, 2020, pp. 135-137.

1085 DAM-DE JONG, D., "Ignorantia facti excusat? The viability of *due diligence* as a model to establish international criminal accountability for corporate actors purchasing natural resources from conflict zones", pp. 137-138.

relevancia debe evaluarse atendiendo a: (i) el grado de previsibilidad del daño; (ii) la capacidad real de intervención de la empresa; y (iii) la calidad y eficacia de las medidas adoptadas. Este enfoque busca asegurar que solo aquellos que, de manera clara y deliberada, contribuyan a crímenes internacionales sean consideradas cómplices, proporcionando un marco jurídico que brinde seguridad a los actores involucrados, incluidas las empresas[1086].

Sin embargo, mientras que el desarrollo del DPIE siga siendo un desarrollo teórico y doctrinal, los mayores esfuerzos deben centrarse en adaptar el Derecho penal económico nacional y europeo al marco trazado por la diligencia debida, consolidando progresivamente estas responsabilidades como obligaciones internacionales a través del Derecho consuetudinario[1087]. En este sentido, el reto inmediato radica en articular

---

[1086] Actualmente se reconoce que para que una persona sea considerada cómplice no es necesario que comparta los objetivos delictivos del autor principal ni que desee colaborar en ellos. Al contrario, es suficiente con que tenga conocimiento de que se está cometiendo un delito. JESSBERGER, F./WERLE, G., *Tratado de Derecho penal Internacional,* 3ª edición, Tirant lo Blanch, Valencia, 2017, p. 323

[1087] El derecho consuetudinario internacional se compone de normas que han sido desarrolladas y aceptadas como prácticas legales entre los Estados debido a su uso generalizado y continuo, siendo percibidas como legalmente obligatorias. Este tipo de derecho no está escrito, pero es reconocido por los tribunales internacionales y nacionales como vinculante, basándose en la consistencia y generalidad de su aplicación, así como en la convicción de que ciertas prácticas constituyen obligaciones legales (*opinio juris*). Esta forma de crear Derecho en el ámbito internacional opera especialmente cuando no existen tratados o convenios que aborden específicamente un tema. En detalle, véase SAÉNZ DE SANTA MARÍA, P.A., "La interacción normativa entre costumbre y tratado", en GALIMBERTI DÍAZ-FAES, S. (coord.), *Derecho de los tratados,* Tirant lo Blanch, Valencia, 2023, pp. 174-195.

la diligencia debida obligatoria con el Derecho penal económico nacional y europeo, especialmente en lo relativo a los sistemas de *compliance* y al establecimiento de mecanismos claros de atribución de responsabilidad empresarial. Solo mediante esta integración entre normas sustantivas de diligencia debida y principios de imputación penal será posible consolidar un modelo jurídico que, además de preventivo, también resulte efectivo en términos de justicia y reparación frente a los daños que la actividad económica puede causar en el ámbito internacional.

II FUNDAMENTOS PARA UN NUEVO DERECHO PENAL ECONÓMICO ESTATAL ORIENTADO A LOS DERECHOS HUMANOS Y LA SOSTENIBILIDAD

Tras haber explorado los límites estructurales y normativos del DPI en relación con la responsabilidad de las empresas por violaciones de derechos humanos, se hace evidente que dicho modelo ha alcanzado sus márgenes operativos en el actual marco jurídico internacional, que permite responsabilizar penalmente solo a personas físicas, sigue vinculado a contextos de violencia estatal o conflictos armados, y carece de mecanismos eficaces para enfrentar las nuevas formas de criminalidad económica transnacional. En este sentido, el DPI "da de sí lo que da de sí", y no puede por sí solo responder a los desafíos de un entorno globalizado en el que las empresas ejercen una influencia directa sobre los derechos humanos y el medio ambiente sin necesariamente recurrir a la violencia directa o al aparato estatal.

Ante esta situación, es necesario reorientar el enfoque hacia los sistemas penales estatales y europeos. En este contexto, resulta indispensable partir de la constatación de que buena parte de los delitos que integran el Derecho penal económico no son tanto expresión de una mera expansión cuantitativa del *ius puniendi*, sino reflejo de una transformación cualitativa en el modo de regular riesgos complejos en sociedades postindustriales.

Como ha señalado la doctrina, muchos de estos tipos penales en el marco económico presentan una configuración técnica, difícil de aplicar incluso para los operadores jurídicos expertos, debido a su complejidad y al empleo de conceptos normativos tomados de otras disciplinas, como la economía, el *compliance* o el Derecho administrativo[1088]. Este fenómeno ha debilitado el principio de legalidad en su función garantista, reduciendo su capacidad de orientar la conducta de los destinatarios de la norma y generando una creciente inseguridad jurídica sobre los límites del injusto penal[1089].

Esta situación no es meramente una disfunción técnica, sino que refleja una problemática más profunda en la que el Derecho penal económico contemporáneo se estructura principalmente como un Derecho penal en blanco, interdependiente de marcos regulatorios complejos y multidisciplinarios, donde, como se ha señalado, *el Estado cede páginas en blanco del ius puniendi para que desde lo privado se rellenen*[1090].

[1088] En este sentido, se ha señalado que "Una robusta y poderosa ciencia penal, aunque operando en solitario, se ha mostrado incapaz de limitar los excesos punitivos contemporáneos –pese a que esta era una de sus autoasignadas funciones básicas desde Beccaria". Véase SERRANO MAÍLLO, A., "Reflexiones sobre la nueva defensa social en el marco de la modernidad reflexiva", *Revista de Derecho UNED*, (11), 843–866, 2012, p. 848.

[1089] MONTANER FERNÁNDEZ, R., *Accesoriedad, regulación y Derecho penal económico. Una propuesta de teorización desde la regulación del insider trading y de la corrupción privada*, pp. 15-17.

[1090] NAVARRO CARDOSO, F., "Retos del Derecho penal global", *Estudios Penales y Criminológicos*, vol. XL, 1043-1092, 2020, p. 1073.

Este nuevo marco normativo se inscribe en una lógica de "regulación descentralizada" y de la "autorregulación regulada", donde el Derecho ya no se produce exclusivamente por vía legislativa formal, sino también a través de mecanismos de gobernanza cooperativa, *soft law* o autorregulación empresarial[1091]. Esta perspectiva se enmarca en lo que algunos autores denominan la "accesoriedad intersistémica y regulatoria" del Derecho penal económico, entendida como su vinculación no solo con el Derecho administrativo, sino también con un entorno normativo más amplio que incluye normas técnicas, estándares privados y mecanismos de gobernanza multinivel. Como se ha argumentado, esta interacción obliga a repensar el contenido material del delito desde la tipicidad objetiva, atendiendo no solo al texto legal, sino también al contexto regulatorio en el que se inserta[1092].

A partir de estas consideraciones, emerge la necesidad de formular un Derecho penal económico de los derechos humanos y la sostenibilidad con un enfoque renovado, capaz de responder a los retos derivados de la globalización, la fragmentación de la producción y los nuevos estándares de prevención, mitigación y reparación de riesgos sistémicos.

Este nuevo paradigma penal debe ser capaz de articular respuestas no solo frente a infracciones directas de derechos fundamentales, sino también frente a formas estructurales de complicidad empresarial —como las que se han examinado en la parte final del Capítulo V— que operan a través de omisiones organizativas, relaciones funcionales con terceros

---

1091 Aspectos que se abordan en detalle en el apartado I del Capítulo IV de esta obra.

1092 Véase, en este sentido, MONTANER FERNÁNDEZ, R., *Accesoriedad, regulación y Derecho penal económico. Una propuesta de teorización desde la regulación del insider trading y de la corrupción privada*, pp. 57-63.

y aprovechamiento consciente de contextos de gobernanza débil[1093]. Esta propuesta se sustenta en seis pilares fundamentales:

(1) El reconocimiento de los *stakeholders* como verdaderos titulares del bien jurídico protegido, con especial atención a colectivos históricamente invisibilizados como trabajadores de filiales y proveedores, comunidades locales afectadas, defensores de los derechos humanos y del medio ambiente.

(2) La exigencia de un deber de no dañar reforzado, especialmente en contextos de riesgo o vulnerabilidad estructural, donde la inacción de la empresa ante situaciones de peligro grave puede adquirir relevancia penal en virtud de un deber de auxilio reforzado que recae sobre quienes tienen capacidad efectiva de intervención.

(3) La configuración de un injusto penal de carácter accesorio, que se activa únicamente ante el incumplimiento grave de obligaciones preexistentes derivadas de normas extrapenales —como las relativas a diligencia debida, transparencia empresarial o gobernanza corporativa—, evitando así un uso desproporcionado del castigo penal.

(4) La adopción de una lógica de culpabilidad reactiva, que permite sancionar a quienes, a pesar de contar con información clara sobre riesgos e impactos, deciden no actuar o continúan su actividad sin tomar medidas razonables para evitar el daño.

(5) La aplicación de una cláusula umbral, concebida como criterio jurídico que permite diferenciar cuándo un incumplimiento deja de ser una simple infracción administrativa y alcanza la entidad suficiente para dar lugar a responsabilidad penal.

[1093] Véase el apartado IV del Capítulo V de esta obra.

(6) La necesidad de rediseñar el modelo sancionador, integrando, además de las penas tradicionales, mecanismos de justicia restaurativa, sanciones reparadoras y medidas orientadas a garantizar la no repetición y la protección efectiva de los derechos de las víctimas.

Como veremos en las próximas líneas, este modelo no propone únicamente una ampliación cuantitativa del Derecho penal económico, sino una transformación cualitativa de sus fundamentos y objetivos. La transición desde un enfoque meramente punitivo hacia un sistema con énfasis preventivo, estructurado en torno a principios de proporcionalidad, solidaridad y reparación, constituye el núcleo de este nuevo Derecho penal económico de los derechos humanos y la sostenibilidad.

A. *Derecho penal accesorio para la protección de nuevos bienes jurídicos: los derechos humanos de los stakeholders y la sostenibilidad de las cadenas productivas globales*

Uno de los ejes vertebradores del nuevo Derecho penal económico de los derechos humanos y la sostenibilidad es la ampliación del perímetro de protección hacia sujetos tradicionalmente excluidos del foco penal clásico, como los *stakeholders* o grupos de interés afectados por la actividad de filiales y proveedores en el contexto de las cadenas productivas globales. Esta categoría incluye, además de a los trabajadores directos de la empresa, también a comunidades locales, pueblos indígenas, defensores ambientales, organizaciones sindicales y otros colectivos particularmente expuestos a riesgos estructurales. La empresa, entendida ya no como una unidad cerrada sino como nodo articulador de una red transnacional de relaciones contractuales, despliega su capacidad de influencia sobre una pluralidad de actores con quienes mantiene vínculos económicos funcionales, aunque no siempre jurídicamente formales[1094].

Este reconocimiento de los *stakeholders* como titulares de bienes jurídicos penalmente protegidos se vincula a la evolución de la diligencia debida como fuente de deberes jurídicos de prevención de riesgos *ex ante*, y mitigación o remediación de daños *ex post*. Tal como se analizó en capítulos anteriores[1095], el principio de diligencia debida impone a las empresas un deber negativo de no dañar y deberes positivos para la identificación, evaluación y control de los impactos negativos que puedan derivarse no solo de su conducta directa, sino también de la actuación de sus filiales, proveedores y socios comerciales. Tales deberes, hoy afirmado en múltiples instrumentos internacionales de *soft law*, adquieren una progresiva densidad normativa con la introducción de legislaciones vinculantes de diligencia debida, entre las que destacamos las *Directivas CSRD* y *CSDDD*[1096].

Desde esta perspectiva, la noción de bien jurídico cumple una doble función: por un lado, actúa como límite sustantivo a la intervención penal, garantizando que solo se acuda al castigo cuando estén en juego intereses fundamentales; por otro, permite adaptar el reproche penal a los nuevos riesgos derivados de las estructuras empresariales transnacionales. En el ámbito del Derecho penal económico de los derechos humanos y la sostenibilidad, la idea de bien jurídico debe entenderse

---

1094 Véase el Capítulo I de esta obra, donde se analiza el concepto de empresa multinacional en el siglo XXI.

1095 Sobre este principio de solidaridad reforzado, véase el análisis de la genealogía de la diligencia debida en el apartado V del Capítulo II de esta obra.

1096 Un análisis detallado de estas normativas y otras disposiciones relevantes en materia de diligencia debida empresarial, se ofrece en el Capítulo III de esta obra.

en un sentido ampliado. Ya no se limita a proteger intereses individuales clásicos, sino que se orienta a salvaguardar valores colectivos fundamentales frente a los riesgos generados por la actividad empresarial global[1097].

En este marco, el bien jurídico orienta la construcción de tipos penales coherentes con los valores constitucionales y con las exigencias de una economía social y sostenible[1098]. Así, los derechos humanos de los *stakeholders,* junto con la sostenibilidad ambiental y social de las cadenas globales de valor, se configuran como bienes jurídicos colectivos cuya protección penal se justifica cuando el incumplimiento de los deberes de diligencia debida genera un riesgo grave o un daño efectivo, asegurando de este modo los principios de proporcionalidad e intervención mínima del Derecho penal[1099].

Igual que el Derecho penal intervino históricamente para proteger los derechos de los trabajadores en contextos de subordinación, hoy se impone una expansión racional del perímetro de tutela penal hacia colectivos igualmente vulnerables y afectados por estructuras empresariales complejas.

1097 En el sentido de bienes jurídicos atribuidos a grupos sociales, como los trabajadores, las comunidades locales y el resto de *stakeholders* de la empresa. Se trata de estados de cosas valiosas, como los derechos humanos o la protección del medio ambiente, que también son concebidos como propiedades de sujetos. La diferencia radica en que en estos "bienes de la colectividad" no es necesario identificar a cada uno de los sujetos que forman parte del grupo social ni determinar el grado en que cada uno de ellos se ha visto afectado. Sobre los bienes jurídicos supraindividuales, véase PAREDES CASTAÑÓN, J.M., *La justificación de las leyes penales,* Tirant lo Blanch, Valencia, 2013, pp. 223 y ss.

1098 LASCURAÍN SÁNCHEZ, J.A., "Bien jurídico y objeto protegible", *Anuario de Derecho penal y Ciencias Penales,* Vol. LX, 2007, pp. 129-134.

1099 LASCURAÍN SÁNCHEZ, J.A., "Bien jurídico y objeto protegible", pp. 145-147.

La protección de los derechos humanos de los *stakeholders* presentes en las cadenas productivas globales debe entenderse como expresión de valores constitucionales materiales —dignidad, igualdad, solidaridad, justicia ambiental— que justifican una tutela penal subsidiaria frente a su vulneración grave[1100]. Todo ello se vincula con los principios defendidos desde la perspectiva del nuevo constitucionalismo, donde el bien jurídico no necesariamente debe aparecer mencionado de manera explícita en la Constitución o normas fundamentales para justificar la intervención penal. Por el contrario, puede derivarse de principios y otras normas que reflejen los valores fundamentales de una sociedad, abarcando valores más amplios y abstractos que resultan fundamentales para garantizar la convivencia y el orden social[1101].

1100 En el sentido de bienes jurídicos atribuidos a grupos sociales, como los trabajadores, las comunidades locales y el resto de *stakeholders* de la empresa. Se trata de estados de cosas valiosas, como los derechos humanos o la protección del medio ambiente, que también son concebidos como propiedades de sujetos. La diferencia radica en que en estos "bienes de la colectividad" no es necesario identificar a cada uno de los sujetos que forman parte del grupo social ni determinar el grado en que cada uno de ellos se ha visto afectado. Sobre los bienes jurídicos supraindividuales, véase PAREDES CASTAÑÓN, J.M., *La justificación de las leyes penales*, Tirant lo Blanch, Valencia, 2013, pp. 223 y ss.

1101 ALONSO ÁLAMO, M., "Bien jurídico penal: más allá del constitucionalismo de los derechos", *Estudios Penales y Criminológicos,* vol. XXIX, 2009, pp. 67-70. Desde esta perspectiva, el bien jurídico no necesariamente debe aparecer de forma explícita en la Constitución, sino que puede derivarse de otros principios que reflejen los valores fundamentales de una sociedad, incluidas normas que, aunque no sean constitucionales, cumplan una función básica y fundamental para la convivencia social. LASCURAÍN SÁNCHEZ, J.A., "Bien jurídico y objeto protegible", pp. 156-159.

No se trata de penalizar cualquier incumplimiento empresarial, sino de activar el reproche penal únicamente cuando fallan de forma grave e injustificada los mecanismos de prevención, supervisión o respuesta frente a riesgos conocidos y previsibles, garantizando el carácter de *ultima ratio* del Derecho penal y reservando su aplicación para casos en los que esté en juego la protección efectiva de intereses colectivos esenciales[1102].

Este enfoque exige entender el Derecho penal económico de los derechos humanos y la sostenibilidad como instrumento accesorio de cierre frente al fracaso de otras formas de control jurídico. Su función no es sustituir al Derecho administrativo, civil o a los mecanismos internos de cumplimiento normativo, sino reforzarlos cuando estos resultan manifiestamente ineficaces para proteger los bienes jurídicos afectados[1103]. El Derecho penal debe activarse solo en los casos de incumplimiento sustancial de las normas extrapenales que determinan el contenido legal de la diligencia debida —como la adopción de políticas, análisis de riesgos o la transparencia—, siempre que dicho incumplimiento implique una afectación grave y evitable a los derechos fundamentales de los *stakeholders*.

Esta concepción del Derecho penal como última ratio no puede reducirse a una accesoriedad meramente formal, entendida como dependencia de normas administrativas. Tal

---

[1102] Sobre el principio de *ultima ratio*, véase ARROYO ZAPATERO, L., “Control constitucional del Derecho y de la Justicia penal”, *Cuadernos de Política Criminal*, n.º 17, 1982, pp. 385-405.

[1103] El Derecho penal accesorio depende del funcionamiento de otros subsistemas normativos, dado que su aplicación se basa en la transgresión previa de una obligación impuesta por el Derecho extrapenal. Así, no se trata de un Derecho penal autónomo o independiente, sino de uno subsidiario que se activa únicamente cuando las obligaciones impuestas por normativas extrapenales, como las del Derecho administrativo o el Derecho de sociedades, no han sido cumplidas. PAREDES CASTAÑÓN, J.M., *La justificación de las leyes penales*, Tirant lo Blanch, Valencia, 2013, pp. 241-243.

como ha señalado la doctrina reciente, la creciente complejidad normativa en el ámbito económico-empresarial obliga a repensar la accesoriedad en términos materiales y funcionales; el reproche penal solo es legítimo cuando se construye sobre estándares extrapenales previamente definidos, jurídicamente relevantes, y cuya infracción suponga un déficit organizativo significativo[1104]. Este es el caso, por ejemplo, de empresas que, pese a conocer los riesgos operativos, no implantan canales de denuncia, no evalúan adecuadamente a sus proveedores o se benefician sistemáticamente de condiciones laborales degradantes sin adoptar medidas correctoras.

La articulación del reproche penal debe apoyarse, además, en criterios normativos claros que distingan los incumplimientos sancionables en vía administrativa de aquellos que alcanzan una gravedad suficiente como para activar la intervención penal. Esta función es cumplida por la denominada cláusula umbral desarrollada en el DPI, que actúa como filtro para garantizar la proporcionalidad y racionalidad del castigo. Esta cláusula adaptada al Derecho nacional en el contexto de la diligencia debida, sobre la que profundizaremos en el siguiente apartado[1105], debe construirse sobre criterios normativos claros, como: (i) la entidad del deber incumplido; (ii) la previsibilidad y evitabilidad del daño; y (iii) la intensidad del perjuicio causado a los *stakeholders* o al entorno.

En suma, esta propuesta de un Derecho penal económico de los derechos humanos y la sostenibilidad debe entenderse como una herramienta más dentro del nuevo modelo de Estado regulador, en el que las fronteras entre lo público y lo privado

---

1104 Sobre la accesoriedad del Derecho penal económico, MONTANER FERNÁNDEZ, R., *Accesoriedad, regulación y Derecho penal económico. Una propuesta de teorización desde la regulación del insider trading y de la corrupción privada*, pp. 30-43.

1105 Véase el apartado II.D.ii del Capítulo VI de esta obra.

se diluyen y donde la producción normativa no se limita al legislador parlamentario[1106]. En este modelo, el Derecho penal se articula con marcos regulatorios descentralizados, normas técnicas, estándares internacionales y mecanismos de *compliance*, integrándose en una gobernanza compleja de los riesgos globales bajo una lógica preventiva, correctiva y restaurativa. Esta interacción constante con el entorno normativo extrapenal obliga a repensar los principios clásicos de legalidad y tipicidad en un marco más flexible, aunque no por ello exento de garantías[1107].

En paralelo, se perfila una lógica de culpabilidad reactiva, aplicable a aquellas situaciones en las que, pese a recibir alertas o advertencias, la empresa opta por mantener prácticas nocivas sin adoptar medidas correctoras. Se trata, en definitiva, de sancionar la indiferencia frente a los riesgos conocidos, configurando un nuevo estándar de reproche coherente con la estructura organizativa y la lógica operativa de las grandes corporaciones[1108].

[1106] Véase el apartado I del Capítulo IV de esta obra, referido al Derecho global.

[1107] Asimismo, tal como advierte Silva Sánchez, el nuevo contexto del Derecho penal económico obliga a replantear las garantías tradicionales del Derecho penal y procesal, especialmente en lo que respecta al principio de legalidad y al contenido material del tipo penal, debido a la constante interacción del Derecho penal con marcos normativos extrapenales de origen técnico, administrativo o privado. En este marco de fragmentación y pluralidad regulatoria, el autor sostiene que *no resulta ya posible construir un concepto unitario de delito sin atender a los contextos normativos que lo condicionan*, y defiende que solo mediante una reinterpretación sustantiva de los principios de intervención mínima y tipicidad podrá mantenerse un sistema penal garantista en escenarios de creciente complejidad regulatoria. SILVA SÁNCHEZ, J.M., *La expansión del Derecho penal*, 3.ª ed., Edisofer, Madrid-Buenos Aires-Montevideo, 2011, pp. 4-5 y 174-175.

[1108] Modelo de culpa reactiva que desarrollaremos en profundidad en el apartado III del Capítulo VI de esta obra.

Este nuevo modelo exige repensar el sistema sancionador. Junto a las penas tradicionales, deben adquirir protagonismo las medidas reparadoras y los mecanismos de justicia restaurativa, orientados a garantizar la reparación integral de las víctimas y la no repetición de las violaciones. En lugar de centrarse exclusivamente en el castigo, el Derecho penal económico de los derechos humanos y la sostenibilidad debe perseguir resultados normativos eficaces en términos de prevención, restauración y protección efectiva de los bienes jurídicos colectivos[1109].

B. Intervención del Derecho administrativo sancionador y del Derecho penal en el marco de la diligencia debida: criterios de distinción y "cláusula umbral"

La incorporación de obligaciones de diligencia debida en derechos humanos dentro de los ordenamientos jurídicos plantea un nuevo desafío para los sistemas sancionadores, pues se debe determinar de forma clara y coherente en qué supuestos corresponde una intervención administrativa y cuándo debe operar el Derecho penal[1110]. La coexistencia de ambos sistemas sin criterios delimitadores suficientes ha generado un terreno

---

1109 Véase VIDELA BUSTILLOS, L., "Los acuerdos reparatorios a la luz del concepto de reparación", pp. 295-299.

1110 Desde finales del siglo XIX, se ha reconocido progresivamente la potestad sancionadora administrativa, la cual se ha expandido significativamente desde principios del siglo XX. Sobre las relaciones históricas entre el Derecho administrativo sancionador y el Derecho penal en el sistema jurídico español, véase RANDO CASERMEIRO, P., "La evolución de la relación entre el Derecho penal y el Derecho administrativo sancionador en el España del siglo XIX y principios del siglo XX", *Revista de Derecho penal y Criminología*, n° 12, 2003, pp. 141-190.

incierto que afecta la previsibilidad, la efectividad y la legitimidad del control estatal sobre la conducta empresarial[1111].

En este contexto, no se trata únicamente de decidir entre una respuesta más ágil y flexible (como la que ofrece el Derecho administrativo sancionador) o una más contundente (como la del Derecho penal), sino de construir una arquitectura normativa coherente que permita graduar la intervención del Estado en función de la gravedad del incumplimiento de las obligaciones de diligencia debida. Este enfoque se apoya en la idea de que solo las transgresiones más graves, que afectan directamente a los bienes jurídicos más valiosos, justifican la intervención penal, mientras que el resto deben regularse dentro del Derecho administrativo sancionador[1112]. La intervención penal subraya la seriedad de estas conductas, refuerza la retribución del castigo y tiene un mayor impacto disuasorio, tanto para la opinión pública como para las empresas[1113].

La clave está, por tanto, en articular un modelo mixto que permita escalar las respuestas en función del impacto y la conducta de la empresa, evitando tanto la impunidad el exceso de

---

1111 RANDO CASERMEIRO, P., *La distinción entre el Derecho penal y el Derecho administrativo sancionador. Un análisis de política jurídica,* Tirant lo Blanch, Valencia, 2010, pp. 28-29.

1112 Esta corriente, que surge en Alemania e Italia como parte de reformas despenalizadoras, sugiere que el Derecho administrativo sancionador se debe desarrollar para manejar aquellas infracciones menos severas, funcionando como un mecanismo alternativo menos intrusivo que el Derecho penal. En otras palabras, el Derecho penal debería constituir la *ultima ratio legis* o último recurso aplicable cuando no se dispusiese de otro medio de reacción alternativo menos gravoso. Véase ROXIN, C., *Derecho penal. Parte General. Tomo I,* pp. 65-66.

1113 Al respecto, véase MONTANER FERNÁNDEZ, R., "Reputación corporativa y responsabilidad penal de la empresa", *Revista Aranzadi Doctrinal,* nº1, 2018, pp. 181-200.

criminalización. Esta tarea exige establecer una cláusula umbral, aplicable al ordenamiento interno, que permita distinguir cuándo el defecto organizativo de una empresa, su inacción o su respuesta deficiente ante riesgos previsibles de violaciones de derechos humanos, alcanza la entidad suficiente para justificar una sanción penal en lugar de una administrativa.

Un ejemplo de cómo combinar estas herramientas es el modelo de la *Ley holandesa sobre trabajo infantil*, que sanciona los incumplimientos por la vía administrativa en primer término y pasar a constituir un comportamiento delictivo cuando el responsable de la empresa incumple de manera reiterada las indicaciones realizadas por el órgano supervisor[1114]. La sanción administrativa inicial actuaría como una medida preventiva y correctiva, incentivando a las empresas a cumplir con sus obligaciones de diligencia debida e implementar medidas efectivas para prevenir violaciones de derechos humanos. Sin embargo, para casos de incumplimiento reiterado y sistemático, el comportamiento podría ser tipificado como delictivo. Este paso adicional sería fundamental para garantizar que las empresas no eviten sus responsabilidades mediante el pago de multas y continúe operando de manera negligente. Al contrario, la conversión de la infracción administrativa en un delito penal reflejaría la gravedad del incumplimiento y la necesidad de una respuesta más severa.

i. Derecho administrativo sancionador: infracciones por los incumplimientos de las obligaciones básicas de diligencia debida

En el marco del Derecho administrativo, el diseño de las sanciones frente al incumplimiento de las obligaciones de diligencia debida debe estructurarse de manera dual, contemplando

---

1114 Véase el apartado II.B.ii del Capítulo III, referido a la *Ley de 2019 de los Países Bajos contra el trabajo infantil*.

tanto multas coercitivas como sanciones administrativas directas[1115]. Las primeras se aplican cuando las empresas incumplen requerimientos específicos emitidos por la autoridad competente, con el fin de forzar la ejecución de las obligaciones impuestas. Las segundas tienen un carácter estrictamente punitivo y buscan, además de sancionar el incumplimiento, disuadir comportamientos futuros, siempre con criterios de proporcionalidad vinculados a la gravedad del daño y al grado de incumplimiento.

Como se analizó en el Capítulo III, las normativas actuales de diligencia debida establecen marcos regulatorios exigentes para imponer obligaciones vinculantes en materia de derechos humanos y medioambientales. En este apartado nos centraremos en dos instrumentos clave: la *Directiva CSDDD* y la LKSG alemana[1116]. Ambas prevén catálogos detallados de infracciones administrativas y sanciones diferenciadas según la intensidad del incumplimiento, su duración, reiteración y efectos.

La *Directiva CSDDD* obliga a los Estados miembros a adoptar medidas legislativas que aseguren que las sanciones administrativas sean "efectivas, proporcionadas y disuasorias" (art. 27). Un incumplimiento reiterado o sostenido puede, por tanto, interpretarse como un síntoma estructural de inobservancia corporativa, con implicaciones agravadas en términos de responsabilidad.

1115 El carácter no punitivo de las multas coercitivas permite que se puedan aplicar varias a la misma infracción si hay persistencia en el incumplimiento. Además, pueden aplicarse de forma independiente y no excluyente a la correspondiente multa administrativa, que suelen servir como tope cuantitativo máximo de la sanción. RANDO CASERMEIRO, P., *La distinción entre el Derecho penal y el Derecho administrativo sancionador. Un análisis de política jurídica*, pp. 131-132.

1116 Véanse los apartados II.B.iii y II.B.vi del Capítulo III de esta obra.

En esta misma línea, la LKSG alemana ofrece uno de los desarrollos más precisos del Derecho comparado. El § 24 prevé un régimen sancionador escalonado para distintos tipos de infracción, que incluye multas de hasta 800.000 euros o, para grandes empresas con facturación global superior a 400 millones de euros, sanciones de hasta el 2 % del volumen de negocios anual. Además, el § 23 autoriza la imposición de multas coercitivas (*Zwangsgeld*) de hasta 50.000 euros para forzar el cumplimiento de las órdenes emitidas por la autoridad supervisora. A ello se suma lo dispuesto en el § 22, que permite excluir a las empresas sancionadas de la contratación pública por un período de hasta tres años en los casos más graves, reforzando así el efecto disuasorio del marco administrativo.

En el contexto de la diligencia debida, es útil diferenciar entre incumplimientos totales, parciales y tardíos, lo que permite una graduación adecuada de las consecuencias sancionadoras en función del grado de desatención a los deberes empresariales de identificación, prevención, mitigación y reparación de riesgos.

Un incumplimiento total se da cuando la empresa omite por completo sus obligaciones, como no haber designado un responsable de cumplimiento, no implementar políticas de derechos humanos ni realizar un análisis de riesgos conforme a la normativa aplicable. Bajo la LKSG este tipo de omisiones puede dar lugar a las multas previstas en el § 24, o incluso a medidas adicionales como la exclusión de licitaciones públicas según el § 22.

Un incumplimiento parcial describe aquellas situaciones en las que las medidas adoptadas por la empresa son insuficientes o ineficaces. Por ejemplo, se puede haber elaborado una política formal de derechos humanos sin que esta vaya acompañada de una evaluación de riesgos específica o sin mecanismos reales de aplicación (como exige el artículo 6 de la CSDDD). Aquí, el Derecho administrativo permite una respuesta más modulada, imponiendo sanciones proporcionadas al daño potencial o real y combinándolas con medidas correctivas obligatorias.

El incumplimiento tardío, por su parte, se produce cuando las medidas exigidas se adoptan fuera de plazo o de forma reactiva tras producirse el daño. Ejemplo de ello sería realizar con retraso un análisis de impacto, o activar medidas de reparación solo cuando los efectos adversos ya se han consolidado, incumpliendo con ello lo previsto en el artículo 11 de la Directiva CSDDD. En este supuesto, las sanciones deberán ponderar el impacto generado por la demora, así como el grado de cooperación que la empresa haya mostrado ante la autoridad de supervisión.

Desde esta perspectiva, el Derecho administrativo sancionador se configura como un instrumento clave de *enforcement*, tanto para sancionar conductas no permitidas como, sobre todo, para inducir cambios estructurales en la gobernanza corporativa. El objetivo va más allá de simplemente corregir infracciones puntuales, garantizando que los principios de respeto a los derechos humanos y a la sostenibilidad se integren de manera real y permanente en las estrategias corporativas. La proporcionalidad de la sanción no se mide únicamente por el daño causado, sino también por el grado de integración efectiva de los mecanismos de diligencia debida en la cultura organizacional.

Aunque el Derecho administrativo puede imponer sanciones económicas de gran envergadura, comparables o incluso superiores a las penales en ciertos supuestos[1117], su fuerza

---

[1117] En el ámbito de la competencia, la Comisión Europea impuso a Google una multa de 2.420 millones de euros por abuso de posición dominante en su servicio de comparación de compras en 2017 (*Asunto AT.39740, Google Search (Shopping)*). En el caso de los mercados financieros, la Comisión Europea sancionó con 1.070 millones de euros a cinco grandes bancos en 2019 por manipulación del mercado de divisas mediante la formación de un cártel para su comercio (*Asunto AT.40135, Foreign Exchange*). En cuanto a protección de

simbólica y disuasoria es menor. En este sentido, un modelo combinado entre instrumentos administrativos y penales puede ofrecer una respuesta más eficaz: mientras el Derecho administrativo sancionador corrige e incentiva el cumplimiento, el Derecho penal permite reprochar socialmente los casos más graves de incumplimiento estructural o doloso, especialmente cuando se traduce en violaciones graves de derechos humanos en contextos de criminalidad empresarial transnacional.

ii. Una cláusula umbral aplicada al Derecho penal nacional

Frente a la intervención del Derecho administrativo sancionador para corregir incumplimientos básicos de diligencia debida, el Derecho penal nacional debe reservarse como un mecanismo de cierre ante los casos más graves e incumplimientos estructurales. El principio de legalidad en el Derecho penal exige que las conductas punibles estén claramente definidas, lo que históricamente ha dificultado su aplicación en el ámbito de las cadenas productivas globales[1118].

La naturaleza transnacional, fragmentada y contractualizada de la actividad en las cadenas de valor dificultaba identificar con precisión qué conductas corporativas podían considerarse penalmente relevantes, especialmente cuando los daños se producían en jurisdicciones distintas a la del país de origen de

---

datos bajo el GDPR, en 2020, H&M fue multada en Alemania con 35.3 millones de euros por la recopilación indebida de información privada de sus empleados. (*Asunto de la autoridad alemana de protección de datos de Hamburgo, 21K-00332, H&M*).

1118 Sobre el principio de legalidad en el ámbito penal, véase ARROYO ZAPATERO, L., "Principio de legalidad y reserva de ley en materia penal", *Revista Española de Derecho Constitucional*, Año 3, Núm. 8, mayo-agosto 1983, pp. 9-46; ÁLVAREZ GARCÍA, F.J., *Sobre el principio de legalidad*, Tirant lo Blanch, Valencia, 2009.

la empresa matriz. Además, hasta hace pocos años, la ausencia de obligaciones jurídicas concretas de conducta impedía establecer con claridad los deberes exigibles a las empresas, lo que hacía inviable construir tipos penales sólidos y respetuosos con el principio de taxatividad.

Sin embargo, esta situación ha comenzado a cambiar con la irrupción de la diligencia debida en derechos humanos. Continuando con el ejemplo de la LKSG o la *Directiva CSDDD*, las normativas de diligencia debida han introducido un catálogo detallado de obligaciones positivas para las empresas, configurando un marco regulatorio que reduce la indeterminación típica del Derecho penal económico. Estas normas exigen, entre otras cosas, la adopción de políticas empresariales de derechos humanos, la realización periódica de análisis de riesgos en las operaciones propias y de terceros, la implementación de medidas preventivas y correctivas, la creación de canales de denuncia eficaces, así como el desarrollo de mecanismos de seguimiento, evaluación y comunicación sobre la gestión de riesgos. Este desarrollo ha permitido delimitar con mayor precisión los estándares de conducta exigibles a las empresas y, por tanto, ha abierto el camino para identificar con mayor claridad las situaciones de incumplimiento grave que podrían justificar una respuesta penal.

En este novedoso contexto, el Derecho penal se justifica plenamente cuando las empresas multinacionales incumplen sistemáticamente sus obligaciones en materia de derechos humanos y facilitan una "cultura de irresponsabilidad" dentro de la corporación, que le impide abordar sus impactos negativos sobre los *stakeholders* de sus cadenas productivas, lo que resulta en nuevas formas de complicidad con filiales o socios comerciales[1119]. Este enfoque parte de la constatación

---

1119 Nuevas formas de complicidad detalladas en el apartado IV del Capítulo V de esta obra.

de que las vulneraciones de derechos humanos en cadenas de valor globales no suelen ser fruto de hechos aislados, sino de fallos organizativos persistentes y, en muchas ocasiones, conscientes. La responsabilidad penal de la persona jurídica se activaría, por tanto, cuando concurren determinadas condiciones que revelan grado de desorganización cualificado, que no puede ser abordado eficazmente por el Derecho administrativo sancionador.

Además, el amplio espectro de daños que pueden producirse en las cadenas productivas globales requiere una distinción clara de los casos vulneraciones que deben ser abordados mediante el Derecho penal en los sistemas nacionales[1120]. En este contexto, se podría aplicar una cláusula umbral que delimite cuándo un defecto de organización empresarial, relacionado con la inobservancia sistemática de las obligaciones de diligencia debida, justifica una respuesta penal. La propuesta de una cláusula umbral, concepto concebido originariamente para guiar la aplicación del DPI, aplicada al marco de la diligencia debida en derechos humanos, permitiría delimitar con precisión qué incumplimientos justifican la activación de mecanismos penales.

A continuación, se propone una cláusula umbral inspirada en la jurisprudencia estadounidense sobre la ATCA[1121]. Esta "cláusula umbral" no se aplica *ex ante*, como norma de cumplimiento preventivo, sino *ex post*, como instrumento jurídico

---

[1120] Sobre las vulneraciones de derechos humanos en las cadenas productivas globales, véase el apartado III del Capítulo V de esta obra.

[1121] Para un estudio en detalle de los criterios de aplicación de la ATCA por parte de los tribunales estadounidenses, véase CHIARA MARULLO, M., "El *Alien Tort Claims Act* de 1789: Su contribución en la protección de los derechos humanos y reparación para las víctimas", *ICIP Working Papers*, nº 1, 2014, pp. 16-18.

para valorar si el incumplimiento de las obligaciones de diligencia debida alcanza el grado de reprochabilidad que exige una respuesta penal, o si debe permanecer en el ámbito del Derecho administrativo sancionador. Su finalidad, por tanto, se dirige a garantizar la accesoriedad del Derecho penal y evitar tanto su trivialización como su parálisis ante formas graves de connivencia empresarial con violaciones estructurales de derechos humanos.

Los criterios que compondrían esta cláusula umbral no son abstractos ni genéricos, sino que se anclan en parámetros objetivos derivados de las obligaciones concretas impuestas por las normativas de diligencia debida. Así, los elementos determinantes para considerar el reproche penal serían:

1) Persistencia estructural del incumplimiento. No basta con constatar un error puntual. La intervención penal solo se justifica cuando el incumplimiento evidencia un patrón continuado, como la ausencia reiterada de evaluación de riesgos, la inexistencia de políticas de derechos humanos, o el incumplimiento sistemático de las medidas correctivas impuestas por la autoridad supervisora. Por ejemplo, cuando la empresa no designa responsables, omite controles periódicos, o ignora sistemáticamente sectores de alto riesgo.

2) Consecuencias lesivas cualificadas. El umbral penal se activa solo cuando los efectos del incumplimiento trascienden lo económico o reputacional y afecten de forma grave a la vida, la integridad física, la salud o la supervivencia de personas o comunidades. Ejemplos paradigmáticos serían el trabajo forzoso prolongado, el desplazamiento de poblaciones indígenas sin consulta previa, o la destrucción de recursos naturales indispensables para la subsistencia de grupos vulnerables.

3) Conocimiento o previsibilidad reforzada. La empresa debía conocer —o razonablemente podía conocer— los

riesgos mediante sus propios mecanismos de control, como auditorías, sistemas de trazabilidad o análisis sectoriales. Este criterio se basa en obligaciones normativas. Si el riesgo era objetivamente identificable conforme a los estándares del sector o a la información disponible, la ignorancia no puede alegarse como defensa.

4) Desatención reiterada de advertencias. El incumplimiento será penalmente relevante cuando, habiendo recibido alertas claras (informes de ONG, denuncias internas, requerimientos de autoridades), la empresa no reacciona con medidas proporcionales y eficaces. El reproche se agrava cuando la inacción no es fruto de desconocimiento, sino de una elección deliberada de no modificar su conducta para preservar ventajas económicas.

5) Gravedad institucional del entorno afectado. Finalmente, debe tenerse en cuenta el contexto estructural en el que se produce el daño. Cuando la actividad económica se desarrolla en regiones con sistemas judiciales colapsados, represión estatal o ausencia de garantías mínimas, el estándar de diligencia exigido se intensifica. En estos casos, la empresa tiene la obligación de adoptar salvaguardas reforzadas para evitar contribuir a escenarios de impunidad estructural.

Este conjunto de criterios permite distinguir entre un abuso de derecho, corregible por la vía administrativa, y una vulneración de derechos humanos que requiere la intervención del Derecho penal. Lejos de diluir las garantías, esta cláusula umbral refuerza la legalidad penal al precisar, con base normativa, cuándo un incumplimiento de las obligaciones de diligencia debida cruza el umbral de la ilicitud penal sustantiva.

En cuanto a las sanciones penales en el contexto del incumplimiento de las obligaciones de diligencia debida, deben alejarse del modelo clásico basado exclusivamente en multas punitivas y apostar por mecanismos que operen como vectores de transformación estructural. En este marco, las sanciones no deben limitarse a castigar, sino que deben contribuir a restaurar la legitimidad empresarial frente a sus grupos de interés, generando cambios sostenibles en la forma en que la empresa se relaciona con los derechos humanos[1122]. Entre este tipo de medidas se encuentra la creación de fondos fiduciarios vinculados al proceso penal. Estos fondos pueden estar destinados tanto a reparar directamente los daños sufridos por las víctimas como a implementar programas estructurales de prevención, educación o reconstrucción del tejido social. A diferencia de las indemnizaciones tradicionales —centradas en compensaciones monetarias individuales—, este enfoque permite canalizar los recursos hacia proyectos colectivos, reforzando el vínculo entre responsabilidad penal y justicia restaurativa[1123].

Esta concepción ampliada de las sanciones se inscribe en una lógica de corresponsabilidad empresarial, en la que se exige a las empresas no solo pagar por el daño causado, sino participar activamente en su reparación. Así, este tipo de sanción proyecta hacia el futuro una expectativa de cumplimiento y refuerzo del compromiso con los principios de diligencia debida, exigiendo a las empresas una revisión crítica de sus estructuras internas, de sus relaciones comerciales y de sus sistemas de gobernanza. Desde el punto de vista jurídico, estas medidas pueden combinarse con condiciones accesorias como la supervisión judicial del plan de cumplimiento, la imposición de auditorías independientes,

---

1122 Véase el apartado III.B.iii del Capítulo II y el apartado III.H del Capítulo III en esta obra.

1123 Sobre este tipo de sanciones, véase LÓPEZ LORCA, B., "Sanciones penales y corrupción. Una aproximación desde la legitimidad empresarial", *Eunomía. Revista en cultura de la legalidad*, nº 24, 2023, pp. 345-347.

la exclusión de licitaciones públicas o restricciones en la participación en ciertos mercados estratégicos.

En conjunto, estas sanciones no solamente buscan prevenir la reiteración delictiva, sino asegurar que la empresa recupere su posición en el mercado mediante una actuación responsable, transparente y respetuosa de los derechos humanos. Esta orientación preventiva y reparadora marca un cambio de paradigma en el Derecho penal económico, al situar el cumplimiento material de las obligaciones empresariales en el centro de la legitimidad punitiva.

C. Supuestos típicos de responsabilidad penal empresarial en el nuevo modelo de diligencia debida

La configuración de un nuevo Derecho penal económico orientado a los derechos humanos y la sostenibilidad implica no solo una redefinición de los bienes jurídicos protegidos y de los principios que guían la intervención penal, sino también una concreción de las conductas empresariales que pueden dar lugar a responsabilidad penal. El reconocimiento normativo de la diligencia debida como obligación jurídica vinculante ha permitido delimitar con mayor precisión aquellas acciones y omisiones que, por su gravedad, sistematicidad o impacto, justifican el recurso al Derecho penal en sede estatal.

En este marco, cabe distinguir dos grandes grupos de conductas que pueden integrar el núcleo de la imputación penal: por un lado, las irregularidades y falsedades cometidas en los informes sobre sostenibilidad, que afectan directamente a la transparencia exigida a las empresas y a la confianza de los *stakeholders*[1124]; y, por otro, los incumplimientos de las obligaciones

---

1124 En el marco de la estrategia diseñada para introducir la transparencia en las relaciones comerciales de las cadenas productivas

de diligencia que derivan en graves violaciones de derechos humanos o daños ambientales, particularmente cuando estas omisiones responden a defectos estructurales en la organización empresarial[1125]. Ambos supuestos muestran cómo el nuevo modelo penal no se limita a castigar el daño ya producido, sino que sanciona también la inactividad o el engaño en contextos donde existe una obligación jurídica de prevenir, informar y actuar.

i. Irregularidades y falsedades en los informes referidos a la sostenibilidad de las empresas

Como vimos en el Capítulo III a la hora de analizar las normativas de diligencia debida basadas en el reporte de información, en el marco del modelo de transparencia "dura" introducido por la *Directiva CSRD* las empresas están obligadas a divulgar información precisa, verificable y comparable sobre sostenibilidad[1126]. Para garantizar este cumplimiento, la *Directiva CSRD* establece la obligación de los Estados miembros de imponer sanciones en caso de que las empresas no publiquen sus informes o incumplan con los dictámenes de verificación exigidos[1127]. Se

---

globales, donde destaca la Directiva CSRD, que es objeto de estudio en el apartado I del Capítulo III de esta obra.

1125 Estrategia basada en obligaciones concretas de conducta, que se desarrolla en el apartado II del Capítulo III de esta obra.

1126 Véase el apartado I.B.iii del Capítulo III de esta obra.

1127 De acuerdo con el artículo 29.bis de la *Directiva CSRD,* La inclusión de datos incorrectos o la manipulación de la información presentada para dar una impresión falsa sobre las prácticas de sostenibilidad de la empresa es una infracción grave. La realización de auditorías o verificaciones de la información sobre sostenibilidad que no cumplan con los estándares establecidos también constituye una infracción. Los artículos 26 y 27 de la *Directiva CSRD* establecen los requisitos de calidad y procedimientos que deben seguir los auditores y verificadores de la información referida a la sostenibilidad de las empresas.

trata este de un enfoque similar al de la normativa financiera y contable, donde las falsedades en los informes financieros se sancionan para asegurar la integridad de los mercados y fomentar la confianza de los inversores[1128].

Si bien las auditorías de sostenibilidad aún no han alcanzado el grado de estandarización de las auditorías financieras, la *Directiva CSRD* ha introducido un marco de verificación obligatoria que requiere que los auditores actúen con independencia, objetividad y conforme a estándares de calidad[1129]. El incumplimiento doloso de estas obligaciones también podría tener consecuencias penales, especialmente cuando con su conducta contribuyen a encubrir prácticas empresariales que vulneran los derechos humanos o dañan seriamente el medio ambiente.

Este salto cualitativo implica que los informes sobre sostenibilidad ya no pueden considerarse simples instrumentos voluntarios de RSC. Al contrario, se integran plenamente en el informe de gestión y su falsedad podría justificar la intervención del Derecho penal, especialmente cuando se ocultan con ellos vulneraciones graves de derechos humanos o del medioambiente. Aunque la *Directiva CSRD* no establece expresamente la obligación de tipificar como delitos las falsedades en estos informes, sí contempla la posibilidad de que los Estados miembros opten por esta vía.

1128 NIETO MARTÍN, A., “Falsedades en la empresa” en DE LA MATA BARRANCO (et. al.), *Derecho penal económico y de la empresa*, Dykinson, Madrid, 2024, pp. 791 y ss.

1129 Una interesante exposición de estas diferentes responsabilidades de la empresa y el auditor de cuentas, al hilo de la Sentencia del Tribunal Supremo de 2023 en el “caso Pescanova”, en MONTANER FERNÁNDEZ, R. (et. al.), “El «caso Pescanova». Comentario a la STS 89/2023, de 10 de febrero”, *InDret*, 3.2023, pp. 702 y ss.

Un ejemplo de esta tendencia es la transposición francesa de la *Directiva CSRD*, mediante la *Ordonnance n° 2023-1142 du 6 décembre 2023*, que introduce de forma expresa la responsabilidad penal tanto de las personas físicas como jurídicas en caso de falsedades o prácticas obstructivas vinculadas a la información de sostenibilidad. El artículo L. 821-6 del *Code de commerce*, modificado por esta ordenanza, prevé penas de prisión y multas para quienes obstaculicen las auditorías o controles documentales vinculados a los informes de sostenibilidad. Además, el artículo L. 821-9 sanciona a los auditores que, con dolo, certifiquen como veraz información falsa, reforzando así el régimen de corresponsabilidad entre empresa e intermediarios de verificación[1130].

En este contexto, el reproche penal no recae solo sobre la falsedad documental en sentido estricto, sino también sobre conductas más estructurales, como ocultar de forma intencional datos sobre filiales o proveedores que operan en contextos de riesgo, la manipulación de indicadores esenciales o el diseño de informes orientados a generar una apariencia engañosa de cumplimiento normativo (*greenwashing*)[1131]. Tales prácticas, especialmente si son recurrentes o afectan a colectivos vulnerables, pueden activar la responsabilidad penal empresarial bajo la lógica de los delitos de creación o uso de documentos falsos, obstrucción a la verificación pública o incluso fraude corporativo con repercusiones en derechos fundamentales.[1132]

1130 Una interesante exposición de estas diferentes responsabilidades de la empresa y el auditor de cuentas, al hilo de la Sentencia del Tribunal Supremo de 2023 en el "caso Pescanova", en MONTANER FERNÁNDEZ, R. (et. al.), "El «caso Pescanova». Comentario a la STS 89/2023, de 10 de febrero", *InDret*, 3.2023, pp. 702 y ss.

1131 Sobre el *greenwashing* y los informes de RSC, véase el apartado IV.C del Capítulo IV en esta obra.

1132 En el caso francés, se castiga con pena privativa de libertad de cinco años y multa de 75.000 euros al director de una persona o entidad

La posibilidad de incluir la información sobre sostenibilidad dentro del ámbito de protección del artículo 290 del Código Penal español —referido a la falsedad en documentos que deban reflejar la situación jurídica o económica de una sociedad— ha comenzado a plantearse en el marco del creciente peso normativo de los informes no financieros. La responsabilidad penal derivada de una información falsa en el ámbito financiero depende de la función que dicha información cumpla en el tráfico económico[1133]. En el caso de los informes de sostenibilidad, el debate gira en torno a si estos documentos

jurídica, o cualquier persona o entidad al servicio de una persona o entidad que tenga un auditor legal, que obstruya las verificaciones o controles de los auditores o peritos nombrados por la autoridad, o negarles la comunicación in situ de todos los documentos útiles para el ejercicio de su misión y, en particular, todos los contratos, libros, documentos contables y registros de actas. Artículo L. 821-6.-3° del Código de Comercio francés, modificado por el artículo 15 de la Ordonnance n° 2023-1142 du 6 décembre 2023 relative à la publication et à la certification d'informations en matière de durabilité et aux obligations environnementales, sociales et de gouvernement d'entreprise des sociétés comerciales.

1133 En el asunto C-387/02, Berlusconi y otros, el Tribunal de Justicia de la Unión Europea (TJUE) estableció que, en el caso de la manipulación de balances financieros, los Estados miembros están obligados a imponer sanciones penales eficaces, disuasorias y proporcionadas. El caso involucró al ex primer ministro italiano Silvio Berlusconi y otros coacusados que fueron imputados por haber manipulado los balances financieros de empresas con el objetivo de obtener beneficios fiscales y de otro tipo. Berlusconi argumentó que las sanciones penales impuestas por la ley italiana no cumplían con los requisitos de la Directiva de la UE, ya que la legislación nacional permitía la sustitución de la sanción penal por una medida administrativa menos severa. El TJUE falló que dicha normativa nacional no cumplía con las obligaciones impuestas por la Directiva, subrayando la necesidad de sanciones penales eficaces en estos casos. Véase Sentencia del Tribunal de Justicia (Gran Sala) de 3 de mayo de 2005, *Silvio Berlusconi y otros* (C-387/02, C-391/02 y C-403/02, EU:C:2005:270).

pueden cumplir una función equiparable a la de las cuentas anuales o a otros instrumentos de representación jurídico-económica de la empresa, cuya veracidad protege directamente el artículo 290 CP.

Hasta ahora, la doctrina ha distinguido entre tres grupos en los que la introducción de información falsa puede generar responsabilidad penal: i) falsedades en documentos mercantiles, que pueden encuadrarse en los delitos de falsedad documental; ii) manipulación contable, que puede activar delitos fiscales o de insolvencia; y iii) falseamiento de cuentas anuales o documentos análogos, donde se ubica el tipo específico del artículo 290 CP[1134]. Es dentro de este tercer grupo donde podría enmarcarse —al menos en ciertos supuestos— la falsedad en la información no financiera, si se considera que esta forma parte del núcleo de documentos que deben reflejar con veracidad la situación de la sociedad ante terceros.

La clave, por tanto, no está en la mera existencia de una "obligación genérica de decir la verdad", sino en determinar si el estándar de veracidad exigible —conforme al Derecho mercantil— impone a la empresa el deber de proporcionar información cierta, clara y completa sobre aspectos no financieros cuando estos están legalmente prescritos. En la medida en que estos informes se hayan convertido, por efecto de la normativa vigente (como la Ley 11/2018 y la Directiva CSRD), en instrumentos obligatorios con un fin informativo relevante

---

1134 Sobre la noción de "información falsa" en el ámbito penal, debe tenerse en cuenta que su significado puede abarcar no solo datos objetivamente inexactos, sino también omisiones relevantes o inexactitudes materiales que, en atención al tipo penal y a la posición jurídica del obligado, deberían haberse comunicado. La configuración del deber de veracidad penalmente exigible no es uniforme ni general, sino que depende del contexto normativo concreto en que se enmarca la conducta. Véase NIETO MARTÍN, A., "Falsedades en la empresa", pp.801 y ss.

para socios, inversores o partes interesadas, una falsedad material y dolosa en su elaboración podría activar el tipo penal del artículo 290, siempre que se cumplan los requisitos típicos del delito: alteración relevante, ánimo de inducir a error, y perjuicio o riesgo relevante para terceros[1135].

Este enfoque se ve reforzado por el régimen jurídico actualmente vigente en materia de información no financiera. La Ley 11/2018, de 28 de diciembre, ha establecido un marco de transparencia empresarial que obliga a determinadas sociedades —en función de su tamaño, naturaleza jurídica y condición de entidad de interés público— a incluir en su informe de gestión un estado de información no financiera (EINF). Este debe incorporar datos relevantes sobre cuestiones medioambientales, sociales, de personal, derechos humanos, lucha contra la corrupción y medidas de diligencia debida. En consecuencia, el contenido de estos informes ha pasado de ser una práctica voluntaria a una obligación legalmente exigible, especialmente tras su reforzamiento por la Directiva CSRD y el proyecto de Ley de información empresarial sobre sostenibilidad de 15 de noviembre de 2024. Este último, en fase de tramitación, sustituye el EINF por un "informe de sostenibilidad" más detallado, sometido a estándares específicos de verificación y auditoría, lo que refuerza su función como documento representativo de la situación jurídica y económica de la sociedad. En este contexto, resulta jurídicamente defendible que una falsedad relevante en estos informes pueda ser subsumida en el ámbito

---

1135 En relación con si las falsedades en los estados de sostenibilidad podrían castigarse por el delito de falseamiento societario del artículo 290 del Código Penal, véase MONTANER FERNÁNDEZ, R., "La posible responsabilidad penal de las certificadores y auditoras por violaciones de derechos humanos: una aproximación desde el *compliance* penal y a propósito de la Directiva europea sobre debida diligencia empresarial".

de protección del artículo 290 del Código Penal, cuando concurran los elementos típicos exigidos por dicho precepto[1136].

No obstante, esta línea de desarrollo aún se enfrenta a fuertes obstáculos prácticos y jurídicos que limitan la posibilidad de aplicar el Derecho penal a las falsedades en los informes de sostenibilidad. A pesar del importante avance que han supuesto la *Directiva CSRD* y la determinación de los estándares e indicadores a utilizar mediante la publicación de las NEIS[1137], la regulación de la información de sostenibilidad no ha alcanzado todavía el grado de madurez y sistematización del que goza la información financiera. Al contrario, aún persisten importantes desafíos como la falta de un modelo unificado de reporte obligatorio que asegure la homogeneidad y calidad de los datos aportados en los informes, la coexistencia de múltiples estándares de reporte que permiten a las empresas escoger marcos dispares según sus propios intereses, o la elevada complejidad técnica de los indicadores, que dificultan su interpretación comparada incluso para auditores profesionales.

Se suma la naturaleza no financiera de muchos de los datos reportados, cuya verificación requiere metodologías distintas a las aplicadas en la auditoría contable tradicional y que, en la práctica, siguen dependiendo en gran medida de la autorregulación empresarial. Esta situación deja a los auditores en un terreno normativo todavía poco definido, donde la ausencia de estándares jurídicos plenamente consolidados limita la posibilidad de atribuir responsabilidades penales por falsedad

---

1136 Véase VALVERDE CANO, A.B., "El falseamiento de la información sobre sostenibilidad: relevancia penal y responsabilidad de los verificadores", *Revista de Derecho Penal y Criminología,* 3.ª Época, n.º 33, julio, 2025, pp. 254 y ss.

1137 Sobre las obligaciones y estándares introducidos por la Directiva CSRD y las NEIS, véase el apartado I.B.III del Capítulo III en esta obra.

o encubrimiento, incluso en los casos en que la información presentada o verificada haya ocultado vulneraciones graves de derechos humanos o daños medioambientales[1138].

Esta tensión entre la creciente exigibilidad de la transparencia en sostenibilidad y la inmadurez normativa de los sistemas de reporte revela una paradoja estructural, donde se impone a las empresas la obligación de comunicar con veracidad y precisión sus impactos en derechos humanos y medio ambiente sin disponer, aún, de un marco jurídico lo suficientemente detallado para garantizar su verificación objetiva y su control efectivo. En este contexto de indefinición técnica y dispersión regulatoria, la intervención penal aparece como un mecanismo potencialmente legítimo, pero jurídicamente frágil, expuesto al riesgo de desbordar los principios de legalidad y certeza.

Mientras la sostenibilidad permanezca a medio camino entre la autorregulación reputacional y la codificación legal, el Derecho penal seguirá operando en este ámbito con una cautela estructural, dependiente de que otros subsistemas normativos —la contabilidad, la auditoría, el Derecho administrativo y el *compliance*— consoliden primero los estándares sobre los que podría edificarse una imputación penal mínimamente garantista.

ii. La omisión en la adopción de medidas concretas de diligencia debida como fuente de responsabilidad penal

La consolidación de obligaciones jurídicas en materia de diligencia debida ha abierto la posibilidad de reinterpretar el incumplimiento empresarial como una omisión penalmente relevante. Si tradicionalmente el reproche penal se ha centrado

---

[1138] MONTANER FERNÁNDEZ, R., "Las auditorías sociales y su posible trascendencia para el Derecho penal", pp. 26-27.

en conductas activas, el nuevo marco normativo permite pensar en la omisión —es decir, en la falta de adopción de medidas exigibles— como forma de intervención típica cuando la inacción empresarial facilita o no evita violaciones graves de derechos humanos. Este enfoque adquiere especial sentido en relación con la responsabilidad penal de la persona jurídica, donde ciertos defectos organizativos pueden configurar una responsabilidad penal autónoma, no derivada de una acción concreta, sino de la omisión de deberes jurídicamente establecidos para prevenir daños[1139].

A) *Reinterpretación del concepto de riesgo permitido aplicado al marco operativo de las cadenas productivas globales*

En el marco del Derecho penal de la empresa, la noción de riesgo permitido cumple una función esencial como criterio negativo de imputación. Su relevancia se incrementa cuando se analiza la responsabilidad penal por omisión en contextos de globalización económica y sostenibilidad. Este concepto delimita los márgenes de intervención del Derecho penal, estableciendo qué riesgos, derivados de una actividad lícita, son tolerables desde el punto de vista jurídico[1140]. No se trata simplemente de

---

1139 En la misma línea de establecer la responsabilidad penal de las empresas en el marco de la diligencia debida, véase PÉREZ CEPEDA, A., "La posible responsabilidad penal derivada de la directiva de diligencia debida y sostenibilidad", en LLABRÉS FUSTER, A. (coord. et. al.), Estudios Penales en homenaje al Profesor Juan Carlos Carbonell Mateu, Tirant lo Blanch, Valencia, 2025, pp. 1081 y ss.

1140 Sobre el significado de "riesgo permitido", entendido como aquellas conductas peligrosas para bienes jurídicos penalmente protegidos que no resultan punibles, y su desarrollo en el contexto de la industrialización, véase SILVA SÁNCHEZ, J.M., *El riesgo permitido en Derecho penal económico,* Altier, Barcelona, 2022, pp. 15-17 y 37 y ss.

una categoría técnico-formal, sino de un instrumento de ponderación material que parte de la adecuación social de la actividad, la posibilidad de control del riesgo y el cumplimiento de los estándares organizativos exigibles[1141].

Aplicado al contexto de las cadenas de valor globales, este juicio de tolerabilidad no se proyecta de forma uniforme sobre todos los actores económicos. La distinción fundamental es entre aquellos operadores subordinados que ejecutan tareas dentro de estructuras previamente definidas —y que, por tanto, actúan bajo el amparo del principio de confianza— y las empresas matrices o dominantes, que configuran las condiciones en que se desarrollan los procesos productivos y, por ello, asumen un deber reforzado de organización y control[1142]. Estas últimas, en virtud de su capacidad de estructuración e influencia, son las auténticas gestoras del riesgo, y su responsabilidad se activa cuando omiten medidas preventivas o de reacción frente a escenarios que estaban bajo su esfera de previsibilidad y control.

Desde esta perspectiva, el cumplimiento de los deberes de diligencia debida se convierte en el parámetro objetivo que delimita el ámbito del riesgo permitido. La *Directiva CSDDD* ha consolidado esta lógica, al exigir a las empresas no solo la identificación y evaluación de riesgos en materia de derechos humanos y medioambientales, sino también la adopción de mecanismos organizativos eficaces y razonables para prevenir su materialización[1143]. Cuando tales mecanismos existen, son adecuados y se

---

1141 Véase SILVA SÁNCHEZ, J.M., *El riesgo permitido en Derecho penal económico,*, pp. 115-116 y 124-125.

1142 Véase SILVA SÁNCHEZ, J.M., *El riesgo permitido en Derecho penal económico,* pp. 120-122.

1143 En sus artículos 7 a 16, la Directiva CSDDD establece un sistema integral de diligencia debida que obliga a las empresas a (i) integrar esta diligencia en sus políticas internas y sistemas de gestión de riesgos, (ii) identificar y evaluar los efectos adversos reales y

aplican con rigor, la actuación empresarial se considera comprendida dentro del ámbito del riesgo jurídicamente tolerado. Pero cuando son inexistentes, manifiestamente inadecuados o no se activan ante riesgos evidentes, la empresa actúa fuera de dicho margen y se abre la puerta a la imputación penal por omisión impropia, por infracción de un deber organizativo.

Es fundamental destacar que el riesgo permitido no se configura como una cláusula de exoneración automática, sino como un estándar dinámico de valoración del cumplimiento, ajustado al tipo de riesgo, al grado de control que la empresa puede ejercer, y a su posición en la cadena global de valor. Solo un cumplimiento sustantivo —no meramente formal o simbólico— puede desplazar el juicio de reproche penal al expresar una omisión relevante desde el punto de vista del *deber de socorro o solidaridad corporativa reforzada.*

B) Configuración penal de la omisión empresarial en contextos de diligencia debida

En este contexto, el tipo de omisión relevante —ya sea propia, impropia o mixta[1144]— debe analizarse en relación con

potenciales sobre los derechos humanos y el medio ambiente, (iii) priorizar los riesgos detectados según su gravedad y probabilidad, (iv) adoptar medidas adecuadas para prevenir o mitigar los efectos adversos potenciales —incluyendo planes de acción, ajustes operativos y apoyo a pymes—, (v) eliminar o minimizar los efectos adversos reales cuando ya se hayan producido, (vi) reparar los daños causados directamente o en colaboración con socios, (vii) colaborar con las partes interesadas afectadas, (viii) establecer mecanismos accesibles de notificación y reclamación, (ix) llevar a cabo evaluaciones periódicas de eficacia y adecuación, y (x) comunicar públicamente el cumplimiento de estas obligaciones a través de informes anuales.

[1144] En detalle sobre el concepto de omisión y sus modalidades, véase SILVA SÁNCHEZ, J.M., *Derecho penal. Parte General,* Aranzadi La Ley, Madrid, 2025, pp. 763-848.

el estatuto normativo que impone a las empresas deberes de diligencia debida basados en la prevención, la vigilancia y la actuación. A diferencia de modelos basados en la atribución de resultados por control absoluto sobre terceros, el paradigma de la diligencia debida propone un marco de responsabilidad basado en la razonabilidad de las medidas adoptadas y en la previsibilidad del daño. Por ello, puede articularse la responsabilidad penal por omisión en casos de incumplimiento de diligencia debida.

Recordando ahora lo expuesto en el Capítulo II al analizar la compleja genealogía de la diligencia debida[1145], según la tesis que sostiene que las obligaciones de diligencia debida se corresponden con deberes positivos, las empresas asumirían un rol de "vigilancia" que las colocaría en una posición de garante, incluso cuando no tienen una participación directa en la causa del daño. En estos casos, nos encontraríamos ante una omisión impropia (comisión por omisión) y se imputaría como una contribución al resultado por omisión jurídicamente equivalente a una acción directa, ya que la empresa, al no cumplir con su deber de evitar el daño, facilita su materialización[1146].

Desde la otra postura, de mantenerse que las obligaciones de diligencia debida en derechos humanos se derivan del principio de *neminem laedere,* las empresas tendrían la responsabilidad de evitar la creación de condiciones peligrosas para los derechos humanos en sus cadenas productivas globales, pero no estarían obligadas a garantizar que sus filiales o proveedores no cometan violaciones. Bajo este enfoque, la responsabilidad penal surgiría por un delito de omisión propia (como omitir prestar asistencia a una filial o proveedor),

---

1145 Apartado V del Capítulo II de esta obra.

1146 Sobre la comisión propia, véase SILVA SÁNCHEZ, J.M., *Derecho penal. Parte General,* pp. 780-826.

donde la falta de acción constituye el delito, sin que sea necesario un resultado posterior. Aplicado a la diligencia debida, esto limitaría la responsabilidad penal de las empresas a la omisión de cumplir sus obligaciones, sin imputarles el resultado concreto.[1147]

Como ya se advirtió, en mi opinión, las obligaciones de diligencia debida en derechos humanos configuran un deber mixto que integra componentes ex ante —de identificación, evaluación y prevención de riesgos— y componentes ex post —de mitigación, corrección y reparación—. No deben entenderse como una mera extensión reforzada del principio de *neminem laedere*, sino como un régimen normativo autónomo que impone a las empresas un estándar estructural de conducta, articulado en torno a procedimientos razonables y verificables de gestión del riesgo.

Esta arquitectura no implica, sin embargo, la creación de una posición de garante en sentido estricto: las empresas no están obligadas a evitar todos los posibles daños causados por sus filiales o socios comerciales, ni a asumir un control total de sus actividades. En su lugar, se les exige adoptar, dentro de los márgenes de su capacidad operativa y de influencia, aquellas medidas que sean razonablemente exigibles para no contribuir directa o indirectamente a impactos adversos sobre los derechos humanos. Cuando esos impactos se producen, la empresa tiene también la obligación de reaccionar de forma diligente para mitigarlos y, en su caso, repararlos. No se trata, pues, de imputar responsabilidad penal por el resultado mismo del daño, sino por el déficit estructural en el cumplimiento de los deberes organizativos que

---

[1147] Sobre la dogmática de los delitos de omisión propia y su adaptación al marco jurídico español, véase DOPICO GÓMEZ-ALLER, J., *Omisión e injerencia en Derecho penal*, Tirant lo Blanch, Valencia, 2006, pp. 676 y ss.; DEMETRIO CRESPO, E., *Responsabilidad penal por omisión del empresario*, Iustel, Madrid, 2009, pp. 82 y ss.

estaban normativamente definidos y eran razonablemente exigibles en función del contexto operativo[1148].

Esto no significa, sin embargo, que el marco de deberes derivados de la diligencia debida quede en abstracto o se agote en una mera obligación general de abstención. Por el contrario, este régimen se estructura como una obligación compuesta, que integra tanto deberes ex ante de identificación, evaluación y control de los riesgos, como deberes ex post de reacción, corrección y reparación. Se trata de un estándar de comportamiento activo que exige a la empresa adoptar medidas razonables para prevenir la materialización de impactos adversos sobre los derechos humanos y, en caso de que estos se produzcan, actuar diligentemente para mitigar sus efectos y remediarlos en la medida de lo posible.

La diligencia debida no se limita, por tanto, a prohibir causar daños de forma directa, sino que impone una responsabilidad organizativa continua y proporcional, en función de la posición de la empresa en la cadena de valor, su capacidad de influencia y el nivel de riesgo implicado. La omisión en el cumplimiento de estos deberes —cuando eran razonablemente exigibles atendiendo al contexto operativo y al diseño organizativo— puede adquirir relevancia penal si evidencia un déficit estructural de cumplimiento que facilita o no impide la producción del resultado lesivo[1149].

1148 Véase el apartado V del Capítulo II de esta obra.

1149 Como ha señalado Silva Sánchez, la potestad punitiva del Estado se justifica cuando existe una infracción clara de normas de conducta previamente establecidas que tengan como fin la protección de bienes jurídicos relevantes. En este sentido, el reproche penal no puede sustentarse en expectativas difusas o en meros incumplimientos formales, sino en la omisión de deberes concretos que sean razonablemente exigibles conforme a las capacidades del sujeto. La legitimidad de la intervención penal depende, por tanto, de que las normas de conducta incumplidas estén suficientemente

Esta forma de inacción no encaja fácilmente en las categorías tradicionales de omisión propia o impropia. No se trata de una omisión propia en sentido estricto, ya que el tipo penal no se agota en la simple infracción de un mandato formal de actuar. Pero tampoco responde plenamente al esquema clásico de la omisión impropia, donde la imputación penal se basa en una posición de garante estricta y en la obligación jurídica de evitar un resultado determinado. En el marco de la diligencia debida, la empresa no asume un deber absoluto de impedir cualquier daño cometido por sus socios comerciales, sino una obligación positiva de implementar mecanismos internos razonables para prevenir, mitigar y remediar dichos impactos cuando estén dentro de su capacidad de control. [1150]

Por ello, cabe hablar de una categoría intermedia u "omisión mixta", en la que convergen elementos propios de ambas formas de omisión. La obligación de actuar se fundamenta en mandatos normativos sustantivos y procedimentales —como los que configuran los deberes de diligencia debida en derechos humanos— y en la posición estructural que la empresa ocupa dentro de una cadena de valor globalizada.

En estos supuestos, la relevancia penal no deriva únicamente del resultado, sino de la pasividad injustificada frente a

---

determinadas y sean idóneas para estructurar el comportamiento ex ante, especialmente en contextos de riesgo grave para bienes jurídicos colectivos. Véase SILVA SÁNCHEZ, J.M., *Derecho penal. Parte General*, pp. 127-134.

1150 Véase SILVA SÁNCHEZ, J.M., *El delito de omisión. Concepto y sistema*, B de F, Montevideo, 2003, pp. 389–450, donde el autor analiza los distintos modelos de omisión penal y sugiere criterios estructurales y normativos para distinguir entre omisiones propias, impropias y otras formas intermedias, lo que resulta especialmente útil para interpretar el incumplimiento de deberes normativos complejos como los que impone la diligencia debida.

riesgos conocidos o razonablemente previsibles de sus filiales y proveedores, cuya neutralización era jurídicamente exigible en función de la capacidad de intervención organizativa del sujeto. El reproche penal, por tanto, se articula como sanción frente a una actitud de indiferencia estructural ante los derechos de los *stakeholders* expuestos a los impactos de una actividad económica globalizada.

Con la diligencia debida en derechos humanos se configura un deber de solidaridad reforzada, estructurado en torno a obligaciones tanto ex ante como ex post. A diferencia de los supuestos paradigmáticos de omisión propia —como el deber legal de socorro ante una persona en peligro[1151]—, en este ámbito no se impone a las empresas una obligación general de actuar frente a cualquier situación de riesgo ajena. La responsabilidad no surge por la mera pasividad ante un hecho externo, sino por el incumplimiento de un conjunto de obligaciones positivas estructuradas, estrechamente vinculadas a la actividad económica de la empresa y a su posición en la cadena de valor.

Estas obligaciones no consisten en "prestar auxilio" de forma genérica, sino en adoptar medidas concretas: *ex ante*, para identificar, prevenir y reducir riesgos previsibles; y *ex*

1151 El delito de omisión del deber de socorro previsto en el artículo 195 del Código Penal español constituye un supuesto paradigmático de omisión propia vinculado a deberes positivos generales, conforme a la clasificación doctrinal consolidada. Se trata de un tipo penal autónomo, que no exige una posición de garante ni la producción de un resultado lesivo, sino que se consuma con la mera inacción frente a un deber legal expreso de actuar ante una situación de peligro grave y manifiesto. La doctrina penal española ha sido clara en este punto, aclarando que tanto la infracción del deber como su tipificación formal hacen de este delito un ejemplo canónico de omisión propia. Véase en este sentido SILVA SÁNCHEZ, J.M., *Derecho penal. Parte General*, pp. 830-837.

post, para mitigar los daños producidos, implementar acciones correctivas y rendir cuentas ante las partes afectadas. La infracción penalmente relevante no se limita a la omisión de medidas preventivas, sino que también incluye la ausencia de reacción efectiva cuando ya se han producido impactos adversos, siempre que tales medidas fueran exigibles conforme a los estándares normativos aplicables y a la capacidad operativa de la empresa.

Ahora bien, incluso cuando se reconoce la existencia de tal deber de solidaridad reforzado, su exigibilidad no es ilimitada. De forma análoga a las cláusulas de inexigibilidad previstas en los delitos de omisión propia[1152], también en el marco de la diligencia debida deben valorarse los límites razonables de actuación que pueden imponerse a una empresa. La obligación de adoptar medidas de control o prevención se encuentra condicionada por factores como la posición efectiva de la empresa dentro de la cadena de valor, su capacidad real de influencia o los recursos disponibles para ejercer dicha influencia. En este sentido, la omisión solo podrá adquirir relevancia penal cuando el incumplimiento de los deberes de diligencia debida suponga una inactividad injustificada, es decir, cuando —en las circunstancias del caso— hubiera sido

---

1152 En el ámbito del delito de omisión propia, como el de omisión del deber de socorro previsto en el artículo 195 del Código Penal español, el legislador introduce expresamente cláusulas de inexigibilidad que excluyen la responsabilidad penal cuando la acción exigida supondría un riesgo relevante para quien omite o para terceros. Estas cláusulas operan como límites normativos internos al tipo penal, y reflejan la idea de que el Derecho penal no puede imponer conductas heroicas ni exigir intervenciones que superen lo razonable. De este modo, la exigibilidad funciona como filtro normativo de la imputación penal, en coherencia con los principios de culpabilidad, legalidad y proporcionalidad. Véase sentido SILVA SÁNCHEZ, J.M., *Derecho penal. Parte General*, pp. 835-836.

razonablemente exigible a la empresa adoptar medidas de prevención o reacción eficaces. Esta exigibilidad actúa, por tanto, como un filtro normativo que delimita el ámbito de aplicación legítima del reproche penal.

Este tipo de omisión —que no se funda en una simple abstención pasiva ni se ajusta plenamente a la posición de garante clásica— encuentra acomodo dentro del marco del artículo 11 del Código Penal español, que permite imputar el resultado a quien omite impedirlo estando jurídicamente obligado a ello. Aunque esta figura ha sido interpretada tradicionalmente desde el paradigma del dominio del hecho negativo, su aplicación a contextos empresariales complejos, como el de las cadenas productivas globales, requiere una lectura funcional del deber jurídico de actuar.

En estos escenarios, la posición de la empresa no implica una obligación absoluta de evitar cualquier daño en su entorno operativo, pero sí de adoptar medidas razonables de prevención y control cuando dichos riesgos son previsibles y gestionables en función de su capacidad organizativa. El incumplimiento de estas obligaciones, cuando están normativamente definidas y vinculadas a la estructura y funcionamiento de la organización, puede dar lugar a una forma de comisión por omisión jurídicamente relevante, sin que sea necesario exigir un control total de las filiales y proveedores ni una intervención heroica. Se trata, en definitiva, de dirigir el reproche penal a la omisión injustificada de aquellas medidas que, dadas las circunstancias del caso, eran razonablemente exigibles para evitar o mitigar un daño sustancial a los derechos de los *stakeholders*.

Una vez delimitados los criterios dogmáticos que justifican la aplicación del Derecho penal en el ámbito de la diligencia debida —tanto en lo relativo a la configuración de una cláusula umbral que determine la gravedad del incumplimiento, como en lo referente a la imputación por omisión de deberes relevantes de diligencia—, en el siguiente apartado se abordarán las dificultades específicas que plantea la aplicación del modelo de responsabilidad penal de las personas jurídicas previsto en el artículo 31.bis del Código Penal español.

A partir de ello, se procederá al examen de distintos modelos dogmáticos de imputación de la persona jurídica con el objetivo de valorar su idoneidad para incorporar los presupuestos normativos derivados de los deberes de diligencia debida en materia de derechos humanos.

III MODELOS PARA LA IMPUTACIÓN DE LA PERSONA JURÍDICA BAJO EL NUEVO DERECHO PENAL ECONÓMICO DE LOS DERECHOS HUMANOS Y LA SOSTENIBILIDAD

El apartado final de este capítulo se centra en el análisis de los distintos modelos dogmáticos de imputación penal de la persona jurídica en el contexto del emergente Derecho penal económico de los derechos humanos y la sostenibilidad.

El punto de partida es la tesis desarrollada en las líneas precedentes, según la cual la omisión en la adopción de medidas concretas de diligencia debida —en el grado en que revela una gestión empresarial estructuralmente negligente o indiferente frente a riesgos conocidos de afectación a los derechos fundamentales de los *stakeholders* de filiales y proveedores— puede constituir un presupuesto suficiente de responsabilidad penal para las personas jurídicas.

En consecuencia, quedan fuera del objeto de esta investigación aquellos supuestos en los que se proyecta una posible tipificación penal de irregularidades o falsedades en los informes de sostenibilidad, cuya lógica de imputación sigue parámetros distintos y exigiría un tratamiento autónomo.

La opción metodológica de centrar el estudio en la imputación de la persona jurídica —y no en la de sus órganos o empleados individualmente considerados— responde a la naturaleza sistémica de los incumplimientos derivados de los nuevos estándares internacionales de diligencia debida. En efecto, el riesgo penal en este ámbito no proviene de decisiones personales aisladas, sino de déficits estructurales en el diseño organizativo, culturas corporativas permisivas con el daño, o fallos persistentes en los mecanismos internos de prevención, supervisión y respuesta. En este escenario, el enfoque penal contemporáneo exige explorar vías dogmáticas que permitan atribuir responsabilidad directa a la persona jurídica como sujeto autónomo de imputación, con deberes específicos en la prevención de impactos negativos sobre los derechos humanos y el medio ambiente.

Como se tratará de demostrar en las próximas líneas, en el ámbito de la responsabilidad penal de las personas jurídicas, recurrir a un único modelo de imputación para dar respuesta a la pluralidad de conductas delictivas que pueden tener origen empresarial resulta problemático. La idoneidad del enfoque de imputación depende, en buena medida, de factores como la naturaleza del delito, la estructura organizativa de la entidad o el tipo de mecanismos de "autorregulación regulada" que se pretende incentivar mediante el Derecho penal[1153].

Esta constatación ha llevado a algunos ordenamientos jurídicos, como el del Reino Unido, a optar por enfoques diferenciados: para delitos dolosos, se mantiene la clásica "teoría de la identificación"[1154], centrada en atribuir la conducta delictiva a

---

[1153] Véase el apartado I.C del Capítulo IV en esta obra, referido a las formas de coacción en el marco del cumplimiento normativo en derechos humanos.

[1154] Utilizada en el sistema jurídico británico para imputar responsabilidad penal a las personas jurídicas, requiere demostrar que un alto

órganos de dirección que encarnan la voluntad de la empresa; mientras que para delitos imprudentes o de organización, como el homicidio empresarial o la corrupción transnacional, se han desarrollado modelos que valoran el defecto estructural de organización como criterio de imputación.

Frente a esta estrategia funcional, el ordenamiento español ha optado por un modelo generalista y uniforme de responsabilidad penal de las personas jurídicas, articulado en torno a la figura del "delito corporativo" prevista en el artículo 31 bis del Código Penal. No obstante, como se verá a continuación, esta arquitectura homogénea presenta limitaciones relevantes para incorporar los incumplimientos de diligencia debida como fuente autónoma de imputación.

A. *Dificultades para adaptar el modelo de "delito corporativo" plasmado en el artículo 31.bis del Código Penal al marco de la diligencia debida*

La introducción del artículo 31.bis en el Código Penal español instauró un modelo único de responsabilidad penal de las personas jurídicas, comúnmente denominado como modelo de "delito corporativo"[1155]. Este modelo se aplica a un conjunto

---

directivo o ejecutivo de la empresa, que actúa como representante de su conciencia y voluntad, ha incurrido en negligencia. Sin embargo, en las grandes empresas, donde la toma de decisiones y las responsabilidades de gestión están distribuidas entre numerosos individuos y niveles jerárquicos, identificar a una sola persona como responsable directo se convierte en un serio desafío para atribuir la responsabilidad penal a la persona jurídica. MONGILLO, V., "The Corporate Manslaughter and Corporate Homicide Act 2007", en FIORELLA, A. (ed.), *Liaibility 'ex crimíne' of legal entities in Member States,* Volume I, Ed. Jovene Editore, 2012, pp. 275-278

1155 Véase NIETO MARTÍN, A., *El cumplimiento normativo como estrategia político-criminal,* p. 56. Para un análisis detallado del modelo

limitado de delitos y en dos situaciones específicas: (i) cuando un administrador o representante de la persona jurídica comete un delito en su nombre, por su cuenta y en provecho de la empresa; y (ii) cuando una persona física integrante de la organización comete un delito en el ejercicio de sus funciones, debido a la ausencia o ineficacia de un programa de cumplimiento normativo adecuado para prevenir dicha conducta[1156].

La particularidad de este modelo es que, aunque la actuación de la persona física sirve como presupuesto de hecho, la responsabilidad de la persona jurídica se configura como autónoma, en virtud de un defecto organizativo atribuible a la propia estructura empresarial. No se trata, por tanto, de una responsabilidad por el hecho ajeno en sentido estricto, algo incompatible con los principios estructurales del Derecho penal[1157].

---

español de responsabilidad penal de las personas jurídicas, véase SILVA SÁNCHEZ, J.M., *Tratado de responsabilidad penal de las personas jurídicas*, 2.ª ed., Aranzadi, Cizur Menor, 2016.

1156 Sobre los dos criterios alternativos de imputación de la persona jurídica en el Código Penal español, véase FERNÁNDEZ TERUELO, J.G., "El control de la responsabilidad penal de la persona jurídica a través de los modelos de cumplimiento: Las condiciones legales establecidas en el art. 31 bis 2 y ss. CP", en GÓMEZ COLOMER, J.L. (Dir.), *Tratado sobre compliance penal. Responsabilidad penal de las personas jurídicas y modelos de organización y gestión*, Tirant lo Blanch, Valencia, 2019, pp. 181 y ss.; DOPICO GÓMEZ-ALLER, J., "La responsabilidad penal de las personas jurídicas", en DE LA MATA BARRANCO (et. al.), *Derecho penal económico y de la empresa*, Dykinson, 2018, pp. 136-144; GÓMEZ-JARA DÍEZ, C., "El sistema de imputación de responsabilidad penal de las personas jurídicas", en BANACLOCHE PALAO, J./ZARZALEJOS NIETO, J./GÓMEZ-JARA DÍEZ, C., *Responsabilidad penal de las personas jurídicas. Aspectos sustantivos y procesales*, Wolters Kluwer, Madrid, 2011, pp. 67-73.

1157 GÓMEZ-JARA DÍEZ, C., "El sistema de imputación de responsabilidad penal de las personas jurídicas", pp. 73 y ss.

El fundamento de esta imputación descansa en los deberes de organización y control que recaen sobre los órganos directivos o los responsables de cumplimiento dentro de la empresa. Estos sujetos, en virtud de su posición de garantía, pueden ser penalmente responsables tanto por acción como por omisión si, pudiendo evitar un resultado lesivo mediante una actuación adecuada, no lo hacen. La descentralización de la toma de decisiones y la complejidad de las estructuras corporativas aumentan los riesgos de comisión de delitos, lo que justifica un modelo de imputación basado en el control organizativo efectivo.

Desde esta perspectiva, el artículo 31.bis articula un modelo de imputación que pretende incentivar el diseño e implementación de sistemas de cumplimiento normativo eficaces. Según esta lógica, el injusto corporativo se manifiesta en un funcionamiento defectuoso de la empresa en términos de prevención, control y gestión del riesgo. El Derecho penal interviene, por tanto, cuando la omisión estructural de tales deberes da lugar a un daño social evitable. De acuerdo con FEIJOO SÁNCHEZ, el injusto se deriva de un funcionamiento defectuoso en la gestión y control de los riesgos inherentes a la actividad empresarial[1158]. Si una empresa supera los límites del riesgo permitido en el cumplimiento de sus deberes, se genera un defecto organizativo que constituye un daño social evitable[1159].

Sin embargo, este modelo presenta serias limitaciones cuando se pretende aplicar al ámbito específico de la diligencia debida en derechos humanos. En primer lugar, su mecanismo de

---

1158 FEIJOO SÁNCHEZ, B., "Fortalezas, debilidades y perspectivas de la responsabilidad penal de las sociedades mercantiles", en ONTIVEROS ALONSO, M., (coord.), *La responsabilidad penal de las personas jurídicas*, Tirant lo Blanch, Valencia, 2014, pp. 161 y ss.

1159 ZÚÑIGA RODRIGUEZ, L., *Bases para un modelo de imputación de responsabilidad penal a las personas jurídicas*, Aranzadi, Navarra, 2009, p. 237.

imputación exige la identificación de una persona física concreta cuya conducta ilícita o negligente pueda servir de base para la responsabilidad penal de la empresa. Esta exigencia de "anclaje individual" resulta inadecuada frente a los escenarios transnacionales y descentralizados que caracterizan a las cadenas globales de valor. Las decisiones empresariales relevantes suelen estar fragmentadas, distribuidas entre distintas entidades del grupo o externalizadas a socios contractuales, lo que diluye la posibilidad de identificar un autor individual y dificulta enormemente la aplicación de los requisitos típicos del modelo de "delito corporativo".

En segundo lugar, el Código Penal restringe la responsabilidad penal de las personas jurídicas a una lista limitada de delitos, que no abarca de manera suficiente los supuestos más comunes de vulneración de derechos humanos en el marco empresarial. Además, aunque se ampliase dicha lista para incluir delitos como homicidio o lesiones graves que podrían, en teoría, ser relevantes en contextos de violencia extrema o explotación, difícilmente permitirían construir una respuesta penal coherente frente a omisiones organizativas más sutiles o estructurales, como la falta de análisis de riesgos, de control sobre proveedores, o de implementación de medidas correctoras. Esta limitación normativa genera un desfase entre los estándares de diligencia debida reconocidos en el plano internacional y la capacidad del Derecho penal interno para operar como mecanismo de cierre frente a su incumplimiento.

Tampoco resulta claro el encaje penal de las relaciones entre empresas matrices y filiales, o entre empresas contratantes y sus proveedores, cuando se trata de atribuir consecuencias jurídicas a entidades distintas del sujeto formalmente responsable. La Circular 1/2011 de la Fiscalía General del Estado, al interpretar el artículo 129 del Código Penal, contempla la posibilidad de imponer consecuencias accesorias a empresas, organizaciones o grupos sin personalidad jurídica cuando hayan sido instrumento para la comisión de un delito, siempre que concurran los requisitos legales establecidos en dicho precepto[1160].

En este punto, la doctrina ha advertido de los riesgos que entrañan interpretaciones expansivas. En particular, JACOBO DOPICO GÓMEZ-ALLER ha criticado que imponer medidas accesorias a un grupo empresarial sin respetar las garantías previstas en el artículo 31.bis del Código Penal conduciría a una atribución de responsabilidad penal colectiva sin base normativa suficiente. Tal enfoque resultaría incoherente con los principios estructurales del Derecho penal, al permitir consecuencias sancionadoras sobre personas jurídicas que no han sido objeto de imputación individualizada ni han participado directamente en los hechos. En su opinión, la cual comparto plenamente, aplicar el artículo 129 del Código Penal con esta lógica implicaría una forma encubierta de responsabilidad objetiva o por el hecho ajeno, que contraviene frontalmente el principio de legalidad penal[1161].

En el contexto de la diligencia debida, esta problemática se agrava debido a la fragmentación y descentralización de las decisiones en las cadenas productivas globales. Las relaciones

---

[1160] Estas medidas, de naturaleza interdictiva, requieren además de la prueba del hecho delictivo, la realización de un juicio de peligrosidad criminal de la persona jurídica. La disolución de la persona jurídica por decisión judicial habrá de atenerse a un adecuado juicio de proporcionalidad, según establece el Tribunal Constitucional en las Sentencias números 85/2003, 111/2007 y 129/2009. Circular 1/2011, de 1 de junio, relativa a la responsabilidad penal de las personas jurídicas conforme a la reforma del Código Penal efectuada por Ley Orgánica número 5/2010. V.8) Reglas penológicas. Medidas cautelares. Las consecuencias accesorias del art. 129 del Código Penal.

[1161] DOPICO GÓMEZ-ALLER, J., "La responsabilidad penal de las personas jurídicas", pp. 166-167.

entre matrices, filiales y proveedores operan bajo estructuras contractuales que, aunque funcionalmente integradas, no siempre permiten una imputación directa conforme a los parámetros actuales del Derecho penal español. Ello evidencia la necesidad de desarrollar modelos dogmáticos que respeten las garantías penales pero que, al mismo tiempo, resulten efectivos frente a los fallos organizativos sistémicos que caracterizan muchas de las vulneraciones de derechos humanos en el entorno empresarial transnacional.

Por todo ello, el modelo uniforme previsto en el artículo 31.bis del Código Penal no parece idóneo para responder a los desafíos que plantea la responsabilidad penal derivada del incumplimiento de los deberes de diligencia debida en derechos humanos. Su estructura presupone un esquema de autor individual y defecto de control *ex post*, cuando lo que se requiere es un modelo capaz de captar la complejidad de los fallos sistémicos de prevención en organizaciones multinivel. La protección penal de los derechos de los *stakeholders* y la sostenibilidad de las cadenas productivas globales exige explorar formas de imputación más adecuadas a la lógica organizativa y transnacional del riesgo empresarial.

En ese sentido, se hace necesario valorar modelos alternativos que permitan una imputación directa y autónoma de la persona jurídica, fundada en el incumplimiento estructural de los deberes de prevención derivados de la diligencia debida, tal como se desarrollará en los siguientes apartados.

B. *Propuestas de modelos alternativos para la imputación de la persona jurídica y nuevas formas de tipicidad basadas en un defecto de organización*

A la luz de las limitaciones expuestas en el apartado anterior respecto del modelo de imputación contenido en el artículo 31.bis del Código Penal, se exploran modelos alternativos de responsabilidad penal de las personas jurídicas para determinar cuáles resultan más adecuados a la hora de responder a los incumplimientos estructurales de las obligaciones de diligencia debida en derechos humanos. El objetivo es identificar formas de tipicidad que permitan sancionar el defecto organizativo como núcleo del injusto corporativo, sin necesidad de construir una responsabilidad penal por el hecho ajeno ni de exigir una posición de garante clásica.

Para ello, se parte del presupuesto de que el incumplimiento grave y consciente de los deberes de organización, prevención y control establecidos por la diligencia debida en derechos humanos constituye, por sí mismo, una conducta penalmente reprochable siempre que supere los criterios de exigibilidad y lesividad establecidos en la "cláusula umbral"[1162].

Retomando el ejemplo introductorio de *KIK*[1163], imaginemos que una multinacional europea decide externalizar su producción a un país del sudeste asiático, clasificado como ZFI y ubicado entre los primeros puestos del Índice de Estados Frágiles. A pesar de conocer la elevada probabilidad de que en dicho contexto se produzcan graves vulneraciones de derechos humanos —por falta de gobernanza, debilidad institucional o impunidad estructural—, la dirección de la empresa opta deliberadamente por no aplicar sus obligaciones de diligencia debida en derechos humanos. No realiza un análisis riguroso de los riesgos, no establece políticas corporativas en la materia ni códigos de conducta internos que concreten estándares mínimos exigibles, omite la formación de los departamentos responsables de la contratación y diseña cláusulas contractuales centradas exclusivamente en los costes y tiempos de entrega, sin tener en cuenta cómo estos

---

[1162] Sobre la propuesta de "cláusula umbral", véase el apartado II.B.ii del Capítulo VI de esta obra.

[1163] Véase el apartado I del Capítulo I en esta obra.

condicionantes afectan a los derechos fundamentales de las personas trabajadoras o de las comunidades locales afectadas.

Además, la empresa decide proyectar hacia el exterior una imagen de responsabilidad social mediante prácticas de *greenwashing*. Publica informes de sostenibilidad donde visibiliza selectivamente a ciertos proveedores certificados, mientras oculta información esencial sobre otros socios comerciales que, siendo conocidos por la empresa, cometen violaciones sistemáticas de derechos humanos. La omisión deliberada de información relevante, unida a la elección estratégica de proveedores sin controles reales, genera un entorno de impunidad funcional que termina materializándose en una tragedia: el colapso de una fábrica en condiciones asimilables a la esclavitud, donde mueren centenares de trabajadores subcontratados para abastecer a la multinacional.

En este escenario, la cuestión central es cómo articular jurídicamente la responsabilidad penal de la empresa matriz por haber sobrepasado los márgenes del riesgo permitido —tal como se ha explicado en el Capítulo II al analizar la génesis y función del estándar de diligencia debida[1164]— incumpliendo de manera grave y consciente sus deberes organizativos y procedimentales. Como ya se ha argumentado, este tipo de responsabilidad no deriva de un deber de garantía tradicional, sino de un deber de solidaridad especial que da lugar a una estructura de imputación propia, centrada en la idea de defecto organizativo como injusto penal de la persona jurídica[1165].

En efecto, las diversas normativas de diligencia debida no establecen una obligación de resultado para las empresas en el sentido de garantizar que sus filiales o proveedores no cometan

1164 Véase el apartado V del Capítulo II en esta obra.

1165 Véanse los apartados II.A y II.B.ii del Capítulo VI en esta obra.

violaciones de derechos humanos[1166]. Lo que exigen, más bien, es que adopten una organización adecuada para identificar, prevenir, mitigar y remediar impactos negativos en los derechos humanos que puedan derivarse de su actividad o de sus relaciones comerciales. Por ello, el incumplimiento de estos deberes debe imputarse como si se tratase de una comisión por omisión estructural, fundada en la inacción frente a obligaciones normativamente definidas, razonablemente exigibles y con impacto sobre bienes jurídicos colectivos.

Desde esta perspectiva, la omisión penalmente relevante no exige que la empresa controle plenamente toda su cadena de suministro, pero sí que actúe con la diligencia exigible atendiendo a su posición estructural, capacidad de influencia y recursos disponibles. El incumplimiento grave y sistemático de estos deberes puede entonces configurar el núcleo del injusto penal como defecto de organización.

En cuanto a la posibilidad de que los incumplimientos de las obligaciones de diligencia debida puedan ser objeto de castigo penal en el futuro dentro del marco del Derecho de la Unión Europea, conviene recordar que el Informe del Comité de Asuntos Jurídicos del Parlamento Europeo de 11 de septiembre de 2020 ya anticipaba esa posibilidad[1167]. En dicho documento se sugería la necesidad de establecer un sistema de sanciones que incluyera medidas civiles, administrativas y también penales, especialmente en los casos de infracciones reiteradas, intencionadas o cometidas con negligencia grave. Esta propuesta se fundaba en el artículo 83.2 del Tratado de Funcionamiento de la Unión Europea (TFUE), que permite armonizar disposiciones penales cuando resulte

---

[1166] Véase el apartado III.F del Capítulo III en esta obra.

[1167] COMMITTEE ON LEGAL AFFAIRS, Draft report with recommendations to the Commission on corporate due diligence and corporate accountability, (2020/2129(INL))

necesario para garantizar la efectividad de una política de la Unión previamente armonizada[1168].

Posteriormente, en la propuesta de Directiva sobre diligencia debida empresarial en sostenibilidad votada por el Parlamento Europeo en 2021, se mantuvo la referencia al artículo 83.2 TFUE como base jurídica, lo que abría formalmente la posibilidad de prever sanciones penales. Sin embargo, en el articulado de dicha propuesta se eliminó cualquier mención explícita al Derecho penal, limitándose a prever sanciones administrativas y mecanismos de responsabilidad civil[1169].

Finalmente, en la versión definitiva de la *Directiva CSDDD*, aprobada por el Parlamento Europeo y el Consejo en junio de 2024, se ha optado por no incluir ninguna disposición relativa al Derecho penal. Ni en sus considerandos ni en su articulado se prevé la adopción de medidas penales, consolidándose así un enfoque regulatorio centrado exclusivamente en el ámbito administrativo y civil. Esta decisión refleja la voluntad del legislador europeo de priorizar la construcción progresiva de un marco normativo común, confiando la efectividad del sistema a los mecanismos de supervisión pública y litigación estratégica, sin recurrir —por el momento— a la intervención punitiva estatal.

Como señala MARTA MUÑOZ DE MORALES ROMERO, la exclusión del Derecho penal en la Directiva CSDDD fue

---

1168 Art. 19. "*Los Estados miembros velarán por que una infracción reiterada por parte de una empresa de las disposiciones nacionales adoptadas de conformidad con la presente Directiva constituya una infracción penal cuando se cometa intencionadamente o con negligencia grave. Los Estados miembros adoptarán las medidas necesarias para garantizar que estos delitos sean punibles con sanciones penales efectivas, proporcionadas y disuasorias*"

1169 En su lugar, el art. 18 de la propuesta establecía la potestad de las autoridades nacionales competentes para imponer sanciones administrativas o restricciones a la contratación pública, pero sin contemplar la posibilidad de sanción penal.

una decisión acertada, dado el estado aún incipiente de armonización normativa en esta materia[1170]. El artículo 83.2 del TFUE permite la aproximación penal solo cuando sea estrictamente necesaria para garantizar la efectividad de una política previamente armonizada[1171].

En el ámbito de la diligencia debida en derechos humanos esa condición aún no se cumple, dado que los ordenamientos nacionales continúan mostrando importantes divergencias y el marco europeo, pese a su rápido desarrollo, todavía está en fase de consolidación. Imponer sanciones penales en este contexto resultaría, por tanto, prematuro y podría comprometer los principios de legalidad y proporcionalidad. No obstante, una vez que las obligaciones sustantivas y procedimentales previstas en la *Directiva CSDDD* se encuentren plenamente armonizadas e incorporadas a los ordenamientos nacionales, no puede descartarse que el Derecho penal adquiera un papel más relevante, especialmente como instrumento de cierre del sistema regulatorio frente a incumplimientos graves y estructurales.

A partir de este marco, y atendiendo a la pluralidad de situaciones y tipos de deberes que pueden derivarse de las normativas de diligencia debida —fijándonos especialmente en los deberes procedimentales de prevención y respuesta presentes en la LKSG y en la *Directiva CSDDD*— es posible estructurar una tipología de modelos dogmáticos de imputación penal de la persona jurídica basados en el incumplimiento

---

1170 Véase MUÑOZ DE MORALES ROMERO, M./NIETO MARTÍN, A., "Introducción", en VIOQUE GALIANA, L.M. (coord.), *Verdes y justas: responsabilidad penal y diligencia debida en las organizaciones multinacionales,* Volumen I, BOE, Madrid, 2025, pp. 9-140.

1171 Sobre la armonización accesoria del art. 83.2 TFUE, MUÑOZ DE MORALES ROMERO, M., *Derecho penal europeo,* Tirant lo Blanch, Valencia, 2020, pp. 47-50.

estructural de sus deberes de diligencia debida. Proponemos, a tal efecto, las siguientes categorías[1172]:

(i) Modelo de identificación ampliada (*corporate manslaughter*). Una variante de la teoría de la identificación, adaptada al ámbito del homicidio corporativo, que permite imputar a la persona jurídica cuando los órganos de dirección adoptan decisiones estratégicas negligentes o deliberadamente indiferentes frente a riesgos graves sobre los derechos humanos o el medio ambiente.

(ii) Modelo de condición objetiva de punibilidad (inspirado en HEINE). El incumplimiento grave de los deberes de diligencia debida actúa aquí como presupuesto normativo para la punibilidad de determinados delitos, en la medida en que representa una infracción previa que habilita el reproche penal posterior. No se sanciona por el mero incumplimiento, pero su verificación constituye una condición indispensable para activar la responsabilidad por el resultado.

(iii) Modelo de culpa organizativa estructural (inspirado en la lógica de la quiebra). Este modelo se basa en la existencia de un defecto sistémico y persistente en el diseño organizativo y los mecanismos de cumplimiento normativo. La responsabilidad surge no de un hecho puntual, sino de una acumulación de fallos que revela la quiebra funcional de los sistemas internos de prevención y gestión de riesgos.

1172 Una aplicación de algunos de estos modelos de imputación en el marco de los nuevos riesgos derivados de la Inteligencia Artificial, en MUÑOZ DE MORALES ROMERO, M., *El Derecho penal ante la IA: una propuesta de tipificación desde la óptica de la evaluación de riesgos y los defectos de organización*, Concurso de Acceso a Cuerpos Universitarios a Catedrática de Universidad, Proyecto Investigador, 13 de marzo de 2024.

(iv) Modelo por defecto organizativo puro (inspirado en la *Bribery Act británica*). Se centra en el incumplimiento de deberes positivos de organización y supervisión, sin necesidad de identificar a una persona física concreta como autor. El tipo se consuma cuando la empresa no implementa medidas razonables para prevenir delitos en su estructura operativa o en su cadena de valor.

(v) Delitos de omisión en la adopción de medidas correctivas requeridas por la autoridad. Esta propuesta consiste en una reinterpretación del tipo penal de desobediencia, en clave organizativa. Se trataría de sancionar penalmente a las empresas que, tras recibir un requerimiento formal por parte de una autoridad competente —por ejemplo, una orden de subsanar deficiencias identificadas en sus políticas de derechos humanos—, omiten injustificadamente su cumplimiento y se materializa un daño. La omisión no se sanciona por su mera pasividad, sino por suponer un rechazo consciente a las obligaciones derivadas de un mandato legal concreto, desafiando con ello la autoridad del sistema de control público.

(vi) Modelo de culpa reactiva por omisión frente a alertas. Aplicable cuando la empresa, tras recibir advertencias claras (internas o externas) sobre impactos adversos, decide no adoptar medidas correctoras eficaces. La tolerancia estructural frente al daño, una vez conocidos los riesgos, da lugar a un reproche por inacción culpable ante situaciones previsibles y evitables.

(vii) Modelo de receptación empresarial por provecho de violaciones de derechos humanos. Orienta la imputación a aquellas situaciones en las que la empresa se beneficia de forma consciente de productos o servicios obtenidos mediante vulneraciones graves de derechos fundamentales (como trabajo forzoso o explotación infantil), sin intervenir directamente en su producción, pero integrándolos deliberadamente en su modelo de negocio.

Entre los distintos modelos propuestos, aquellos centrados en la omisión de medidas correctivas ordenadas por la autoridad, la inacción frente a alertas conocidas y el aprovechamiento consciente de violaciones graves de derechos humanos destacan por su solidez normativa y su mayor viabilidad dogmática. Estos enfoques permiten articular una imputación penal clara y proporcionada, alineada con los principios de legalidad, exigibilidad y funcionalidad propios del Derecho penal económico contemporáneo. A continuación, se expone cada uno de estos modelos de forma detallada.

i. El delito de homicidio corporativo por defecto de organización: una variante de las teorías de la identificación

El modelo de homicidio corporativo por defecto de organización responde a la necesidad de superar las limitaciones dogmáticas de la teoría clásica de la identificación, que exige vincular la responsabilidad penal de la persona jurídica a la conducta de una persona física concreta. En contextos empresariales complejos, esta exigencia resulta ineficaz, ya que las decisiones que propician daños graves no suelen ser atribuibles a un solo individuo, sino al diseño y funcionamiento de la organización. Este enfoque reconoce que la conducta típica puede residir en un defecto sistémico de organización —esto es, en una deficiente gestión del riesgo— que termina por producir un resultado lesivo.

En Australia, tras el caso *Esso Longford* (1998) [1173], varias jurisdicciones estatales desarrollaron la figura del *industrial manslaughter*,

---

[1173] El caso *Esso Longford* se refiere a un trágico incidente ocurrido el 25 de septiembre de 1998 en la planta de procesamiento de gas de Esso

sancionando a empresas cuya "cultura corporativa" toleraba violaciones sistemáticas de las normas de seguridad laboral. La *Crimes (Industrial Manslaughter) Amendment Act* de 2003[1174] impone responsabilidad cuando esa cultura tolera o no evita el incumplimiento de normas básicas de seguridad que resultan en la muerte de empleados[1175]. Para probar la existencia de una cultura corporativa deficiente, es necesario: (i) demostrar que existía una cultura empresarial que fomentaba, permitía o toleraba el incumplimiento de las normas; o (ii) demostrar que la empresa no estableció ni mantuvo una cultura orientada al cumplimiento de dichas normas[1176]. Aunque la aplicación

---

en Longford, Victoria, Australia. Una explosión en la planta, causada por una combinación de fallos en el diseño, la operación y la gestión, resultó en la muerte de dos trabajadores y dejó a ocho más gravemente heridos. La explosión también provocó una interrupción del suministro de gas que afectó a todo el estado de Victoria durante dos semanas, causando pérdidas económicas significativas. La investigación posterior reveló que la empresa había fallado en proporcionar la formación adecuada y en implementar procedimientos de seguridad. Este incidente destacó las deficiencias en la gestión de riesgos industriales y llevó a un cambio en la legislación australiana sobre homicidio industrial, incluida la adopción de leyes de homicidio industrial en algunos estados australianos. Sobre el caso, véase HOPKINS, A., *Lessons from Longford: The Esso Gas Plant Explosion*, CCH Australia Limited, Sidney, 2000.

1174 *Crimes (Industrial Manslaughter) Amendment Act 2003 (No. 55 Of 2003).*

1175 De acuerdo con la normativa australiana, el "homicidio industrial" se produce cuando se tiene un deber de salud y seguridad, ya sea como individuo que dirige un negocio o como oficial de dicha entidad, y su conducta, que puede incluir acciones u omisiones, constituye una negligencia grave que le impide cumplir con dicho deber, resultando en la muerte de un trabajador. En el caso de la reciente normativa adoptada en Nueva Gales del Sur, las sanciones incluyen hasta 25 años de prisión para la persona física y multas de hasta 20 millones de dólares para la persona jurídica. Section 34.C *Work Health and Safety Amendment (Industrial Manslaughter) Act 2024 No 43*

1176 Section 12.3 (6) *Commonwealth Criminal Code Act 1995*

de este modelo ha sido desigual debido al sistema federal australiano, representa un avance al permitir que las personas jurídicas sean responsables por defectos organizativos que derivan en resultados letales[1177].

En Canadá, la *Ley Westray* de 2004[1178], reformó el Código Penal tras la muerte de 26 trabajadores en una mina de carbón por fallos organizativos[1179]. Esta ley elimina la necesidad de individualizar una "mente directiva" y permite la imputación

---

1177 Los estados australianos han seguido diferentes caminos en la adopción de leyes de homicidio industrial. Queensland, por ejemplo, introdujo el *Work Health and Safety and Other Legislation Amendment Act 2017*, que entró en vigor el 23 de octubre de 2017. Esta ley permite sancionar tanto a personas jurídicas como a altos directivos por muertes en el lugar de trabajo resultantes de actos u omisiones negligentes. Las sanciones incluyen multas millonarias y penas de prisión de hasta 20 años para los individuos responsables. Sobre la normativa australiana, véase DOBSON, A., "Corporate Manslaughter: International Perspectives", *International Journal of Research in Business and Management*, Vol. 2, No. 3, July 2020, pp. 55-62.

1178 *Bill C-45, An Act to Amend the Criminal Code (Criminal Liability of Organizations), 2nd Session, 37th Parliament, 2003-2004, S.C. 2003, c. 21.* Esta legislación, también conocida como la "Ley Westray", enmendó el Código Penal de Canadá para establecer una mayor responsabilidad penal para las organizaciones, particularmente en relación con la negligencia que conduce a lesiones o muertes.

1179 El desastre minero de Westray ocurrió el 9 de mayo de 1992 en la mina de carbón Westray, ubicada en Plymouth, Nueva Escocia, Canadá. Una explosión de metano y polvo de carbón devastó la mina, causando la muerte de 26 mineros que estaban trabajando en ese momento. La investigación reveló que la explosión fue el resultado de condiciones de trabajo extremadamente peligrosas, negligencia en la aplicación de las normas de seguridad y una cultura de indiferencia por parte de la dirección de la mina. Sobre el caso, véase MCMULLAN, J.L., *Westray: The Price of Coal*, Fernwood Publishing, Nova Scotia, 1995.

directa a la persona jurídica por negligencia grave[1180]. Casos como *R v Transpavé Inc.* (2008)[1181] y *R v Metron Construction Corp.* (2013)[1182], demuestran cómo se ha utilizado esta herramienta para sancionar muertes laborales derivadas de omisiones estructurales en la gestión del riesgo[1183].

1180 Véase DEPARTMENT OF JUSTICE CANADA, *Criminal Liability of organizations. A plain language guide to Bill C-45,* Ministre de la Justice, Canada, 2003.

1181 *R v Transpavé Inc.*, 2008 J.Q. No. 1857 (Cour du Quebec). En el caso, una empresa manufacturera de Quebec fue acusada bajo las disposiciones del *Bill C-45* tras la muerte de un empleado. El trabajador falleció mientras operaba una máquina defectuosa y sin recibir la formación adecuada. La empresa, que era una pequeña empresa familiar con unos 100 empleados y un historial positivo de cumplimiento de normas de seguridad, se declaró culpable de negligencia criminal según el artículo 219 del Código Penal. A pesar de los gastos significativos realizados por la empresa para remediar los problemas de seguridad después del incidente, el tribunal impuso una multa de $100,000, reconociendo tanto la gravedad del delito como la necesidad de proteger los empleos de los otros trabajadores de la empresa.

1182 *R v Metron Construction Corp.*, 2013 ONCA 541, [2013] OJ No 3900. El caso se refiere a una tragedia ocurrida en Ontario, donde cuatro trabajadores murieron tras caer desde una plataforma defectuosa (*swing stage*) mientras realizaban trabajos de construcción. La empresa se declaró culpable de negligencia criminal bajo las disposiciones del *Bill C-45.* Aunque la declaración de culpabilidad impidió un examen exhaustivo de la ley en la corte, la Corte de Apelaciones de Ontario intervino para aumentar la multa impuesta a la empresa de 200.000 a 750.000 dólares, destacando la gravedad de la negligencia que causó las muertes. Además, en un caso relacionado, el supervisor del sitio fue condenado a tres años y medio de prisión por negligencia criminal, lo que subrayó la responsabilidad penal tanto de la empresa como de los individuos que ocupaban posiciones clave.

1183 DOBSON, A., "Corporate Manslaughter: International Perspectives", pp. 62-65.

En el Reino Unido, la *Corporate Manslaughter and Corporate Homicide Act* de 2007[1184] fue una respuesta a tragedias como el hundimiento del ferry *Herald of Free Enterprise* en 1987, que causó la muerte de 193 personas[1185]. Esta ley atribuye responsabilidad penal a la empresa por muertes causadas por una deficiente gestión por parte de la alta dirección, entendida como una violación grave del deber de cuidado[1186]. Una entidad es culpable de homicidio corporativo si: (a) la forma en que se gestionan sus actividades causa la muerte de una persona, y (b) constituye una violación grave de un deber de cuidado que la organización

---

1184 *Corporate Manslaughter and Corporate Homicide Act 2007*, c. 19.

1185 El caso del ferry *Herald of Free Enterprise* se refiere a un trágico accidente ocurrido el 6 de marzo de 1987, cuando el ferry, que operaba entre Zeebrugge, Bélgica, y Dover, Reino Unido, se hundió poco después de zarpar. El ferry partió con las puertas de proa abiertas, lo que permitió que el agua ingresara al barco, causando un rápido vuelco y hundimiento. En el desastre murieron 193 personas, convirtiéndose en uno de los peores accidentes marítimos en tiempos de paz en la historia británica. La investigación reveló que la causa principal fue la negligencia en los procedimientos operativos y fallos en la gestión de la empresa propietaria del ferry, Townsend Thoresen, incluida la falta de comunicación y supervisión adecuada por parte de los responsables. A pesar de las claras evidencias de negligencia corporativa, el sistema legal de la época no logró imputar responsabilidad penal a la empresa debido a la dificultad de aplicar el "principio de identificación", lo que destacó la necesidad de reformar la legislación sobre la responsabilidad penal de las personas jurídicas en el Reino Unido. Sobre los hechos, véase CAMACHO GARCÍA, A.T./PALLAS PALLAS, E., "Aportación de los errores latentes a los desastres de sistemas", *Investigación: cultura, ciencia y tecnología*, nº 11, 2014, pp. 59-61.

1186 El término "violación grave" se interpreta en función de la jurisprudencia sobre homicidio por negligencia grave en el derecho común, requiriendo una conducta que caiga "muy por debajo" de lo que razonablemente se espera en términos de cuidado. Véase TOMBS, S., "The UK's corporate killing law: Un/fit for purpose?", *Criminology and Criminal Justice*, 18(4), 2018, pp. 488-507.

debía al fallecido[1187]. A diferencia de las normativas en Australia y Canadá, esta ley no contempla la responsabilidad penal individual de directivos o empleados, recayendo exclusivamente en la persona jurídica[1188]. Aunque esta ley ha sido criticada por su escasa aplicación práctica —principalmente en pequeñas empresas[1189]—, constituye un precedente normativo importante, al desplazar el foco del autor individual al fallo sistémico.

La adaptación del modelo de homicidio corporativo por defecto de organización al contexto de la diligencia debida en derechos humanos exige diseñar un tipo penal específico que no dependa de la identificación de una persona física como autor del delito. El núcleo de esta figura radicaría en la imputación directa del resultado lesivo (muerte, lesiones graves, tortura, tratos degradantes de los *stakeholders* de la cadena productiva) a la persona jurídica, cuando dicho resultado pueda atribuirse a un defecto grave en su estructura organizativa que comprometa sus deberes legales de diligencia debida.

Este tipo penal requeriría identificar una conexión funcional entre el defecto organizativo y la alta dirección de la empresa, sin necesidad de reconstruir una cadena de mando concreta ni de probar la conducta individual de una persona física. La imputación no se fundamentaría en la autoría o participación en el hecho, sino en el incumplimiento de deberes estructurales por parte de la organización en su conjunto. De este modo, la con-

---

1187 Section 1, *Corporate Manslaughter and Corporate Homicide Act*

1188 DOBSON, A., "Corporate Manslaughter: International Perspectives", pp. 65-67.

1189 Dado que muchos de los casos involucraban a empresas pequeñas con un solo director, donde la culpabilidad se puede rastrear fácilmente a través de la cadena de causación, podrían haberse procesado utilizando la antigua doctrina del derecho común sobre homicidio por negligencia grave. DOBSON, A., "Corporate Manslaughter: International Perspectives", p. 67.

ducta típica estaría constituida por la omisión grave de medidas exigibles de identificación, evaluación, prevención y corrección de riesgos, cuya ausencia se traduce en una gestión imprudente que facilita la producción del resultado lesivo.

El reproche penal, por tanto, no recae sobre un comportamiento activo, sino sobre la insuficiencia del diseño o funcionamiento del sistema interno de prevención, ya sea por ausencia de políticas adecuadas, por deficiencias en su implementación, o por una supervisión ineficaz. Desde el punto de vista normativo, este defecto debe poder calificarse como infracción grave de un deber de cuidado empresarial legalmente exigido. Para asegurar la viabilidad constitucional del tipo penal, será necesario que el deber infringido tenga un fundamento legal claro, por ejemplo, en la transposición de la *Directiva CSDDD.* Además, se debería acotar el ámbito de aplicación a resultados especialmente graves (muerte, lesiones, tratos inhumanos), limitando así la expansión del reproche penal. Por último, se debería limitar la imputación a supuestos en los que la dirección efectiva haya omitido de forma consciente o gravemente negligente sus deberes organizativos esenciales.

Propuesta de tipo penal: homicidio corporativo por defecto de organización.

Incurrirá en responsabilidad penal la persona jurídica que, en el desarrollo de su actividad, incurra en un defecto grave de organización que constituya una infracción de sus obligaciones de diligencia debida en derechos humanos y que tenga como consecuencia la muerte, lesiones graves, tortura u otros tratos inhumanos o degradantes.

La responsabilidad penal requerirá la concurrencia de las siguientes condiciones:

a) Que el defecto de organización sea atribuible a la dirección efectiva de la empresa o a los órganos encargados de establecer y supervisar su política de cumplimiento.

b) Que dicho defecto derive de una omisión grave en la implementación o supervisión de medidas de diligencia debida adecuadas.

c) Que exista un nexo normativo y causal entre el defecto organizativo y el resultado lesivo producido.

La responsabilidad abarcará los daños causados a:

a) Personas trabajadoras empleadas por la empresa, sus filiales o proveedores en relaciones de dependencia funcional.

b) Comunidades locales y defensores de derechos humanos directamente afectados por la actividad de la empresa.

Este tipo penal permite una imputación directa a la persona jurídica sin necesidad de reconstruir la autoría individual, al centrar el reproche en las deficiencias graves de organización que comprometen los deberes de diligencia debida. La construcción del injusto se fundamenta en la gestión imprudente del riesgo que resulta en muertes, lesiones graves o tratos inhumanos, ofreciendo así una herramienta eficaz frente a estructuras empresariales donde la descentralización diluye la responsabilidad individual. Su principal aportación es dotar de relevancia penal al fallo sistémico, reconociendo que en entornos corporativos complejos el riesgo no emana de un individuo concreto, sino de una cultura empresarial o diseño organizativo que tolera o ignora activamente los riesgos graves.

Ahora bien, este modelo presenta dos límites operativos importantes. En primer lugar, exige establecer un nexo de causalidad claro entre el defecto organizativo y el resultado lesivo, lo que en el contexto de cadenas de valor transnacionales puede volverse extremadamente complejo, especialmente cuando intervienen múltiples intermediarios, filiales o contratistas externos. En segundo lugar, su ámbito de aplicación está restringido a resultados de especial gravedad, como la muerte o lesiones físicas, lo que excluye otras formas de vulneración de derechos fundamentales —como condiciones laborales degradantes, discriminación estructural o desplazamientos forzosos— que, aunque no produzcan un daño inmediato equiparable a la muerte, sí derivan de una gestión empresarial estructuralmente irresponsable. Esta limitación impide que el tipo penal capture adecuadamente muchas de las afectaciones más frecuentes en contextos de incumplimiento sistémico de la diligencia debida.

ii. Modelo que configura una condición objetiva de punibilidad

Este modelo parte de la propuesta formulada por Heine, quien plantea que la culpabilidad penal de la persona jurídica debe fundarse en su configuración organizativa, y no en la conducta individual de sus miembros. La responsabilidad penal corporativa, en este enfoque, surge cuando el daño que debía haberse evitado se produce como consecuencia de deficiencias estructurales en la empresa, tales como la ausencia de políticas de cumplimiento efectivas, controles internos insuficientes o una cultura corporativa que tolera o banaliza la infracción de normas jurídicas esenciales[1190].

Según Heine, en organizaciones complejas caracterizadas por una alta diferenciación funcional y descentralización en la toma de decisiones, resulta problemático identificar a una persona física que ostente control absoluto sobre las decisiones relevantes. La distribución horizontal y vertical de competencias diluye la posibilidad de atribuir culpa individual, mientras que las estructuras técnicas y estables de la organización generan inercias que dificultan la reacción eficaz ante riesgos emergentes[1191]. Estas barreras estructurales, junto con fenómenos

---

[1190] Un análisis crítico del modelo doctrinal propuesto por Heine, en NIETO MARTÍN, A., *La responsabilidad penal de las personas jurídicas: un modelo legislativo,* Iustel, Madrid, 2008, p. 134-145.

[1191] HEINE, G., *Die strafrechtliche Verantwortlichkeit von Unternehmen. Von individuellem Fehlverhalten zu kollektiven Fehlentwicklungen, insbesondere bei Großrisiken,* Nomos Verlagsgesellschaft, Baden-Baden, Berlin, 1995, pp. 35 y ss.

psicológicos como la percepción de neutralidad ética frente a ciertas prácticas empresariales, o la delegación en cascada de responsabilidades, dificultan una imputación personal en términos tradicionales[1192].

Frente a estas limitaciones, Heine propone trasladar el foco de la imputación penal hacia el funcionamiento global de la empresa, entendida como unidad organizativa dotada de capacidad de acción autónoma. La responsabilidad ya no se construye sobre la base de una acción u omisión individualmente atribuible, sino sobre el incumplimiento sistémico de deberes organizativos que debía haber impedido el resultado lesivo. El núcleo del injusto reside, por tanto, en el defecto estructural persistente, que se exterioriza cuando la empresa es incapaz de prevenir un "disturbio empresarial relevante" (*betriebstypische Gefahrverwirklichung*) [1193].

Este disturbio no se limita a incidentes aislados ni a conductas puntuales de empleados, sino que se manifiesta como la materialización de riesgos típicos de la actividad empresarial que no han sido gestionados adecuadamente. Se trata de disrupciones significativas —como muertes, lesiones graves, daños medioambientales o violaciones sistemáticas de derechos humanos— atribuibles a una cultura corporativa deficiente o a la inexistencia de mecanismos de control adecuados. Es decir,

---

1192 HEINE, G., *Die strafrechtliche Verantwortlichkeit von Unternehmen. Von individuellem Fehlverhalten zu kollektiven Fehlentwicklungen, insbesondere bei Großrisiken*, pp. 41 y ss.

1193 HEINE, G., *Die strafrechtliche Verantwortlichkeit von Unternehmen. Von individuellem Fehlverhalten zu kollektiven Fehlentwicklungen, insbesondere bei Großrisiken*, pp. 248 y ss. Como indica NIETO MARTÍN, Heine emplea el término "condición objetiva de sanción" dado que propone una vía por la que las personas jurídicas serían sancionadas con consecuencias jurídico-penales distintas a las penas. NIETO MARTÍN, A., *La responsabilidad penal de las personas jurídicas: un modelo legislativo*, p. 137.

a fallos estructurales que impiden que la empresa cumpla con sus deberes de prevención y diligencia[1194].

La propuesta planteada por Heine tiene el siguiente tenor literal[1195]:

> *Punibilidad de las personas jurídicas:*
>
> *(1) Una empresa que descuida los riesgos típicos de su actividad omitiendo:*
>
> *a. La obligación de asegurar a largo plazo las fuentes de peligro de la actividad empresarial mediante medidas de organización y la adecuación de la estructura interna de la empresa;*
>
> *b. La obligación de mantener el nivel de seguridad en la delegación de las competencias empresariales;*
>
> *c. La obligación de supervisar y controlar los riesgos de la actividad empresarial será sancionada con una sanción de empresa cuanto tenga lugar un disturbio empresarial relevante.*
>
> *(2) Existe un disturbio empresarial relevante, cuando tienen lugar:*
>
> *a. Muertes o lesiones corporales graves en grupos de la población,*
>
> *b. Peligros contra la colectividad, especialmente incendios o explosiones (o daños materiales graves a un gran número de edificios).*

1194 HEINE, G., *Die strafrechtliche Verantwortlichkeit von Unternehmen. Von individuellem Fehlverhalten zu kollektiven Fehlentwicklungen, insbesondere bei Großrisiken*, pp. 288-292.

1195 HEINE, G., *Die strafrechtliche Verantwortlichkeit von Unternehmen. Von individuellem Fehlverhalten zu kollektiven Fehlentwicklungen, insbesondere bei Großrisiken*, p. 316. El texto traducido se encuentra en NIETO MARTÍN, A., *La responsabilidad penal de las personas jurídicas: un modelo legislativo*, p. 136.

c. *Daños contra el medio ambiente graves, que sólo pueden ser paliados con graves dificultades o después de un largo período de tiempo.*

A diferencia del delito de homicidio corporativo, aquí no se tipifica directamente el resultado, sino que este opera como condición objetiva de punibilidad.

El concepto de las condiciones objetivas de punibilidad ha generado un amplio debate doctrinal, principalmente en torno a su relación con el injusto típico, dado que estas condiciones no requieren previsibilidad ni dolo por parte del autor[1196]. Existen dos posturas principales sobre su inclusión en la estructura del delito y su relación con la punibilidad.

La primera postura, conocida como la tesis restringida del contenido de la punibilidad, sostiene que las condiciones objetivas de punibilidad no deben considerarse separadas de la tipicidad, en tanto están intrínsecamente vinculadas al tipo penal. Desde esta perspectiva, estas condiciones comparten las características esenciales de los elementos típicos y, por tanto, forman parte del injusto penal[1197]. Autores como WALTER SAX y OTTO TRIFFTERER han defendido esta concepción, si bien con matices[1198]. SAX argumenta que las condiciones objetivas de punibilidad participan del juicio de injusto, al determinar

---

1196 Sobre este y otros problemas dogmáticos relacionados con las causas objetivas de punibilidad, como su compatibilidad con el principio de culpabilidad, la posibilidad de tentativa y el momento de consumación, la realización de la conducta punible después de que se produzca el resultado, la determinación del lugar de comisión del delito, o la prescripción, véase NIETO MARTÍN, A., *El delito de quiebra*, Tirant lo Blanch, Valencia, 2000, pp. 63-76.

1197 GARCÍA PÉREZ, O., *La punibilidad en Derecho penal*, Aranzadi, Pamplona, 1997, p. 74.

1198 Sobre estas teorías, véase GARCÍA PÉREZ, O., *La punibilidad en Derecho penal*, pp. 74-76.

el merecimiento de pena en función de la lesión efectiva de un bien jurídico[1199]. TRIFFTERER, por su parte, entiende que estas condiciones operan como límites externos a la punibilidad, al impedir la imposición de sanciones cuando, pese a la existencia de un ilícito, concurren intereses jurídicos prevalentes que desaconsejan la respuesta penal[1200].

Frente a esta posición, ROXIN propone una concepción distinta, situando las condiciones objetivas de punibilidad en el ámbito de la punibilidad, junto a figuras como las excusas absolutorias. [1201]. En esta concepción, la punibilidad no se limita a ser una consecuencia mecánica del juicio de tipicidad, antijuridicidad y culpabilidad, sino que se configura como un nivel autónomo del delito, que actúa como filtro político-criminal. Bajo este enfoque, incluso cuando concurren todos los elementos del injusto, la pena puede resultar innecesaria o desproporcionada, en atención a consideraciones de política legislativa o sistemática. Así, las condiciones objetivas de punibilidad funcionarían como un instrumento para evitar la criminalización de conductas que, aunque típicas y antijurídicas, no exigen sanción penal en todos los casos[1202].

Desde una posición intermedia y en buena medida mayoritaria, se acepta que, aun cuando no se exige que el resultado esté abarcado por el dolo del autor, debe concurrir una

---

1199 Véase SAX, W., "Tatbestand und Rechtsgutsverletzung (I): Überlegungen zur Neubestimmung von Gehalt und Funktion des gesetzlichen Tatbestandes und des Unrechtstatbestandes", *JuristenZeitung*, 31. Jahrg., Nr. 3, 6. Februar 1976, pp. 80-85.

1200 OTTO, "Strafwürdigkeit uns Strafbedürftigkeit als eigenständige Deliktskategorie? Überlegungen zum Deliktaufbau" en *Gedächtnisschrift für H.Schroeder*, C.H. Beck, München, 1978, p. 59.

1201 ROXIN, C., "Causas de justificación, causas de inculpabilidad y otras causas de exclusión de la pena", traducción de POLAINO NAVARRETE, M, *Cuadernos de Política Criminal*, núm. 46, 1992, p. 189.

1202 GARCÍA PÉREZ, O., *La punibilidad en Derecho penal*, p. 71.

relación funcional y causal entre el comportamiento típico y el resultado que activa la punibilidad. La previsión del resultado no es necesaria, pero sí lo es demostrar que el daño producido constituye una manifestación del riesgo típico generado por la conducta, de modo que la sanción se justifique como consecuencia natural de ese riesgo. En este sentido, la responsabilidad penal no se funda en la intención del sujeto, sino en la materialización objetiva del peligro creado por la conducta típica, que justifica el castigo en términos de protección del bien jurídico.[1203]

En el ámbito de la diligencia debida en derechos humanos, las condiciones objetivas de punibilidad pueden adaptarse como una fórmula dogmática idónea para construir tipos penales en los que el incumplimiento de obligaciones organizativas no es, por sí solo, suficiente para fundar una sanción penal, pero sí actúa como presupuesto habilitante de la punibilidad cuando se materializa un daño relevante. En este esquema, el incumplimiento de los deberes de diligencia debida configura una conducta generadora de riesgo estructural, cuya relevancia penal queda condicionada a la producción de un resultado lesivo —como una violación grave de derechos humanos o un daño medioambiental significativo— que opera como condición objetiva de punibilidad. No se sanciona la omisión en abstracto, sino la realización del riesgo típico inherente a dicha omisión, lo que permite imputar penalmente a la persona jurídica sin necesidad de exigir dolo o previsión del resultado.

Adaptado al contexto de la diligencia debida, el concepto de *disturbio empresarial relevante* debe entenderse como la materialización de un riesgo sistémico derivado de fallos estructurales en

---

1203 Por ejemplo, en relación con el delito de quiebra, véase NIETO MARTÍN, A., *El delito de quiebra*, pp. 63-65.

la organización, que resultan en daños graves a los derechos humanos o al medioambiente en el ámbito de las cadenas de valor.

No se trata de imputar cualquier infracción formal, sino de sancionar aquellas situaciones en las que el incumplimiento de obligaciones organizativas —como la falta de identificación de riesgos, ausencia de protocolos de actuación, o ineficacia manifiesta de los mecanismos de supervisión sobre filiales o proveedores— desencadena consecuencias tangibles y especialmente lesivas, como trabajo forzoso, explotación infantil, colapsos estructurales o contaminación irreparable. Este resultado no requiere ser intencionado ni previsible por parte de la empresa, pero sí debe poder calificarse como una concreción del riesgo inherente a la desorganización. Así, el *disturbio relevante* en este marco actúa como una cláusula de conexión entre el defecto organizativo y la punibilidad, reforzando el principio de proporcionalidad e intervención mínima al limitar la respuesta penal a los casos de afectación efectiva a bienes jurídicos fundamentales.

> **Propuesta de tipo penal: responsabilidad penal de la persona jurídica por disturbio relevante derivado de un defecto organizativo.**
>
> La persona jurídica que, en el ejercicio de su actividad económica, incurra en un defecto grave de organización consistente en el incumplimiento sustancial de sus obligaciones de diligencia debida en derechos humanos o medioambientales, será penalmente responsable cuando, como consecuencia directa o funcional de dicho defecto, se produzca un disturbio empresarial relevante.
>
> A los efectos de este precepto, se entenderá por defecto grave de organización la ausencia, ineficacia o inadecuación de los mecanismos internos de identificación, prevención, mitigación o supervisión de riesgos en materia de derechos humanos o medioambientales, cuando estos resulten exigibles conforme a la normativa nacional o supranacional aplicable.
>
> Constituye un disturbio empresarial relevante, a los efectos de este artículo, la materialización de uno o varios de los siguientes resultados:

a) Pérdida de vidas humanas o lesiones físicas graves sufridas por trabajadores, personas contratadas por proveedores o miembros de comunidades locales, como consecuencia de la inobservancia de deberes de prevención atribuibles a la empresa.

b) Contaminación ambiental grave o destrucción irreversible de recursos naturales que afecte a medios de vida esenciales, cuando pueda vincularse normativamente al incumplimiento de obligaciones de diligencia debida.

c) Vulneraciones sistemáticas y prolongadas de derechos humanos —como trabajo forzoso, trata de personas, explotación infantil o tratos crueles e inhumanos— acaecidas en el seno de las cadenas de suministro, cuya prevención era razonablemente exigible a la persona jurídica en virtud de su posición de influencia o capacidad de control.

Este modelo permite una imputación penal coherente con la realidad de estructuras empresariales complejas, al desplazar el juicio de reproche desde la autoría individual hacia deficiencias estructurales en el diseño y funcionamiento organizativo. Su valor principal reside en ofrecer una fórmula de imputación que no exige reconstruir cadenas de mando ni acreditar la previsión del resultado, sino que se activa ante la materialización de un daño objetivo que evidencia la concreción de un riesgo típico inherente al incumplimiento de deberes de diligencia debida. En este sentido, permite sancionar a aquellas organizaciones que, por omisión prolongada de sus deberes estructurales —como la ausencia de sistemas de evaluación de riesgos, mecanismos de control o protocolos de actuación— terminan propiciando un "disturbio empresarial relevante" en forma de afectaciones graves a los derechos humanos o al medio ambiente.

No obstante, la utilidad del modelo está condicionada por la exigencia de que ese disturbio se concrete en un resultado de especial gravedad, lo que restringe su aplicabilidad *ex ante* y dificulta su uso para corregir déficits organizativos antes de que el daño se produzca. Además, su operatividad depende en gran medida de la precisión con la que se defina qué ha de entenderse por "disturbio empresarial relevante". Sin una formulación legal clara y restrictiva, existe el riesgo de generar inseguridad jurídica o de ampliar de forma excesiva el ámbito de responsabilidad penal.

iii. Modelo de culpa organizativa estructural (inspirado en la lógica de la quiebra)

Este modelo toma como punto de partida la evolución dogmática del delito de quiebra en los ordenamientos europeos, en especial en Italia, Alemania y España, donde se ha pasado de una concepción formal del estado de insolvencia como hecho punible (*decoctor ergo fraudator*), lo que implicaba que la mera quiebra era suficiente para presumir culpabilidad[1204], a un enfoque centrado en las conductas que agravan injustificadamente la situación de crisis financiera del deudor[1205]. En este marco, la insolvencia no constituye por sí misma el injusto penal, sino que actúa como condición externa que habilita la punibilidad de ciertas conductas (los

---

1204 La expresión "*decoctor ergo fraudator*" refleja una antigua concepción según la cual la mera situación de quiebra era suficiente para presumir la culpabilidad del deudor. Este enfoque, común en los siglos pasados, no diferenciaba entre las causas de la quiebra, suponiendo automáticamente que quien quebraba lo hacía de manera fraudulenta. Esta presunción irrefutable fue progresivamente superada por la introducción de distinciones más matizadas entre quiebra dolosa, culposa y fortuita. NIETO MARTÍN, *El delito de quiebra*, pp.84-86.

1205 Sobre la evolución del delito de quiebra, véase SAFLEY, T.M., "Introduction: a history of bankruptcy and bankruptcy in history", en SAFLEY, T.M. (ed.), *The History of Bankruptcy. Economic, social and cultural implications in early modern Europe*, Routledge, New York, 2013, pp. 1-16.

llamados “hechos de bancarrota”), que solo son penalmente relevantes cuando se verifican en un contexto de crisis.

En Italia y Alemania, se desarrolló una concepción más avanzada del delito de quiebra que distinguía claramente entre la insolvencia y los "hechos de bancarrota", entendidos como actos específicos que agravaban la situación financiera y ponían en riesgo los intereses de los acreedores[1206]. En Alemania, la reforma del Código Penal en 1976 (WiKG) estableció que la quiebra por sí sola no constituía un delito penal. El injusto penal se centraba en los actos que empeoraban la situación financiera del deudor en un contexto de crisis o insolvencia inminente, siendo la quiebra una condición objetiva de punibilidad, un requisito externo que debía cumplirse para que esos actos fueran punibles, pero no el núcleo del delito[1207]. En Italia, se adoptó un enfoque similar, sancionando las conductas que, en situaciones de insolvencia, ponían en peligro los derechos de los acreedores, manteniendo los principios de culpabilidad y proporcionalidad[1208].

En el Derecho español, el delito de quiebra ha tenido su propia evolución. Inicialmente influido por el Código de Comercio francés[1209], se trataba de un delito subordinado al derecho civil, con el juez penal limitado a imponer sanciones sin valorar la conducta del autor[1210]. Esto fue cambiando al centrarse en la relación causal entre los "hechos de bancarrota" y

---

1206 BAJO FERNÁNDEZ, M., “El contenido de injusto en el delito de quiebra. Observaciones sobre una reciente corriente jurisprudencial”, *Anuario de Derecho penal y ciencias penales,* Tomo 26, Fasc/Mes 3, 1973, p. 551.

1207 NIETO MARTÍN, *El delito de quiebra,* pp. 87-88.

1208 NIETO MARTÍN, *El delito de quiebra,* pp. 88-89.

1209 Véase RAMÍREZ, J.A., *La Quiebra: Derecho concursal español. Tomo I,* Bosch, Barcelona, 1998, pp. 139 y ss.

1210 NIETO MARTÍN, *El delito de quiebra,* p. 90.

la insolvencia, exigiendo probar que la situación de quiebra había sido causada por una "gestión mercantil desordenada". En este modelo, el foco recaía en las conductas dolosas o gravemente imprudentes que agravaban la insolvencia, exigiendo la prueba de un vínculo entre la conducta del deudor y la situación de quiebra[1211].

Uno de los defensores de este enfoque en España fue BAJO FERNÁNDEZ, quien sostuvo que el delito de quiebra debía considerarse como un delito de resultado, que requería probar un nexo causal entre la insolvencia y la gestión imprudente o dolosa[1212]. Este modelo permitía delimitar el ámbito del injusto penal, distinguiendo entre la quiebra fraudulenta y la quiebra culposa, atendiendo al "dolo específico", es decir, las conductas que agravaban deliberadamente la insolvencia, creando riesgos injustificados para los acreedores[1213].

Con las reformas del Código Penal en 1995 y 2015, se introdujeron conductas que agravaban la situación financiera del

---

1211 El Tribunal Supremo estableció en reiteradas sentencias, de una forma clara, que la simple omisión de llevar libros de comercio, aunque pueda ser suficiente para calificar la quiebra como fraudulenta en el ámbito civil, no es suficiente para su consideración penal, donde se requiere que dicha omisión obedezca a la intención específica de defraudar a los acreedores. Véase la STS de 13 de junio de 1959; STS de 9 de abril de 1969; STS de 20 de diciembre de 1969; y STS de 27 de junio de 1972.

1212 El delito de quiebra castiga la insolvencia del comerciante judicialmente declarado en quiebra, que encuentra su origen en la falta del orden regular y prudente de una buena administración mercantil, cuando tal falta reviste una particularidad gravedad determinada por la ley. BAJO FERNÁNDEZ, M., *Derecho penal económico aplicado a la actividad empresarial*, Civitas, Madrid, 1978, pp. 161 y 163 y ss.

1213 Sobre la doctrina sentada por el Tribunal Supremo español, véase BAJO FERNÁNDEZ, M., "El contenido de injusto en el delito de quiebra. Observaciones sobre una reciente corriente jurisprudencial", pp. 533-538.

deudor en situaciones de insolvencia o inminente insolvencia[1214]. Estas conductas incluyen la ocultación o destrucción de bienes, la realización de operaciones injustificadas, irregularidades contables o el reconocimiento de créditos ficticios[1215]. La noción de "gestión ordenada" se convirtió en el criterio clave para identificar las conductas que violaban los principios de diligencia en la gestión empresarial, sancionando solo aquellas que excedían los límites de la regularidad en la administración[1216].

La analogía con el ámbito de la diligencia debida permite transponer la lógica del modelo de la quiebra. En este contexto, la vulneración grave de derechos humanos o daños medioambientales significativos —ya sean causados directamente por la empresa o por actores de su cadena de valor— funcionaría como el equivalente a la insolvencia, es decir, como una condición de entorno que evidencia un fracaso preventivo de la estructura corporativa. A su vez, la omisión

---

1214 Artículo 260.1 del texto original, publicado el 24/11/1995: *El que fuere declarado en quiebra, concurso o suspensión de pagos será castigado con las penas de prisión de dos a seis años y multa de ocho a veinticuatro meses, cuando la situación de crisis económica o la insolvencia sea causada o agravada dolosamente por el deudor o persona que actúe en su nombre.* La redacción original del artículo 260 del Código Penal se estructuraba en dos grandes modalidades: la primera, que se centra en la causación directa de la insolvencia, y la segunda, que abarca conductas que agravan la crisis económica una vez que ya ha comenzado. Esta última modalidad, que encuentra un paralelismo en el § 283 del StGB alemán, refleja un enfoque más amplio y flexible que permite sancionar tanto las quiebras planeadas como aquellas en las que el comportamiento del deudor contribuye significativamente a empeorar la situación financiera de la empresa. NIETO MARTÍN, *El delito de quiebra,* pp. 90-97.

1215 Artículo 259 del Código Penal.

1216 Sobre el concepto de "gestión ordenada" en el modelo del delito de quiebra en el ordenamiento jurídico español, véase NIETO MARTÍN, *El delito de quiebra,* pp. 98-110.

de medidas organizativas esenciales, la manipulación o falsedad de informes de sostenibilidad, o la adopción de decisiones empresariales negligentes que incrementen los riesgos, serían los actos estructuralmente equivalentes a los "hechos de bancarrota". La culpa organizativa radica, por tanto, no solo en no haber evitado el daño, sino en haber contribuido activamente a su agravamiento o encubrimiento.

Este modelo permite construir una imputación penal autónoma respecto de la conducta de personas físicas, centrada en el defecto organizativo estructural y la gestión desordenada en contextos de riesgo agravado. La responsabilidad penal se activa únicamente cuando, como resultado de esas conductas u omisiones, se materializa un "evento de riesgo crítico", que en este modelo también opera como condición objetiva de punibilidad. Este evento, que puede consistir en violaciones sistemáticas de derechos laborales, desplazamientos forzosos de comunidades o impactos medioambientales irreversibles, debe revelar una gestión empresarial incompatible con los estándares jurídicamente exigibles de diligencia debida.

La imputación no exige dolo directo ni intención de causar el resultado. Basta con que se constate que, ante señales claras de riesgo, la empresa optó por estrategias que ignoraban o menospreciaban los deberes de organización y control, o bien recurrió a prácticas fraudulentas para ocultar el incumplimiento, como el *greenwashing*. La clave del modelo reside en el desplazamiento del reproche desde la mera omisión formal hacia una lógica de culpa estructural agravada por el contexto de riesgo y la actuación empresarial posterior.

Propuesta de tipo penal: fraude corporativo por quiebra en materia de sostenibilidad

Incurrirá en responsabilidad penal la persona jurídica que, en el desarrollo de su actividad económica o comercial, incurra en un defecto grave de organización que impida el cumplimiento adecuado de sus obligaciones de diligencia debida en derechos humanos o sostenibilidad ambiental, y que, como consecuencia de dicho defecto, realice actos u omisiones que causen o agraven de forma significativa una situación de vulneración grave de posiciones jurídicas protegidas.

Entre los actos u omisiones que configuran el defecto organizativo punible se incluyen, entre otros:

a) La manipulación, ocultación o falsificación de información relevante sobre el cumplimiento de las obligaciones de sostenibilidad.

b) La realización de operaciones empresariales en zonas de riesgo sin análisis previo de impacto.

c) La adopción de decisiones estratégicas contrarias a los estándares de diligencia debida, que intensifiquen el riesgo para los *stakeholders* o el medioambiente.

d) La omisión de medidas correctivas tras advertencias fundadas sobre prácticas abusivas en la cadena de suministro.

e) El uso de informes o auditorías ficticias para simular cumplimiento.

La responsabilidad penal se activará únicamente cuando se produzca un evento de riesgo crítico, definido como una vulneración sustancial de derechos fundamentales, daños ambientales graves o perjuicios estructurales a comunidades afectadas, cuya materialización esté vinculada funcional y causalmente al defecto organizativo descrito.

Este modelo aporta una herramienta dogmáticamente consistente para sancionar fallos estructurales en la gestión empresarial que, en contextos de riesgo elevado, agravan o perpetúan violaciones graves de derechos humanos. Su mayor virtud radica en permitir una imputación centrada en el comportamiento organizativo y no en la identificación de individuos concretos, lo cual se adecúa mejor a la realidad de las grandes corporaciones transnacionales. Además, ofrece una tipificación detallada de conductas específicas que permiten delimitar el núcleo del injusto penal —tales como la manipulación informativa, la simulación de auditorías o la adopción de decisiones estratégicas negligentes en zonas de alto riesgo— lo que fortalece la exigencia de taxatividad.

Sin embargo, plantea una dificultad operativa importante: la necesidad de acreditar el vínculo funcional y causal entre una determinada configuración organizativa y un "evento de riesgo crítico", que muchas veces se produce aguas abajo en la cadena de suministro. A diferencia del modelo de homicidio corporativo, donde el resultado opera como eje central, aquí el tipo penal se articula en torno a una pluralidad de conductas agravadas por su contexto, lo que puede dificultar su aplicación uniforme y generar problemas probatorios. También plantea tensiones con el principio de culpabilidad si no se define con claridad cuándo una práctica empresarial que agrava un riesgo ya existente merece reproche penal.

iv. Delitos de omisión en la adopción de medidas correctivas requeridas por la autoridad: una nueva interpretación de los delitos de desobediencia

Los delitos de desobediencia, tradicionalmente concebidos como infracciones contra la autoridad, tienen como función principal asegurar el cumplimiento de las resoluciones y órdenes legítimas emitidas por órganos administrativos o judiciales. Se configuran como delitos de peligro abstracto, en los que no se requiere la producción de un daño concreto, sino únicamente el incumplimiento voluntario de un mandato expreso y legítimo de la autoridad[1217].

En el ámbito del Derecho comparado, especialmente en los sistemas anglosajones, este tipo de infracción es habitual en sectores regulados como la seguridad industrial, la protección ambiental o la salud pública. En el Reino Unido, por ejemplo,

---

1217 RAMON RIBAS, E., "Naturaleza del delito de desobediencia a mandatos dirigidos a la protección de la salud pública", en *Desobediencia, estado de alarma y COVID-19*, Tirant lo Blanch, Valencia, 2021, p. 200.

de acuerdo con la *Regulatory Reform (Fire Safety) Order 2005*[1218] y las *Fire Safety (England) Regulations 2022*[1219], el incumplimiento de órdenes emitidas por autoridades de inspección en materia de seguridad contra incendios puede resultar en la comisión de un delito[1220].

1218 La *Regulatory Reform (Fire Safety) Order 2005* establece que las personas responsables deben llevar a cabo evaluaciones de riesgos de incendios, implementar medidas preventivas y proteger a los ocupantes de los edificios. El incumplimiento de estas obligaciones puede llevar a sanciones significativas, incluyendo multas ilimitadas y posibles acciones penales, especialmente si se ignoran intencionadamente las órdenes de los inspectores de incendios o si se proporcionan deliberadamente evaluaciones de riesgo inadecuadas o fraudulentas. *The Regulatory Reform (Fire Safety) Order 2005*, S.I. 2005/1541. https://www.legislation.gov.uk/uksi/2005/1541/contents (consultada el 19 de agosto de 2025).

1219 Las *Fire Safety (England) Regulations 2022*, introducidas tras la tragedia del incendio de la Torre Grenfell, refuerzan aún más estas obligaciones, incluyendo la necesidad de proporcionar información clara y comprensible a los residentes sobre los riesgos de incendios y las medidas de seguridad pertinentes. Además, se establecen requisitos adicionales para edificios altos y de múltiples ocupaciones, como la obligación de realizar revisiones periódicas de las puertas contra incendios y de proporcionar planos detallados a los servicios de bomberos. *The Fire Safety (England) Regulations 2022*, S.I. 2022/547. https://www.legislation.gov.uk/uksi/2022/547/contents/made (consultada el 19 de agosto de 2025).

1220 Sobre estas normativas, véase CARLYON, O./BEER, L.A., "Who does fire safety legislation apply to in England and Wales and what is a Fire Risk Assessment?", *Fieldfisher,* April 15, 2024. Un ejemplo lo encontramos en el caso de la empresa *New Look Retailers Ltd,* que en 2007 fue condenada a pagar una multa de 400.000 libras después de que un incendio en su tienda principal en Londres revelara múltiples incumplimientos en las normas de seguridad contra incendios, pese a haber recibido advertencias previas de la autoridad local. Sobre el caso, véase noticia de prensa: HOWE, M., "New Look fined £ 400,000 for fire safety breaches", Press Association, Wednesday 25 November 2019. https://www.independent.co.uk/

Otro ejemplo lo encontramos en el ámbito medioambiental. La *UK Environment Act* 1995 permite penalizar a las empresas que incumplan los requisitos regulatorios en materia ambiental[1221]. Las autoridades pueden investigar y actuar contra empresas que no tomen las medidas necesarias para prevenir daños ambientales, emitiendo órdenes de cumplimiento y sancionando en caso de desobediencia. Si estos incumplimientos provocan daños ambientales significativos o vulneran los derechos de las comunidades afectadas, la empresa puede enfrentar responsabilidad penal[1222].

---

news/uk/crime/new-look-fined-pound-400-000-for-fire-safety-breaches-1827367.html (consultada el 19 de abril de 2025)

1221 Section 108 *UK Environment Act 1995*

1222 Sections 109-110 *UK Environment Act 1995*. Un caso ilustrativo es el de la empresa Thames Water, que en 2017 fue multada con 20 millones de libras después de que se descubriera que había vertido millones de litros de aguas residuales sin tratar en el río Támesis, entre 2012 y 2014. Estos vertidos provocaron graves daños ambientales, afectando la calidad del agua, la fauna y la salud de las comunidades locales. La multa histórica se impuso porque Thames Water no implementó las medidas adecuadas para prevenir estos vertidos, a pesar de los reiterados avisos y requerimientos de las autoridades ambientales. La empresa fue considerada responsable por la negligencia en la gestión de sus sistemas de tratamiento de aguas residuales y la falta de inversión en la infraestructura necesaria para evitar estos desastres ambientales. Sobre el caso, véase CARRINGTON, D., "Thames Water hit with record £20m fine for huge sewage leaks", *The Guardian*, Wednesday 22 March 2017. https://www.theguardian.com/environment/2017/mar/22/thames-water-hit-with-record-fine-for-huge-sewage-leaks#:~:text=Thames%20Water%20has%20been%20hit,wildlife%2C%20killing%20birds%20and%20fish. (consultada el 19 de agosto de 2025); ENVIRONMENT AGENCY, "Thames Water ordered to pay record £20 million for river pollution. Thames Water Utilities Ltd sentenced in the largest freshwater pollution case ever taken by the Environment Agency", GOV.UK, 22 March 2017. https://www.gov.uk/go-

En el ordenamiento español, existen también precedentes normativos en los que la infracción penal está condicionada al incumplimiento de un requerimiento administrativo previo. En el ámbito de los derechos de los trabajadores, el artículo 311.2 del Código Penal castiga a quienes, tras requerimiento o sanción administrativa, mantienen condiciones de trabajo o de seguridad social que perjudiquen gravemente los derechos de los trabajadores. De forma similar el artículo 314 del Código Penal, que castiga la discriminación grave en el empleo cuando no se establezca la situación de igualdad ante la ley tras requerimiento o infracción administrativa. Estos delitos se configuran cuando, pese a la advertencia administrativa, el empresario continúa con su comportamiento ilícito vulnerando los derechos fundamentales de los trabajadores[1223].

En relación con la seguridad vial, el artículo 384 del Código Penal sanciona a quien conduzca un vehículo a motor o ciclomotor tras haber sido privado cautelar o definitivamente del permiso o licencia por decisión judicial o administrativa. El injusto penal aquí está vinculado al incumplimiento de una prohibición previamente impuesta por una autoridad competente.

Este modelo puede adaptarse con especial eficacia al contexto de la diligencia debida empresarial en materia de derechos humanos. El supuesto se produce cuando una autoridad competente identifica un defecto organizativo relevante en el funcionamiento de la empresa —por ejemplo, la ausencia de medidas eficaces de identificación o control de riesgos en su cadena de suministro— y, tras emitir un requerimiento formal para su corrección, la empresa omite deliberadamente o con

vernment/news/thames-water-ordered-to-pay-record-20-million-for-river-pollution (consultada el 19 de agosto de 2025).

[1223] Sobre los delitos contra los derechos de los trabajadores, véase DE VICENTE MARTÍNEZ, R., *Los delitos contra los derechos de los trabajadores*, Tirant lo Blanch, Valencia, 2008.

negligencia grave las medidas exigidas. El reproche penal se configura, no como una sanción por el defecto organizativo en sí mismo, sino por la desobediencia persistente tras la advertencia específica emitida por la autoridad competente.

En este modelo, la conducta típica se estructura en torno a tres elementos esenciales:

a) Requerimiento formal previo: una autoridad competente emite un requerimiento concreto, específico y motivado, instando a la empresa a subsanar un defecto organizativo vinculado al incumplimiento de sus obligaciones legales de diligencia debida en derechos humanos. El requerimiento debe especificar los riesgos detectados y las medidas necesarias para corregirlos.

b) Omisión en el cumplimiento: la empresa, actuando con dolo o al menos con negligencia grave, no adopta en el plazo concedido las medidas requeridas. Esta omisión no debe deberse a imposibilidad sobrevenida ni a causas justificadas, sino a una decisión deliberada o a una inactividad estructural injustificada.

c) Persistencia en el incumplimiento: el incumplimiento debe mantenerse en el tiempo tras la advertencia inicial, revelando una resistencia organizativa a corregir el defecto identificado. La persistencia puede evidenciarse mediante nuevas inspecciones, reiteración del requerimiento, o agravamiento del riesgo detectado inicialmente.

Un modelo similar, pero sustituyendo la materialización del daño tras el requerimiento administrativo por la comisión de una infracción del mismo tipo, es el implementado en el artículo 9 de la Ley de 2019 de los Países Bajos contra el trabajo infantil. Esta normativa establece que, si una empresa ha sido sancionada administrativamente por una infracción relacionada con el trabajo infantil en los últimos cinco años, y la infracción es nuevamente cometida bajo la dirección del mismo responsable, se podrá imponer a dicho director una pena de prisión de hasta dos años[1224]. Este enfoque se centra en la importancia de la reincidencia en la infracción administrativa entendida como un agravante que justifica la intervención penal. Con ello, se refuerza la idea de que la responsabilidad penal debe aplicarse en casos donde la empresa, tras haber sido advertida y sancionada, continúa desarrollando prácticas que no dan una respuesta adecuada a los riesgos en materia de explotación infantil.

Propuesta de tipo penal: delito de omisión en la adopción de medidas correctivas requeridas por la autoridad

La persona jurídica que, habiendo recibido un requerimiento formal de una autoridad competente para corregir un defecto organizativo que impida el cumplimiento adecuado de sus obligaciones de diligencia debida en derechos humanos, omita, total o parcialmente, adoptar las medidas exigidas dentro del plazo legalmente establecido, será penalmente responsable si persiste en dicho incumplimiento sin causa justificada.

Se entenderá que existe persistencia cuando, tras la expiración del plazo concedido y habiéndose reiterado o verificado el incumplimiento por la autoridad competente, la empresa continúe sin adoptar las medidas requeridas, manteniendo el riesgo grave para las posiciones jurídicas protegidas.

La responsabilidad penal requerirá que la omisión sea imputable a decisiones u omisiones de la alta dirección, o a una deficiencia estructural manifiesta que impida el cumplimiento efectivo del requerimiento. La infracción deberá realizarse con dolo o negligencia grave.

Las obligaciones de diligencia debida serán las definidas en la normativa legal o reglamentaria aplicable, nacional o internacional, relativa a la identificación, prevención, mitigación y reparación de impactos adversos sobre los derechos humanos y el medio ambiente.

1224 Artículo 9 de la Ley holandesa de trabajo infantil.

Este modelo presenta una solución particularmente sólida desde el punto de vista de la técnica jurídico-penal, al anclar el reproche en un presupuesto normativo objetivo —el incumplimiento de un requerimiento formal y específico de la autoridad competente— que reduce la indeterminación del tipo penal y facilita la prueba del injusto. Su principal fortaleza es que no requiere probar un daño concreto ni reconstruir complejas cadenas de causalidad en entornos corporativos fragmentados, sino que se centra en una conducta jurídicamente vinculada a un deber claro: la omisión de medidas correctivas tras haber sido expresamente exigidas por la Administración. Esta estructura normativa proporciona seguridad jurídica a los operadores y transparencia en los límites de la responsabilidad penal empresarial, en línea con el principio de legalidad.

Además, el modelo es eficaz para canalizar el reproche penal hacia situaciones de inercia organizativa o desobediencia estratégica, es decir, supuestos en los que la empresa, pese a disponer de tiempo, medios y conocimiento, decide no corregir un defecto estructural que ha sido previamente identificado. De este modo, se transforma la intervención administrativa —a menudo limitada en su capacidad coercitiva— en una herramienta eficaz de activación penal frente a estructuras empresariales que operan bajo una lógica de incumplimiento calculado. En contextos donde el riesgo ya ha sido objetivado por la autoridad, la persistencia en el incumplimiento refleja un plus de indiferencia o desprecio hacia el orden normativo, que justifica la intervención del Derecho penal.

Este diseño resulta especialmente pertinente en materia de diligencia debida en derechos humanos, donde los riesgos no siempre se traducen en daños inmediatos o mensurables, y donde la intervención administrativa previa puede funcionar como un mecanismo de alerta temprana sobre fallos de gobernanza. El tipo penal no castiga la infracción abstracta de deberes organizativos, sino la omisión contumaz tras una advertencia fundada, lo que refuerza su proporcionalidad y evita sancionar infracciones meramente formales. Este modelo también tiene la ventaja de no depender del reconocimiento legal de nuevos bienes jurídicos —como los derechos de comunidades afectadas o la sostenibilidad ambiental— sino que opera sobre la base del incumplimiento de un mandato administrativo válido, actuando como una bisagra entre los instrumentos de enforcement blando y la respuesta penal.

Ahora bien, el modelo no está exento de límites. Su eficacia depende, en primer lugar, de que las autoridades competentes actúen con la diligencia, capacidad técnica y neutralidad necesarias para emitir requerimientos adecuados y proporcionales. En entornos regulatorios débiles o con administraciones desbordadas, este presupuesto puede fallar, lo que convierte al modelo en un mecanismo potencialmente inoperante. Además, su alcance se ve restringido a aquellos casos en los que ha existido una intervención administrativa previa. Quedan fuera, por tanto, muchos incumplimientos graves de obligaciones de diligencia debida que, por diversas razones (invisibilidad de los riesgos, falta de capacidad supervisora, etc.), no han sido formalmente requeridos ni sancionados por las autoridades, lo que limita su función preventiva y reactiva.

Finalmente, también plantea desafíos interpretativos en torno a la noción de "persistencia en el incumplimiento". Será necesario un desarrollo normativo o jurisprudencial que aclare cuándo se entiende incumplido un requerimiento, en qué condiciones se puede considerar razonable el plazo otorgado para corregir el defecto, y cómo evaluar la eficacia o suficiencia de las medidas adoptadas por la empresa para evitar la sanción. Solo así se podrá evitar que este modelo, aun bien diseñado, dé lugar a un automatismo sancionador contrario a los principios de culpabilidad y proporcionalidad.

v. El delito por fallos en la prevención de riesgos o failure to prevent: el defecto organizativo puro

El modelo de *failure to prevent*, introducido por la *Bribery Act* británica de 2010[1225], representa un enfoque innovador en la responsabilidad penal de las personas jurídicas, desplazando el foco desde la culpabilidad individual de los directivos hacia la responsabilidad autónoma de la entidad. Tradicionalmente, la responsabilidad corporativa se basaba en la teoría de la identificación, vinculando la culpabilidad de la empresa a la de sus directivos o empleados de alto nivel. Sin embargo, el modelo de *failure to prevent* penaliza a la empresa por no implementar las medidas organizativas adecuadas para prevenir actos ilícitos, independientemente de la participación o conocimiento de los directivos[1226]. Bajo este esquema, la empresa puede ser declarada penalmente responsable si no evita actos de soborno cometidos por personas asociadas a ella, como empleados, agentes o subcontratistas, siempre que dichos actos se realicen con la intención de obtener o retener negocios para la organización[1227].

En el derecho anglosajón, este tipo de infracciones se clasifica dentro de los delitos de responsabilidad objetiva (*strict liability offences*), donde no se requiere probar la intención o negligencia para establecer la culpabilidad. Sin embargo, a diferencia de los delitos de responsabilidad absoluta (*absolute*

[1225] Sobre la *Bribery Act* británica, véase el apartado II.B del Capítulo II en esta obra.

[1226] Sobre cómo el delito de *failure to prevent* no requiere probar la *mens rea*, lo que es característico de los delitos de responsabilidad absoluta, y la supresión del elemento de la negligencia, BEAN, B.W./MACGUIDWIN, E.H., "Unscrewing the Inscrutable: The UK Bribery Act 2010", *Indiana International & Comparative Law Review*, Vol. 23, nº. 1, 2013, pp. 83-90.

[1227] Sección 7 de la Bribery Act.

liability), donde la responsabilidad surge independientemente del elemento subjetivo y no se permite la exoneración de responsabilidad penal por haber ejercido la diligencia debida.

En los delitos de *strict liability* se permite a la empresa exonerarse si demuestra que adoptó todas las precauciones razonables y ejerció la diligencia debida para prevenir la comisión del delito. Este enfoque se caracteriza por ser un delito de omisión donde la culpabilidad de la empresa reside en el defecto organizativo puro. A diferencia de los modelos tradicionales, no es necesario probar el elemento subjetivo (*mens rea*) en forma de dolo o imprudencia. En cambio, se centra en el incumplimiento de un deber legal de prevención, siendo suficiente demostrar que la empresa carecía de medidas adecuadas para evitar la comisión del delito por parte de personas asociadas.

Un ejemplo de *absolute liability* en el ordenamiento jurídico español lo encontramos en el ámbito de la seguridad vial y el delito de conducir a una velocidad superior a la permitida. De acuerdo con el artículo 379 del Código Penal, "*el que condujere un vehículo de motor o un ciclomotor a velocidad superior en sesenta kilómetros por hora en vía urbana o en ochenta kilómetros por hora en vía interurbana a la permitida reglamentariamente, será castigado con la pena de prisión de tres a seis meses o con la de multa de seis a doce meses o con la de trabajos en beneficio de la comunidad de treinta y uno a noventa días, y, en cualquier caso, con la de privación del derecho a conducir vehículos a motor y ciclomotores por tiempo superior a uno y hasta cuatro años*". Este tipo convierte automáticamente en delito conducir a una velocidad determinada en función del tipo de vía, configurando una norma penal en blanco que se remite a la normativa administrativa. Para ello, se apoya en la idea de que determinadas conductas, por su naturaleza y las circunstancias que las rodean, son tan peligrosas que su mera realización ya denota una actitud imprudente por parte del autor. Así, la norma no elimina la exigencia del elemento subjetivo, sino que lo vincula directamente a la conducta objetiva de exceder los límites de velocidad de forma tan significativa.

Este enfoque permite que el delito no sea considerado de responsabilidad objetiva, sino un delito en el que la imprudencia se presume por la propia acción descrita en el tipo penal[1228].

En lugar de identificar al individuo que causa el daño o a la persona de la alta dirección que comete la negligencia en la implementación de medidas preventivas, el modelo de *failure to prevent* exige establecer una conexión causal directa entre la falta de medidas preventivas y la comisión del acto ilícito que ocasiona el daño. A diferencia del modelo de Heine, donde el resultado actúa como una condición objetiva de punibilidad externa al tipo penal, en el modelo de *failure to prevent* el resultado forma parte integral del tipo delictivo. Esto significa que la producción del resultado y la evaluación de los procedimientos adoptados para prevenirlo son elementos determinantes en la configuración de la responsabilidad penal. Por lo tanto, aunque no se requiere probar dolo o la imprudencia en el sentido tradicional, sí se debe establecer una conexión clara entre la falta de medidas preventivas y la comisión del acto ilícito para que se configure el delito.

Este modelo resulta particularmente adecuado para el ámbito de la diligencia debida en derechos humanos, ya que permite imputar responsabilidad a la empresa por actos cometidos por terceros en su beneficio —como proveedores, subcontratistas o agentes— cuando se ha incumplido el deber normativo de implementar sistemas eficaces de prevención y control.

1228 GÓMEZ RIVERO, Mª.C., "Delitos contra la seguridad vial", en GÓMEZ RIVERO, Mª.C. (Dir.), *Nociones fundamentales de Derecho penal. Parte especial.* Volumen I, cuarta edición, Tecnos, Madrid, 2020, p. 583. Véase la Sentencia del Tribunal Supremo (STS) 437/2015, de 8 de julio, en la que se interpreta la tipicidad de la conducción a velocidad excesiva bajo el artículo 379 del Código Penal, destacando la conexión entre la conducta objetivamente peligrosa y la presunción de imprudencia inherente, lo que justifica la ausencia de responsabilidad objetiva en este tipo penal.

La tipicidad recae en el defecto organizativo que permite o favorece que se materialicen riesgos previsibles, especialmente en contextos de elevada exposición como zonas de conflicto, cadenas de suministro opacas o países con débil gobernanza.

Propuesta de tipo penal: delito por fallos en la prevención de riesgos (defecto organizativo puro)

1. Será penalmente responsable la persona jurídica que, en el desarrollo de sus actividades comerciales o productivas, no implemente medidas adecuadas para prevenir la comisión de violaciones graves de derechos humanos o daños ambientales significativos por parte de personas asociadas a ella, siempre que tales actos se realicen con la finalidad de obtener o conservar una ventaja comercial para la organización.

2. Se entenderá por personas asociadas a la empresa, a efectos de este artículo, a empleados, agentes, contratistas, filiales, subcontratistas u otras entidades que actúen en nombre, interés o beneficio de la persona jurídica.

3. La empresa podrá quedar exenta de responsabilidad si acredita que, antes de la comisión del hecho, había implementado mecanismos razonables de diligencia debida y sistemas de control proporcionales a los riesgos inherentes a su actividad, conforme a lo previsto en la normativa nacional, europea o internacional aplicable en materia de derechos humanos y sostenibilidad.

4. Se consideran violaciones graves a efectos de este artículo:

   a) Vulneraciones de derechos fundamentales, incluyendo trabajo forzoso, trata de seres humanos, trabajo infantil, tortura, esclavitud, condiciones laborales incompatibles con la dignidad humana o discriminación sistemática.

   b) Daños ambientales severos, tales como la contaminación masiva del agua, aire o suelo; destrucción de hábitats o ecosistemas; pérdida crítica de biodiversidad; o impactos ecológicos cuya reparación sea técnicamente compleja o económicamente inviable.

5. La responsabilidad penal se aplicará con independencia de que el acto haya sido ejecutado dentro o fuera del

territorio nacional, siempre que guarde una relación funcional directa con la actividad económica de la empresa y su cadena de valor.

El modelo de "*failure to prevent*" presenta una estructura dogmáticamente clara y normativamente sólida para imputar responsabilidad penal a personas jurídicas en el contexto de la diligencia debida. Su principal virtud radica en desplazar el foco de imputación desde la conducta individual hacia el diseño organizativo de la empresa, articulando el injusto penal en torno a la omisión de medidas de prevención razonables frente a riesgos previsibles. Este enfoque permite superar las limitaciones probatorias propias de los modelos subjetivos, al no requerir la acreditación de dolo o imprudencia de una persona física concreta, sino el análisis *ex post* de la eficacia estructural del sistema de cumplimiento.

Además, introduce un incentivo normativo potente, pues las empresas no quedan expuestas a responsabilidad penal por el mero resultado, sino únicamente cuando dicho resultado revela una infracción de sus deberes organizativos legalmente exigibles. La previsión de una cláusula de exoneración —mediante la acreditación de que existían mecanismos razonables y proporcionados al riesgo— refuerza el principio de culpabilidad, evitando interpretaciones de responsabilidad objetiva.

Ahora bien, este modelo presenta también algunas limitaciones. En primer lugar, su aplicación práctica exige definir con precisión qué se entiende por "medidas razonables de prevención", lo que plantea un riesgo de inseguridad jurídica si no se cuenta con una normativa suficientemente detallada o si los estándares regulatorios permiten amplios márgenes de discrecionalidad. Aunque esta crítica puede quedar neutralizada con la entrada en vigor de instrumentos normativos como la Directiva CSDDD, subsiste el desafío interpretativo para la jurisdicción penal a la hora de valorar *ex post* la suficiencia de un sistema de cumplimiento en sectores y contextos operativos muy diversos.

En segundo lugar, este modelo presupone que el daño debe haber sido cometido por una "persona asociada" a la empresa, lo que en ocasiones puede generar dificultades de delimitación en cadenas de suministro complejas o relaciones contractuales indirectas. La prueba del nexo funcional entre el tercero infractor y la persona jurídica, aunque más flexible que la autoría tradicional, puede erosionar la eficacia del tipo en escenarios donde las relaciones son difusas o formalmente externalizadas.

Por último, al tratarse de un tipo centrado en la prevención de resultados típicos (violaciones de derechos humanos o daños medioambientales), su aplicación requiere probar que el sistema preventivo era objetivamente insuficiente en relación con un resultado que, en ocasiones, puede estar muy alejado del centro operativo de la empresa. Este análisis puede exigir peritajes complejos y abrir un margen elevado de incertidumbre valorativa para los tribunales.

En definitiva, se trata de un modelo con gran potencial transformador y alta coherencia sistemática, especialmente adecuado para sistemas jurídicos con marcos regulatorios avanzados. No obstante, su eficacia dependerá en buena medida del grado de desarrollo normativo y jurisprudencial que permita delimitar con claridad los estándares de diligencia exigibles y los parámetros de valoración *ex post* del defecto organizativo.

vi. El modelo de la culpa reactiva

El modelo de culpa reactiva (*reactive corporate fault*), desarrollado por BRENT FISSE y JOHN BRAITHWAITE, ofrece una fórmula alternativa de imputación penal a las personas jurídicas que desplaza el foco desde la infracción *ex ante* hacia la respuesta *ex post* de la empresa ante la materialización de un delito o infracción. Este enfoque reconoce que, en contextos empresariales complejos y descentralizados, la atribución del dolo o la imprudencia a una persona jurídica resulta muchas veces inviable. En su lugar, propone evaluar la reacción institucional de la empresa ante la detección de un daño, entendida como una manifestación autónoma de culpabilidad organizativa[1229].

En este modelo, el núcleo del injusto penal no reside únicamente en el hecho inicial que provoca el daño, sino en la omisión de una respuesta adecuada por parte de la empresa tras haber tenido conocimiento de la infracción. Esta omisión puede consistir en la falta de investigación interna, la ausencia de medidas correctivas, la pasividad ante fallos sistémicos o la negativa a cooperar con las autoridades. Se presume que dicha falta de reacción revela una política implícita o explícita de tolerancia o desconsideración hacia el cumplimiento normativo, lo que justifica el reproche penal[1230].

1229 Fisse y Braithwaite proponen un modelo de responsabilidad penal para las empresas que puede y debe ir más allá de la simple prevención de delitos, enfocándose en la importancia de la reacción de la empresa tras la comisión de un delito. Este concepto de "culpa reactiva" enfatiza que las acciones o inacciones posteriores de la empresa pueden constituir una forma autónoma de culpabilidad. FISSE, B./BRAITHWAITE, J., *Corporations, crime and accountability*, Cambridge University Press, Cambridge, 1993, pp. 146 y ss.

1230 Hasta ahora, y siguiendo un esquema similar al del Derecho penal individual, la estructura típica ha sido la de acción y sanción, donde el presupuesto esencial es la acción individual que conlleva la responsabilidad. Sin embargo, en el modelo de culpa reactiva, lo fundamental no es cómo se comporta la empresa antes del acto delictivo, sino su reacción posterior a los acontecimientos. Este enfoque introduce un cambio significativo, al centrar la responsabilidad penal de la persona jurídica en su capacidad y disposición para responder de manera adecuada ante la detección de un delito, ya sea mediante la implementación de medidas correctivas, la cooperación con las autoridades, o la modificación de prácticas internas para evitar que se repitan las infracciones. NIETO MARTÍN, A., *La responsabilidad penal de las personas jurídicas: un modelo legislativo*, p. 139.

Este modelo se construye para superar los problemas prácticos asociados con la identificación del elemento subjetivo del delito (*mens rea*) en el contexto corporativo. A diferencia de los modelos tradicionales que se centran en la prevención de delitos *ex ante*, la culpa reactiva pone el foco en la respuesta *ex post*, es decir, después de la materialización de la infracción. Este enfoque aborda las dificultades inherentes a atribuir responsabilidad penal a una persona jurídica, dado que las decisiones en las empresas son descentralizadas y colectivas, lo que complica la identificación de la culpabilidad individual dentro de la entidad. El modelo de culpa reactiva entiende que la responsabilidad de la empresa no se agota en la prevención de infracciones, sino que también incluye su actuación posterior. La falta de medidas correctivas, la omisión de sanciones internas o la inacción frente a los fallos detectados son, en este modelo, manifestaciones de una culpabilidad autónoma de la organización[1231].

BRENT FISSE, al desarrollar esta teoría, sostiene que la responsabilidad penal corporativa por incumplimientos graves posteriores a la infracción requiere demostrar que la empresa ha adoptado —de forma explícita o implícita— una política de indiferencia o de desprecio sistemático hacia sus obligaciones legales. Esta actitud se manifiesta en la falta de acción efectiva para remediar el daño causado o prevenir su repetición, lo que evidencia una ausencia estructural de compromiso con la legalidad y la ética empresarial[1232].

Desde esta lógica, Fisse propone un modelo de respuesta institucional que podría describirse como una forma de

---

[1231] Sobre la teoría del modelo de culpa reactiva, véase ORSINA, A., *La responsabilità da reato dell'ente tra colpa di organizzazione e colpa di reazione*, G. Giappichelli Editore, Torino, 2024, pp. 199-228.

[1232] NIETO MARTÍN, A., *La responsabilidad penal de las personas jurídicas: un modelo legislativo*, p. 140.

"justicia dialogada" o "control social dialogado" entre la empresa y el Estado, donde la intervención penal se articula sobre la base de un proceso de supervisión progresiva. La finalidad de este enfoque es que, a través de la exigencia de medidas correctivas supervisadas y un diálogo estructurado con la autoridad competente, puedan corregirse las deficiencias organizativas sin necesidad de acudir de inmediato a sanciones penales severas[1233].

Aplicado al ámbito de los derechos humanos, este modelo adquiere particular relevancia en contextos donde las empresas operan en zonas de alta conflictividad o de débil gobernanza. Cuando una empresa conoce la existencia de una vulneración grave —por ejemplo, trabajo forzoso en su cadena de suministro— y no adopta medidas significativas para remediarla y evitar su repetición, su inacción se convierte en una expresión de culpabilidad autónoma. No se exige demostrar un nexo causal directo entre el hecho inicial y la dirección empresarial; basta con constatar que, tras conocer la infracción, la empresa no ha cumplido con su deber reactivo de corrección y prevención futura.

En este marco, la conducta típica se configura a través de omisiones graves por parte de la empresa, tras la materialización de daños que eran previsibles y evitables, tales como:

a) Falta de investigación interna adecuada: la empresa omite realizar una indagación seria e independiente para esclarecer los hechos, identificar responsabilidades y entender las causas estructurales del incidente.

[1233] BRAITHWAITE, J., "Corporate Crime and Republican Criminological Praxis", en PEARCE, F./SNIDER, L., (eds.), *Corporate Crime: Contemporary Debates*, University of Toronto Press, Toronto, 1995, pp. 48-71.

b) No adopción de medidas correctivas eficaces: no se implementan acciones orientadas a mitigar los daños, corregir deficiencias y reforzar los mecanismos de control.

c) Ausencia de supervisión o seguimiento: se carece de mecanismos de evaluación continua sobre la efectividad de las medidas adoptadas.

d) Tolerancia a la repetición de incidentes: la reiteración de hechos similares o el incumplimiento de los protocolos adoptados evidencia una gestión irresponsable y pasiva.

Propuesta de tipo penal: delitos de omisión en la adopción de medidas correctivas tras la materialización de un daño

La persona jurídica que, con conocimiento de una vulneración grave de derechos humanos en el marco de sus operaciones, filiales o proveedores, omita adoptar medidas adecuadas para investigar, corregir y prevenir la repetición de dichos daños, será penalmente responsable si dicha omisión permite la perpetuación o reiteración de infracciones similares.

Las obligaciones de la persona jurídica incluyen:

a) Investigación inmediata y rigurosa, independiente y orientada a identificar los fallos organizativos que permitieron la infracción.

b) Adopción de medidas correctivas eficaces, adaptadas a la gravedad de los hechos y alineadas con estándares internacionales.

c) Supervisión continuada y actualización de protocolos, ajustando las respuestas ante nuevos riesgos detectados.

La responsabilidad se configurará cuando pueda demostrarse que la empresa, pese a tener conocimiento del daño, actuó con indiferencia significativa, reflejando un defecto organizativo persistente y una falta grave de compromiso con el cumplimiento de sus obligaciones legales.

El modelo de culpa reactiva presenta claras ventajas dogmáticas y operativas para el ámbito del Derecho penal económico aplicado a la diligencia debida en derechos humanos. Su principal virtud reside en que no exige la reconstrucción *ex ante* del elemento subjetivo (dolo o culpa) ni la identificación de una persona física concreta, lo que resulta especialmente útil en estructuras corporativas descentralizadas, donde la imputación tradicional se diluye por la dispersión de responsabilidades.

Además, desplaza el foco de imputación desde la conducta previa al daño hacia la respuesta institucional, permitiendo reprochar a la empresa su inacción cuando tenía conocimiento de la infracción y capacidad de reacción suficiente. Esto refuerza el carácter autónomo de la culpabilidad organizativa, al sancionar no solo el defecto de prevención, sino también la falta de corrección. A diferencia del modelo de defecto organizativo puro, que requiere probar un nexo estructural entre omisión y resultado, o del modelo de condición objetiva de punibilidad, que exige la producción de un daño para activar la sanción, la culpa reactiva permite imputar cuando la respuesta ante el daño es manifiestamente insuficiente o ineficaz, lo que reduce los obstáculos probatorios.

En contextos donde las empresas ya cuentan con protocolos de diligencia debida, este modelo se adapta especialmente bien a los supuestos en que el sistema ha fallado y la empresa no reacciona conforme a estándares exigibles, pese a contar con información suficiente para actuar. Ello refuerza el principio de lealtad institucional y de colaboración con el interés público en materia de derechos humanos.

No obstante, el modelo también presenta algunas limitaciones. Su aplicación requiere criterios normativos claros y operativos sobre qué debe considerarse una reacción adecuada, qué medidas correctivas son exigibles y en qué plazos, lo que exige una regulación detallada para evitar valoraciones arbitrarias. Además, podría generar inseguridad jurídica si no se establecen de forma explícita los umbrales de conocimiento y capacidad de intervención exigibles a la empresa. Por último, existe el riesgo de que se desdibujen los límites entre responsabilidad penal y responsabilidad administrativa si no se acota con claridad el tipo de infracciones que pueden justificar este reproche.

En conjunto, se trata de un modelo particularmente adecuado para una regulación penal del incumplimiento de la diligencia debida, especialmente cuando se busca sancionar la pasividad institucional tras la constatación de un daño, sin depender de construcciones causales complejas ni de la individualización del autor.

vii. El modelo de la receptación de bienes de origen delictivo adaptado al marco de la diligencia debida en derechos humanos

El modelo de receptación se refiere a la adquisición, utilización, posesión o comercialización de bienes con conocimiento de que provienen de un acto delictivo previo, como robo o fraude. Este delito busca castigar el aprovechamiento de bienes de origen ilícito para frenar la facilitación de delitos al dificultar el beneficio económico de los delincuentes. Al penalizar la receptación, se pretende romper el ciclo delictivo, impidiendo que los delincuentes puedan comercializar o beneficiarse de bienes obtenidos ilegalmente. De este modo, se protege el orden socioeconómico, salvaguardando la confianza en el comercio[1234].

Un aspecto fundamental del tipo es el conocimiento del origen delictivo de los bienes, lo que requiere que el receptador actúe con dolo, es decir, que sepa o tenga motivos suficientes para sospechar del origen ilícito. Si no existe este conocimiento,

---

1234 Sobre el delito de receptación, véase SANTANA VEGA, D.M., "Encubrimiento. Diferencias con receptación y blanqueo", en CORCOY BIDASOLO, M. (Dir.), *Manual de Derecho penal. Parte especial. Tomo I*, Tercera edición, Tirant lo Blanch, Valencia, 2023, pp. 772–776.

no puede considerarse que se ha cometido el delito de receptación. Además, este delito tiene autonomía respecto al delito original, por lo que puede ser perseguido y sancionado de manera independiente, incluso si el autor del delito principal no es identificado o procesado. La conducta típica se configura simplemente al adquirir, poseer o comercializar bienes sabiendo que provienen de un delito[1235].

La Unión Europea ha dado un paso decisivo al proponer una prohibición explícita de la importación y comercialización de productos obtenidos mediante violaciones de derechos humanos, especialmente aquellos fabricados con trabajo forzoso o esclavo. Esta prohibición se materializa en el *Reglamento (UE) 2024/3015 del Parlamento Europeo y del Consejo, de 27 de noviembre de 2024, por el que se prohíben en el mercado de la Unión los productos realizados con trabajo forzoso.* El artículo 3 de dicha propuesta es categórico: *"Los operadores económicos no introducirán ni comercializarán en el mercado de la Unión productos fabricados con trabajo forzoso, ni exportarán dichos productos"*. La normativa también establece que las autoridades competentes de cada Estado miembro estarán facultadas para investigar, incautar y sancionar a las empresas que no cumplan con estos requisitos. Esto incluye la posibilidad de realizar inspecciones y cooperar a nivel europeo para asegurar que las mercancías en circulación en el mercado cumplan con los estándares éticos establecidos. Con estas medidas se pretende cerrar el mercado europeo a estos productos y obligar a retirar los ya introducidos.

En este contexto, la adaptación del modelo de receptación al ámbito de la diligencia debida en derechos humanos se

---

1235 GONZÁLEZ CUSSAC, J.L., "Delitos contra el patrimonio y el orden socioeconómico (y XIII): Receptación y blanqueo de capitales", en GONZÁLEZ CUSSAC, J.L. (coord.), *Derecho penal. Parte especial,* 7ª Edición, Tirant lo Blanch, Valencia, 2022, pp. 542-543.

justifica plenamente dentro de la estrategia europea[1236]. La prohibición frontal y directa de comercializar productos provenientes de violaciones de derechos humanos elimina cualquier argumento que pueda considerar estas acciones como conductas neutrales o actos comunes de comercio. Al contrario, dichas conductas se convierten en comportamientos ilegales que, a sabiendas, permiten que quienes cometen violaciones de derechos humanos se lucren y perpetúen estas prácticas. Por tanto, equiparar la incorporación consciente de estos productos a la cadena de valor con el delito de receptación fortalece el marco jurídico para sancionar penalmente estas acciones. De forma similar a como ocurre con el blanqueo de capitales, podríamos considerar que la incorporación en la cadena de suministros de productos obtenidos mediante graves vulneraciones de derechos humanos no es otra cosa que una sofisticación del delito de receptación[1237].

Este modelo penaliza no solo el aprovechamiento consciente de productos de origen delictivo, sino también la indiferencia empresarial frente a signos evidentes de riesgo, reflejando una cultura de cumplimiento deficiente. Así, convierte en responsabilidad penal no solo el acto de adquirir productos ilícitos, sino también la falta de controles preventivos exigibles por las normas de diligencia debida.

[1236] Para nuestra adaptación del modelo de la receptación al marco de la diligencia debida, nos hemos basado en la propuesta de DOPICO GÓMEZ-ALLER. Véase DOPICO GÓMEZ-ALLER, J., "El blanqueo del producto de la violación empresarial de derechos humanos: prohibición y criminalización", en VIOQUE GALIANA, L.M. (coord.), *Verdes y justas: responsabilidad penal y diligencia debida en las organizaciones multinacionales*, Volumen I, BOE, Madrid, 2025, pp. 143-170.

[1237] En este sentido con respecto al delito de blanqueo de capitales y la receptación, FERRÉ OLIVÉ, J.C., *El delito de blanqueo de dinero*, Tirant lo Blanch, Valencia, 2024, p. 23.

Propuesta de tipo penal: Delito de incorporación de productos obtenidos mediante violaciones de derechos humanos a la cadena de suministro

La persona jurídica que, en el curso de sus actividades comerciales, adquiera, importe, distribuya o comercialice productos o materias primas a sabiendas de que han sido obtenidos mediante violaciones graves de derechos humanos, será penalmente responsable conforme a lo dispuesto en este artículo.

Se considerarán conductas típicas las siguientes:

a) La adquisición o importación de productos obtenidos mediante trabajo forzoso, esclavitud, explotación infantil o cualquier otra forma de vulneración grave de derechos humanos.

b) La distribución, venta o comercialización en el mercado nacional o internacional de tales productos.

El delito se configura cuando:

Exista conocimiento efectivo por parte de la empresa del origen ilícito de los productos; o bien,

En virtud de sus obligaciones de diligencia debida, la empresa debió conocer razonablemente dicho origen y no adoptó las medidas necesarias para evitar su incorporación a la cadena de suministro.

Las personas jurídicas deberán contar con mecanismos adecuados de identificación, evaluación y prevención de riesgos en sus cadenas de suministro. La omisión de estas obligaciones, especialmente en sectores de alto riesgo, podrá ser considerada como negligencia grave y determinará la imputación penal.

El modelo de receptación adaptado al contexto de la diligencia debida presenta una serie de virtudes relevantes. En primer lugar, permite imputar penalmente a las empresas por conductas de aprovechamiento económico consciente de prácticas violatorias de derechos fundamentales, rompiendo así la aparente neutralidad del comercio con bienes de origen ilícito. A través de este mecanismo, se refuerza el principio de coherencia normativa entre el Derecho penal y el Derecho económico de la sostenibilidad, y se desincentiva el incentivo empresarial a mirar hacia otro lado ante prácticas como el trabajo forzoso o la esclavitud.

Además, este modelo es plenamente compatible con la lógica de intervención subsidiaria del Derecho penal, en tanto se limita a conductas especialmente reprochables —la adquisición de productos con conocimiento efectivo de su origen ilícito— o a situaciones de grave negligencia frente a riesgos razonablemente identificables mediante mecanismos adecuados de diligencia debida. Por ello, constituye una herramienta útil para complementar el marco regulador del *Reglamento (UE) 2024/3015*, dotando a los Estados de una base penal que garantice el cumplimiento efectivo de la prohibición de comercialización de productos fabricados con trabajo forzoso.

Sin embargo, este modelo presenta también algunos límites. El primero se refiere al estándar probatorio exigido: la necesidad de acreditar el conocimiento efectivo o la negligencia grave plantea desafíos probatorios importantes, especialmente en cadenas de suministro opacas, fragmentadas y situadas en jurisdicciones con escasa trazabilidad o transparencia. Asimismo, el riesgo de expansión descontrolada del tipo penal puede surgir si no se delimitan con claridad los criterios para valorar cuándo una empresa "debió conocer" el origen ilícito del producto, pudiendo dar lugar a una forma de responsabilidad excesivamente objetiva o retrospectiva.

Por último, este modelo, aunque útil para sancionar el aprovechamiento directo de bienes ilícitos, no resulta apto para abordar otras formas de incumplimiento sistémico o estructural en materia de diligencia debida, como las omisiones organizativas previas o las reacciones inadecuadas ante riesgos conocidos. Por ello, su valor radica más como complemento que como pilar central del sistema penal de protección de los derechos humanos en el ámbito empresarial.

Conclusiones

1. La diligencia debida en derechos humanos no puede entenderse como una mera extensión del concepto tradicional de *due diligence* corporativa, sino que constituye una figura jurídica híbrida que combina elementos del Derecho internacional de los derechos humanos con prácticas propias del mundo empresarial. Esta fusión ha dado lugar a un modelo normativo autónomo, caracterizado por su naturaleza de obligación de medios orientada a no causar daño, equiparable en ciertos aspectos a las obligaciones de prevención impuestas a los Estados.

Sin embargo, al incorporar exigencias operativas del ámbito corporativo, la diligencia debida en derechos humanos no se limita a ofrecer pautas programáticas, sino que establece estándares normativos concretos sobre cómo deben estructurarse y actuar las empresas para evitar impactos negativos. Esta evolución refleja un cambio de paradigma, donde el respeto a los derechos humanos deja de ser un objetivo externo o residual, para convertirse en un principio estructural de la gestión empresarial y un criterio transversal que debe integrarse en las decisiones estratégicas, en la gobernanza interna y en toda la cadena de valor.

2. La diligencia debida en derechos humanos representa una evolución cualitativa respecto de los modelos tradicionales de cumplimiento normativo y RSC. Mientras que el *compliance* clásico se centra en la prevención de riesgos internos que afectan directamente a la empresa —como los derivados de la conducta de sus empleados o directivos—, la diligencia debida amplía el foco hacia los riesgos que las actividades empresariales generan sobre terceros, en particular trabajadores,

comunidades locales y el medio ambiente de las cadenas productivas globales (*stakeholders*). En este nuevo marco, la prevención de impactos negativos se configura como una obligación jurídica activa y externa, vinculada a los efectos de la empresa en su entorno, no solo a su seguridad jurídica interna.

El Derecho global, a través de instrumentos de *soft law*, ha sido clave en esta transformación, estableciendo expectativas normativas que han sido progresivamente positivadas en el Derecho interno. Al mismo tiempo, la RSC ha dejado de ser un mecanismo voluntario para integrarse en sistemas de cumplimiento con efectos jurídicos. La transparencia, en este contexto, adquiere una función estructural que se aproxima al régimen de información financiera y permite auditar las prácticas empresariales en sostenibilidad con criterios objetivos.

Esta redefinición del cumplimiento normativo fortalece la posibilidad de imputación penal, al establecer con claridad qué se exige a las empresas para prevenir violaciones de derechos humanos. La inacción, el diseño inadecuado de los sistemas de prevención o su implementación deficiente pueden justificar una respuesta jurídica que incluya, en los supuestos más graves, la sanción penal.

3. En el contexto empresarial contemporáneo, el concepto de "derechos humanos" ha sido progresivamente absorbido por el paradigma más amplio de la sostenibilidad. A lo largo de esta investigación se ha constatado que la diligencia debida en derechos humanos ya no se limita al respeto de derechos laborales o civiles fundamentales, sino que abarca también la protección del medio ambiente y la gobernanza corporativa, en línea con la integración de los criterios ESG.

Este proceso de expansión normativa y conceptual refleja un cambio estructural en las expectativas que pesan sobre las empresas: no basta con evitar violaciones directas de derechos humanos, sino que deben anticipar y gestionar de forma sistemática sus impactos en dimensiones interconectadas como el clima, la biodiversidad o la equidad social. Los marcos regulatorios han asumido esta evolución, exigiendo a las empresas estructuras de gobernanza más transparentes, sistemas de evaluación de riesgos más complejos y mecanismos de control interno que permitan una supervisión efectiva a lo largo de toda la cadena de valor.

La sostenibilidad se convierte así en el eje vertebrador del nuevo modelo de diligencia debida. Las empresas deben ser capaces de identificar cómo sus operaciones inciden en contextos socioambientales vulnerables, y de traducir esa información en estrategias adaptadas a sus riesgos específicos. De lo contrario, se exponen no solo a sanciones jurídicas, sino a pérdidas reputacionales y restricciones en el acceso a financiación responsable. Por el contrario, aquellas que integren de forma efectiva los principios de sostenibilidad estarán mejor posicionadas para cumplir con sus obligaciones legales y consolidar modelos de negocio resilientes y socialmente legítimos.

4. La diligencia debida en derechos humanos constituye una herramienta normativa eficaz para revertir el proceso de desresponsabilización que ha caracterizado a las grandes corporaciones, en particular en el ámbito de los grupos empresariales con estructuras complejas y transnacionales. Frente a la fragmentación jurídica que permite a las matrices disociarse formalmente de los impactos generados por sus filiales, la diligencia debida impone una lógica de control estructural, que exige a las empresas matrices ejercer influencia efectiva allí donde se generan riesgos significativos.

La separación de personalidades jurídicas y el principio de responsabilidad limitada han sido históricamente utilizados para eludir la rendición de cuentas por violaciones de derechos humanos cometidas por filiales situadas en jurisdicciones con escasa capacidad regulatoria. Frente a ello, la diligencia debida exige a las matrices el diseño e implementación de mecanismos de supervisión, evaluación y respuesta frente a los riesgos derivados de la actividad de las entidades que integran el grupo. No se trata de imputar responsabilidad por el simple vínculo societario, sino de exigir deberes positivos de control cuando existe capacidad real de influir o dirigir las operaciones que generan impactos negativos.

Este modelo reequilibra las relaciones de poder dentro del grupo empresarial, corrige distorsiones generadas por el abuso de estructuras legales opacas y permite restablecer una imputación material allí donde antes imperaba la impunidad formal. En suma, impone deberes concretos de vigilancia a quien realmente se beneficia y controla las operaciones en contextos de alto riesgo.

5. La diligencia debida en derechos humanos impone obligaciones específicas en el marco de las cadenas globales de suministro, cuya complejidad funcional y dispersión geográfica plantean retos distintos a los de los grupos empresariales. En este contexto, la gobernanza descentralizada, la falta de trazabilidad y la opacidad operativa facilitan la dilución de responsabilidades y la tolerancia de abusos en eslabones periféricos, especialmente en sectores de alto riesgo y en regiones con baja capacidad institucional.

El estudio realizado en esta obra demuestra que las obligaciones de diligencia debida deben ajustarse a la posición concreta que ocupa la empresa en la cadena de valor, así como a los riesgos inherentes a su sector. No existe un modelo único. Al contrario, las exigencias deben personalizarse en función del tipo de actividad, la proximidad al daño y el grado de influencia efectiva sobre los proveedores directos e indirectos. La adopción de protocolos genéricos o estandarizados resulta insuficiente. Las empresas deben identificar los eslabones más vulnerables, diseñar mecanismos específicos de evaluación, y priorizar acciones allí donde los impactos negativos sobre derechos humanos o el medio ambiente sean más probables o graves.

Esta personalización obliga a desarrollar mecanismos dinámicos de revisión y mejora continua, capaces de adaptarse a la evolución del riesgo y a los cambios operativos. La eficacia del modelo depende de su capacidad para ajustarse a la realidad de cada sector y de cada relación comercial, garantizando así un cumplimiento sustantivo —y no meramente formal— de las obligaciones empresariales. En esta línea, la diligencia debida debe entenderse como un sistema dual de obligaciones: *ex ante*, orientadas a la identificación, evaluación y prevención de riesgos; y *ex post*, centradas en la mitigación de daños ya producidos, la implementación de planes correctivos y la reparación efectiva. Solo la integración equilibrada de ambas dimensiones permite construir una responsabilidad corporativa creíble, jurídicamente exigible y ajustada a las capacidades operativas reales de cada empresa.

6. La identificación sistemática de los impactos negativos más recurrentes en las cadenas globales de suministro permite establecer una vinculación directa entre la gravedad de dichos impactos y el alcance de las responsabilidades empresariales en el marco de la diligencia debida. Sectores como el textil, agrícola o extractivo, especialmente en regiones con baja capacidad institucional o regímenes regulatorios laxos, concentran violaciones graves como el trabajo forzoso, la explotación infantil, condiciones laborales indignas o la degradación ambiental.

Estas vulneraciones no se limitan al ámbito laboral, sino que afectan también de forma significativa a derechos medioambientales, al acceso a recursos naturales o al derecho a un entorno saludable, generando impactos severos sobre comunidades locales, desplazamientos forzados o pérdida de medios de vida.

El modelo de diligencia debida debe ajustarse a estas particularidades sectoriales y geográficas, atendiendo a factores agravantes como la corrupción, los conflictos armados o la ausencia de mecanismos de supervisión. Por ello, las empresas están obligadas a adoptar enfoques diferenciados que integren la evaluación contextual del riesgo y la proporcionalidad de sus medidas preventivas y reactivas. No basta con una identificación abstracta de riesgos: es necesario implementar mecanismos eficaces de prevención, mitigación y reparación, ajustados a la gravedad y probabilidad de los daños.

Además, el monitoreo constante y la transparencia en la rendición de cuentas son condiciones necesarias para garantizar la efectividad de las medidas adoptadas. Solo una supervisión sostenida en el tiempo y la puesta en marcha de mecanismos de reparación confiables permiten asegurar que las empresas respondan adecuadamente a los impactos producidos en sus operaciones o en las de sus socios comerciales.

En definitiva, una comprensión precisa de los riesgos y patrones de afectación permite a las empresas afinar sus estrategias de diligencia debida, tanto para prevenir violaciones como para reforzar su cumplimiento normativo y ético en contextos complejos y de alta exposición.

7. El concepto de complicidad empresarial en violaciones de derechos humanos requiere una redefinición que se adecúe a las dinámicas actuales de la economía global. La noción tradicional, centrada en la colaboración entre empresas y Estados represores, ha quedado obsoleta frente a un contexto en el que muchas vulneraciones se producen sin intervención estatal directa, especialmente en las cadenas globales de suministro. En este nuevo escenario, son las propias estructuras corporativas, sus decisiones estratégicas y sus omisiones de control las que posibilitan y perpetúan esas violaciones.

Tal como se ha argumentado a lo largo de esta obra, muchas prácticas empresariales generan impactos graves —como trabajo forzoso, explotación infantil o condiciones laborales inhumanas— sin necesidad de una connivencia con el poder público. Por ello, es necesario ampliar el concepto de complicidad para incluir supuestos en los que la empresa no participa activamente en el daño, pero lo facilita o lo permite mediante un incumplimiento grave de sus obligaciones de diligencia debida.

La propuesta desarrollada en esta investigación defiende un modelo de complicidad basado en la omisión, esto es, la falta de adopción de medidas razonables y exigibles para prevenir o mitigar impactos previsibles. Este enfoque no exige acreditar la relación directa con los autores materiales del daño ni una participación dolosa, sino que se centra en la existencia de una obligación jurídica incumplida. El incumplimiento de los deberes de diligencia debida —cuando éstos derivan de una normativa clara y exigible— se convierte así en el núcleo del injusto penal.

Este nuevo marco criminológico permite una imputación más ajustada a la realidad operativa de las grandes corporaciones, donde la descentralización, la fragmentación de responsabilidades y la subcontratación hacen ineficaz el modelo clásico de coautoría o participación. Así, la responsabilidad penal empresarial por complicidad no se fundamenta ya en la colaboración consciente con los autores del daño, sino en la creación o mantenimiento de entornos de riesgo que favorecen su comisión. En definitiva, esta nueva tipología ofrece herramientas más eficaces para atribuir responsabilidad penal en contextos de violaciones estructurales de derechos humanos, superando las limitaciones del modelo tradicional.

8. En esta obra se ha identificado que las normativas vinculantes sobre diligencia debida en derechos humanos pueden agruparse en dos grandes estrategias jurídicas con el objetivo compartido de garantizar que las empresas respeten los derechos fundamentales en el desarrollo de sus actividades. Estas estrategias son: (i) las normativas basadas en la transparencia, y (ii) las normativas de conducta. Ambas beben de los *Principios Rectores* y las *Directrices de la OCDE*, pero difieren en su grado de exigencia normativa y en la forma en que atribuyen responsabilidad a las empresas.

Las normativas basadas en la transparencia obligan a las empresas a informar públicamente sobre sus prácticas en materia de derechos humanos y sostenibilidad, sin imponer directamente la implementación de medidas específicas. Su lógica es indirecta: al exigir rendición de cuentas, presionan a las empresas para que adopten medidas de diligencia debida. Sin embargo, su eficacia depende de la capacidad de la sociedad civil, los consumidores y los inversores para ejercer control social, ya que no incluyen consecuencias jurídicas inmediatas por la falta de acción efectiva.

En contraste, las normativas de conducta incorporan tanto obligaciones de información como deberes sustantivos de actuación. Exigen que las empresas lleven a cabo procesos concretos de identificación, prevención, mitigación y reparación de impactos negativos sobre los derechos humanos y el medio ambiente. Este enfoque, que caracteriza a las leyes más recientes y ambiciosas en la materia, permite un control más riguroso y sanciona el incumplimiento no solo por omisión formal, sino también por fallos estructurales en los sistemas de gestión de riesgos.

La comparación de ambas estrategias permite concluir que las normativas de conducta son más efectivas para garantizar un comportamiento empresarial responsable. A diferencia de los marcos centrados únicamente en la transparencia, estas normativas imponen deberes concretos cuya inobservancia puede generar responsabilidad administrativa o penal. No obstante, para maximizar su eficacia, es esencial que los requisitos de información estén alineados con las obligaciones de conducta, evitando contradicciones o duplicidades que dificulten su aplicación práctica.

En definitiva, la tendencia normativa más prometedora es la que integra deberes de transparencia con obligaciones sustantivas de prevención y corrección. Esta aproximación equilibrada no solo fortalece el marco jurídico de la diligencia debida, sino que también consolida una cultura empresarial basada en la gestión proactiva de los riesgos y el respeto efectivo de los derechos humanos.

9. La configuración normativa de la diligencia debida en derechos humanos ha dado lugar a un marco jurídico suficientemente detallado como para permitir su traslación al ámbito del Derecho penal. A diferencia de fases anteriores en las que predominaban formulaciones indeterminadas de responsabilidad social corporativa, los marcos actuales —especialmente a partir de la *Directiva CSDDD*— establecen obligaciones precisas y exigibles para las empresas. Esta evolución normativa reduce considerablemente los problemas de legalidad y tipicidad que en el pasado dificultaban la intervención penal.

La consolidación de estándares jurídicamente vinculantes, tanto a nivel nacional como supranacional, permite identificar con claridad los deberes organizativos de las empresas, así como los riesgos previsibles cuya omisión puede activar la responsabilidad. Esta base normativa resulta esencial para justificar una intervención penal proporcionada, centrada no en sancionar cualquier incumplimiento formal, sino en castigar aquellas omisiones estructurales que permiten o perpetúan violaciones graves de derechos humanos o daños ambientales irreparables.

Desde esta perspectiva, el desarrollo normativo de la diligencia debida se convierte no solo en una herramienta de prevención, sino también en un criterio técnico-jurídico para definir los supuestos en los que la reacción penal es legítima. Esta evolución abre el camino hacia un nuevo modelo de imputación penal que, sin abandonar las garantías propias del Estado de Derecho, permite responder de forma eficaz a los desafíos planteados por las cadenas productivas globales y las nuevas formas de criminalidad empresarial.

10. En contextos marcados por una gobernanza estatal débil, baja fiscalización y ausencia de recursos institucionales efectivos —como ocurre en muchas regiones proveedoras del

Sur Global—, el Derecho penal interno puede desempeñar un papel esencial como herramienta para reforzar el cumplimiento normativo por parte de las empresas. En estos entornos, los mecanismos administrativos o civiles suelen resultar insuficientes para asegurar que las empresas adopten medidas organizativas eficaces para prevenir violaciones de derechos humanos en sus cadenas de suministro.

La amenaza de una sanción penal clara frente a los incumplimientos más graves de las obligaciones de diligencia debida actúa como incentivo para que las empresas no toleren ni ignoren riesgos estructurales. Esta función no debe entenderse como una respuesta meramente punitiva, sino como una forma de corregir los incentivos negativos que permiten externalizar el coste de las vulneraciones hacia regiones con menor capacidad de regulación.

El reproche penal se justifica así no por la producción de un daño en sí misma, sino por la omisión estructural de medidas organizativas adecuadas que permitirían prevenirlo. En este sentido, el Derecho penal actúa como última ratio, no sustituyendo los mecanismos administrativos, sino reforzándolos allí donde éstos resultan inoperantes. Especialmente en sectores o regiones de alto riesgo, su función es la de cerrar espacios de impunidad, impulsar cambios organizativos y proteger los derechos fundamentales allí donde el Estado de origen no puede o no quiere hacerlo.

11. A diferencia del marco penal nacional, el DPI ha prestado escasa atención a la responsabilidad de las empresas multinacionales por su participación o complicidad en violaciones graves de derechos humanos. Desde Núremberg, el DPI se ha centrado casi exclusivamente en líderes estatales e individuos concretos, omitiendo el papel estructural que las corporaciones han desempeñado en numerosos crímenes internacionales, especialmente en contextos de conflicto armado o violencia estructural.

Doctrinas como la de los "actos neutrales" han permitido justificar la ausencia de responsabilidad penal empresarial, incluso cuando las acciones u omisiones de las compañías han facilitado violaciones sistemáticas. Esta concepción ha servido de escudo para empresas que operan en escenarios de alto riesgo sin adoptar medidas eficaces de prevención.

La evolución normativa en materia de diligencia debida ofrece, en este sentido, una vía para superar las limitaciones del DPI. Al establecer deberes positivos claros de prevención, supervisión y corrección, la diligencia debida permite identificar con precisión omisiones graves que habilitan la responsabilidad penal, incluso en ausencia de participación directa. Este cambio permitiría desplazar el foco desde la intención subjetiva de individuos concretos hacia los defectos estructurales organizativos de las personas jurídicas, eliminando la posibilidad de alegar neutralidad o desconocimiento.

Incorporar estos estándares en el desarrollo de un DPIE ampliaría las capacidades del sistema internacional para combatir la impunidad corporativa y proteger de forma más eficaz los derechos fundamentales frente a dinámicas empresariales globales que hoy escapan al control penal efectivo.

12. El Derecho penal constituye una herramienta idónea para sancionar los incumplimientos graves de las obligaciones de diligencia debida en derechos humanos, especialmente cuando estos se manifiestan como fallos estructurales dentro de organizaciones empresariales complejas. No obstante, su utilización exige una delimitación rigurosa de los supuestos que justifican la intervención penal, reservándola a los casos en que el incumplimiento ha tenido un impacto significativo sobre bienes jurídicos fundamentales, como la vida, la integridad física, la dignidad o el medio ambiente.

En esta obra se ha defendido que el reproche penal debe dirigirse especialmente a aquellos incumplimientos que revelan un defecto grave de organización, esto es, una omisión sistémica de los deberes de prevención, supervisión y respuesta frente a riesgos previsibles. No se trata de penalizar formalmente cualquier omisión en la gestión del riesgo, sino de identificar aquellas que, por su intensidad y relevancia, constituyen una infracción sustancial del deber de diligencia debida. En este sentido, el Derecho penal debe centrarse en las omisiones organizativas que permiten o toleran de forma estructural la afectación grave de derechos humanos, especialmente cuando se han producido daños concretos o ha existido una actitud de indiferencia reactiva.

La intervención penal debe, por tanto, construirse sobre la lógica de imputación estructural propia del Derecho penal económico, que desplaza el foco desde el autor individual hacia la entidad corporativa como unidad funcional autónoma. Esto implica sancionar a la persona jurídica en tanto que ha fallado en su deber legal de organizarse de manera adecuada para evitar la producción de daños graves. La culpabilidad no se vincula a la intención subjetiva de una persona física, sino a la ausencia de una cultura organizativa y de mecanismos efectivos que permitan identificar, prevenir y corregir las violaciones sistemáticas de derechos humanos.

De este modo, el Derecho penal no se opone a los mecanismos administrativos sancionadores, sino que se complementa con ellos, actuando como última ratio frente a los incumplimientos más graves, persistentes o deliberados. La intervención penal debe operar como un incentivo para que las empresas adopten una cultura de cumplimiento robusta, basada en la anticipación y gestión proactiva de los riesgos. Solo así podrá consolidarse un modelo de responsabilidad corporativa que sea coherente con las exigencias del Estado de Derecho y con los principios fundamentales de protección de la dignidad humana.

13. Tras analizar los límites del modelo tradicional de "delito corporativo" para sancionar las vulneraciones de derechos humanos en el marco empresarial, se ha planteado la necesidad de

adaptar diferentes modelos de imputación penal centrados en el defecto organizativo como núcleo del injusto. Esta propuesta parte del reconocimiento de que las estructuras de las empresas multinacionales —caracterizadas por la descentralización operativa, la fragmentación jurídica y la complejidad transnacional de sus cadenas productivas— dificultan gravemente la atribución de responsabilidad a personas físicas individuales mediante esquemas dogmáticos clásicos.

Frente a esta insuficiencia, en esta obra se han propuesto diversos modelos de imputación penal para la persona jurídica, que permiten reconstruir el injusto desde una lógica organizativa y funcional. Estos modelos desplazan el foco desde la autoría individual hacia la responsabilidad sistémica de la entidad, entendida como unidad de imputación autónoma. El eje común de estos enfoques es que no se requiere necesariamente una identificación personalizada del autor, sino la constatación de un fallo estructural que permita imputar directamente el incumplimiento grave de las obligaciones de diligencia debida a la organización empresarial.

Entre los distintos modelos expuestos, el que mayor coherencia ofrece con la lógica del Derecho penal económico contemporáneo es el modelo de la culpa reactiva. Este enfoque permite imputar penalmente a la empresa por su inacción o respuesta inadecuada tras la constatación de un riesgo o la materialización de un daño, especialmente cuando la empresa tenía conocimiento del problema y omitió adoptar medidas eficaces para corregirlo y evitar su repetición. Esta forma de responsabilidad no se fundamenta únicamente en la omisión previa de medidas preventivas, sino en la falta de una reacción diligente *ex post,* lo que revela una tolerancia estructural hacia la afectación de derechos fundamentales.

El modelo de culpa reactiva se articula sobre una lógica de "justicia dialogada" entre la empresa y la autoridad. Este enfoque no solo permite sancionar a quienes persisten en incumplimientos graves, sino que también incentiva positivamente a las empresas a implementar procesos de investigación, corrección y reparación en contextos de crisis. Así, la respuesta penal se convierte en un instrumento de transformación organizativa, más que en una herramienta meramente punitiva, reforzando el papel del Derecho penal como garante de los estándares mínimos de legalidad y responsabilidad en el ámbito corporativo transnacional

14. En definitiva, la evolución del marco jurídico de la diligencia debida en derechos humanos refleja un cambio estructural en la relación entre empresa y sociedad. Este nuevo paradigma exige que las actividades económicas no se conciban como neutras o meramente técnicas, sino como procesos con un impacto normativo profundo sobre las condiciones de vida, dignidad y libertad de las personas. En este contexto, el Derecho —y en particular el Derecho penal— ya no puede ignorar los riesgos inherentes a las decisiones corporativas globales. El conjunto de propuestas desarrolladas en esta obra permite reconstruir un modelo de imputación que, sin abandonar las garantías fundamentales del Estado de Derecho, hace posible responder de forma efectiva a los desafíos contemporáneos de la responsabilidad empresarial.

Bibliografía

ABBOTT, K.W./SNIDAL, D., "Hard and *Soft law* in International Governance", *International Organization–Cambridge University Press,* Vol. 54, No. 3, 2000

ADAM, J., *Die Strafbarkeit juristischer Personen im Völkerstrafrecht,* NOMOS, Baden-Baden, 2015

ALARCÓN SOTOMAYOR, L., "Los confines de las sanciones: en busca de la frontera entre Derecho penal y Derecho administrativo sancionador", *Revista de Administración Pública,* Nº 195, 2014

ALLAIN, J., "125 años de abolición: el Derecho de la esclavitud y la explotación humana", en PÉREZ ALONSO, E. (Dir.), *El Derecho ante las formas contemporáneas de esclavitud,* Tirant lo Blanch, Valencia, 2017

ALONSO ÁLAMO, M., "Bien jurídico penal: más allá del constitucionalismo de los derechos", *Estudios Penales y Criminológicos,* vol. XXIX, 2009, pp. 61-105

ALTVATER, E., "Fordist and post-fordist international division of labor and monetary regimes", en SCOTT, A.J./STORPER, M. (eds.), *Pathways to Industrialization and Regional Development,* Routledge, London, 1992, pp. 19 y ss

ÁLVAREZ GARCÍA, F.J., *Sobre el principio de legalidad,* Tirant lo Blanch, Valencia, 2009

ÁLVAREZ VIZCAYA, M., "El deber de vigilancia de las empresas matrices: a propósito de la ley francesa de 27 de marzo de 2017", en VIOQUE GALIANA, L.M. (coord.), *Verdes y justas: responsabilidad penal y diligencia debida en las organizaciones multinacionales,* Volumen I, BOE, Madrid, 2025.

AMBOS, K., "Responsabilidad penal internacional de las empresas: una aproximación desde la perspectiva de la praxis jurídica", en AMBOS, K./LAURA BÖHM, M., *Empresas transnacionales y graves violaciones de derechos humanos en América latina,* Tirant lo Blanch, Valencia, 2020

AMBOS, K., *Derecho penal internacional económico,* Thomson Reuters, Navarra, 2018

AMBOS, K., *La parte general del Derecho penal internacional. Bases para una elaboración dogmática,* Traducción de MALARINO, E., Konrad-Adenauer-Stiftung E. V, Berlin, 2005

ANTRÀS, P./CHOR, D., "Global value chains", *Handbook of International Economics,* Volume 5, 2022

APARICIO TOVAR, J./VALDÉS DE LA VEGA, B., "Sobre el concepto de responsabilidad social de las empresas. Un análisis europeo comparado", *Cuadernos de Relaciones Laborales,* Vol. 27, núm. 1, 2009

ARENAL LORA, L., *Crímenes económicos en* Derecho internacional*: Propuesta de una nueva categoría de crímenes contra la humanidad,* Aranzadi, Pamplona, 2019

ARGANDOÑA, A./ISEA SILVA, R., "*ISO26000,* una guía para la responsabilidad social de las organizaciones", *Cuadernos de la Cátedra "la Caixa" de Responsabilidad Social de la Empresa y Gobierno Corporativo,* nº 11, junio de 2011

ARROYO JIMENEZ, L., "Introducción a la autorregulación", en ARROYO JIMÉNEZ, L./NIETO MARTÍN, A., *Autorregulación y Sanciones,* Segunda edición, Thomson Reuters Aranzadi, Navarra, 2015

ARROYO ZAPATERO, L., "La «conspiracy» norteamericana y los límites de la leal cooperación jurídica internacional: Una cuestión de garantías penales. El ejemplo de Núremberg", en JAREÑO LEAL, Á., et. al. (coord.), *Las garantías penales: un homenaje a Javier Boix Reig,* Iustel, 2021, pp. 55-61

ARROYO ZAPATERO, L., "Principio de legalidad y reserva de ley en materia penal", *Revista Española de Derecho Constitucional,* Año 3, Núm. 8, mayo-agosto de 1983, pp. 9-46

ARROYO ZAPATERO, L., "Control constitucional del Derecho y de la Justicia penal", *Cuadernos de Política Criminal,* n.º 17, 1982, pp. 385-405

AULA, I., "La diligencia debida como herramienta de prevención del conflicto en la República Democrática del Congo", *Revista CIDOB d'Afers Internacionals,* 2020, nº 125, pp. 61-85

AUVERGNON, P., "El establecimiento de un deber de vigilancia de las empresas transnacionales, o como no dejar que los zorros cuiden libremente del gallinero mundial", *Lex Social: Revista De Derechos Sociales, 10*(2), 2020

BACKER, L.C., "Multinational Corporations, Transnational Law: The United Nation's Norms on the Responsibilities of Transnational Corporations as Harbinger of Corporate Responsibility in International Law", *Columbia Human Rights Law Review,* Vol. 37, 2005

BAJO FERNÁNDEZ, M., "El contenido de injusto en el delito de quiebra. Observaciones sobre una reciente corriente jurisprudencial", Anuario de Derecho penal y ciencias penales, Tomo 26, Fasc/Mes 3, 1973, pp. 533-564

BAJO FERNÁNDEZ, M., *Derecho penal económico aplicado a la actividad empresarial,* Civitas, Madrid, 1978

BALLESTEROS MOYA, V., *Actores no estatales y responsabilidad internacional del Estado,* J.B. Bosch, Barcelona, 2016

BAMBERGER, K.A., "Regulation as Delegation: Private Firms, Decision making, and Accountability in the Administrative State", *Duke Law Journal,* 2006, vol. 56, pp. 380 y ss

BANCO MUNDIAL, *Informe sobre el desarrollo mundial. El comercio al servicio del desarrollo en la era de las cadenas de valor mundiales: Panorama general,* Banco Internacional de Reconstrucción y Fomento–Banco Mundial, 2020

BARAÑANO CID, M., "Contexto, concepto y dilemas de la responsabilidad social de las empresas transnacionales europeas: una aproximación sociológica", *Cuadernos de relaciones laborales,* Vol. 27, Nº 1, 2009

BARDEL, D., "Aproximación al desarrollo de la responsabilidad social empresarial en la Unión Europea: rendición de cuentas y normas de Derecho internacional privado", *Revista de Estudios Europeos,* Nº 73, enero-junio 2019, pp. 34-65

BARNARD, C., *The Functions of the Executive,* Harvard University Press, Cambridge, 1938; CLARK, J.M., *Social Control of Business,* McGraw-Hill, New York and London, 1939

BARNARD, C./DEAKIN, S., "Market access and regulatory competition", *Jean Monnet Working Paper,* nº 9/01, 2001

BASSIOUNI, C., "Revisiting the architecture of crimes against humanity", en SADAT, L. (ed.), *Forging a convetion for crimes against humanity,* Cambridge University Press, New York, 2011, pp. 43-58

BATALLER GRAU, J., "Noción, objeto y fuentes de la responsabilidad social y la sostenibilidad", en BATALLER GRAU, J./BOQUERA MATARREDONA, J. (Dir.), *Responsabilidad social y sostenibilidad. El marco de actuación de la empresa,* Tirant lo Blanch, Valencia, 2023

BAYLOS GRAU, A.P., "El derecho de huelga", en MARTÍN JIMÉNEZ/VICENTE SEMPERE, N., *El modelo social en la Constitución española de 1978,* Ministerio de Trabajo e inmigración, Subdirección General de Publicaciones, Madrid, 2003, pp. 585-614

BAYLOS GRAU, A.P., "Libertad sindical", en BAYLOS GRAU, A.P./FLORENCIO THOMÉ, C./GARCÍA SCHWARZ, R./CASAS BAAMONDE, M.E., *Diccionario internacional de derecho del trabajo y de la seguridad social*, Tirant lo Blanch, Valencia, 2014

BAYLOS, GRAU A.P., "Un instrumento de regulación: Empresas transnacionales y acuerdos marco globales", *Cuadernos de Relaciones Laborales*, 27, núm. 1, 2009, pp. 107-125

BEAN, B.W./MACGUIDWIN, E.H., "Unscrewing the Inscrutable: The UK Bribery Act 2010", Indiana International & Comparative Law Review, Vol. 23, nº. 1, 2013, pp. 63-109

BECK, U., *La Sociedad del Riesgo: Hacia una Nueva Modernidad*, traducción de NAVARRO, J./JIMÉNEZ, D./BORRÁS, Mª.R., Paidós, Barcelona, 1998

BERGKAMP, P.A., "Models of Corporate Supply Chain Liability", *Jura Falconis Jg.* 55, 2018–2019, number 2, pp. 198-199

BERNAT, I./WHYTE, D., "State-Corporate Crimes", en RORIE, M.L., *The Handbook of White-Collar Crime*, John Wiley & Sons, Inc., New Jersey, 2020, pp. 127-139

BERNAZ, N., "Corporate Criminal Liability under International Law", *Journal of International Criminal Justice*, 13, 2015, pp. 313-330

BESSON, S., *Due diligence in International Law*, translated by Sévrine Knuchel, BRILL-NIJHOFF, Leiden/Boston, 2023

BIERI, F., *From Blood Diamonds to the Kimberley Process: How NGOs Cleaned Up the Global Diamond Industry*, Routledge, New York, 2016

BILCHITZ, D./DEVA, S. "The Human Rights Obligations of Business: A Critical Framework for the Future", en BILCHITZ, D./DEVA, S. (eds.), *Human Rights Obligations of Business: Beyond the Corporate Responsibility to Respect?*, Cambridge University Press, Cambridge, 2013

BIRKEY, R. N./GUIDRY, R.P./ISLAM, M.A./PATTEN, D.M., "Mandated Social *Disclosure*: An Analysis of the Response to the California Transparency in Supply Chains Act of 2010", *Journal of Business Ethics*, Volume 152, 2018, pp. 827-841

BLACH, J., "Menschenrechtsschutz durch Billigkeitshaftung Konzeptionelle Überlegungen zur Haftungsverfassung von Wertschöpfungsketten", CCZ, 1-2/2022, pp. 13-20

BLACH, J., "Zum Kommissionvorschlag einer. Verordnung über das Verbo von Produkten, die mit Zwangsarbeit hergestellt wurden", CCZ, 11/2022

BLAIR, M./STOUT, L., "A Team Production Theory of Corporate Law", *Virginia Law Review,* Vol. 85, No. 2, Mar., 1999, pp. 247-328

BLANCO CORDERO, I., "La prevención del blanqueo de capitales", en NIETO MARTÍN, A. (Dir.), *Manual de cumplimiento penal en la empresa,* Tirant lo Blanch, Valencia, 2015

BLANCO CORDERO, I., "Responsabilidad penal de la sociedad matriz por los delitos cometidos en el grupo de empresas", en RODRÍGUEZ GARCÍA, N./RODRÍGUEZ LÓPEZ, F. (coord.), *"Compliance" y responsabilidad de las personas jurídicas,* Tirant lo Blanch, Valencia, 2021

BLANCO PÉREZ-RUBIO, L., "Obligaciones de medios y obligaciones de resultado: ¿tiene relevancia jurídica su distinción?", *Cuadernos de Derecho Transnacional,* Vol. 6, Nº 2, 2014, pp. 50-74

BLASCO GASCÓ, F. de P., *Instituciones de Derecho civil. Contratos en particular, cuasi contratos y Derecho de daños,* Tirant lo Blanch, Valencia, 2016

BLOOMFIELD, M./LEBARON, G., "The UK *Modern Slavery Act*: Transparency through *disclosure* in Global Governance", *E-International Relations,* 2018.

BLUMBERG, P.I., *The Multinational Challenge to Corporation Law: The Search for a New Corporate Personality,* Oxford University Press, New York-Oxford, 1993

BÖHM, M.L., "Dificultades normativas para el abordaje de la actividad empresarial transnacional violatoria de derechos humanos en América Latina. Reflexiones criminológicas sobre la función penal en contextos de violencia estructural", en AMBOS, K./BÖHM, M.L. (eds.), *Empresas transnacionales y graves violaciones de derechos humanos en América Latina,* Tirant lo Blanch, Valencia, 2020

BOHOSLAVSKY, J.P./FERNÁNDEZ, K./SMART, S., (eds.) *Complicidad económica con la dictadura chilena. Un país desigual a la fuerza,* LOM Ediciones, Santiago de Chile, 2019

BOIX, I., "El Acuerdo Marco Global de *Inditex,* una práctica de Acción Sindical Global", *CCOO Industria,* 2019

BOTERO GÓMEZ, S., *Las empresas transnacionales y los derechos humanos,* Tirant lo Blanch, Ciudad de México, 2019

BOWEN, H.R. *Social responsibilities of businessman,* Harper & Brothers, New York, 1953

BOWEN, H.R., *Social Responsibilities of the Businessman,* University of Iowa Press, 2013 edition

BRABANT, S./MICHON, C./SAVOUREY, E., "The Vigilance Plan, Cornerstone of the Law on the Corporate Duty of Vigilance", *International Review of Compliance and Business Ethics*, nº 50, 2017

BRAITHWAITE, J., "Corporate Crime and Republican Criminological Praxis", en PEARCE, F./SNIDER, L., (eds.), *Corporate Crime: Contemporary Debates*, University of Toronto Press, Toronto, 1995, pp. 48-71.

BREINING-KAUFMANN, C., "The legal matrix of human rights and trade law", en COTTIER, T./PAUWELYN, J./BÜRGI, E. (eds.), *Human Rights and International Trade*, Oxford University Press, 2005

BRENNAN, T., "Debt and default in 18th-century Champagne", en SAFLEY, T.M. (ed.), *The History of Bankruptcy. Economic, social and cultural implications in early modern Europe*, Routledge, New York, 2013, pp. 34-51

BUCKLEY, P.J./MUNJAL, S./ENDERWICK, P./FORSANS, N. (2016), "Do Foreign Resources Assist or Impede Internationalisation? Evidence from Internationalisation of Indian Multinational Enterprises", *International Business Review*, 25 (1A), February, pp. 130-140

BUCKLEY, P.J./SUTHERLAND, D./VOSS, H./EL-GOHARI, A., (2015), "The Economic Geography of Offshore Incorporation in Tax Havens and Offshore Financial Centres: The Case of Chinese MNEs", *Journal of Economic Geography*, 15 (1), January, pp. 103-128

BURGERS, L., "Private Rights of Nature", *Transnational Environmental Law*, 11:3, 2022, pp. 463-474

BÜTHE, T./MATTLI, W., *The New Global Rulers: The Privatization of Regulation in the World Economy*, Princeton University Press, New Jersey, 2011, pp. 1-41

CALIGARIS, C., "The Global Accumulation of Capital and Ground-Rent in 'Resource Rich' Countries", en CHARNOCK, G./STAROSTA, G. (eds.), *The New International Division of Labour Global Transformation and Uneven Development*, Palgrave Macmillan, London, 2016

CALVO SOLER, R., "Aspectos conceptuales para el desarrollo de una justicia y unas prácticas restaurativas corporativas", en NIETO MARTÍN, A./CALVO SOLER, R., (coords.), *Justicia restaurativa empresarial. Un modelo para armar*, Reus, Madrid, 2023

CAMACHO GARCÍA, A.T./PALLAS PALLAS, E., "Aportación de los errores latentes a los desastres de sistemas", *Investigación: cultura, ciencia y tecnología*, nº 11, 2014

CAMPOS, A./VAN HUIJSTEE, M./THEUWS, M., *From moral responsibility to legal liability? May 2015 Repórter Brasil & SOMO Modern day slavery conditions in the global garment supply chain and the need to strengthen regulatory frameworks: The case of Inditex-Zara in Brazil,* Stichting Onderzoek Multinationale Ondernemingen (SOMO), 2015

CANO LINARES, A., "Comercio de minerales, conflictos armados y derechos humanos: hacia un abastecimiento responsable de minerales procedentes de zonas de conflicto", en DÍAZ BARRADO, C.M., RODRÍGUEZ BARRIGÓN, J.M., PEREIRA COUTINHO, F. (Dir.), *Las empresas transnacionales en el* Derecho internacional *contemporáneo,* Tirant lo Blanch, Valencia, 2019

CANTÚ RIVERA, H., "Evaluando los Principios Rectores sobre empresas y derechos humanos a dos años de su adopción", *Revista Internacional de Derechos Humanos,* nº3, 2013

CARBALLO DE LA RIVA, M., "Aproximación histórica a la trata de seres humanos: elementos conceptuales y debates históricos", en *Explotación, esclavitud y trata de seres humanos. Historia, debates y limitaciones jurídicas,* Tirant lo Blanch, Valencia, 2021, pp. 17-80

CARDONA BARBER, A., "Las consecuencias jurídicas reparadoras", en NIETO MARTÍN, A./CALVO SOLER, R., (coords.), *Justicia restaurativa empresarial. Un modelo para armar,* Reus, Madrid, 2023

CARDONA, M., "Explotación de recursos naturales y la protección internacional de derechos humanos", *Tiempo de Paz,* nº 136, primavera de 2020, pp. 25-33

CARLOS DE OLIVEIRA, A.C, "La naturaleza jurídica de las obligaciones de diligencia debida frente a los clientes y socios de negocio", en VIOQUE GALIANA, L.M. (coord.), *Verdes y justas: responsabilidad penal y diligencia debida en las organizaciones multinacionales,* Volumen I, BOE, Madrid, 2025

CARLOS DE OLIVEIRA, A.C., "La cooperación público-privada para la prevención del blanqueo de capitales. La inclusión activa del sector privado en las tareas de prevención de los delitos financieros", *La Ley Compliance Penal,* nº. 8, 2022

CARLOS DE OLIVEIRA, A.C., *Los deberes de colaboración en el blanqueo de capitales. Contexto normativo, fundamentos y límites,* Altier, Barcelona, 2023

CARLYON, O./BEER, L.A., "Who does fire safety legislation apply to in England and Wales and what is a Fire Risk Assessment?", *Fieldfisher,* April 15, 2024.

CARO CORIA, D., "Derechos humanos, *compliance* e industrias extractivas en América Latina", en LAURA BÖHM, M./AMBOS, K., *Empresas transnacionales y graves violaciones de derechos humanos en América latina,* Tirant lo Blanch, Valencia, 2020, pp. 115-143

CARROL, A.B., "Corporate Social Responsibility: Evolution of a Definitional Construct", *Business & Society, 38*(3), 1999

CARROL, A.B., "The pyramid of corporate social responsibility: Toward the moral management of organizational *stakeholders*", *Business Horizons,* Volume 34, Issue 4, July-August 1999, pp. 39-48

CARROLL, A.B., "A three-dimensional conceptual model of corporate social performance", *Academy of Management Review,* nº 4, 1979

CASHORE, B./POHNAN, E./STONE, M.W., "Impact of Globalization on forest users: trends and opportunities", en HANSEN, E./PANWAR, R./VLOSKY, R., *The Global Forest Sector: Changes, Practices, and Prospects,* Taylor & Francis Group, Boca Raton, 2014, pp. 15-40

CASSEL, D., "The Third Session of the UN Intergovernmental Working Group on a Business and Human Rights Treaty", *Business and Human Rights Journal,* Vol. 3, Nº. 2, 2018

CASSESE, A., *Estudio del impacto de la ayuda y asistencia económica extranjera en el respeto de los derechos humanos en Chile,* ECOSOC, Comisión de Derechos Humanos, 3 de agosto de 1978

CASSESE, A., *Pensando en derechos humanos. Reflexiones desde el* Derecho internacional, traducción de GONZÁLEZ IBÁÑEZ, J., Berg Institute, Madrid, 2020

CASSESE, S., *La globalización jurídica,* traducción de ORTEGA, L./MARTÍN DELGADO, I./GALLEGO CÓRCOLES, I., Instituto Nacional de Administración Pública, Marcial Pons, Ediciones Jurídicas y Sociales, Madrid y Barcelona, 2006

CAVALLARO, J. (et. Al.), "Communiqué to the Office of the Prosecutor of the International Criminal Court Under Article 15 of the Rome Statute on the Situation in Nauru and Manus Island: Liability for crimes against humanity in the detention of refugees and asylum seekers", *Stanford Law School,* February 14, 2017.

CAVALLER, M., *La Cámara de Comercio Internacional. Una breve historia,* International Chamber of Commecer (ICC), París, 2020

CAVICCHIOLI, C./HANNEZO, E./JAÏS, J.C., "French Duty of Vigilance Law: first decision on the merits rendered by a French Court", *Linklaters,* December 6, 2023.

CERVERA VALLTERRA, M., "Democratic Republic of Congo: perverse effects of globalization on failed state", *Anuario Español de* Derecho internacional, vol. 30, 2014.

CHERNOW, R., *Titan: the life of John D. Rockefeller, Sr.*, Warner Books, New York, 1998

CHIARA MARULLO, M., "El *Alien Tort Claims Act* de 1789: Su contribución en la protección de los derechos humanos y reparación para las víctimas", *ICIP Working Papers*, nº 1, 2014

CHILOSI, A./DAMIANI, M., "*Stakeholders* vs. shareholders in corporate governance", *MPRA Paper*, nº 2334, 2007

CHINKIN, C., "Monism and Dualism: The Impact of Private Authority on the Dichotomy Between National and International Law", en NIJMAN, J.E./NOLLKAEMPER, A. (eds.), *New Perspectives on the Divide Between National and International Law*, Oxford University Press, New York, 2007

CHITI, E., "Managing the ecological transition of the EU: the European Green Deal as a regulatory process ", *Common Market Law Review*, 59, 2022, pp. 19-48

CITERONI, N., "International economic crimes in the Rome Statute? Reflections on multilevel enforcement of international criminal law", *Studies on Enforcement in Multilevel Regulatory Systems*, Nomos Verlagsgesellschaft mbH & Co. KG, 2022

CLAPHAM, A.,"State responsibility, corporate responsibility, and complicity in human rights violations", en BOMANN-LARSEN/WIGGEN, O. (eds.), *Responsibility in World Business. Managing Harmful Side-effects of Corporate Activity*, United Nations Press, Ney York, 2004, pp. 50-81

CLAPHAM, A.,"The Question of Jurisdiction Under International Criminal Law Over Legal Persons: Lessons from the Rome Conference on an Intemational Criminal Court", en KAMMINGA, M.T./ZIA-ZARIFI, S. (eds.), *Liability of Multinational Corporations Under International Law*, Kluwer Law International, Den Haag, 2000, pp. 139-195

CLAPHAM, A., *Human Rights Obligations of Non-State Actors*, Oxford University Press, New York, 2006

CLAPHAM, A./GAETA, P./SASSÒLI, M. (eds.), *The 1949 Geneva Conventions: A Commentary*, Oxford Commentaries on International Law, Ney York, 2015

CLAPHAM, A./JERBI, S., "Categories of Corporate Complicity in Human Rights Abuses", *Hastings International and Comparative Law Review*, Volume 24, nº3, Spring 2001, pp. 339-349.

COBBING, M./VICAIRE, Y., *Destino cero: siete años desintoxicando la industria de la moda, Greenpeace,* Berlin, 2018

COBBING, M./WOHLGEMUTH, V./PANHUBER, L., *Los trapos sucios de SHEIN: Un modelo de negocio basado en las sustancias químicas peligrosas y la destrucción medioambiental, Greenpeace,* Berlin, 2022

COHEN-TANUGI, L., "¿Acaba Trump de poner fin al *compliance*?", *El Grand Continent,* 13 de febrero de 2025.

CONNOLLY, W.E., *The Terms of Political Discourse,* Princeton University Press, New Jersey, 1993

CORIAT, B., "The revitalization of mass production in the computer age", en SCOTT, A.J./STORPER, M. (eds.), *Pathways to Industrialization and Regional Development,* Routledge, London, 1992, pp. 121-140.

COTEÑO MUÑOZ, A., "La complicidad empresarial en crímenes internacionales a la luz del Estatuto de Roma (a propósito del Caso *Lafarge*)", *Eunomía. Revista en Cultura de la Legalidad,* 2022, nº 22, pp. 188-209.

CRANE, A./MATTEN, D./GLOZAR, S./SPENCE, L.J, *Business ethics: managing corporate citizenship and sustainability in the age of globalization,* Fifth Edition, Oxford University Press, Oxford, 2019.

CRESSENT, C., *La responsabilité pénale des personnes morales pour violations graves du droit international,* HAL open science, Droit. Université de Lille, 2024.

CRETA, V. M., "The search for justice in the former Yugoslavia and beyond: analyzing the rights of the accused under the statute and the rules of procedure and evidence of the international criminal tribunal for the former Yugoslavia", *Houston Journal of International Law,* 20(2), 1997, pp. 381-418.

DAM-DE JONG, D., "Ignorantia facti excusat? The viability of *due diligence* as a model to establish international criminal accountability for corporate actors purchasing natural resources from conflict zones", en ENNEKING, L (et. Al.), *Accountability, International Business Operations, and the Law Providing Justice for Corporate Human Rights Violations in Global Value Chains,* Routledge, New York, 2020

DARNACULLETA GARDELLA, M.M., "¿Qué es el Derecho global? Una visión desde el Derecho público", en NIETO MARTÍN, A./GARCÍA MORENO, B. (Dir.), *Ius Puniendi y Global Law: hacia un Derecho penal sin estado,* Tirant lo Blanch, Valencia, 2019

DARNACULLETA GARDELLA, M.M., "La producción de normas en un mundo global", en ARROYO JIMÉNEZ, L./MARTÍN DELGADO, I./ MEIX CERECEDA, P. (Dir.), *Derecho público global: fundamentos, actores y procesos,* Iustel, Madrid, 2020

DARNACULLETA I GARDELLA, M.M., "La autorregulación regulada en la doctrina anglosajona y continental europea", en ARROYO JIMÉNEZ, L./NIETO MARTÍN, A., *Autorregulación y Sanciones,* Segunda edición, Thomson Reuters Aranzadi, Navarra, 2015

DAVIES, J., "Oil shocked: a microhistory of the first days of the energy crisis, October 16-27, 1973", *Australasian Journal of American Studies,* Vol. 33, No. 1, Special Issue: America in the 1970s, July 2014, pp. 51-72

DAVIS, J./SCHOORMAN, F.D./DONALDSON, L., "Toward a Stewardship Theory of Management", *The Academy of Management Review,* Vol. 22, No. 1, Jan., 1997, pp. 20-47

DAVIS, K., "Can Business Afford to Ignore Social Responsibilities?", *California Management Review,* 1960, nº 2, pp. 70-76

DAVITTI, D., "On the Meanings of International Investment Law and International Human Rights Law: The Alternative Narrative of *Due diligence*", *Human Rights Law Review,* Volume 12, Issue 3, September 2012, pp. 421-445

DE AZCÁRRAGA BUSTAMANTE, J.L., "Algunas reflexiones en torno al siniestro del "Torrey Canyon", *Anuario Hispano-Luso-Americano de Derecho internacional,* Nº3, 1967, pp. 165-184

DE GEORGE, R.T., "The Myth of Corporate Social Responsibility; Ethics and International Business" en J.W. HOUCK, J.W./WILLIAMS, O.F. (eds.), *Is the good corporation dead? Social responsibility in a global economy,* Rowman & Littlefield Publishers, Maryland, 1996

DE JONGE, A., *Transnational Corporations and International Law: Accountability in the Global Business Environment,* Edward Elgar Publishing, Ney York, 2011

DE LA CUERDA, M., "Los comportamientos neutrales: La necesaria revisión del business as usual", en VIOQUE GALIANA, L.M. (coord.), *Verdes y justas: responsabilidad penal y diligencia debida en las organizaciones multinacionales,* Volumen I, BOE, Madrid, 2025

DE LA CUERDA MARTÍN, M., *Responsabilidad penal y negocios estándar: los casos del asesor fiscal y del abogado,* BOE, Madrid, 2023

DE LA DEHESA, G., *Comprender la globalización,* Alianza Editorial, Madrid, 2000

DE LA VEGA JUSTRIBÓ, B., "Sostenibilidad y derechos humanos: hacia la responsabilidad empresarial por incumplimiento de la diligencia debida", en CHIARA MARULLO, M./SALES PALLARÉS, L./ZAMORA CABOT, F.J. (Dir.), *Empresas transnacionales, derechos humanos y cadenas de valor: nuevos desafíos*, COLEX, A Coruña, 2023, pp. 157-166

DE LAURI, A., "The Absence of Freedom. Debt, Bondage and Desire among Pakistani Brick Kiln Workers", *Journal of Global Slavery*, 2(1-2), 2017, pp. 122-138

DE PAZ ARIAS, J.M., "Las normas europeas de información sobre sostenibilidad. Un primer análisis de la *NEIS* 1", *Revista Jurídica Pérez-Llorca*, nº 11, mayo de 2024, pp. 54-73

DE SCHUTTER, O., "The Challenge of Imposing Human Rights Norms on Corporate Actors", en DE SCHUTTER, O. (Ed.), *Transnational Corporations and Human Rights*, Hart Publishing, Portland, 2006

DE VICENTE MARTÍNEZ, R., *Los delitos contra los derechos de los trabajadores*, Tirant lo Blanch, Valencia, 2008

DELGADO DÍAZ, J.P., "El rol criminal de empresas en las dictaduras chilena y argentina, algunas consideraciones jurídico penales para su persecución", en VIOQUE GALIANA, L.M. (coord.), *Verdes y justas: responsabilidad penal y diligencia debida en las organizaciones multinacionales*, Volumen II, BOE, Madrid, 2025

DELLA MORTE, G., "Victims in international law: an overview", en FORTI, G. (ed. In chief), *Victims and Corporations. Legal Challenges and Empirical Findings*, Wolters Kluwer Italia S.r.l., Milan, 2018

DEMETRIO CRESPO, E., "Presentación: Vulneración de Derechos Humanos por empresas multinacionales", en DEMETRIO CRESPO, E./ NIETO MARTÍN, A. (DIR.), *Derecho penal económico y Derechos Humanos*, Tirant lo Blanch, Valencia, 2018

DEMETRIO CRESPO, E., *Responsabilidad penal por omisión del empresario*, Iustel, Madrid, 2009

DEVA, S., "Bhopal: the saga continues 31 years on", en BAUMANN-PAULY, D./NOLAN, J., Business and Human Rights: From Principles to Practice, Routledge, New York, 2016, pp. 49-54

DEVA, S., "Guiding Principles on Business and Human Rights: Implications for Companies", *European Company Law*, Vol. 9, No. 2, 2012

DEVA, S., "Treating human rights lightly: a critique of the consensus rhetoric and the language employed by the Guiding Principles", en DEVA, S./ BILCHITZ, D., *Human Rights Obligations of Business. Beyond the Corporate Responsibility to Respect?*, Cambridge University Press, New York, 2013

DI VETTA, G., *La responsabilità de reato degli enti nella dimensione transnazionale,* G. Giappichelli Editore, Torino, 2023

DIAGO DIAGO, M.ª P., "El control del comercio internacional de los minerales de conflicto: Reglamento (UE) 2017/821 por el que se establecen obligaciones en materia de diligencia debida en la cadena de suministro de estaño, tantalio y wolframio, sus minerales y oro", *Diario La Ley,* Nº 9099, Sección Tribuna, 14 de diciembre de 2017

DIAGO DIAGO, M.P., "El comercio internacional de diamantes: sistema de certificación del Proceso Kimberley", *Cuadernos de Derecho Transnacional,* Vol. 1, Nº 1, 2009, pp. 72-91

DIAGO DIAGO, Mª.P., "Minerales y diamantes de conflicto: mecanismo de control y diligencia debida en tiempos de ODS", *Cuadernos Europeos de Deusto,* nº 63, 2020, pp. 153-182

DÍAZ BARRADO, C.M., "Sustainable development goals: a principle and several dimensions", en DURÁN Y LALAGUNA, P./DÍAZ BARRADO, C.M./FERNÁNDEZ LIESA, C.R., (eds.), *International society and sustainable development goals,* Thomson Reuters Aranzadi, Navarra, 2016, pp. 49-72

DÍAZ REVORIO, F.J., "Derechos humanos y derechos de la naturaleza: a la búsqueda de un fundamento común", en RUIZ DORADO, M., (ed.), *Interculturalidad, derechos de la naturaleza, paz: valores para un nuevo constitucionalismo,* Tirant lo Blanch, Valencia, 2020, pp. 115-158

DICKEN, P., "The Centre of Gravity Shifts: Transforming the Geographies of the Global Economy", en *Global Shift. Mapping the Changing Contours of the World Economy,* 7th edition, SAGE Publications Ltd, London, 2014, pp. 13-46

DOBSON, A., "Corporate Manslaughter: International Perspectives", *International Journal of Research in Business and Management,* Vol. 2, No. 3, July 2020, pp. 55-62.

DONALDSON, T./PRESTON, L.E., "The stakeholder theory of the corporation: Concepts, evidence and implications", *Academy of Management Journal,* nº 16(2), 1995, pp. 312-322

DOPICO GÓMEZ-ALLER, J., "El blanqueo del producto de la violación empresarial de derechos humanos: prohibición y criminalización", en VIOQUE GALIANA, L.M. (coord.), *Verdes y justas: responsabilidad penal y diligencia debida en las organizaciones multinacionales,* Volumen I, BOE, Madrid, 2025

DOPICO GÓMEZ-ALLER, J., "¿Responsabilidad penal de personas jurídicas por absorción de sociedades? A la vez, algunas consideraciones constitucionales al hilo del caso Santander-Popular (SAN n.º 246/2019, de 30 de abril)", en VALIENTE IVAÑEZ, V./RAMÍREZ MARTÍN, G., *Un modelo integral de Derecho penal. Libro homenaje a la profesora Mirentxu Corcoy Bidasolo*, Agencia Estatal Boletín Oficial Del Estado, Madrid, 2022, pp. 573-588

DOPICO GÓMEZ-ALLER, J., "La responsabilidad penal de las personas jurídicas", en DE LA MATA BARRANCO (et. al.), *Derecho penal económico y de la empresa*, Dykinson, 2024

DOPICO GÓMEZ-ALLER, J., *Omisión e injerencia en Derecho penal*, Tirant lo Blanch, Valencia, 2006

DOWELL-JONES, M., "Investors: models and strategies for engaging with human rights", en BAUMANN-PAULY, D./NOLAN, J. (eds), *Business and Human Rights: From Principles to Practice*, Routledge, London, 2016, pp. 297-314

DURÁN LÓPEZ, F., "El derecho de huelga en la doctrina del Tribunal Europeo de Derechos Humanos", *Temas Laborales*, núm. 145/2018, pp. 317-326

DUTHILLEUL, A./DE JOUVENEL, M., *Evaluation de la mise en œuvre de la loi n°2017-399 du 27 mars 2017 relative au devoir de vigilance des sociétés mères et des entreprises donneuses d'ordre*, Conseil général de l'économie, de l'industrie, de l'énergie et des technologies (CGEIET), 2020

EBBESSON, J./HEY, E., *The Cambridge Handbook of the Sustainable Development Goals and International Law*, Cambridge University Press, Cambridge, 2022; ELLIOTT, J., *An Introduction to Sustainable Development*, 4TH edition, Routledge, New York, 2013

EHRMANN, E., "Der Regierungsentwurf für das Lieferkettengesetz: Erläuterung und erste Hinweise zur Anwendung", *Zeitschrift für Vertriebsrecht (ZvertriebsR)*, 2021, Heft 3, pp. 141-150

EKKENGA, J./SCHIRRMACHER, C./SCHNEIDER, B., "Offene Fragen zur rechtlichen Steuerung nachhaltigen Unternehmertums", *Neue Juristische Wochenschrift (NJW)*, nº 21, 2021

ENNEKING, L., "The Netherlands Country Report", en *Study on due diligence requirements through the supply chain PART III: COUNTRY REPORTS*, Publications Office of the European Union, 2020

ESTEVE MOLTÓ, J.E, "La estrecha interdependencia entre la criminalidad de las empresas transnacionales y las violaciones al Derecho internacional de los derechos humanos y del medio ambiente: lecciones del caso Bhopal", *Revista Electrónica de Estudios Internacionales (REEI)*, nº 32, 2016

ESTEVE MOLTÓ, J.E., "Empresas y responsabilidades penales internacionales en caso de conflictos armados: las lagunas del Plan de Acción Nacional", en MÁRQUEZ CARRASCO, C. (Dir.), *El I Plan de Acción Nacional sobre Empresas y Derechos Humanos de España: Evaluación, Seguimiento y Propuestas de Revisión*, Thomson Reuters, Navarra, 2019

ESTEVE MOLTÓ, J.E., "The Impunity Veil of Transnational Corporations: The Judicial Saga of Bhopal", en CHIARA MARULLO, M./ ZAMORA CABOT, F.J. (Coord.), *Empresas y derechos humanos: temas actuales*, Editoriale Scientifica, Nápoles, 2018

ESTEVE PARDO, J., "El reto de la autorregulación o como aprovechar en el sistema jurídico lo que se gesta extramuros del mismo. Mito y realidad del Caballo de Troya", en ARROYO JIMÉNEZ, L./NIETO MARTÍN, A., *Autorregulación y Sanciones*, Segunda edición, Thomson Reuters Aranzadi, Navarra, 2015

ESTEVE PARDO, J., *Autorregulación. Génesis y efectos*, Aranzadi, Navarra, 2002

ESTEVE PARDO, J., *Principios de Derecho regulatorio. Sectores económicos de interés general y regulación de riesgos*, Marcial Pons, Madrid, 2021

EYK, S.V., *The OECD Declaration and Decisions Concerning Multinational Enterprises. An Attempt to Tame the Shrew*, Ars Aequi Libri, Nijmegen, 1995

EZROW, N.M./FRANTZ, E., *Failed States and Institutional Decay: Understanding Instability and Poverty in the Developing World*, Bloomsbury Academic, New York, 2013

FAHED SALEH AL-KHATIB, S., "Strategic logistics outsourcing: upstream-downstream supply chain comparison", *Journal of Global Operations and Strategic Sourcing*, Vol. 10, N.º 3, 2017, pp. 309-333

FAHED SALEH AL-KHATIB, S., *Strategic Logistics Outsourcing: Integrated Models for Evaluating and Selecting Logistics Service Providers (LSPs). Upstream/Downstream Supply Chain Comparison*, Doctoral thesis, Liverpool John Moores University, 2015

FALL, P.L./MOUNIR ZAHRAN, M., *United Nations corporate partnerships: The role and functioning of the Pacto Global*, United Nations, Joint Inspection Unit, Ney York, 2010

FAUCHERE, B., "La responsabilidad social de las empresas y los códigos de conducta ¿nuevos retos o viejos debates?", *Lan harremanak: Revista de relaciones laborales*, nº 14, 2006

FEENEY, P., "Business and Human Rights: The Struggle for Accountability in the UN and the Future Direction of the Advocacy Agenda", *Sur International Journal of Human Rights*, Vol. 6, No. 11, December 2009

FEIJOO SÁNCHEZ, B., "Fortalezas, debilidades y perspectivas de la responsabilidad penal de las sociedades mercantiles", en ONTIVEROS ALONSO, M., (coord.), *La responsabilidad penal de las personas jurídicas*, Tirant lo Blanch, Valencia, 2014

FEIL, M., *Global Governance and Corporate Responsibility in Conflict Zones*, Palgrave Macmillan, London, 2012

FELLER, A./SHUNK, D./CALLARMAN, T., "Value Chains Versus Supply Chains", *BPTrends*, March 2006

FERNÁNDEZ GAZTEA, J./MUÑOZ FERNÁNDEZ, A., "Comply or explain in the EU, or the new human rights reporting obligation: an analysis of directive 2014/95/EU", *Cuadernos de Derecho Transnacional*, Vol. 9, No 1 (2017), pp. 285-299

FERNÁNDEZ MARTÍNEZ, S., "Las líneas directrices de la OCDE para las empresas multinacionales y su puesta en práctica por los puntos nacionales de contacto", *Lex Social Revista Jurídica de los Derechos Sociales*, Vol. 10 Núm. 2, 2020, pp. 101-129

FERNÁNDEZ TERUELO, J.G., "El control de la responsabilidad penal de la persona jurídica a través de los modelos de cumplimiento: Las condiciones legales establecidas en el art. 31 bis 2 y ss. CP", en GÓMEZ COLOMER, J.L. (Dir.), *Tratado sobre compliance penal. Responsabilidad penal de las personas jurídicas y modelos de organización y gestión*, Tirant lo Blanch, Valencia, 2019, pp. 181 y ss.

FERRÉ OLIVÉ, J.C., *El delito de blanqueo de dinero*, Tirant lo Blanch, Valencia, 2024

FISSE, B./BRAITHWAITE, J., *Corporations, crime and accountability*, Cambridge University Press, Cambridge, 1993

FITZMAURICE, M., "*Due diligence* in the Use of International Watercourses", en PETERS, A./KRIEGER, H./KREUZER, L. (eds.), *Due diligence in the International Legal Order*, Oxford University Press, Oxford, 2020

FOCARELLI, C., "La sostenibilità nel diritto internazionale: spunti dalla prassi più recente", *Rivista di Diritti Comparati*, nº 3, 2022, pp. 339-364

FORCADA BARONA, I., "Derecho internacional, responsabilidad social corporativa y derechos humanos", en DEMETRIO CRESPO, E./NIETO MARTÍN, A. (Dir.), *Derecho penal Económico y Derechos Humanos*, Tirant lo Blanch, Valencia, 2018

FREDERICK, W.C., "Towards CSR: Why ethical analysis is indispensable and unavoidable in corporate affairs", *California Management Review*, nº 28(2), 1986, pp. 126-141

FREEMAN, R.E., *Strategic management: a stakeholder approach*, Pitman, Boston, 1984

FRENCH, D. (Chair)/STEPHENS, T. (Rapporteur), *ILA Study Group on Due diligence in International Law*, First Report, 7 March 2014

FRENCH, D./STEPHENS, T., *ILA Study Group on Due diligence in International Law*, First Report, 7 March 2014

FRIEDMAN, M., "A Friedman doctrine: The Social Responsibility of Business Is to Increase Its Profits", *The New York Times*, September 13, 1970.

FRIEDMAN, M., *Capitalismo y Libertad*, Síntesis, Madrid, 2012

FRONZA, E., "Verso un nuovo diritto penale economico internazionale? L'esempio dell'ecocidio", en DE VICENTE MARTÍNEZ, R. *et al.* (Dir.), *Libro homenaje al Profesor Luis Arroyo Zapatero. Un Derecho penal humanista*, Vol. II, BOE, Madrid, 2022, pp. 1396 y ss.

FSI, *Fragile States Index 2023–Annual Report*, The Fund for Peace, 2023

FUCHS, M., "La Ley de Diligencia Debida en la Cadena de Suministros de Alemania (1)", *La Ley Trabajo y Derecho*, nº 16, noviembre de 2022

GABIUS, K., "Das G in ESG: Herausforderungen durch die Nachhaltigkeitstransformation fur den Aufsichtsrat", *CCZ*, 3/2023, pp. 51-58.

GADE, M., "Home Sweett Home? Sweett Group and the UK Bribery Act", *Columbia Journal of European Law*, April 16, 2016

GALAIN PALERMO, P., "Empresas, derechos humanos y la reacción del Derecho Penal: la necesidad de un concepto amplio de sanción", en GALAIN PALERMO, P./SAAD-DINIZ, E. (eds.), Responsabilidad empresarial, derechos humanos y la agenda del Derecho penal corporativo, Tirant lo Blanch, Valencia, 2021

GALÁN, J.I./SÁENZ DE MIERA, A., "Presentación escrita por los editores", en GALÁN, J.I./SÁENZ DE MIERA, A. (Eds.), *Reflexiones sobre la Responsabilidad Social Corporativa en el siglo XXI*, Ediciones de la Universidad de Salamanca, Salamanca, 2012

GALGANO, F., "Globalizzazione e conglomerazione" en *Contratto e impresa*, CEDAM – PADOVA, 2006, pp. 73 y ss

GALLO, P., "La responsabilidad penal de las `grandes marcas´ por la explotación laboral en los talleres textiles clandestinos de Argentina", en VIOQUE GALIANA, L.M. (coord.), *Verdes y justas: responsabilidad penal y diligencia debida en las organizaciones multinacionales,* Volumen II, BOE, Madrid, 2025

GARCÉS CARTES, E., "El Caso Samarco y principios rectores sobre empresas y derechos humanos", *Revista Tribuna Internacional,* Volumen 9, Nº 17, 2020

GARCÍA ARÁN, M. (dir), *Justicia restaurativa y delincuencia socioeconómica,* Tirant lo Blanch, Valencia, 2021

GARCÍA ESTEBAN, A./PATZ, C. (et. Al.), *Suing Goliath An analysis of civil proceedings brought against EU companies for human rights abuses and environmental harm in their global operations and value chains, and key recommendations to improve access to judicial remedy,* European Coalition for Corporate Justice (ECCJ), Brussels, September 2021

GARCÍA PÉREZ, O., *La punibilidad en Derecho penal,* Aranzadi, Pamplona, 1997

GARRIDO SOTOMAYOR, V., "5 Aniversario del homicidio industrial de *Rana Plaza,* Bangladesh", CCOO Industria, 2018

GARRIDO SOTOMAYOR, V./BOIX LLUCH, I., "La Sostenibilidad solo puede ser global (1)", *La Ley Trabajo y Derecho,* nº 16, noviembre de 2022

GEHLING, C., "Umsetzung des LKSG im Konzern", CCZ, 7-8/2023, pp. 211-220

GELFAND, J., "The Lack of Enforcement in the United Nations Draf Norms", en DE SCHUTTER, O. (Ed.), *Transnational Corporations and Human Rights,* Hart Publishing, Portland, 2006, pp. 313-334

GIL GIL, A./MACULAN, E., "Qué es el Derecho penal internacional", en GIL GIL, A./MACULAN, E. (Dir.), *Derecho penal internacional,* Dykinson, Madrid, 2019

GILLARD, T., "*Transparency is a corner stone of supply chain due diligence, without which companies can´t account to the public, consumers and regulators,* OCDE Publishing, December, 2016

GLASBERGEN, P., "The Question of Environmental Governance", en GLASBERGEN, P. (ed.), *Co-operative Environmental Governance Public-Private Agreements as a Policy Strategy,* Springer Science+Business Media Dordrech, Berlin, 1998, pp. 1-19

GLOBAL COMPACT, "Who Cares Wins. Connecting Financial Markets to a Changing World", Swiss Federal Department of Foreign Affairs/ United Nations, 2004

GLOBAL WITNESS, *An Independent Commissioned Review Evaluating the Effectiveness of the Kimberley Process,* Submitted to the Ad Hoc Working Group on the Review of the Kimberley Process. Endorsed by Global Witness, Gremio ABC, Partnership Africa Canada, London, 2006

GOLDBERG, P.M./KINDLEBERGER, C.P., "Toward a GATT for Investment: A Proposal for Supervision of the International Corporation," *Law and Policy in International Business,* nº. 2, Summer 1970, pp. 295-325

GOLDMAN, H.B., "Between a roc and a hard place: the Republic of Congo's illicit trade in diamonds and efforts to break the cycle of corruption", *University of Pennsylvania Journal of International Law,* 2008, pp. 359-397

GÓMEZ INIESTA, D.J., *El delito de blanqueo de capitales en el Derecho español,* Cedecs Editorial, Barcelona, Primera edición, 1996

GÓMEZ RIVERO, Mª.C., "Delitos contra la seguridad vial", en GÓMEZ RIVERO, Mª.C. (Dir.), Nociones fundamentales de Derecho penal. Parte especial. Volumen I, cuarta edición, Tecnos, Madrid, 2020

GÓMEZ-JARA DÍEZ, C., "El sistema de imputación de responsabilidad penal de las personas jurídicas", en BANACLOCHE PALAO, J./ZARZALEJOS NIETO, J./GÓMEZ-JARA DÍEZ, C., *Responsabilidad penal de las personas jurídicas. Aspectos sustantivos y procesales,* Wolters Kluwer, Madrid, 2011.

GONZÁLEZ CUSSAC, J.L., "Delitos contra el patrimonio y el orden socioeconómico (y XIII): Receptación y blanqueo de capitales", en GONZÁLEZ CUSSAC, J.L. (coord.), *Derecho penal. Parte especial,* 7ª Edición, Tirant lo Blanch, Valencia, 2022.

GORMAN, D., "SDG 17 – The History of Global Partnerships and International Cooperation", en GORMAN, D./GUTMANN, M., *Before the UN Sustainable Development Goals: A Historical Companion,* online edn., Oxford Academic, Oxford, 2022, pp. 504-535

GROSSE, R., "Codes of Conduct for Multinational Enterprises", *Journal of World Trade,* 16/5, 1982

GUAMÁN HERNÁNDEZ, A., "Diligencia debida en derechos humanos y empresas transnacionales: de la ley francesa a un instrumento internacional jurídicamente vinculante sobre empresas y derechos humanos", *Revista Jurídica de los Derechos Sociales,* vol. 8 núm. 2/2018

GUAMÁN HERNÁNDEZ, A., *Diligencia debida en derechos humanos: Posibilidades y límites de un concepto en expansión*, Tirant lo Blanch, Valencia, 2022

GUAMÁN HERNÁNDEZ, A., *TTIP. El asalto de las multinacionales a la democracia*, Akal, Madrid, 2015

GUAMÁN HERNÁNDEZ, A./MORENO GONZÁLEZ, G., *Empresas Transnacionales y Derechos Humanos. La necesidad de un Instrumento Vinculante*, Editorial Bomarzo, Albacete, 2018

GUAMÁN, A./LUQUE GONZÁLEZ, A., "Cadenas de suministro, derechos humanos, Empresas Transnacionales e industria textil: de los AMI a un Instrumento Internacional Jurídicamente Vinculante", *Cuadernos de Relaciones Laborales*, 37(1), 2019

GUTIÉRREZ ENGELMANN, O./VEGA VÁZQUEZ, L./MENA LABARTHE, C./REYES QUEVEDO, Y., "Industria petrolera en transición a la competencia", en COLMENTER, R./ENRÍQUEZ, D., (Coord.), *Transacciones petroleras internacionales en América Latina. Actualización de tendencias en la industria*, Segunda Edición, Tirant lo Blanch, Ciudad de México, 2018, p. 125 y ss.

GUTIÉRREZ GUTIÉRREZ, I., "Estado de Derecho y democracia más allá del Estado", en ARROYO JIMÉNEZ, L./MARTÍN DELGADO, I./ MEIX CERECEDA, P. (Dir.), *Derecho Público Global. Fundamentos, actores y procesos*, Iustel, Madrid, 2020

HAMDANI, K./RUFFING, L., *United Nations Centre on Transnational Corporations. Corporate conduct and the public interest*, Routledge, New York, 2015

HANNOUN, C., "Le devoir de vigilance des sociétés mères et entreprises donneuses d'ordre après la loi du 27 mars 2017", *Droit Social*, 2017, 10, pp. 806 y ss

HARINGS, L./ZEGULA, F., "Die „Lieferkette" als Anknüpfungspunkt der CompHance-Verpflichtungen nach dem LKSG", CCZ, 6/2022, pp. 165-171

HARRIS, K.D., *The California Transparency in Supply Chains. Act A Resource Guide*, California Department of Justice, 2015

HART, M., *Diamond: The History of a Cold-Blooded Love Affair*, Fourth Estate Publishing, Glasgow, 2003

HAST, S., *Spheres of Influence in International Relations History, Theory and Politics*, Routledge, New York, 2014

HAUFLER, V., "The Kimberley Process Certification Scheme: An Innovation in Global Governance and Conflict Prevention ", *Journal of Business Ethics*, N° 89, 2010

HAYNES, J., "The *Modern Slavery Act* (2015): A Legislative Commentary", *Statute Law Review,* Volume 37, Issue 1, February 2016, pp. 33-56

HEINE, G., *Die strafrechtliche Verantwortlichkeit von Unternehmen. Von individuellem Fehlverhalten zu kollektiven Fehlentwicklungen, insbesondere bei Großrisiken,* Nomos Verlagsgesellschaft, Baden-Baden, Berlin, 1995

HEMBACH, H., *Praxisleitfaden Lieferkettensorgfaltspflichtengesetz,* R&W Fachmedien Recht und Wirtschaft, Frankfurt Main, 2022

HERNÁNDEZ ZUBIZARRETA, J., "Empresas transnacionales versus soberanía estatal: modificaciones jurídico-políticas", en *Las empresas transnacionales frente a los derechos humanos: historia de una asimetría normativa,* HEGOA-OMAL, Madrid-Bilbao, 2009, pp. 75-108

HERNÁNDEZ ZUBIZARRETA, J., *Las empresas transnacionales frente a los derechos humanos: historia de una asimetría normativa,* Hegoa-Omal, Bilbao, 2009

HERNÁNDEZ ZUBIZARRETA, J./RAMIRO PÉREZ, P., "*Lex mercatoria* vs. derechos humanos. Las empresas transnacionales y la arquitectura jurídica de la impunidad", *Gaceta sindical: reflexión y debate,* Nº. 26, 2016

HERRANZ DE LA CASA, J.M./GARCÍA CABALLERO, S., "Comprometidos con los ODS: Cómo están comunicando las organizaciones los objetivos de desarrollo sostenible", en HERRANZ DE LA CASA, J.M./ GÓMEZ CIRIANO, E.J. (coord.), *Los objetivos de desarrollo sostenible desde una perspectiva de derechos humanos, el trabajo social y la comunicación,* Tirant lo Blanch, Valencia, 2020, pp. 26-55

HESSBRUEGGE, J., "The Historical Development of the Doctrines of Attribution and *Due diligence* in International Law", *New York University Journal of International Law and Politics (JILP),* Vol. 36, No. 4, 2004, pp. 268 y ss

HOPKINS, A., *Lessons from Longford: The Esso Gas Plant Explosion,* CCH Australia Limited, Sidney, 2000

HOUSE OF LORDS-HOUSE OF COMMONS JOINT COMMITTEE ON HUMAN RIGHTS, *Human Rights and Business 2017: Promoting responsibility and ensuring accountability, Sixth Report of Session 2016–17,* HL PAPER 153 HC 443 Published on 5 April 2017

HÜBNER, L., "Grundlagen der Haftungsmöglichkeiten im nationalen Zivilrecht", en KRAJEWSKI, M./OEHM, F./SAAGE-MAASS, M. (Hrsg.), *Zivil- und strafrechtliche Unternehmensverantwortung für Menschenrechtsverletzungen,* Springer, Berlin, 2018, pp. 13-32

HUMPHREYS, D., "Forest crimes and the international trade in illegally logged timber", en ELLIOT, L./SCHAEDLA, W.H. (eds.), *Handbook of Transnational Environmental Crime,* Edward Elgar Publishing, Nothampton, 2016, pp. 168 y ss

HUMPHREYS, D., *The Remaking of the Mining Industry,* Palgrave Macmillan, London, 2015

HUMPHREYS, M., "Natural Resources, Conflict, and Conflict Resolution Uncovering the Mechanisms", *Journal of Conflict Resolution,* vol. 49, n.° 4, 2005, pp. 508-537

IGLESIAS VÁZQUEZ, M.A., "África y la Justicia Internacional: una agitada relación", *Deusto Journal of Human Rights,* No. 6, 2020, pp. 153-177

ILO, *A global alliance against forced labour. Global Report under the Follow-up to the ILO Declaration on Fundamental Principles and Rights at Work 2005,* International Labour Conference, 93rd Session, Geneva, 2005

ILO, Forced Labour and Human Trafficking: Casebook of Court Decisions, International Labour Organization, Geneva, 2009

ILO, *World Employment and Social Outlook: Trends 2021,* International Labour Office, Geneva, 2021

ILO/IOM, *Global Estimates of Modern Slavery: Forced Labour and Forced Marriage,* International Labour Organization/Walk Free/International Organization for Migration, Geneva, 2022

ILO/UNICEF, "Trabajo infantil. Estimaciones mundiales 2020, tendencias y el camino a seguir", Organización Internacional del Trabajo y Fondo de las Naciones Unidas para la Infancia, 2021

INDEPENDENT REPORT, *Independent review of the Modern Slavery Act: final report (accessible version),* Presented to Parliament by the Secretary of State for the Home Department by Command of Her Majesty, May 2019.

ÍÑIGO ÁLVAREZ, L., "Un paso adelante en la lucha contra la impunidad corporativa: desarrollos del caso *Lafarge*", *Agenda Estado de Derecho,* 1 de febrero de 2023.

INSTITUTO INTERNACIONAL PARA LA UNIFICACIÓN DEL DERECHO PRIVADO, *Principios UNIDROIT sobre los contratos comerciales internacionales,* Roma, 2018

INTERNATIONAL CHAMBER OF COMMERCE, *ICC Guidelines for International Investment,* ICC, Paris, 1972

INTERNATIONAL COMMISSION OF JURISTS, *Corporate Complicity & Legal Accountability Report of the International Commission of Jurists Expert Legal Panel on Corporate Complicity in International Crimes Facing the Facts and Charting a Legal Path. Report of the International Commission of Jurists Expert Legal Panel on Corporate Complicity in International Crimes*, ICJ, Geneva, 2008

INTERNATIONAL LAW COMMISSION, *Articles on Responsibility of States for Internationally Wrongful Acts, Report of the International Law Commission*, 53rd Session, United Nations, 2001, A/56/10,

INTERNATIONAL RESOURCE PANEL, *Global resources Outlook 2019: Natural resources for the future we want*, United Nations Environment Programme, 2019

INTERPOL, *Foresty Crime*, February 2021

INTERPOL, *Global Forestry Enforcement: Strengthening Law Enforcement Cooperation Against Forestry Crime*, April 2019

JACKSON, R., *The Global Covenant. Human Conduct in a World of States*, Oxford University Press, Oxford, 2000

JÄGERS, N.M., "The Legal Status of the Multinational Corporation Under International Law", en ADDO, M.K. (ed.), *Human Rights Standards and the Responsibility of Transnational Corporations*,, BRILL-NIJHOF, Leiden/Boston, 1999, p. 259-270

JAMALI, D., "MNCs and International Accountability Standards through an Institutional Lens: Evidence of Symbolic Conformity or Decoupling", *Journal of Business Ethics*, 2010, vol. 95

JESSBERGER, F./WERLE, G., *Tratado de Derecho penal Internacional*, 3ª edición, Tirant lo Blanch, Valencia, 2017

JESSOP, B., "Fordism and post-fordism: a critical reformulation", en SCOTT, A.J./STORPER, M. (eds.), *Pathways to Industrialization and Regional Development*, Routledge, London, 1992, pp. 42-62

JIMÉNEZ ALEMÁN, A.A., "La tortuosa senda del *soft law* al *hard law* en el sector de la minería", en OVEJERO PUENTE, A.M. (Coord.), *Derechos Humanos y Empresa: Balance y situación actual sobre el cumplimiento de los tres pilares*, Tirant lo Blanch, Valencia, 2020

JIMÉNEZ, D./BERNAT, I./FORERO, A./WHYTE, D./TOMBS, S., "Financiación y criminología del saqueo", en DEMETRIO CRESPO, E./NIETO MARTÍN, A. (Dir.), *Derecho penal Económico y Derechos Humanos*, Tirant lo Blanch, Valencia, 2018

JIMÉNEZ-PIERNAS GARCÍA, A., "La idoneidad de un nuevo tratado multilateral sobre empresas y derechos humanos", en DÍAZ BARRADO, C.M./RODRÍGUEZ BARRIGÓN, J.M./PEREIRA COUTINHO, F. (Dir.), *Las empresas transnacionales en el* Derecho internacional *contemporáneo. Derechos humanos y objetivos de desarrollo sostenible,* Tirant lo Blanch, Valencia, 2020

JIMÉNEZ-PIERNAS GARCÍA, A., "Los ODS y el Plan español de empresas y derechos humanos en su entorno europeo: propuestas de mejora", en MÁRQUEZ CARRASCO, C. (Dir.), *El I Plan de Acción Nacional sobre Empresas y Derechos Humanos de España: Evaluación, Seguimiento y Propuestas de Revisión,* Aranzadi, Navarra, 2019

JOHAN, C./SANGI, R. (Red.), LKSG – *Lieferkettensorgfaltspflichtengesetz: Handkommentar,* Nomos, Berlin, 2023

JOHNSON, H. L., *Business in contemporary society: Framework and issues,* Wadsworth, Belmont, 1971

JONES, A./SUFRIN, B., *EU Competition Law. Text, cases, and materials. Sixth Edition,* Oxford University Press, Oxford, 2016, pp. 112-182

JONES, T. M., "Corporate social responsibility revisited, redefined", *California Management Review,* Spring 1980, pp. 59-67

JOVIC-PRLAINOVIC, O./BELOVIC, J., "Prohibition of Discrimination: Citizenship as a Possible Discrimination Basis," *European Journal of Law Reform,* vol. 18, Issue 3, 2016, pp. 320-338

KAMMERHOFER, J., "Uncertainty in the Formal Sources of International Law: Customary International Law and Some of Its Problems", *European Journal of International Law,* Volume 15, Issue 3, June 2004, pp. 523-553

KATZAROVA, E./ANSART, J., "The Americanization of international anti-corruption. The infuence of the FCPA on the OAS and OECD conventions", en BISMUTH, R./DUNIN-WASOWICZ, J./NICHOLS, P.M., (eds.), *The Transnationalization of Anti-Corruption Law,* Routledge, New York, 2021

KERN, H./SCHUMANN, M., *El fin de la división del trabajo. Racionalización en la producción industrial: situación actual, determinación de las tendencias,* Ministerio de trabajo y seguridad social, Madrid, 1989

KING, B., "The U.N. Global Compact: Responsibility for Human Rights, Labor Relations, and the Environment in Developing Nations", *Cornell International Law Journal,* vol. 34, 2001

KITSIOS, F./KAMARIOTOU, M./TALIAS, M.A., "Corporate Sustainability Strategies and Decision Support Methods: A Bibliometric Analysis", *Sustainability,* 12(2) 521, 2020, pp. 1-21

KLABBERS, J., "The legal position of international organizations", en *An introduction to International Organizations Law,* Third Edition, Cambridge University Press, Cambridge, 2015

KLITGAARD, R., "Public-private collaboration and corruption", en PIETH, M. (ed.), *Collective action: innovative strategies to prevent corruption,* Dike, Zurich, 2012, pp. 41-66

KNIGHT, G./SMITH, J., "The Global Compact and Its Critics: Activism, Power. Relations, and Corporate Social Responsibility", en LEATHERMAN, J. (ed.), *Discipline and Punishment in Global Politics: Illusions of Control,* Palgrave Macmillan, London/New York, 2008, pp. 193 y ss.

KOBERG, E./LONGONI, A., "A systematic review of sustainable supply chain management in global supply chains", *Journal of Cleaner Production,* Volume 207, 10 January 2019, pp. 1084-1098

KOGUT, B., "Multinational Corporations", *International Encyclopedia of the Social & Behavioral Sciences,* Oxford: Pergamon, 2001, pp. 10197-10204

KOTZÉ, L.J., *Global Environmental Constitutionalism in the Anthropocene,* Hart Publishing, Portland, 2015

KOTZÉ, L.J./VILLAVICENCIO CALZADILLA, P. "Somewhere between Rhetoric and Reality: Environmental Constitutionalism and the Rights of Nature in Ecuador", *Transnational Environmental Law,* (2017) 6(3), pp. 401-433.

KRAMER, R.C./MICHALOWSKI, R., *State-Corporate Crime: Wrongdoing at the Intersection of Business and Government,* Rutgers University Press, New Jersey, 2006

KRAMER, R.C./MICHALOWSKI, R./KAUZLARICH, D., "The Origins and Development of the Concept and Theory of State-Corporate Crime", *Crime & Delinquency,* 2002, 48(2), 263-282

KUNTZ, M., *Conceptualising Transnational Corporate Groups for International Criminal Law,* NOMOS, Baden-Baden, 2017

KWOKA, J.E. (ed.), *The antitrust revolution : economics, competition, and policy,* Oxford University Press, New York, 2014

KYRIAKAKIS, J., *Corporations Accountability and International Criminal Law. Industry and Atrocity,* Edward Elgar Publishing, Ney York, 2021, pp. 46-103

LANDAU, I., "Human rights *due diligence* and the risk of cosmetic *compliance*", *Melbourne Journal of International Law,* Issue 1, 2019, pp. 221-248

LASCURAÍN SÁNCHEZ, J.A., "Bien jurídico y objeto protegible", *Anuario de Derecho penal y Ciencias Penales,* Vol. LX, 2007, pp. 119-163

LASCURAÍN SÁNCHEZ, J.A., "Fundamento y límites del deber de garantía del empresario", en TIEDEMANN, K., *Hacia un Derecho penal económico europeo. Jornadas en honor del profesor Klaus Tiedemann,* BOE, Madrid, 1995, pp. 209-227

LASCURAÍN SÁNCHEZ, J.A., "Los delitos contra los derechos de los trabajadores: lo que sobra y lo que falta", *Anuario de Derecho penal y ciencias penales,* Tomo 57, Fasc/Mes 1, 2004, pp. 19-52

LAUFER, W., "A very special regulatory milestone", *University of Pennsylvania Journal of Business Law,* nº2, 2018, pp. 392-428

LAUFER, W., "The missing account of Progressive Corporate Criminal Law", *New York University Journal of Law and Business,* nº 14, 2017, pp. 1-60

LAUTERPACHT, H., *Private law Sources and Analogies of International Law (with special reference to international arbitration),* Longmans Green and Co. LTD., London, 1927

LEANDRO VIEIRA DA COSTA, P./VÁZQUEZ FERNÁNDEZ, A., "¿Qué relación tiene el fenómeno ESG (environmental, social and governance) con la responsabilidad penal de la empresa?", en ORTEGA BURGOS, E. (Dir.), *Actualidad Derecho penal 2023,* Tirant lo Blanch, Valencia, 2023

LEBARON, G./RÜHMKORF, A., "Steering CSR Through Home State Regulation: A Comparison of the Impact of the UK Bribery Act and *Modern Slavery Act* on Global Supply Chain Governance", *Global Policy,* Vol 8 Supp. 3, May 2017, pp. 15-28

LEISINGER, K./CRAMER, A./NATOUR, F., "Making sense of the United Nations Global Compact human rights principles", en RASCHE, A./KELL, G., (eds.), *The United Nations Global Compact Achievements, Trends and Challenges,* Cambridge University Press, Cambridge, 2010

LEÑERO BOHÓRQUEZ, R., "Los sujetos del Derecho Público global", en ARROYO JIMÉNEZ, L./MARTÍN DELGADO, I./MEIX CERECEDA, P. (Dir.), *Derecho público global: fundamentos, actores y procesos,* Iustel, Madrid, 2020

LETNAR ČERNIČ, J., "Corporate Responsibility for Human Rights: A Critical Analysis of the OECD Guidelines for Multinational Enterprises", Hanse Law Review, 4, 2008, pp. 71-102.

LETZA, S./SUN, X./KIRKBRIDE, J., "Share*holding* versus stake*holding*: a critical review of corporate governance", *Corporate Governance*, nº 12(3), 2004, pp. 242-262

LI, Y./MEI, B./LINHARES-JUVENAL, T./FORMENTON CARDOSO, N./ TSHERING, C., "Forest sector contribution to national economies 2015. The direct, indirect and induced effects on value added, employment and labour income", *FAO*, Forestry Working Paper No. 33. Rome, 2022

LIBERTI, L., "OECD 50th anniversary: the updated OECD Guidelines for Multinational Enterprises and the new OECD Recommendation on *Due diligence* Guidance for Conflict-Free Mineral Supply Chains", *Business Law International*, 13(1), 2012, pp. 35-50

LINTHICUM, C./REITENGA, A.L./SÁNCHEZ, J.M., "Social responsibility and corporate reputation: The case of the Arthur Andersen Enron audit failure ", *J. Account. Public Policy*, 29, 2010, pp. 160-176.

LIPPMAN, M., "War Crimes Trials of German Industrialists: The Other Schindlers", *Temple International and Comparative Law Journal*, vol. 9, issue 2, 1995

LOBINGIER, C.S., *The Evolution of the Roman Law: From Before the Twelve Tables to the Corpus Juris*, 2nd Edition, C.S. Lobingier, Omaha, 1923

LÓPEZ LORCA, B., "Sanciones penales y corrupción. Una aproximación desde la legitimidad empresarial", *Eunomía. Revista en cultura de la legalidad*, nº 24, 2023, pp. 345-347

LÓPEZ RUÍZ, F., "El papel de la societas mercatorum en la creación normativa: la *lex mercatoria*", *Cuadernos electrónicos de filosofía del derecho*, Nº. 20, 2010

LÓPEZ, M.V./GARCÍA, A./RODRÍGUEZ, L., "Sustainable Development and Corporate Performance: A Study Based on the Dow Jones Sustainability Index", *Journal of Business Ethics*, volume 75, 2007

LOZANO CONTRERAS, J.F., *La noción de debida diligencia en* Derecho internacional *público*, Atelier, Barcelona, 2007

LOZANO, R. "A holistic perspective on corporate sustainability drivers", *Corporate Social Responsibility and Environmental Management*, 22, 2015 pp. 32-44

LUCKE, K., "States´and Private Actors´Human Rights Obligations", en COTTIER, T./PAUWELYN, J./BÜRGI, E. (eds.), *Human Rights and International Trade*, Oxford University Press, Oxford, 2005

LYON-CAEN, A./SACHS, T., "The Responsibility of Multinational Enterprise. A constitutionalization process", en ROBÉ, J.P./LYON-CAEN, A./VERNAC, S., (Eds.), *Multinationals and the constitutionalization of the world power system*, Routledge, New York, 2016

MACCHI, C., "La aportación de los puntos nacionales de contacto de la OCDE para garantizar el acceso a la justicia por parte de las víctimas de abusos corporativos de los derechos humanos en los estados miembros de la Unión Europea", en MÁRQUEZ CARRASCO, C./ VIVAS TESÓN, I., *La implementación de los Principios Rectores de las Naciones Unidas sobre empresas y derechos humanos por la Unión Europea y sus Estados miembros*", Thomson Reuters, Navarra, 2017, pp. 145-165

MAKINWA, O., "Collective action: the UN Global Compact´s innovative solutions for change", en PIETH M. (ed.), Collective action: innovative strategies to prevent corruption, Dike, Zurich, 2012, pp. 135-146

MARCOS, F., "Contribuciones del análisis económico del Derecho de Sociedades en España", en GONZÁLEZ FERNÁNDEZ, M.B./COHEN BENCHETRIT, A., *Derecho de sociedades. Revisando el derecho de sociedades de capital,* Tirant lo Blanch, Valencia, 2018

MARQUÉS-BANQUÉ, M., "Estrategias sancionadoras en materia de cambio climático: la persecución penal del tráfico ilegal de madera en la Unión Europea y en España", *Revista Catalana de dret ambiental,* vol X, nº2, 2019, pp. 1-42

MÁRQUEZ CARRASCO, C./IGLESIAS MÁRQUEZ, D./DOMÍNGUEZ DÍAZ, F.A., "Introducción. De los Principios Rectores al I Plan sobre Empresas y Derechos Humanos de España", en MÁRQUEZ CARRASCO, C. (Dir.), *El I Plan de Acción Nacional sobre Empresas y Derechos Humanos de España: Evaluación, Seguimiento y Propuestas de Revisión,* Aranzadi, Navarra, 2019

MARRANI, D., "Reforzando los derechos ambientales. La Carta francesa del medio ambiente", *Revista europea de derechos fundamentales,* Nº. 25, 2015, pp. 383-400

MARTÍN FERNÁNDEZ, J., *Cumplimiento cooperativo en materia tributaria,* Lefebvre-El Derecho, 2018

MARTÍN ORTEGA, O., "La diligencia debida de las empresas en materia de derechos humanos: un nuevo estándar para una nueva responsabilidad", en ZAMORA CABOT, F.J./GARCÍA CÍVICO, J./SALES PALLARÉS, L. (Dir.), *La responsabilidad de las multinacionales por violaciones de derechos humanos,* Universidad de Alcalá, Madrid, 2013

MARTÍN ORTEGA, O., *Empresas multinacionales y derechos humanos en* Derecho internacional, Bosch Editor, Barcelona, 2008

MARTIN, J., "What's in a Name? Transnational Corporations as Bystanders Under International Law", *St. John's Law Review,* nº 85: 9, 2011

MARTÍNEZ SAN MILLÁN, C., "Las diferentes iniciativas sobre diligencia debida en la cadena de suministro de minerales de zonas de conflicto y de alto riesgo: ¿existen alternativas viables más eficaces?", *Estudios Internacionales,* nº 197, 2020

MARTINI, E.A., *Agent Orange: History, Science, and the Politics of Uncertainty,* University of Massachusetts Press, Chicago, 2012

MARTIÑÓN CANO, G., "La responsabilidad penal de las personas jurídicas trasnacionales. Reflexiones sobre tres problemas y tres propuestas de solución", en ONTIVEROS ALONSO, M. (coord.), *La responsabilidad penal de las personas jurídicas: fortalezas, debilidades y perspectivas de cara al futuro,* Tirant lo Blanch, Valencia, 2014

MARTUFI, A., "Acuerdos procesales restaurativos", en NIETO MARTÍN, A./CALVO SOLER, R., (coords.), *Justicia restaurativa empresarial. Un modelo para armar,* Reus, Madrid, 2023

MASON, R., "Legislative Summary of Bill S-211: An Act to enact the Fighting Against Forced Labour and Child Labour in Supply Chains Act and to amend the Customs Tariff", *Library of Parliament,* Ottawa, 2022, publication nº 44-1-S211-E, 20 May 2020

MASSON-DELMOTTE, V. (et. al.), *El cambio climático y la tierra Informe especial del IPCC sobre el cambio climático, la desertificación, la degradación de las tierras, la gestión sostenible de las tierras, la seguridad alimentaria y los flujos de gases de efecto invernadero en los ecosistemas terrestres,* IPCC, 2019

MATALLÍN, A., *Delitos relativos a la protección de la biodiversidad,* Tirant lo Blanch, Valencia, 2013

MATUS, J.P./RAMÍREZ, Mª.C., "Empresas durante la dictadura. El caso chileno 1973-1989", en VIOQUE GALIANA, L.M. (coord.), *Verdes y justas: responsabilidad penal y diligencia debida en las organizaciones multinacionales,* Volumen II, BOE, Madrid, 2025

MCCORQUODALE, R./ NOLAN, J., "The Effectiveness of Human Rights *Due diligence* for Preventing Business Human Rights Abuses", *Netherlands International Law Review,* 68, 2021

MCCORQUODALE, R./SMIT, L./NEELY, S./BROOKS, R., "Human Rights *Due diligence* in Law and Practice: Good Practices and Challenges for Business Enterprises", *Business and Human Rights Journal,* 195, 2:2, 2017

MCGUIRE, J.W., *Business and Society,* McGraw-Hill, New York, 1963

MCMILAN, J., Report of the statutory review of the *Modern Slavery Act* 2018 (Cth) The first three years, Commonwealth of Australia, 2023

MCMULLAN, J.L., *Westray: The Price of Coal*, Fernwood Publishing, Nova Scotia, 1995.

MENDES, J., "La dimensión administrativa externa del procedimiento normativo de la Unión Europea", en ARROYO JIMÉNEZ, L./MARTÍN DELGADO, I./MEIX CERECEDA, P. (Dir.), *Derecho público global: fundamentos, actores y procesos*, Iustel, Madrid, 2020

MENDOZA BUERGO, B. *El Derecho penal en la sociedad del riesgo*, Civitas, Madrid, 2001

MERINO-SAUM, A./CLEMENT, J./WYSS, R./BALDI, M.G., "Unpacking the Green Economy concept: A quantitative analysis of 140 definitions", *Journal of Cleaner Production*, 242, 2022

MING, K.L./MING-LANG, T./KIM HUA, T./TAT DAT, B., "Knowledge management in sustainable supply chain management: Improving performance through an interpretive structural modelling approach", *Journal of Cleaner Production*, 162, 2017

MINISTRY OF JUSTICE, "The Bribery Act 2010. Guidance to help commercial organisations understand the sorts of procedures they can put in place to prevent bribery", UK Government, 11 February 2012

MINYUKU, B. (et al.), "Final Report of the Truth and Reconciliation Commission (South Africa)", *Business and Labour*, vol 4, ch 2, 29 October 1998

MOBERG, J./RICH, E., "Beyond governments: lessons on multi-stakeholder governance from the Extractive Industries Transparencia Initiative (EITT), en PIETH, M. (ed.), *Collective action: innovative strategies to prevent corruption*, Dike, Zurich, 2012

MONGILLO, V., "The Corporate Manslaughter and Corporate Homicide Act 2007", en FIORELLA, A. (ed.), *Liaibility 'ex crimíne' of legal entities in Member States*, Volume I, Ed. Jovene Editore, 2012, pp. 273-303

MONGILLO, V., "Forced labour e sfruttamento lavorativo nella catena di fornitura delle imprese: strategie globali di prevenzione e repressione", *Rivista trimestrale di Diritto penale dell'economia*, año XXXII, 3-4, 2019, pp. 630-675

MONTANER FERNÁNDEZ, R., "La posible responsabilidad penal de las certificadores y auditoras por violaciones de derechos humanos: una aproximación desde el *compliance* penal y a propósito de la Directiva europea sobre debida diligencia empresarial", en VIOQUE GALIANA, L.M. (coord.), *Verdes y justas: responsabilidad penal y diligencia debida en las organizaciones multinacionales*, Volumen I, BOE, Madrid, 2025

MONTANER FERNÁNDEZ, R., *Accesoriedad, regulación y Derecho penal económico. Una propuesta de teorización desde la regulación del insider trading y de la corrupción privada,* Tirant lo Blanch, Valencia, 2024

MONTANER FERNÁNDEZ, R. (et. al.), "El «caso Pescanova». Comentario a la STS 89/2023, de 10 de febrero", *InDret,* 3.2023.

MONTANER FERNÁNDEZ, R., "Las auditorías sociales y su posible trascendencia para el Derecho penal", Revista Electrónica de Ciencia Penal y Criminología, RECPC 24-33, 2022

MONTANER FERNÁNDEZ, R., "Reputación corporativa y responsabilidad penal de la empresa", *Revista Aranzadi Doctrinal,* nº1, 2018, pp. 181-200

MONTERO, J., "Discursos de moda. ¿Cómo justificar la explotación de inmigrantes en talleres de costura?", *Trabajo y sociedad: Indagaciones sobre el empleo, la cultura y las prácticas políticas en sociedades segmentadas,* Nº 23, 2014

MONTESINOS PADILLA, C., "La explotación y exploración de petróleo en América Latina: Razones y propuestas para la actuación", en OVEJERO PUENTE, A.M. (Coord.), *Derechos Humanos y Empresa: Balance y situación actual sobre el cumplimiento de los tres pilares,* Tirant lo Blanch, Valencia, 2020, pp.135-182

MOORE, J.B., *History and Digest of the International Arbitrations to which the United States has been a Party,* Washington 1898-1906, III, 2947, vol III

MORAL DE LA ROSA, J., "Las cadenas de valor de las empresas y la diligencia debida a partir de la Directiva 2024/1760 del Parlamento Europeo y del Consejo, de 13 de junio de 2024", *Diario La Ley,* Nº 10664, 2025

MORATIS, L., *Standardizing a Better World? Essays and Critical Reflections on the ISO 26000 Standard for Corporate Social Responsibility,* Ridderprint BV, Ridderkerk, 2015

MOREAU, M.A., "Lóriginalité de la loi française du 27 mars 2017 relative au devoir de vigilance dans les chaînes d´approvisionnement mondiales", *Droit Social,* 2017, 10, pp.792-797

MOREIRA NETO, D.F., "Crisis y regulación de mercados financieros. La autorregulación regulada: ¿una respuesta posible?, en *Revista de Administración Pública,* nº 180, 2009

MORENO MELGAREJO, A./ESPÍN OCAMPO, J./MUÑOZ DE CUERVA, L.L./MATTERA, M., "La transformación en la cadena de suministros de la industria del caco y su relación con los derechos Humanos", en OVEJERO PUENTE, A.M. (Coord.), *Derechos Humanos y Empresa: Balance y situación actual sobre el cumplimiento de los tres pilares,* Tirant lo Blanch, Valencia, 2020

MOZAS MORAL, A./PUENTES POYATOS, R., "La responsabilidad social corporativa y su paralelismo con las sociedades cooperativas", *REVESCO: revista de estudios cooperativos*, Nº. 103, 2010

MUCHLINSKI, P.T., "Human rights and multinationals: is there a problem?", International Affairs, 77, I, 2001, pp. 31-37

MUCHLINSKI, P.T., *Multinational Enterprises and the Law*, Oxford University Press, Oxford, 2nd Edition, 2011

MÜNKLER, H., *The New Wars*, translated by PATRICK CAMILLER, Polity Press, Cambridge, 2005

MUÑOZ ARENAS, A./NÚÑEZ CHICHARRO, M./ALONSO CARRILLO, I./MERINO MADRID, E., "Información sobre sostenibilidad y *greenwashing*", en VIOQUE GALIANA, L.M. (coord.), *Verdes y justas: responsabilidad penal y diligencia debida en las organizaciones multinacionales*, Volumen I, BOE, Madrid, 2025

MUÑOZ DE MORALES ROMERO, M., *El Derecho penal ante la IA: una propuesta de tipificación desde la óptica de la evaluación de riesgos y los defectos de organización*, Concurso de Acceso a Cuerpos Universitarios a Catedrática de Universidad, Proyecto Investigador, 13 de marzo de 2024

MUÑOZ DE MORALES ROMERO, M., "Vías para la responsabilidad de las multinacionales por violaciones graves de Derechos humanos", *en Política Criminal: Revista Electrónica Semestral de Políticas Públicas en Materias Penales*, Vol. 15, Nº. 30, 2020

MUÑOZ DE MORALES ROMERO, M., *Derecho penal europeo*, Tirant lo Blanch, Valencia, 2020

MURPHY, D., "*Holding* Company Liability for Debts of its Subsidiaries: Corporate Governance Implications", *Bond Law Review*, 2010, vol. 10, n.º 2, pp. 241-272

NADAKAVUKAREN SCHEFER, K., "Stopping Trade in Conflict Diamonds: Exploring the Trade and Human Rights Interface with the WTO Waiver for the Kimberley Process", en COTTIER, T./PAUWELYN, J./BÜRGI, E. (eds.), *Human Rights and International Trade*, Oxford University Press, 2005, pp. 400-410

NARINE, M.L., "Living in a Material World – From Naming and Shaming to Knowing and Showing", en MARTIN, J./BRAVO, K.E. (eds.), *The Business and Human Rights Landscape*, Cambridge University Press, Cambridge, 2015, pp. 219-253

NAVARRO CARDOSO, F., "Retos del Derecho penal global", *Estudios Penales y Criminológicos,* vol. XL, 1043-1092, 2020

NIEN-HÊ HSIE, "Should Business Have Human Rights Obligations?", *Journal of Human Rights,* 14:2, 2015, pp. 218-236

NIETO MARTÍN, A., "¿Americanización o europeización del Derecho penal económico?", *Revista Penal,* Nº 19, 2007

NIETO MARTÍN, A., "Autorregulación, "*compliance*" y justicia restaurativa", en ARROYO JIMÉNEZ, L./NIETO MARTÍN, A., *Autorregulación y Sanciones,* Segunda edición, Thomson Reuters Aranzadi, Navarra, 2015

NIETO MARTÍN, A., "El cumplimiento normativo", en NIETO MARTÍN, A., (Dir.), *Manual de cumplimiento penal en la empresa,* Tirant lo Blanch, Valencia, 2015

NIETO MARTÍN, A., "Falsedades en la empresa" en DE LA MATA BARRANCO (et. al.), *Derecho penal económico y de la empresa,* Dykinson, Madrid, 2024

NIETO MARTÍN, A., "Justicia restaurativa empresarial y responsabilidad penal: las personas jurídicas", en NIETO MARTÍN, A./CALVO SOLER, R., (coords.), *Justicia restaurativa empresarial. Un modelo para armar,* Reus, Madrid, 2023

NIETO MARTÍN, A., "La conformación de la cláusula umbral en el delito de ecocidio", en DEMETRIO CRESPO, E. (et. al. eds.), *Homenaje al Profesor Ignacio Berdugo Gómez de la Torre. Liber Amicorum. Derechos humanos y Derecho penal. Tomo II,* Ediciones Universidad de Salamanca, Salamanca, 2022

NIETO MARTÍN, A., "La prevención de la corrupción", en NIETO MARTÍN, A. (Dir.) *Manual de cumplimiento penal en la empresa,* Tirant lo Blanch, Valencia, 2015

NIETO MARTÍN, A., "La privatización de la lucha contra la corrupción", *Revista Penal México,* nº 4, marzo-agosto de 2013

NIETO MARTÍN, A., "Le droit pénal international comme instrument de gouvernance mondiale", en GIUDICELLI-DELAGE, G. (et. al.), *Cheminer avec Mireille Delmas-Marty. Mélanges ouverts,* Mare & Martin, Paris, 2022

NIETO MARTÍN, A., "Private Ius Puniendi", en *Global Criminal Law,* Palgrave Macmillan, Switzerland, 2021

NIETO MARTÍN, A., "Problemas fundamentales del cumplimiento normativo en el Derecho penal", en KUHLEN, L./MONTIEL, J.P./ORTIZ DE URBINA GIMENO, I., (eds.), *Compliance y teoría del Derecho penal,* Marcial Pons, Madrid, 2013

NIETO MARTÍN, A., "Transformaciones del ius puniendi en el Derecho global", en NIETO MARTÍN, A./GARCÍA MORENO, B. (Dir.), *Ius Puniendi y Global Law: hacia un Derecho penal sin estado,* Tirant lo Blanch, Valencia, 2019

NIETO MARTÍN, A., "Una pieza más en la Justicia restaurativa empresarial: Programas de cumplimiento restaurativos", *Revista de Victimología,* N. 15, 2023, pp. 147-170

NIETO MARTÍN, A., *El cumplimiento normativo como estrategia político-criminal,* Hammurabi, Buenos Aires, 2022

NIETO MARTÍN, A., *El delito de quiebra,* Tirant lo Blanch, Valencia, 2000

NIETO MARTÍN, A., *La responsabilidad penal de las personas jurídicas: un modelo legislativo,* Iustel, Madrid, 2008

NOLAN, J., "*Rana Plaza*: The Collapse of a Factory in Bangladesh and its Ramifications for the Global Garment Industry", en BAUMANN-PAULY, D./NOLAN, J., *Business and Human Rights: From Principles to Practice, Routledge,* New York, 2016, pp. 56-62

NOWAK, M. "The Need for a World Court of Human Rights", *Human Rights Law Review,* vol. 7, 2007

NUÑEZ PAZ, M.A., *Los delitos de omisión. Discusión histórica vigente en torno al "no hacer" desvalorado,* Tirant lo Blanch, Valencia, 2016.

O´BRIEN, C.M., "The relevance of governance and multi-level governance to the study of human rights: insights from business and human rights", en ANDREASSEN, B.A. (ed.), *Research Handbook on the Politics of Human Rights Law,* Edward Elgar Publishing, New York, 2023, pp. 145-165

OCDE, *Guía de Debida Diligencia de la OCDE para Cadenas de Suministro Responsables de Minerales en las Áreas de Conflicto o de Alto Riesgo,* Tercera Edición, OECD Publishing, París, 2016

OCDE, *Los inversores institucionales y la conducta empresarial responsable: aspectos clave para la debida diligencia según las Líneas Directrices de la OCDE para Empresas Multinacionales,* OECD Publishing, Paris, 2017

OCDE, *Marco de Monitoreo y Evaluación: Guía de Debida Diligencia de la OCDE para Cadenas de Suministro Responsables de Minerales en Áreas de Conflicto o de Alto Riesgo,* OECD Publishing, París, 2021

OCDE, *Puntos Nacionales de Contacto para la Conducta Empresarial Responsable. Proporcionando acceso a la reparación 20 años y el camino por recorrer.* OCDE Publishing, 202

OCDE, *Recomendación del consejo de la OCDE sobre integridad pública,* 2017,

OCDE/FAO, *Guía OCDE-FAO para las cadenas de suministro responsable en el sector agrícola,* Éditions OCDE, París, 2017

OECD, *Guía de la OCDE de debida diligencia para cadenas de suministro responsables en el sector textil y del calzado,* OECD Publishing, Paris, 2021

OECD, *Líneas Directrices de la OCDE para Empresas Multinacionales sobre Conducta Empresarial Responsable,* OECD Publishing, Paris, 2023

OFICINA DEL ALTO COMISIONADO DE LAS NACIONES UNIDAS PARA LOS DERECHOS HUMANOS, *Preguntas frecuentes acerca de los Principios Rectores sobre las Empresas y los Derechos Humanos,* Naciones Unidas, Nueva York y Ginebra, 2014

OGUS, A., "Rethinking Self-regulation", *Oxford Journal of Legal Studies,* 15-1, 1995

OIT, "El trabajo decente en las cadenas mundiales de suministro", Conferencia Internacional del Trabajo, 105ª Reunión, 2016, Informe IV

OIT, *Declaración tripartita de principios sobre las empresas multinacionales y la política social, Publicaciones de la Organización Internacional del Trabajo,* 6ª Edición, 2022

OIT, *Eliminar el trabajo infantil: 100 años de acción,* Organización Internacional del Trabajo/Servicio de Principios y derechos fundamentales en el trabajo (FUNDAMENTALS), Ginebra, 2019

OIT, *Informe Mundial sobre Salarios 2020-2021: Los salarios y el salario mínimo en tiempos de la COVID-19,* Organización Internacional del Trabajo, Ginebra, 2021

OIT, *Report IV (2A). Child labour, Fourth item on the agenda,* International Labour Office, Geneva, 1999

OLASOLO, H./GALAIN PALERMO, P., *Los desafíos del Derecho Internacional Penal. Atención especial a los casos de Argentina, Colombia, España, México y Uruguay,* Tirant lo Blanch, Valencia, 2018

OLCESE SANTOJA, A., *El capitalismo humanista,* Marcial Pons, Madrid, 2009

OLCESE, A./RODRÍGUEZ, M.A./ALFARO, J., *Manual de la empresa responsable y sostenible,* Mcgraw-Hill/Interamericana de España, Madrid, 2008

OLMEDO, F.O./OLMEDO, F.A./PLAZAOLA, N., "Cadena de valor", *Estr@tegia Magazine,* 2004, año 1, Edición nº 19

ORSC, "¿Cómo deberá adaptarse la Ley de Información no Financiera y Diversidad a la nueva Directiva de informes de sostenibilidad corporativa?", Observatorio de Responsabilidad Social Corporativa, 28 de mayo de 2021

ORSINA, A., *La responsabilità da reato dell'ente tra colpa di organizzazione e colpa di reazione*, G. Giappichelli Editore, Torino, 2024

ORTEGA CARCELÉN, M., *Derecho global.* Derecho internacional *Público en la era global*, Tecnos, Madrid, 2014

ORTEGA TEROL, J.M., "El espacio terrestre y el espacio aéreo", en FERNÁNDEZ TOMÁS, A.F./SÁNCHEZ LEGIDO, Á./ORTEGA TEROL, J.M./FORCADA BARONA, I., *Lecciones de* Derecho internacional *público*, Tirant lo Blanch, Valencia, 2011

ÖSTERDAHL, I., "*Due diligence* in International Anti- terrorism Law Developments in the Resolutions of the UN Security Council", en PETERS, A./KRIEGER, H./KREUZER, L. (eds.), *Due diligence in the International Legal Order*, Oxford University Press, Oxford, 2020

OTTO, "Strafwürdigkeit uns Strafbedürftigkeit als eigenständige Deliktskategorie? Überlegungen zum Deliktaufbau" en *Gedächtnisschrift für H.Schroeder*, C.H. Beck, München, 1978

PACARI, N., "Naturaleza y territorio desde una mirada de los pueblos indígenas", en ACOSTA, A./MARTÍNEZ, E. (coords.), *Derechos de la naturaleza. El futuro es ahora*, Abya-Yala, Quito, pp. 31 y ss

PALAO MORENO, G., "Hacia una regulación europea en materia de diligencia debida de las cadenas de valor empresariales: retos que suscita al Derecho internacional privado", en CHIARA MARULLO, M./SALES PALLARÉS, L./ZAMORA CABOT, F.J. (Dir.), *Empresas transnacionales, derechos humanos y cadenas de valor: nuevos desafíos*, COLEX, A Coruña, 2023, pp. 45-66

PALAZZO, G./SCHERER, A., "The New Political Role of Business in a Globalized World: A Review of a New Perspective on CSR and its Implications for the Firm, Governance, and Democracy", *Journal of Management Studies*, 48:4, June 2011, pp. 899-931

PANERO GUTIÉRREZ, R., *Epítome de Derecho romano*, Tirant lo Blanch, Valencia, 2010

PAPAIOANNOU, A.M., "The Illegal Exploitation of Natural Resources in the Democratic Republic of Congo: A Case Study on Corporate Complicity in Human Rights Abuses", en DE SCHUTTER, O. (Ed.), *Transnational Corporations and Human Rights*, Hart Publishing, Portland, 2006, pp. 263-286.

PARADA VÁZQUEZ, R., *Derecho Administrativo. Parte General*, 16ª edición, Marcial Pons, Madrid, 2007

PAREDES CASTAÑÓN, J.M., *La justificación de las leyes penales,* Tirant lo Blanch, Valencia, 2013

PARKER, C., "Meta-Regulation: Legal Accountability for Corporate Social Responsibility", en MCBARNET, D./VOICULESCU, A./CAMPBELL, T. (eds.), *The new corporate accountability: corporate social responsibility and the law,* Cambridge University Press, London, 2007, pp. 207-239

PARKER, C., *The Open Corporation Effective Self-regulation and Democracy,* Cambridge University Press, New York, 2002

PASTOR RIDRUEJO, J.A., *Curso de* Derecho internacional *Público y Organizaciones Internacionales,* Decimoctava edición, Tecnos, Madrid, 2014

PATRICK, S., "Weak States and Global Threats: Fact or Fiction?", *The Washington Quarterly,* 29:2, 2006, pp. 27-53

PAWLIK, M., "Solidarität als strafrechtliche Legitimationskategorie: das Beispiel des rechtfertigenden Aggressivnotstandes", *Jahrbuch für Recht und Ethik / Annual Review of Law and Ethics,* Vol. 22, 2014, pp. 137-157.

PAZ-ARES, C., *Responsabilidad de los administradores y gobierno corporativo,* Colegio de Registradores de la Propiedad y Mercantiles de España, Madrid, 2007

PEARCE, D.W./MARKANDYA, A./BARBIER, E., *Blueprint for a Green Economy,* Earthscan, London, 1989

PÉREZ CEPEDA, A., "La posible responsabilidad penal derivada de la directiva de diligencia debida y sostenibilidad", en LLABRÉS FUSTER, A. (coord. et. al.), *Estudios Penales en homenaje al Profesor Juan Carlos Carbonell Mateu,* Tirant lo Blanch, Valencia, 2025

PÉREZ CEPEDA, A.I./TERRADILLOS BASOCO, J., "Acuerdos de libre comercio y el sistema internacional de derechos humanos en el marco del Derecho penal Internacional", *Revista Penal México,* nº 14-15, marzo 2018-febrero 2019

PERRY-KESSARIS, A., "Corporate Liability for Environmental Harm", en FITZMAURICE,M./ONG, D.M./MERKOURIS, P. (eds.), *Research Handbook on International Environmental Law,* Edward Elgar Publishing Limited, Massachusetts, 2010

PETERS, A./KRIEGER, H./KREUZER, L., "*Due diligence* in the International Legal Order Dissecting the Leitmotif of Current Accountability Debates", en PETERS, A./KRIEGER, H./KREUZER, L. (eds.), *Due diligence in the International Legal Order,* Oxford University Press, Oxford, 2020

PETERSMANN, E.U., "Human Rights and international Trade Law: Defining and Connecting the Two Fields", en COTTIER, T./PAUWELYN, J./BÜRGI, E. (eds.), *Human Rights and International Trade,* Oxford University Press, Oxford, 2005, pp. 29-94

PETRASEK, D., *Beyond voluntarism. Human rights and the developing international legal obligations of companies,* International Council on Human Rights Policy, London, 2002

PIETH, M., "Collective action and corruption", en PIETH, M. (ed.), *Collective action: innovative estrategies to prevent corruption,* Dike, Zurich, 2012, pp. 3-25.

PITTS, C., "The United Nations 'Protect, Respect, Remedy' Framework and Guiding Principles", en BAUMANN-PAULY, D./NOLAN, J. (eds), *Business and Human Rights: From Principles to Practice,* Routledge, London, 2016, pp. 89-104

POMARES CINTAS, E., *El Derecho penal ante la explotación laboral y otras formas de violencia en el trabajo,* Tirant lo Blanch, Valencia, 2013

PORTER, M.E., "Competitive Advantage: Creating and Sustaining Superior Performance", *The Free Press,* New York, 1985

PRADA RICARDO, O.P., "Orientación a la cadena de suministro y su relación con diferentes grupos de interés. Una revisión bibliográfica", *Revista de Tecnología,* vol. 15, nº1, 2016, pp. 117-128

PRADO, J.J., "De Beers: La ilusión de los diamantes", *IDE Business School,* ENE-C-003, 2018, pp. 1-12

RAMASASTRY, A., "Corporate Complicity: From Nuremberg to Rangoon-An Examination of Forced Labor Cases and Their Impact on the Liability of Multinational Corporations", *Berkeley Journal of International Law,* Vol. 20:91, 2002

RAMÍREZ, J.A., *La Quiebra: Derecho concursal español. Tomo I,* Bosch, Barcelona, 1998

RAMON RIBAS, E., "Naturaleza del delito de desobediencia a mandatos dirigidos a la protección de la salud pública", en *Desobediencia, estado de alarma y COVID-19,* Tirant lo Blanch, Valencia, 2021

RANDO CASERMEIRO, P., "La evolución de la relación entre el Derecho penal y el Derecho administrativo sancionador en el España del siglo XIX y principios del siglo XX", *Revista de Derecho penal y Criminología,* nº 12, 2003, pp. 141-190

RANDO CASERMEIRO, P., *La distinción entre el Derecho penal y el Derecho administrativo sancionador. Un análisis de política jurídica*, Tirant lo Blanch, Valencia, 2010

RASCHE, A./KELL, G., (eds.), *The United Nations Global Compact. Achievements, Trends and Challenges*, Cambridge University Press, New York, 2010

RAUSTIALA, K., "The Architecture of International Cooperation: Transgovernmental Networks and the Future of International Law", *UCLA School of Law*, Research Paper No. 02-26, 2002

RECALDE CASTELLS, A., "¿Puede el Derecho contribuir a evitar o reducir los abusos de las empresas? No lo fíes a los ejecutivos; preocúpate de los bienintencionados; cuida la seguridad jurídica", en CHIARA MARULLO, M./SALES PALLARÉS, L./ZAMORA CABOT, F.J. (Dir.), *Empresas transnacionales, derechos humanos y cadenas de valor: nuevos desafíos*, COLEX, A Coruña, 2023, pp. 100-122

RED ESPAÑOLA DEL PACTO MUNDIAL, "Contribución de las empresas españolas a la Estrategia de Desarrollo Sostenible 2030: una consulta integral", 11 de noviembre de 2020.

REDMOND, P., "Regulating through reporting: an anticipatory assessment of the Australian *Modern Slavery Acts*", *Australian Journal of Human Rights*, 2020, 26:1, pp. 5-26

RENDTORFF, J.D., "The Concept of Business Legitimacy: Corporate Social Responsibility, Corporate Citizenship, Corporate Governance as Essential Elements of Ethical Business Legitimacy", en CROWTHER, D./SEIFI, S./WOND, T. (Eds.), *Responsibility and Governance: The Twin Pillars of Sustainability*, Springer, Singapore, 2018, pp. 45-60

RENOLDI VIEIRA, D./ZORZAL E SILVA, M., "Discursos y asimetrías en la reparación de daños derivados del desastre de la presa de Samarco", *Revista Psicología Política*, Vol. 19, Nº. Extra-1, 2019, pp. 62-83

RENTON, D./SEDDON, D./ZEILIG, L., *Congo: Plunder and Resistance*, Zed Books, New York, 2015

REPORT FROM THE NORWEGIAN ETHICS INFORMATION COMMITTEE, *Supply Chain Transparency Proposal for an Act regulating Enterprises' transparency about supply chains, duty to know and due diligence*, Report of the Ethics Information Committee, appointed by the Norwegian government on 1 June 2018, to assess the adoption of an ethics information law. Recommendations delivered to the Ministry of Children and Families on 28 November 2019

RODRÍGUEZ DE RAMÍREZ, Mª.C., "La polémica regulación de la de la Comisión de Valores de Estados Unidos sobre minerales provenientes de zonas en conflicto en la cadena de suministro", *D&G Profesional y Empresaria,* Tomo XV, Nº 180, 2014

ROJAS GALDAMES, R., "El nuevo orden económico internacional", *Revista de Política Internacional,* nº 166, 1979, pp. 5-19

ROLLINS, A.B., "Franklin D. Roosevelt and the New Deal, 1932–1940", *Journal of American History,* Volume 51, Issue 1, June 1964

ROSS, M., "How Do Natural Resources Influence Civil War? Evidence from Thirteen Cases", *International Organization,* vol. 58, n.° 1, 2004, pp. 35-67

ROXIN, C., "Causas de justificación, causas de inculpabilidad y otras causas de exclusión de la pena", traducción de POLAINO NAVARRETE, M, *Cuadernos de Política Criminal,* núm. 46, 1992

ROXIN, C., *Derecho penal. Parte General. Tomo I,* traducción de la 2ª edición alemana y notas por LUZÓN PEÑA, D.M./DÍAZ Y GARCÍA CONLLEDO, M./DE VICENTE REMENSAL, J., Civitas, Madrid, 2004

RUDKOWSKI, L., " Die Mindestarbeitsbedingungen nach dem LKSG– ein kritischer Überblick", CCZ, 11/2022, pp. 329-335

RUDOLF MELLERT, C., "*Due diligence*: *Compliance* bei M&A Transaktionen", en WECKER, G./VAN LAAK, H., (eds.), *Compliance in der Unternehmerpraxis Grundlagen, Organisation und Umsetzung,* Gabler, Wiesbaden, 2008, pp. 77-83

RUGGIE, J., "A UN Business and Human Rights Treaty? An Issues Brief by John G. Ruggie", *Harvard Kennedy School,* January 28, 2014.

RUGGIE, J.G., *Just Business: Multinational Corporations and Human Rights,* W.W. Norton & Company, New York, 2013

RUTH, J./WETZEL, M., "Nigeria, Shell and the Ogoni People", en *Human Rights in Transnational Business. Translating Human Rights Obligations into Compliance Procedures,* Springer, Switzerland, 2016, pp. 11-18

SAAD, E., "Víctimas corporativas", en NIETO MARTÍN, A./CALVO SOLER, R., (coords.), *Justicia restaurativa empresarial. Un modelo para armar,* Reus, Madrid, 2023

SACHS, T., "La loi sur le devoir de vigilance des sociétés-mères et sociétés donneuses d'ordre : les ingrédients d'une corégulation", R*evue de droit du travail,* 06, 2017

SANTANA VEGA, D.M., "Encubrimiento. Diferencias con receptación y blanqueo", en CORCOY BIDASOLO, M. (Dir.), *Manual de Derecho penal. Parte especial. Tomo I,* Tercera edición, Tirant lo Blanch, Valencia, 2023, pp. 772–776

SAÉNZ DE SANTA MARÍA, P.A., "La interacción normativa entre costumbre y tratado", en GALIMBERTI DÍAZ-FAES, S. (coord.), *Derecho de los tratados,* Tirant lo Blanch, Valencia, 2023, pp. 174-195

SAFLEY, T.M., "Introduction: a history of bankruptcy and bankruptcy in history", en SAFLEY, T.M. (ed.), *The History of Bankruptcy. Economic, social and cultural implications in early modern Europe,* Routledge, New York, 2013, pp. 1-16

SALLON, C./TATE, S., *The UK Anti-Bribery Handbook,* Second Edition, Bloomsbury Publishing Plc., London, 2021

SÁNCHEZ-VERA GÓMEZ-TRELLES, J., "Estudio sobre los deberes positivos, el mandato y la figura del consenso en Derecho penal", *Cuadernos de Política Criminal,* nº 68, 1999.

SANGUINETI RAYMOND, W., "Acuerdo Marco Internacional", en BAYLOS GRAU, A.P./FLORENCIO THOMÉ, C./GARCÍA SCHWARZ, R./CASAS BAAMONDE, M.E., *Diccionario internacional de derecho del trabajo y de la seguridad social,* Tirant lo Blanch, Valencia, 2014

SANGUINETI RAYMOND, W., "La ley francesa sobre el deber de vigilancia de las sociedades matrices y empresas controladoras", *Trabajo y Derecho: nueva revista de actualidad y relaciones laborales,* Nº 55-56, 2019, pp. 10-14.

SANGUINETI RAYMOND, W., "La renovada arquitectura del capitalismo del siglo XXI y la crisis de gobernanza del mundo del trabajo", en *Teoría del Derecho Transnacional del Trabajo,* Thomson Reuters, Navarra, 2022, pp. 19-42

SANGUINETI RAYMOND, W./MORATO GARCÍA, R.M., "Diligencia debida y derechos humanos laborales en la Propuesta de Directiva de la Comisión Europea", *Revista del Ministerio de Trabajo y Economía Social, Serie Derecho Social Internacional y de la Unión Europea,* nº 154, 2022

SANKARA, J./LINDBERG, D.L./RAZAKI, K.A., "Conflict Minerals *Disclosures*: Reporting Requirements and Implications for Auditing", *American Accounting Association,* Vol. 10, No. 1, Spring 2016, pp. A1–A23

SAUVANT, K. P., "The Negotiations of the United Nations Code of Conduct on Transnational Corporations: Experience and Lessons Learned", *The Journal of World Investment & Trade,* 2015, 16(1), pp. 11-87

SAVOUREY, E./BRABANT, S., "The French Law on the Duty of Vigilance: Theoretical and Practical Challenges Since its Adoption", *Business and Human Rights Journal*, Volume 6, Issue 1, February 2021

SAX, W., "Tatbestand und Rechtsgutsverletzung (I): Überlegungen zur Neubestimmung von Gehalt und Funktion des gesetzlichen Tatbestandes und des Unrechtstatbestandes", *JuristenZeitung*, 31. Jahrg., Nr. 3, 6. Februar 1976

SCHALL, A./THEUSINGER, I./POUR RAFSENDJANI, M. (eds.), Lieferkettensorgfaltspflichtengesetz, De Gruyter, Berlín, 2023

SCHANBERG, S.H., "Six Cents an Hour", *Life Magazine*, March 28, 1996

SCHELTEMA, M., "The mismatch between human rights policies and contract law Improving contractual mechanisms to advance human rights *compliance* in supply chains", en ENNEKING, L (et. Al.), *Accountability, International Business Operations, and the Law Providing Justice for Corporate Human Rights Violations in Global Value Chains*, Routledge, New York, 2020

SCHILLING-VACAFLOR, A./GUSTAFSSON, M.T., "Towards more sustainable global supply chains? Company *compliance* with new human rights and environmental *due diligence* laws", Environmental Politics, 14 Jun 2023

SCHÜNEMANN, B., "Cuestiones básicas de dogmática jurídico-penal y de política criminal acerca de la criminalidad de empresa", traducción de BRÜCKNER, D./LASCURAÍN SANCHEZ, J.A., *Anuario de Derecho penal y Ciencias Penales*, Vol. 41, nº 2, 1988, pp. 536 y ss.

SCHWAB, K./VANHAM, P., "*Stakeholder capitalism*", en *Stakeholder Capitalism: A Global Economy that Works for Progress, People and Planet*, John Wiley & Sons Ltd, New Jersey, 2021

SCHWARTZ, P./GIBB, B., *When good companies do bad things*, John Wiley & Sons, Inc., Toronto, 1999

SEBASTIÁN DE ERICE ARANDA, L., "¿El fin de la impunidad? Análisis de la nueva iniciativa del Parlamento Europeo respecto a Derechos Humanos y empresas", *Revista de Estudios Europeos*, vol. 79, 2022

SERRANO ESTEBAN, A.I., "Análisis de la Directiva sobre Diligencia Debida de las empresas en materia de sostenibilidad (CSDDD) de 24 de abril de 2024", *Revista Aranzadi Doctrinal*, Nº. 7, 2024

SERRANO MAÍLLO, A., "Reflexiones sobre la nueva defensa social en el marco de la modernidad reflexiva", *Revista de Derecho UNED*, (11), 843–866, 2012

SERVAIS, J.M., "Las empresas multinacionales y la OIT: ¿hacia una mayor eficiencia?", *Revista Jurídica Del Trabajo,* 2020, nº 1(2), pp. 1–30

SETHI, S.P./EMELIANOVA, O., "Kimberley Process Certification Scheme (KPCS): A Voluntary Multigroup Initiative to Control Trade in Conflict Diamonds", en SETHI, S.P. (ed.), *Globalization and Self-Regulation. The Crucial Role That Corporate Codes of Conduct Play in Global Business,* Palgrave Macmillan, New York, 2011, pp. 213-249.

SHAHINIAN, G., "Aproximación a la realidad de las formas contemporáneas de esclavitud", en PÉREZ ALONSO, E., *El Derecho ante las formas contemporáneas de esclavitud,* Tirant lo Blanch, Valencia, 2017, pp. 31-52

SHELDON, O., *The Philosophy of Management,* Routledge, United Kingdom, 2003 edition

SHERWOOD, M.W./POLLARD, J., *Responsible Investing,* Taylor & Francis, London, 2018; HILL, J., *Environmental, Social, and Governance (ESG) Investing: A Balanced Analysis of the Theory and Practice of a Sustainable Portfolio,* Elsevier Inc, San Diego, 2020.

SHORT, J.L./TOFFEL, M.W., "Making Self-Regulation More Than Merely Symbolic: The Critical Role of the Legal Environment", *Administrative Science Quarterly,* 2010, Volume 55, Issue 3

SILVA SÁNCHEZ, J.M., *Derecho penal. Parte General,* Aranzadi La Ley, Madrid, 2025

SILVA SÁNCHEZ, J.M., *El riesgo permitido en Derecho penal económico,* Altier, Barcelona, 2022

SILVA SÁNCHEZ, J.M., *Tratado de responsabilidad penal de las personas jurídicas,* 2.ª ed., Aranzadi, Cizur Menor, 2016

SILVA SÁNCHEZ, J.M., *La expansión del Derecho penal,* 3.ª ed., Edisofer, Madrid-Buenos Aires-Montevideo, 2011

SILVA SÁNCHEZ, J.M., *El delito de omisión. Concepto y sistema,* Editorial Bdef, Montevideo, 2003

SINCLAIR, A./NOLAN, J., "Modern Slavery Laws in Australia: Steps in the Right Direction?", *Business and Human Rights Journal,* Volume 5(1), 2020, pp. 164-170.

SISON, A.J., "When Multinational Corporations Act as Governments. The Mobil corporation experience", en ANDRIOF, J./MCINTOSH, M. (eds.), *Perspectives on Corporate Citizenship,* Routledge, London, 2001

SMILLIE, I./LANSANA, G./HAZLETON, R., *The heart of the matter. Sierra Leone, Diamonds & Human Security*, Partnership Africa Canada (PAC), Ottawa, 2000

SMIT, G./VAN NIEKERK, B., “The Netherlands: A Dutch initiative for a value chain *due diligence*”, Linklaters, 17 de febrero de 2023

SMIT, L. (et. al), *Study on due diligence requirements through the supply chain, Final Report*, Publications Office of the European Union, Luxembourg, 2020

SOLER, D., *Guía práctica de las reglas Incoterms 2010*, MARGE BOOKS, Barcelona, 2014

SOYER, R., “Unternehmensstrafrecht, Schutz von Menschenrechten und Strafzwecktheorien“, en KERT, R./LEHNER, A. (eds.), *Vielfalt des Strafrechts im internationalen Kontext. Festschrift für Frank Héipfel*, NWV, Wien-Graz, 2018, pp. 113-125

SPAR, D. L., “Markets: Continuity and Change in the International Diamond Market’, The Journal of Economic Perspectives, 2006, nº 20, pp. 195-208

SPAR, D./ BURNS, J., “Contra la Pared: Nike y las Prácticas Laborales Internacionales”, *Harvard Business School*, HBS Case Study No. 712-S17, 6 de septiembre de 2002

SPAR, D.L., *The Cooperative Edge: The Internal Politics of International Cartels*, Cornell University Press, Ithaca, 1994

SPEDDING, L.S., *Due diligence and Corporate Governance*, LexisNexis UK, London, 2004

SQUIRE SANDERS (US) LLP, *California Transparency in Supply Chains Act (SB 657)*, February 2012

STEARNS, J., “Causality and Conflict: Tracing the Origins of Armed Groups in the Eastern Congo”, *Peacebuilding*, vol. 2, n.º 2, 2014, pp. 151-171

STEFAN, K., *The Last Empire: De Beers, Diamonds, and the World*, Farrar Straus Giroux – Macmillan, New York, 1993

STONE, C.D., *Where the Law Ends: The Social Control of Corporate Behavior*, Harper&Row, New York, 1975

STOOP, N./VERPOORTEN, M./VAN DER WINDT, P., “More legislation, more violence? The impact of Dodd-Frank in the DRC”, *PLoS ONE* 13(8), August 9, 2018

STOOP, N./VERPOORTEN, M./VAN DER WINDT, P., "Trump threatened to suspend the ‘conflict minerals’ provision of Dodd-Frank. That might actually be good for Congo”, *The Washington Post*, September 27, 2018.

SUCHMAN, M.C., "Managing Legitimacy: Strategic and Institutional Approaches", *The Academy of Management Review*, Vol. 20, No. 3, July 1995, pp. 571-610

SUDA, R., "The Effect of Bilateral Investment Treaties on Human Rights Enforcement and Realization", en DE SCHUTTER, O. (Ed.), Transnational Corporations and Human Rights, Hart Publishing, Portland, 2006, pp. 73-160

SWEPSTON, L., "Human Rights Law and Freedom of Association: Development through ILO Supervision", *International Labour Review*, 137, no. 2, 1998

TARUM, R.W./TOMCZAK, P.P., "Foreign Corrupt Practices Act Overview", en *The Foreign Corrupt Practices Act Handbook. A Practical Guide for Multinational General Counsel, Transactional Lawyers and White Collar Criminal Practitioners*, Fifth edition, American Bar Association, Chicago, 2018

TEITELBAUM, A., *La armadura del capitalismo. El poder de las sociedades transnacionales en el mundo contemporáneo*, Icaria, Barcelona, 2010

THEILBÖRGER, P./ACKERMANN, T., "A Treaty on Enforcing Human Rights Against Business: Closing the Loophole or Getting Stuck in a Loop?", *Indiana Journal of Global Legal Studies*, Vol. 24: Iss. 1, Article 3, 2017, pp. 43-79

TÓFALO, I., "Overt and Hidden Accomplices. Transnational Corporations´ Range of Complicity for Human Rights Violations", DE SCHUTTER, O. (Ed.), Transnational Corporations and Human Rights, Hart Publishing, Portland, 2006, pp. 339-357

TOMBS, S., "The UK's corporate killing law: Un/fit for purpose?", *Criminology and Criminal Justice*, 18(4), 2018, pp. 488-507

TOUS ZAMORA, D./GUZMÁN PARRA, V.F./CORDERO TOUS, M./SÁNCHEZ TEBA, E.M., *Sistemas de producción. Análisis de las actividades primarias de la cadena de valor*, ESIC Business & Marketing School, Madrid, 2019

TRIBUNAL DE CUENTAS EUROPEO, "Principio de `quien contamina paga': Aplicación incoherente entre las políticas y acciones medioambientales de la UE", *Informe Especial*, 12.2021

TRIGO PORTELLA, J., "Responsabilidad social de la empresa: una difícil fundamentación", en SÁNCHEZ, V.M./JIMÉNEZ, T. (eds.), *Sostenibilidad, competitividad e innovación: Retos y oportunidades para la Responsabilidad Social Empresarial*, HUYGENS Editorial, Barcelona, 2013

UNCTAD, "World Investment Report 2009: Transnational Corporations, Agricultural Production and Development", United Nations Publication, Ginebra-Nueva York, 2009

UNCTAD, "World Investment Report 2022, International tax reforms and sustainable investment, Chapter IV, Capital Markets and Sustainable Finance", 2022.

UNEP FINANCE INITIATIVE, "A legal framework for the integration of environmental, social and governance issues into institutional investiment", Freshfields Bruckhaus Deringer, October 2005

UNITED NATIONS CONFERENCE ON TRADE AND DEVELOPMENT, *Trade and development report. Growth, Debt and Climate: Realigning the Global Financial Architecture,* UNCTAD, Geneva, 2023

UNITED NATIONS CONFERENCE ON TRADE AND DEVELOPMENT, *World Investment Report: Investment and the Digital Economy,* UNCTAD, Geneva, 2017

UNITED NATIONS, *Summary of the Hearings before the Group of Eminent Persons to Study the Impact of Multinational Corporations on Development and on International Relations,* United Nations Publication, New York, 1974

UNITED STATES, *The case of the United States, to be laid before the Tribunal of Arbitration, to be Convened at Geneva, under the provisions of the Treaty between the United States of America and her Majesty the Queen of Great Britain, concluded at Washington, May 8, 1871,* Government Printing Office, Washington, 1871

UNODC, *Herramientas para el análisis de los delitos contra la vida silvestre y los bosques,* Consorcio Internacional para combatir los delitos contra la vida silvestre, Naciones Unidas, Nueva York, 2012

VALLE MUÑIZ, J.M./VILLACAMPA ESTIARTE, C., "Titulo XV. De los delitos contra los derechos de los trabajadores", en QUINTERO OLIVARES, G. (Dir.), *Comentarios al Código Penal. Tomo II. Parte especial (Artículos 138 a 318),* Quinta edición, Aranzadi, Navarra, 2008

VALVERDE CANO, A.B., "La prohibición de la esclavitud y otras prácticas análogas en el sistema europeo de derechos humanos: evolución y preguntas sin respuesta", *Revista de Derecho del Trabajo y Protección Social,* vol. 6, n.º 1, 2025, pp. 121-147

VALVERDE-CANO, A.B., "Trabajo forzoso", en *Más allá de la trata: el Derecho penal frente a la esclavitud, la servidumbre y los trabajos forzados,* Tirant lo Blanch, Valencia, 2023

VALVERDE-CANO, A.B., "¿Lo sé cuando lo veo? El bien jurídico a proteger en las conductas de sometimiento a esclavitud, servidumbre y trabajos forzosos", *Revista Electrónica de Ciencia Penal y Criminología,* n.º 23-14, 2021, pp. 1-34 VALVERDE CANO, A.B., "El falseamiento de la información sobre sostenibilidad: relevancia penal y responsabilidad de los verificadores", *Revista de Derecho Penal y Criminología,* 3.ª Época, n.º 33, julio, 2025

VALVERDE-CANO, A.B., "Reexaminando la definición de trata de seres humanos del Protocolo de Palermo: la trata como forma de explotación", *Estudios de Deusto,* vol. 67, n.º 2, 2019, pp. 15-29

VAN 'T FOORT, S., "The History of National Contact Points and the OECD Guidelines for Multinational Enterprises", Rechtsgeschichte-Legal History, nº 25, 2017

VERGER, A., *El sutil poder de las transnacionales,* Icaria, Barcelona, 2003

VERVAELE, J.A,E., "Corporate *compliance* and the criminal liability of corporations in the light of corporate social responsibility and human rights obligations", *RIDP,* vol. 91, issue 2, 2020

VIDAL MARÍN, T., "La libertad sindical", *Parlamento y Constitución,* nº 4, 2000, pp. 201-238

VIDAL MARÍN, T., "Sombras en el reconocimiento constitucional de los derechos de la naturaleza en Latinoamérica: especial consideración de la constitución ecológica de ecuador", en RUIZ DORADO, M., (ed.), *Interculturalidad, derechos de la naturaleza, paz: valores para un nuevo constitucionalismo,* Tirant lo Blanch, Valencia, 2020

VIDELA BUSTILLOS, L., "Los acuerdos reparatorios a la luz del concepto de reparación", *Revista de Estudios de la Justicia,* nº 13, 2010

VIOQUE GALIANA, L.M./MUÑOZ ARENAS, A., (Coord.), *Información sobre sostenibilidad y diligencia debida en derechos humanos,* Tirant lo Blanch, Valencia, 2024

VIOQUE GALIANA, L.M., "Promuovere la *due diligence* aziendale obbligatoria: la Proposta di regolamento della Commissione e del Parlamento europeo sui beni e i prodotti associati alla deforestazione e al degrado forestale", *CCC HUB,* 6 de octubre de 2022.

VIOQUE GALIANA, LM., "A Proposal for Criminal Liability for Breach of *Due diligence* Obligations: The European Conflict Minerals Regulation as an Example", *European Criminal Law Review,* 11 (1), 2022

VISCONTI, A., "Corporate violence harmful consequences and victims 'needs an overview", en FORTI, G. (ed. In chief), *Victims and Corporations. Legal Challenges and Empirical Findings,* Wolters Kluwer Italia S.r.l., Milan, 2018

VOSS, H., "Implications of the COVID-19 pandemic for human rights and modern slavery vulnerabilities in global value chains", *Transnational Corporations Journal,* vol. 27, nº2, 2020, pp. 113-126

WALTON, B., "Nevsun Resources Ltd. v. Araya", *American Journal of International Law, 115*(1), 2021, pp. 107-114

WANNENWETHSCH, S./SOLORZANO, O., "La acción colectiva: Una herramienta eficaz en la lucha contra la corrupción y la protección de los derechos fundamentales", en VIOQUE GALIANA, L.M. (coord.), *Verdes y justas: responsabilidad penal y diligencia debida en las organizaciones multinacionales,* Volumen I, BOE, Madrid, 2025.

WARD, B., "Perspectivas históricas del nuevo orden económico internacional", *Estudios Internacionales,* Año 11, No. 41 (enero-marzo 1978), pp. 5-15

WEBER, R.H., *Development of coherent procedural rules for OECDE Guidelines' mediation,* Draft background paper, Roundtable on Forty years of the OECD Guidelines for Multinational Enterprises, París, December 19, 2016

WEISSBRODT, D./KRUGER, M., "Norms on the Responsibilities of Transnational Corporations and Other Business Enterprises with Regard to Human Rights", *The American Journal of International Law,* Vol. 97, No. 4, Oct., 2003

WHYTE, D., "Regimes of permission and state-corporate crime", *State Crime Journal,* 3(2), 2014, pp. 237-246

WIGHT, M., *Systems of States,* edited by Hedley Bull (Leicester University Press in association with the LSE), Leicester, 1977

WILD, J.J./WILD, K.J., *International Business: The Challenges of Globalization,* 10th Edition, Pearson Education Limited, London, 2023

WILLIAMS, P./STERIO, M. (eds.), *Research Handbook on Post-Conflict State Building,* Edward Elgar Publishing, Cheltenham-Northampton, 2020

WILSON A.J., "Beyond Unocal: Conceptual Problems in Using International Norms to Hold Transnational Corporations Liable under the *Alien Tort Claims Act*", en DE SCHUTTER, O. (Ed.), *Transnational Corporations and Human Rights,* Hart Publishing, Portland, 2006, pp. 43-72

WOOD, D.J., "Social issues in management: theory and research in corporate social performance", *Journal of Management,* nº 17(2), 1991, pp. 383–406

WORLD ECONOMIC FORUM, *Partnering to Strengthen Public Governance: The Leadership Challenge for CEOs and Boards,* World Economic Forum-BSR-AccountAbility-Harvard University-IBLF, Geneva, 2008

ZAMBRANA TEVAR, N., "Los Principios Rectores de las Naciones Unidas sobre las Empresas y los Derechos Humanos", en ZAMORA CABOT, F.J./GARCÍA CÍVICO, J./SALES PALLARÉS, L., *La responsabilidad de las multinacionales por violaciones de derechos humanos,* Editorial Universidad de Alcalá, Madrid, 2013

ZAMFIR, I., *Towards a binding treaty on business and human rights: Despite progress, still no final outcome in view,* European Parliament Think Tank, Briefing, 19-05-2022

ZAMMITTI, M., "La responsabilidad social de la sociedad dominante del grupo de empresas", en RUIZ MUÑOZ, M./DE LA VEGA JUSTRIBÓ, B. (Dir.), *Responsabilidad Social Corporativa (RSC). Economía colaborativa y cumplimiento normativo,* Tirant lo Blanch, Valencia, 2019

ZERK, J., "How do businesses become implicated in gross human rights abuses?", en *Corporate liability for gross human rights abuses Towards a fairer and more effective system of domestic law remedies,* Report prepared for the Office of the UN High Commissioner for Human Rights, 2014

ZERK, J., *Corporate liability for gross human rights abuses: Towards a fairer and more effective system of domestic law remedies. A report prepared for the Office of the UN High Commissioner for Human Rights,* A report prepared for the Office of the UN High Commissioner for Human Rights, 2013

ZIMMERMAN, R., *The Law of Obligations: Roman Foundations of the Civilian Tradition,* Oxford University Press, Oxford, 1996

ZÚÑIGA RODRIGUEZ, L., *Bases para un modelo de imputación de responsabilidad penal a las personas jurídicas,* Aranzadi, Navarra, 2009

Noticias y casos de estudio

AGENCIAS, "Más de 300 operarios muertos en los incendios de dos fábricas de Pakistán", *El País,* 12 de septiembre de 2012. https://elpais.com/internacional/2012/09/12/actualidad/1347443992_096771.html#:~:text=Al%20menos%20314%20personas%20han,la%20vida%20de%20289%20personas

AMANTEGUI GUEZALA, A., "La tala ilegal de la Amazonia brasileña, al descubierto", *La Vanguardia,* 24 de diciembre de 2021. https://www.lavanguardia.com/natural/20211224/7949326/tala-ilegal-amazonia-brasilena-pmv.html

AMNESTY INTERNATIONAL, *This is what we die for": Human rights abuses in the Democratic Republic of the Congo power the global trade in cobalt,* Amnesty International Ltd., 2016. https://www.amnesty.org/en/documents/afr62/3183/2016/en/

AMNISTIA INTERNACIONAL, "Nubes de injusticia. El desastre de Bhopal 20 años después", 29 de noviembre de 2004. https://www.amnesty.org/es/wp-content/uploads/sites/4/2021/09/asa201042004es.pdf

AMNISTIA INTERNACIONAL, "Nubes de injusticia. El desastre de Bhopal 20 años después", 29 de noviembre de 2004. https://www.amnesty.org/es/wp-content/uploads/sites/4/2021/09/asa201042004es.pdf

ASSOCIATED PRESS, "Nestlé admits to forced labour in its seafood supply chain in Thailand", *The Guardian,* 24 Novembre 2015. https://www.theguardian.com/global-development/2015/nov/24/nestle-admits-forced-labour-in-seafood-supply-chain

BHRRC, "NGOs file suit in France against BNP Paribas over alleged complicity in genocide in Rwanda",: https://www.business-humanrights.org/en/ngos-file- Demanda-en-Francia-contra-BNP-Paribas-por-supuesta-complicidad-en-genocidio-en-Ruanda.

BHRRC, " France: Communities and NGOs use duty of vigilance law to sue Total Energies over alleged human rights abuses over giant oil project in Uganda", Business & Human Rights Resource Centre, 27 de junio de 2023. https://www.business-humanrights.org/en/latest-news/france-communities-and-ngos-use-duty-of-vigilance-law-to-sue-totalenergies-over-alleged-human-rights-abuses-over-giant-oil-project-in-uganda/

BHRRC, " France: Communities and NGOs use duty of vigilance law to sue TotalEnergies over alleged human rights abuses over giant oil project in Uganda", Business & Human Rights Resource Centre, 27 de junio de 2023. https://www.business-humanrights.org/en/latest-news/france-communities-and-ngos-use-duty-of-vigilance-law-to-sue-totalenergies-over-alleged-human-rights-abuses-over-giant-oil-project-in-uganda/

BUSINESS AND HUMAN RIGHTS RESOURCE CENTRE/SHERPA/CCFD/TERRE SOLIDAIRE, "Duty of Vigilance Radar. List of companies subject to the duty of vigilance". https://vigilance-plan.org/duty-of-vigilance-radar/

BUSINESS AND HUMAN RIGHTS RESOURCE CENTRE/SHERPA/CCFD/TERRE SOLIDAIRE, "Le radar du devoir de vigilance. Identifier les entreprises soumises à la loi", Edition 2020, https://plan-vigilance.org/wp-content/uploads/2020/06/2020-06-25-Radar-DDV-Edition-2020.pdf

CASTRO, I., "Alemania, Francia e Italia bloquean la ley que obliga a las multinacionales a cumplir los derechos humanos", *El Diario.es,* 28 de febrero de 2024. https://www.eldiario.es/economia/alemania-francia-e-italia-bloquean-ley-obliga-multinacionales-cumplir-derechos-humanos_1_10965874.html

DEPARTMENT OF JUSTICE EE. UU./OFFICE OF PUBLIC AFFAIRS, *Lafarge Pleads Guilty to Conspiring to Provide Material Support to Foreign Terrorist Organizations,* October 18, 2022. https://www.justice.gov/opa/pr/*Lafarge*-pleads-guilty-conspiring-provide-material-support-foreign-terrorist-organizations

ECCHR, "Case report. RINA certifies safety before factory fire in Pakistan", December 2020, p. 3. https://www.ecchr.eu/fileadmin/Fallbeschreibungen/CaseReport_KiK_RINA_December2020.pdf

ECCHR, "Demanda de Unocal (sobre Myanmar)", https://www.ecchr.eu/fileadmin/Juristische_Dokumente/Amicus_Curiae_Brief_Mina_Aguilar__2012-12.pdf

ECCHR, "KiK: Paying the price for clothing produced in South Asia", https://www.ecchr.eu/en/case/KiK-paying-the-price-for-clothing-production-in-south-asia/#case_case

ECCHR, "Questions and answers. The Baldia factory fire and the role of the German clothing retailer KiK", January 2021. https://www.ecchr.eu/fileadmin/Q_As/Q_A_EN_KiK_Pakistan_20190114.pdf

EFE, "Desastre minero en Brasil fue provocado por acción de Vale, afirma la Policía", 26 de febrero de 2021. https://efs.efeservicios.com/en/texto/desastre-minero-brasil-provocado-accion-vale-policia/18010350102

EL PAÍS, "Brasil investiga a *Zara* por un caso de trabajo esclavo", 18 de agosto de 2011. https://elpais.com/sociedad/2011/08/18/actualidad/1313618409_850215.html

EL PAÍS, "*Zara* llega a un acuerdo con el Gobierno de Brasil por una acusación de practicar trabajo esclavo", 20 de diciembre de 2011. https://elpais.com/economia/2011/12/20/actualidad/1324369973_850215.html

ENVIRONMENT AGENCY, "Thames Water ordered to pay record £20 million for river pollution. Thames Water Utilities Ltd sentenced in the largest freshwater pollution case ever taken by the Environment Agency", GOV.UK, 22 March 2017. https://www.gov.uk/government/news/thames-water-ordered-to-pay-record-20-million-for-river-pollution

ETC GROUP, *Putting the Cartel before the Horse ...and Farm, Seeds, Soil, Peasants, etc. Who Will Control Agricultural Inputs, 2013?*, September, 2013, nº 111, pp. 6-10. https://www.etcgroup.org/files/CartelBeforeHorse11Sep2013.pdf

EUROPEAN CENTER FOR CONSTITUTIONAL AND HUMAN RIGHTS (ECCHR), "Case report, Pakistan: cheap clothes, perilous conditions", January 2021. https://www.ecchr.eu/fileadmin/Fallbeschreibungen/Case_Report_EN_KiK_Pakistan_Jan2021.pdf

GLOBAL WITNESS, *Civil Society Review of Implementation of the EU's Responsible Sourcing Regulation*, 14 de abril de 2018. https://www.globalwitness.org/en/campaigns/conflict-minerals/conflict-minerals-shaping-eu-policy/

GOVERNMENT OF CÔTE D'IVOIRE/GOVERNMENT OF GHANA/U.S. DEPARTMENT OF LABOR/INTERNATIONAL CHOCOLATE AND COCOA INDUSTRY, *CLCCG REPORT: 2010-2020 Efforts to Reduce Child Labor in Cocoa*, 2022. https://www.dol.gov/sites/dolgov/files/ILAB/reports/CLCCG-Ten-Year-Report.pdf

GRUPO DE EXPERTOS DE NACIONES UNIDAS, "Final Report of the Group of Experts on the Democratic Republic of the Congo", Naciones Unidas, 10 de agosto de 2017

GRUPO DE TRABAJO INTERINSTITUCIONAL DE ANTECEDENTES PENALES DE GUERRA NAZIS (IWG), *El juicio de los principales criminales de guerra*, 15 de agosto de 2016. https://www.archives.gov/iwg/research-papers/trial-of-war-criminals-before-imt.html

HODAL, K./KELLY, C./LAWRENCE, F., "Revealed: Asian slave labour producing prawns for supermarkets in US, UK", *The Guardian*, 10 June 2014. https://www.theguardian.com/global-development/2014/jun/10/supermarket-prawns-thailand-produced-slave-labour

HOWE, M., "New Look fined £ 400,000 for fire safety breaches", Press Association, Wednesday 25 November 2019. https://www.independent.co.uk/news/uk/crime/new-look-fined-pound-400-000-for-fire-safety-breaches-1827367.html

HUMAN RIGHTS WATCH, *"Work Faster or Get Out" Labor Rights Abuses in Cambodia's Garment Industry*, 2015, pp. 14-15. https://www.hrw.org/report/2015/03/12/work-faster-or-get-out/labor-rights-abuses-cambodias-garment-industry

HUMAN RIGHTS WATCH, *Follow the Thread: The Need for Supply Chain Transparency in the Garment and Footwear Industry*, April 20, 2017, https://www.hrw.org/report/2017/04/20/follow-thread/need-supply-chain-transparency-garment-and-footwear-industry

INDUSTRIALL GLOBAL UNION, "Mueren centenares de trabajadores de la confección en Bangladesh", 25 de abril de 2013. https://www.industriall-union.org/es/mueren-centenares-de-trabajadores-de-la-confeccion-en-bangladesh

KELLY, A., "Apple and Google named in US lawsuit over Congolese child cobalt mining deaths", *The Guardian*, December 16, 2019. https://www.theguardian.com/global-development/2019/dec/16/apple-and-google-named-in-us-lawsuit-over-congolese-child-cobalt-mining-deaths

KNAEBEL, R., "Fabricar ropa barata se paga con la vida: un gigante alemán del textil 'señalado'", *Equal Times*, 7 de noviembre de 2016. https://www.equaltimes.org/fabricar-ropa-barata-se-paga-con#.Y—usHbMJrr

KREISLER, E., "*Fast fashion*, ¿a qué precio?", *Europa Press*, 26 de septiembre de 2012. https://es.fashionnetwork.com/news/-fast-fashion-a-que-precio-por-eva-kreisler-coordinadora-de-la-campana-ropa-limpia-en-espana,282543.html

MASUD, K., "Grandes historias 2013: el derrumbe en Bangladesh que sacudió la industria textil", *BBC News Mundo*, 26 de diciembre de 2013. https://www.bbc.com/mundo/noticias/2013/12/131127_grandes_historias_2013_edificio_bangladesh_yv

MINISTERIO DE RELACIONES EXTERIORES Y MOVILIDAD HUMANA DE ECUADOR, "El caso *Chevron/Texaco* en Ecuador. Una lucha por la justicia ambiental y social", *Apoya Al Ecuador – Equipo de Arbitrajes y Transnacionales*, abril de 2015

Nota de prensa de la CNMC, "La CNMC multa con más de 127,8 millones a las principales empresas de sistemas de seguridad, señalización y comunicaciones de la red del AVE, media distancia y cercanías en España", 1 de octubre de 2021. https://www.cnmc.es/prensa/cartel-seguridad-comunicaciones-ferroviarias-20211001

ONG SHERPA, "*Lafarge* sued for financing terrorism". https://media.business-humanrights.org/media/documents/files/documents/Press_Pack_*Lafarge*_sued_for_financing_terrorism.pdf

PALOMO, R., "Así se 'lava' la madera ilegal del Amazonas", *El País*, 23 de agosto de 2021. https://elpais.com/planeta-futuro/2021-08-23/asi-se-lava-la-madera-ilegal-del-amazonas.html

RAINA, V., "Supervivientes del desastre gasístico de Bhopal: 25 años después", *Ecología política*, N° 37, 2009, pp. 90-94

REHMAN, Z., "Ocho años después del incendio de la fábrica *Ali Enterprises* en Pakistán, la búsqueda de justicia para las víctimas continúa", *Equal Times*, 19 de octubre de 2020, https://www.equaltimes.org/ocho-anos-despues-del-incendio-de#.Y-kYZnbMJro

RIERA, S., "Ética y moda: el caso Nike", *Modaes*, 3 de mayo de 2013. https://www.modaes.com/entorno/etica-y-moda-el-caso-nike

SAHOUTARA, N., "Eight years on, ex-MQM men get death in factory fire case", *Dawn Today´s Paper*, September 23, 2020. https://www.dawn.com/news/1581135

SERIOUS FRAUD OFFICE, “Sweett Group PLC sentenced and ordered to pay £2.25 million after Bribery Act conviction”, 19 February, 2016. https://www.sfo.gov.uk/2016/02/19/sweett-group-plc-sentenced-and-ordered-to-pay-2-3-million-after-bribery-act-conviction/

SHAD, I. “Fires engulf Pakistan factories killing 314 workers”, *Reuters,* September 12, 2012. https://www.reuters.com/article/idUSBRE88B04Y/#:~:text=KARACHI%20(Reuters)%20%2D%20At%20least,in%20the%20South%20Asian%20nation

SHULTZ, E.B.JR./SHULTZ, J.L., “Recordando a Bhopal: la ética y los valores en los negocios en relación con la transferencia de tecnología riesgosa hacia el tercer mundo”, *Tecnología en Marcha,* VOL. 9 Nº 3 – 1989, pp. 8-14

TIFFANY M.A, “China and Congo´s coltan connection”, *Project 2049 Institute,* June 22, 2009. https://project2049.net/2009/06/22/china-and-congos-coltan-connection/